Kohlhammer

Deutscher Gemeindeverlag

Bauordnungsrecht in Hamburg

Kompaktkommentar zur Hamburgischen
Bauordnung 2018

von

Dr. Peter Oberthür
Rechtsanwalt und Fachanwalt für Verwaltungsrecht
Immobilien- und Baurechtskanzlei Oberthür & Partner

3., überarbeitete Auflage

Kohlhammer
Deutscher Gemeindeverlag

3. Auflage 2019

Gesamtherstellung: W. Kohlhammer GmbH, Stuttgart

Print:
ISBN 978-3-555-02060-0

E-Book-Formate:
pdf: ISBN 978-3-555-02061-7
epub: ISBN 978-3-555-02062-4
mobi: ISBN 978-3-555-02063-1

Vorwort zur 3. Auflage 2019

Die HBauO-Novelle 2018 war am 20.12.2017 von der Hamburgischen Bürgerschaft beschlossen worden. Das Änderungsgesetz wurde im Amtlichen Anzeiger vom 6.2.2018 verkündet, es trat dann am 1.5.2018 in Kraft.
In dieser 3. Auflage des Kompaktkommentars wird ausführlich auf die neuen Einzelregelungen der Hamburgischen Bauordnung eingegangen, deren wesentliches Ziel ist, Wohnungsbauvorhaben zu beschleunigen und zu erleichtern.
Gleichzeitig diente das Änderungsgesetz der Umsetzung der Richtlinie 2012/18/EU des Europäischen Parlaments und des Rates vom 4.7.2012 zur Beherrschung der Gefahren schwerer Unfälle mit gefährlichen Stoffen.
Diese neuen europarechtlichen Vorschriften werden im Kommentar nur angesprochen und auf sie an den betreffenden Stellen in der Hamburgischen Bauordnung hingewiesen (vgl. etwa § 2 Abs. 4 Nr. 9 ff., § 14 und § 59 Abs. 4 HBauO). Es würde den Rahmen der Kommentierung der Hamburger Bauvorschriften sprengen, wenn auch noch europarechtliche Regelungen ausführlich erläutert würden.
Insoweit werden in dieser 3. Auflage die durch die HBauO-Novelle eingeführten bzw. geänderten Einzelvorschriften insoweit kommentiert, als sie für die Baupraxis in Hamburg von wesentlicher Bedeutung sind.
Es bleibt dabei, dass dieser Kommentar „kurz und knapp“ die einzelnen Vorschriften der HBauO kommentiert und sich dabei grundsätzlich nur an der Rechtsauffassung des Bundesverwaltungsgerichtes, des Hamburgischen Oberverwaltungsgerichtes und der Hamburgischen Verwaltungsgerichte orientiert.
Nach wie vor wird auf die Angabe juristischer Fundstellen in Literatur und Rechtsprechung verzichtet, da dies ein Kommentar für Baupraktiker ist, denen durch verständliche Erläuterungen eine Arbeitshilfe anhand gegeben werden soll.
Wegen der leichteren Lesbarkeit wurde wiederum darauf verzichtet zwischen weiblichen und männlichen Baubeteiligten am Bau zu unterscheiden. Wenn von dem „Bauherrn“ oder dem „Entwurfsverfasser“ die Rede ist, so ist hiermit auch eine weibliche Bauherrin oder Entwurfsverfasserin gemeint, ebenso wie eine Bauherrengemeinschaft oder ein Architekten-/Ingenieur-Büro.
Der Kommentar gibt die Rechtsprechung – soweit bekannt bzw. veröffentlicht – per Juli 2018 wieder.
Für die eingegangenen Anmerkungen zu den Vorauflagen meines Kommentars möchte ich mich bedanken und würde mich weiterhin über Hinweise und auch Kritik freuen.

Hamburg, im Oktober 2018 Dr. Peter Oberthür

Inhaltsverzeichnis

Abkürzungsverzeichnis

AbfBenVO	Abfallbehälterbenutzungsverordnung
AEG	Allgemeines Eisenbahngesetz
ArbStättV	Arbeitsstättenverordnung
AtG	Atomgesetz
AufzV	Aufzugsverordnung
AußenalsterVO	Außenalster-Verordnung
BauGB	Baugesetzbuch
BauGebO	Baugebührenordnung
BauPG	Bauproduktengesetz
BaustellenV	Baustellenverordnung
BauVorlVO	Bauvorlagenverordnung
BeVO	Beherbergungsstättenverordnung
BGB	Bürgerliches Gesetzbuch
BImSchG	Bundes-Immissionsschutzgesetz
BinnenalsterVO	Binnenalster-Verordnung
BioAbfVO	Bioabfallverordnung
BNVO	Baunutzungsverordnung
BPD	Bauprüfdienst
BPVO	Baupolizeiverordnung
DIBt	Deutsches Institut für Bautechnik
DSchG	Denkmalschutzgesetz
EnEV	Energieeinsparverordnung
EStG	Einkommenssteuergesetz
FA	Fachanweisung
FeuVO	Feuerungsverordnung
FStrG	Fernstraßengesetz
GarVO	Garagenverordnung
GastVO	Gaststättenverordnung
GebG	Gebührengesetz
GRL	Globalrichtlinie
HaustechÜVO	Verordnung über die Überwachung haustechnischer Anlagen
HBauO	Hamburgische Bauordnung
HeimMinBauV	Heimmindestbauverordnung
HmbAbfG	Hamburgisches Abfallwirtschaftsgesetz
HmbAbwG	Hamburgisches Abwassergesetz
HmbNatSchG	Hamburgisches Naturschutzgesetz
HmbTG	Hamburgisches Transparenzgesetz
HWG	Hamburgisches Wegegesetz
HWaG	Hamburgisches Wassergesetz
RGaO	Reichsgaragenordnung
VkVO	Verkaufsstättenverordnung
VStättVO	Versammlungsstättenverordnung

Abkürzungsverzeichnis

V, VO	Verordnung
WechsellichtVO	Wechsellichtverordnung
ZEVO	Zweckentfremdungsverordnung

I. Einführung

Die ersten Hamburger Bauordnungen gehen auf die **Baupolizeigesetze vom 3.7.1865, vom 31.1.1872 und vom 23.6.1882** zurück. Bei diesen Baupolizeigesetzen stand ebenso wie bei der nachfolgenden Bauordnung für die Stadt Hamburg vom 30.7.1918 noch der polizeirechtliche Schutz im Vordergrund.
Dem gegenüber enthielt die **Baupolizeiverordnung für die Freie und Hansestadt Hamburg vom 8.6.1938 (BPVO)** nicht nur bauordnungsrechtliche, sondern erstmals auch Vorschriften des Bauplanungsrechts. Auf der Rechtsgrundlage der Baupolizeiverordnung wurden Anfang und Mitte der 50er Jahre zahlreiche **Baustufenpläne** erlassen, die durch das **Bundesbaugesetz (BBauG)** und das **Baugesetzbuch (BauGB)** übergeleitet wurden, sodass die Baustufenpläne als einfache Bebauungspläne alten Rechts **auch noch heute in Hamburg Gültigkeit besitzen**, sofern sie nicht durch neue Bebauungspläne überplant wurden. **Für diese fortgeltenden Baustufenpläne finden noch die Vorschriften der Baupolizeiverordnung von 1938 Anwendung.**
Die bauordnungsrechtlichen Vorschriften der BPVO gelten heute hingegen **nicht mehr**, da sie mit Inkrafttreten der **Hamburgischen Bauordnung vom 10.12.1969** aufgehoben wurden. Gleichwohl ist zu erwähnen, dass die planungsrechtlichen Vorschriften weiterhin gelten, die da sind:

– § 10 Absatz 4, 6	Baustufenpläne
– § 11 Absatz 1	Bauweise und Umfang der Bebauung (Baustufentafel mit den rechtsgültigen Spalten „1. Nutzungsgebiet“, 2. „Zahl der Vollgeschosse“, 3. „Bauweise“, 4. „Stufenbezeichnung“ und 8. „Bebaubare Fläche“)
– § 13 Absatz 1, 3, 5	Bau- und Straßenlinien
– § 14 Absatz 1–3	Bebauung hinterer Grundstücke
– § 34 Absatz 1, 5	Viehställe

In den letzten Jahrzehnten wurde die HBauO mehrfach geändert, zuletzt jetzt durch die **HBauO-Novelle vom 1.5.2018.**
Die neuen Vorschriften dienen vorrangig dazu mithilfe schnellerer Baugenehmigungsverfahren **dringend benötigen Wohnraum in Hamburg zu schaffen.** Schon mit der HBauO-Novelle 2010 wurde der Bestand baurechtlicher Vorschriften etwa um 40 % reduziert. Auch die HBauO-Novelle 2018 **„streicht“ einige Vorschriften** und **teilweise auch den Prüfungsumfang und die Verfahrensweise von Bauaufsichtsbehörden**, was ebenfalls zu einer Beschleunigung der Baugenehmigungsverfahren beitragen soll und wird.
Nachfolgend soll nur **schlagwortartig die wesentlichsten Neuerungen** durch die HBauO-Novelle aufgelistet werden:

- Mit der Neuformulierung des § 2 werden **Flüchtlingsheime, Studenten- und Lehrlingswohnheime** nunmehr auch als „Sonderbau“ qualifiziert.
- Mit Ergänzung von § 4 finden sich für die Erschließung sogenannter **„Hinterliegergrundstücke“** erhebliche Erleichterungen.

- In § 6 Absatz 6 Nummer 3 wurde neu geregelt, dass nachträgliche **Wärmeschutzmaßnahmen** mit einer Dicke von höchstens 20 cm auch in Abstandsflächen aufgebracht werden dürfen.
- Durch den neuen § 24 Absatz 3 wurde das **innovative Bauen mit Holz** zugelassen;
- Gemäß dem neuen § 37 muss bei dem **Ausbau von Dachgeschossen und bei Aufstockungen von Bestandsgebäuden kein Aufzug** mehr eingebaut werden.
- § 45 fordert nicht mehr Abstellmöglichkeiten für Fahrräder. Es reicht, wenn Flächen für Kinderwagen und **Mobilitätshilfsmittel** vorgehalten werden.
- Es ist nunmehr nach § 49 Abs. 1 Nr. 2 möglich durch Zahlung einer **Ausgleichsabgabe Stellplätze für Wohnungen** zu nutzen, und zwar **zu Lasten** notwendiger **Stellplätze für Gewerbenutzungen.**
- **Barrierefreie Wohnungen** können gemäß des neuen § 52 nunmehr auch in **mehreren Geschossen** nachgewiesen werden.
- Der **Katalog der zu prüfenden Anforderungen** an Bauvorhaben wurde für vereinfachte Genehmigungsverfahren gemäß § 61 deutlich erweitert.
- Dafür wurde die **Konzentrationswirkung** für einige Rechtsbereiche im Baugenehmigungsverfahren mit Konzentrationswirkung nach § 62 **eingeschränkt.**
- Durch die Einfügung einer neuen Nummer 3 in § 69 wurden **Abweichungsentscheidungen** zugelassen, sofern sie dem **Ausbau von Dachgeschossen oder der Errichtung zusätzlicher Geschosse** dienen.
- **Vorbescheide und Baugenehmigungen** können nach § 73 nur noch nach Ablauf **jeweils zweimal verlängert** werden.
- Auch die **verfahrensfreien Vorhaben** gemäß § 60 – Anlage 2 – wurden **deutlich erweitert.**
- Gemäß § 83 **kann ein Bauherr verlangen, dass sein Antrag nach den neuen Vorschriften der HBauO-Novelle 2018 geprüft und entschieden wird,** sofern er den Bauantrag vor dem 1.5.2018 eingereicht hat und dieser noch nicht beschieden wurde.

Hamburg, im Oktober 2018

II. Kommentierung

(Paragraphen, hinter denen sich keine Gesetzesangabe oder Vorschriftenbezeichnung befindet, sind solche der HBauO per 1. Mai 2018)

Hamburgische Bauordnung (HBauO i.d. Fassung 1. Mai 2018)

Erster Teil: **Allgemeine Vorschriften**

§ 1 Anwendungsbereich

(1) Dieses Gesetz gilt für bauliche Anlagen und Bauprodukte.
Es gilt auch für Grundstücke sowie für andere Anlagen und Einrichtungen, an die in diesem Gesetz oder in Vorschriften, die auf Grund dieses Gesetzes erlassen wurden, Anforderungen gestellt werden.

(2) Dieses Gesetz gilt nicht für

1. **Anlagen des öffentlichen Verkehrs einschließlich Zubehör, Nebenanlagen und Nebenbetrieben, ausgenommen Gebäude,**
2. **Anlagen, die der Bergaufsicht unterliegen, ausgenommen Gebäude,**
3. **Leitungen und nach anderen Rechtsvorschriften zulassungsbedürftige Anlagen, die der öffentlichen Versorgung mit Wasser, Gas, Elektrizität, Wärme, der öffentlichen Abwasserentsorgung oder der Telekommunikation dienen, ausgenommen Gebäude,**
4. **Rohrleitungen, die dem Ferntransport von Stoffen dienen,**
5. **Kräne und ähnliche Anlagen, mit Ausnahme ihrer ortsfesten Bahnen und Unterstützungen,**
6. **öffentliche Hochwasserschutzanlagen nach §§ 3a und 4a des Hamburgischen Wassergesetzes in der Fassung vom 29. März 2005 (HmbGVBl. S. 97), ausgenommen Gebäude,**
7. **nach wasserrechtlichen Vorschriften zulassungsbedürftige Kaianlagen, Dalben und Vorsetzen sowie Schiffe und andere schwimmende Anlagen, die ortsfest benutzt werden, einschließlich ihrer Aufbauten.**

Kommentierung

Übersicht Rn.

1. Geltungsbereich der HBauO (Abs. 1)

1 § 1 regelt den materiell-rechtlichen Anwendungsbereich der HBauO. Der **örtliche Geltungsbereich** wird durch die **Landesgrenzen der Freien und Hansestadt Hamburg bestimmt.**

2 Sachlich findet die HBauO auf **bauliche Anlagen** Anwendung. Die **Legaldefinition einer baulichen Anlage findet sich in § 2 Abs. 1** (vgl. die dortigen Ausführungen).

3 **Die HBauO gilt für bauliche Anlagen über und unter der Erde** ohne Rücksicht auf ihr Volumen, Art und Umfang ihrer Nutzungen sowie auf die Baumaterialien, die zu ihrer Herstellung verwendet werden. Gleichgültig ist auch, ob Bauherr eine Privatperson oder die öffentliche Hand ist. Dementsprechend ist auch nicht entscheidend, ob der Bauherr Eigentümer des Baugrundstücks oder der baulichen Anlage ist oder nur Verfügungsberechtigter.

4 **Daneben gilt die HBauO auch für Bauprodukte.** Diese sind in § 2 definiert, und zwar in Absatz 10. Der Begriff Bauprodukte geht auf die EG-Bauproduktenrichtlinie vom 21.12.1988 zurück. Nach dieser Richtlinie (Art. 1 Abs. 2) ist ein Bauprodukt jedes Produkt, das hergestellt wird, um dauerhaft in Bauwerke des Hoch- oder Tiefbaus eingebaut zu werden.

5 **Auch auf Grundstücke findet die HBauO Anwendung.** Grundsätzlich ist in der HBauO von dem **bürgerlich-rechtlichen Begriff** des sog. **„Buchgrundstücks"** auszugehen. Ein Buchgrundstück ist ein räumlich abgegrenzter Teil der Erdoberfläche, der im Grundbuch unter einer eigenen Nummer eingetragen ist.

6 Von dem Begriff des Buchgrundstücks ist im **Erschließungsbeitragsrecht** eine Ausnahme zu machen, wenn dieses aus Gründen der Beitragsgerechtigkeit geboten ist. Dieses ist z. B. der Fall, wenn **ein Eigentümer mehrere nebeneinanderliegende Buchgrundstücke besitzt,** die jeweils separat nicht bebaut werden können, sondern nur gemeinsam. **Dann sind alle Grundstücke als wirtschaftliche Einheit anzusehen und zu einem Erschließungsbeitrag heranzuziehen,** selbst wenn eines oder mehrere der Buchgrundstücke separat betrachtet nicht beitragspflichtig wäre, beispielsweise keine Belegenheit an einem öffentlichen Weg besitzt.

7 **Von dem Grundstücksbegriff ist der Begriff des Baugrundstücks zu unterscheiden.** Ein Baugrundstück liegt vor, wenn es nach dem Bauplanungsrecht bebaut werden darf. Davon wiederum abzugrenzen ist die bebaubare Fläche eines Grundstücks, d. h. die sog. **Grundfläche.** Diese ist in § 19 Abs. 2 Baunutzungsverordnung (BNVO) definiert. **Die Grundfläche ist der Anteil eines Baugrundstücks, der von baulichen Anlagen zulässigerweise überdeckt werden darf.**

8 **Zu guter Letzt gilt die HBauO auch für andere Anlagen und Einrichtungen** an die in der HBauO oder aufgrund der HBauO besondere Anforderungen gestellt werden. Hierzu zählen beispielsweise **Anlagen der Außenwerbung,** selbst wenn dieser nur aus einer Bemalung oder einer beschrifteten Folie mit Werbezusatz bestehen.

2. Anlagen, für die die HBauO nicht gilt (Abs. 2)

In diesem Absatz sind sieben Anlagen aufgezählt, für die es eigene, besondere Vorschriften gibt, sodass sie nicht noch unter den Geltungsbereich der HBauO fallen. 9

Dieses sind zunächst nach Nr. 1 **Anlagen des öffentlichen Verkehrs** einschließlich Zubehör, Nebenanlagen und Nebenbetriebe, ausgenommen Gebäude. Zu diesen Anlagen des öffentlichen Verkehrs zählen zunächst die **öffentlichen Straßen, Wege und Plätze** für die es Sonderregelungen im Hamburgischen Wegegesetz (HWG) gibt. Auch Bundesfernstraßen, Betriebsanlagen der Deutschen Bundesbahn, U-Bahn-Anlagen sowie öffentliche Anlagen, die dem Verkehr auf Gewässern dienen, sind vom Geltungsbereich der HBauO ebenso ausgenommen, wie öffentliche Verkehrsflächen des Luftverkehrs. 10

Grundsätzlich müssen diese Verkehrsanlagen aber **für den öffentlichen Verkehr gewidmet sein.** Ist dieses nicht der Fall, wie etwa bei Privatstraßen, Privatwegen oder auch privaten Verkehrsanlagen, so unterliegen diese sehr wohl dem Geltungsbereich der HBauO. 11

Gesondert ist darauf einzugehen, dass für **Gebäude öffentlicher Verkehrsanlagen** die HBauO ebenfalls Anwendung findet. Die Legaldefinition eines Gebäudes findet sich in § 2 Abs. 2. 12

Entsprechend Sinn und Zweck der Ausnahmevorschrift der Ziffer 1 für öffentliche Verkehrsanlagen **gilt die HBauO nur dann nicht für Büro- und Verwaltungsgebäude der Bundesbahn-, Schifffahrtsdirektionen etc., sofern sich diese innerhalb der jeweiligen Betriebsanlagen befinden.** Demgemäß bleiben **selbst Verkaufsläden und Abfertigungseinrichtungen für den Personen- und Güterverkehr** auf einem Bahnhofsgelände vom Geltungsbereich der HBauO nach § 6 Allgemeines Eisenbahngesetz (AEG) ausgenommen. Wird hingegen ein Verwaltungs- oder Bürogebäude **außerhalb des Betriebsgeländes** errichtet, ist die HBauO anzuwenden. 13

Etwas anderes gilt aber, **wenn die öffentliche Zweckbindung bzw. Widmung** von Verwaltungsgebäuden und ihrer Nebenanlagen (z. B. Bahnhofsflächen stillgelegter Bahnstrecken) **weggefallen** ist. Wird ein zunächst **planfestgestellter Güterbahnhof entwidmet und in einen großflächigen Einzelhandelsbetrieb umgenutzt, so findet für das gesamte Vorhaben – wieder – die HBauO Anwendung.** 14

Besteht jedoch die öffentliche Zweckbindung fort, so unterliegt selbst eine **bahnfremde Nutzung**, wie z. B. das **Abhalten von Floh- und Jahrmärkten auf einem öffentlichen Güterbahnhof** der Deutschen Bundesbahn nicht der HBauO. Erst mit dem Wegfall der Zweckbestimmung durch einen Entwidmungsakt wird die Bahnanlage wieder den Regelungen der HBauO unterworfen. 15

Auch **Anlagen der Bergaufsicht** unterliegen nach Nr. 2 nicht der HBauO. Diese Vorschrift hat in Hamburg keine praktische Bedeutung, nur beispielhaft sei erwähnt, dass zu diesen Anlagen etwa Fördertürme und Schachtaufzüge gehören. 16

17 Die Ausnahmevorschrift der Nr. 3 bezieht sich nicht nur auf **Leitungen**, sondern auch auf **Anlagen der öffentlichen Versorgung**. Leitungen sind unterirdische oder oberirdische Einrichtungen, die feste oder flüssige Stoffe und Energie befördern. Hierzu gehören folglich alle **Leitungen der Wasser-, Elektrizitäts- und Gasversorgung**. Zu den **Leitungsanlagen** zählen beispielsweise **Pump- und Verteilerstationen ebenso wie Düker**, die der öffentlichen Abwasserversorgung dienen.

18 **Auch für Strommasten und Verteilungsstationen für die Telekommunikation** gilt die HbauO nach Nr. 4 nicht, es sei denn, sie sind in einem Gebäude untergebracht, Dann ist die gesamte Anlage entsprechend der HBauO bauaufsichtlich zu genehmigen.

19 Unter **Ferntransportrohrleitungen** im Sinne von Nr. 4 sind im Wesentlichen **Pipelines für Gas- und Erdöl** zu verstehen.

20 Ebenso findet die HBauO nach Nr. 5 für **Kräne im Hafen** und **Baukräne** keine Anwendung, mit Ausnahme ihrer ortsfesten Bahnen und Unterstützungen.

21 Sind **Kräne** und **Krananlagen** allerdings **Teil eines Gesamtbauvorhabens** (z. B. Teil eines Lagerplatzes, eines metallverarbeitenden Betriebes, eines Handelsbetriebes etc.), so bedürfen auch sie einer bauaufsichtlichen Genehmigung.

22 Erwähnt sei, dass **Baukräne** natürlich als **Teil einer Baustelleneinrichtung** den Anforderungen des § 14 HBauO genügen müssen.

23 Nicht mehr dem Geltungsbereich der HBauO wurden die **öffentlichen Hochwasserschutzanlagen** nach Nr. 6 unterworfen, für die die Spezialvorschriften des Hamburgischen Wassergesetzes (HWaG) gelten.

24 Neu wurde in die Nr. 7 aufgenommen, dass auch **Schiffe** und **schwimmende Anlagen, die ortsfest genutzt werden,** nicht unter die HBauO fallen. **Diese Ausnahmevorschrift gilt** demnach nicht nur für Schiffe, die dem Transport oder der Arbeit auf dem Wasser dienen, sondern **auch für Wohn- oder Restaurantschiffe.** Dadurch wird der Umbau oder die Umnutzung ausgedienter Schiffe für Wohnzwecke im Sinne Hamburgs als „grüne Stadt am Wasser“ erheblich erleichtert.

§ 2 Begriffe

(1) Bauliche Anlagen sind mit dem Erdboden verbundene, aus Bauprodukten hergestellte Anlagen; eine Verbindung mit dem Boden besteht auch dann, wenn die Anlage
1. durch eigene Schwere auf dem Boden ruht oder
2. auf ortsfesten Bahnen begrenzt beweglich ist oder
3. nach ihrem Verwendungszweck dazu bestimmt ist, überwiegend ortsfest benutzt zu werden.

Bauliche Anlagen sind auch
1. Aufschüttungen und Abgrabungen,
2. Lagerplätze, Abstellplätze und Ausstellungsplätze,
3. Sport-, Spiel- und Freizeitflächen,
4. Campingplätze, Wochenendplätze und Zeltplätze,

5. Freizeit- und Vergnügungsparks,
6. Stellplätze für Kraftfahrzeuge sowie für Camping-, Verkaufs- und Wohnwagen,
7. Standplätze für Abfallbehälter,
8. Gerüste,
9. Hilfseinrichtungen zur statischen Sicherung von Bauzuständen.

Anlagen sind bauliche Anlagen und sonstige Anlagen und Einrichtungen im Sinne des § 1 Absatz 1 Satz 2.

(2) Gebäude sind selbstständig benutzbare, überdeckte bauliche Anlagen, die von Menschen betreten werden können und geeignet oder bestimmt sind, dem Schutz von Menschen, Tieren oder Sachen zu dienen.

(3) Gebäude werden in folgende Gebäudeklassen eingeteilt:

1. Gebäudeklasse 1:
   a) freistehende Gebäude mit einer Höhe bis zu 7,0 m und nicht mehr als zwei Nutzungseinheiten von insgesamt nicht mehr als 400 m^2,
   b) freistehende land- oder forstwirtschaftlich genutzte Gebäude,
2. Gebäudeklasse 2:
   Gebäude mit einer Höhe bis zu 7,0 m und nicht mehr als zwei Nutzungseinheiten von insgesamt nicht mehr als 400 m^2,
3. Gebäudeklasse 3:
   sonstige Gebäude mit einer Höhe bis zu 7,0 m,
4. Gebäudeklasse 4:
   Gebäude mit einer Höhe bis zu 13,0 m und Nutzungseinheiten mit jeweils nicht mehr als 400 m^2,
5. Gebäudeklasse 5:
   sonstige Gebäude einschließlich unterirdischer Gebäude.

Höhe im Sinne des Satzes 1 ist das Maß der Fußbodenoberkante des höchstgelegenen Geschosses, in dem ein Aufenthaltsraum zulässig ist, über der Geländeoberfläche im Mittel.
Geländeoberfläche ist die Höhe, die im Bebauungsplan festgesetzt ist oder die von der Bauaufsichtsbehörde bestimmt wird. Ist die Geländeoberfläche nicht festgesetzt oder bestimmt worden, ist die natürliche Geländeoberfläche maßgeblich.
Als Nutzungseinheit gilt jede Wohnung sowie alle anderen für eine selbstständige Nutzung bestimmten Räume. Die Grundflächen der Nutzungseinheiten im Sinne dieses Gesetzes sind die Bruttogrundflächen; bei der Berechnung der Bruttogrundflächen nach Satz 1 bleiben Flächen in Kellergeschossen außer Betracht.

(4) Sonderbauten sind Anlagen und Räume besonderer Art oder Nutzung, die einen der nachfolgenden Tatbestände erfüllen:

1. Hochhäuser (Gebäude mit einer Höhe nach Absatz 3 Satz 2 von mehr als 22 m),
2. bauliche Anlagen mit einer Höhe von mehr als 30 m,
3. Gebäude mit mehr als 1600 m^2 Grundfläche des Geschosses mit der größten Ausdehnung, ausgenommen Wohngebäude,
4. Verkaufsstätten, deren Verkaufsräume und Ladenstraßen eine Grundfläche von insgesamt mehr als 800 m^2 haben,
5. Gebäude mit Räumen, die einer Büro- oder Verwaltungsnutzung dienen und einzeln eine Grundfläche von mehr als 400 m^2 haben,
6. Gebäude mit Räumen, die einzeln für die Nutzung durch mehr als 100 Personen bestimmt sind,

7. Versammlungsstätten
   a) mit Versammlungsräumen, die insgesamt mehr als 200 Besucher fassen, wenn diese Versammlungsräume gemeinsame Rettungswege haben,
   b) im Freien mit Szenenflächen und Freisportanlagen, die jeweils über ortsfeste Tribünen verfügen und mehr als 1000 Besucher fassen,
8. Schank- und Speisegaststätten mit mehr als 40 Gastplätzen in Gebäuden oder mehr als 1000 Gastplätze im Freien, Beherbergungsstätten mit mehr als zwölf Betten und Spielhallen mit mehr als 150 m^2 Grundfläche,
9. Krankenhäuser,

9a. Gebäude mit Nutzungseinheiten zum Zwecke der Pflege oder Betreuung von Personen mit Pflegebedürftigkeit oder Behinderung, deren Selbstrettungsfähigkeit erheblich eingeschränkt ist, wenn die Nutzungseinheiten
   a) einzeln für mehr als sechs Personen bestimmt sind oder
   b) einen gemeinsamen Rettungsweg haben, der von insgesamt mehr als zwölf Personen benutzt wird,

9b. sonstige Einrichtungen zur Unterbringung von Personen sowie Wohnheime,

10. Tageseinrichtungen für jeweils mehr als zehn Kinder, Menschen mit Behinderung oder alten Menschen,
11. Schulen, Hochschulen und ähnliche Einrichtungen,
12. Justizvollzugsanstalten und bauliche Anlagen für den Maßregelvollzug,
13. Camping- und Wochenendplätze,
14. Freizeit- und Vergnügungsparks,
15. Fliegende Bauten, soweit sie einer Ausführungsgenehmigung bedürfen,
16. Regallager mit einer Oberkante Lagerguthöhe von mehr als 7,5 m,
17. bauliche Anlagen, deren Nutzung durch Umgang oder Lagerung von Stoffen mit Explosions- oder erhöhter Brandgefahr verbunden ist,
18. Anlagen und Räume, die in den Nummern 1 bis 17 nicht aufgeführt und deren Art oder Nutzung mit vergleichbaren Gefahren verbunden ist.

(5) Aufenthaltsräume sind Räume, die zum nicht nur vorübergehenden Aufenthalt von Menschen bestimmt oder geeignet sind.

(6) Geschosse sind oberirdische Geschosse, wenn ihre Deckenoberkanten im Mittel mehr als 1,40 m über die Geländeoberfläche hinausragen; im Übrigen sind sie Kellergeschosse. Vollgeschosse sind Geschosse, deren Deckenoberkante im Mittel mehr als 1,40 m über die Geländeoberfläche hinausragt und die eine lichte Höhe von mindestens 2,3 m haben. Das oberste Geschoss und Geschosse im Dachraum sind Vollgeschosse, wenn sie diese Höhe über mindestens zwei Drittel der Geschossfläche des darunter liegenden Geschosses haben.

(7) Garagen sind Gebäude oder Gebäudeteile zum Abstellen von Kraftfahrzeugen. Carports (überdachte Stellplätze) gelten als Garagen.

(8) Feuerstätten sind in oder an Gebäuden ortsfest benutzte Anlagen oder Einrichtungen, die dazu bestimmt sind, durch Verbrennung Wärme zu erzeugen.

(9) Rettungswege sind Flächen auf Grundstücken sowie Flächen und Öffnungen in baulichen Anlagen, die dem sicheren Verlassen von Grundstücken und baulichen Anlagen, der Rettung von Menschen und den Löscharbeiten dienen.

(10) Bauprodukte sind

1. Baustoffe, Bauteile und Anlagen, die hergestellt werden, um dauerhaft in bauliche Anlagen eingebaut zu werden,

2. aus Baustoffen und Bauteilen vorgefertigte Anlagen, die hergestellt werden, um mit dem Erdboden verbunden zu werden wie Fertighäuser, Fertiggaragen und Silos.

(11) Bauart ist das Zusammenfügen von Bauprodukten zu baulichen Anlagen oder Teilen von baulichen Anlagen.

Kommentierung

Übersicht Rn.

1. Bauliche Anlagen (Abs. 1)

Zunächst wird in Abs. 1 der **Begriff bauliche Anlage definiert**. Danach ist für eine bauliche Anlage kennzeichnend, dass sie **dauerhaft oder künstlich mit dem Erdboden verbunden und aus Bauprodukten hergestellt** ist. Typisch für eine Verbindung mit dem Erdboden sind Gebäudefundamente. Es reicht aber auch eine **mittelbare Verbindung mit dem Erdboden** aus, etwa wenn auf einem Gebäude eine Antennenanlage oder an einer Häuserwand Werbeanlagen angebracht werden. 1

Gefordert wird für das Vorliegen einer baulichen Anlage auch eine **gewisse Dauerhaftigkeit.** Dieses Merkmal entfällt nicht, wenn die bauliche Anlage jederzeit abgebaut und an einem anderen Ort wieder aufgestellt werden kann, wie etwa **mobile Verkaufskioske.** Auch ein **Wohnwagen, der an seinem Standort als Wochenendhaus-Ersatz dient,** ist eine bauliche Anlage. 2

Auch wenn der Begriff der baulichen Anlage in der HBauO nicht vollkommen identisch ist mit dem baulichen Anlagenbegriff des Bauplanungsrechts, so gleichen sie sich doch in ihren wesentlichen Merkmalen, wie „Bauen“ und „Erdverbundenheit“. Beispielhaft seien daher Fälle genannt, in denen **die Rechtsprechung das Vorliegen einer bauplanungsrechtlichen baulichen Anlage angenommen hat,** nämlich für 3

- Verkaufswagen, auch wenn diese nur regelmäßig einmal in der Woche aufgestellt werden;
- Bodenbefestigungen aus Bauschutt, Split, Platten, Zement etc.;
- Bootshütten;

- Tennisanlagen;
- Tragluftschwimmhallen.

4 Zu baulichen **Anlagen aus bauordnungsrechtlicher Sicht** gehören etwa:
- Aufzugsanlagen;
- Baracken und Behelfsbauten;
- Beleuchtungsanlagen für Straßen, Parkplätze und Sportanlagen;
- Container, wenn sie überwiegend ortsfest benutzt werden;
- Fliegende Bauten, wie Karusselle, Zirkuszelte, Tribünen usw. (siehe hierzu auch die Ausführungen zu § 66);
- Garagen, auch ohne Fundamente oder Pfeiler;
- Golfplätze und Driving Ranges;
- Modellflugplätze;
- Transportbetonanlagen;
- Solaranlagen;
- Fotovoltaik-Anlagen.

5 **Als ortsfeste Bahnen sind beispielsweise anzusehen die Achterbahnen auf dem Hamburger Dom.**

6 Von einer überwiegend ortsfesten Nutzung ist beispielsweise bei einem Wohnmobil auszugehen, das zur Ausübung der Prostitution am Straßenrand abgestellt wird.

7 Darüber wird auch kraft Gesetz definiert was bauliche Anlagen sind, nämlich nach

Nr. 1 Aufschüttungen und Abgrabungen, also jede künstliche Veränderung einer natürlich gewachsenen Geländeoberfläche durch Aufbringung, Anschüttung, Abgrabung oder Abbau von Material, nicht zwingend nur von Erdreich;

Nr. 2 Lager-, Abstell- und Ausstellungsplätze, die hergerichtet werden, um irgendwelche Gegenstände aufzunehmen. Auch zeitlich befristete Nutzungen von Flächen für Messen oder Wochenmärkte fallen hierunter;

Nr. 3 Sport-, Spiel- und Freizeitflächen;

Nr. 4 Campingplätze, Wochenendplätze und Zeltplätze;

Nr. 5 Freizeit- und Vergnügungsparks

Nr. 6 Stellplätze für Kraftfahrzeuge sowie für Camping-, Verkaufs- und Wohnwagen;

Nr. 7 Standplätze für Abfallbehälter;

Nr. 8 Gerüste;

Nr. 9 Hilfseinrichtungen zur statischen Sicherung von Bauzuständen, wie Absteifungen von Wänden und Dächern einsturzgefährdeter Gebäude durch Kanthölzer, Anker, Spundwände, Träger etc.

8 Die Begriffsdefinition für „Anlagen“ am Ende dieses Absatzes dient der Vereinheitlichung des Sprachgebrauchs und hat keine neue eigenständige Bedeutung.

2. Gebäude (Abs. 2)

9 Zunächst muss ein **Gebäude selbständig benutzbar**, d. h. schon optisch als eigenständiges Bauwerk erkennbar sein. Kennzeichnend dafür ist in der Regel,

dass ein Gebäude **direkt von außen durch einen Eingang betreten werden kann. Dieses trifft für Eigentumswohnungen nicht zu,** die nur mittelbar über ein Treppenhaus erreichbar sind.

Doppelhäuser und Reihenhäuser sind in diesem Sinne selbständig benutzbar, 10
es sei denn, es gibt einen gemeinsamen Hauseingang, hinter dem von einem gemeinsamen Flur dann erst die eigentlichen Wohnungs-Eingangstüren der jeweiligen Hauseinheiten abzweigen. **Eine Reihenhauszeile enthält daher eine Mehrzahl von Gebäuden.** Dies gilt auch dann, wenn **nicht jedes Reihenhaus eine eigene Brandwand besitzt.** Für ein Gebäude ist es also nicht notwendig, dass es auch in statischer und baukonstruktiver Hinsicht abtrennbar ist.

Nach der Rechtsprechung des Hamburgischen Oberverwaltungsgerichtes ist 11
im Hinblick auf die **Zwei-Wohnungs-Klausel** zu unterscheiden, ob es sich bei einem Gebäude mit 8 Wohneinheiten um ein **Mehrfamilienhaus oder um 4 Gebäude mit jeweils 2 Wohneinheiten handelt.** Allein die Tatsache, dass die verschiedenen Wohneinheiten über jeweils eigene Eingänge verfügen, reicht nicht aus, um das Bauwerk als Einzelhaus, bestehend aus 4 Gebäuden mit jeweils 2 Wohneinheiten und damit 4 Gebäuden im Sinne der Zwei-Wohnungs-Klausel zu qualifizieren.

Da der geplante Baukörper eine von allen 8 Wohneinheiten **gemeinsam ge-** 12
nutzte Tiefgarage besitzt, einen **„gemeinsamen" Haustechnikraum sowie 20 Fahrradstellplätze im Untergeschoss,** liegt kein Einzelhaus bestehend aus 4 Gebäuden mit jeweils 2 Wohnungen vor. Hinzu kommt, dass der **Zugang zum Untergeschoss für alle 8 Einheiten nur über eine Innentreppe und einen Aufzug möglich** ist, die von der Erdgeschossebene in die Tiefgarage führen. Insoweit fehlt es an einer **funktionalen Selbständigkeit** der einzelnen Gebäudeteile, sodass rechtlich ein Mehrfamilienhaus mit 8 Wohneinheiten gegeben ist.

Bei der Beurteilung der selbständigen Benutzbarkeit ist aber auch auf die **Funk-** 13
tion der baulichen Anlagen abzustellen. Ein **Anbau, der der Erweiterung des Ursprungsgebäudes dient,** wird selbst dann nicht zu einem neuen Gebäude, wenn er von außen begehbar und selbständig benutzbar ist. Insoweit sind für einen solchen Anbau die Abstandsflächenvorschriften des § 6 nicht einschlägig.

Eine **Überdeckung** setzt **keine feste Dachkonstruktion** voraus. Entscheidend 14
ist, ob die Überdeckung Schutz gegen Niederschläge gewährleisten kann. Es ist nicht zwingend, dass die Überdeckung permanent vorhanden ist. Auch wenn etwa **bei Sportstätten das Dach zurückgefahren** oder **bei Schwimmhallen** oder sonstigen umfassten Räumen **eine Plane oder Folie** oder sonstige **Überdeckung über Monate entfernt werden kann, ändert dieses an der Gebäudeeigenschaft nichts.**

Für die **Betretbarkeit** wird gefordert, dass **ein Mensch das Gebäude in natürli-** 15
cher, aufrechter Haltung betreten und sich darin auch aufrecht bewegen kann. Bauliche **Anlagen für Versorgungs-, Entsorgungs- und Telekommunikationsanlagen sind keine Gebäude,** selbst wenn sie über begehbare kleine Räume verfügen.

16 Dem **Schutzgedanken für Menschen, Tiere oder Sachen** wird immer schon Rechnung getragen, wenn eine Überdeckung der baulichen Anlage vorhanden ist. Darauf, ob die Überdeckung auch zum Schutz bestimmt ist, kommt es nicht an.

17 **Ob es sich bei einer baulichen Anlagen um ein Gebäude handelt ist von entscheidender Bedeutung für die Bebaubarkeit eines Grundstücks** (§ 4 und § 5), bei den **Abstandsflächenregelungen** (§ 6), bei den Wärme-, **Schall- und Erschütterungsschutzvorgaben** (§ 18) sowie bei den neuen **Brandschutzregelungen** der §§ 24 ff.

3. Gebäudeklassen (Abs. 3)

18 Die **Untergliederung in fünf Gebäudeklassen** hängt eng mit dem geänderten **Brandschutzkonzept** der neuen HBauO zusammen. Es wird nicht mehr ausschließlich auf die **Höhe** von Gebäuden abgestellt, sondern zugleich auch auf die **Nutzung** der Gebäude (§§ 24 ff.). Die Gliederung der Gebäude in Gebäudeklassen ist auch von **verfahrensrechtlicher Bedeutung**, als nur für die **Gebäudeklassen 1 und 2 das vereinfachte Genehmigungsverfahren nach § 61 gewählt werden kann.**

19 Den **Gebäudeklassen 1–3** ist gemeinsam, dass sie **nicht höher als 7 m** sein dürfen.

20 Die geringsten bauordnungsrechtlichen Anforderungen werden für **freistehende Gebäude** gestellt, die zur **Gebäudeklasse 1** gehören. Von einem **freistehenden Gebäude** spricht man, wenn es zu allen Grundstücksgrenzen jeweils einen **Abstand von 2,50 m hat bzw. 5 m zu einem anderen Gebäude.**

21 **Nicht unterkellerte Baulichkeiten** ohne Aufenthaltsräume wie beispielsweise **Garagen** ändern nichts daran, **dass ein Gebäude „freistehend" ist.**

22 Darüber hinaus darf ein solches Gebäude **maximal 2 Nutzungseinheiten** beinhalten von insgesamt nicht mehr als **400 m². Die Quadratmeter-Zahl ist nach den Außenmaßen der Gebäude zu berechnen,** d. h. entscheidend sind die **Rohbaumaße.** Dementsprechend sind Außenputz und übliche Wanddämmungen nicht mit einzurechnen. Etwas anderes gilt allerdings für überdurchschnittlich dicke Wandverkleidungen oder Wandkonstruktionen. **Die Geschossflächen, von denen die HBauO spricht, sind mit den sog. Bruttogeschossflächen gleichzusetzen.**

23 Die **Gebäudeklasse 2** unterscheidet sich von der Gebäudeklasse 1 allein dadurch, dass sie auch für nicht freistehende **Gebäude in geschlossener Bauweise** gilt.

24 Die **Gebäudeklasse 3** zeichnet sich dadurch aus, dass **weder die Anzahl der Nutzungseinheiten noch die Geschossfläche beschränkt ist.**

25 Die Geschossfläche von 400 m² findet wiederum Eingang in die **Gebäudeklasse 4.** Die Gebäude dürfen **bis zu 13 m** hoch und **unbeschränkt viele Nut-**

zungseinheiten aufweisen, wobei die einzelnen Nutzungseinheiten aber nicht größer als 400 m^2 sein dürfen.

Alle sonstigen Gebäude einschließlich unterirdischer Gebäude sind der Gebäudeklasse 5 zuzuordnen. Hierunter fallen alle Gebäude über 13 m bis unter 22 m (Hochhausgrenze), gleichgültig, ob sie freistehend sind oder nicht. Auch die Anzahl der Nutzungseinheiten und ihre Geschossfläche ist nicht mehr reglementiert. 26

Wichtig ist, dass die **Zugehörigkeit zu einer Gebäudeklasse keinen Einfluss auf die Qualifizierung als Sonderbauten** hat. Für Sonderbauten gilt die spezielle Regelung des § 51, auch werden spezielle Anforderungen an einen zweiten Rettungsweg gestellt (§ 31 Abs. 2). Darüber hinaus ist das vereinfachte Genehmigungsverfahren des § 61 für Sonderbauten nicht anwendbar. 27

Die **Höhe**, die in den Gebäudeklassen 1–4 bestimmt ist, **richtet sich nunmehr nach der Fußbodenoberkante des höchstgelegenen Geschosses,** in welchem ein Aufenthaltsraum möglich ist. Die Fußbodenoberkante ist über der Geländeoberfläche **im Mittel** und nicht etwa bei abfallenden Grundstücken oder Hanglagen nach dem tiefsten oder höchsten Punkt zu errechnen. 28

Die **Legaldefinition eines Aufenthaltsraumes** findet sich in Abs. 5. 29

Die **Geländeoberfläche ist der Schnittpunkt des Geländes mit den Außenwänden eines Gebäudes.** Sie kann im Bebauungsplan festgesetzt oder vom Bauamt bestimmt werden. 30

Die **Bestimmung der Geländeoberfläche durch ein** Bauamt kann etwa aufgrund der Topographie notwendig sein, damit ein Gebäude nicht in einer Wassersenke liegt, oder um eine unproblematische Entwässerung des Grundstücks zu gewährleisten. Auch aus städtebaulichen Gründen kann sich eine Festlegung der Geländeoberfläche ergeben, um beispielsweise Geländeunterschiede im Sinne einer einheitlichen Straßenabwicklung auszugleichen. 31

Soll durch **Aufschüttungen oder Abgrabungen** die Geländeoberfläche verändert werden, so bedarf dieses eines Bauantrages, es sei denn, dass diese Erdbewegungen so gering sind, dass sie zu den **verfahrensfreien Vorhaben** im Sinne von § 60 in Verbindung mit Abschnitt I Nr. 8. (Aufschüttungen und Abgrabungen) der Anlage 2 zur HBauO gelten. 32

Wie gesagt **bedürfen Aufschüttungen und Abgrabungen** als bauliche Anlagen grundsätzlich **einer ausdrücklichen Genehmigung** und damit eines Bauantrages. **Es reicht nicht, wenn die veränderten Geländeoberflächen nur zeichnerische in den Bauplänen enthalten sind**, auch wenn sie die natürliche und die veränderte Geländeoberfläche darstellen. 33

Die natürliche Geländeoberfläche ist die in der Natur vorhandene, gewachsene Geländeoberfläche. Ist eine Aufschüttung oder Abgrabung aufgrund einer Baugenehmigung oder als verfahrensfreies Vorhaben ausgeführt worden, so ist die dann entstandene Geländeoberfläche die „natürliche Geländeoberfläche“. 34

35 Sind Aufschüttungen oder Abgrabungen vor längerer Zeit vorgenommen worden (20–25 Jahre), so gilt die heutige „neue" **Geländeoberfläche als die natürliche Geländeoberfläche**, selbst wenn man Art und Umfang der Aufschüttung oder Abgrabung noch erkennen kann.

36 Wie schon erwähnt **berechnen sich die Flächen von Nutzungseinheiten nach den Außenwänden** = Bruttogrundflächen. Diese werden nach der **DIN 277** ermittelt. **Flächen in Kellergeschossen** fließen nicht in die Bruttogrundfläche eines Gebäudes ein.

4. Sonderbauten (Abs. 4)

37 Unter **Sonderbauten** (siehe hierzu auch die Ausführungen zu § 51) versteht man bauliche Anlagen und Räume besonderer Art und Nutzung. Für Sonderbauten ist zwingend das Baugenehmigungsverfahren mit Konzentrationswirkung nach § 60 anzuwenden. Sonderbauten sind **Hochhäuser mit einer Höhe von mehr als 22 m** sowie **bauliche Anlagen mit einer Höhe von mehr als 30 m.** Zu letzteren zählen etwa Windkraftanlagen, Masten oder auch Antennenanlagen.

38 Mit Ausnahme von Wohngebäuden sind auch von seiner Ausdehnung her als **Sonderbauten alle Gebäude** anzusehen, **deren Bruttogrundfläche mehr als 1 600 m^2** beträgt. Auch wenn nur das Kellergeschoss (Tiefgarage) 1 600 m^2 groß ist, die darüber liegenden oberirdischen Geschosse aber nicht, so ist das Gebäude gleichwohl den Sonderbauten zuzurechnen. **Gleiches gilt, wenn etwa durch Auskragungen nur ein oberirdisches Geschoss die Schwelle von 1 600 m^2** überschreitet.

39 Wenn auch nur **ein kleinerer Teil eines Gebäudes eine der Ziffern von § 2 Absatz 4 erfüllt, wird dadurch das gesamte Gebäude zu einem Sonderbau.** Zu den Versammlungsstätten „im Freien" bzw. „Freisportanlagen" zählen **Freilichttheater, Reitbahnen, Anlagen für den Pferdesport sowie Sportstadien.** Sonderbau sind diese Versammlungsstätten allerdings nur, wenn **zusätzlich Szeneflächen und Tribünen** für eine dauerhafte Nutzung vorhanden, „ortsfest" sind. Dementsprechend fallen unter Ziffer 7 **keine Musikveranstaltungen auf Freiflächen.** Werden dabei Tribünen und auch eine Bühne aufgestellt, so findet § 66 (Fliegende Bauten) Anwendung.

40 Nunmehr ist klargestellt worden, dass sich die **40 Gastplätze nur auf Plätze im Gebäude beziehen.** Neu aufgenommen wurden Schank- und Speisegaststätten mit mehr als 1000 Sitzplätzen im Freien, hierunter fallen folglich auch **große Biergärten.**

41 Der Bereich der **Pflege- oder Tageseinrichtungen** wurde erweitert. So gibt es jetzt eine spezielle Kategorie für Krankenhäuser. Durch die Ziffern 9a. und 9b. werden Nutzungseinheiten als Sonderbau eingestuft, deren Zweck auf die Pflege oder Betreuung pflegebedürftiger oder behinderter Personen gerichtet ist. Dies hat seinen Grund darin, dass der in diesen Ziffern beschriebene **Personenkreis in seiner Selbstrettungsfähigkeit erheblich eingeschränkt ist,** wodurch sich der **Rettungsaufwand erheblich erhöht.** Nach Ziffer 9b. gelten jetzt auch

Flüchtlingsheime, Einrichtungen für Wohnungslose ebenso als Sonderbauten wie auch Studenten- und Lehrlingswohnheime.

Kleinere Tageseinrichtungen für Kinder, Menschen oder Senioren für maximal 10 Personen fallen **nicht mehr unter die Sonderbauvorschrift.** 42

Anzumerken sei noch, dass ein **Dialysezentrum** unter Ziffer 18 fällt. 43

5. Aufenthaltsräume (Abs. 5)

Aufenthaltsräume sind solche, **die nicht nur zum vorübergehenden Aufenthalt von Menschen bestimmt oder geeignet sind.** 44

Ob ein Raum nur zum vorübergehenden Aufenthalt bestimmt ist oder für einen dauernden Aufenthalt gedacht ist, richtet sich in erster Linie nach objektiven Kriterien. Ergänzend kann hierzu die Zweckbestimmung in der Baubeschreibung herangezogen werden. **Keinesfalls ist ein täglicher oder mehrstündiger Aufenthalt erforderlich.** Eine gewisse Verweildauer muss allerdings gegeben sein. 45

Hiervon kann etwa bei **Warteräumen** nicht ausgegangen werden, da diese nur vorübergehend von ständig wechselnden Personen genutzt werden. Auch Räume in **Treppenhäusern, Wasch-** und **Trockenräume, Duschen** und **WCs, Saunen** und **Fitness-Räume, Speisekammern, Vorrats-** und **Abstellräume** sind ebenso wenig Aufenthaltsräume wie Garagen, Maschinen-, Heiz- und Kesselräume. **Eindeutige Aufenthaltsräume** sind Wohn- und Schlafräume aller Art (**auch Hotelzimmer**), Küchen und Essräume, Wohndielen, Büro-, Geschäfts- und Verkaufsräume, **Unterrichtsräume**, Versammlungsräume, Krankenräume, Turnhallen, **Sportstättenräume**, aber auch **Galerien im Luftraum von Wohnungen.** 46

6. Geschosse (Abs. 6)

Geschosse liegen in der Regel auf einer Ebene und sind nach oben durch eine Decke oder ein Dach abgeschlossen. Für ein Geschoss ist nicht zwingend, dass es durch Wände umschlossen ist, **es reicht, wenn etwa das Geschoss durch Pfeiler oder Stützen gekennzeichnet ist.** 47

Verspringen Geschosse innerhalb eines Gebäudes um mehr als 1,2 m, so sind die Vollgeschosse innerhalb jedes versetzten Gebäudeteils separat zu ermitteln. Die Anzahl der Geschosse in dem Gebäudeteil, der die meisten Vollgeschosse aufweist, ist für die bauaufsichtliche Beurteilung der Anzahl der Vollgeschosse des Gesamtgebäudes maßgeblich. Dieses gilt zumindest immer dann, **wenn das Gebäude mit den unterschiedlichen Geschossen ein einheitliches Dach besitzt** und so nach Außen den Eindruck eines einheitlichen Gebäudes vermittelt. **Besteht ein zusammenhängendes Gebäude aus mehreren Gebäudeteilen mit versetzen Dächern, also unterschiedlichen Firsthöhen,** so ist für jeden Gebäudeteil die Anzahl der Geschosse separat zu errechnen. 48

Liegt die **Deckenoberkante eines Geschosses im Mittel mehr als 1,40 m über der Geländeoberfläche,** so liegt ein oberirdisches Geschoss vor, sofern die Räume dieses Geschosses durch Menschen zumindest aufrecht betreten und 49 genutzt werden können. Ein „**Kriechgeschoss**“ erfüllt diese Voraussetzungen nicht, selbst wenn die Deckenoberkante 1,40 m über die Geländeoberfläche hinausragt.

50 Bei einer Deckenoberkante unter 1,40 m haben wir es mit einem **Kellergeschoss** zu tun, in welchem **keine Wohnungen zulässig sind, wohl aber einzelne Aufenthaltsräume.**

51 Aus den Worten **im Mittel** geht hervor, dass z. B. **bei einem Hanggeschoss eine Gebäudeseite vollkommen vom Erdreich bedeckt sein darf, wohingegen dafür eine andere Wand/Front des Geschosses gänzlich „oberirdisch“ gelegen sein muss.** Entscheidend ist das arithmetische Mittel.

52 Für ein **Vollgeschoss** wird verlangt, dass es **mit seiner Deckenoberkante im Mittel 1,40 m über die Geländefläche hinausragt und eine lichte Höhe von mindestens 2,30 m aufweist.**

53 Die **lichte Höhe ist zu messen** von der Oberkante Fertigfußboden bis zur Unterkante Decke (inkl. Deckenputz) bzw. Unterkante Dach. **Durch das künstliche Absenken der Decke durch Abhängungen kann die lichte Höhe nicht reduziert werden.** Solche Deckenkonstruktionen sind bei der Bemessung der lichten Höhe unbeachtlich, da sie sonst zur Umgehung bauordnungsrechtlicher Vorschriften, d. h. zur Manipulation genutzt werden könnten. **Unterzüge** oder sonstige Bauteile, die zu einer geringfügigen Unterschreitung der lichten Höhe von 2,30 m führen, **berühren die Eigenschaft eines Geschosses als Vollgeschoss nicht.**

54 Eine Sonderregelung findet sich sodann noch für **oberste Geschosse** und **Geschosse im Dachraum.** Diese zählen als Vollgeschosse, wenn sie eine **lichte Höhe von 2,30 m über mindestens zwei Drittel der Geschossfläche** des darunter liegenden Geschosses haben.

55 Die **Geschossfläche des „unteren“ Geschosses wird auch hier nach der Bruttogeschossfläche ermittelt,** also nach den Außenkanten bzw. Außenflächen der Gebäudewände. Sind solche nicht vorhanden, ist auf die Bauteile abzustellen, die das untere Geschoss umfassen.

56 Bei **der Ermittlung der Bruttogeschossfläche sind untergeordnete Bauteile wie Balkone oder Kragplatten über Hauseingängen etc. nicht einzubeziehen. Dacheinschnitte,** wie **Loggien** oder **Dachterrassen** innerhalb der Umfassungswände sind allerdings der Grundflächenbemessung hinzuzurechnen.

57 **Auch Seitenflügel oder Nebengebäude sind bei der Geschossflächenberechnung zu berücksichtigen,** sofern sie Teil eines Hauptbaukörpers sind, das Gebäude folglich ein einheitliches Bauwerk darstellt. Ob die Firsthöhen dabei differieren ist unerheblich, sofern das Gebäude optisch und funktional als Einheit erscheint.

58 **Terrassen-** und **Staffelgeschosse** sind ebenfalls nur Vollgeschosse, wenn sie mindestens **über 2/3 der Grundfläche des darunter liegenden Geschosses eine lichte**

Höhe von 2,30 m besitzen. Dabei ist es gleichgültig, ob eine Abtreppung nur zu einer, zwei oder mehreren Seiten erfolgt.

Höchstrichterlich ist in Hamburg noch **nicht geklärt, ob auch zwei übereinanderliegende, abgetreppte Staffelgeschosse zulässig sind,** sofern jedes Geschoss die „2/3 Bruttogeschossfläche" des darunter liegenden Geschosses einhält. Satz 3 definiert die Vollgeschossigkeit eines obersten Geschosses und Geschosses im Dachraum nur nach der lichten Höhe und der Bruttogeschossfläche des darunter liegenden Geschosses. **Eine Höhenbegrenzung für das oberste Geschoss oder Geschosse im Dachraum oder für Dächer findet sich in der HBauO nicht.** 59

Hieraus ist nach hiesiger Ansicht zu folgern, dass mehrere abgetreppte Staffelgeschosse zulässig sind, entsprechend dem **Grundsatz der Baufreiheit,** der in dem Eigentumsrecht des Art. 14 GG festgeschrieben ist. Danach hat jeder Eigentümer das Recht, sein Grundstück zu bebauen, sofern sein Bauvorhaben die öffentlich-rechtlichen Vorschriften des Baurechts einhält. Mit anderen Worten: **Da die Hamburgische Bauordnung weder ausdrücklich noch konkludent bestimmt, dass z. B. zwei abgetreppte Staffelgeschosse grundsätzlich unzulässig sind** oder dass eine zweite Staffel dazu führt, dass das darunter liegende Staffelgeschoss ganz zum Vollgeschoss wird, ist gemäß der im Grundgesetz verankerten Eigentumsgarantie die Errichtung von mehreren Staffelgeschossen mit § 6 Abs. 6 vereinbar und somit bauaufsichtlich zu genehmigen. 60

Diese Schlussfolgerung ist auch unter Berücksichtigung städtebaulicher und nachbarlicher Belange zweckmäßig und gerechtfertigt. Zum einen **könnte jeder Bauherr statt zweier abgetreppter Staffelgeschosse auch ein Spitzdach in unbegrenzter Höhe errichten,** dessen First das Dach des ersten Staffelgeschosses deutlich, sogar um mehrere Meter, überragt. Denn **in der Hamburgischen Bauordnung** ist wie zuvor erwähnt, **keine Höhenbegrenzung für ein oberstes oder ein Dach-Geschoss bestimmt. Ein Nachbar würde durch ein solches Spitzdach mehr verschattet** oder sonst beeinträchtigt werden, als durch zwei übereinanderliegende Staffelgeschosse. Auch **aus städtebaulicher Sicht** sind oftmals **zwei Staffelgeschosse wünschenswerter als ein hochgezogenes Spitzdach.** 61

Darüber hinaus würde **durch zusätzliche Staffelgeschosse auch zusätzlicher Wohnraum** und damit zusätzliche Wohnungen geschaffen werden können. 62

Gleiches gilt für **hohe, steil geneigte Dächer. Nach hiesiger Auffassung können auch in diesen Dachformen mehrere Geschosse zur Aufenthaltszwecken und damit als Wohnraum genutzt werden,** wenn wiederum jedes Geschoss die 2/3-Berechnung einhält. 63

Dachgeschosse, die nicht als Vollgeschosse gelten, sind bei der Anzahl der Vollgeschosse eines Bebauungsplanes oder eines Baustufenplanes **nicht mitzurechnen.** Gleiches gilt für Kellergeschosse, deren Deckenoberkanten im Mittel nicht 1,40 m über die Geländeoberfläche hinausragen. 64

65 Nicht jede betretbare Fläche/Ebene in einem Dachraum ist ein „Geschoss“. Hierfür ist vielmehr erforderlich, dass die Ebene im Dachraum eine lichte **Höhe von mindestens 2 m** aufweist und eine **Mindestbreite von 1 m. Spitzböden** gelten als Geschoss, wenn sie eine lichte Höhe von mindestens 1,80 m haben.

66 Die Geschossfläche ist nach den Außenmaßen der Gebäude in allen Vollgeschossen zu ermitteln (vgl. § 20 Abs. 3 BauNVO 1990). **Zur Geschossfläche zählt** folglich die Fläche von Außenkante Außenwand zu Außenkante Außenwand, wobei zur Berechnung die Ermittlungsmethoden der DIN 277 herangezogen werden können. **Zur Geschossfläche gehören auch Treppenläufe und Podeste** sowie die betretbaren Flächen von Lufträumen wie **Galerien und Atrien**, nicht aber der Luftraum.

67 Bei der Ermittlung der Geschossfläche bleiben Nebenanlagen nach § 14 BauNVO, **Balkone, Loggien, Terrassen** sowie bauliche Anlagen, soweit sie nach Landesrecht in den Abstandsflächen zugelassen sind, **unberücksichtigt** (vgl. § 20 Abs. 4 BauNVO 1990).

7. **Garagen** (**Abs.** 7)

68 Als **Garagen,** gelten auch **Carports,** also auf Stützen stehende Überdachungen eines KFZ-Stellplatzes.

69 Was unter **Kraftfahrzeugen** zu verstehen ist, ergibt sich aus § 1 Abs. 2 StVG. **Hierzu zählen neben Personenkraftwagen auch Lastkraftwagen, Omnibusse, Motorräder aller Art, auch landwirtschaftliche Fahrzeuge wie Traktoren.** Für die Flächen von Stellplätzen sind keine besonderen Anforderungen vorgegeben. Stellplätze dienen dem Abstellen von Kraftfahrzeugen außerhalb öffentlicher Verkehrsflächen, sie können folglich auch auf einem Grundstücksteil liegen, welches für das Abstellen von Fahrzeugen geeignet aber hierfür nicht gesondert hergerichtet ist.

8. **Feuerstätten** (**Abs.** 8)

70 Dadurch, dass eine **Feuerstätte** eine ortsfeste Benutzung voraussetzt, sind hierunter **keine Heizöfen ohne Kaminanschluss oder Schornsteine** zu verstehen.

9. **Rettungswege** (**Abs.** 9)

71 Bei dem Ausbruch eines Feuers muss sichergestellt sein, dass Mensch und Tier innerhalb eines Gebäudes auf dem Grundstück ins Freie gelangen können, um sich vor Rauch und Feuer in Sicherheit bringen zu können. Aus diesem Grunde **wird für Nutzungseinheiten mit mindestens einem Aufenthaltsraum verlangt, dass diese über 2 voneinander unabhängige Rettungswege verfügen.** Die Brandschutzanforderungen an Rettungswege sind in § 31 konkretisiert (vgl. die dortigen Ausführungen).

10. **Bauprodukte** (**Abs.** 10)

72 In Ausfüllung **der EG-Bauproduktenrichtlinie** ist die **Definition für ein Bauprodukt** in diesem Absatz beschrieben. **Danach sind Bauprodukte Baustoffe, Bauteile und Anlagen, die hergestellt werden, um dauerhaft in bauliche Anlage eingebaut zu werden.** Sie können aus natürlichen Materialien bestehen

oder auch aus künstlichen Stoffen. Die Umsetzung des Bauproduktengesetzes (BauPG) des Bundes in Hamburger Landesrecht ist in den §§ 19b ff. geregelt.

11. Bauarten (Abs. 11)

Ebenfalls auf die **EG-Bauproduktenrichtlinie** geht der Begriff **„Bauart"** zurück. **Danach ist Bauart das Zusammenfügen von Bauprodukten zu baulichen Anlagen oder Teilen von baulichen Anlagen.** Ein herkömmlicher Bau „Stein auf Stein" zählt ebenso zu den Bauarten wie die Errichtung eines Bauwerkes aus Fertigbetonteilen oder in einer Holz- bzw. Stahlkonstruktion. Welche Bauarten in Hamburg angewendet werden dürfen, ist ausführlich in den §§ 19a ff. geregelt. **73**

12. Ergänzende Rechtsvorschriften

Für **Garagen und Stellplätze** finden sich auch im Bauplanungsrecht Regelungen, deren Begriffe mit denen der HBauO gleichzusetzen sind. So können in einem Bebauungsplan nach § 9 Abs. 1 Nr. 4, 11 und 22 BauGB nicht nur Flächen für Stellplätze und Garagen ausgewiesen werden, sondern auch Verkehrsflächen mit einer besonderen Zweckbestimmung (**Fußgängerbereich** etc.) sowie **Gemeinschaftsgaragen.** **74**

Wann und unter welchen **bauplanungsrechtlichen** Voraussetzungen Garagen und Stellplätze in einem Baugebiet errichtet werden dürfen, ergibt sich aus **§ 12 BNVO.** **75**

Was **bauordnungsrechtlich** bei der Errichtung von Stellplätzen und Garagen zu beachten ist, regelt zunächst § 48 (vgl. die dortigen Ausführungen). **76**

Des Weiteren sind die Vorschriften der **Garagenverordnung** (GarVO) in der Fassung vom 17.1.2012 zu beachten. **77**

Sodann können noch folgende **Bauprüfdienste** zur Anwendung kommen **78**
- BPD 9/82 „Höhenanweisungen";
- BPD 3/90 „Campingplätze";
- BPD 8/97 „Großflächiger Einzelhandel";
- BPD 1/08 „Anforderungen an den Bau und Betrieb von Hochhäusern (**BPD Hochhäuser**)";
- BPD 3/16 „Brandschutztechnische Anforderungen an Krankenhäuser (**BPD Krankenhäuser**)";
- BPD 2018-1 „Besondere Wohnformen für pflegebedürftige und behinderte Menschen (**BPD Besondere Wohnformen**)".

§ 3 Allgemeine Anforderungen

Anlagen sind so anzuordnen, zu errichten, zu ändern und instand zu halten, dass die öffentliche Sicherheit und Ordnung, insbesondere Leben, Gesundheit und die natürlichen Lebensgrundlagen nicht gefährdet werden; dabei sind die Grundanforderungen an Bauwerke gemäß Anhang I der Verordnung (EU) Nr. 305/2011 zu berücksichtigen. Die Anlagen müssen ihrem Zweck entsprechend ohne Missstände zu benutzen sein. Im Rahmen der Arbeiten nach Satz 1

ist sicherzustellen, dass keine unzumutbaren Belästigungen entstehen können. Die Anforderungen der Sätze 1 bis 3 gelten auch für die Beseitigung von Anlagen und bei der Änderung ihrer Nutzung.

Kommentierung

1 Auch diese Vorschrift wurde durch die **HBauO-Novelle 2018** neu gefasst. Diese Generalklausel soll bestätigen, dass die europarechtlichen Grundanforderungen an Bauwerke eingehalten werden, ebenso wie die nationalen Schutzziele, die in den **Technischen Baubestimmungen** gemäß § 81a konkretisiert sind und nunmehr im Amtlichen Anzeiger vom 30.4.2018, S. 669 ff. veröffentlicht wurden.

Zweiter Teil: **Das Grundstück und seine Bebauung**

§ 4 Erschließung der Grundstücke

(1) Ein Grundstück darf nur bebaut werden, wenn es in ausreichender Breite von einem befahrbaren und nicht anbaufrei zu haltenden öffentlichen Weg aus unmittelbar oder durch Baulast gesichert über ein anderes Grundstück zugänglich ist. Der öffentliche Weg und der Zugang zum Grundstück müssen so beschaffen sein, dass die Ver- und Entsorgung, der Einsatz von Rettungs- und Löschgeräten sowie der durch die jeweilige Grundstücksnutzung hervorgerufene Verkehr ohne Schwierigkeiten möglich sind. Für die Bebauung von Grundstücken mit Wohngebäuden der Gebäudeklassen 1 bis 3 genügt der unmittelbare Zugang von einem nicht befahrbaren öffentlichen Weg von höchstens 75 m Länge; dabei darf jedoch bei Gebäuden mit mehr als zwei Wohnungen der Gebäudeeingang nicht weiter als 85 m vom befahrbaren öffentlichen Weg entfernt sein. Ein Grundstück darf unter den Voraussetzungen der Sätze 1 bis 3 bereits bebaut werden, wenn der Wegeausbau nach § 14 des Hamburgischen Wegegesetzes (HWG) in der Fassung vom 22. Januar 1974 (HmbGVBl. S. 41, 83), zuletzt geändert am 17. Dezember 2002 (HmbGVBl. S. 347, 352), in der jeweils geltenden Fassung gesichert ist.

(2) Jede Eigentümerin und jeder Eigentümer eines Gebäudes mit Aufenthaltsräumen ist verpflichtet, dieses an das öffentliche Wasserversorgungsnetz anzuschließen und die Wasserversorgungseinrichtungen zu benutzen. Auf Grundstücken, die nicht an das öffentliche Wasserversorgungsnetz angeschlossen werden können, ist die Herstellung von Brunnen zulässig, wenn die hygienischen Anforderungen eingehalten werden können.

(3) Bebaute Grundstücke sind unmittelbar oder durch Baulast gesichert über ein anderes Grundstück durch eine eigene oder gemeinsame unterirdische Leitung (Grundleitung) an die öffentlichen Abwasseranlagen anzuschließen. Ist ein Anschluss an die öffentlichen Abwasseranlagen nicht möglich, so ist eine Bebauung zulässig, wenn das Abwasser versickert oder in ein oberirdisches Gewässer eingeleitet werden darf. Auf Grundstücken, von denen das Schmutzwasser nur einer privaten Abwassersammelgrube zugeleitet werden kann, sind Wohngebäude mit insgesamt nicht mehr als zwei Nutzungseinheiten sowie andere Gebäude mit vergleichbarem Abwasseranfall zulässig.

Kommentierung

Übersicht

1. Belegenheit an einem öffentlichen Weg (Abs. 1)

1 Auch ein im Bebauungsplan oder Baustufenplan festgesetztes bebaubares **Grundstück** darf nach bauordnungsrechtlichen Vorschriften **nur bebaut werden, wenn es in ausreichender Breite von einem befahrbaren öffentlichen Weg erreichbar und damit zugänglich ist. Eine ausreichende Breite ist bei 3 m gegeben.** Diese straßenmäßige Erschließung ist auch aus **Brandschutzsicht** notwendig, ebenso wie für **Krankentransporte** und die **Abfallbeseitigung.** Es muss also möglich sein, über einen öffentlichen Weg mit Feuerwehr-, Rettungs- und Müllwagen das Baugrundstück zu erreichen und zu befahren.

2 Für die Erschließung ist auch eine **befahrbare Zufahrt** notwendig, d. h. auch **auf dem Baugrundstück muss die Verkehrsfläche eine Mindestbefestigung aufweisen.**

3 Als zweite Alternative gilt ein Grundstück auch dann als erschlossen und damit bebaubar, wenn es zwar keine unmittelbare Belegenheit an einem befahrbaren öffentlichen Weg hat, aber **der mittelbare Zugang über ein anderes Grundstück durch Baulast (§ 79) gesichert ist.** Eine **Grunddienstbarkeit ist nicht gleichwertig und reicht nicht aus,** da eingetragene Grunddienstbarkeiten ohne Zutun der Bauaufsichtsbehörde allein durch Erklärungen der Eigentümer des herrschenden und des dienenden Grundstücks gelöscht werden können. Dann wäre die ungehinderte Zugänglichkeit des hinten liegenden Grundstücks von einem öffentlichen Weg aus für Rettungsdienste, Feuerwehr oder Entsorgungsunternehmen nicht mehr gegeben. Aus diesem Grunde ist die **Eintragung einer Baulast zwingend notwendig,** da diese nur gelöscht werden kann, wenn auch die Bauaufsichtsbehörde einwilligt.

4 Durch diese Sicherung der Zugänglichkeit eines Grundstücks über eine Baulast ist für die **Abtrennung einer hinten belegenen Grundstücksfläche** nicht mehr die Bildung eines sog. **„Pfeifenstielgrundstücks“** erforderlich. Ist das Hinterliegergrundstück über einen Zugang erreichbar, für den eine Baulast eingetragen ist, kann das **hintere Grundstück real abgeteilt und ggf. verkauft werden,** wobei die „Zugangsfläche“ mit der Baulast im Eigentum des vorderen Grundstückseigentümers verbleibt.

5 Dieses kann auch Vorteile haben, wenn es um die bauliche Ausnutzbarkeit des vorderen Grundstücks geht, da **die Baulastfläche auf die zu bebauende Grundfläche (GRZ) anzurechnen** ist.

6 In Einzelfällen wird durch diese Regelung überhaupt erst die Bebauung eines hinten gelegenen Grundstücks möglich, etwa wenn die **Bildung eines „Pfeifenstiels“ aus tatsächlichen oder rechtlichen Gründen ausscheidet.**

7 In der Praxis hat sich herausgestellt, dass gerade bei der **Neubebauung von großen Grundstücken mit Einzel-, Doppel- oder Reihenhäuser der Bedarf besteht,** die Grundstücke real zu teilen (Stadtwohnungseigentum), um sämtliche eigene real abgeteilte Grundstücke über einen **gemeinsamen privaten Weg zu erschließen.** Bisher durften maximal vier sogenannte Hinterliegergrundstücke mit einem gemeinsamen Zugang zu einem öffentlichen Weg bebaut werden. Nunmehr ist die Beschränkung weggefallen, sodass **auch große Grundstücke nach erfolgter Realteilung mit Einzel-, Doppel- oder Reihenhäusern bebaut werden dürfen,** die dann über einen gemeinsamen privaten Weg erschlossen werden, an welchen nicht so hohe Anforderungen gestellt werden wie an einen öffentlichen Weg.

8 Für die **Beschaffenheit** des **öffentlichen Weges** gemäß Satz 2 ist grundsätzlich zu fordern, dass der öffentliche Weg normalen Begegnungsverkehr mit Pkws bewältigen kann. Nach Auffassung des **OVG Hamburg ist eine 4 m breite Fahrbahn für eine ordnungsgemäße Erschließung ausreichend,** selbst wenn diese nicht über einen Wendehammer verfügt. Eine weitere Privilegierung für die **Bebauung von Grundstücken** findet sich in Satz 3. Danach ist für Wohngebäude der **Gebäudeklassen 1–3,** die alle **maximal 7 m** hoch sein dürfen, **der unmittelbare Zugang von einem nicht befahrbaren öffentlichen Wohnweg ausreichend, sofern der Wohnweg an einem öffentlichen Weg mit ausreichender Breite angrenzt.** Dann bedarf es für die Bebauung der Grundstücke am Wohnweg nicht einmal der Eintragung einer Baulast.

9 Eine Einschränkung findet sich noch für **Gebäude mit mehr als 2 Wohnungen.** Der **Gebäudeeingang** muss dann so gelegt werden, dass er **vom befahrbaren öffentlichen Weg maximal 85 m entfernt ist.**

10 Um ein Grundstück bebauen zu können, **muss der die Zugänglichkeit ermöglichende öffentliche Weg bei Erteilung der Baugenehmigung fertiggestellt sein.** Hamburg hat aber in § 14 Abs. 4 HWG eine **Spezialvorschrift für Bauherren getroffen, wonach diese die Erschließung eines Grundstücks oder sogar einer ganzen Wohnanlage durch Herstellung einer öffentlichen Straße selbst herbeiführen können.** Mittels eines sog. **Erschließungsbescheides** werden von der Stadt die für den öffentlichen Weg erforderlichen Flächen festgesetzt, ebenso die voraussichtlich aufzuwendenden Ausbaukosten. **Sind die Flächen bereitgestellt und die kalkulierten Ausbaukosten vom Erschließer bezahlt,** wird der öffentliche Weg durch die Freie und Hansestadt Hamburg hergestellt und anschließend die Vorauszahlung mit dem Bauherrn abgerechnet. **Beginnt die Freie und Hansestadt Hamburg nicht binnen Jahresfrist mit dem Straßenbau, nachdem der Ausbau finanziell gesichert und beantragt worden ist,** so kann der Bauherr in eigener Verantwortung die Wegebaumaßnahmen, sprich den öffentlichen Weg herstellen.

2. Wasserversorgung (Abs. 2)

11 Dieser Absatz besagt, dass **jeder Eigentümer** eines Gebäudes mit Aufenthaltsräumen dieses **an das öffentliche Wasserversorgungsnetz anschließen und die Wasserversorgungseinrichtungen nutzen muss.**

12 Nur wenn der Anschluss an Wasserversorgungsleitungen nicht möglich ist, kann **in Ausnahmefällen die Herstellung von Brunnen zugelassen werden.**

Dass jede Wohnung einen **Wasserzähler** haben muss, ist in § 45 Abs. 4 vorgeschrieben (siehe hierzu auch die dortigen Ausführungen). 13

3. **Abwasseranlagen** (Abs. 3)

Bebaute Grundstücke sind nicht nur an das öffentliche Wasserversorgungsnetz anzuschließen, sondern auch an die **öffentlichen Abwasseranlagen.** 14

Von dem Grundsatz, dass jedes bebaute Grundstück über eine eigene unterirdische Leitung an ein öffentliches Siel angeschlossen werden soll, wurde durch die Neufassung des Absatz 3 abgewichen. Nunmehr ist es auch zulässig, **mehrere Grundstücke über eine gemeinsame Grundleitung zu entwässern.** 15

Ist mangels Vorhandensein von Abwasseranlagen ein Anschluss nicht möglich, so kann das Grundstück gleichwohl bebaut werden, wenn nach den Vorgaben wasserrechtlicher Vorschriften das **Abwasser versickern** oder in ein **oberirdisches Gewässer eingeleitet** werden darf. 16

Ist auch dies nicht möglich, kann nur ein Wohngebäude mit maximal zwei Nutzungseinheiten genehmigt werden, wobei das Schmutzwasser in eine **Abwassersammelgrube** einzuleiten ist, deren bauliche Anforderungen sich aus § 42 ergeben. 17

4. Nachbar- und Rechtsschutz

Die ausreichende Erschließung von Grundstücken dient allein dem öffentlichen Interesse und vermittelt keinen Nachbarschutz. 18

5. Ergänzende Rechtsvorschriften

Es gilt der **Bauprüfdienst:** 19
- BPD 3/10 „Bauordnungsrechtliche Erschließung von Grundstücken (**BPD Erschließung**)“.

Einzelheiten über den Bau, die Unterhaltung und den Betrieb von Abwasseranlagen finden sich im **Hamburgischen Abwassergesetz (HmbAbwG).** 20

Daneben sind die baulichen Anforderungen an Abwasseranlagen nach § 42 „Anlagen zum Sammeln und Beseitigen von Abwasser“ zu beachten (vgl. die dortigen Ausführungen). 21

§ 5 Zugänge und Zufahrten auf den Grundstücken

(1) Von öffentlichen Wegen ist für Rettungs- und Löscharbeiten ein Zu- oder Durchgang in ausreichender Breite und Höhe zu schaffen
1. zur Vorderseite von Gebäuden,
2. zur Rückseite von Gebäuden, wenn der zweite Rettungsweg aus diesen Gebäuden dort über Rettungsgeräte der Feuerwehr führt.

(2) Zu Gebäuden, bei denen die Oberkante der Brüstung von Fenstern oder Stellen, an die Rettungsgeräte der Feuerwehr angelegt werden sollen, mehr als 8,0 m über der Geländeoberfläche liegt, ist abweichend von Absatz 1 anstelle eines Zu- oder Durchgangs eine Zu- oder Durchfahrt zu schaffen.

(3) Ist für die Personenrettung der Einsatz von Hubrettungsfahrzeugen erforderlich, sind die für die Fahrzeuge erforderlichen Aufstell- und Bewegungsflächen vorzusehen.

(4) Bei Gebäuden, die ganz oder mit Teilen mehr als 50 m von einem öffentlichen Weg entfernt sind, sind Zufahrten oder Durchfahrten zu den vor und hinter den Gebäuden gelegenen Grundstücksteilen und Bewegungsflächen herzustellen, wenn sie aus Gründen des Feuerwehreinsatzes erforderlich sind.

(5) Zu- und Durchfahrten, Aufstellflächen und Bewegungsflächen für die Feuerwehrfahrzeuge sind als solche zu kennzeichnen und ständig freizuhalten. Die Kennzeichnung von Zufahrten muss von dem öffentlichen Weg aus sichtbar sein.

Kommentierung

Übersicht

1. Zu- und Durchgänge zu Gebäuden (Abs. 1)

1 Diese Vorschrift steht im engen sachlichen Zusammenhang zu den Regelungen des vorherigen § 4. Während § 4 festschreibt, unter welchen Voraussetzungen ein Grundstück überhaupt bebaut werden darf, nämlich wenn es eine unmittelbare oder mittelbare Belegenheit an einem öffentlichen Weg hat, **trifft § 5 speziellere Regelungen darüber, wie auf dem Baugrundstück selbst Flächen für Rettungsfahrzeuge angelegt sein müssen und wie die Erreichbarkeit der Gebäude für Rettungs- und Löscharbeiten baulich zu gewährleisten ist.**

2 Dabei muss man sich zunächst den Grundsatz vergegenwärtigen, wonach **jedes Gebäude, jede separate Wohn- und Nutzungseinheit über zwei Rettungswege verfügen muss.** Der **erste Rettungsweg** führt regelmäßig von den Gebäuden und Nutzungseinheiten über die **Treppenhäuser direkt ins Freie.** Bei Wohnungen über zwei Ebenen ist zwangsläufig auch immer eine innenliegende Verbindungstreppe vorhanden.

3 **An dem zweiten Rettungsweg werden nicht so strenge Anforderungen** wie an den ersten Rettungsweg **gestellt, d. h. es reicht aus, wenn es eine Stelle gibt, die mit Rettungsgeräten der Feuerwehr erreicht werden kann.** Ist eine zweite notwendige Treppe vorhanden, so gilt diese natürlich auch als zweiter Rettungsweg.

Als Rettungsweg wird ein Zu- oder Durchgang in ausreichender Breite und Höhe gefordert. Kein Durchgang ist etwa eine Wegeführung durch das Gebäude selbst. Unter einem Durchgang sind überbaute Wege (**Tordurchfahrten**) zu verstehen. Wände und Decken von Durchfahrten müssen selbstverständlich feuerbeständig sein. 4

Der Zu- oder Durchgang muss nicht befahrbar sein. Auch eine gerade Linienführung ist nicht vorgegeben, sodass **abknickende Wegeführungen (Abwinklungen) grundsätzlich zulässig sind.** Dieses aber nur, wenn die Zu- und Durchgänge so angelegt sind, dass sie mit tragbaren Leitern der Feuerwehr unproblematisch begangen werden können, ohne „rangieren" zu müssen. 5

Dass die Vorderseite des Gebäudes in jedem Fall für die Feuerwehr von außen erreichbar sein muss, ist zwingend. Für die **Rückseite von Gebäuden** ist eine Zugänglichkeit für die Feuerwehr nur dann notwendig, wenn Wohnungen oder Büros etc. **Gebäudeöffnungen** (Fenster sowie Türen zu Balkonen, Loggien usw.) **lediglich nach hinten heraus besitzen**, also nicht ein einziger Raum vorne an der öffentlichen Straße liegt, der eine für die Feuerwehr erreichbare Gebäudeöffnung besitzt. 6

Als Orientierungsrahmen ist davon auszugehen, dass die **Zu- und Durchgänge mindestens 1,25 m breit sein müssen,** wobei im Ausnahmefall bei einer Tür auch eine Breite von 1 m ausreichen kann. **Die Höhe eines Durchgangs muss mindestens 2 m sein.** 7

2. Anleiterbarkeit bei einer Höhe von mehr als 8,0 m über der Geländeoberfläche (Abs. 2)

Liegt die Oberkante der Brüstung von Fenstern oder Stellen, an die Rettungsgeräte der Feuerwehr angelegt werden sollen, **mehr als 8 m über der Geländeoberfläche,** muss statt eines Zu- oder Durchgangs eine **Zu- bzw. Durchfahrt** geschaffen werden. Die **8 m** sind nach den tatsächlichen Gegebenheiten des Gebäudes **zu bemessen, d. h. von der Fläche, wo das Rettungsgerät aufgestellt wird bis zur Oberkante der Brüstung.** 8

Die **Zufahrt** muss **über eine Breite von mindestens 3 m** verfügen, die **Höhe der Durchfahrt** muss im Minimum **3,50 m** sein. Wenn die Zu- und Durchfahrten nur durch eine **„Kurvenfahrt"** der Feuerwehrfahrzeuge erreicht werden können, müssen die Zufahrten entsprechend breiter bemessen werden. **Einzelheiten zu Radien und Übergangsbereichen sind in einer besonderen „Technischen Baubestimmung" festgelegt** (siehe hierzu den Gliederungspunkt 7 „Ergänzende Rechtsvorschriften). 9

Für **geradlinig geführte Zufahrten können befestigte Fahrspuren** im Abstand von 0,8 m jeweils 1,10 m breit **zugelassen werden. Schwellen oder Stufen bis maximal 8 cm sind zulässig.** 10

Wichtig ist, dass Zu- und Durchfahrten ständig genutzt werden können. Allerdings ist es zulässig, **durch Sperrvorrichtungen wie Pfosten oder Ketten eine Feuerwehrzufahrt zu sichern,** sofern diese Sicherungen durch Hydrantenschlüssel oder mittels Bolzenschneider entfernt werden können. 11

3. Hubrettungsfahrzeuge (Abs. 3)

12 Ist für die Personenrettung der Einsatz von **Hubrettungsfahrzeugen** erforderlich, so sind für diese Fahrzeuge **die notwendigen Aufstell- und Bewegungsflächen zu schaffen.** Mit Hubrettungsfahrzeugen muss in der Regel gearbeitet werden, wenn die **Brüstungskante der Fenster oder der zum Anleitern bestimmten Stelle 8 m über vorhandenem Terrain liegt.**

13 Eine **Aufstellfläche** muss mindestens **3,50 m breit sein,** sie muss gewährleisten, dass von dort die Brüstung oder die zum Anleitern vorgesehene Stelle erreicht werden kann. **Je nach Höhe der anzuleiternden Stelle beträgt der Abstand von der Gebäudewand zur Aufstellfläche zwischen 3 m und 9 m.** Bei einer Brüstungshöhe von 18 m darf der Abstand von der Aufstellfläche zur Außenwand höchstens 6 m sein. Weitere Vorgaben an die Aufstellfläche für die Feuerwehr ergeben sich wiederum aus einer „Technischen Baubestimmung" (siehe hierzu den Gliederungspunkt 7 „Ergänzende Rechtsvorschriften). So darf beispielsweise die **maximale Neigung der Aufstellfläche** 5 % betragen.

4. Entfernung zum öffentlichen Weg mehr als 50 m (Abs. 4)

14 Dieser Absatz ist **widersprüchlich** und hat **keinen eigenen Regelungsgehalt.** Zum einen schreibt dieser Absatz als Muss-Vorschrift vor, dass bei Gebäuden, die ganz oder mit Teilen mehr als 50 m von einem öffentlichen Weg entfernt sind, Zu- oder Durchfahrten und Bewegungsflächen herzustellen sind. Diese Muss-Vorschrift wird durch den zweiten Halbsatz wieder aufgehoben, da die vorgenannten Zuwegungen und Flächen nur herzustellen sind, wenn dieses aus Gründen des Feuerwehreinsatzes erforderlich ist. Dieser Absatz regelt folglich nicht etwas, was nicht schon durch die vorhergehenden Absätze 1–3 erfasst ist.

5. Kennzeichnung und Freihaltung von Flächen für Feuerwehrfahrzeuge (Abs. 5)

15 **Einzelheiten an die Befestigung und Tragfähigkeit von Flächen für Feuerwehrfahrzeuge** ergeben sich ebenfalls aus „Technischen Baubestimmungen" (siehe hierzu den Gliederungspunkt 7 „Ergänzende Rechtsvorschriften). **Die Stell- und Bewegungsflächen müssen eine Fahrzeugachslast bis zu 10 t** mit einem zulässigen **Gesamtgewicht der Fahrzeuge bis zu 16 t** aufnehmen können. Die Stell- und Bewegungsflächen sind ständig freizuhalten, dort dürfen sich folglich weder Anpflanzungen noch Einfriedigungen befinden noch irgendwelche fest montierten Stühle, Bänke, Tische etc.

16 Damit ein **Zuparken dieser Flächen verhindert wird,** sind entsprechende **Hinweisschilder mit der Aufschrift „Fläche für die Feuerwehr"** aufzustellen. Auch die Zufahrt muss durch ein entsprechendes Hinweisschild gekennzeichnet sein, welches bereits im Übergangsbereich, d. h. **von der öffentlichen Straße her deutlich zu erkennen und lesbar sein muss.**

6. Nachbar- und Rechtsschutz

17 Die Anforderungen an Zugänge und Zufahrten zu und auf Grundstücken für Rettungs- und Löscharbeiten sollen die Bewohner und Nutzer der Gebäude schützen, nicht die Nachbarn.

7. Ergänzende Rechtsvorschriften

Auch hier kann der BPD 3/10 „Bauordnungsrechtliche Erschließung von Grundstücken (**BPD Erschließung**)" einschlägig sein. 18

Hinsichtlich der „**Technischen Baubestimmungen**" wird auf die Regelwerke verwiesen, die in Hamburg durch die „Liste der Technischen Baubestimmungen" eingeführt sind, aktuell veröffentlicht im Amtlichen Anzeiger vom 30.4.2018, S. 669 ff. 19

Im Übrigen finden die Brandschutzanforderungen der §§ 24 bis 30 und Vorgaben für Rettungswege gemäß der §§ 31 bis 36 Anwendung (vgl. die dortigen Ausführungen). 20

§ 6 Abstandsflächen

(1) Vor den Außenwänden von Gebäuden sind Flächen von oberirdischen Gebäuden freizuhalten (Abstandsflächen). Satz 1 gilt entsprechend für andere Anlagen, von denen Wirkungen wie von Gebäuden ausgehen, gegenüber Gebäuden und Grundstücksgrenzen. Eine Abstandsfläche ist nicht erforderlich vor Außenwänden, die an Grundstücksgrenzen errichtet werden, wenn nach planungsrechtlichen oder bauordnungsrechtlichen Vorschriften an die Grenze gebaut werden muss oder gebaut werden darf.

(2) Abstandsflächen müssen auf dem Grundstück liegen. Sie dürfen auch auf öffentlichen Verkehrs-, Grün- und Wasserflächen liegen, jedoch nur bis zu deren Mitte. Bei öffentlichen Grünflächen gilt dies nur sofern die Gebäude oder Anlagen innerhalb von Baulinien oder Baugrenzen errichtet werden. Abstandsflächen dürfen sich ganz oder teilweise auf andere Grundstücke erstrecken, wenn durch Baulast gesichert ist, dass sie nicht überbaut werden; Absatz 3 bleibt unberührt. Bei Wohngebäuden der Gebäudeklassen 1 bis 3 ist ein Flächenausgleich innerhalb einer unregelmäßig begrenzten Abstandsfläche zulässig.

(3) Die Abstandsflächen dürfen sich nicht überdecken; dies gilt nicht für
1. **Außenwände, die in einem Winkel von mehr als 75 Grad zueinander stehen,**
2. **Außenwände zu einem fremder Sicht entzogenen Gartenhof bei Wohngebäuden der Gebäudeklassen 1 und 2,**
3. **Gebäude und andere Anlagen, die in den Abstandsflächen zulässig sind.**

(4) Die Tiefe der Abstandsfläche bemisst sich nach der Wandhöhe; sie wird rechtwinklig zur Wand gemessen. Wandhöhe ist das Maß von der Geländeoberfläche bis zum Schnittpunkt der Wandaußenseite mit der Dachhaut oder bis zum oberen Abschluss der Wand. Die Höhe von Dächern mit einer Neigung von weniger als 70 Grad wird zu einem Drittel der Wandhöhe hinzugerechnet. Andernfalls wird die Höhe des Daches voll hinzugerechnet. Die Sätze 1 bis 4 gelten für Dachaufbauten entsprechend. Das sich ergebende Maß ist H.

(5) Die Tiefe der Abstandsflächen beträgt 0,4 H, mindestens 2,5 m. In Gewerbe- und Industriegebieten genügt eine Tiefe von 0,2 H, mindestens 2,5 m; an den Grenzen zu anderen Baugebieten gilt Satz 1.

(6) Bei der Bemessung der Abstandsflächen bleiben außer Betracht
1. **vor die Außenwand vortretende untergeordnete Bauteile wie Gesimse und Dachüberstände,**

2. Vorbauten einschließlich Balkone, wenn sie
a) insgesamt nicht mehr als ein Drittel der Breite der jeweiligen Außenwand in Anspruch nehmen,
b) nicht mehr als 1,50 m vor die Außenwand vortreten und
c) mindestens 2,50 m von der gegenüberliegenden Nachbargrenze entfernt bleiben,
3. nachträgliche Wärmeschutzmaßnahmen an bestehenden Gebäuden mit höchstens 0,20 m Dicke

(7) In den Abstandsflächen eines Gebäudes sowie ohne eigene Abstandsflächen sind, auch wenn sie nicht an die Grundstücksgrenze oder an das Gebäude angebaut werden, zulässig
1. eingeschossige Garagen und eingeschossige Gebäude ohne Aufenthaltsräume und Feuerstätten mit einer mittleren Wandhöhe bis zu 3,0 m und einer Gesamtlänge je Grundstücksgrenze von bis zu 9,0 m,
2. gebäudeunabhängige Solaranlagen mit einer Höhe bis zu 3,0 m und einer Gesamtlänge je Grundstücksgrenze von bis zu 9,0 m,
3. Stützmauern und Einfriedigungen in Gewerbe- und Industriegebieten, außerhalb dieser Baugebiete mit einer Höhe bis zu 2,0 m.
Die Länge der in Satz 1 Nummern 1 und 2 genannten Anlagen darf auf einem Grundstück insgesamt 15,0 m nicht überschreiten.

(8) Zwingende Festsetzungen eines Bebauungsplans, die andere Bemessungen der Abstandsfläche ergeben, haben Vorrang.

Kommentierung

Übersicht

1. Begriff (Abs. 1)

1 Das Abstandsflächenrecht ist mit eines der wichtigsten Bereiche sämtlicher Bauordnungen. Denn die Abstandsflächen wirken sich nicht nur für den Bauherrn und sein Baugrundstück aus, sondern auch für die Nachbargrundstücke und deren Nutzung. In der HBauO ist das Abstandsflächenrecht und deren Anwendung deutlich vereinfacht, da die erforderliche **Abstandsfläche einheitlich auf 0,4 H festgesetzt wurde**, worauf an späterer Stelle noch detaillierter eingegangen wird.

Eine Abstandsfläche ist die Fläche auf Grundstücken, die sich vor Außenwänden von Gebäuden befindet. **Abstandsflächen sind grundsätzlich von oberirdischen Gebäuden** oder auch baulichen Anlagen, die ebenfalls geeignet sind, die Belichtungs-, Belüftungs- oder Besonnungsverhältnisse auf Nachbargrundstücken zu beeinträchtigen, **freizuhalten.** Dieses verdeutlicht bereits, dass das **Abstandsflächenrecht nicht nur städtebauliche Ziele verfolgt,** wie etwa das Freihalten von Flächen zur Begrünung oder auch um einen Durchblick zwischen Gebäuden in hintere Bereiche von Grundstücken zu gewährleisten. 2

Abstandsflächen dienen vielmehr auch dazu, ein sozial verträgliches Wohnen der Nachbarn untereinander zu sichern, die Privatsphäre gegen unzumutbare Einsichtnahme, Lärm und Geruchsimmissionen zu schützen und optisch einengende oder sogar erdrückende Auswirkungen von Gebäuden oder baulichen Anlagen für die Nachbarn zu verhindern. 3

Bei einer **Nutzungsänderung** ist stets zu prüfen, ob die Nutzungsänderung sich im **Rahmen des Bestandsschutzes hält.** Trifft dieses zu, ändert sich abstandsflächenmäßig nichts. **Etwas anderes gilt, sofern sich aufgrund der Nutzungsänderung die Abstandsfläche neu berechnet** und städtebauliche oder **nachbarliche Belange** (wie zuvor aufgezeigt) **nachteilig berührt werden. Dann stellt sich die Abstandsflächenfrage gänzlich neu.** Hält die Nutzungsänderung dann den Anforderungen an Abstandsflächen nicht stand, so ist die Nutzungsänderung gleichwohl eine **Abweichungsentscheidung gemäß § 69** zugänglich oder einer **Befreiung nach § 31 BauGB.** Im Rahmen dieser **Ermessensentscheidung** ist von der Bauaufsichtsbehörde insbesondere auch die Tatsache **miteinzubeziehen,** dass es sich um **ein vorhandenes Bestandsgebäude handelt,** dessen Kubatur in der Regel im Wesentlichen unverändert bleibt, so dass sich die abstandsflächenrelevante **Nutzungsänderung allein „im Inneren des Gebäudes"** vollzieht. Die **Umnutzung eines gewerblichen Gebäudes in Wohnungen** kann abstandsflächenneutral sein oder auch die Abstandsflächenfrage neu aufwerfen. Abzustellen ist dabei auf den „Wohnfrieden". Werden die Nachbarn durch die Wohnnutzung stärker „gestört" als durch die vorherige gewerbliche Nutzung, so wird die Abstandsflächenfrage neu aufgeworfen. 4

Der Eigentümer eines Grundstücks kann von seinem Nachbarn nicht die **Einhaltung der Abstandsvorschriften fordern, wenn er selbst die gesetzlich vorgegebenen Abstandsflächen nicht einhält.** 5

Stimmt ein Nachbar der Abweichungsentscheidung einer Bauaufsichtsbehörde zu, wonach auf dem angrenzenden Grundstück die Abstandsflächen nicht eingehalten werden, so hat diese **Nachbarzustimmung auch dann Gültigkeit,** wenn die **Bauausführung nur unwesentlich von der Ursprungs-Baugenehmigung abweicht.** Wenn der Nachbar nicht stärker durch die Änderung der Ausführung beeinträchtigt wird, **verhält sich der Nachbar treuwidrig,** wenn er gegen die unwesentliche Änderung vorgeht. Insoweit hat der Nachbar sein **Abwehrrecht verwirkt.** 6

Nur vor Außenwänden von Gebäuden sind Abstandsflächen einzuhalten. Die Breite der Abstandsfläche entspricht der Breite der Außenwand. 7

8 Satz 2 stellt klar, dass auch für Anlagen, von denen Wirkungen wie von Gebäuden ausgehen, Abstandsflächen einzuhalten sind. Hier ist primär an **Mobilfunktürme** oder auch **Windenergieanlagen** etc. zu denken, **weil ihre optischen oder auch akustischen Auswirkungen** auf benachbarte Grundstücke solchen vom Schutzzweck der Abstandsregelungen erfassten Beeinträchtigungen gleichkommen. **Diese Anlagen müssten folglich auch das Maß H einhalten,** also die Wandhöhe, die von der festgelegten Geländeoberfläche gemessen wird.

9 Bei einer **Windenergieanlage** wird das **Maß H nicht vom höchsten Punkt des Mastes berechnet, sondern vom höchsten Punkt der vom Rotor bestrichenen Fläche.** Zur Turmhöhe ist folglich immer noch mindestens der halbe Durchmesser des Rotors hinzuzuaddieren, wenn Masthöhe und Nabenhöhe in etwa gleich sind.

10 Ob ein **„einfacher" Mast** eine gebäudegleiche Wirkung hat, beurteilt sich nach seinem **Durchmesser bzw. seiner Seitenlänge.** Beträgt eines dieser Maße 1 m, so muss der Mast für die Teile über der 1 m-Grenze eine eigene Abstandsfläche einhalten.

11 **Ebenerdige Terrassen** dürfen bis an die Nachbargrenze herangebaut werden, da von ihnen **keine gebäudegleiche Wirkung** ausgeht. Sie brauchen folglich keine Abstandsfläche einhalten und bedürfen auch nicht der Zustimmung des Nachbarn gemäß § 71 Abs. 2.

12 Dies gilt auch für oberirdische Stellplätze und **überdachte Stellplätze** (Carports), denn letztere zählen ebenso wie Garagen zu den privilegierten Anlagen nach § 6 Abs. 7.**Wenn nach planungsrechtlichen Vorschriften** gemäß § 23 Abs. 3 BauNVO etwa in einem Bebauungsplan oder Baustufenplan **eine Baugrenze unmittelbar an der Grundstücksgrenze festgesetzt ist, so ist keine Abstandsfläche einzuhalten.** Dies betrifft zunächst typischerweise die Festsetzung einer **geschlossenen Bauweise** in einem Bebauungsplan.

13 **Ist eine geschlossene Bauweise festgesetzt, so dürfen auch Dachterrassen und Balkone unmittelbar an der Grundstücksgrenze errichtet werden,** auch sie müssen dann keine seitlichen Abstandsflächen einhalten. § 71 Abs. 2 Nr. 1 HBauO findet dann keine Anwendung. Befindet sich eine **Terrasse auf einem ein- oder mehrgeschossigen Unterbau,** so stellt sie sich als **baulicher und funktionaler Bestandteil des Geschosses** dar, vor dem sie sich befindet (Vorbau). Die Wirkungen einer solchen **Dachterrasse** sind aus der Sicht des Nachbarn **mit denen einer ebenerdigen Terrasse nicht vergleichbar,** sodass derartige Dachterrassen den Mindestabstand von 2,50 m einhalten müssen.

14 Aber auch, wenn **etwa bei einer festgesetzten offenen Bauweise Reihen-** oder **Doppelhäuser** nach § 22 Abs. 2 BNVO **zugelassen sind, kann eine Realteilung** unter Verzicht auf die Einhaltung einer Abstandsfläche **durchgeführt werden.**

15 Satz 3 spricht nur von **Grundstücksgrenzen,** folglich sind **Abstandsflächen zu allen angrenzenden Grundstücken einzuhalten, also auch zu öffentlichen Wegen und Verkehrsflächen.**

Auf eine Abstandsfläche kann aufgrund bauordnungsrechtlicher Vorschriften verzichtet werden. Dieses betrifft die Konstellation des § 7 Abs. 2, also die Fälle, in denen eine **offene Bauweise festgesetzt ist, sich gleichwohl auf dem Nachbargrundstück aber ein Gebäude an der Grenze befindet.** 16

Erfasst wird auch der umgekehrte Fall, d. h. nach Bauplanungsrecht muss an die Nachbargrenze gebaut werden (geschlossene Bauweise), **auf dem Nachbargrundstück ist aber ein Gebäude mit einem Grenzabstand vorhanden** (siehe hierzu auch die Ausführungen zu § 7 Abs. 2). 17

Ist in einem Bebauungsplan eine Baugrenze nach § 23 Abs. 3 BNVO genau auf der Grundstücksgrenze zum Nachbarn festgesetzt, so darf ohne Einhaltung einer Abstandsfläche an der Grenze gebaut werden. 18

2. Lage von Abstandsflächen; Flächenausgleich (Abs. 2)

Grundsätzlich müssen die **Abstandsflächen auf dem Grundstück selbst liegen,** d. h. auf dem Baugrundstück (vgl. § 4 Abs. 1). 19

Abweichungen sind gemäß Satz 2 zulässig bis zur **Mitte öffentlicher Verkehrs-, Grün- und Wasserflächen.** Dabei zählen zu den öffentlichen Verkehrsflächen nicht nur Straßen, Wege und Plätze, sondern auch **Grundstücke der Deutschen Bahn,** sofern der Gleiskörper öffentlich gewidmet ist. 20

Eine **analoge Anwendung für private Grünflächen** etc. ist **nicht zulässig,** selbst wenn diese als nicht überbaubare Flächen im Bebauungsplan festgesetzt sind. 21

Eine Einschränkung findet sich noch für **öffentliche Grünflächen** in Satz 3. **Diese dürfen zur Hälfte nur in Anspruch genommen werden,** sofern die abstandsauslösenden Gebäude oder Anlagen innerhalb von Baulinien oder Baugrenzen errichtet werden. 22

Die sog. **Abstandsflächenbaulast** ist in Satz 4 geregelt. Danach kann sich eine **Abstandsfläche auch auf ein privates Grundstück erstrecken,** sofern dessen Eigentümer durch Eintragung einer **Baulast** nach § 79 öffentlich-rechtlich sicherstellt, dass diese Fläche auch von ihm selbst nicht überbaut werden kann (wegen Einhaltung der Mindestabstandsfläche von 2,50 m bei Übernahme einer Abstandflächenbaulast siehe hierzu die Ausführungen zu Abs. 5). 23

Dabei **reicht es nicht aus,** dass der Nachbar dem Bauherrn **mündlich oder privatschriftlich bestätigt hat,** dass er eine entsprechende Baulast bewilligen werde. Es muss vielmehr entsprechend § 79 Abs. 2 spätestens bei Erteilung einer Genehmigung die **amtlich oder öffentlich beglaubigte Unterschrift des Nachbarn** bezogen auf die konkrete Baulastfläche bei der Bauaufsichtsbehörde vorliegen. 24

In Satz 5 findet sich eine **Abstandsflächenerleichterung** nur für Wohngebäude und nur **für die Gebäudeklassen 1–3 (bis 7 m Höhe).** Ohne Eintragung einer Baulast ist eine **geringfügige Erstreckung der Abstandsflächen auf das Nachbargrundstück zulässig,** wenn es sich um eine **unregelmäßig begrenzte Abstandsfläche handelt, die auf dem eigenen Baugrundstück ausgeglichen wird.** 25

3. Überdeckung von Abstandsflächen (Abs. 3)

26 Das **Überdeckungsverbot** ist in diesem Absatz festgeschrieben. Wenn Gebäude auf zwei Grundstücken errichtet werden, dürfen sich die Abstandflächen nicht überdecken, da die Abstandsflächen beider Gebäude nach Absatz 1 auf dem eigenen Grundstück liegen müssen. Bei einem Gebäude, welches auf zwei eigenständigen Buchgrundstücken grenzüberschreitend errichtet wurde, überdecken sich die Abstandsflächen zwangsläufig.

27 Abstandsflächen dürfen sich aber auch nicht überdecken, **wenn auf einem Baugrundstück mehrere Gebäude errichtet werden.** Auch dann muss jedes Gebäude für sich die Abstandsflächen einhalten.

28 **Ausnahmen vom Überdeckungsverbot regeln die Nummern 1–3.** So ist eine **Überdeckung von Abstandsflächen bei Außenwänden zulässig, die in einem Winkel von mehr als 75°** zueinander stehen. Dann ist davon auszugehen, dass eine ausreichende **Beleuchtung** und **Belüftung** der Räume gegeben ist und auch dem **Brandüberschlag** ausreichend Rechnung getragen wird. Zugleich wird durch diese Ausnahmevorschrift den Architekten die Möglichkeit gegeben, städtebaulich und gestalterisch wünschenswerte neue Grundrisse, Gebäudekörper, Gebäudegruppen und Gebäudeanordnungen zu erschaffen. **Die Gebäude bzw. Außenwände können auch direkt aneinander stoßen.** Ein Zwischenraum ist nicht gefordert. Dieses **ermöglicht die Errichtung zweier Gebäude über Eck mit einem Winkel größer als 75°** oder auch rechtwinklige Gebäude.

29 Nach Nr. 2 **lösen Außenwände eines Atrium- und Gartenhofhauses** in Richtung des von Außen nicht einsehbaren Innenhofes **keine Abstandsflächen aus.** Dieses gilt allerdings nur für Wohngebäude der Gebäudeklassen 1 und 2, also für Gebäude mit einer Höhe bis maximal 7 m und nicht mehr als 2 Nutzungseinheiten von insgesamt nicht mehr als 400 m^2.

30 Nr. 3 stellt lediglich klar, dass das Überdeckungsverbot nicht gilt für Gebäude und andere bauliche Anlagen, die in Abstandsflächen zulässig sind oder zugelassen werden können (vgl. Absätze 6 bis 8).

4. Bemessung der Abstandsfläche (Abs. 4)

31 Die **Tiefe der Abstandsfläche bemisst sich nach der Wandhöhe** des zu errichtenden neuen Gebäudes und **nicht** etwa **nach der Geschosshöhe.** Da die Abstandsfläche eine ausreichende Belichtung, Belüftung und Besonnung der Nachbargrundstücke sicherstellen soll, ist für die Bemessung der Abstandsfläche nicht nur die Wandhöhe, sondern grundsätzlich **auch die Höhe des Daches mit einzurechnen.**

32 Die Wandhöhe plus die Neigung und damit die Höhe des Daches ergeben das Maß H.

33 **Abstandsflächen sind rechtwinklig zur Außenwand zu messen.** Dies bedeutet, dass eine **Gebäudespitze** nach dem OVG Hamburg, die von der gemeinsamen **Grundstücksgrenze lediglich** 0,92 m entfernt ist, **keine Verletzung der Abstands-**

fläche bedeutet, d. h. eine solche **Eckbebauung** ist wegen der rechtwinklig zu messenden Abstände von den Gebäudewänden nicht abstandsflächenrelevant.

Die Wandhöhe wird von der festgelegten Geländeoberfläche gemessen, die entweder im Bebauungsplan festgesetzt oder in der Baugenehmigung bestimmt ist (siehe hierzu auch die Ausführungen zu § 2 Abs. 3). Fehlt eine solche Angabe, ist vom vorhandenen Terrain auszugehen. **34**

Aufschüttungen oder Abgrabungen sind bei der Ermittlung des unteren Bezugspunktes **grundsätzlich unbeachtlich,** da sie eigenständige bauliche Anlagen sind, selbst wenn es sich um verfahrensfreie Vorhaben nach § 60 in Verbindung mit der Anlage 2 handelt. Etwas anderes gilt nur, wenn eine Aufschüttung nicht aufgrund besonderer Geländeverhältnisse, sondern nur deshalb in den Bauplänen eingezeichnet und zur Genehmigung eingereicht wurde, um eine Wandhöhe zu reduzieren und damit einen Verstoß gegen nachbarschützende Vorschriften zu „beseitigen“. **Durch** solche **künstlichen Veränderungen des Geländeverlaufes dürfen die Anforderungen der Abstandsvorschriften** der HBauO **nicht unterlaufen werden.** **35**

Unterirdische Wände für Tiefgaragen, Keller, etc. lösen keine Abstandsflächen aus. Dieses gilt auch für Abgrabungen vor Kellerfenstern (**Kasematten**) oder **angeböschte Terrassen.** **36**

Oberer Bezugspunkt für die Wandhöhe ist die Schnittlinie der Außenwand mit der Dachhaut, bei geneigten Dächern oder bei Flachdächern der obere Abschluss der Wand. Bei einer **Attika** stellt die Oberkante der Wandbrüstung den oberen Abschluss der Wand dar. **37**

Bei begehbaren Dachflächen, wie **Dachterrassen,** ist die Oberkante der Dachaufkantung bzw. der massiven Brüstung der obere Abschluss der Wand. **38**

Die **Dachhaut** ist die Oberfläche der Dachbedeckung, die in der Regel aus Ziegeln, Blech, Pappe oder auch aus Reet besteht. **39**

Bei **Hanglagen** wird die Tiefe der Abstandsfläche weder berg- noch talseitig nach bzw. auf dem schrägen Hangprofil gemessen. **Auch bei Hanglagen wird die Abstandsfläche in der Waagrechten ermittelt,** also auf der einen Seite „in den Hang hinein“. Auf der Talseite bemisst sich die Abstandsfläche vom Ende der Waagrechten lotrecht nach unten bis zur Hangoberfläche. **40**

Brüstungsmauern von Rampen für Tiefgaragen, die über der Geländeoberfläche liegen, **lösen eigene Abstandsflächen aus. Etwas anderes gilt, wenn sich die Rampe unmittelbar an der Grundstücksgrenze befindet.** Die Betoneinfassung, Stützwand oder Mauer der Rampe stellt sich dann zugleich als Einfriedung nach § 60 in Verbindung mit Abschnitt I. Nr. 6.4 der Anlage 2 dar. **Bis zu einer Höhe von 2 m ist die Betoneinfassung bzw. Mauer einer Tiefgarage bei einer Grenzbebauung ein verfahrensfreies, nicht genehmigungsbedürftiges Vorhaben.** **41**

Stützwände für Rampen auf öffentlichem Grund bedürfen einer Sondernutzungserlaubnis nach dem Hamburgischen Wegegesetz. **42**

43 Ein Giebel ist ebenfalls eine Wand, sodass **die Giebelfläche mit seinen gesamten Abmessungen eine Abstandsfläche einhalten muss.** Dementsprechend sind Giebel wie Außenwände von Gebäuden mit **Pultdächern** zu behandeln.

44 Wie die Neigung und damit die Höhe eines Daches auf die Abstandsfläche anzurechnen ist, regelt Satz 3. **Jede Dachhöhe bis zu einer Neigung unter 70°** ist zwar abstandsrechtlich bedeutsam, da aber die Nachbargrundstücke und -gebäude hinsichtlich Belichtung, Belüftung und Besonnung durch geneigte Dächer bis zu 70° weniger beeinträchtigt werden, als durch noch steilere Dächer oder senkrechte Außenwände, werden sie **abstandsflächenrechtlich privilegiert. Die Dachhöhe ist in diesen Fällen nur zu einem Drittel der Wandhöhe hinzuzurechnen.**

45 Bei **Dächern von** 70° Neigung und mehr ist die **volle Dachhöhe der Wandhöhe hinzuzuaddieren.**

46 Satz 5 besagt, dass **auch von Dachaufbauten die Abstandsflächen einzuhalten** sind. Dachaufbauten sind nicht nur **Dachgauben und -erker,** sondern auch Zwerg- und Ziergiebel, **Ausstiegsbauwerke für Dachterrassen, geschlossene Umwehrungen von Dachterrassen,** Anlagen der Be- und Entlüftung sowie **Schornsteinanlagen** beispielsweise mit mehreren Zügen. **Antennen,** sowie **offene Umwehrungen von Dachterrassen, Oberlichte,** auf Dächern montierte **Solaranlangen** und **Dachflächenfenster zählen nicht als Dachaufbauten.**

47 Bei **Mansardendächern** oder anderen **Dachformen, deren Dachflächen unterschiedliche Neigungen aufweisen,** ist für jede Neigung der Dachteilfläche die Abstandsfläche separat zu ermitteln und der Abstandsfläche für die Wandhöhe zuzuschlagen.

48 Bei **Tonnendächern** und anderen **runden Dächern** müssen die Neigungswerte des **Daches in zwei Neigungsabschnitte über und unter 70°** aufgeteilt werden. Je nachdem ist die so ermittelte Dachhöhe entweder der Wandhöhe voll oder zu einem Drittel hinzuzurechnen.

5. Tiefe der Abstandsfläche (Abs. 5)

49 Dieser Absatz legt die **Tiefe der Abstandsflächen auf 0,4 H** fest, **mindestens jedoch auf 2,50 m.** 1 H bemisst sich wie bereits erwähnt aus der Wandhöhe zuzüglich der zu berücksichtigenden Dachhöhe nach Absatz 4 Satz 3–5. Die Abstandsfläche von 0,4 H mit der Mindestabstandsfläche von 2,50 m ist die geringste Abstandsflächenvorgabe aller Landesbauordnungen in der Bundesrepublik Deutschland.

50 In **Gewerbe- und Industriegebieten reicht grundsätzlich eine Abstandsfläche von 0,2 H.** Auch hier muss aber der **Mindestabstand von 2,50 m zur Nachbargrenze eingehalten werden,** um Aufenthaltsräume zumindest im fensternahen Bereich ausreichend mit Tageslicht versorgen zu können.

51 Konfliktsituationen traten bisher hinsichtlich der Bemessung der Abstandsflächen auf, wenn beispielsweise ein **Gewerbe- oder Industriegebiet direkt an ein Grundstück in einem Mischgebiet angrenzte.** Für das Mischgebiet beträgt die

Abstandsfläche wie gesagt 0,4 H, für das Gewerbegebiet 0,2 H. Durch die **Novelle 2018** stellte der Gesetzgeber klar, dass in derartigen Fallkonstellationen auch das Gebäude im Gewerbegebiet zum Grundstück im Mischgebiet eine Abstandsfläche von 0,4 H einzuhalten hat (letzter Halbsatz von Absatz 5).Dieses reduzierte Maß von 0,2 H ist jedoch in **Geschäfts- und Industriegebieten** von Baustufenplänen nur dann anzuwenden, wenn entsprechend der Beurteilung nach § 34 BauGB das Baugrundstück und seine Umgebung eindeutig als Gewerbe- oder Industriegebiet zu qualifizieren ist. **Finden sich dort auch andere schutzbedürftigere Nutzungen, so ist eine Abstandsfläche von 0,4 H einzuhalten.**

Noch nicht höchstrichterlich geklärt ist die Frage, ob ein Gebäude genehmigt 52
werden kann, wenn **eine Außenwand zwar zur Nachbargrenze den Mindestabstand von 2,50 m einhält, nicht aber zu einer Fläche, die zwar zum Baugrundstück gehört, aber wegen einer eingetragenen Abstandsflächenbaulast zugunsten des Nachbarn** weder bebaut noch auf andere Abstandsflächen angerechnet werden darf.

Durch die Eintragung einer Abstandsflächenbaulast wird die belastete Fläche 53
nicht Teil des durch die Baulast begünstigten benachbarten Grundstücks. Folglich muss ein Bauherr nicht die Zustimmung des Nachbarn gemäß § 71 Abs. 2 einholen, wenn er die **Mindestabstandsfläche von 2,50 m von der Baulastfläche** unterschreiten will.

Nur wenn durch das neue Bauvorhaben **die Mindestabstandsflächen beider** 54
Gebäude von jeweils 2,50 m unterschritten werden, also ein Gesamtabstand beider Gebäude von 5,0 m nicht eingehalten wird, ist in entsprechender Anwendung von § 71 Abs. 2 die Zustimmung des Nachbarn für die Unterschreitung des „5-Meter-Abstandes" erforderlich.

6. Untergeordnete Bauteile, Vorbauten und Wärmeschutzmaßnahmen (Abs. 6)

Vor die Außenwand vortretende **untergeordnete Bauteile**, wie **Gesimse und** 55
Dachüberstände müssen keine Abstandsfläche einhalten, egal wie weit sie vor die Außenwand vortreten. Als untergeordnete Bauteile gelten **auch Hauseingangstreppen nebst Überdachung, Pfeiler, Giebelvorsprünge und Sonnenblenden** sowie auch ein **Windfang.**

Gemäß Nr. 2 sind auch **Vorbauten**, wie **Erker und Balkone** privilegiert, **sofern** 56
sie zusammen addiert in der Breite nicht mehr als 1/3 der Breite der jeweiligen Außenwand in Anspruch nehmen, nicht mehr als 1,50 m vor die Außenwand hervortreten und zur Nachbargrenze einen Abstand von 2,50 m einhalten.

Ist ein Vorbau, also typischerweise ein **Balkon, nicht nach Nr. 2 privilegiert,** 57
weil er z. B. mehr als 1,50 m vor die Außenwand vortritt oder den **Mindestabstand von 2,50 m zur Nachbargrenze nicht einhält, ist bei der Bemessung der Wandhöhe gemäß Abs. 4 die Umwehrung des Balkons mitzurechnen.** Oberer Bezugspunkt der Wandhöhe ist in einem solchen Fall die Oberkante der Balkonumwehrung, gleichgültig ob diese offen oder transparent gestaltet ist. Denn

das Abstandflächenrecht und insbesondere die gesetzlich vorgegebenen Mindestabstände sollen nicht nur eine ausreichende **Belichtung, Besonnung und Belüftung** von Gebäuden gewährleisten, sie sollen auch den **Wohnfrieden schützen** und einen ausreichenden **Sozialabstand sichern.** Deshalb **kommt es auf das Material der Balkonumwehrung nicht an,** da auch bei einer Außenwand eines Gebäudes abstandsflächenrechtlich ohne Belang ist, ob die Wand oder ein Teil der Wand durchsichtig ist.

58 Ein **Erker ist ein geschlossener, überdachter Vorbau,** der dazu dient, den dahinter liegenden Raum besser zu belichten und/oder als architektonisches Stilmittel eine Fassade aufzulockern und städtebaulich aufzuwerten. Dabei kann ein Erker durchaus **über mehrere Geschosse führen.** Wenn er jedoch bis zur Geländeoberfläche reicht, also **nicht mehr in den Luftraum hineinragt, kann grundsätzlich nicht mehr von einem privilegierten Erker die Rede sein.** Gleiches gilt, wenn ein Vorbau/Erker schon aufgrund seiner Größe oder seiner Gestaltung **optisch als selbstständiges Bauteil empfunden wird.** Dieses ist z. B. der Fall, wenn eine Vielzahl allseits verglaster Vorbauten **„gleichsam wie Aussichtskanzeln“ wirken.**

59 **Zwangsläufig wird ein Erker nicht nur durch „Ausblick“, „Belichtung“ und „Fassadengestaltung“ gekennzeichnet, sondern auch durch den Gewinn einer zusätzlichen Nutzfläche.** Diese Wohnflächenerweiterung darf aber nicht vorrangiges Ziel eines Erkers sein. Als „Faustregel“ kann man davon ausgehen, dass ein **Wohnflächenzusatz von bis zu 5 % unerheblich** ist und somit in den Hintergrund tritt. Bei **9 % bis 10 %** ist zu unterstellen, dass **primäres Ziel des Erkers die Wohnflächenerweiterung** war, so dass ein solcher Erker wegen seiner nachteiligen Auswirkungen für die Nachbarn hinsichtlich Belichtung, Belüftung, Brandschutz und Wahrung eines Sozialabstandes nicht unter die Privilegierung als „untergeordnetes Bauteil“ fällt. Dann ist nicht mehr von einem „Vorbau“ auszugehen, vielmehr ist ein solcher **Erker dann Teil der Außenwand und somit abstandsflächenrelevant** im Sinne der Absätze 4 und 5. **Gleiches gilt für sog. Risalite,** also Gebäudeteile, die auf ganzer Höhe aus der Fluchtlinie eines Baukörpers hervorspringen. Auch sie sind keine privilegierten „Vorbauten“ im Sinne des Abs. 6, sondern Teil der Außenwand des Gebäudes selbst.

60 Auch **Loggien und Wintergärten** sind zu den Vorbauten zu zählen, gleiches gilt für Schaufenster- und Türvorbauten. **Aufzugsanlagen** und **Treppenhäuser sind keine Vorbauten, sie lösen** selbst dann **Abstandsflächen aus,** wenn sie die Maßvorgaben der Nr. 2 einhalten.

61 Die neue Nummer 3 besagt, dass an Bestandsgebäuden nunmehr **nachträgliche Wärmeschutzmaßnahmen** mit einer Dicke von höchsten 20 cm aufgebracht werden dürfen, **selbst wenn die ansonsten vorgeschriebene Abstandsfläche zum Nachbarn von 2,50 m damit unterschritten wird.**

62 Zusammen mit dieser Regelung ist die neue Vorschrift des § 74a HBauO zu lesen, wonach ein **Nachbar verpflichtet ist, solche Wärmeschutzmaßnahmen von 20 cm in der Abstandsfläche zu dulden.**

Für **Neubauten gilt diese Regelung** nicht, bei ihnen **ist die Dicke** der **Wärmedämmung in die Abstandsfläche einzubeziehen.** 63

Anders sieht die Rechtslage aus, wenn ein **Gebäude direkt auf der Grundstücksgrenze** zum Nachbarn steht und auf diese **Außenwand auch noch eine Wärmedämmung aufgebracht werden soll,** die dann in das Grundstück des Nachbarn hineinragt. **Eine solche Isolierungsmaßnahme muss der Nachbar nicht als „Überbau" gemäß § 912 Abs. 1 BGB dulden.** Eine solche Duldungspflicht ergibt sich auch nicht aus dem nachbarrechtlichen Gemeinschaftsverhältnis. Der Nachbar kann sich also **erfolgreich dagegen zur Wehr setzen,** wenn ein grenzständiges Gebäude mit einer Außenisolierung versehen werden soll. 64

Ein an den Außenwänden eines Gebäudes angebrachter **Vollwärmeschutz** ist bei der Ermittlung der Geschossfläche nach § 20 Abs. 3 S. 1 BNVO mitzurechnen, nicht hingegen ein üblicher Putz oder eine dünne Fassadenverkleidung. 65

7. Zulässige bauliche Anlagen in Abstandsflächen (Abs. 7)

Weitere Ausnahmen für die Zulässigkeit von baulichen Anlagen in Abstandsflächen eines Gebäudes finden sich in diesem Absatz. Selbst wenn die nachfolgenden Gebäude eigene Abstandsflächen auslösen, können sie ohne Beachtung von Abstandsflächen sowohl **auf der Nachbargrenze** errichtet werden, als auch **in einem beliebigen Abstand zur Nachbargrenze.** Es ist auch nicht zwingend, dass die bauliche Anlage an das Hauptgebäude angebaut wird, es kann folglich auch **frei stehen.** 66

Terrassen sind keine Vorbauten, da sie nicht baulich mit einem Gebäude, einer baulichen Anlage fest verbunden sind. Darüber hinaus weisen Terrassen keine Wandhöhe auf, nach welcher man gemäß Abs. 4 die Tiefe der Abstandsfläche messen könnte. Es ist **umstritten, ob ebenerdige Terrassen im Grenzabstand von 2,50 m zulässig sind. Nach hiesiger Ansicht ist dies zu verneinen,** da der Mindestabstand von 2,50 m auch dem **„Wohnfrieden"** und der Sicherstellung eines **„Sozialabstandes"** zwischen Nachbarn dient. Hiervon kann nicht mehr die Rede sein, wenn der Nachbar seine Terrasse bis an die gemeinsame Grundstücksgrenze heranbaut, so dass der „andere Nachbar" **direkten Einsichtsmöglichkeiten und Geräusch-** (wie Sprechen, Lachen, Stühle rücken, Geschirr-Geklapper, etc.) **und möglichen Geruchseinwirkungen** (z. B. Grillen) **ausgesetzt ist.** Terrassen sind als bauliche Anlage gemäß § 2 Abs. 1 Satz 1 Nr. 3 zu qualifizieren, die **nur vor** und **nicht seitlich** vor Erdgeschossen genehmigungsfrei errichtet werden dürfen. 67

Für das **Errichten einer Terrasse auf dem Dach einer sich im Grenzabstand von 2,50 m befindlichen Garage** hat das OVG Hamburg entschieden, dass diese **unzulässig ist.** 68

Als Nebengebäude privilegiert sind **eingeschossige Garagen** und **eingeschossige Gebäude** ohne Aufenthaltsräume, also **Geräte- und Abstellräume.** Auch **Feuerstätten** sind zulässig, unter ihnen versteht man nicht nur eine zentrale Heizungsanlage, sondern auch einen offenen Kamin oder Kachelofen. **Diese Nebengebäude dürfen aber lediglich eine mittlere Wandhöhe bis zu 3 m und eine** 69

Gesamtlänge von bis zu 9 m **aufweisen.** Ragt eine **grenzständige** Tiefgarage **über die natürliche Geländeoberfläche** im Sinne von § 2 Absatz 3 Satz 4 hinaus, **sind die „normalen" Abstandsflächen einzuhalten,** die für bauliche Anlagen gelten.

70 Ist eine **Tiefgarage als selbständige Garage** einzuordnen, ist sie bis zu einer Länge von **9 m zulässig.** Wird zudem auf der Tiefgaragendecke dann eine **Stützmauer zur Abfangung** des auf der Garage vorgesehenen **Bodensubstrats** errichtet, ist diese gemäß Satz 1 Nummer 3 privilegiert, sofern sie aus der natürlichen Geländeoberfläche **nicht höher als 2 m herausragt.**

71 Nimmt also eine Tiefgarage oder auch eine andere bauliche Anlage **mehrere Privilegien dieses Absatzes 7 in Anspruch,** so ist dieses **zulässig.** Dies gilt aber nur, wenn es sich ordnungsrechtlich bei der Tiefgarage um eine **selbständige bauliche Anlage handelt.**

72 Da Nr. 1 die Gesamtlänge der Gebäude **je Grundstücksgrenze** festlegt, können die vorbezeichneten Garagen, Nebengebäude und Feuerstätten **auch an mehreren Nachbargrenzen errichtet werden.** Es ist folglich zulässig, z. B. eine Garage sowohl an der linken als auch an der rechten Grundstücksgrenze zu errichten.

73 Gemäß Nr. 2 sind auch **gebäudeunabhängige Solaranlagen** an jeder Grundstücksgrenze bis zu einer Höhe von 3 m und einer Länge von 9 m ohne eigene Abstandsflächen in Abstandsflächen zulässig. Sonnenkollektoren und Solarenergieanlagen, die der Wärmegewinnung und Energieeinsparung dienen, müssen daher nicht auf oder an Gebäuden errichtet oder in die Dachhaut oder Außenwand eingelassen werden. Sie **können auch separat frei aufgestellt werden.**

74 Eine besondere Regelung für **Stützmauern** sowie für **geschlossene und durchbrochene Einfriedigungen** findet sich in Nr. 3. Danach sind auch durchbrochene Einfriedigungen an der Grundstücksgrenze nicht mehr beliebig hoch zulässig. Da auch von durchbrochenen Einfriedigungen eine Außenwand ähnliche Wirkung für den Nachbarn ausgehen kann, sind sowohl geschlossene als **auch durchbrochene Einfriedigungen nur noch bis zu einer Höhe von maximal 2 m in Abstandsflächen zulässig.** Höhere Einfriedigungen müssen die gesetzlichen Abstandsflächen einhalten.

75 Satz 2 stellt klar, dass es grundsätzlich zulässig ist, **drei eingeschossige Garagen an drei Grundstücksgrenzen zu errichten. Die Länge aller drei Garagen darf dann jedoch 15 m nicht überschreiten.** Gleiches gilt für die übrigen in Nr. 1 und 2 genannten baulichen Anlagen, wie eingeschossige Gebäude ohne Aufenthaltsräume, Feuerstätten und gebäudeunabhängige Solaranlagen.

76 Mit der **HBauO-Novelle 2010** wurde die sog. **„Vorgartenregelung" ersatzlos gestrichen,** wonach Garagen, Carports, Solaranlagen, Stützmauern etc. im Vorgarten errichtet werden durften, sie aber dort die Abstandsflächen einhalten mussten, während sie auf der restlichen Grundstücksfläche hinter der vorderen Fluchtlinie des Gebäudes auch auf der nachbarlichen Grundstücksgrenze und/oder in Abstandsflächen errichtet werden durften.

Garagen, Carports, Solaranlagen und Stützmauern sind nicht mehr in Vorgärten zulässig, selbst wenn sie die Abstandsfläche einhalten. Hingegen sind diese baulichen Anlagen **„auf der übrigen Grundstücksfläche"** weiterhin privilegiert, **also allgemein zulässig.** 77

In diesem Zusammenhang muss der in § 9 **„Nicht überbaute Flächen, Vorgärten"** neu durch die **HBauO-Novelle 2010** eingefügte Absatz 2 beachtet werden, der eine spezielle Regelung für „Vorgärten" normiert (siehe hierzu auch die Ausführungen zu § 9 Abs. 2). Nunmehr sind auch **offene Stellplätze in Vorgärten nur noch dann genehmigungsfähig,** sofern „die **Gartengestaltung** nicht erheblich beeinträchtigt wird und ein durch die Vorgärten geprägtes **Straßenbild** erhalten bleibt". Nur unter diesen Voraussetzungen dürfen auch **Fahrradplätze** und Standplätze für **Abfall- und Wertstoffsammelbehälter** sowie besondere bauliche **Anlagen für Menschen mit Behinderungen** in Vorgärten errichtet werden. 78

8. Festsetzungen von Abstandsflächen in Bebauungsplänen (Abs. 8)

Dieser Absatz bestimmt, dass zwingende **Festsetzungen in einem Bebauungsplan** den Abstandsflächenvorschriften der HBauO vorgehen. 79

Der **Plangeber** kann in einem Bebauungsplan beispielsweise zwingend die **Zahl der Vollgeschosse** und auch die **Höhe baulicher Anlagen** nach § 16 Abs. 4 BNVO **festsetzen.** Auch kann er bestimmen, dass **auf einer festgelegten Baulinie gebaut werden muss** (§ 23 Abs. 2 BNVO). Diese zwingenden Plan-Festsetzungen können dazu führen, dass bei Gebäuden die nach § 6 HBauO vorgegebenen Abstandsflächen nicht eingehalten werden müssen. Dieses kann sich aus solchen Bebauungsplänen ergeben, die durch entsprechende Festsetzungen die **Eigenart eines Wohnquartiers, einer Altstadt** oder **eines historischen Stadtkerns erhalten und verfestigen wollen.** In diesen Fällen **gehen die bauplanungsrechtlichen Festsetzungen den bauordnungsrechtlichen Regelungen vor.** 80

9. Nachbar- und Rechtsschutz

Die Regelungen über die Tiefe von Abstandsflächen haben **nachbarschützenden Charakter,** sodass ein Nachbar verlangen kann, dass die Bauaufsichtsbehörde gegen ein Bauvorhaben auf dem angrenzenden Baugrundstück einschreitet, sofern dieses die zwingend vorgeschriebenen Abstandflächen nicht einhält. Betrifft dieses nur untergeordnete Bauteile im Sinne des Abs. 6 oder privilegierte bauliche Anlagen im Sinne des Abs. 7, so kann ein Einschreiten und ein Rückbau **nur separat gegen die abstandsflächenverletzenden Bauteile bzw. Bauwerke verlangt werden.** 81

Nachbar im baurechtlichen Sinne kann nur ein Grundstückseigentümer oder der Inhaber eigentumsähnlicher Rechtspositionen sein, wie etwa ein **Erbbauberechtigter** oder auch der **Inhaber eines Nießbrauchrechts.** Wer an einem Grundstück lediglich eine Dienstbarkeit, eine Hypothek oder Grundschuld besitzt, ist ebenso wenig wie ein Mieter oder Pächter ein „Nachbar", weshalb diese Personen sich nicht auf die Verletzung von Abstandsflächenvorschriften berufen können (siehe hierzu auch die Ausführungen zu § 71 Abs. 1). 82

83 Auch wenn das Baugrundstück nicht unmittelbar an das Grundstück des **Nachbarn angrenzt,** sondern von diesem **durch einen Weg oder eine Straße getrennt ist,** kann sich der Nachbar gleichwohl auf die nachbarschützenden Abstandsvorschriften berufen, sofern die Abstandsfläche über das trennende Grundstück hinaus auch noch auf sein Grundstück hinüber reicht.

84 **Werden die Tiefen der Abstandsflächen der HBauO eingehalten,** kann ein Nachbar nicht unter Berufung auf das **Gebot der Rücksichtnahme** vom Bauherrn verlangen, dass dieser gleichwohl einen größeren als den gesetzlich vorgeschriebenen Grenzabstand mit seinem Gebäude zur gemeinsamen Grundstücksgrenze einhält. Denn die Regelungen über die Tiefe von Abstandsflächen stellen sicher, dass das **Nachbargrundstück ausreichend belichtet, belüftet und besonnt wird** und **gegen Einsichtsmöglichkeiten genügend geschützt** ist.

85 **Werden die Abstandsflächen verletzt,** so hat der Nachbar einen Anspruch darauf, dass die **Bauaufsichtsbehörde prüft,** „ob" ein Verstoß gegen § 6 vorliegt und „wie" sie **gegebenenfalls hiergegen einschreitet. Einen unmittelbaren Rechtsanspruch besitzt der Nachbar nur,** wenn das Ermessen der Bauaufsichtsbehörde im **Einzelfall „auf Null reduziert ist".**

86 Ein **Einschreiten der Bauaufsichtsbehörde setzt voraus,** dass eine **„spürbare Beeinträchtigung"** für den Nachbarn durch die Verletzung einer Abstandsvorschrift gegeben ist. Bei einer Unterschreitung des Grenzabstandes in einer Größenordnung von **6 cm bis 9 cm ist diese als nicht spürbar, geringfügig einzustufen.** Eine solche Abweichung kommt häufig bei Neubauvorhaben vor, etwa durch oberflächliches Ausmessen, unachtsames Schütten der Betonfundamente oder ungenaues Aufmauern.

87 Liegt die **Überschreitung im Bereich von 20 cm bis 30 cm kann nicht mehr von einer Bagatellverletzung gesprochen werden.** Gleichwohl ist dann immer noch die konkrete „Beeinträchtigung" des Nachbarn zusätzlich zu prüfen, d. h. die konkrete örtliche Situation im Einzelfall, wie **Himmelsrichtung,** die **übrige Grundstücksnutzung** auf beiden Grundstücken, eine **Hanglage oder ähnliche Umstände.** So ist etwa auch der Blick aus einer Küche auf ein grenzverletzendes Gebäude weniger schutzwürdig als aus einem Wohnraum. Dementsprechend sind für **Küchen geringere Anforderungen für Tageslicht im Innenraum** zu stellen, dies gilt ebenso für **„den freien Blick in den Himmel".**

88 Werden die Wohnräume, eine Terrasse und auch der Garten durch das **abstandsflächenverletzende Gebäude** nicht beeinträchtigt, sondern **allenfalls die Küchennutzung** bzw. der Blick aus der Küche, so liegt in der Regel keine Beeinträchtigung des angrenzenden Grundstückseigentümers vor, die das Ermessen der Bauaufsichtsbehörde auf Null reduziert, so dass sie einschreiten muss (siehe hierzu auch die Ausführungen zu § 71 „Nachbarliche Belange" unter Gliederungspunkt 4 „Nachbar- und Rechtsschutz).

89 **Stimmt ein Nachbar als Eigentümer einer Unterschreitung von Abstandsflächen zu,** so ist dieses nicht nur zulässig, vielmehr **hat die Bauaufsichtsbehörde dann das Gebäude auch zu genehmigen.** Die Bauaufsichtsbehörde kann in die-

sem Fällen nicht „aus eigenem Recht“ die Einhaltung der Abstandsflächen-Vorschriften fordern (siehe hierzu auch die Ausführungen zu § 71 Abs. 2).

Hält ein **Nachbar** mit seinem Gebäude, seiner baulichen Anlage **die Abstandsflächen zum Nachbargrundstück nicht ein**, so kann er sich gegen ein Neubauvorhaben, welches die Abstandsflächen einhält, **nicht** mit dem Argument **zur Wehr setzen**, dass sich durch die Unterschreitung der Abstandsflächen auf seinem Grundstück die Nachteile durch das Neubauvorhaben vergrößern würden. **90**

Da jeder Vorbescheid und jede Baugenehmigung das Nachbargrundstück in irgendeiner Weise beeinträchtigt, **kann der Nachbar grundsätzlich gegen jede baurechtliche Genehmigung Widerspruch einreichen und ggf. Klage vor dem Verwaltungsgericht erheben.** Erfolgreich sein kann der Nachbar aber nur, wenn die erteilte Genehmigung nicht nur rechtswidrig ist, sondern die **verletzte Rechtsvorschrift** auch den Schutz des Nachbarn dient, also **nachbarschützenden Charakter besitzt.** **91**

Neben diesen öffentlich-rechtlichen Abwehransprüchen kann ein Nachbar daneben auch **zivilrechtliche Ansprüche** geltend machen, sofern von der neuen baulichen Anlage auf dem Baugrundstück **Störungen oder Beeinträchtigungen im Sinne von § 906 BGB ausgehen.** **92**

Wird gegenüber dem Nachbargrundstück die vorgeschriebene **Abstandsfläche nicht eingehalten, so kann der Nachbar sich stets gegen die erteilte Baugenehmigung zur Wehr setzen, ohne dass es darauf ankommt, ob eine spürbare Beeinträchtigung vorliegt.** Allein die Tatsache, dass sich eine Abstandsfläche auf das Nachbargrundstück erstreckt, indiziert die Rechtswidrigkeit der Baugenehmigung. **93**

Ausführlich sind die nachbarlichen Belange, die Zustimmungs- und Beteiligungsverfahren von Nachbarn im Rahmen eines Baugenehmigungsverfahrens in § 71 geregelt. In der Kommentierung zu dieser Vorschrift sind auch die Rechtsschutzmöglichkeiten und -verfahren ausführlich abgehandelt (vgl. hierzu insbesondere die Ausführungen zu § 71 unter Gliederungspunkt 4). **94**

10. Ergänzende Rechtsvorschriften

Für die in Absatz 7 erwähnten Garagen gilt die Garagenverordnung (GarVO) vom 17.1.2012. **95**

§ 7 Gebäude auf mehreren Grundstücken; Anbau an Nachbargrenzen

(1) Die Errichtung eines Gebäudes auf mehreren Grundstücken ist zulässig, wenn durch Baulast gesichert ist, dass keine Verhältnisse eintreten können, die Vorschriften dieses Gesetzes oder auf Grund dieses Gesetzes erlassenen Vorschriften widersprechen.

(2) Darf nach planungsrechtlichen Vorschriften nicht an die Nachbargrenze gebaut werden, ist aber auf dem Nachbargrundstück ein Gebäude an der Grenze vorhanden, so kann zugelassen oder verlangt werden, dass angebaut wird. Darf oder muss nach planungsrechtlichen Vorschriften an die Nachbargrenze

gebaut werden, ist aber auf dem Nachbargrundstück ein Gebäude mit Abstand zu dieser Grenze vorhanden, so kann zugelassen oder verlangt werden, dass ein Abstand eingehalten wird.

Kommentierung

Übersicht Rn.

1. Ein Gebäude auf mehreren Grundstücken (Abs. 1)

1 Sollen im Wege der Ausnahme **mehrere Grundstücke** unterschiedlicher Eigentümer **mit einem Gebäude bebaut werden,** so muss durch Eintragung einer **Vereinigungsbaulast** öffentlich-rechtlich ein einheitliches Baugrundstück gebildet werden. Nur so ist gewährleistet, dass auf Dauer die Vorschriften der HBauO eingehalten werden. **Die Baulast muss für jedes einzelne Grundstück eingetragen werden.**

2 Sind mehrere Grundstücke im Besitz eines Eigentümers, so hat dieser die Möglichkeit, durch **Verschmelzung** der Grundstücke nach **§ 890 BGB ein Baugrundstück** zu schaffen, wodurch er sich die Eintragung von Baulasten erspart.

3 Wird für die Bebauung eines Grundstücks nur **ein Teil eines zweiten Grundstücks benötigt,** so **muss das Trennstück abgeteilt und als eigenes neues Grundstück im Grundbuch eingetragen werden.** Anschließend kann es dann durch eine Vereinigungsbaulast dem anderen Grundstück zugeschlagen werden.

4 **Soll durch ein Bauvorhaben ein öffentlich gewidmeter Weg über- oder unterbaut werden,** so ist die Eintragung etwa einer Vereinigungsbaulast nicht möglich, da dieses an öffentlichem Eigentum der Freien und Hansestadt Hamburg rechtlich nicht möglich ist. In diesen Fällen sieht der in § 79 Abs. 1 neu angefügte Satz 2 vor, dass dann **statt Bestellung einer Baulast** von der Verwaltung **eine Sondernutzungserlaubnis** erteilt wird oder es muss die Inanspruchnahme des öffentlichen Weges durch einen abzuschließenden **Sondernutzungsvertrag** gesichert werden (siehe auch oben die Ausführungen zu § 79 Abs. 1 „Baulasten").

2. Abweichungen vom Planrecht für Grenzbebauungen (Abs. 2)

5 Dieser Absatz trifft **Sonderregelungen** von der grundsätzlichen Abstandsflächenvorschrift des § 6 Abs. 1.

6 Dabei gilt die **Sonderregelung** nach dem OVG Hamburg **nicht nur für die seitlichen Grundstücksgrenzen,** sondern auch, wenn ein gemeinsamer Grenzabschnitt durch eine **rückwärtige und eine seitliche Grenze** gebildet wird. Denn dem Wortlaut ist eine Beschränkung auf die seitlichen Grundstücksgrenzen

nicht zu entnehmen. Auch Sinn und Zweck des Absatzes 2 sprechen für diese Auslegung, denn gemäß dieser Vorschrift soll das **Spannungsverhältnis zwischen bauplanungsrechtlichen und bauordnungsrechtlichen Anforderungen** gelöst werden. Diese Interessenlage steht aber nicht nur an einer gemeinsamen seitlichen Nachbargrenze, sondern auch an der **rückwärtigen Grenze gerade bei unregelmäßig geschnittenen Grundstücken oder in Ecklagen**, in denen die rückwärtige Grenze eines Grundstücks zugleich die seitliche Grenze eines anderen Grundstücks bilde.

So kann die Bauaufsichtsbehörde trotz einer **planungsrechtlich festgesetzten offenen Bauweise** von einem Bauherren verlangen, dass er eine **Grenzbebauung vornimmt, sofern auf dem Nachbargrundstück bereits ein Gebäude an der Grenze vorhanden** ist. 7

Gleiches gilt, wenn bei einer **planungsrechtlich vorgeschriebenen geschlossenen Bauweise das Nachbargebäude einen Grenzabstand aufweist.** Auch in diesem Fall kann die Bauaufsichtsbehörde zulassen oder verlangen, dass eine Abstandsfläche eingehalten wird. 8

Ob und unter welchen Voraussetzungen eine Abweichung von planungsrechtlichen Festsetzungen möglich oder vertretbar ist, liegt im **Ermessen der Bauaufsichtsbehörde.** Diese hat sorgfältig die Interessen des Bauherrn und des Nachbarn für die Abweichungsentscheidung abzuwägen. 9

Satz 1 regelt den Fall, dass entgegen dem Planrecht **bei einer offenen Bauweise auf dem Nachbargrundstück ein Gebäude auf der Grundstücksgrenze steht.** Es muss sich dabei um ein Hauptgebäude handeln, nicht etwa nur um ein untergeordnetes Nebengebäude, wie Garage, Abstellraum etc. Denn nur Hauptgebäude lösen einen eigenen Grenzabstand aus. 10

In diesen Fällen kann man es dem Bauherrn des angrenzenden Grundstücks nicht verwehren, ebenfalls an der Grenze zu bauen. Insoweit hat der Nachbar die **Einhaltung eines Sozialabstandes** hinsichtlich Belichtung und Belüftung seines Grundstücks **verwirkt.** Wer selbst planungsrechtliche Vorgaben nicht einhält, kann dieses auch nicht von seinem Nachbarn verlangen. 11

Selbst wenn das Nachbargebäude **nicht direkt auf der Grenze, sondern etwa 1 m entfernt errichtet wurde,** ist dem Bauherrn des angrenzenden Grundstücks gleichwohl eine Grenzbebauung zu genehmigen. Durch den dann noch verbleibenden **Abstand von etwa 1 m** zwischen den beiden Gebäuden, wird es dem Eigentümer des „Altgebäudes" nach wie vor ermöglicht, seine Außenwand zu Reinigungs- und auch Instandhaltungsarbeiten mit Gerüststellung zu erreichen. 12

Etwas anderes gilt, wenn **das vorhandene Gebäude auf der Grenze oder im grenznahen Bereich bauaufsichtlich genehmigte notwendige Fenster besitzt. Dann ist von dem Eigentümer** des anderen Grundstücks bei einem Neubau **zu fordern, dass er ebenfalls auf seinem Grundstück den Grenzabstand einhält,** den das vorhandene Nachbargebäude aufweist. 13

14 **Muss ein Bauherr** trotz offener Bauweise wegen eines vorhandenen Gebäudes auf dem Nachbargrundstück **an der gemeinsamen Grenze bauen, so muss sich sein Neubau hinsichtlich Breite und Höhe nicht zwingend an dem Nachbargebäude ausrichten.** Es ist durchaus zulässig, dass die neue Gebäudewand **die vorhandene Gebäudewand des Nachbarn über- bzw. unterschreitet.** Hier ist auf den Einzelfall abzustellen. Beide Gebäude müssen städtebaulich und gestalterisch verträglich sein. Wird durch den Neubau die Belichtung, Belüftung und Besonnung des Nachbargrundstücks kaum beeinträchtigt, kann der Umfang des Neubaus deutlich über dem des vorhandenen Nachbargebäudes hinausgehen.

15 Die zweite Alternative des Abs. 2 betrifft die Konstellation, dass ein Neubau aufgrund **geschlossener Bauweise** an der Grenze zu errichten, aber **auf dem Nachbargrundstück schon ein Gebäude mit Abstand zu dieser Grenze vorhanden ist.** Auch hier hat die Bauaufsichtsbehörde eine **Ermessensentscheidung** zu treffen und dabei neben städtebaulichen und gestalterischen Erwägungen auch die Schutzgüter des Abstandsflächenrechts wie Belichtung, Belüftung und Besonnung in die Abwägung einzustellen.

16 Wird in den vorgenannten Fällen von der Bauaufsichtsbehörde eine Abstandsfläche gefordert, so braucht diese **nicht 0,4 H einzuhalten, sie kann auch deutlich geringer sein.**

17 Bei der Ermessensentscheidung wird die Bauaufsichtsbehörde auch immer **zu berücksichtigen haben, ob und welche Fenster sich in der Außenwand des Nachbargebäudes befinden.** Werden bestandsgeschützte oder genehmigte Fenster durch den planungsrechtlich zulässigen Grenzbau deutlich verdunkelt oder verschattet, ist die Einhaltung einer zumutbaren Abstandsfläche des Neubaus zu fordern.

18 Dieses gilt ebenso für **Lichthöfe** oder **Lichtschächte.** Auch hier gilt die Regel, **dass die Ausmaße und Abstandsflächen** der Lichthöfe und Lichtschächte **nicht 1: 1 vom Neubau eingehalten werden müssen.** Grundsätzlich sind eben wegen der geschlossenen Bauweise auch geringere oder gar keine Abstandsflächen erforderlich.

3. Nachbar- und Rechtsschutz

19 Abs. 1 dient allein den öffentlichen Interessen.

20 Dieses gilt grundsätzlich auch für die beiden Alternativen des Absatzes 2. Lediglich wenn sich in dem vorhandenen Gebäude genehmigte Fenster eines Aufenthaltsraumes in Richtung des Nachbargrundstücks befinden, kann sich der Eigentümer des „Altgebäudes" gegen ein zu nahe heranrückendes neues Gebäude wegen Verletzung des Eigentumsrechts des Art. 14 GG zur Wehr setzen, wenn durch den Neubau ein bestandsgeschützter Aufenthaltsraum unzumutbar verschattet oder verdunkelt wird.

4. Ergänzende Rechtsvorschriften

21 Was in **Bebauungsplangebieten unter „offener" und „geschlossener" Bauweise zu verstehen ist,** ergibt sich aus § 22 Abs. 1 bis 3 BNVO.

Hiermit korrespondiert für **Baustufenpläne** § 11 Abs. 1, Spalte 3 und 4 BPVO („Bauweise und Umfang der Bebauung“). 22

§ 8 Teilung von Grundstücken

(1) Durch die Teilung eines Grundstücks dürfen keine Verhältnisse geschaffen werden, die diesem Gesetz oder auf Grund dieses Gesetzes erlassenen Vorschriften widersprechen.

(2) Soll bei einer Teilung nach Absatz 1 von diesem Gesetz oder von auf Grund dieses Gesetzes erlassenen Vorschriften abgewichen werden, ist § 69 entsprechend anzuwenden.

Kommentierung

Übersicht Rn.

1. Keine bauordnungswidrige Teilung (Abs. 1)

Auch in Hamburg bedarf die Teilung eines Grundstücks seit dem 1.4.2006 nicht mehr einer bauordnungsrechtlichen Genehmigung. Die bauplanungsrechtliche Genehmigungspflicht für Grundstücksteilungen war bereits durch die Novelle des BauGB zum 1.1.1998 abgeschafft worden. 1

Ein Grundstück darf aber nur geteilt, d. h. grundbuchlich abgeschrieben und als neues, eigenes Grundstück im Grundbuch eingetragen werden, **wenn hierdurch keine Verhältnisse geschaffen werden, die dem Hamburger Bauordnungsrecht widersprechen.** Durch die Teilung dürfen also nicht vorgeschriebene Grenzabstandsflächen unterschritten werden. Auch muss die **Erschließung**, sprich die Erreichbarkeit des alten und des neuen Grundstücks nach der Teilung **gemäß den Vorgaben der §§ 4 und 5 gewährleistet sein.** Auch Brandschutzgesichtspunkte können gegen eine Teilung sprechen. Würde eine beabsichtigte Teilung zu **baurechtswidrigen Verhältnissen** führen, so ist die Teilung grundsätzlich unzulässig. 2

2. Heilung durch eine Abweichungsentscheidung (Abs. 2)

Wird durch eine Teilung gegen Vorschriften der HBauO verstoßen, so hat die Bauaufsichtsbehörde auch unter Berücksichtigung von Nachbarinteressen nach **pflichtgemäßem Ermessen** zu prüfen, ob eine **Abweichungsentscheidung** nach § 69 **möglich und vertretbar** ist. Dabei ist auch zu prüfen, ob durch Baulasten oder Grunddienstbarkeiten beispielsweise bei Erschließungsproblemen der baurechtswidrige Zustand verhindert oder zumindest gemildert werden kann (z. B. durch eine „**Zuwegungsbaulast**“ nach § 4 Abs. 1 i. V. m. § 79 HBauO). 3

4 **Bestehen** auf dem Grundstück bereits **bauordnungswidrige Verhältnisse**, so haben diese keinerlei Einfluss auf die beabsichtigte Teilung.

3. Nachbar- und Rechtsschutz

5 § 8 besitzt keinen nachbarschützenden Charakter.

6 Wird durch eine Teilung ein bauordnungswidriger Zustand geschaffen, der die öffentliche Sicherheit und Ordnung gemäß § 3 gefährdet (z. B. Verletzung von Brandschutzvorschriften), so kann die Bauaufsichtsbehörde hiergegen nur repressiv nach § 76 vorgehen (vgl. die dortigen Ausführungen).

§ 9 Nicht überbaute Flächen, Vorgärten

(1) Die nicht mit Gebäuden oder vergleichbaren baulichen Anlagen überbauten Flächen der bebauten Grundstücke sind
1. wasserdurchlässig zu belassen oder herzustellen und
2. durch Begrünung und Bepflanzung gärtnerisch zu gestalten,
soweit dem nicht die Erfordernisse einer anderen zulässigen Verwendung der Flächen entgegenstehen. Satz 1 findet keine Anwendung, soweit Bebauungspläne Festsetzungen zu den nicht überbauten Flächen treffen.

(2) Vorgärten (Flächen zwischen der Straßenlinie oder Straßengrenze und der vorderen Fluchtlinie des Gebäudes) in Kleinsiedlungs-, Wohn-, Misch- und Dorfgebieten sind gärtnerisch zu gestalten. Sofern die Gartengestaltung nicht erheblich beeinträchtigt wird und ein durch die Vorgärten geprägtes Straßenbild erhalten bleibt, sind Stellplätze für Kraftfahrzeuge, Fahrradplätze und Standplätze für Abfall- und Wertstoffsammelbehälter sowie besondere bauliche Anlagen für Menschen mit Behinderungen zulässig.

Kommentierung

Übersicht Rn.

1. Wasserdurchlässigkeit und Begrünung nicht überbauter Flächen

1 Diese Vorschrift soll **aus Gründen der Gesundheit und des Umweltschutzes sicherstellen, dass nicht bebaute Grundstücke grundsätzlich nicht versiegelt werden dürfen,** sondern wasserdurchlässig sein/bleiben sollen. Aus diesem Grunde kann die Bauaufsichtsbehörde einem Bauherrn die Asphaltierung oder Betonierung einer größeren Fläche untersagen, wenn die Anlegung von **Fahrspuren** oder das Verlegen von **Rasengittersteinen** ausreicht, um Stellplätze für PKWS herzustellen.

2 Eine **Wasserdurchlässigkeit** kann auch durch Materialien wie Pflasterung oder entsprechende Belege gewährleistet werden. Ausführungsvorschläge liefert die von der FHH herausgegebene **Broschüre „Dezentrale naturnahe Regenwasser-**

bewirtschaftung“. Sie kann im Internet unter dem Suchbegriff „Regenwasserbroschüre“ heruntergeladen werden. Des Weiteren sollen im Sinne eines attraktiven Orts- und Straßenbildes die **Freiflächen bebauter Grundstücke begrünt oder bepflanzt werden.** Eine **Grünfläche** verlangt nicht zwingend eine Rasenfläche, auch eine **Wildwiese** genügt dieser Anforderung. Gleiches gilt für einen **japanischen Garten,** der überwiegend durch Wasserflächen gekennzeichnet ist.

Gefordert wird aber nicht nur die einmalige Anlegung und Gestaltung der Begrünung bzw. Bepflanzung, sondern auch die Erhaltung dieser Grünflächen. **Der Eigentümer hat folglich die Aufgabe, die Flächen auch zu pflegen, ggf. Begrünungen zu ersetzen oder zu erneuern.** 3

Die Forderung nach der Anlegung von Grünflächen steht unter dem Vorbehalt, dass die Flächen nicht einer anderen zulässigen Verwendung entgegenstehen. **Werden die Flächen für Kfz-Stell- oder Fahrradplätze benötigt, so tritt die Begrünungspflicht zurück.** Gleiches gilt, wenn die **Flächen für Abfall- und Wertstoffsammelbehälter, Kellerersatzräume oder besondere bauliche Anlagen für Menschen mit Behinderungen** benötigt werden. Auch bei Errichtung dieser Nebenanlagen ist darauf zu achten, dass gleichwohl so schonend wie möglich mit den unbebauten Flächen umgegangen wird, um durch gärtnerische Gestaltung der Freiflächen eine Einbindung der Nebenanlagen in das Straßenbild zu optimieren. 4

Satz 2 stellt klar, dass **Festsetzungen in Bebauungsplänen** für überbaute Flächen dem Satz 1 vorgehen. 5

2. Vorgärten

In der Neufassung der **HBauO 2006** waren offene Stellplätze in Vorgärten allgemein zulässig, Garagen und Carports dann, wenn sie zumindest die Abstandsflächen zum Nachbarn einhielten. Durch die **HBauO-Novelle 2010,** d. h. durch den neu angefügten Absatz 2 in § 9 **wurde praktisch die „alte“ Rechtslage hergestellt,** die bis zum Inkrafttreten der Neufassung der HBauO 2006 am 1.4.2006 Gültigkeit besaß. 6

Nunmehr dürfen Garagen und Carports in Vorgärten überhaupt nicht mehr errichtet werden, auch nicht im Wege einer Ausnahme. Allenfalls kommt in ganz seltenen Fällen die Erteilung einer **Abweichungsentscheidung** gemäß § 69 in Frage, insoweit wird auf die dortigen Ausführungen unter Gliederungspunkt 1 „Voraussetzungen für eine Abweichungsentscheidung“ verwiesen. 7

Nach der Vorschrift des neuen Abs. 2 sind **Vorgärten vorrangig „gärtnerisch zu gestalten“.** Allenfalls wenn die Gartengestaltung „nicht erheblich beeinträchtigt wird“, sind Kfz- und Fahrradplätze zulässig, ebenso wie Standplätze für Abfall- und Wertstoffsammelbehälter sowie besondere bauliche Anlagen für Menschen mit Behinderungen. 8

Zunächst wird vom Bauherrn ein **Konzept zur Vorgartengestaltung** gefordert. Dabei reicht es aus, wenn ein Lageplan vorgelegt wird, aus welchem hervorgeht, **wie viel Quadratmeter an Fläche für die Kfz-/Fahrradstellplätze in Anspruch genommen werden,** wieviel für die **Zufahrt zu den Stellplätzen** und wie 9 viel für die **Zuwegung zum Hauseingang.** Der Anteil dieser zusammengerechneten befestigten Flächen ist dann **ins Verhältnis zur Gesamtfläche des Vorgartens** zu setzen.

10 Beträgt die **befestigte Fläche im Vorgarten etwa nur 1/6 der Gesamtfläche,** so kann man davon ausgehen, dass die Gartengestaltung grundsätzlich „nicht erheblich beeinträchtigt wird“. Nimmt die **befestigte Fläche mehr als die Hälfte** ein, so ist im Regelfall davon auszugehen, dass der Eindruck eines bepflanzten „grünen“ Vorgartens nicht mehr gegeben ist, sondern eher ein **„Parkplatz mit Bepflanzung“.**

11 **Kfz- und Fahrradplätze** sowie **Abfallbehälter** und **Anlagen für Menschen mit Behinderungen** sind aber **im Vorgarten zu genehmigen,** wenn „die Gartengestaltung nicht **erheblich** beeinträchtigt wird“.

12 Zur **Beurteilung dieser „Erheblichkeit“** ist wie zuvor ausgeführt zunächst auf das Flächenverhältnis der befestigten zur bepflanzten Fläche im Vorgarten abzustellen. Darüber hinaus ist entscheidend, ob die **Stellplätze den Vorgarten in seiner Gesamtheit prägen** oder sich in die **Gesamtgestaltung des Straßenbildes** einfügen. Allein auf die Größe der befestigten Fläche im Verhältnis zur Gesamtfläche des Vorgartens kommt es nicht an. Es ist auch entscheidend zu berücksichtigen, wo und **wie die befestigten Flächen angelegt sind,** ob sie durch **bepflanzte Flächen** teilweise verdeckt werden und somit in den Hintergrund treten.

13 Es kommt also immer **auf den Einzelfall an.** Der „Gesamteindruck“ des konkreten Vorgartens ist zu beurteilen, wie er sich in die **Vorgartengestaltung der Nachbargrundstücke** und der übrigen **Vorgärten im konkreten Straßenabschnitt** einpasst. Je dichter die Vorgärten der Nachbargrundstücke befestigt oder sogar mit Garagen und Carports (gemäß der alten Rechtslage) bebaut sind, **desto weniger kann dann vom Bauherrn ein Maximum an gärtnerischer Gestaltung speziell seines Vorgartens gefordert werden** – und umgekehrt. Hierzu hat das **OVG Hamburg** einmal ausgeführt:

„Eine erhebliche Beeinträchtigung der Gartengestaltung liegt vor, wenn durch die Anordnung des Vorhabens im Vorgarten die dortige Bepflanzung nicht mehr als deutlich wahrnehmbares Gestaltungselement in Erscheinung tritt und nur noch als Beiwerk anzusehen ist.“

14 **Rasengittersteine sind grundsätzlich zur Gartengestaltung geeignet.** Auch hier kommt es aber auf das Verhältnis der Fläche der Rasengittersteine zur gesamten Vorgartenfläche entscheidend an. Denn der Rasen zwischen den Steinen wächst durch das ständige Befahren nur spärlich und **wirkt nicht etwa als „grüner Rasen“.** Die Gartengestaltung ist trotz der Verwendung von Rasengittersteinen dann erheblich beeinträchtigt, **wenn die so befestigte Fläche nicht wie ein grüner Rasen aussieht, sondern eher als ein mit Unkraut bewachsener Parkplatz.**

3. Nachbar- und Rechtsschutz

15 § 9 dient ausschließlich dem Allgemeininteresse.

§ 10 Kinderspielflächen

(1) Bei Gebäuden mit mehr als drei Wohnungen ist auf dem Grundstück eine ausreichend große Spielfläche mit geeigneter Ausstattung für Kinder herzustellen. Die Kinderspielfläche muss eine Größe von mindestens 10 m² je Wohneinheit, mindestens aber 100 m², haben. Eine Unterschreitung dieser Größe ist zulässig, wenn sonst die zulässige Bebauung auf dem Grundstück nicht oder nur mit unzumutbarem Aufwand verwirklicht werden kann.

(2) Die Herstellung ist auch auf einem anderen geeigneten Grundstück in unmittelbarer Nähe, dessen dauerhafte Nutzung für diesen Zweck durch Baulast gesichert ist, zulässig.

Kommentierung

Übersicht Rn.

1. Gebäude mit mehr als drei Wohnungen (Abs. 1)

1 Bei der Neuerrichtung von Gebäuden mit mehr als drei Wohnungen, also von mindestens **vier Wohnungen,** ist eine **Spielfläche für Kinder** herzustellen, die **nicht zwingend auch für Kleinkinder geeignet sein muss.** Ohne dass es formuliert ist, muss die Spielfläche so angelegt und beschaffen sein, dass ein **gefahrloses Spielen** für die Kinder gewährleistet ist. Die Spielflächen sind folglich möglichst nicht in der Nähe von Stellplätzen, Abfallbehältern oder öffentlichen und privaten Straßen zu errichten und ggf. einzufrieden.

2 Mit der **HBauO-Novelle 2010** wurden wieder die Teilregelungen in Absatz 1 für die Herstellung (Größe) und **Ausstattung von „Kinderspielflächen“** aufgenommen. **Die Spielfläche ist wieder „mit geeigneter Ausstattung für Kinder“ herzustellen.** Welche Anforderungen bzw. welcher Art die aufzustellenden Spielgeräte sein müssen, ist nach wie vor offen.

3 Ohne dass es einer Abweichungsentscheidung nach § 69 bedarf, kann der Bauherr die Spielfläche auch auf einem anderen, geeigneten **Grundstück in unmittelbarer Nähe herstellen,** wobei die **Kinderspielnutzung** dann **auf Dauer durch eine Baulast gesichert sein muss.**

4 **Unmittelbare Nähe bedeutet,** dass der Spielplatz nur so weit entfernt sein darf, **dass die Eltern ihre Kinder noch beaufsichtigen können.** Eine Sicht- und Rufweite wäre wünschenswert, ist aber nicht vorgeschrieben.

5 **Ungeeignet ist ein Grundstück** als Spielfläche, wenn die Kinder diese nur durch **Überqueren einer Straße** erreichen können.

6 Denkbar ist, dass sich ein Bauherr **an einem bestehenden Spielplatz beteiligt,** sofern dieser **ausreichend groß** und seine **Nutzung durch eine Baulast gesichert** ist.

2. Größe der Kinderspielfläche (Abs. 2)

7 Gefordert wird eine Größe **von 10 m² je Wohneinheit, mindestens aber** 100 m².

8 Ein Bauherr kann sich durch Zahlung eines **Ablösebetrages nicht von der Pflicht zur Herstellung von Kinderspielflächen befreien.** Satz 2 sieht lediglich vor, dass eine **Unterschreitung der vorgegebenen** Größen von Kinderspielflächen zulässig ist, wenn das Grundstück sonst nicht oder nur mit unzumutbaren Aufwand bebaut werden kann. Dieses betrifft die Fälle, in denen ein **Baugrundstück so klein** ist, **dass es unter wirtschaftlichen Gesichtspunkten nicht bebaubar ist,** wenn ein Teil des Grundstücks auch noch für eine Kinderspielfläche hergerichtet werden muss.

9 Wird ein **denkmalgeschütztes Gebäude** in Wohnungen umgewandelt, so kann auch hier eine Unterschreitung der Größe der Kinderspielfläche zulässig sein.

10 Nicht geregelt ist, wie mit Kinderspielflächen zu verfahren ist, wenn sich aus der Zweckbestimmung der Wohnungen ergibt, dass dort nur Personen ohne Kinder wohnen werden, wie in **Seniorenwohnanlagen, Studentenheimen** oder **Wohnungen für Auszubildende.** Gleiches gilt für Apartment-Häuser, die lediglich Kleinwohnungen beinhalten. Wenn diese Vorhaben von der Pflicht zur Schaffung von Kinderspielflächen befreit werden wollen, muss eine **Abweichung nach § 69 beantragt und zugelassen werden.**

11 Soll zusammen mit einem Mehrfamilienhaus auch eine **Kindertageseinrichtung für 3 Gruppen mit je 20 Kindern** errichtet werden, so reicht es nicht aus, wenn der Mindestumfang der Kinderspielfläche lediglich um 15 m² überschritten wird, eine solche **Spielfläche von 115 m² ist für eine Kindertageseinrichtung mit 60 Plätzen nicht mit Absatz 1 vereinbar.**

3. Nachbar- und Rechtsschutz

12 Gegen die Herstellung eines Spielplatzes und dem von diesem ausgehenden Lärm kann sich ein Nachbar nicht zur Wehr setzen.

13 Etwas anderes kann für sog. **Bolzplätze** und **Abenteuerspielplätze** gelten, die nicht nur von Kindern eines einzigen Baugrundstücks aufgesucht werden, sondern eine größeren Einzugsbereich besitzen.

4. Ergänzende Rechtsvorschriften

14 **Exkurs „Kinderlärm“:**

15 Hinzuweisen ist an dieser Stelle auf die **Änderung des Bundes-Immissionsschutzgesetzes,** welche nunmehr den von Kindertageseinrichtungen und Kinderspielplätzen ausgehenden **Kinderlärm privilegiert.** Seit dem 21.7.2011 bestimmt § 22 Abs. 1a BImSchG:

„Geräuscheinwirkungen, die von Kindertageseinrichtungen, Kinderspielplätzen und ähnlichen Einrichtungen, wie beispielsweise Ballspielplätzen durch Kinder hervorgerufen werden, sind im Regelfall keine schädliche Umwelteinwirkung. Bei der Beurteilung der Geräuscheinwirkungen dürfen Immissionsgrenz- und -richtwerte nicht herangezogen werden."

Auch in Hamburg hatten sich **Nachbarn** gerichtlich gegen Kindertageseinrichtungen und den damit einhergehenden Kinderlärm **erfolgreich zur Wehr gesetzt.** Dies hatte zur Folge, dass einige **Kindertageseinrichtungen ihren Betrieb gänzlich einstellen mussten.** Teilweise wurden durch die Gerichte auch bestimmte **Tageszeiten vorgegeben,** in denen Kinder nur im Gebäude selbst, aber **nicht im Garten spielen durften.** **16**

Um zukünftig gerichtliche Auseinandersetzungen wegen Kinderlärms zu vermeiden, wurde der vorstehende Abs. 1a in § 22 BImSchG eingefügt. **Damit stellt der Gesetzgeber klar,** dass Nachbarn, Behörden oder auch Gerichte zur Beurteilung des Kinderlärms von Kindertageseinrichtungen, Kinderspielplätzen und ähnlichen Einrichtungen **nicht mehr die** **17**

- **Technische Anleitung zum Schutz gegen Lärm** – TA-Lärm;
- **2. Sportanlagenlärmschutzverordnung;**
- **LAI-Freizeitlärmrichtlinie**

mit deren teilweise strengen, einzuhaltenden Immissionsrichtwerten heranziehen können bzw. müssen. **18**

Der neu eingeführte § 22 1a BImSchG wird sich auch **auf das zivile Nachbarschaftsrecht des Bürgerlichen Gesetzbuches (BGB) auswirken.** Zukünftig werden sich Nachbarn nicht mehr „zum Schutz vor wesentlichen Beeinträchtigungen" durch Kinderlärm auf die **§§ 906, 1004 BGB** berufen können, da insoweit die Beurteilungsmaßstäbe des öffentlichen Rechts auch auf die zivilrechtliche Praxis ausstrahlen werden. Nachbarn werden sich **nicht mehr** zur Durchsetzung eines Abwehranspruchs gegen Kinderlärm **auf die immissionsschutzrechtlichen Grenz- und Richtwerte wie in der Vergangenheit beziehen können.** **19**

Unter die Privilegierung von Kinderlärm fallen zunächst **„alle Geräuscheinwirkungen durch kindliche Laute"** wie sprechen und singen, lachen und weinen, rufen und schreien und kreischen. Aber auch **Geräuscheinwirkungen durch körperliche Aktivitäten** wie spielen, laufen, springen und tanzen gehören hierzu, selbst wenn vielfach die eigentliche Geräuschquelle in kindgerechten Spielzeugen, Spielbällen und Spielgeräten sowie Musikinstrumenten liegt. Dies gilt auch für Geräuscheinwirkungen durch **Sprechen und Rufen von Betreuerinnen und Betreuern,** da diese Laute unmittelbar durch die Kinder und ihre Betreuung bedingt sind" (Bundesrat, Drucksache 128/11 vom 4.3.2011, S. 5/6 der Begründung). **20**

Tageseinrichtungen sind solche, in denen sich Kinder für einen Teil des Tages oder ganztätig aufhalten und in Gruppen gefördert werden. Hierzu zählen auch Kinderläden. **21**

22 Unter Kinderspielplätzen sind „kleinräumige Einrichtungen zu verstehen, die auf spielerische oder körperliche Aktivitäten von Kindern zugeschnitten sind und die wegen ihrer sozialen Funktion regelmäßig wohngebietsnah“, wie z. B. Ballspielflächen, gelegen sein müssen (vgl. Bundesratsdrucksache a. a. O.).

23 **Spiel- und Bolzplätze, Skateranlagen und Streetballfelder für Jugendliche sind großräumiger angelegt,** besitzen ein anderes Lärmprofil als Kinderspielplätze und werden daher **nicht von der Privilegierung des § 22 Abs. 1a BImSchG umfasst.**

24 Wie gesagt, können Immissionsgrenz- und -richtwerte in Form von Dezibel (dB) nicht mehr als Bewertungsmaßstab für Kinderlärm herangezogen werden. **Für die Beurteilung ist zukünftig allein entscheidend, ob sich die jeweiligen Kindertageseinrichtungen, Kinderspielplätze etc. nach Art und Größe sowie Ausstattung in des spezielle Wohngebiet und die dort vorhandene Bebauung einfügen.** Im Regelfall liegen die von diesen Einrichtungen hervorgerufenen **Geräuscheinwirkungen durch spielende Kinder im Rahmen des Üblichen** und sind nicht geeignet, eine erhebliche Belästigung für die Nachbarschaft und damit eine schädliche Umwelteinwirkung im Sinne des § 3 Abs. 1 BImSchG bzw. des § 16 HBauO herbeizuführen (vgl. Bundesratsdrucksache 128/11 a. a. O.).

25 Sodann kann folgender **Bauprüfdienst** zur Anwendung kommen:
- BPD 1/12 „Kinderspielflächen“.

§ 11 Einfriedigungen

Bauliche Einfriedigungen an der Grenze zu öffentlichen Wegen und Grünflächen sowie an der Grenze zu benachbarten Grundstücken in der Tiefe der Vorgärten sind bis zu einer Höhe von 1,50 m, vom eigenen Grund gemessen, zulässig.
Sie müssen durchbrochen sein.
Einfriedigungen von gewerblich genutzten Grundstücken dürfen dicht und bis zu 2,25 m hoch ausgeführt werden.

Kommentierung

Übersicht Rn.

1. Bauliche Anforderungen

1 Diese Vorschrift formuliert nur **Vorgaben für Einfriedigungen,** wenn diese vom Grundstückseigentümer errichtet werden sollen. Eine **Pflicht zur Einzäunung oder Einfriedigungen** von Grundstücken **gibt es in der Freien und Hansestadt Hamburg nicht.**

Einfriedigungen können neben **Draht- und Holzzäunen** auch **Mauern, Erdwälle**, aber auch **Hecken** oder geschlossene Anpflanzungen von Bäumen oder Sträuchern sein. 2

Die **Höhe der Einfriedigungen in Wohngebieten und Mischgebieten** ist für die Grundstückseigentümer praktisch nur noch für den **Vorgartenbereich auf 1,50 m beschränkt.** Bauliche Einfriedigungen an der Grenze zu öffentlichen Wegen und Grünflächen dürfen 1,50 m nicht überschreiten. Gleiches gilt für Einfriedigung zu benachbarten Grundstücken, allerdings nur für die Tiefe der Vorgärten, also lediglich den Teil der Nachbargrenze, der zwischen der Straßengrenze und der vorderen Fluchtlinie des Gebäudes liegt. 3

Das Gebot, dass an öffentlichen Wegen und in Vorgärten Einfriedigungen durchbrochen sein müssen, gilt nach dem OVG Hamburg nicht allein dem Schutz der Benutzer öffentlicher Wege vor einem „Tunnelgefühl“. Der Schutzzweck der Norm dient auch der Stadtbildgestaltung, d. h. dem erwünschten Blick von Fußgängern in die Vorgärten. 4

Für den sich **hinter dem Vorgarten anschließenden Teil** des Nachbargrundstücks gibt es für die Höhe der Einfriedigung **keine Begrenzung.** Entweder müssen sich die Nachbarn über die Höhe verständigen oder die Bauaufsichtsbehörde muss bei Vorliegen eines konkreten Bauantrages entscheiden, ob die beantragte Höhe der Einfriedigung mit den nachbarlichen Belangen vereinbar ist. **Nur gering durchbrochene oder geschlossene Einfriedigungen** sind allerdings nur bis zu einer **Höhe von 2 m** zulässig, da sie dann einer „gebäudegleichen Wirkung“ entfallen. 5

Das **Gebot des Durchbrochenseins** von Einfriedigungen **gilt auch nur eingeschränkt für Einfriedigungen in Vorgärten** und an der Grenze zu öffentlichen Wegen und Grünflächen. In hinteren Grundstücksbereichen ist keinerlei Sichtdurchlässigkeit gefordert. 6

Eine Ausnahmeregelung findet sich sodann noch im Satz 3 für **gewerblich genutzte Grundstücke in Gewerbe- und Industriegebieten.** Diese dürfen an allen Grundstücksgrenzen dicht und bis zu **2,25 m hoch** eingefriedigt werden, ohne Rücksicht auf Vorgartenbereiche oder Angrenzung an öffentliche Wege oder Grünflächen. Folglich können in Gewerbe- und Industriegebieten **Einfriedigungen an der hinteren Nachbargrenze beliebig hoch sein,** dies gilt selbst für geschlossene Einfriedigungen. Die beliebig hohen Einfriedigungen **lösen in diesen Gebieten auch keine eigenen Abstandsflächen aus.** 7

Einfriedigungen, die § 11 entsprechen, sind gemäß § 60 Ziffer 1.6.1 – 6.4 von der Genehmigungspflicht freigestellt. 8

2. Nachbar- und Rechtsschutz

Da es keine Einfriedungspflicht gibt, kann ein Nachbar aus § 11 keine subjektiven Rechte herleiten. 9

Gegen **zu hohe Hecken, Laub-, Nadel- und Blütenbefall** bzw. **überhängende Zweige und Wurzeln** kann sich ein Nahbar im Einzelfall zivilrechtlich nach § 1004 BGB zur Wehr setzen. 10

3. Ergänzende Rechtsvorschriften

11 In Natur- und Landschaftsschutzgebieten dürfen nach den jeweiligen Schutzverordnungen grundsätzlich keine Einfriedigungen errichtet werden.

Dritter Teil: **Bauliche Anlagen**

Erster Abschnitt: **Gestaltung**

§ 12 Gestaltung

(1) Bauliche Anlagen müssen nach Form, Maßstab, Verhältnis der Baumassen und Bauteile zueinander, Werkstoff und Farbe so gestaltet sein, dass sie nicht verunstaltend wirken.
Bauliche Anlagen dürfen das Straßen, Orts- und Landschaftsbild nicht verunstalten.

(2) Bei baulichen Anlagen, die infolge ihres Umfangs, ihrer Höhe, ihrer Lage oder ihrer erhaltenswerten Gestaltungsmerkmale das Straßenbild, Ortsbild oder Landschaftsbild mitbestimmen, können besondere Anforderungen an die Gestaltung der Außenseiten und der Dächer gestellt werden.

Kommentierung

Übersicht Rn.

1. Verunstaltungs-Verbot (Abs. 1)

1 Für die **Auslegung des Begriffs Verunstaltung** sind vorrangig die hierzu vom Bundesverwaltungsgericht entwickelten Grundsätze heranzuziehen. Danach ist Zweck einer Gestaltungsvorschrift, dass durch sie nicht bereits jede Störung der architektonischen Harmonie, also jede Unschönheit, sondern nur die **Verunstaltung, d. h. ein hässlicher, das ästhetische Empfinden des Beschauers nicht nur beeinträchtigender, sondern verletzender Zustand verhindert werden soll.**

2 Bei dieser Beurteilung ist weder auf die Ansicht eines ästhetisch besonders empfindsamen Menschen, noch auf die eines Menschen, der ästhetischen Eindrücken gegenüber gleichgültig und unempfindlich ist, abzustellen. Entscheidend ist die **Ansicht eines ästhetischen Eindrücken gegenüber offenen Betrachters,** also eines sog. **gebildeten Durchschnittsmenschen.**

3 Damit hat das Bundesverwaltungsgericht **für die Beurteilung einer Verunstaltung eine Objektivierung vorgenommen** und klargestellt, dass nicht etwa ein qualitativ bestimmter Kreis gebildeter Durchschnittsmenschen bestimmen

kann, was verunstaltend ist und was nicht. Schon **Mitglieder eines politischen Bauausschusses, erst recht eines Bauamtsausschusses,** sind nicht – mehr – als **„Durchschnittsmenschen" einzustufen,** da sie durch ihre Tätigkeit eine gewisse Vorbildung und Schulung besitzen.

Gemessen an äußerlichen Merkmalen ist eine bauliche Anlage verunstaltend, wenn die **Proportionen des Baukörpers,** die **Werkstoffe** oder die **Farben** so **disharmonisch** geraten sind, dass sie das ästhetische Empfinden eines durchschnittlichen Betrachters verletzen. Eine Verunstaltung kann auch gegeben sein, wenn Baumassen und Bauteile nicht miteinander harmonieren, beispielsweise bei **überdimensionalen Fenstern** oder auch zu kleinen Fenstern einer Gebäudewand. Bei verunstaltenden Werkstoffen ist an **Bauteile aus Plastik oder Styropor** zu denken. Schwierig wird es bei einer Farbgestaltung, insbesondere wenn diese Ausdruck eines Künstlers ist. **Bei der Verunstaltung durch Farben ist ein hoher Maßstab anzusetzen,** der nicht schon bei einer ungewöhnlichen Farbgebung eines Gebäudes überschritten ist. **4**

An einer objektivierenden Beurteilung für eine Verunstaltung ist auch deshalb festzuhalten, um innovative Architektenideen und deren Umsetzung zu ermöglichen. **5**

In der Rechtsprechung finden sich nur wenige Beispiele, in denen eine Verunstaltung bejaht wurde. So z. B. wenn ein **Dach mit verschiedenen Baustoffen gedeckt wurde,** wobei die Dachziegel dann ebenfalls noch unterschiedliche Farben aufwiesen und auch vom Alter und damit vom Material her nicht zueinander passten. Typische Beispiele von Verunstaltungen sind auch sog. **„Antennenwälder"** oder eine größere **Ansammlung von Satellitenschüsseln.** Werden bei einem **Jugendstilgebäude zusätzliche Fenster eingebaut, die sich nicht in die vorhandene Fenstergliederung der Fassade einpassen** und optisch unharmonisch wirken, so ist auch dies ein Fall einer Verunstaltung. Gleiches gilt, wenn beispielsweise **Außenrollläden an eine Fassade montiert werden, an welcher sich sonst nur Holzklappläden finden.** **6**

Eine **verunstaltende Wirkung** hat das OVG Hamburg für eine **Spitzbodengaube** angenommen, die wesentlich **größer dimensioniert war, als die darunter befindliche Dachgeschossgaube.** Das Fenster dieser Gaube war etwa 1,40 m^2 groß und entsprach damit **nur etwa einem Fünftel der Fensterfläche der unmittelbar darüber angeordneten** ca. 7 m^2 großen Spitzbodengaube. Dies sei eine **proportional missratene Gaube,** die ein durchschnittlicher, für ästhetische Eindrücke nicht verschlossener Beobachter als ganz erhebliche Belastung empfinde. Die etwas 4,50 m breite und ca. 2 m hohe massige Spitzbodengaube „throne" in der Art eines deplatzierten, teilverglasten Wintergartens über der wesentlich kleineren Dachgeschossgaube und scheine diese förmlich zu erdrücken. **Die Gaubenkonstruktion** mit ihrer Länge von 4,50 m, ihrer Tiefe von 2,20 m und ihrer Höhe von ca. 2 m **vergrößere den Bodeninnenraum „nach außen" und wirke optisch wie ein deplatzierter Anbau.** **7**

Satz 2 behandelt die **Verunstaltung der Umgebung.** Danach kann ein Gebäude, das für sich isoliert betrachtet nicht verunstaltend wirkt, gleichwohl das Stra- **8** ßen- oder Ortsbild verunstalten, indem es sich nicht einmal ansatzweise an der prägenden, vorhandenen Architektur der Gebäude in einer Straße anpasst. Wird also z. B. ein durch **Glas und Stahl sich hervortuendes Gebäude mit einer Putzfassade in eine Baulücke zwischen zwei historische Backsteinbauten gesetzt,** so ist die zweite Alternative des Verunstaltungsverbotes erfüllt.

9 **Die Umgebung des zu beurteilenden Gebäudes ist dabei nicht auf die Nachbargrundstücke oder den Straßenabschnitt beschränkt.** Gerade in der Nähe architektonisch herausragender oder historischer Gebäude, ist die **Sichtbeziehung** des Neubaus bzw. die **Blickrichtung** bei der Beurteilung der Umgebungs-Verunstaltung mit einzubeziehen. Selbst die **Skyline einer Stadt** kann prägend für die Umgebung und damit für die Beurteilung einer Verunstaltung des Ortsbildes heranzuziehen sein.

2. Besondere Anforderungen an die Gestaltung im Einzelfall (Abs. 2)

10 Die Bauaufsichtsbehörde hat die Möglichkeit, bei **außergewöhnlichen baulichen Anlagen,** die in Folge ihres Umfangs, ihrer Höhe, ihrer Lage oder ihrer erhaltenswerten Gestaltungsmerkmale das **Straßenbild, Ortsbild oder Landschaftsbild mitbestimmen,** in gewisser Weise gestaltend Einfluss zu nehmen. Ziel dieser Vorschrift ist es also nicht, Verunstaltungen zu verhindern, sondern **positiv das architektonische Erscheinungsbild zu fördern.**

11 Der **Umfang** und die **Höhe** der baulichen Anlagen orientieren sich dabei nicht an der Dimensionierung des Bauwerks, sondern an seiner Einbettung in die Umgebung, vorrangig in das Straßen- und Ortsbild.

12 **Gerade in Hamburg kann auch die Lage des Baugrundstücks bzw. des Bauvorhabens wegen seiner Sichtbeziehung** beispielsweise zur Alster **ein Mitspracherecht der Bauaufsichtsbehörde** hinsichtlich der Gestaltung der Fassaden und der Dachform **begründen. Diese Einflussnahme der Bauaufsichtsbehörde bezieht sich aber nur auf die Kubatur des Gebäudes** bzw. der baulichen Anlage, nicht aber auf den Standort des Gebäudes, seine Geschossigkeit oder Gliederungen und Aufteilungen im Inneren des Gebäudes.

13 Gestalterische Anforderungen an **Dachaufbauten** und **Dacheinschnitte** gibt es in der HBauO nicht – mehr. Die Herstellung von Dachgauben oder Dacheinschnitten bedürfen als verfahrensfreie Vorhaben nach § 60 gar keiner Genehmigung mehr. Dieses gilt aber nur für Dachgauben und Dacheinschnitte, deren **Länge insgesamt nicht mehr als ein Drittel ihrer zugehörigen Gebäudeseitenlänge beträgt** (vgl. Anlage 2 zu § 60 Abschnitt I., Nr. 10.5).

14 Auch für das Errichten neuer Gebäude durch Anbau an vorhandene Gebäude ist ein **Mitwirkungsrecht der Bauaufsichtsbehörde in Bezug auf die Gestaltung des Anschlusses beider Gebäude entfallen.**

15 **Besondere Gestaltungsanforderungen** können sich für Gebäude gemäß der **Binnen- und Außenalster-Verordnung** ergeben. Schutzgut dieser Verordnungen ist die städtebauliche Eigenart des geschützten Gebietes, so dass **nicht jede bauliche Veränderung, die einen etwas ausgefallenen Geschmack des Bauherrn widergibt,** unter Hinweis auf die Vorschriften der Außen- bzw. Binnenalster-Ver-

ordnung zu versagen ist. Die Änderung kann nur abgelehnt werden, wenn sie so erheblich ist, dass sie das prägende Stadtbild in erheblicher Weise negativ beeinflusst.

3. Nachbar- und Rechtsschutz

Die Gestaltungsvorschriften des § 12 vermitteln keinen Drittschutz. **16**

Optische Beeinträchtigungen sind auch zivilrechtlich nicht angreifbar. **17**

4. Ergänzende Rechtsvorschriften

Da die **Binnen- und Außenalster** Wahrzeichen Hamburgs sind, gelten für Bauvorhaben in „ihrer näheren Umgebung“ besondere Gestaltungsvorschriften, die in der **Binnenalster-Verordnung** und in der **Außenalster-Verordnung** normiert sind. **18**

In diesem Zusammenhang wären auch noch die Rathausmarkt-Verordnung und die Altersfleet-Verordnung zu erwähnen. **19**

Darüber hinaus gibt es in Hamburg zahlreiche Milieuschutzverordnungen sowie auch Gestaltungs-Vorgaben in diversen Bebauungsplänen. **20**

Sodann können noch folgende **Bauprüfdienste** zur Anwendung kommen: **21**
- BPD 7/02 „Sendeantennenanlagen“;
- BPD 5/13 „Werbeanlagen“

§ 13 Werbeanlagen

(1) Anlagen der Außenwerbung (Werbeanlagen) sind alle ortsfesten Einrichtungen, die der Ankündigung oder Anpreisung oder als Hinweis auf Gewerbe oder Beruf dienen und vom öffentlichen Verkehrsraum aus sichtbar sind. Für Werbeanlagen, die keine baulichen Anlagen sind, gelten die Vorschriften über die Gestaltung baulicher Anlagen sinngemäß.

(2) In Kleinsiedlungsgebieten, Wohngebieten und Dorfgebieten sind Werbeanlagen nur an Gebäuden an der Stätte der Leistung, bis zur unteren Dachkante des Gebäudes, zulässig; in reinen Wohngebieten nur bis zur Höhe des Erdgeschosses. In Misch-, Kern-, Gewerbe- und Sondergebieten sind Werbeanlagen oberhalb der unteren Dachkante nur zulässig, sofern sie keine von der öffentlichen Verkehrsfläche sichtbare Hilfskonstruktion erfordern. Außerhalb der im Zusammenhang bebauten Ortsteile sind Werbeanlagen nur an der Stätte der Leistung, einzelne Hinweiszeichen darauf sowie Sammelschilder als Hinweis auf ortsansässige gewerbliche Betriebe, die den Belangen der Verkehrsteilnehmerinnen und Verkehrsteilnehmer dienen, zulässig. In allen Baugebieten sind zeitlich begrenzte Hinweise auf besondere Veranstaltungen, Messen, Schaustellungen, Feiern und Sportveranstaltungen zulässig.

(3) Unzulässig sind:
1. **Werbeanlagen, die die Sicherheit des Verkehrs gefährden,**
2. **Werbeanlagen in störender Häufung oder von störendem Umfang,**
3. **Werbeanlagen an Böschungen, Brücken, Ufern und Bäumen,**
4. **Werbeanlagen an öffentlichen Gebäuden repräsentativen oder städtebaulich hervorragenden Charakters in den Stadtteilen Hamburg-Altstadt, Neu-**

stadt und HafenCity, ausgenommen Hinweise auf dort befindliche Dienststellen, Unternehmen oder Veranstaltungen,
5. Werbeanlagen mit Wechsellicht außerhalb der vom Senat durch Rechtsverordnung bestimmten Gebiete,
6. Werbeanlagen in Vorgärten mit Ausnahme von Schildern, die Inhaberinnen und Inhaber und Art eines auf dem Grundstück vorhandenen Betriebes oder eines dort ausgeübten freien Berufes (Stätte der Leistung) kennzeichnen.

Satz 1 gilt nicht für zeitlich befristete Werbeanlagen nach Satz 1 Nummern 2 bis 4, die dem Wohl der Allgemeinheit dienen und insbesondere durch ihre Werbeaussagen kulturelle, karitative oder sportliche Zwecke fördern.

(4) Die Vorschriften dieses Gesetzes sind nicht anzuwenden auf
1. Anschläge an dafür genehmigten Säulen, Tafeln und Flächen,
2. Werbemittel an Zeitungs- und Zeitschriftenverkaufsstellen,
3. Auslagen und Dekorationen in Fenstern und Schaukästen,
4. Wahlwerbung für die Dauer eines Wahlkampfs.

Kommentierung

Übersicht Rn.

1. Begriff (Abs. 1)

1 Unter einer **Werbeanlage** sind alle ortsfesten Einrichtungen zu verstehen, mit denen für ein Gewerbe oder einen Beruf geworben wird.

2 Eine solche **Werbeanlage muss zunächst ortsfest sein, d. h. hierfür wird eine unmittelbare** (z. B. freistehendes Werbeschild) **oder auch nur eine mittelbare** (z. B. eine Bemalung oder ein Werbeschild an einer Einfriedigung) **Verbindung mit dem Erdboden gefordert.** Bei **Werbung auf Omnibussen oder Taxen** sowie an **U- und S-Bahnen** fehlt es an einer ortsfesten Verbindung, sodass solche Werbeanlagen keiner Baugenehmigung bedürfen.

3 **Kraftfahrzeuge, Fahrzeuganhänger** etc. auf denen eine **Werbeanlagen montiert ist** oder auf denen sich ein **überdimensionaler Werbeaufdruck** befindet, und die auf einem Privatgrundstück oder einer öffentlichen Verkehrsfläche abgestellt werden, **sind ortsfeste Werbeanlagen** und keine beweglichen Anlagen, da bei ihnen der Werbeeffekt im Vordergrund steht.

4 Unterschiedlich ist die Rechtslage, wenn ein **mit einer Werbeaufschrift versehener Pkw-Anhänger lediglich zeitweise im öffentlichen Verkehrsraum abgestellt wird.** Allein das Abstellen des Anhängers macht diesen noch nicht zu einer „ortsfesten Einrichtung“. Es ist vielmehr anhand der konkreten Umstände zu

prüfen, ob der Anhänger **nur abgestellt werden sollte, oder ob beabsichtigt war, dass er eine Werbewirkung erzeugt.** Für eine beabsichtigte Werbewirkung sprechen

- das **tagelange Abstellen eines Anhängers;**
- eine **größere Entfernung zur Wohnung:**
- ein besonders **auffälliger Standort,** der bei Verkehrsteilnehmern Aufmerksamkeit erzeugt.

Anhänger mit einer Werbeanlage als „ortsfeste Einrichtung" bedürfen einer Baugenehmigung, auch wenn der Anhänger auf einer öffentlichen Straße abgestellt wurde. Zusätzlich muss auch noch eine **Sondernutzungserlaubnis** nach **§ 19 Hamburgisches Wegegesetz** (**HWG**) eingeholt werden. 5

Da die Werbeanlage auf **Gewerbe** oder **Beruf** aufmerksam machen soll, fallen **Werbungen für ideelle Zwecke,** z. B. für Kirchen, Kultur, Parteien und Sport nicht in den Geltungsbereich des Absatz 1. **Wahlplakate, Schilder mit Ankündigungen von Konzerten oder Sportveranstaltungen sowie Demonstrationen und Versammlungen** sind also keine Werbeanlagen. 6

Wird allerdings eine Veranstaltung für ein Gewerbe angekündigt (**Produktwerbung**), so ist Absatz 1 wiederum anzuwenden. Unter **Anpreisung** oder **Hinweis** auf Gewerbe und Beruf werden vorrangig Schilder mit Werbung, oder auch Firmenschilder für Gewerbeausübende und Freiberufler verstanden. 7

Bauschilder, die auf ein bestimmtes Bauvorhaben und die am Bau beteiligten Firmen hinweisen und für das Projekt werben, erfüllen zwar die tatbestandlichen Voraussetzungen einer Werbeanlage, wegen der Sondervorschrift des § 14 Absatz 3 bedürfen sie aber **keiner gesonderten Genehmigung als Werbeanlagen.** 8

Die Werbeanlage muss vom öffentlichen Verkehrsraum aus sichtbar sein. Diese Voraussetzung ist auch gegeben, wenn eine **Werbeanlage im hinteren Teil eines Grundstücks** aufgestellt wird und folglich nur von der Feldmark, nicht aber vorn von der öffentlichen Verkehrsfläche zu erkennen ist. Es reicht sogar, wenn die **Werbeanlage auf privaten Grundstücken nur von Schiffen, U- und S-Bahnen sowie Zügen der Deutschen Bundesbahn an- bzw. einzusehen ist.** 9

Hiermit korrespondierend liegen Werbeanlagen auch dann vor, wenn sie **im Inneren eines Gebäudes** aufgestellt, aber durch Gebäudeöffnungen oder Fenster **vom öffentlichen Verkehrsraum aus sichtbar sind.** 10

Hiervon zu unterscheiden sind Werbeanlagen in Gebäuden, die nicht genehmigungspflichtig sind, also Plakate, Schilder und sonstige **werbliche Hinweise in U- und S-Bahnhöfen, Flughafengebäuden, Wandelhallen in Bahnhöfen** sowie in sonstigen Wartehallen öffentlicher Verkehrsmittel, selbst wenn sich dort Läden oder Verkaufsstätten befinden. 11

Auslagen in Schaufenstern oder Schaukästen sind keine Werbeanlagen. Sehr wohl aber **beschriftete Folien mit Werbezusätzen, die auf Glasflächen von Schaufenstern geklebt werden.** 12

13 Eine Werbeanlage ist ebenfalls gegeben, wenn **durch Licht mittels eines Projektors ein Logo** oder eine sonstige Werbung **auf Fassaden oder Wege abgebildet wird.** Gleiches gilt für „**Himmelsstrahler**" (Skybeamer), die z. B. für eine Disco werben.

14 Satz 2 besagt, dass Werbeanlagen nicht zwangsläufig bauliche Anlagen sein müssen. Auch **Fahnen, verankerte Ballone oder sonstige schwebende Körper, die am Erdboden verankert sind, gelten als Werbeanlagen.** Für diese Werbeanlagen, die nicht zugleich bauliche Anlagen sind, gilt sinngemäß das Verunstaltungsverbot des § 12. Von einer Verunstaltung ist auszugehen, wenn eine **störende Häufung von Werbeanlagen** anzutreffen ist. Die Häufung muss als Störung empfunden werden, also als ein grob unangemessener Zustand. Typisches Beispiel einer solchen Störung sind **Werbeflächen, die als massive, kulissenartige Wand ausgebildet sind und damit eine optisch erdrückende Wirkung auslösen.**

15 Ebenfalls **verunstaltend** sind **Werbetafeln, die großflächig architektonisch gestaltete Fassaden verdecken** oder eine Einfriedigungsmauer großflächig überragen.

16 In diesem Zusammenhang ist darauf hinzuweisen, dass **gewisse Werbeanlagen und Automaten keiner Genehmigung bedürfen,** sofern es sich bei ihnen um ein verfahrensfreies Vorhaben handelt (vgl. Anlage 2 zu § 60 Abschnitt I., Nr. 11).

2. Bauliche Vorgaben für die unterschiedlichen Baugebiete (Abs. 2)

17 Dieser Absatz trifft besondere Regelungen für Baugebietskategorien, die in den §§ 2–11 Baunutzungsverordnung (BNVO) bzw. § 10 Baupolizeiverordnung (BPVO) näher beschrieben sind. So sind in **Kleinsiedlungsgebieten, Wohngebieten und Dorfgebieten** Werbeanlagen nur an **Gebäuden an der Stätte der Leistung** zulässig. Die **Höhe der Werbeanlagen** kann in diesen Gebieten **bis zur unteren Dachkante** des Gebäudes reichen.

18 Wie gesagt darf die Werbeanlage nur an dem Gebäude der Stätte der Leistung montiert werden. Dieses bedeutet zum einen, dass nur eine Werbung derjenigen zulässig ist, die **in dem Gebäude eigene Leistungen erbringen.**

19 Zum anderen geht aus dieser Begriffsbestimmung auch hervor, dass die Leistung **nur auf dem eigenen Grundstück** erbracht werden kann. Dieses muss nicht zwangsläufig eine Dienstleistung sein, als Stätte der Leistung zählen auch Gebäude in denen produziert oder etwas verkauft wird. Selbst eine Werbeanlage für **Lager oder Stores** ist zulässig. Gleiches gilt, wenn für Artikel geworben wird, die **in einer Verkaufsstätte veräußert, aber von Dritten angeliefert und produziert** werden.

20 Für **Misch-, Kern-, Gewerbe- und Sondergebiete** finden sich Einschränkungen für Werbeanlagen nur, die **auf Dächern** angebracht werden sollen. **Wenn diese Werbeanlagen keine von der öffentlichen Verkehrsfläche aus sichtbare Hilfskonstruktion erfordern, sind sie allgemein zulässig.** Durch diese Vorschrift soll verhindert werden, dass auf Dächern überdimensionale Werbeanlagen errichtet werden, die dort letztlich nur mittels einer aufwendigen Konstruktion bzw. Halterung angebracht werden können. Für diese Gebiete findet sich folglich nicht die Einschränkung, dass die Werbeanlagen **am Gebäude montiert** sein

müssen. In Misch-, Kern-, Gewerbe- und Sondergebieten sind der Phantasie von Werbeanlagen nur oberhalb von Dächern Grenzen gesetzt. **Ansonsten können die Werbeanlagen beliebig an den Gebäudewänden platziert oder auch in jeder Art und Form im Freien aufgestellt werden.**

Für **Industriegebiete** finden sich für Werbeanlagen **keinerlei Einschränkungen,** sie dürfen selbst auf Dächern mit einer von der öffentlichen Verkehrsfläche aus sichtbaren Hilfskonstruktion aufgestellt werden. 21

Für Grundstücke, die **außerhalb eines im Zusammenhang bebauten Ortsteils** liegen, finden sich Sonderregelungen in Satz 3. Außerhalb eines im Zusammenhang bebauten Ortsteils liegen alle Grundstücke im planungsrechtlichen **Außenbereich.** Für diese Grundstücke **sind Werbeanlagen nur an der Stätte der Leistung zulässig.** 22

In diesen Außengebieten dürfen aber einzelne **Hinweiszeichen** sowie **Sammelschilder** als Hinweis auf ortsansässige gewerbliche Betriebe aufgestellt werden. Ein Hinweiszeichen kann auch auf entferntere Stätten der Leistung aufmerksam machen, wie z. B. auf Gaststätten, touristische Attraktionen (**Tiergehege, Freizeitpark, Sportstätten** etc.), **Kulturstätten** und **Denkmäler.** 23

Sammelschilder sammeln Werbungen – zumeist am Ortseingang – für ortsansässige Betriebe, Hotels, Gaststätten etc. Für Sammelschilder wird zudem noch gefordert, dass sie **den Belangen der Verkehrsteilnehmer dienen.** Die Sammelschilder sollen folglich nicht nur reine Werbung vermitteln, vielmehr soll ihnen auch zu entnehmen sein, wo sich im Ort (Straße und Hausnummer) der jeweilige Betrieb befindet und wenn möglich, wie man ihn verkehrlich erreicht. 24

Zeitlich begrenzte Hinweise sind in allen Baugebieten zulässig, sofern sie besondere Veranstaltungen, Messen, Schaustellungen, Feiern und Sportveranstaltungen ankündigen. **Hinweis ist dabei nicht gleichzusetzen mit Werbung.** Ein Hinweisschild zeichnet sich dadurch aus, dass es dezent gestaltet und sachlich neutral **Verkehrsteilnehmer und Besucher auf eine besondere Veranstaltung aufmerksam machen bzw. diesen die Wegeführung zu der Veranstaltung zeigen will.** Ein solches Hinweisschild kann wohl einen Firmennamen oder auch ein Logo aufweisen, nicht aber eine „schreierische" Werbung. 25

3. Unzulässige Werbeanlagen (Abs. 3)

Dieser Absatz umfasst einen **Katalog unzulässiger Werbeanlagen.** So ist zunächst eine Werbeanlage nach Nr. 1 nicht genehmigungsfähig, wenn sie die **Sicherheit des Verkehrs gefährdet.** Nicht nur Autofahrer, sondern auch Radfahrer und Fußgänger sollen durch Werbeanlagen nicht abgelenkt werden, um Unfälle zu vermeiden. **In einer Großstadt wie Hamburg** ist jeder Verkehrsteilnehmer ohnehin zahlreichen Eindrücken jeglicher Art ausgesetzt, sodass **eine Werbeanlage bei der Teilnahme am Verkehr hinsichtlich des Ablenkungsgrades kaum ins Gewicht fällt.** In der Innenstadt sind daher an die gefährdete Sicherheit durch Werbeanlagen wesentlich geringere Anforderungen zu stellen, wie etwa in den dünner besiedelten und bebauten Vororten. 26

27 Auch eine **störende Häufung** von Werbeanlagen ist nach Nr. 2 **unzulässig.** Selbst mehrere Werbeanlagen in einer räumlichen Beziehung an einem Ort sind nicht zwangsläufig **störend.** Hierfür ist zu fordern, dass die mehreren Werbeanlagen **unästhetisch wirken hinsichtlich Form- oder Farbgebung,** oder sich vor einem besonders prägnanten Gebäude als fremdartig, als **Fremdkörper** darstellen.

28 **Das Verbot störender Häufung oder von störendem Umfang von Werbeanlagen dient allein dem Umgebungsschutz.** Es ist also zu prüfen, ob die Werbeanlagen die bauliche oder landschaftliche Umgebung „stört". **Wird ein Gebäude vollständig eingerüstet und mit einer Plane verhangen,** tritt das Gebäude in seiner Umgebung nicht mehr in Erscheinung. So hat das OVG Hamburg ausgeführt, dass eine **Werbeanlage von 122,5 m^2** im zentralen großstädtischen Umfeld nicht störend wirkt, welches durch mehrgeschossige gewerblich genutzte Gebäude, mehrere Hauptverkehrsstraßen und den Hauptbahnhof mit seinen Gleisanlagen geprägt wird. In **Hamburg sind in der Innenstadt immer wieder Werbeanlagen an Baugerüsten genehmigt worden,** so dass ein **gewisser „Gewöhnungseffekt" eingetreten ist,** so dass von einem durchschnittlich für ästhetische Eindrücke offenen Betrachter **Werbeanlagen in einer Größe von 100 m^2** nicht mehr per se als störend empfunden werden.

29 Auch **Blick- und Sichtachsen** können gemäß dem OVG Hamburg nicht zur Unzulässigkeit einer solchen Werbeanlage führen, wenn die **„betroffenen" Gebäude 150 m bis 200 m vom Standort der Werbeanlage entfernt sind.** Überschreitet die Werbeanlage nicht die Abmessungen des Baugerüsts, so wird eine Sichtachse bereits durch die Einrüstung des Gebäudes und die Verhängung mit einer Plane verstellt, so dass die Werbeanlage insoweit nicht mehr ins Gewicht fällt.

30 Hieran ändert sich auch nichts, **wenn das Gerüst beispielsweise die Traufhöhe um 2 m übersteigt.** Dies ist bei Fassadensanierungen durchaus üblich, man kann dabei nicht unterstellen, dass das Gerüst extra höher montiert wurde, um eine größere Werbefläche zu erhalten.

31 Damit einhergehend **verstößt eine solche Werbeanlage auch nicht gegen das Verunstaltungsverbot gemäß § 12 Abs. 1.** Denn auch insoweit gilt, dass der Baukörper **durch die vollständige Einrüstung und Bespannung mit einer undurchsichtigen Plane ohnehin nicht mehr wahrnehmbar ist,** so dass er nicht verunstaltet werden kann.

32 Nur der Vollständigkeit halber sei erwähnt, dass das OVG Hamburg durch die Werbeanlage **auch nicht die Sicherheit des Verkehrs gemäß Abs. 3 Nr. 1 als gefährdet ansah,** zumal die Polizei keine Verkehrsbeeinträchtigung oder das Ablenken von Fahrzeugführern durch die Werbeanlage am Baugerüst erwartet hatte. Käme es zu Unzuträglichkeiten, könnte die Bauaufsichtsbehörde immer noch nachträglich Auflagen gemäß § 72 Abs. 3 erteilen.

33 Ein weiteres Verbot spricht Nr. 3 für Werbeanlagen an **Böschungen, Brücken, Ufern und Bäumen** aus, da diesen stets eine hervorgehobene Beachtung durch die Bevölkerung zukommt. Böschungen, Ufer und Bäume verkörpern Natur und besitzen bereits deshalb einen besonderen Reiz. Brücken weisen in der

Regel eine attraktive Architektur auf und heben sich schon von daher von ihrer Umgebung, auch von Gebäuden, ab. **Derartige, die Bevölkerung besonders ansprechende und anziehende Natur- und Architekturmerkmale sollen werbefrei bleiben,** selbst wenn sie im Privateigentum stehen.

Auch für öffentliche, also der **Öffentlichkeit zugängliche Gebäude**, gleichgültig ob sie Eigentum der Stadt oder Privateigentum sind, gilt nach Nr. 4 das **Verbot der Anbringung von Werbeanlagen,** sofern diese Gebäude repräsentativ sind oder in den Stadtteilen Hamburg-Altstadt und Neustadt einen städtebaulich hervorgehobenen Charakter besitzen. Diese Eigenschaften müssen notfalls durch einen Sachverständigen beurteilt werden. **Hinweisschilder** auf die in den Gebäuden befindlichen **Dienststellen, Unternehmen** oder **Veranstaltungen** sind zulässig, wobei hinsichtlich der Gestaltung und Ausführung dieser Hinweisschilder ein strenger Maßstab anzulegen ist. **34**

Auch die **Hafen-City** wird vor übermäßigen Werbeanlagen geschützt, indem in Absatz 3 Satz 1 Nr. 4 auch die „Hafen-City" aufgenommen wurde, die nun ebenfalls wegen ihres repräsentativen bzw. städtebaulich hervorragenden Charakters **grundsätzlich von Werbeanlagen freizuhalten ist.** **35**

Wechsellichtanlagen sind nach Nr. 5 **grundsätzlich unzulässig** und nur innerhalb bestimmter, vom Senat festgesetzter Gebiete gestattet. Die genaue Abgrenzung der Gebiete ergibt sich aus der sog. **„Verordnung über Werbung mit Wechsellicht"** (**WechsellichtVO**). Dort sind drei geographisch abgegrenzte Gebiete aufgeführt, nämlich das **Vergnügungsviertel Reeperbahn**, das **Vergnügungsviertel Steindamm** und die Spitalerstraße, in denen eine Werbung mit Wechsellicht allgemein zulässig ist. **36**

Wechsellichtanlagen sind Lauflichtanlagen, Videowände, Mediaboards, also solche technischen Anlagen, bei denen die Beleuchtungsstärke schwankt oder die schnelle Hell-Dunkel-Übergänge zeigen oder sogar blitzlichtartige Vorgänge. Alle Anlagen, deren Betriebszustände sich wie zuvor beschrieben **in einem Rhythmus von weniger als 5 Minuten verändern**, sind Wechsellichtanlagen. Nach dem Bauprüfdienst 5/2013 gelten Anlagen, deren **Betriebszustand länger als 5 Minuten dauert**, als konstant abstrahlend und somit **nicht als Wechsellicht**. Von einer Wechsellichtanlage unterscheidet sich eine **Wechselwerbung**, die sich dadurch auszeichnet, dass das beworbene Motiv (zumeist ein Plakat) wechselt. Bei den mittlerweile in ganz Hamburg anzutreffenden **hinterleuchteten Plakatwechslern** von Stroer und JCDecaux handelt es sich um eine Wechselwerbung, gleiches gilt für drehenden Litfaßsäulen. **37**

LED-Werbeanlagen sind als Wechsellichtanlage **in den drei Gebieten Reeperbahn, Steindamm** und **Spitalerstraße** auch dann **genehmigungsfähig**, wenn die Werbung in einem kürzeren Intervall als 5 Minuten wechselt. Grundsätzlich sind aber LED-Werbeanlagen im Wege einer Abweichungsentscheidung gemäß § 69 genehmigungsfähig. **38**

Für Werbeanlagen gibt es unterschiedliche baurechtliche Anforderungen bzw. Genehmigungsverfahren. **39**

40 Verfahrensfrei gemäß § 60 Nr. 11 der Anlage 2 zu § 60 **sind Werbeanlagen** mit einer Ansichtsfläche bis zu 1 m². Verfahrensfrei sind ebenfalls **Waren-, Musik- und Unterhaltungsautomaten** ohne eine Größenbegrenzung.

41 Auch Werbeanlagen an der Stätte der Leistung sind ohne Größenbegrenzung vorübergehend für maximal 2 Monate verfahrensfrei.

42 Im vereinfachten Genehmigungsverfahren nach § 61 können **Werbeanlagen auch als eine Nebenanlage** im Sinne des § 14 BauNVO **zu genehmigen** sein. Dann muss es sich aber um eine Werbeanlage **an der „Stätte der Leistung"** handeln, Fremdwerbeanlagen sind grundsätzlich im konzentrierten Verfahren nach § 62 zu beurteilen.

43 Soll eine **Werbeanlage auf öffentlichem Grund aufgestellt/montiert** werden, so ist hierfür eine **Sondernutzungserlaubnis** nach dem Hamburgischen Wegegesetz (**HWG**) erforderlich. Zusätzlich zu der wegerechtlichen Genehmigung muss dann nicht noch eine weitere Genehmigung durch die Bauaufsichtsbehörde eingeholt werden. Die Werbeanlagen sind dann gemäß Nummer 11.7 der Anlage 2 zu § 60 aus bauordnungsrechtlicher Sicht verfahrensfrei.

44 Im Regelfall sind Werbeanlagen größeren Umfangs und **größere Wechsellichtanlagen immer im konzentrierten Verfahren** nach § 62 zu prüfen.

45 Werden **Werbeanlagen** nicht an einem Gebäude angebracht, sondern z. B. **frei aufgestellt**, so ist nur dann ein **Standsicherheitsnachweis vorzulegen**, sofern die Werbeanlage höher als 3 m ist.

46 **Beleuchtete Werbeanlagen**, in denen nur das Bild selbst sich ändert, unterfallen nicht der Ziffer 5, wohl aber **leuchtende Laufschriften.**

47 Zu guter Letzt sind auch **Werbeanlagen in Vorgärten untersagt,** es sei denn, es werden dort nur Schilder aufgestellt, die lediglich auf die **Stätte der Leistung** (siehe hierzu auch die Ausführungen zu Absatz 2) hinweisen. Solche Werbeanlagen sind auch allgemein in Wohngebieten zulässig. **Auf die Art des Betriebes bzw. die Art des Berufes kommt es nicht an.** Die Hinweisschilder können sich daher auch auf Firmen, Produkte und ähnliche Merkmale beziehen, sofern sie den Betrieb oder den Beruf kennzeichnen, der sich in dem Gebäude befindet, bzw. dort ausgeübt wird.

48 **Abs. 3, Satz 2 nimmt zeitlich befristete Werbeanlagen von dem Verbot** störender Häufung, von dem Aufstellverbot an Böschungen, Brücken, Ufern und Bäumen sowie Befestigungsverbot an repräsentativen oder städtebaulich hervorragenden Gebäuden **gemäß der vorherigen Ziffern 2–4 aus, sofern diese Werbeanlagen dem Wohl der Allgemeinheit dienen.** Dadurch soll die Möglichkeit geschaffen werden, für einen fest bestimmten, überschaubaren Zeitraum **Werbemöglichkeiten für kulturelle, karitative, sportliche oder sonstige Zwecke** zu ermöglichen, die dem Allgemeinwohl dienen.

49 Durch die **HBauO-Novelle 2010** wurde dieser Satz 2 lediglich sprachlich dahingehend neu formuliert, dass zeitlich befristete Werbeanlagen u. a. **auch in**

der **Hafen-City zulässig** sind, sofern diese durch **„ihre Werbeaussage" kulturelle, caritative oder sportliche Zwecke** fördern.

4. Vom Geltungsbereich ausgenommene Werbeanlagen (Abs. 4)

Dieser Absatz begünstigt Werbeanlagen, die allein schon wegen ihrer geringen Größe oder besonderen Zweckbestimmung gar nicht als typische Werbung empfunden werden. Hierzu gehören **Plakate an Litfaßsäulen** und **Tafeln ebenso wie Poster an Zeitungskiosken. Auslagen und Dekorationen in Fenstern und Schaukästen** sind ohnehin keine Werbeanlagen. Auch das Aufstellen von **Wahlplakaten** für die Dauer des Wahlkampfes wird von einer baurechtlichen Genehmigungspflicht ausgenommen. **50**

5. Nachbar- und Rechtsschutz

§ 13 soll das Straßen-, Orts- und auch Stadtbild schützen, dieser Vorschritt kommt folglich kein Nachbarschutz zu. Aus dieser Regelung kann daher ein Nachbar kein Abwehrrecht, auch nicht gegen leuchtende Werbeanlagen auf einem Nachbargrundstück, herleiten. **51**

6. Ergänzende Rechtsvorschriften

Werbeanlagen „an Fassaden und Baugerüsten" sind nicht mehr verfahrensfrei, sondern müssen nunmehr auch bauaufsichtlich genehmigt werden, gleichgültig ob sie auf privatem oder öffentlichem Grund stehen. Insoweit wird auf den **Bauprüfdienst 5/13 „Werbeanlagen"** verwiesen. **52**

Auch wenn nur der **Luftraum über öffentlichem Grund** durch eine Werbeanlage in Anspruch genommen wird, ist hierfür eine Sondernutzungserlaubnis nach § 19 HWG einzuholen. **53**

Zu beachten sind sodann gegebenenfalls die §§ 8 und 9 **Denkmalschutzgesetz (DSchG)**, wenn eine Werbeanlage an einem Denkmal selbst oder in seiner unmittelbaren Umgebung errichtet werden soll. Dann ist zusätzlich noch eine denkmalrechtliche Genehmigung beim Denkmalschutzamt zu beantragen. **54**

Für Werbeanlagen an Bundesfernstraßen gilt der Bauprüfdienst BPD 12/91 „Bauanlagen an Bundesfernstraßen". **55**

Generell ist nach § 10a Hamburgisches Wassergesetz (HWaG) Werbung auf der Alster, ihren Kanälen und Fleeten sowie auf den Landungsstegen verboten. Eine Ausnahme kann nur in Einzelfällen gemacht werden, wenn die Werbung dem öffentlichen Wohl, einem gemeinnützigen Zweck oder dem Hinweis auf eine wasserrechtlich genehmigte Einrichtung dient. **56**

Zweiter Abschnitt: **Allgemeine Anforderungen an die Bauausführung**

§ 14 Baustellen

(1) Baustellen sind so einzurichten und zu betreiben, dass bauliche Anlagen ordnungsgemäß errichtet, geändert oder beseitigt werden können und Gefahren nicht entstehen.

(2) Bei Bauarbeiten, durch die unbeteiligte Personen gefährdet werden können, ist die Gefahrenzone abzugrenzen oder durch Warnzeichen zu kennzeichnen. Soweit erforderlich, sind Baustellen mit einem Bauzaun abzugrenzen, mit Schutzvorrichtungen gegen herabfallende Gegenstände zu versehen und zu beleuchten.

(3) Bei der Ausführung nicht verfahrensfreier Bauvorhaben hat die Bauherrin oder der Bauherr an der Baustelle ein Schild, das die Bezeichnung des Bauvorhabens sowie die Namen und Anschriften der Bauleiterin oder des Bauleiters und der Unternehmerin oder des Unternehmers für die Hauptgewerke enthalten muss, dauerhaft und vom öffentlichen Weg aus sichtbar anzubringen.

(4) Bäume, Hecken und sonstige Bepflanzungen, die auf Grund anderer Rechtsvorschriften zu erhalten sind, müssen während der Bauausführung geschützt werden.

Kommentierung

Übersicht

1. Anforderungen an Baustellen (Abs. 1)

1 Dieser Absatz beinhaltet eine **Generalklausel für Baustellen.** Eine Baustelle ist ein Ort, an dem bauliche Anlagen errichtet, baulich geändert, instand gesetzt oder abgebrochen werden. Auch wenn die **Instandsetzung eines Bauwerks** ausdrücklich nicht genannt ist, so findet diese Vorschrift gleichwohl Anwendung, weil die Instandsetzung als Unterfall eines Umbaus zu qualifizieren ist.

2 Zur **Baustelleneinrichtung** gehören alle Anlagen und Hilfsmittel, die für die Ausführung des Bauwerks notwendig sind, also auch die Absperrung des Geländes durch einen **Bauzaun, das Aufstellen von Baubuden und Baucontainern, Gerüste, Sammelstellen für Material, die Herrichtung von Baustraßen und das Heranschaffen und Aufstellen benötigter Maschinen, Aufzüge etc.** Diese Tätigkeiten sind sämtlich von der Baugenehmigung erfasst, sodass **für die Baustelleneinrichtung keine gesonderte Genehmigung einzuholen ist.**

3 § 14 gilt grundsätzlich auch für die sog. **verfahrensfreien Vorhaben** nach § 60 sinngemäß.

4 **Von einer Baustelle dürfen keine Gefahren jeglicher Art ausgehen,** die Menschen oder Sachwerte gefährden können. Dass darüber hinaus eine Baustelle keine **vermeidbaren Belästigungen** verursachen darf, ergibt sich aus dem **Bundes-Immissionsschutzgesetz.** Dieses gilt vorrangig für **Baustellenlärm,** der durch Vorkehrungen für die Umwelt und Nachbarschaft so gering wie möglich

zu halten ist. Dieses erfordert, dass Maschinen und Geräte nach dem aktuellen Stand der Bautechnik eingesetzt und die üblichen Arbeitszeiten eingehalten werden.

2. Sicherung von Baustellen (Abs. 2)

Während der Bauarbeiten ist zum Schutze Dritter die **Gefahrenzone der Baustelle abzugrenzen oder durch Warnzeichen zu kennzeichnen.** Die Baustelle muss folglich durch einen **Bauzaun** sicherstellen, dass keine am Bau Unbeteiligten sowohl während als auch nach der Einstellung bzw. Unterbrechung von Bauarbeiten auf die Baustelle gelangen können, insbesondere keine Kinder. 5

Bei Bauarbeiten in oberen Stockwerken sind Schutzvorrichtungen gegen herabfallende Gegenstände anzubringen (**Schutzdächer oder Schutznetze**). 6

Die Baustelle ist durch **optische und akustische Warnungen** so zu kennzeichnen, dass Gefahrenzonen auch für **Blinde** erkennbar sind. 7

Baustellenzufahrten sind so zu kennzeichnen und abzusichern, dass dadurch niemand zu Schaden kommen kann. Dieses ist durch entsprechende Hinweisschilder sicherzustellen, wobei es auch Blinden und Sehbehinderten Menschen ermöglicht werden muss, die Zufahrt gefahrlos zu passieren. 8

In der Dunkelheit und **in der Nacht** ist die Baustelle durch entsprechende **Beleuchtung** als solche kenntlich zu machen und zu sichern. 9

3. Bauschild (Abs. 3)

An jeder Baustelle ist ein Bauschild aufzustellen (Ausnahme: Verfahrensfreie Bauvorhaben), aus dem die Bezeichnung des Bauvorhabens, Name und Anschrift des Bauleiters und des Unternehmers für die Hauptgewerke hervorzugehen hat. Dadurch soll ermöglicht werden, dass bei Gefahren, die für den Bau Verantwortlichen kurzfristig und permanent erreichbar sind. **Daher sollen die Baustellenschilder auch Telefonnummern wiedergeben.** Während der gesamten Dauer der Bauarbeiten muss das Bauschild aufgestellt sein, also bis zur Schlussabnahme bzw. bis zur Beendigung der Bauarbeiten. Dabei muss das Bauschild **vom öffentlichen Weg aus sichtbar** sein, ohne dass man die Baustelle betreten muss. **Das Schild muss nicht nur sichtbar,** sondern vom öffentlichen Weg aus **auch lesbar sein.** Sinn eines Bauschildes ist es, die Bauüberwachung zu erleichtern. 10

Das **Bauschild muss dauerhaft,** also auch gegen Regen wetterbeständig sein. Unschädlich ist, wenn sich **auf dem Bauschild** auch noch **eine Kurzbeschreibung des Projektes** findet oder die Anschrift der mit dem Verkauf bzw. Vermietung beauftragten Firma. **Auch Werbezusätze,** die den Charakter des Bauschildes erhalten, **sind erlaubt.** Ansonsten sind hinsichtlich Gestaltung und Größe grundsätzlich keine weiteren Vorgaben zu beachten. 11

Für die Aufstellung des Bauschildes ist der Bauherr (§ 54) verantwortlich. Da dieser in der Regel aber nicht über die notwendige Sachkunde für Gefahren verfügt, die von Baustellen ausgehen können, **muss der Bauleiter und der Un-** 12 ternehmer des Hauptgewerks mit Adresse und Telefonnummer auf dem Bauschild **genannt sein**, um bei Gefahren schnellstens reagieren zu können.

4. **Schutz von Bepflanzungen** (Abs. 4)

13 Bei der Bauausführung ist darauf zu achten, dass **Bäume, Hecken und Bepflanzungen geschützt werden.** Dieses kann durch die **Ummantelung von Baumstämmen** geschehen, die Bauaufsichtsbehörde kann auch anordnen, dass Bäume, Hecken und Sträucher durch sonstige Schutzmaßnahmen, wie z. B. durch Absperrungen, nicht beschädigt werden können.

5. **Nachbar- und Rechtsschutz**

14 Da die Vorschriften über Baustellen auch Leib und Leben von Personen schützen sollen, kann man Absatz 2 und 3 keinen Nachbarschutz absprechen.

15 Ein **Anspruch des Nachbarn auf Einschreiten** gegen die Bauaufsichtsbehörde kann sich insbesondere in Verbindung mit der Anwendung von Vorschriften des Bundes-Immissionsschutzgesetzes ergeben.

6. **Ergänzende Rechtsvorschriften**

16 Neben der HBauO gelten für Baustellen noch andere wichtige Rechtsbereiche, die hier nur kurz erwähnt werden können wie das
- Arbeitsschutzgesetz;
- Bundes-Immissionsschutzgesetz;
- Straßenverkehrsgesetz;
- Hamburgische Wegegesetz;
- Hamburgische Naturschutzgesetz.

17 Hinsichtlich der Sicherheit und des Gesundheitsschutzes auf Baustellen ist die **Baustellenverordnung** (BaustellenV) zu beachten sowie die **Arbeitsstättenverordnung** (ArbStättV). Ebenso sind die Immissionsrichtwerte der **AVVBaulärm** einzuhalten.

18 Sodann kann auch noch der **Bauprüfdienst** BPD 6/16 **„Bauliche Anlagen im Nahbereich von Hochspannungsfreileitungen“** zur Anwendung kommen.

§ 15 Standsicherheit

(1) Jede bauliche Anlage muss im Ganzen und in ihren einzelnen Teilen für sich allein standsicher sein. Bauteile müssen auch im Brandfall ausreichend lange standsicher sein. Die Standsicherheit muss auch beim Errichten, Ändern und Beseitigen sichergestellt sein. Die Standsicherheit anderer baulicher Anlagen und die Tragfähigkeit des Baugrundes der Nachbargrundstücke dürfen nicht gefährdet werden.

(2) Die Verwendung gemeinsamer Bauteile für mehrere bauliche Anlagen ist zulässig. Für bauliche Anlagen auf mehreren Grundstücken gilt dies nur, wenn durch Baulast gesichert ist, dass die gemeinsamen Bauteile bei der Beseitigung einer der baulichen Anlagen bestehen bleiben können. Für verfahrensfreie Gebäude bedarf es nicht der Bestellung einer Baulast.

Kommentierung

Übersicht

1. Anforderungen an die Standsicherheit (Abs. 1)

1 **Jede bauliche Anlage muss standsicher sein,** um ein Einstürzen zu verhindern und um die Benutzung der baulichen Anlage auf Dauer zu sichern. Die **Prüfung der Standsicherheit** ist daher ein wesentlicher Bereich des Bauordnungsrechts zur **Gefahrenabwehr.** Aus diesem Grunde gilt § 15 auch für **verfahrensfreie Vorhaben** im Sinne vom § 60. Die Standsicherheit baulicher Anlagen verlangt, dass ein Bauwerk das **Eigengewicht und Nutzlasten** aufnehmen kann. Es muss auch Sonne, Wind, Kälte, Frost sowie Dachlasten bei **Schnee** aushalten. Zu guter Letzt erfordert die Standsicherheit eines Gebäudes auch, dass es **Feuer und Erdbeben zumindest für einen längeren Zeitraum widerstehen kann.**

2 Sowohl das Gebäude im Ganzen als auch einzelne Teile müssen die inneren und äußeren Belastungen aufnehmen können. **Jede bauliche Anlage muss für sich separat standsicher sein**, d. h. jedes Gebäude ist so zu gründen, dass selbst bei einer geschlossenen Bauweise jedes Gebäude abgerissen werden kann, ohne die Standsicherheit der Nachbargebäude zu beeinträchtigen.

3 **Die Standsicherheit des Gebäudes muss auch in der Errichtungsphase,** also vom Baubeginn bis zum Umbau und dem Abriss **gewährleistet sein.** Dies ist z. B. durch entsprechende **Aussteifungsmaßnahmen** zu garantieren.

4 Satz 3 verlangt, dass ein Neubau oder der Abriss eines Gebäudes nicht dazu führen darf, dass **andere bauliche Anlagen oder der Baugrund eines Nachbargrundstückes gefährdet werden.** Wird an ein vorhandenes Gebäude angebaut (**Grenzbebauung**), muss durch entsprechende **Unterfangungs- und Gründungsmaßnahmen** beim Erdaushub nicht nur die eigene Baustelle, sondern auch das Nachbargebäude gesichert werden. Dieses kann es erforderlich machen, dass die **Tragfähigkeit des Baugrundes zu prüfen ist,** um durch Bestimmung der Erdschichten Setzungen des Baugrundes entgegen wirken zu können. Ggf. muss die Bauaufsichtsbehörde entsprechende Auflagen zur Standsicherheit in die Baugenehmigung aufnehmen. Dieses kann gerade bei **Grundwasserabsenkungen** erforderlich sein, die regelmäßig auch die Tragfähigkeit des Nachbargrundstücks beeinflussen bzw. beeinflussen können.

2. Gemeinsame Bauteile für mehrerer bauliche Anlagen (Abs. 2)

5 **Fundamente, Außenwände oder auch andere Bauteile können der Errichtung mehrerer Gebäude dienen,** sofern sichergestellt ist, dass beim **Abbruch** einer baulichen Anlage die **gemeinsamen Bauteile stehen bleiben**, also ihre Funkti-

onsfähigkeit und Standsicherheit durch den Abbruch eines ursprünglich gemeinsam errichteten Bauwerks nicht beeinträchtigt wird.

6 Um dieses auch öffentlich-rechtlich sicher zu stellen und für einen Rechtsnachfolger die Verwendung gemeinsamer Bauteile zu dokumentieren, **ist die Eintragung einer Baulast** nach § 79 im Baulastenverzeichnis **zwingend vorgegeben.** Die „gemeinsamen" Bauherren haben sich folglich gegenüber der Bauaufsichtsbehörde zu verpflichten, **die gemeinsam verwendeten Bauteile auf dem Grundstück zu belassen,** selbst wenn der Eigentümer eines Grundstücks sein Gebäude abreißen will. Durch die Baulast kann die Bauaufsichtsbehörde den Erhalt der gemeinsamen Teile sicherstellen und bei Verstößen hiergegen bauaufsichtlich vorgehen.

3. Nachbar- und Rechtsschutz

7 Da § 15 auch Beeinträchtigungen und Gefahren für das Nachbargrundstück ausschließen will, dient Absatz 1 dem Nachbarschutz.

4. Ergänzende Rechtsvorschriften

8 Welche **Technischen Baubestimmungen** verbindlich für die Planung, Bemessung und Konstruktion baulicher Anlagen und ihrer Teile in Hamburg eingeführt wurden, ergibt sich aus der „Liste der Technischen Baubestimmungen", **die aktuell** im Amtlichen Anzeiger vom 30.4.2018, S. 669 ff. veröffentlicht wurde. Es wurden nur die technischen Regeln eingeführt, die zur Erfüllung der Grundsatzanforderungen des Bauordnungsrechts unerlässlich sind. Die Bauaufsichtsbehörden sind deshalb nicht gehindert, im Rahmen ihrer Entscheidungen zur Ausfüllung unbestimmter Rechtsbegriffe auch auf nicht eingeführte allgemein anerkannte Regeln der Technik zurückzugreifen.

§ 16 Schutz gegen schädliche Einflüsse

Bauliche Anlagen müssen so angeordnet, beschaffen und gebrauchstauglich sein, dass durch Wasser, Feuchtigkeit, pflanzliche und tierische Schädlinge sowie andere chemische, physikalische oder biologische Einflüsse Gefahren oder unzumutbare Belästigungen nicht entstehen können. Baugrundstücke müssen für bauliche Anlagen entsprechend geeignet sein.

Kommentierung

Übersicht Rn.

1. Verhinderung von Gefahren oder unzumutbaren Belästigungen durch bauliche Anlagen; Geeignetheit von Baugrundstücken

1 Auch § 16 dient wiederum der **Abwehr von Gefahren für Leib und Leben.** Nicht nur die mangelnde Standsicherheit einer baulichen Anlage kann Schäden

für Personen oder Sachen mit sich bringen, sondern auch **schädliche Einflüsse, die von dem Bauwerk ausgehen.**

Zunächst muss ein **Schutz vor und gegen Wasser und Feuchtigkeit vorhanden sein.** Das Bauwerk selbst muss gegen äußere Witterungseinflüsse, d. h. gegen Bodenfeuchtigkeit ebenso geschützt sein, wie gegen Regen und auch von unten **drückendes Grundwasser.** Dass eine bauliche Anlage eine **ordnungsgemäße Bedachung** haben sollte, ist selbstverständlich. **Kellerwände sind gegen Niederschlags- und Grundwasser abzudichten,** sei es durch bituminöse Dichtungsbahnen oder Folien. Bei problematischen Grundwasserverhältnissen sind Keller als **weiße Wannen** auszubilden oder mit **Sperrputz** zu versehen. 2

Um Kondenswasser im Inneren des Gebäudes zu vermeiden, muss ein ausreichender Wärmeschutz erreicht und nach § 68 Abs. 1 (vgl. die dortigen Ausführungen) nachgewiesen werden. 3

Physikalisch ist vorrangig an **Korrosionsschutz** verwendeter Baumaterialien und eingebauter Metalle zu denken. 4

Zu den zu verhindernden chemischen Einflüssen zählt insbesondere der **Schutz gegen Asbest,** der bis Anfang der 80-iger Jahre häufig als Baustoff für Isolierungen, zur Dämmung und zur Herstellung von Brandschutzverkleidungen verwendet wurde. 5

Vor pflanzlichen und tierischen Schädlingen sind insbesondere **Bauteile aus Holz zu schützen,** d. h. **vor Befall mit Bakterien, Pilzen oder Insekten. Pilze** breiten sich insbesondere in einem feuchten Klima aus, d. h. wenn Holzdecken, -fußböden oder -verkleidungen eine erhöhte Feuchtigkeit aufweisen, besteht die Gefahr, dass **Hausschwamm** auftritt. 6

Der **Hausbockkäfer** bevorzugt demgegenüber eher trockenes Holz, alle Holzbauteile sollten daher von vornherein durch ausreichende **Trockenlagerung** und **Holzschutzmittel** vorbeugend gegen pflanzliche und tierische Schädlinge mit Schutz versehen werden. 7

§ 16 spricht aber nicht nur von schädlichen Einflüssen, von denen eine Gefahr ausgeht, sondern auch von **unzumutbaren Belästigungen.** Eine konkrete oder abstrakte Gefahr durch schädliche Einflüsse muss nicht zwingend vorliegen, damit die Bauaufsichtsbehörde einschreitet. **Eine unzumutbare Belästigung ist deutlich unter der „Gefahrenschwelle“ einzuordnen.** Es reicht bereits, dass ein Nachbar oder Dritte durch eine bauliche Anlage in ihrem **körperlichen oder psychischen Wohlbefinden** deutlich beeinträchtigt werden im Sinne einer **spürbaren Belästigung.** 8

Aus diesem Grunde sind Anlagen, von denen **Elektrosmog** ausgeht (**Hochspannungsleitungen, Mobilfunkantennen** etc.) so anzuordnen, dass sie sich möglichst nicht in der Nähe von Standorten befinden, wo sich Menschen aufhalten. Gesetzlich geregelt ist hingegen bis heute nicht, wie hoch die Strahlung sein darf, die elektromagnetische Anlagen erzeugen dürfen. **Daher sieht die Rechtsprechung bis heute Elektrosmog nicht als gesundheitsgefährdend an.** 9

10 Was **Geruchsbelästigungen** betrifft, so gibt es hier keinen allgemein anzuwendenden Maßstab, um eine unzumutbare Belästigung bestimmen zu können. Es kommt auf die Art des Geruches an. So sind **Grillgerüche** hinzunehmen, nicht aber Gerüche von **Schweinemästereien**, **Stärkefabriken**, **Tierkörperbeseitigungsanstalten** und ähnlichen Einrichtungen.

11 Satz 2 gibt der Bauaufsichtsbehörde die Möglichkeit, bei **Altlasten** eingreifen zu können. So kann von Bauherren beispielsweise gefordert werden, die **Kampfmittelfreiheit** des Grundstücks zu bescheinigen.

2. Nachbar- und Rechtsschutz

12 Vorkehrungen gegen schädliche Einflüsse sollen nicht nur den Grundstückseigentümer, sondern auch den Nachbarn vor Schäden bewahren. Daher besitzt § 16 nachbarschützenden Charakter.

13 Daneben kann sich ein **Recht des Nachbarn auf Einschreiten** durch die Bauaufsichtsbehörde auch aus dem **Bundes-Immissionsschutzgesetz** herleiten, insbesondere wenn es um nach diesem Gesetz zu beurteilende genehmigungsbedürftige Anlagen geht.

14 **Zum Nachbarschutz gegen Kinderlärm** siehe die Ausführungen unten unter § 10, Gliederungspunkt 4 „Ergänzende Vorschriften“.

3. Ergänzende Rechtsvorschriften

15 Zunächst sei auf das **Bundes-Immissionsschutzgesetz** verwiesen.

16 Des Weiteren gilt das **Bundes-Bodenschutzgesetz,** welches durch das **Hamburgische Bodenschutzgesetz** ausgefüllt und konkretisiert wird.

17 Darüber hinaus sind folgende **Bauprüfdienste** zu beachten:
- BPD 7/02 „Sendeantennenanlagen“;
- BPD 6/16 „Bauliche Anlagen im Nahbereich von Hochspannungsfreileitungen“.

§ 17 Brandschutz

Bauliche Anlagen sind so anzuordnen, zu errichten, zu ändern und instand zu halten, dass der Entstehung eines Brandes und der Ausbreitung von Feuer und Rauch (Brandausbreitung) vorgebeugt wird und bei einem Brand die Rettung von Menschen und Tieren sowie wirksame Löscharbeiten möglich sind.

Kommentierung

Übersicht

1. Vorbeugende Maßnahmen

Für den Brandschutz stellt § 17 die Generalklausel dar. Entsprechend dem Grundsatz des vorbeugenden baulichen Brandschutzes sollen bei der Errichtung baulicher Anlagen **Baustoffe verwendet werden, die im Brandfall** entsprechend bestimmter Vorgaben **ausreichend vor Feuer und Wärme schützen.** Damit geht einher, dass auch schon bei der **Standsicherheit** dafür Sorge zu tragen ist, dass das Gebäude selbst nach Entstehung eines Brandes zumindest für einen gewissen Zeitraum stabil bleibt und nicht gleich einstürzt. 1

Nach dem **neuen Brandschutzkonzept der HBauO** 2006 werden im Vierten Abschnitt des Dritten Teils die Allgemeinen Anforderungen an das Brandverhalten von Baustoffen und Bauteilen in § 24 gesetzlich festgelegt und anschließend für tragende Wände und Stützen (§ 25), Außenwände (§ 26), Trennwände (§ 27), Brandwände (§ 28), Decken (§ 29) und Dächer (§ 30) noch weiter konkretisiert. 2

Ergänzt wird dieses Brandschutzkonzept durch das bewährte Rettungssystem im Brandfall, wonach gemäß § 31 **jede Wohnung, jede Nutzungseinheit, die mindestens über einen Aufenthaltsraum verfügt, zwei voneinander unabhängige Rettungswege besitzen muss, die direkt ins Freie führen.** Für die **Bauteile und Baustoffe,** die als Ganzes oder als Teil **für einen Rettungsweg** verwendet werden, gibt es noch **erhöhte Brandschutzanforderungen,** namentlich für notwendige Treppen (§ 32), für notwendige Treppenräume und Ausgänge (§ 33), für notwendige Flure und offene Gänge (§ 34), für Fenster, Türen und sonstige Öffnungen (§ 35) sowie für Umwehrungen und Brüstungen (§ 36). 3

Eben wegen der besonderen Bedeutung des Brandschutzes für bauliche Anlagen ist der Bauaufsichtsbehörde ein **Brandschutznachweis** zusammen mit dem Baugenehmigungsantrag einzureichen. Seine Anforderungen ergeben sich aus § 15 BauVorlVO. 4

Bei atypischen baulichen Anlagen aufgrund einer ungewöhnlichen Topographie des Baugrundstücks, aufgrund einer besonderen künstlerischen Innengestaltung des Gebäudes oder aufgrund spezieller Nutzungen einer baulichen Anlage kann es angeraten sein, dass die Bauaufsichtsbehörde **die Vorlage eines besonderen Brandschutzkonzeptes durch einen Brandsachverständigen fordert.** 5

Gerade **bei Abweichungsentscheidungen** nach § 60 können sich spezielle Brandschutzfragen stellen, sodass dann zumindest eine **Stellungnahme der Feuerwehr** einzuholen ist. 6

2. Nachbar- und Rechtsschutz

Als Generalklausel für Brandschutz vermittelt § 17 keinen Drittschutz. 7

3. Ergänzende Rechtsvorschriften

Es gibt diverse **Technische Baubestimmungen,** die Brandschutzanforderungen an Baustoffe, Bauprodukte und Bauteile vorgeben. 8

Erwähnt sei an dieser Stelle die DIN 4102, Teil 1, die eine Einteilung der Baustoffe in Bezug auf ihr unterschiedliches Brandverhalten vornimmt. 9

10 Danach gibt es die Baustoffklasse A – Nicht brennbare Baustoffe –, die sich wiederum in die Baustoffklasse A 1 – ohne brennbare Bestandteile – und A 2 – mit brennbaren Bestandteilen – aufgliedert.

11 Die Baustoffklasse B – brennbare Baustoffe – unterscheidet die Baustoffklassen B 1 – schwer entflammbare Baustoffe –, B 2 – normal entflammbare Baustoffe – und B 3 – leicht entflammbare Baustoffe –.

12 Weitere Teile der DIN 4102 bestimmen Kennzeichnungen von Feuerwiderstandsklassen entsprechend der Feuerwiderstandsdauer für unterschiedliche Bauteile, also für Wände, Pfeiler, Stützen, Decken, Treppen, Brüstungen und Schürzen, Türe, Tore, Klappen, Verglasungen, Lüftungsleitungen, Rohre etc.

13 Auch für elektrische Anlagen, Feuerungsanlagen und Blitzschutzanlagen gibt es spezielle technische Bestimmungen, Verordnungen sowie DIN- und VDE-Vorschriften. Auf die technische Fach-Literatur darf insoweit verwiesen werden.

14 Im Übrigen gilt die **„Liste der Technischen Baubestimmungen"**, die in Hamburg aktuell im Amtlichen Anzeiger vom 30.4.2018, S. 669 ff. veröffentlicht wurde.

15 Speziell für Garagen sei auch noch auf die brandschutztechnischen Sicherheitsanforderungen der neuen **Garagenverordnung** (**GarVO**) vom 17.1.2012 verwiesen.

16 Zu beachten sind insbesondere die nachfolgenden Bauprüfdienste:
- BPD 4/10 „Überwachung von technischen Anlagen und Einrichtungen nach der Prüfverordnung (**BPD technische Prüfungen**)";
- BPD 2/11 „Prüfung technischer Anlagen und Einrichtungen im Genehmigungsverfahren (**BPD Prüfung TGA**)";
- BPD 5/12 „Brandschutztechnische Auslegungen (**BTA**)".

§ 18 Wärmeschutz, Schallschutz und Erschütterungsschutz

(1) Gebäude müssen einen ihrer Nutzung und den klimatischen Verhältnissen entsprechenden Wärmeschutz haben.

(2) Gebäude müssen einen ihrer Nutzung entsprechenden Schallschutz haben. Geräusche, die von ortsfesten Einrichtungen in baulichen Anlagen oder auf Baugrundstücken ausgehen, sind so zu dämmen, dass Gefahren oder unzumutbare Belästigungen nicht entstehen.

(3) Erschütterungen oder Schwingungen, die von ortsfesten Einrichtungen in baulichen Anlagen oder auf Baugrundstücken ausgehen, sind so zu dämmen, dass Gefahren oder unzumutbare Belästigungen nicht entstehen.

Kommentierung

Übersicht

1. Wärmeschutz (Abs. 1)

Ein ausreichender **Wärmeschutz** ist nicht nur zur Vermeidung von **Kondenswasser** oder **Schimmelpilzen** vorgeschrieben, sondern auch aus Gründen der **Energieeinsparung.** Art und Umfang der Wärmedämmung und Wärmespeicherung richtet sich danach, wie eine bauliche Anlage, ein Gebäude oder auch einzelne Räume genutzt werden. 1

Die DIN 4108 – Wärmeschutz im Hochbau – beinhaltet Vorgaben für **Innentemperaturen,** die u. a. auch einen **ausreichenden Luftwechsel** in den Räumen gewährleisten sollen. 2

Der **Wärmeschutz bei Gebäuden ist erfüllt,** wenn die Regelungen der Energieeinsparverordnung des Bundes sowie die Anforderungen der **Hamburgischen Klimaschutzverordnung (HmbKliSchVO)** eingehalten werden. Da diese Verordnung durchaus in vielen Bereichen interpretierbar ist und zugleich Ausnahmen und Befreiungen von den strengen Anforderungen an die HmbKliSchVO zulässt, kann man im **Internet unter dem Suchbegriff „Auslegungsfragen zur HmbKliSchVO"** Antworten finden. **Neu ist,** dass an Bestandsgebäuden nunmehr **nachträgliche Wärmeschutzmaßnahmen mit einer Dicke von höchstens 20 cm aufgebracht werden dürfen,** selbst wenn die vorgeschriebene Abstandsfläche zum Nachbarn von 2,50 m damit unterschritten wird. Gemäß der neu eingefügten Vorschrift des § 74a **muss der Nachbar einer solchen Wärmedämmung nicht zustimmen, er muss diese vielmehr dulden (s. auch oben im Kommentar unter § 6 Absatz 6 Nummer 3).** 3

Die **Wärmeschutzverordnung** (WärmeschutzV), erlassen auf der Rechtsgrundlage des Energieeinsparungsgesetzes, schreibt Anforderungen für den Wärmeschutz vor, der durch die **Dämmung der Außenwandteile (Außenwände)** zu gewährleisten ist. 4

Diesen erhöhten baulichen Wärmeschutz weisen in der Regel keine Gebäude auf, die etwa bis Mitte der 70-iger Jahre errichtet wurden. Da **nachträgliche Wärmedämmmaßnahmen gefördert und bezuschusst werden,** sind von Eigentümern in den letzten Jahren zunehmend Wärmeschutzmaßnahmen an den Außenwänden durchgeführt worden. **Da sich durch Aufbringung einer Dämmung die Dicke der jeweiligen Gebäudeaußenwand verstärkt,** sonst aber kein Wärmeschutz erreicht werden kann, bestimmt § 6 Absatz 6 Nr. 3, dass eine **nachträgliche Außendämmung bis zu 20 cm in die Abstandsfläche hineinragen darf,** wenn zumindest ein Grenzabstand von 2,30 m verbleibt. 5

2. Schallschutz (Abs. 2)

Der **Schallschutz** soll ebenso wie der Wärmeschutz gesunde Wohn- und Arbeitsverhältnisse gewährleisten. 6

7 Um **gesundheitsschädigenden Lärm** zu vermeiden oder zu verhindern, kommen sowohl **Schallschutzfenster** in Betracht, aber auch die Erstellung von **Lärmschutzwänden** und **-mauern.** Dadurch kann der sog. Luftschall reduziert werden.

8 Zur **Trittschalldämmung** ist ein schwimmender Estrich das geeignetste Mittel. Der Estrich wird dabei mit einer Dämmschicht versehen, die beim Begehen den Trittschall abfedert.

9 **Bei baulichen Anlagen wird die Lautstärke nach Dezibel gemessen.** Dieses ist ein Schallpegel, der über einen längeren Zeitraum gemessen und gemittelt wird.

10 **Welche Lärmeinwirkung hinzunehmen ist,** bestimmt sich grundsätzlich nach dem Standort des Gebäudes, wobei primär entscheidend ist, welche **Baugebietsfestsetzung in einem Bebauungsplan oder Baustufenplan** für das zu schützende Grundstück ausgewiesen ist. Richtlinien zur Bemessung und Beurteilung von Lärm durch Angabe entsprechender Dezibel-Werte finden sich in der **Technischen Anleitung zum Schutz gegen Lärm (TA-Lärm).** Die TA-Lärm beinhaltet Immissionsrichtwerte, die an bestimmten Immissionsorten außen an Gebäuden nicht überschritten werden sollen. Dabei stellt die TA-Lärm zum einen auf die **Gebietskategorien der Baunutzungsverordnung** ab, d. h. wie erwähnt auf die planungsrechtliche Ausweisung des Gebäudes. Zum anderen werden Kurgebiete, Krankenhäuser und Pflegeanstalten noch einem besonderen Schutz unterworfen.

11 **Nachfolgend sind die einzelnen Werte der TA-Lärm für die Tageszeit (6:00 Uhr bis 22:00 Uhr) und für die Nachtzeit (22:00 Uhr bis 6:00 Uhr) wiedergegeben.** Die Immissionsrichtwerte betragen für Immissionsorte außerhalb von Gebäuden

a) **in Industriegebieten**
tags 70 dB(A)
nachts 70 dB(A)

b) **in Gewerbegebieten**
tags 65 dB(A)
nachts 50 dB(A)

c) **in Kerngebieten, Dorfgebieten und Mischgebieten**
tags 60 dB(A)
nachts 45 dB(A)

d) **in allgemeinen Wohngebieten und Kleinsiedlungsgebieten**
tags 55 dB(A)
nachts 40 dB(A)

e) **in reinen Wohngebieten**
tags 50 dB(A)
nachts 35 dB(A)

f) **in Kurgebieten, für Krankenhäuser und Pflegeanstalten**
tags 45 dB(A)
nachts 35 dB(A).

12 Satz 2 schreibt fest, dass **auch von ortsfesten Einrichtungen** in baulichen Anlagen oder von Baugrundstücken **keine unzumutbaren Geräusche und Belästigungen**

ausgehen dürfen. Mit diesen Anlagen sind vorrangig **Lüftungsanlagen** (§ 40) und **Feuerungsanlagen** (§ 41) gemeint, also **Klimageräte** sowie **Heizkessel** und **Heizöfen** inklusiv der dazu gehörigen Brenner, Steuer- und Regeltechnik.

Bei Neubauten ist zu gewährleisten, dass von ihnen nur übliche Lautstärken ausgehen, die für den Nachbarn kaum hörbar und somit nicht störend sind. Insoweit gilt die **DIN 4109.** Die dortigen Mindestwerte der Schalldämpfung **gelten auch für Holzbauten.** 13

3. Erschütterungs- und Schwingungsschutz (Abs. 3)

Ähnliche Anforderungen werden auch für den **Schwingungs- und Erschütterungsschutz** verlangt. Erschütterungen und Schwingungen können sich nicht nur auf das **menschliche Wohlbefinden** auswirken, sondern sogar Gesundheitsschäden verursachen. Auch die **Standsicherheit** von baulichen Anlagen kann durch Erschütterung gefährdet werden. 14

Für eine ortsfeste Einrichtung einer baulichen Anlage wird keine feste Verbindung mit dem Erdboden gefordert, es reicht, wenn eine Maschine nur für einen **vorübergehenden Zweck an einen bestimmten Ort** transportiert wird. Dabei ist es gleichgültig, ob sich das Gerät in einer baulichen Anlage oder auf einem Baugrundstück befindet. 15

Von Absatz 3 werden daher nicht nur **Geräte in baulichen Anlagen,** wie **Stanzvorrichtungen, Zentrifugen, Wasch- und Geschirrspülmaschinen, Schreibautomaten, Ersatzstromaggregate, Pumpen, Lüftungs- und Klimaanlagen, Aufzüge** etc. erfasst, sondern auch **Maschinen auf Baugrundstücken,** wie **Geräte zum Rammen von Gründungspfählen** und andere Maschinen, die im Tief- und Hochbau eingesetzt werden. 16

4. Nachbar- und Rechtsschutz

Die Wärmeschutzanforderungen des Absatz 1 sollen nur die Bewohner und Nutzer von Gebäuden vor gesundheitlichen Schäden bewahren, nicht die Nachbarn. 17

Demgegenüber will der Schall-, Erschütterungs- und Schwingungsschutz der Absätze 2 und 3 auch die Bewohner angrenzender Gebäude und baulicher Anlagen in der näheren Umgebung schützen. Diesen Absätzen kommt daher drittschützende Wirkung zu. 18

5. Ergänzende Rechtsvorschriften

Hier sei zunächst das **Hamburgische Gesetz zum Schutz des Klimas durch Energieeinsparung (HmbKliSchG)** erwähnt. 19

In diesem Zusammenhang ist auch die **Verordnung über energiesparenden Wärmeschutz und energieeinsparende Anlagetechnik bei Gebäuden (Energieeinsparverordnung – EnEV)** zu nennen. 20

Sodann kann der **Bauprüfdienst** BPD 6/16 **„Bauliche Anlagen im Nahbereich von Hochspannungsfreileitungen“** zur Anwendung kommen. 21

22 Auch für den Wärme-, Schall- und Erschütterungsschutz gibt es zahlreiche Technische Baubestimmungen, DIN-Vorschriften sowie Technische Anleitungen, insbesondere nach dem Bundes-Immissionsschutzgesetz.

23 Hinzuweisen ist wiederum auf die **„Liste der Technischen Baubestimmungen"**, die aktuell im Amtlichen Anzeiger vom 30.4.2018, S. 669 ff. veröffentlicht wurde.

§ 19 Verkehrssicherheit

(1) Bauliche Anlagen und die dem Verkehr dienenden nicht überbauten Flächen von bebauten Grundstücken müssen verkehrssicher sein.

(2) Die Sicherheit und Leichtigkeit des öffentlichen Verkehrs darf durch bauliche Anlagen oder deren Nutzung nicht gefährdet werden.

(3) Allgemein zugängliche Flächen und Treppen in Gebäuden sowie auf Grundstücken müssen eine lichte Durchgangshöhe von mindestens 2 m haben.

(4) Öffentlich zugängliche Wege auf den Grundstücken und Eingänge von Gebäuden müssen überschaubar und zu beleuchten sein.

(5) Gebäude sind mit einer vom öffentlichen Weg aus gut erkennbaren Hausnummer zu kennzeichnen; bei Gebäuden mit Aufenthaltsräumen muss die Hausnummer beleuchtbar sein.

Kommentierung

Übersicht Rn.

1. Anforderung an Verkehrssicherheit (Abs. 1)

1 **Dieser Absatz überträgt letztlich die zivilrechtliche Verkehrssicherungspflicht in das Hamburger Baurecht.** Danach muss nicht nur die bauliche Anlage selbst verkehrssicher sein, sondern auch die nicht überbauten Verkehrsflächen auf dem Grundstück des Bauwerks.

2 Innerhalb des Gebäudes müssen die Fußböden und Treppen so hergestellt werden, dass von ihnen **keine Rutsch- oder Stolpergefahr** ausgeht. Es müssen ausreichend **Handläufe bei Treppen** und **Schutzgeländer** vorhanden sein, ebenso wie eine **ausreichende Beleuchtung.**

3 Die Verkehrssicherungspflicht erstreckt sich außerhalb des Gebäudes darauf, dass die **Zuwegungen schnee- und eisfrei** sind. Zufahrten und Zuwegungen

dürfen auch **keine Stolperstufen und Stolperkanten** aufweisen, sie müssen vom rutschigen Laub befreit werden.

2. **Sicherheit und Leichtigkeit des Verkehrs** (Abs. 2)

Zusätzlich zu den Verkehrsflächen auf dem Grundstück wird durch Absatz 2 auch der **öffentliche Verkehr** geschützt. Es soll sichergestellt werden, dass **Sockel und Gesimse** sowie **Vorbauten, Markisen und Werbeanlagen** nicht in öffentliche Verkehrswege hineinragen und so zu Gefahrenquellen für Passanten werden. 4

Eine Gefährdungssituation ist auch gegeben, wenn sich **Türen oder Tore in den öffentlichen Verkehrsraum hinein öffnen.** Ob und wie groß beispielsweise ein **Sichtdreieck bei Ausfahrten und Kreuzungen** zu sein hat, ist nicht verallgemeinernd zu bestimmen. Es ist heutzutage durchaus **üblich, dass ein Autofahrer sich von Stellplätzen oder aus Garagen über den Gehweg „durch die Fußgänger" stoßweise Richtung öffentlicher Straße bewegen muss.** Die Sicherheit und Leichtigkeit des Verkehrs ist dann sicherlich berührt, eine konkrete Gefährdung jedoch nicht gegeben. 5

Bei **beleuchteten oder großflächigen Werbeanlagen** ist im Allgemeinen von einer Gefährdung der Sicherheit und Leichtigkeit des Verkehrs auszugehen. Dieses gilt insbesondere für Werbeanlagen mit ständig wechselnden Bildern (**Prismen-Wendeanlagen**). 6

3. **Anforderungen an Verkehrsflächen und Treppen** (Abs. 3)

Es ist sicherzustellen, dass sowohl Aufenthaltsräume als auch Nicht-Aufenthaltsräume, die für die Allgemeinheit zugänglich sind, gefahrlos betreten und genutzt werden können. **Sie müssen daher eine lichte Durchgangshöhe von mindestens 2 m haben (auch Abstellräume, Archive, Hobbyräume etc.).** Dieses Maß darf auch nicht durch Rohre oder Leitungen unterschritten werden. 7

Die Mindestdurchgangshöhe von 2 m gilt ebenfalls für Treppen, selbst wenn diese sich nicht im Gebäude, sondern auf dem Grundstück befinden. Auch bei baulichen Anlagen außerhalb von Gebäuden ist die Mindesthöhe von 2 m einzuhalten. 8

4. **Wege und Eingänge von Gebäuden** (Abs. 4)

Für **öffentlich zugängliche Wege** auf Grundstücken und Eingänge von Gebäuden wird verlangt, dass diese **überschaubar und beleuchtet sein müssen.** Hiermit wird letztlich gefordert, dass die Zuwegungen **nicht mit sichtbehindernden Bauteilen, Hecken oder Sträuchern versperrt sein dürfen.** Für die Beleuchtung reicht es, wenn diese in der Dunkelheit durch **Bewegungsmelder** angeschaltet wird. Ist der Eingangsbereich so beleuchtet, dass man den Lichtknopf bzw. -schalter problemlos sehen kann, so erfüllt auch dieses die Anforderung an die Beleuchtung von Hauseingängen. 9

5. **Beleuchtete Hausnummern** (Abs. 5)

An Gebäuden sind grundsätzlich **Hausnummern** anzubringen. Diese müssen **vom öffentlichen Weg aus gut erkennbar sein,** um **Polizei** und **Feuerwehr** sowie 10

Notärzten und auch **Besuchern** das Auffinden eines Gebäudes und eines Hauseingangs zu erleichtern.

11 Im zweiten Halbsatz findet sich für **Gebäude mit Aufenthaltsräumen**, also für Wohn-, Büro- und Geschäftshäuser, aber auch für Gewerbe- und Industriegebiete **der Zusatz, dass diese eine beleuchtbare Hausnummer besitzen müssen.** In der Wahl des Materials, des Leuchtkörpers, der Abmessungen und der Farbgestaltung ist der Bauherr bzw. der Grundstückseigentümer frei. Um für Rettungsfahrzeuge und auch Taxen gut lesbar zu sein empfiehlt sich, die **Hausnummern** ob mit oder ohne Beleuchtung **in Augenhöhe an der Hauswand gut sichtbar anzubringen.**

6. Nachbar- und Rechtsschutz

12 Die in § 19 geregelte Verkehrssicherheit soll Bewohner, Benutzer oder Besucher baulicher Anlagen vor Schäden bewahren und die Sicherheit und Leichtigkeit des öffentlichen Verkehrs aufrechterhalten. Dem Schutz des Nachbarn dienen diese Regelungen nicht.

7. Ergänzende Rechtsvorschriften

13 Es kann der Bauprüfdienst **BPD 6/13** (Verfahren zur Festsetzung, Änderung oder Aufhebung von Hausnummern (**BPD Hausnummern**) zur Anwendung kommen sowie die
- BPD 1/13 „Bauliche Anforderungen an Stellplätze und Garagen (**BPD Garagen**)“;
- BPD 3/13 „Anforderungen an Umwehrungen und Brüstungen (**BPD Absturzsicherung**)“.

§ 19a Bauarten

(1) Bauarten dürfen nur angewendet werden, wenn bei ihrer Anwendung die baulichen Anlagen bei ordnungsgemäßer Instandhaltung während einer dem Zweck entsprechenden angemessenen Zeitdauer die Anforderungen dieses Gesetzes oder auf Grund dieses Gesetzes erfüllen und für ihren Anwendungszweck tauglich sind.

(2) Bauarten, die von Technischen Baubestimmungen nach § 81a Absatz 2 Nummer 2 oder Nummer 3 Buchstabe a wesentlich abweichen oder für die es allgemein anerkannte Regeln der Technik nicht gibt, dürfen bei der Errichtung, Änderung und Instandhaltung baulicher Anlagen nur angewendet werden, wenn für sie
1. eine allgemeine Bauartgenehmigung oder
2. eine vorhabenbezogene Bauartgenehmigung
durch die Bauaufsichtsbehörde erteilt worden ist. § 20a Absätze 2 bis 7 gilt entsprechend.

(3) Anstelle einer allgemeinen Bauartgenehmigung genügt ein allgemeines bauaufsichtliches Prüfzeugnis für Bauarten, wenn die Bauart nach allgemein anerkannten Prüfverfahren beurteilt werden kann. In einer Technischen Baubestimmung nach § 81a werden diese Bauarten mit der Angabe der maßgebenden technischen Regeln bekannt gemacht. § 20b Absatz 2 gilt entsprechend.

(4) Wenn Gefahren im Sinne des § 3 Satz 1 nicht zu erwarten sind, kann die Bauaufsichtsbehörde im Einzelfall oder für genau begrenzte Fälle allgemein festlegen, dass eine Bauartgenehmigung nicht erforderlich ist.

(5) Bauarten bedürfen einer Bestätigung ihrer Übereinstimmung mit den Technischen Baubestimmungen nach § 81a, den allgemeinen Bauartgenehmigungen, den allgemeinen bauaufsichtlichen Prüfzeugnissen für Bauarten oder den vorhabenbezogenen Bauartgenehmigungen; als Übereinstimmung gilt auch eine Abweichung, die nicht wesentlich ist. § 22 Absatz 2 gilt für den Anwender der Bauart entsprechend.

(6) Bei Bauarten, deren Anwendung in außergewöhnlichem Maß von der Sachkunde und Erfahrung der damit betrauten Personen oder von einer Ausstattung mit besonderen Vorrichtungen abhängt, kann in der Bauartgenehmigung oder durch Rechtsverordnung des Senats vorgeschrieben werden, dass die Anwenderin oder der Anwender über solche Fachkräfte und Vorrichtungen verfügt und den Nachweis hierüber gegenüber einer Prüfstelle nach § 23 Satz 1 Nummer 6 zu erbringen hat. In der Rechtsverordnung können Mindestanforderungen an die Ausbildung, die durch Prüfung nachzuweisende Befähigung und die Ausbildungsstätten einschließlich der Anerkennungsvoraussetzungen gestellt werden.

(7) Für Bauarten, die einer außergewöhnlichen Sorgfalt bei Ausführung oder Instandhaltung bedürfen, kann in der Bauartgenehmigung oder durch Rechtsverordnung des Senats die Überwachung dieser Tätigkeiten durch eine Überwachungsstelle nach § 23 Satz 1 Nummer 5 vorgeschrieben werden.

Kommentierung

Die Zulassung und Verwendung von Bauprodukten ist an das Europarecht angepasst worden, weil auch die Hamburgische Bauordnung und die ergänzenden Technischen Baubestimmungen für die Verwendung ausländischer Bauprodukte zusätzliche Prüfungen fordern. 1

Diesen neuen europarechtlichen Regelungen wurde nunmehr die Hamburgische Bauordnung angepasst. Es wurde ein neuer § 19a eingefügt, der die qualitativen Anforderungen von Bauarten definiert. Zwecks weiterer Einzelheiten muss auf die einschlägige technische Fachliteratur verwiesen werden. 2

Im Zuge der Änderungen der Bauproduktenverordnung wurden auch die Ermächtigungen in § 81 Abs. 1, Abs. 4 und Abs. 4a zum Erlass von Rechtsverordnungen angepasst. Der gänzlich neue § 81a besagt, dass die Anforderungen nach § 3 (Allgemeine Anforderungen) durch Technische Baubestimmungen konkretisiert werden können, wovon Hamburg Gebrauch gemacht hat (vgl. Amtlicher Anzeiger vom 30.4.2018, S. 669 ff.). 3

Dritter Abschnitt: **Bauprodukte**

§ 19b Allgemeine Anforderungen für die Verwendung von Bauprodukten

(1) Bauprodukte dürfen nur verwendet werden, wenn bei ihrer Verwendung die baulichen Anlagen bei ordnungsgemäßer Instandhaltung während einer dem

Zweck entsprechenden angemessenen Zeitdauer die Anforderungen dieses Gesetzes oder auf Grund dieses Gesetzes erfüllen und gebrauchstauglich sind.

(2) Bauprodukte, die in Vorschriften anderer Vertragsstaaten des Abkommens vom 2. Mai 1992 über den Europäischen Wirtschaftsraum genannten technischen Anforderungen entsprechen, dürfen verwendet werden, wenn das geforderte Schutzniveau gemäß § 3 Satz 1 gleichermaßen dauerhaft erreicht wird.

Kommentierung

1 Im Rahmen einer Generalklausel wird bestimmt, welche Bauprodukte in Hamburg verwendet werden dürfen.

§ 19c Anforderungen für die Verwendung von CE-gekennzeichneten Bauprodukten

Ein Bauprodukt, das die CE-Kennzeichnung trägt, darf verwendet werden, wenn die erklärten Leistungen den in diesem Gesetz oder auf Grund dieses Gesetzes festgelegten Anforderungen für diese Verwendung entsprechen. Die §§ 20 bis 22b und § 23a Absatz 1 gelten nicht für Bauprodukte, die die CE-Kennzeichnung auf Grund der Verordnung (EU) 305/2011 tragen.

Kommentierung

1 Auch der § 19c ist neu, der besagt, dass Bauprodukte mit CE-Kennzeichnung grundsätzlich verwendet werden dürfen. Sie müssen nicht Verwendbarkeitsnachweise und die Voraussetzungen für Zulassung und Prüfung von Bauprodukten erbringen. Die §§ 20 bis 20b und 23a gelten nicht für Bauprodukte, die ein CE-Kennzeichen tragen. Die nachfolgenden §§ 20 bis 22b sowie 23a sind sprachlich und teilweise inhaltlich den europarechtlichen Regelungen angepasst worden. Inhaltlich entsprechen sie im Wesentlichen der bisherigen Rechtslage.

§ 20 Verwendbarkeitsnachweise

(1) Ein Verwendbarkeitsnachweis (§§ 20a bis 20 c) ist für ein Bauprodukt erforderlich, wenn

1. **es keine Technische Baubestimmung und keine allgemein anerkannte Regel der Technik gibt,**
2. **das Bauprodukt von einer Technischen Baubestimmung (§ 81a Absatz 2 Nummer 3) wesentlich abweicht oder**
3. **eine Verordnung nach § 81 Absatz 4a es vorsieht.**

(2) Ein Verwendbarkeitsnachweis ist nicht erforderlich für ein Bauprodukt,

1. **das von einer allgemein anerkannten Regel der Technik abweicht oder**
2. **das für die Erfüllung der Anforderungen dieses Gesetzes oder auf Grund dieses Gesetzes nur eine untergeordnete Bedeutung hat.**

(3) Die Technischen Baubestimmungen nach § 81a enthalten eine nicht abschließende Liste von Bauprodukten, die keines Verwendbarkeitsnachweises nach Absatz 1b bedürfen.

§ 20a Allgemeine bauaufsichtliche Zulassung

(1) Die Bauaufsichtsbehörde erteilt unter den Voraussetzungen des § 20 Absatz 1 eine allgemeine bauaufsichtliche Zulassung für nicht geregelte Bauprodukte, wenn deren Verwendbarkeit im Sinne des § 19b Absatz 1 nachgewiesen ist.

(2) Die zur Begründung des Antrags erforderlichen Unterlagen sind beizufügen. Soweit erforderlich, sind Probestücke von der Antragstellerin oder dem Antragsteller zur Verfügung zu stellen oder durch Sachverständige, die die Bauaufsichtsbehörde bestimmen kann, zu entnehmen oder Probeausführungen unter Aufsicht der Sachverständigen herzustellen; § 70 Absatz 3 gilt entsprechend.

(3) Die Bauaufsichtsbehörde kann für die Durchführung der Prüfung die sachverständige Stelle und für Probeausführungen die Ausführungsstelle und Ausführungszeit vorschreiben.

(4) Die allgemeine bauaufsichtliche Zulassung wird widerruflich und für eine bestimmte Frist erteilt, die in der Regel fünf Jahre beträgt. Die Zulassung kann mit Nebenbestimmungen erteilt werden. Sie kann auf Antrag in der Regel um fünf Jahre verlängert werden. § 73 Absatz 3 Satz 2 gilt entsprechend.

(5) Die Zulassung wird unbeschadet der privaten Rechte Dritter erteilt.

(6) Die Bauaufsichtsbehörde macht die von ihr erteilten allgemeinen bauaufsichtlichen Zulassungen nach Gegenstand und wesentlichem Inhalt öffentlich bekannt.

(7) Allgemeine bauaufsichtliche Zulassungen nach dem Recht anderer Länder gelten auch in der Freien und Hansestadt Hamburg.

§ 20b Allgemeines bauaufsichtliches Prüfzeugnis

(1) Bauprodukte, die nach allgemein anerkannten Prüfverfahren beurteilt werden, bedürfen anstelle einer allgemeinen bauaufsichtlichen Zulassung nur eines allgemeinen bauaufsichtlichen Prüfzeugnisses. Dies wird mit der Angabe der maßgebenden technischen Regeln in den Technischen Baubestimmungen nach § 81a bekannt gemacht.

(2) Ein allgemeines bauaufsichtliches Prüfzeugnis wird von einer Prüfstelle nach § 23 Absatz 1 Satz 1 Nummer 1 für Bauprodukte nach Absatz 1 erteilt, wenn deren Verwendbarkeit im Sinne des § 19b Absatz 1 nachgewiesen ist. § 20a Absatz 2 und Absätze 4 und 7 gilt entsprechend. Die Anerkennungsbehörde für Stellen nach § 23 Satz 1 Nummer 1, § 81 Absatz 4 Satz 1 Nummer 4 kann allgemeine bauaufsichtliche Prüfzeugnisse zurücknehmen oder widerrufen; §§ 48 und 49 des Hamburgischen Verwaltungsverfahrensgesetzes finden Anwendung.

§ 20c Nachweis der Verwendbarkeit von Bauprodukten im Einzelfall

Mit Zustimmung der Bauaufsichtsbehörde dürfen unter den Voraussetzungen des § 20 Absatz 1 im Einzelfall Bauprodukte verwendet werden, wenn ihre Verwendbarkeit im Sinne des § 19b Absatz 1 nachgewiesen ist. Wenn Gefahren im Sinne des § 3 Satz 1 nicht zu erwarten sind, kann die Bauaufsichtsbehörde im Einzelfall erklären, dass ihre Zustimmung nicht erforderlich ist.

§ 21 aufgehoben

§ 22 Übereinstimmungsbestätigung

(1) Bauprodukte bedürfen einer Bestätigung ihrer Übereinstimmung mit den Technischen Baubestimmungen nach § 81a Absatz 2, den allgemeinen bauaufsichtlichen Zulassungen, den allgemeinen bauaufsichtlichen Prüfzeugnissen oder den Zustimmungen im Einzelfall; als Übereinstimmung gilt auch eine Abweichung, die nicht wesentlich ist.

(2) Die Bestätigung der Übereinstimmung erfolgt durch Übereinstimmungserklärung der Herstellerin oder des Herstellers (§ 22a).

(3) Die Übereinstimmungserklärung hat die Herstellerin oder der Hersteller durch Kennzeichnung der Bauprodukte mit dem Übereinstimmungszeichen (Ü-Zeichen) unter Hinweis auf den Verwendungszweck anzugeben.

(4) Das Ü-Zeichen ist auf dem Bauprodukt, auf einem Beipackzettel oder auf seiner Verpackung oder, wenn dies Schwierigkeiten bereitet, auf dem Lieferschein oder auf einer Anlage zum Lieferschein anzubringen.

(5) Ü-Zeichen aus anderen Ländern und aus anderen Staaten gelten auch in der Freien und Hansestadt Hamburg.

§ 22a Übereinstimmungserklärung der Herstellerin oder des Herstellers

(1) Die Herstellerin oder der Hersteller darf eine Übereinstimmungserklärung nur abgeben, wenn sie oder er durch werkseigene Produktionskontrolle sichergestellt hat, dass das hergestellte Bauprodukt den maßgebenden technischen Regeln, der allgemeinen bauaufsichtlichen Zulassung, dem allgemeinen bauaufsichtlichen Prüfzeugnis oder der Zustimmung im Einzelfall entspricht.

(2) In den Technischen Baubestimmungen nach § 81a, in den allgemeinen bauaufsichtlichen Prüfzeugnissen oder in den Zustimmungen im Einzelfall kann eine Prüfung der Bauprodukte durch eine Prüfstelle vor Abgabe der Übereinstimmungserklärung vorgeschrieben werden, wenn dies zur Sicherung einer ordnungsgemäßen Herstellung erforderlich ist. In diesen Fällen hat die Prüfstelle das Bauprodukt daraufhin zu überprüfen, ob es den maßgebenden technischen Regeln, der allgemeinen bauaufsichtlichen Zulassung, dem allgemeinen bauaufsichtlichen Prüfzeugnis oder der Zustimmung im Einzelfall entspricht.

(3) In den Technischen Baubestimmungen nach § 81a, in den allgemeinen bauaufsichtlichen Zulassungen oder in den Zustimmungen im Einzelfall kann eine Zertifizierung vor Abgabe der Übereinstimmungserklärung vorgeschrieben werden, wenn dies zum Nachweis einer ordnungsgemäßen Herstellung eines Bauproduktes erforderlich ist. Die Bauaufsichtsbehörde kann im Einzelfall die Verwendung von Bauprodukten den technischen Regeln, Zulassungen, Prüfzeugnissen oder Zustimmungen nach Absatz 1 entsprechen.

(4) Bauprodukte, die nicht in Serie hergestellt werden, bedürfen nur einer Übereinstimmungserklärung nach Absatz 1, sofern nichts anderes bestimmt ist.

§ 22b Zertifizierung

(1) Der Herstellerin oder dem Hersteller ist ein Übereinstimmungszertifikat von einer Zertifizierungsstelle nach § 23 zu erteilen, wenn das Bauprodukt
1. den Technischen Baubestimmungen nach § 81a Absatz 2, dem allgemeinen bauaufsichtlichen Prüfzeugnis oder der Zustimmung im Einzelfall entspricht und
2. einer werkseigenen Produktionskontrolle sowie einer Fremdüberwachung nach Maßgabe des Absatzes 2 unterliegt.

(2) Die Fremdüberwachung ist von Überwachungsstellen nach § 23 durchzuführen. Die Fremdüberwachung hat regelmäßig zu überprüfen, ob das Bauprodukt den Technischen Baubestimmungen nach § 81a Absatz 2, der allgemeinen bauaufsichtlichen Zulassung, dem allgemeinen bauaufsichtlichen Prüfzeugnis oder der Zustimmung im Einzelfall entspricht.

§ 23 Prüf-, Zertifizierungs-, Überwachungsstellen

Die Bauaufsichtsbehörde kann eine natürliche oder juristische Person als
1. Prüfstelle für die Erteilung allgemeiner bauaufsichtlicher Prüfzeugnisse (§ 20b Absatz 2),
2. Prüfstelle für die Überprüfung von Bauprodukten vor Bestätigung der Übereinstimmung (§ 22a Absatz 2),
3. Zertifizierungsstelle (§ 22b Absatz 1),
4. Überwachungsstelle für die Fremdüberwachung (§ 22b Absatz 2),
5. Überwachungsstelle für die Überwachung nach § 23 Absatz 2 oder
6. Prüfstelle für die Überprüfung nach § 23a Absatz 1

anerkennen, wenn sie oder die bei ihr Beschäftigten nach ihrer Ausbildung, Fachkenntnis, persönlichen Zuverlässigkeit, ihrer Unparteilichkeit und ihren Leistungen die Gewähr dafür bieten, dass diese Aufgaben den öffentlich-rechtlichen Vorschriften entsprechend wahrgenommen werden, und wenn sie über die erforderlichen Vorrichtungen verfügen. Satz 1 ist entsprechend auf Behörden anzuwenden, wenn sie ausreichend mit geeigneten Fachkräften besetzt und mit den erforderlichen Vorrichtungen ausgestattet sind. Die Anerkennung von Prüf-, Zertifizierungs- und Überwachungsstellen anderer Länder gilt auch in der Freien und Hansestadt Hamburg.

§ 23a Besondere Sachkunde- und Sorgfaltsanforderungen

(1) Bei Bauprodukten, deren Herstellung in außergewöhnlichem Maß von der Sachkunde und Erfahrung der damit betrauten Personen oder von einer Ausstattung mit besonderen Vorrichtungen abhängt, kann in der allgemeinen bauaufsichtlichen Zulassung, in der Zustimmung im Einzelfall oder durch Rechtsverordnung des Senats vorgeschrieben werden, dass die Herstellerin oder der Hersteller über solche Fachkräfte und Vorrichtungen verfügt und den Nachweis hierüber gegenüber einer Prüfstelle nach § 23 Satz 1 Nummer 6 zu erbringen hat. In der Rechtsverordnung können Mindestanforderungen an die Ausbildung, die durch Prüfung nachzuweisende Befähigung und die Aus-

bildungsstätten einschließlich der Anerkennungsvoraussetzungen gestellt werden.

(2) Für Bauprodukte, die wegen ihrer besonderen Eigenschaften oder ihres besonderen Verwendungszwecks einer außergewöhnlichen Sorgfalt bei Einbau, Transport, Instandhaltung oder Reinigung bedürfen, kann in der allgemeinen bauaufsichtlichen Zulassung, in der Zustimmung im Einzelfall oder durch Rechtsverordnung des Senats die Überwachung dieser Tätigkeiten durch eine Überwachungsstelle nach § 23 Satz 1 Nummer 5 vorgeschrieben werden, soweit diese Tätigkeiten nicht bereits durch die Verordnung (EU) Nr. 305/2011 erfasst sind.

Vierter Abschnitt: **Wände, Decken, Dächer**

§ 24 Allgemeine Anforderungen an das Brandverhalten von Baustoffen und Bauteilen

(1) Baustoffe werden nach den Anforderungen an ihr Brandverhalten unterschieden in
1. nicht brennbare,
2. schwer entflammbare,
3. normal entflammbare.

Baustoffe, die nicht mindestens normal entflammbar sind (leicht entflammbare Baustoffe) dürfen nicht verwendet werden; dies gilt nicht, wenn sie in Verbindung mit anderen Baustoffen nicht leicht entflammbar sind.

(2) Bauteile werden nach den Anforderungen an ihre Feuerwiderstandsfähigkeit unterschieden in
1. feuerbeständige,
2. hoch Feuer hemmende,
3. Feuer hemmende;

die Feuerwiderstandsfähigkeit bezieht sich bei tragenden und aussteifenden Bauteilen auf deren Standsicherheit im Brandfall, bei Raum abschließenden Bauteilen auf deren Widerstand gegen die Brandausbreitung. Bauteile werden zusätzlich nach dem Brandverhalten ihrer Baustoffe unterschieden in
1. Bauteile aus nicht brennbaren Baustoffen,
2. Bauteile, deren tragende und aussteifende Teile aus nicht brennbaren Baustoffen bestehen und die bei Raum abschließenden Bauteilen zusätzlich eine in Bauteilebene durchgehende Schicht aus nicht brennbaren Baustoffen haben,
3. Bauteile, deren tragende und aussteifende Teile aus brennbaren Baustoffen bestehen und die allseitig eine brandschutztechnisch wirksame Bekleidung aus nicht brennbaren Baustoffen (Brandschutzbekleidung) und Dämmstoffe aus nicht brennbaren Baustoffen haben,
4. Bauteile aus brennbaren Baustoffen.

Soweit in diesem Gesetz oder in Vorschriften auf Grund dieses Gesetzes nichts anderes bestimmt ist, müssen
1. Bauteile, die feuerbeständig sein müssen, mindestens den Anforderungen des Satzes 2 Nummer 2,
2. Bauteile, die hoch Feuer hemmend sein müssen, mindestens den Anforderungen des Satzes 2 Nr. 3

entsprechen.

(3) Bei Gebäuden mit einer Höhe nach § 2 Absatz 3 Satz 2 von bis zu 22 m und Nutzungseinheiten mit jeweils nicht mehr als 200 m² und Brandabschnitten von nicht mehr als 800 m² pro Geschoss sind abweichend von Absatz 2 Satz 3 tragende oder aussteifende sowie raumabschließende Bauteile, die hochfeuerhemmend oder feuerbeständig sein müssen, in Massivholzbauweise zulässig, wenn die geforderte Feuerwiderstandsfähigkeit nachgewiesen wird.

Kommentierung

Übersicht

Diese Vorschrift gibt Vorgaben für die **Brennbarkeit und Entzündbarkeit** von **Baustoffen** wieder. Gleichzeitig werden Bauteile zusätzlich **nach ihrer Feuerwiderstandsfähigkeit im Brandfall unterschieden.** Durch diese Klassifizierungen ist es nunmehr möglich, auch **Geschossbau in Holzbauweise** zu errichten. 1

1. Unterschiedliches Brandverhalten von Baustoffen (Abs. 1)

Baustoffe werden unterschieden in **nicht brennbare (Baustoffklasse A)** und **brennbare (Baustoffklasse B)** Baustoffe. 2

Die brennbaren Baustoffe der Klasse B unterscheidet man nochmals in die Unterklasse B 1 (**schwer entflammbare Baustoffe**), B 2 (**normal entflammbare Baustoffe**) und B 3 (**leicht entflammbare Baustoffe**). 3

Die Zugehörigkeit zu einer Bauklasse muss durch entsprechende **Nachweise aufgrund von Brandversuchen** nach der DIN 4102 Teil 1 nachgewiesen sein. Ist der Baustoff in der DIN 4102 Teil 4 aufgeführt, ergibt sich bereits hieraus, dass er zu der jeweiligen Baustoffklasse gehört, eines weiteren Prüfzeugnisses oder -zeichens bedarf es dann nicht. 4

Zur Klasse A der nicht brennbaren Baustoffe gehören nach der DIN 4102 Teil 4 Sand, Kies, Lehm, Ton, Mineralien, Erden, Lavaschlacken, Zement, Kalk, Gips, Mörtel, Beton, Stahlbeton, Spannbeton, Steine und Bauplatten aus mineralischen Bestandteilen, Ziegel, Glas, Steinzeug, keramische Platten, Metalle, Gipskartonplatten nach DIN 18180 mit geschlossener Oberfläche etc. 5

Schwer entflammbare Baustoffe der **Bauklasse B 1** sind nach der DIN 4102 Teil 4 z. B. Holzwolle, Leichtbauplatten und Mineralfaser-Mehrschicht-Leichtbauplatten nach DIN 1101, Gipskartonplatten nach DIN 18180, Kunstharzputze nach DIN 18558, Wärmedämmputzsysteme nach DIN 18550, Teil 3. Ebenfalls zur Baustoffklasse B 1 zählen Fußbodenbeläge wie Eichenparkett etc. nach DIN 280. 6

7 Zur **Bauklasse B 2** der **normal entflammbaren Baustoffe** wiederum nach DIN 4102 Teil 4 rechnet man Holz und Holzwerkstoffe von mehr als 2 mm Dicke, Fußbodenbeläge aus PVC, Linoleum und genormte Dachpappen.

8 Baustoffe, die nach der DIN 4102 weder der Klasse B 1 noch B 2 zuzuordnen sind, gelten als **leicht entflammbare Baustoffe** nach **Baustoffklasse B 3**.

9 Solche **leicht entflammbaren Baustoffe** dürfen in Hamburg bei der Errichtung, Änderung oder Instandsetzung von baulichen Anlagen **nicht verwendet werden.**

10 Leicht entflammbar sind Bauprodukte, die sich schon in Berührung mit offenem Feuer entzünden (Streichholz oder Kerze). **Das Verbot, leicht entflammbare Baustoffe einzusetzen, bezieht sich auch auf Anstriche, Tapeten, Folien oder sonstige Beschichtungen von Baustoffen.**

11 Eine Ausnahme stellt Satz 2, 2. Halbsatz dar, wonach **leicht entflammbare Baustoffe verwendet werden dürfen, wenn sie in Verbindung mit einem anderen Baustoff mindestens normal entflammbar sind.** Diese unterschiedlich entflammbaren Baustoffe müssen schon vom Hersteller miteinander verbunden werden und nicht etwa erst auf der Baustelle.

2. Unterschiedliche Feuerwiderstandsfähigkeit von Bauteilen (Abs. 2)

12 Eine ähnliche Unterscheidung wird für **Bauteile** gemacht. Diese werden nach ihrer Feuerwiderstandsfähigkeit in entsprechende **Feuerwiderstandsklassen** untergliedert, die wiederum jeweils eine unterschiedliche **Feuerwiderstandsdauer** aufweisen, die in Minuten gemessen wird. Die Feuerwiderstandsdauer ist die Mindestdauer während der ein Bauteil seine Raum abschließende oder tragende Funktion bei einem Brand erhalten muss, bevor durch die Feuereinwirkung das Bauteil beschädigt oder zerstört wird.

13 **Feuerbeständig** ist nach der DIN 4102 jedes Bauteil, welches mindestens eine Feuerwiderstandsdauer von **90 Minuten** hat (Klasse F 90).

14 Es gibt folgende Feuerwiderstandsklassen:

Feuerwiderstandsklasse	Feuerwiderstandsdauer in Minuten
F 30	30
F 60	60
F 90	90
F 120	120
F 180	180

15 Als **feuerhemmend** (F 30) gelten Bauteile, die einseitig Feuer ausgesetzt, diesem mindestens **30 Minuten** standhalten, bevor sich das Feuer „durchfrisst".

16 **Hoch feuerhemmende** Bauteile gehören zur Feuerklasse F 60 (60 minütige Feuerwiderstandsdauer), liegen also zwischen den feuerbeständigen und den feuerhemmenden Bauteilen.

17 **Bei tragenden und aussteifenden Bauteilen bezieht sich die Feuerwiderstandsfähigkeit auf die Standsicherheit (vgl. § 15). Wände, Stützen und Decken sollen**

bei Feuer die Standsicherheit der baulichen Anlage möglichst lange gewährleisten, damit Mensch und Tier zumindest eine gewisse Zeit bleibt, um sich vor dem Feuer zu retten, und um zugleich der Feuerwehr Zeit zu geben, erste Maßnahmen zur Brandbekämpfung und -löschung in die Wege zu leiten.

Bei Raum abschließenden Bauteilen ist auf deren Widerstand gegen die Brandausbreitung abzustellen. Solche Raum abschließenden Bauteile sind Brandwände, Trennwände und Decken. Nicht tragende **Leichtbauwände zählen grundsätzlich nicht zu den Raum abschließenden Bauteilen.** Die Feuerwiderstandsfähigkeit bei Raum abschließenden Bauteilen soll das Ausbreiten von Feuer und Wärme verhindern oder zeitlich verzögern, ebenso wie das Verbreiten von Gasen und Rauch. 18

Bauteile werden nicht nur hinsichtlich ihrer Feuerwiderstandsfähigkeit unterschieden, sondern zusätzlich auch nach dem Brandverhalten ihrer Baustoffe. Hierbei gibt es folgende Untergliederungen: 19

Zunächst gibt es die **Gruppe 1** der Bauteile, die aus **nicht brennbaren Baustoffen der Baustoffklasse A** bestehen. 20

Die **zweite Gruppe** kennzeichnet **Bauteile,** deren tragende oder aussteifende Teile aus nicht brennbaren Baustoffen bestehen und die **bei Raum abschließenden Bauteilen zusätzlich eine in Bauteilebene durchgehende Schicht aus nicht brennbaren Baustoffen haben.** In dieser Gruppe werden also die Raum abschließenden Bauteile erfasst, die bei Brandwänden, Trennwänden und Decken eine durchgehende Schicht aus nicht brennbaren Baustoffen zur Abschottung besitzen, obwohl die Wände und Decken im Wesentlichen aus brennbaren Baustoffen bestehen. 21

Sodann sind in der **Gruppe 3 Bauteile** erfasst, **deren tragende und aussteifende Teile zwar aus brennbaren Baustoffen bestehen, die jedoch von nicht brennbaren Baustoffen ummantelt sind** und daher eine entsprechende Brandschutzbekleidung aufweisen. Bei diesen Bauteilen müssen auch die Dämmstoffe nicht brennbar sein. 22

Zur letzten **Gruppe 4** gehören die **Bauteile,** die aus **normal oder schwer entflammbaren** Baustoffen bestehen. 23

Satz 3 legt fest, dass **feuerbeständige Bauteile** so beschaffen sein müssen, dass die **tragenden und aussteifenden Teile aus nicht brennbaren Baustoffen** bestehen und die **raumabschließenden Bauteile mindestens eine in Bauteilebene durchgehende Schicht aus nicht brennbaren Baustoffen aufweisen.** 24

3. Holzbauweise bei Gebäuden bis zu 22 m (Abs. 3)

Hamburg hat als zweites Bundesland **Holz als „Hauptbaustoff"** für Gebäude bis zu einer Höhe von 22 m zugelassen, **was etwa 6 bis 7 Stockwerken entspricht.** Bisher durfte Holz nur bei Gebäuden mit 3 Stockwerken verwendet werden. Aus Sicherheitsgründen wurde festgeschrieben, dass die **Nutzungseinheiten** bei der Verwendung von Holzbaukonstruktionen bis zur Hochhausgrenze (22 m) **nicht größer als 200 m²** sein dürfen. **Für** Brandabschnitte gilt 25 als maximale Größe 800 m^2, obwohl rechnerisch gemäß § 28 Absatz 2 Satz 1 Nummer 2 1600 m^2 zulässig wären. Diese Beschränkungen stellen sicher, dass die Brandausbreitung auf benachbarte Gebäude eingeschränkt und die Brandbekämpfung erleichtert wird. Von der Zulassung des **Einsatzes von Holz sind allein Brandwände bei Gebäuden der Gebäudeklasse** 5 (§ 28 **Absatz** 3) **ausgenommen** sowie **auch die Wände notwendiger Treppenräume** (§ 33 Absatz 4) sowie Hochhäuser.

26 Gegenwärtig (Oktober 2018) liegen noch keine offiziellen technischen Regeln zum Brandschutz bei massiver Holzbauweise vor. Dementsprechend ist es **Aufgabe des Bauherrn nachzuweisen, dass die bauordnungsrechtlichen Anforderungen an die Feuerwiderstandsfähigkeit erfüllt sind.**

27 Durch den Einsatz von Holz können einzelne Bauteile vorgefertigt werden, was zum einen den Bauprozess beschleunigt und zum anderen das Bauen auch kostengünstiger macht. Dies gilt insbesondere für den **Geschosswohnungsbau, der niedrigere Baukosten ermöglicht** und damit auch eine günstigere Kostenmiete. Gleichzeitig ist das **Bauen mit Holz umweltfreundlich und ein Beispiel für Nachhaltigkeit.** Aber auch bei Dachausbauten oder Dachaufstockungen bietet die nunmehr zugelassene Holzbauweise Vorteile. Rein statisch ist es nunmehr möglich auf schwere Kostenkonstruktionssysteme zu verzichten, da Holzkonstruktionen weniger Gewicht aufweisen.

28 Die **Reduzierung des Absatzes 3 auf Nutzungseinheiten bis 200 m^2** wird vorrangig dazu führen, dass Wohngebäude in sogenannter **„Zellenbauweise“** entstehen. Sollten gleichwohl in einzelnen Fällen größere Einheiten als 200 m^2 in Holzbauweise errichtet werden, z. B. für eine eingeschossige Gewerbeeinheit, so kann durch Vorlage eines entsprechenden Brandschutzkonzeptes auch eine Abweichungsentscheidung gemäß § 69 die Genehmigungsfähigkeit des Bauvorhabens sicherstellen.

4. Nachbar- und Rechtsschutz

29 § 24 definiert allgemein Anforderungen an das Brandverhalten von Baustoffen und an die Feuerwiderstandsfähigkeit von Bauteilen. Diese Vorschrift ist nicht nachbarschützend.

5. Ergänzende Rechtsvorschriften

30 Hier sind zunächst zu nennen die **Bauprüfdienste:**
- BPD 4/10 „Überwachung von technischen Anlagen und Einrichtungen nach der Prüfverordnung (**BPD Technische Prüfungen**)“;
- BPD 2/11 „Prüfung technischer Anlagen und Einrichtungen im Genehmigungsverfahren (**BPD Prüfung TGA**)“.
- BPD 5/12 „Brandschutztechnische Auslegungen (**BTA**)“;
- BPD 2/13 „Blitzschutzanlagen“;
- BPD 2018-3 „Bauen in Massivholzbauweise (**BTA Massivholzbau**)“.

31 Es sei auf die **„Liste der Technischen Baubestimmungen“** verwiesen, die in Hamburg eingeführt und aktuell im Amtlichen Anzeiger vom 30.4.2018, S. 669 ff. veröffentlicht wurden.

Einschlägig ist insbesondere das Brandschutztechnische Regelwerk der DIN 4102, insoweit muss auf die weiterführende technische Fachliteratur verwiesen werden. 32

Für Garagen finden sich brandschutztechnische Sicherheitsanforderungen in der **Garagenverordnung** (GarVO) vom 17.1.2012. 33

Exkurs: Bauordnungsrechtliche Anforderungen an Flüchtlings- und Asylanten-Unterkünften 34

Zunächst ist auf den Bauprüfdienst 1/2016 zu verweisen „Bauordnungsrechtliche Anforderungen an Unterkünfte für die öffentlich-rechtliche Unterbringung von Flüchtlingen und Asylbegehrenden (**BPD Flüchtlingsunterkünfte**). Dieser regelt insbesondere die Brandschutzanforderungen für Aufnahmeeinrichtungen, Gemeinschaftsunterkünfte und sonstige Unterkünfte für Flüchtlinge und Asylbegehrende. 35

Bei diesen Unterkünften handelt es sich um Sonderbauten gemäß § 2 Absatz 4 Nummer 9. 36

Die Unterbringung ist der Nutzung „Wohnen" sehr ähnlich, sodass sich die Regelungen des BPD Flüchtlingsunterkünfte an den Vorschriften für Wohnen orientieren. **Dementsprechend liegt keine Beherbergungsnutzung** vor, sodass auch die **Beherbergungsstättenverordnung nicht zur Anwendung kommt.** 37

Bei Flüchtlingsunterkünften sind insbesondere die **erhöhten Anforderungen an den Brandschutz gemäß** §§ 17, 24–30 zu beachten, die im Einzelnen im Bauprüfdienst geregelt sind. Zu erwähnen wäre, dass bei Flüchtlingsunterkünften auf die Prüfung der **Nachweise zum Wärmeschutz und zur Energieeinsparung bei temporären Unterkünften verzichtet** wird. Ebenso wird bei **Containeranlagen** bis zu einer zweigeschossigen Höhe auf die Prüfung bautechnischer Nachweise und zur **Standsicherheit verzichtet.** 38

§ 25 Tragende Wände, Stützen

(1) Tragende und aussteifende Wände und Stützen müssen im Brandfall ausreichend lange standsicher sein. Sie müssen
1. in Gebäuden der Gebäudeklasse 5 feuerbeständig,
2. in Gebäuden der Gebäudeklasse 4 hoch Feuer hemmend,
3. in Gebäuden der Gebäudeklassen 2 und 3 Feuer hemmend
sein. Satz 2 gilt
1. für Geschosse im Dachraum nur, wenn darüber noch Aufenthaltsräume zulässig sind; § 27 Absatz 4 bleibt unberührt,
2. nicht für Balkone.

(2) Im Kellergeschoss müssen tragende und aussteifende Wände und Stützen
1. in Gebäuden der Gebäudeklassen 3 bis 5 feuerbeständig,
2. in Gebäuden der Gebäudeklassen 1 und 2 Feuer hemmend
sein.

Kommentierung

Übersicht

1. Feuerwiderstandfähigkeit tragender Wände und Stützen (Abs. 1)

1 **Die allgemeinen Anforderungen an das Brandverhalten von Baustoffen und Bauteilen** werden durch § 25 **für tragende und aussteifende Wände und Stützen** konkretisiert. Diese Bauteile müssen im Brandfall vorrangig die Standsicherheit der baulichen Anlage gewährleisten. Dadurch sollen die Bewohner und Nutzer ausreichend Zeit haben, um sich und ggf. bei landwirtschaftlichen Gebäuden Tiere zu retten. Gleichzeitig soll der **Feuerwehr und Rettungskräften** die Möglichkeit gegeben werden, einen ersten **Löschangriff zu starten** und **hilfsbedürftige Menschen** aus dem brennenden Gebäude **zu bergen**, die hierzu aus eigener Kraft nicht in der Lage sind.

2 Es ist offenkundig, dass die **Rettung, Bergung und Brandbekämpfung** mehr Zeit in Anspruch nimmt und **umso schwieriger ist, je mehr Geschosse ein Gebäude aufweist.**

3 Daher legt Nr. 1 für die **flächenmäßig größten Gebäude** sowie für **Hochhäuser** der **Gebäudeklasse** 5 (siehe hierzu auch die Ausführungen zu § 2 Abs. 3 Nr. 5) fest, dass **Wände** und **Stützen feuerbeständig** sein, also der **Feuerwiderstandsklasse F 90** zugeordnet sein müssen.

4 Für Gebäude der **Gebäudeklasse 4** wird die **Feuerwiderstandsklasse F 60 (hoch feuerhemmend)** gefordert, für **Gebäude Klasse 2 und 3 feuerhemmend (F 30).**

5 **Diese Vorgaben für die Feuerwiderstandsfähigkeit** tragender Wände und Stützen **gelten für Dachgeschossräume nur,** wenn sich über dem Dachgeschoss noch Aufenthaltsräume befinden. **Ist das Dachgeschoss das oberste Geschoss, werden an die Feuerwiderstandsfähigkeit** der tragenden Wände und Stützen **keine besonderen Anforderungen gestellt.**

6 **Die Ausnahmeregelung für die Anforderung an die Feuerwiderstandsfähigkeit** tragender Wände und Stützen **in Dachgeschossen** wird durch den **Hinweis auf § 27 Abs. 4** wieder etwas relativiert und zwar insofern, als klargestellt wird, dass sich bei **Dachräumen, in denen die Trennwände nur bis zur Rohdecke geführt werden,** diese Rohdecken dann als Raum abschließendes Bauteil einschließlich der sie tragenden und aussteifenden Bauteile doch wieder feuerhemmend (F 30) ausgeführt sein müssen.

7 Eine **weitere Erleichterung** trifft S. 3 Nr. 2 **für Balkone.** Auch diese müssen **in keiner Gebäudeklasse eine besondere Feuerwiderstandsfähigkeit** inklusive ihrer Konstruktion **aufweisen.**

2. Besondere Anforderungen an Kellergeschosse (Abs. 2)

Für **Kellergeschosse** ist vorgeschrieben, dass die tragenden und aussteifenden Wände und Stützen in Gebäuden der Gebäudeklassen 3–5 feuerbeständig (F 90) und in Gebäuden der Gebäudeklassen 1 und 2 feuerhemmend (F 30) errichtet sein müssen. **8**

3. Nachbar- und Rechtsschutz

Die Vorgaben an die Feuerwiderstandsfähigkeit tragender und aussteifender Wände sowie Stützen sollen auch die Ausbreitung eines Feuers auf Nachbargebäude hemmen oder verhindern, weshalb § 25 nachbarschützend ist. **9**

4. Ergänzende Rechtsvorschriften

Für Garagen finden sich weitere Brandschutzanforderungen an tragende Wände und Stützen in der **Garagenverordnung.** Es gilt der Bauprüfdienst 1/16 „Flüchtlingsunterkünfte". **10**

§ 26 Außenwände

(1) Außenwände und Außenwandteile wie Brüstungen und Schürzen sind so auszubilden, dass eine Brandausbreitung auf und in diesen Bauteilen ausreichend lange begrenzt ist.

(2) Nicht tragende Außenwände und nicht tragende Teile tragender Außenwände müssen aus nicht brennbaren Baustoffen bestehen; sie sind aus brennbaren Baustoffen zulässig, wenn sie als Raum abschließende Bauteile Feuer hemmend sind. Satz 1 gilt nicht für brennbare Fensterprofile und Fugendichtungen sowie brennbare Dämmstoffe in nicht brennbaren geschlossenen Profilen der Außenwandkonstruktion.

(3) Oberflächen von Außenwänden sowie Außenwandbekleidungen müssen einschließlich der Dämmstoffe und Unterkonstruktionen schwer entflammbar sein; Unterkonstruktionen aus normalentflammbaren Baustoffen sind zulässig, wenn die Anforderungen nach Absatz 1 erfüllt sind. Balkonbekleidungen, die über die erforderliche Umwehrungshöhe hinaus hoch geführt werden, müssen schwer entflammbar sein.

(4) Bei Außenwandkonstruktionen mit Geschoss über greifenden Hohl- oder Lufträumen wie Doppelfassaden und hinterlüfteten Außenwandbekleidungen sind gegen die Brandausbreitung besondere Vorkehrungen zu treffen.

(5) Die Absätze 2 und 3 gelten nicht für Gebäude der Gebäudeklassen 1 bis 3.

Kommentierung

Übersicht

1. Begrenzung der Brandausbreitung (Abs. 1)

1 **Diese Vorschrift befasst sich mit Außenwänden, die keine Brandwände** im Sinne von § 28 **sind** und in der Regel auch keine Raum abschließende Funktion wie Trennwände nach § 27 haben. Die allgemeine Grundanforderung ist in diesem Absatz definiert, d. h. Außenwände und Außenwandteile sollen gewährleisten, dass eine Brandausbreitung über sie ausreichend lange begrenzt ist.

2 Was unter einer **ausreichenden Begrenzung** zu verstehen ist, wird durch die nachfolgenden Abs. 2 bis 5 konkretisiert.

2. Vorgaben für nicht tragende Außenwände und nicht tragende Teile (Abs. 2)

3 **Sind Außenwände und Teile von ihnen nicht tragend, so müssen sie aus nicht brennbaren Baustoffen** (siehe hierzu die Ausführungen zu § 24 Abs. 1) **bestehen.** Nicht tragende Außenwände sind raumhohe, **Raum abschließende Außenwände,** die keiner Aussteifung von Bauteilen dienen. Für Raum abschließende Außenwände findet sich insofern eine Erleichterung, als sie aus brennbaren Baustoffen bestehen können, sofern ihre Feuerwiderstandsfähigkeit zumindest feuerhemmend (F 30) ist.

4 Diese Anforderungen geltend auch für **nicht tragende Teile von tragenden Außenwänden.**

5 Satz 2 stellt klar, dass **Fensterprofile** und **Fugendichtungen** sowie **brennbare Dämmstoffe** in nicht brennbaren geschlossenen Profilen der Außenwandkonstruktion aus brennbaren Baustoffen bei nicht tragenden Außenwänden bestehen dürfen.

6 **Dämmstoffe in Gebäudetrennfugen** werden hiervon nicht erfasst, sie müssen auch weiterhin **aus nicht brennbaren Baustoffen hergestellt werden.**

3. Vorgaben für Oberflächen von Außenwänden sowie Außenwandbekleidungen und Unterkonstruktionen (Abs. 3)

7 Dieser Absatz beinhaltet **Vorgaben für Außenwandoberflächen und -verkleidungen.** Diese müssen einschließlich der Dämmstoffe und Unterkonstruktionen **schwer entflammbar** sein, also aus Baustoffen der Baustoffklasse B 1 bestehen (siehe hierzu die Ausführungen zu § 24 Abs. 1). **Ist eine Brandausbreitung** gemäß Abs. 1 **durch Unterkonstruktionen nicht zu erwarten,** kann die Unterkonstruktion aus normal entflammbaren Baustoffen der Baustoffklasse B 2 sein.

8 **Balkonverkleidungen, die dem Sicht- oder Wetterschutz dienen,** müssen nur dann schwer entflammbar (Baustoffklasse B 1) sein, wenn sie über die erforder-

liche Umwehrungshöhe hinaus (0,9 m bzw. 1,1 m gemäß § 36 Abs. 4) hochgeführt werden.

4. Vorgaben für Außenwandkonstruktionen wie Doppelfassaden und hinterlüftete Außenwandbekleidungen (Abs. 4)

Für Außenwandkonstruktionen, die die Brandausbreitung wegen ihrer geschoss- **9**
übergreifenden Hohl- und Lufträume begünstigen, vornehmlich bei Doppelfassaden und hinterlüfteten Außenwandbekleidungen, sind insbesondere gegen eine vertikale Brandausbreitung besondere geeignete Vorkehrungen zu treffen.

5. Ausnahmeregelungen für die Gebäudeklassen 1 bis 3 (Abs. 5)

Für die Gebäudeklassen 1 bis 3 also Gebäude mit einer Höhe bis zu maximal **10**
7 m gelten die strengen Brandschutzanforderungen an Außenwände nicht, sofern keine Doppelfassaden oder hinterlüftete Außenwandbekleidungen zum Einsatz kommen.

6. Nachbar- und Rechtsschutz

Da § 26 Abs. 2 bis 4 auch die Brandausbreitung auf Nachbargebäude bzw. **11**
-grundstücke verhindern und erschweren will, kommt diesen Absätzen eine nachbarschützende Wirkung zu.

7. Ergänzende Rechtsvorschriften

Es gilt der Bauprüfdienst 1/16 „Flüchtlingsunterkünfte“. **12**

§ 27 Trennwände

(1) Trennwände nach Absatz 2 müssen als Raum abschließende Bauteile von Räumen oder Nutzungseinheiten innerhalb von Geschossen ausreichend lange widerstandsfähig gegen die Brandausbreitung sein.

(2) Trennwände sind erforderlich
1. zwischen Nutzungseinheiten sowie zwischen Nutzungseinheiten und anders genutzten Räumen, ausgenommen notwendigen Fluren,
2. zum Abschluss von Räumen mit Explosions- oder erhöhter Brandgefahr,
3. zwischen Aufenthaltsräumen und anders genutzten Räumen im Kellergeschoss.

(3) Trennwände nach Absatz 2 Nummern 1 und 3 müssen die Feuerwiderstandsfähigkeit der tragenden und aussteifenden Bauteile des Geschosses haben, jedoch mindestens Feuer hemmend sein. Trennwände nach Absatz 2 Nummer 2 müssen feuerbeständig sein.

(4) Die Trennwände nach Absatz 2 sind bis zur Rohdecke, im Dachraum bis unter die Dachhaut zu führen; werden in Dachräumen Trennwände nur bis zur Rohdecke geführt, ist diese Decke als Raum abschließendes Bauteil einschließlich der sie tragenden und aussteifenden Bauteile Feuer hemmend herzustellen.

(5) Öffnungen in Trennwänden nach Absatz 2 sind nur zulässig, wenn sie auf die für die Nutzung erforderliche Zahl und Größe beschränkt sind; sie müssen Feuer hemmende, dicht- und selbstschließende Abschlüsse haben.

(6) Die Absätze 1 bis 5 gelten nicht für Wohngebäude der Gebäudeklassen 1 und 2.

Kommentierung

Übersicht Rn.

1. Raum abschließende Trennwände (Abs. 1)

1 **Auch dem § 27 ist wiederum die allgemeine Brandanforderung von Trennwänden vorangestellt**, d. h. als Raum abschließende Bauteile von Räumen oder Nutzungseinheiten müssen sie gegen eine Brandausbreitung ausreichend widerstandsfähig sein.

2. Erforderlichkeit von Trennwänden (Abs. 2)

2 Dieser Absatz schreibt vor, **wann Trennwände erforderlich und damit zu errichten sind.** Solche Trennwände können tragend oder auch nicht tragend sein.

3 Nr. 1 verlangt, dass **Nutzungseinheiten**, also Wohnungen, Büros, Praxen etc. gegeneinander und gegenüber anders genutzten Räumen (ausgenommen notwendige Flure gem. § 34 Abs. 1) **durch Trennwände abzugrenzen sind.**

4 Gleiches gilt gemäß Nr. 2 gegenüber Räumen mit **Explosions- oder erhöhter Brandgefahr.**

5 Auch mehrere Aufenthaltsräume und anders genutzte Räume in **Kellergeschossen** müssen nach Nr. 3 Trennwände aufweisen.

3. Feuerwiderstandsfähigkeit von Trennwänden (Abs. 3)

6 **Trennwände zwischen Wohnungen, Büros, Praxen** etc. sowie zwischen Aufenthaltsräumen in Kellergeschossen müssen die Feuerwiderstandsfähigkeit der Tragkonstruktion des Geschosses haben, in dessen Ebene sie sich befinden. In jedem Falle **müssen die Trennwände mindestens feuerhemmend (F 30) ausgebildet sein.**

7 Für Räume mit **Explosions- oder erhöhter Brandgefahr** wird eine Feuerbeständigkeit (F 90) der Trennwände gefordert.

4. Bauliche Ausbildung von Trennwänden (Abs. 4)

8 Gemäß diesem Absatz sind die **Trennwände** zwischen einzelnen Wohnungen, Büros, Praxen etc. sowie auch zwischen Aufenthaltsräumen in Kellern (vgl. Abs. 2) **bis zur Rohdecke oder bis unter die Dachhaut zu führen**, um eine abschottende Wirkung zu erreichen. Es reicht also nicht, dass Trennwände nur

bis zu einer **abgehängten** Decke oder in Dachgeschossen nur bis zur **inneren Verschalung** geführt werden.

Sollen in Dachräumen Trennwände nur bis zur Rohdecke geführt werden, muss diese Decke einschließlich der sie tragenden und aussteifenden Bauteile **feuerhemmend** (F 30) ausgeführt werden. 9

5. Öffnungen in Trennwänden (Abs. 5)

Mit **Öffnungen in Trennwänden,** wiederum bezogen auf die in Abs. 2 aufgeführten Trennwände (zwischen Wohnungen, Büros, Praxen etc. sowie zwischen Aufenthaltsräumen in Kellern), beschäftigt sich dieser Absatz. Er besagt, **dass Fenster und Türen und sonstige Öffnungen** (z. B. für Leitungsdurchführungen gemäß § 39) **hinsichtlich ihrer Zahl und Größe auf das erforderliche Maß zu beschränken sind.** Werden solche Öffnungen bauaufsichtlich zugelassen, müssen sie **feuerhemmende, rauchdichte und selbstschließende Abschlüsse** haben wie Stahltüren oder Stahlklappen. 10

Solche Öffnungen in Trennwänden stellen eine erhöhte Brandgefahr dar, da durch sie **Feuerübertritte** unter **Durchzug von Rauch und Hitze** ermöglicht werden. 11

Für die **Gebäudeklassen 1 und 2** (Höhe bis zu 7 m und höchstens zwei Nutzungseinheiten von insgesamt nicht mehr als 400 m^2) gelten die vorstehenden **strengen Anforderungen an Trennwände nicht,** diese könnten folglich in Wohngebäuden der Klassen 1 und 2 **auch aus brennbaren Baustoffen** errichtet werden. 12

6. Ausnahmeregelungen für Gebäudeklassen 1 und 2 (Abs. 6)

Für **Gebäude bis zu einer Höhe von 7 m und nicht mehr als zwei Nutzungseinheiten** von insgesamt 400 qm der **Gebäudeklasse 1 und 2** (vgl. § 2 Abs. 3) **gelten die strengen Anforderungen** an die Erforderlichkeit und die Feuerwiderstandsfähigkeit von Trennwänden etc. gemäß der Absätze 1–5 **nicht.** Typische Ein- und Zweifamilienhäuser sind aus brandschutztechnischer Sicht nicht so problematisch, so dass sie den strengen Anforderungen an Trennwände nicht unterworfen werden müssen. 13

7. Nachbar- und Rechtschutz

Trennwände befinden sich innerhalb eines Gebäudes, einer Nutzungseinheit oder einer baulichen Anlage, ohne „Berührung" zu den Nachbarn. § 27 ist daher nicht drittschützend. 14

8. Ergänzende Rechtsvorschriften

Es gilt der BPD 1/16 **„Flüchtlingsunterkünfte".** 15

§ 28 Brandwände

(1) Brandwände müssen als Raum abschließende Bauteile zum Abschluss von Gebäuden (Gebäudeabschlusswand) oder zur Unterteilung von Gebäuden in Brandabschnitte (innere Brandwand) ausreichend lange die Brandausbreitung auf andere Gebäude oder Brandabschnitte verhindern.

(2) Brandwände sind erforderlich
1. als Gebäudeabschlusswand, wenn diese Wände mit einem geringerem Abstand als 5,0 m gegenüber anderen Gebäuden errichtet werden oder wenn diese Wände mit einem geringerem Abstand als 2,50 m gegenüber Grundstücksgrenzen errichtet werden; es sei denn, dass ein Abstand von mindestens 5 m zu künftigen Gebäuden durch Baulast gesichert ist,
2. als innere Brandwand zur Unterteilung ausgedehnter Gebäude in Abständen von nicht mehr als 40 m,
3. als innere Brandwand zur Unterteilung landwirtschaftlich genutzter Gebäude in Brandabschnitte von nicht mehr als 10000 m^3 Brutto-Rauminhalt,
4. als Gebäudeabschlusswand zwischen Wohngebäuden und angebauten landwirtschaftlich genutzten Gebäuden sowie als innere Brandwand zwischen dem Wohnteil und dem landwirtschaftlich genutzten Teil eines Gebäudes.

Satz 1 Nummer 1 gilt nicht für
1. Gebäude ohne Aufenthaltsräume und ohne Feuerstätten mit nicht mehr als 50 m^3 Bruttorauminhalt,
2. Gewächshäuser ohne eigene Feuerstätten,
3. seitliche Wände von Vorbauten im Sinne des § 6 Absatz 6, wenn sie von dem Nachbargebäude oder der Nachbargrenze einen Abstand einhalten, der ihrer eigenen Ausladung entspricht, mindestens jedoch 1,0 m beträgt,
4. Wände zwischen aneinandergebauten Gebäuden auf demselben Grundstück, wenn sie den Anforderungen an Trennwände nach § 27 entsprechen und die aneinandergebauten Gebäude in Abständen von höchstens 40 m durch Gebäudeabschlusswände nach Absatz 1 unterteilt werden.

Nachträgliche Wärmeschutzmaßnahmen an bestehenden Außenwänden mit einer zusätzlichen Wandstärke bis zu 0,20 m werden bei der Abstandsbemessung nach Satz 1 Nummer 1 nicht berücksichtigt, sofern die neuen Bauteile aus nicht brennbaren Baustoffen bestehen.

(3) Brandwände müssen auch unter zusätzlicher mechanischer Beanspruchung feuerbeständig sein und aus nicht brennbaren Baustoffen bestehen. Anstelle von Brandwänden nach Satz 1 sind zulässig
1. für Gebäude der Gebäudeklasse 4 Wände, die auch unter zusätzlicher mechanischer Beanspruchung hoch Feuer hemmend sind,
2. für Gebäude der Gebäudeklassen 1 bis 3 hoch Feuer hemmende Wände,
3. für Gebäude der Gebäudeklassen 1 bis 3 Gebäudeabschlusswände, die jeweils von innen nach außen die Feuerwiderstandsfähigkeit der tragenden und aussteifenden Teile des Gebäudes, mindestens jedoch Feuer hemmende Bauteile, und von außen nach innen die Feuerwiderstandsfähigkeit feuerbeständiger Bauteile haben,
4. in den Fällen des Absatzes 2 Satz 1 Nummer 4 feuerbeständige Wände, wenn der umbaute Raum des landwirtschaftlich genutzten Gebäudes oder Gebäudeteils nicht größer als 2000 m^3 ist.

(4) Brandwände müssen bis zur Bedachung durchgehen und in allen Geschossen übereinander angeordnet sein. Abweichend davon dürfen anstelle innerer Brandwände Wände geschossweise versetzt angeordnet werden, wenn
1. die Wände im Übrigen Absatz 3 Satz 1 entsprechen,
2. die Decken, soweit sie in Verbindung mit diesen Wänden stehen, feuerbeständig sind, aus nicht brennbaren Baustoffen bestehen und keine Öffnungen haben,
3. die Bauteile, die diese Wände und Decken unterstützen, feuerbeständig sind und aus nicht brennbaren Baustoffen bestehen,

4. die Außenwände in der Breite des Versatzes in dem Geschoss oberhalb oder unterhalb des Versatzes feuerbeständig sind und
5. Öffnungen in den Außenwänden im Bereich des Versatzes so angeordnet oder andere Vorkehrungen so getroffen sind, dass eine Brandausbreitung in andere Brandabschnitte nicht zu befürchten ist.

(5) Brandwände sind 0,30 m über die Bedachung zu führen oder in Höhe der Dachhaut mit einer beiderseits 0,50 m auskragenden feuerbeständigen Platte aus nichtbrennbaren Baustoffen abzuschließen; darüber dürfen brennbare Teile des Daches nicht hinweggeführt werden. Bei Gebäuden der Gebäudeklassen 1 bis 3 sind Brandwände mindestens bis unter die Dachhaut zu führen; verbleibende Hohlräume sind vollständig mit nicht brennbaren Baustoffen auszufüllen.

(6) Müssen Gebäude oder Gebäudeteile, die über Eck zusammenstoßen, durch eine Brandwand getrennt werden, so muss der Abstand dieser Wand von der inneren Ecke mindestens 5 m betragen; das gilt nicht, wenn der Winkel der inneren Ecke mehr als 120 Grad beträgt oder mindestens eine Außenwand auf 5 m Länge als öffnungslose feuerbeständige Wand aus nicht brennbaren Baustoffen ausgebildet ist.

(7) Bauteile mit brennbaren Baustoffen dürfen über Brandwände nicht hinweggeführt werden. Außenwandkonstruktionen, die eine seitliche Brandausbreitung begünstigen können, wie Doppelfassaden oder hinterlüftete Außenwandbekleidungen, dürfen ohne besondere Vorkehrungen über Brandwände nicht hinweggeführt werden. Außenwandbekleidungen von Gebäudeabschlusswänden sind einschließlich der Dämmstoffe und Unterkonstruktionen nicht brennbar auszuführen. Bauteile dürfen in Brandwände nur soweit eingreifen, dass deren Feuerwiderstandsfähigkeit nicht beeinträchtigt wird; für Leitungen, Leitungsschlitze und Schornsteine gilt dies entsprechend.

(8) Öffnungen in Brandwänden sind unzulässig. Sie sind in inneren Brandwänden nur zulässig, wenn sie auf die für die Nutzung erforderliche Zahl und Größe beschränkt sind; die Öffnungen müssen feuerbeständige, dicht- und selbstschließende Abschlüsse haben.

(9) In inneren Brandwänden sind Verglasungen nur zulässig, wenn sie feuerbeständig und auf die für die Nutzung erforderliche Zahl und Größe beschränkt sind.

(10) Die Absätze 4 bis 9 gelten entsprechend auch für Wände, die nach Absatz 3 Satz 2 anstelle von Brandwänden zulässig sind.

Kommentierung

Übersicht

1. Begriff und Brandschutzanforderungen (Abs. 1)

1 Auch in diesem ersten Absatz werden die grundsätzlichen **Brandschutzanforderungen an Brandwände definiert.** Danach müssen Brandwände die Brandausbreitung auf andere Gebäude oder Brandabschnitte ausreichend lange verhindern. Was unter **ausreichend lange** zu verstehen ist, konkretisieren die nachfolgenden Absätze 2 bis 10.

2 **Als Brandwand werden zum einen Gebäudeabschlusswände und zum anderen innere Brandwände bezeichnet,** wobei letztere innerhalb eines Gebäudes einzelne Brandabschnitte umfassen. Innere Brandwände sind bei Gebäuden mit großer Ausdehnung vorgeschrieben. **Sie bilden auf einer Geschossebene mehrere kleine Brandabschnitte,** die gewährleisten, dass bei Ausbruch eines Brandes die Gefahr durch Feuer, Rauch und Wärme auf den betroffenen Brandabschnitt begrenzt bleibt und nicht zugleich das gesamte Geschoss erfasst.

2. Notwendigkeit von Brandwänden (Abs. 2)

3 Dieser Satz 1 bestimmt, **welche Wände als Brandwände ausgeführt werden müssen** und zwar nach Nr. 1 **alle Gebäudeabschlusswände,**
- wenn diese Wände weniger als 5 m entfernt von einem anderen Gebäude errichtet werden oder,
- wenn diese Wände weniger als 2,50 m von einer Grundstücksgrenze entfernt hergestellt werden.

4 Diese Anforderung an Brandwände gilt nicht nur für **Neubauten,** sondern auch für **An- und Umbauten** sowie **Aufstockungen bestehender Gebäude.**

5 Sind **Gebäudeabschlusswände** weiter als **5 m** von einem anderen Gebäude entfernt oder **mehr als 2,50 m** von der Grundstücksgrenze, so müssen sie nicht als Brandwände errichtet werden, erst recht nicht, wenn die Abstandsflächen nach § 6 eingehalten werden.

6 Nr. 1 regelt den Normalfall, wonach **die Gebäudeabschlusswände parallel zur Grundstücksgrenze verlaufen.** Befinden sich die Gebäude in einem Winkel zueinander, also **über Eck,** so gilt Abs. 6.

7 Der Grenzabstand von 2,50 m darf parallel und über Eck unterschritten werden, wenn auf dem anderen Grundstück eine **nicht überbaubare Fläche** durch eine **Baulast** gesichert ist, die gewährleistet, dass ein zukünftiges Gebäude den Mindestabstand zur vorhandenen Gebäudeabschlusswand von 5 m einhält.

8 Nach Nr. 2 sind bei **ausgedehnten Gebäuden** (Mietshäusern, Büro- und Verwaltungsgebäuden, Fabriken) durch **innere Brandwände Brandabschnitte herzustellen, die maximal 40 m x 40 m voneinander entfernt sein dürfen.**

Reihenhäuser zählen nicht zu den ausgedehnten Gebäuden. 9

Für **landwirtschaftlich genutzte Gebäude** bestimmt Ziff. 3, dass einzelne Brandabschnitte nicht mehr als 10 000 m^3 Brutto-Rauminhalt besitzen dürfen. 10

Eine Sonderregelung findet sich sodann in Ziff. 4, wonach bei **landwirtschaftlichen Gebäuden, die aus einem Wohnteil und einem landwirtschaftlich genutzten Teil** bestehen, zwischen beiden Nutzungseinheiten eine Brandwand zu errichten ist, gleichgültig, ob die Nutzungseinheiten aneinandergebaut sind oder sich unter einem Dach befinden. 11

Für **Nebengebäude ohne Aufenthaltsräume** (zur Begriffsbestimmung vgl. § 2 Abs. 5) und **ohne Feuerstätten** mit nicht mehr 50 m^3 Brutto-Rauminhalt gelten die Vorschriften für Brandwände nicht. Gleiches gilt für **Gewächshäuser** ohne eigene Feuerstätten. 12

Für **Vorbauten** im Sinne des § 6 Abs. 6 (vgl. die dortigen Ausführungen) findet sich hinsichtlich der **seitlichen Wände** insofern eine **Erleichterung**, als sie zur Gebäudeabschlusswand eines anderen Gebäudes oder zu einer Grundstücksgrenze **nur einen Mindestabstand einhalten müssen, der ihrer eigenen Ausladung entspricht, mindestens jedoch 1 m. Beispiel:** Ein Windfang soll an ein Gebäude angebaut werden, welches zur Nachbargrenze einen Abstand von 4 m einhält. Laden die Seitenwände des Windfangs 2 m aus, hält der Windfang zur Nachbargrenze ebenfalls einen Abstand von 2 m ein, sodass die Seitenwände dann nicht als Brandwände ausgebildet werden müssen. 13

Andere untergeordnete Bauteile wie Erker und **Balkone, Loggien** und **Wintergärten** fallen ebenfalls unter die Erleichterung dieser Nr. 3 hinsichtlich der seitlichen Wände, nicht aber bezüglich der Wand, die parallel oder in einem Winkel zur Grundstücksgrenze verläuft. Diese Wand muss als Brandwand ausgeführt werden. 14

Der letzte Satz des Abs. 2 stellt klar, dass **Wärmeschutzverkleidungen bis zu einer maximalen Dicke von 20 cm weder abstandsrelevant sind noch Brandwände-relevant.** Brandschutztechnisch wird allerdings verlangt, dass die Bauteile aus nicht brennbaren Baustoffen der Baustoffklasse A (siehe hierzu die Ausführungen zu § 24) bestehen. 15

3. Feuerwiderstandsfähigkeit und Brandverhalten (Abs. 3)

Dieser Absatz schreibt vor, dass Brandwände **auch unter mechanischer Beanspruchung feuerbeständig** (Feuerwiderstandsklasse F 90) sein und aus nicht brennbaren Baustoffen der Baustoffklasse A bestehen müssen. Brandwände müssen so beschaffen sein, dass sie das Übergreifen von Feuer und Rauch von einem Gebäude auf ein anderes oder auch auf einen anderen Gebäudeteil verhindern oder zumindest erschweren. Selbst im Brandfall, wenn **Hitze und Löschwasser auf die Brandwände einwirken, müssen diese auch unter zusätzlicher mechanischer Beanspruchung mindestens 90 min stehen bleiben,** selbst wenn andere Wände und Decke einstürzen. 16

17 Für bestimmte Gebäude sind weniger strenge Brandschutzanforderungen vorgegeben, die in den Nrn. 1 bis 4 erfasst sind:

Nr. 1 Für Gebäude mit einer Höhe bis zu 13 m und Nutzungseinheiten mit jeweils nicht mehr als 400 m^2 **(Gebäudeklasse 4) reichen Wände aus, die auch unter zusätzlicher mechanischer Beanspruchung hoch feuerhemmend (Feuerwiderstandsklasse F 60)** sind;

Nr. 2 Bei Gebäuden bis zu 7 m Höhe mit nicht mehr als zwei Nutzungseinheiten von insgesamt nicht mehr als 400 m^2 **(Gebäudeklasse 1 bis 3) reichen hoch feuerhemmende Wände (F 60)** aus – ohne zusätzliche mechanische Beanspruchung;

Nr. 3 **Anstelle von Brandwänden für aneinander gebaute Gebäude der Klassen 1 bis 3 (geschlossene Bauweise, Reihenhäuser, Doppelhäuser), sind Gebäudeabschlusswände zulässig,** die jeweils von Innen nach Außen die Feuerwiderstandsfähigkeit der tragenden und aussteifenden Teile des Gebäudes, mindestens jedoch feuerhemmende Bauteile (F 30), und von Außen nach Innen die Feuerwiderstandsfähigkeit feuerbeständiger Bauteile (F 90) haben.

Anders ausgedrückt: **Bei aneinander gebauten Gebäuden der Gebäudeklassen 1 bis 3 sind Wände aus brennbaren Baustoffen zulässig, wenn die Feuerwiderstandsdauer von Innen nach Außen mindestens 30 Minuten beträgt und von Außen nach Innen mindestens 90 Minuten;**

Nr. 4 Für Gebäude mit einem **Wohnteil** und einem **landwirtschaftlich genutzten Teil** reichen **feuerbeständige Brandwände (F 90)** aus, wenn der umbaute Raum des landwirtschaftlich genutzten Teils nicht größer als 2 000 m^3 ist.

18 In **Einzelfällen** können Ausnahmen von diesen Vorschriften als **Abweichungsentscheidung** gemäß § 69 erteilt werden.

4. Bauliche Ausbildung von Brandwänden (Abs. 4)

19 Da der **Dachstuhl** oder die **Dachkonstruktion** häufig **aus Holz** errichtet wird und in Spitzböden auch leicht entflammbare Gegenstände aufbewahrt werden, stellen diese Bereiche im Brandfall eine erhöhte Gefahr dar. Daher schreibt dieser Absatz vor, **dass Brandwände bis zur Bedachung durchgehen müssen, also bis unter die Dacheindeckung.** Die **Brandwand muss** ohne Zwischenraum direkt **mit der Dachhaut abschließen.** Dementsprechend muss der Zwischenraum mit nichtbrennbaren Baustoffen, in der Regel mit Zement, ausgefüllt werden.

20 Die **Brandwände** müssen darüber hinaus nicht nur an die Dachhaut anschließen (Dachdeckung), sie müssen darüber hinaus auch in allen Geschossen **übereinander angeordnet sein,** also **in einer senkrechten Ebene.**

21 **Ein Versatz ist nur bei inneren Brandwänden** gem. der nachfolgenden Nrn. 1 bis 5 **zulässig** und auch nur dann, **wenn diese Wände geschossweise versetzt werden,** sofern also nach

Nr. 1 die Wände feuerbeständig (F 90) sind und aus nicht brennbaren Baustoffen bestehen;

Nr. 2 die Decken mit den geschossweise versetzt angeordneten Wänden in Verbindung stehen und die Decken feuerbeständig (F 90) sind und aus nicht brennbaren Baustoffen der Baustoffklasse A bestehen und keine Öffnungen besitzen;

Nr. 3 die Bauteile, die diese versetzten Wände und mit ihnen verbundenen Decken unterstützen, ebenfalls feuerbeständig (F 90) sind und aus nichtbrennbaren Baustoffen (Baustoffklasse A) bestehen;

Nr. 4 die Außenwände in der Breite des Versatzes in dem jeweiligen Geschoss oberhalb oder unterhalb des Versatzes feuerbeständig (F 90) sind;

Nr. 5 Öffnungen in den Außenwänden im Bereich des Versatzes so baulich ausgestaltet werden, dass eine Brandausbreitung in andere Brandabschnitte nicht zu befürchten ist.

Alle diese **fünf Anforderungen** müssen insgesamt, also **kumulativ erfüllt sein.** 22

5. Brandwandausbildung im Dachbereich (Abs. 5)

Brandwände sind grundsätzlich 30 cm über die Bedachung zu führen. Um Architekten und Bauherrn Spielraum bei der Gestaltung ihrer Dächer und Dachformen zu geben, ist es auch zulässig, Brandwände in Höhe der Dachhaut mit einer beiderseits 50 cm **auskragenden feuerbeständigen Platte** aus nicht brennbaren Baustoffen abzuschließen. 23

Bei Gebäuden bis zu 7 m Höhe und mit nicht mehr als zwei Nutzungseinheiten von insgesamt nicht mehr als 400 m² **(Gebäudeklasse 1 bis 3) reicht es, wenn die Brandwände ohne Zwischenraum** (**vermörtelt) bis unter die Dachhaut führen.** Verbleiben gleichwohl Hohlräume, müssen diese vollständig mit nicht brennbaren Baustoffen ausgefüllt werden. 24

6. Brandwände über Eck (Abs. 6)

Für **Gebäude oder Gebäudeteile, die über Eck zusammenstoßen** wird gefordert, dass sie durch eine Brandwand getrennt sind, **wobei der Abstand der Brandwand von der inneren Ecke mindestens 5 m betragen muss.** Nur dadurch kann ein Brandüberschlag auf das nächste Gebäude, den nächsten Brandabschnitt verhindert werden. 25

Beträgt der Winkel der inneren Ecke jedoch mehr als 120°, so ist kein Brandüberschlag mehr zu befürchten, sodass dann kein Abstand der inneren Ecke zur Brandwand eingehalten werden muss. Gleiches gilt, wenn mindestens **eine Außenwand auf 5 m Länge als öffnungslose feuerbeständige Wand** (F 90) aus nicht brennbaren Baustoffen ausgebildet ist. 26

7. Keine Beeinträchtigung von Brandwänden durch Bauteile (Abs. 7)

Bauteile mit brennbaren Baustoffen (also **Holzbalken, Holzsparren** etc.) **dürfen nicht über Brandwände hinweggeführt werden,** da sonst die Brandwand ihre Funktion nicht erfüllen könnte. 27

Dieses gilt auch für Außenwandkonstruktionen wie Doppelfassaden oder hinterlüftete Außenwandbekleidungen. Auch sie dürfen nicht über die Brand- 28 wände hinweggeführt werden, es sei denn, sie bestehen aus nicht brennbaren Baustoffen oder trennen die Brandwände z. B. durch Auskragungen.

29 In Brandwände eingreifen dürfen **Bauteile wie Stahlträger, aber auch Holzbalken und Kaminzüge nur,** wenn dadurch die Feuerwiderstandsfähigkeit der Brandwände nicht beeinträchtigt wird. Gleiches gilt für **Leitungen, Leitungsschlitze** und **Schornsteine.**

8. Öffnungen in Brandwänden (Abs. 8)

30 **Grundsätzlich sind Öffnungen in Brandwänden verboten.** Sie sind lediglich **bei inneren Brandwänden zuzulassen,** wenn sie auf das Maß reduziert werden, wie es für die Nutzung der baulichen Anlage erforderlich ist. Dann aber müssen die Öffnungen aus feuerbeständigen Abschlüssen, z. B. Türöffnungen mit feuerbeständigen Türen (T 90), hergestellt werden, **wobei die Abschlüsse (Türen) über einen selbst- und dichtschließenden Mechanismus verfügen müssen.**

9. Verglasungen in Brandwänden (Abs. 9)

31 **Verglasungen** sind zulässig, wenn sie feuerbeständig (F 90) und ebenfalls auf das für die Nutzung erforderliche Maß beschränkt sind. In Frage kommt z. B. ein **Sicherheitsverbundglas.**

10. **Analoge Anwendung der Absätze 4 bis 9 für Gebäude, die nicht zwingend Brandwände besitzen müssen** (Abs. 10)

32 Dieser Absatz stellt klar, dass die **baulichen Brandschutzanforderungen** an Brandwände gemäß der Abs. 4 bis 9 selbstverständlich auch für Wände gemäß der speziellen Vorschriften für Gebäude der Gebäudeklassen 1 bis 4 gelten, die nach Abs. 3 Satz 2 Nr. 1 bis 4 nur einen geringeren Brandschutz gewährleisten müssen.

11. Nachbar- und Rechtsschutz

33 Brandwände und denen gleichgestellte Wände sollen gerade das Ausbreiten eines Brandes auf Nachbargrundstücke verhindern, die Abs. 2 bis 9 vermitteln daher Drittschutz.

12. Ergänzende Rechtsvorschriften

34 Es kann der **Bauprüfdienst** 1/2008 „Anforderungen an den Bau und Betrieb von Hochhäusern" (**BPD Hochhäuser**) oder der **BPD 1/16 „Flüchtlingsunterkünfte"** zur Anwendung kommen.

35 Für Garagen gelten zusätzlich die brandschutztechnischen Anforderungen an die **Garagenverordnung** (**GarVO**) vom 17.1.2012.

§ 29 Decken

(1) Decken müssen als tragende und Raum abschließende Bauteile zwischen Geschossen im Brandfall ausreichend lange standsicher und widerstandsfähig gegen die Brandausbreitung sein. Sie müssen
1. in Gebäuden der Gebäudeklasse 5 feuerbeständig,
2. in Gebäuden der Gebäudeklasse 4 hoch Feuer hemmend,
3. in Gebäuden der Gebäudeklassen 2 und 3 Feuer hemmend sein.

Satz 2 gilt
1. **für Geschosse im Dachraum nur, wenn darüber Aufenthaltsräume zulässig sind; § 27 Absatz 4 bleibt unberührt,**
2. **nicht für Balkone.**

(2) Im Kellergeschoss müssen Decken
1. **in Gebäuden der Gebäudeklassen 3 bis 5 feuerbeständig,**
2. **in Gebäuden der Gebäudeklassen 1 und 2 Feuer hemmend**

sein. Decken müssen feuerbeständig sein
1. **unter und über Räumen mit Explosions- oder erhöhter Brandgefahr, ausgenommen in Wohngebäuden der Gebäudeklassen 1 und 2,**
2. **zwischen dem landwirtschaftlich genutzten Teil und dem Wohnteil eines Gebäudes.**

(3) Der Anschluss der Decken an die Außenwand ist so herzustellen, dass er den Anforderungen aus Absatz 1 Satz 1 genügt.

(4) Öffnungen in Decken, für die eine Feuerwiderstandsfähigkeit vorgeschrieben ist, sind nur zulässig
1. **in Gebäuden der Gebäudeklassen 1 und 2,**
2. **innerhalb derselben Nutzungseinheit mit nicht mehr als insgesamt 400 m^2 in nicht mehr als zwei Geschossen,**
3. **im Übrigen, wenn sie auf die für die Nutzung erforderliche Zahl und Größe beschränkt sind und Abschlüsse mit der Feuerwiderstandsfähigkeit der Decke haben.**

Kommentierung

Übersicht

1. Allgemeine Brandschutzanforderungen an Decken (Abs. 1)

Generalisierend ist für **Decken** vorgegeben, dass diese als tragende und Raum abschließende Bauteile zwischen Geschossen im Brandfall **ausreichend lange standsicher und widerstandsfähig gegen eine Brandausbreitung** sein müssen. Welche **Feuerwiderstandsdauer** Decken gewährleisten müssen, richtet sich nach den Gebäudeklassen. So wird gefordert für 1

- Gebäude über 13 m, sonstige Gebäude einschließlich unterirdischer Gebäude (**Gebäudeklasse** 5) eine Feuerwiderstandszeit von 90 Minuten;
- Gebäude bis zu 13 m und Nutzungseinheiten mit jeweils nicht mehr als 400 m^2 (**Gebäudeklasse 4**) eine Feuerwiderstandszeit von 60 Minuten;
- Gebäude mit einer Höhe bis zu 7 m und nicht mehr als zwei Nutzungseinheiten von insgesamt nicht mehr als 400 m^2 in geschlossener Bauweise und sonstigen Gebäuden bis zu einer Höhe von 7 m (**Gebäudeklassen 2 und** 3) eine Feuerwiderstandsfähigkeit von 30 Minuten.

2 **Befindet sich über einer Geschossdecke kein Aufenthaltsraum, kann die Decke auch aus brennbaren Bauteilen bestehen.** Dabei müssen aber die **Anforderungen für Trennwände** nach § 27 Abs. 4 **eingehalten werden,** d. h., werden die Trennwände in den Dachräumen nur bis zur Rohdecke und nicht bis unter die Dachhaut geführt, muss die Decke einschließlich der sie tragenden und aussteifenden Bauteile feuerhemmend (F 30) hergestellt werden.

3 Für **Balkone** gibt es hinsichtlich der zu verwendenden Baustoffe keine Anforderungen an den Brandschutz.

2. Decken in Kellergeschossen (Abs. 2)

4 In **Kellergeschossen** müssen Decken in
- Gebäuden der Gebäudeklassen 3 bis 5 feuerbeständig (F 90) sein;
- den Gebäudeklassen 1 und 2 feuerhemmend (F 30) sein.

5 Decken unter und über **Räumen mit Explosions-** oder erhöhter **Brandgefahr** müssen feuerbeständig (F 90) sein, es sei denn, sie befinden sich in Wohngebäuden der Gebäudeklassen 1 und 2.

6 Feuerbeständige Decken (F 90) werden auch für Gebäude mit einem **Wohnanteil** und einem **landwirtschaftlich genutzten Teil** gefordert.

3. Anschluss der Decken an die Außenwand (Abs. 3)

7 Der **Anschluss der Decken an die Außenwand** muss so ausgebildet werden, dass er im Brandfall ebenfalls die Brandausbreitung verhindert.

8 Gerade **Gebäude älterer Bauart** erfüllen nicht die heutigen Anforderungen an Wärme-, Schall-, Erschütterungs- und Brandschutz, weshalb häufig nachträglich auf die Fassaden fertige Dämm-Systeme aufgebracht werden. **Diese Außenwandkonstruktionen müssen besondere Vorkehrungen gegen eine Brandausbreitung vorsehen,** die sicherstellen, dass die Decken ausreichend lange standsicher und widerstandsfähig sind.

4. Öffnungen in Decken (Abs. 4)

9 **Öffnungen in Decken,** für die eine Feuerwiderstandfähigkeit vorgeschrieben ist, sind nur zulässig, nach

Nr. 1 in Gebäuden der **Gebäudeklassen 1 und 2** (Gebäude mit einer Höhe bis zu 7 m und nicht mehr als zwei Nutzungseinheiten von insgesamt nicht mehr als 400 m^2);

Nr. 2 in **allen Gebäudeklassen** innerhalb einer Nutzungseinheit, soweit diese nur über zwei Geschosse reicht und nicht größer als 400 m^2 ist;

Nr. 3 **im Übrigen,** wenn sie auf die für die Nutzung erforderliche Zahl und Größe beschränkt sind und Abschlüsse mit der Feuerwiderstandsfähigkeit der Decke haben.

10 **In sonstigen Fällen** richtet sich die Zulässigkeit von **Öffnungen** in Decken wiederum danach, ob sie zur Nutzung **erforderlich sind und Abschlüsse besitzen,** die die Feuerwiderstandsfähigkeit der Decke haben.

5. Nachbar- und Rechtsschutz

Brandschutzanforderungen an Decken sollen nur die Nutzer der baulichen Anlagen schützen, nicht jedoch die Nachbarn. 11

6. Ergänzende Rechtsvorschriften

Für Garagen sind zusätzliche Brandschutzanforderungen an Öffnungen in der Garagenverordnung (GarVO) vom 17.1.2012, vorgeschrieben. 12

Es gilt der BPD 1/16 „Flüchtlingsunterkünfte". 13

§ 30 Dächer

(1) Bedachungen müssen gegen eine Brandbeanspruchung von außen durch Flugfeuer und strahlende Wärme ausreichend lange widerstandsfähig sein (harte Bedachung).

(2) Bedachungen, die die Anforderungen nach Absatz 1 nicht erfüllen, sind zulässig bei Gebäuden der Gebäudeklassen 1 bis 3, wenn die Gebäude
1. **einen Abstand von der Grundstücksgrenze von mindestens 12,5 m,**
2. **von Gebäuden auf demselben Grundstück mit harter Bedachung einen Abstand von mindestens 15 m,**
3. **von Gebäuden auf demselben Grundstück mit Bedachungen, die die Anforderungen nach Absatz 1 nicht erfüllen, einen Abstand von mindestens 24 m,**
4. **von Gebäuden auf demselben Grundstück ohne Aufenthaltsräume und ohne Feuerstätten mit nicht mehr als 50 m^3 Brutto-Rauminhalt einen Abstand von mindestens 5 m**

einhalten. Bei Gebäuden nach Satz 1 Nummer 1 sind angrenzende öffentliche Verkehrs-, Grün- und Wasserflächen bis zu deren Mitte anzurechnen. Soweit Gebäude nach Satz 1 Abstand halten müssen, genügt bei Wohngebäuden der Gebäudeklassen 1 und 2 in den Fällen von Satz 1
1. **Nummer 1 ein Abstand von mindestens 6 m,**
2. **Nummer 2 ein Abstand von mindestens 9 m,**
3. **Nummer 3 ein Abstand von mindestens 12 m.**

(3) Die Absätze 1 und 2 gelten nicht für
1. **Gebäude ohne Aufenthaltsräume und ohne Feuerstätten mit nicht mehr als 50 m^3 Bruttorauminhalt,**
2. **lichtdurchlässige Bedachungen aus nicht brennbaren Baustoffen; brennbare Fugendichtungen und brennbare Dämmstoffe in nicht brennbaren Profilen sind zulässig,**
3. **Lichtkuppeln und Oberlichte von Wohngebäuden,**
4. **Eingangsüberdachungen und Vordächer aus nicht brennbaren Baustoffen,**
5. **Eingangsüberdachungen aus brennbaren Baustoffen, wenn die Eingänge zu Wohngebäuden der Gebäudeklassen 1 und 2 führen.**

(4) Abweichend von den Absätzen 1 und 2 sind
1. **lichtdurchlässige Teilflächen aus brennbaren Baustoffen in Bedachungen nach Absatz 1 und**
2. **begrünte Bedachungen**

zulässig, wenn eine Brandentstehung bei einer Brandbeanspruchung von außen durch Flugfeuer und strahlende Wärme nicht zu befürchten ist oder Vorkehrungen hiergegen getroffen werden.

(5) Dachüberstände, Dachgesimse und Dachaufbauten, lichtdurchlässige Bedachungen, Lichtkuppeln und Oberlichte sind so anzuordnen und herzustellen, dass Feuer nicht auf andere Gebäudeteile und Nachbargrundstücke übertragen werden kann. Von Brandwänden und von Wänden, die anstelle von Brandwänden zulässig sind, müssen mindestens 1,25 m entfernt sein

1. **Oberlichte, Lichtkuppeln und Öffnungen in der Bedachung, wenn diese Wände nicht mindestens 0,30 m über die Bedachung geführt sind,**
2. **Dachgauben und ähnliche Dachaufbauten aus brennbaren Baustoffen, wenn sie nicht durch diese Wände gegen Brandübertragung geschützt sind.**

(6) Dächer von traufseitig aneinander gebauten Gebäuden müssen als Raum abschließende Bauteile für eine Brandbeanspruchung von innen nach außen einschließlich der sie tragenden und aussteifenden Bauteile Feuer hemmend sein. Öffnungen in diesen Dachflächen müssen waagerecht gemessen mindestens 1,25 m von der Brandwand oder der Wand, die anstelle der Brandwand zulässig ist, entfernt sein.

(7) Dächer von Anbauten, die an Außenwände mit Öffnungen oder ohne Feuerwiderstandsfähigkeit anschließen, müssen innerhalb eines Abstands von 5 m von diesen Wänden als Raum abschließende Bauteile für eine Brandbeanspruchung von innen nach außen einschließlich der sie tragenden und aussteifenden Bauteile die Feuerwiderstandsfähigkeit der Decken des Gebäudeteils haben, an den sie angebaut werden. Dies gilt nicht für Anbauten an Wohngebäude der Gebäudeklassen 1 bis 3, sowie für sonstige Anbauten bis 1,50 m Tiefe mit Dächern aus nicht brennbaren Bauteilen, wenn ein vertikaler Feuerüberschlagsweg von einem Meter zu Öffnungen eingehalten wird.

(8) Glasdächer über Rettungswegen müssen so ausgebildet sein, dass Menschen durch herabfallende Glasteile nicht gefährdet werden.

(9) Für vom Dach aus vorzunehmende Arbeiten sind sicher benutzbare Vorrichtungen anzubringen.

Kommentierung

Übersicht

1. Allgemeine Brandschutzanforderungen an harte Bedachungen (Abs. 1)

Zunächst sind wieder die **allgemeinen Anforderungen an Dächer hinsichtlich ihres Brandschutzes normiert.** Danach müssen Bedachungen nicht nur gegen Witterungseinflüsse Schutz gewähren, sondern auch gegen **Flugfeuer** und **strahlende Wärme.** Insoweit enthält dieser Absatz auch die **Begriffsbestimmung für eine harte Bedachung** (z. B. aus Ziegel, Schiefer oder auch Metall). 1

2. Zulässige weiche Bedachungen (Abs. 2)

Werden die Anforderungen nach Abs. 1 nicht erfüllt, spricht man von einer sog. **weichen Bedachung (Reet- oder auch Strohdach).** Solche weichen Bedachungen sind bei Gebäuden bis zu 7 m Höhe (Gebäudeklassen 1 bis 3) unter folgenden Fallgestaltungen zulässig, d. h., wenn die Gebäude 2

1. zur Grundstücksgrenze mindestens einen Abstand von 12,50 m,
2. zu Gebäuden auf demselben Grundstück mit harter Bedachung einen Abstand von 15 m,
3. von Gebäuden auf demselben Grundstück mit weicher Bedachung einen Abstand von mindestens 24 m,
4. von kleinen Gebäuden auf demselben Grundstück ohne Aufenthaltsräume und ohne Feuerstätten und mit nicht mehr als 50 m^3 Brutto-Rauminhalt einen Abstand von mindestens 5 m

einhalten.

Gebäude mit weicher Bedachung der Gebäudeklassen 1 bis 3 können den einzuhaltenden **Abstand von mindestens 12,50 m verringern, sofern das Grundstück an eine öffentliche Verkehrs-, Grün- oder Wasserfläche angrenzt.** Denn dann können diese öffentlichen Flächen bis zu deren Mitte auf den einzuhaltenden Abstand angerechnet werden. 3

Nur für **Wohngebäude mit weicher Bedachung** und nur für die **Gebäudeklassen 1 und 2** ist ein geringerer Abstand als zuvor ausgeführt zulässig, wenn die Gebäude 4

1. zur Grundstücksgrenze nur noch einen Abstand von 6 m,
2. von Gebäuden auf demselben Grundstück mit harter Bedachung nur noch einen Abstand von 9 m,
3. von Gebäuden auf demselben Grundstück mit weicher Bedachung einen Abstand von mindestens 12 m

einhalten.

3. Ausnahme von Brandschutzanforderungen an Dächer (Abs. 3)

Keinerlei Anforderungen an Dachteile oder Grenzabstände sind einzuhalten für 5

1. Gebäude ohne Aufenthaltsräume und ohne Feuerstätten mit nicht mehr als 50 m^2 Rauminhalt,
2. lichtdurchlässige Bedachungen aus nicht brennbaren Baustoffen; dabei sind brennbare Fugendichtungen und Dämmstoffe in Profilen erlaubt, sofern diese nicht brennbar sind,
3. Lichtkuppeln und Oberlichte von Wohngebäuden,
4. Eingangsüberdachungen und Vordächer aus nicht brennbaren Baustoffen,

5. Eingangsüberdachungen aus brennbaren Baustoffen, wenn die Eingänge ausschließlich zu Wohngebäuden der Gebäudeklassen 1 und 2 führen.

4. Lichtdurchlässige Teilflächen und begrünte Bedachungen (Abs. 4)

6 Dieser Absatz ist noch weitergehender als der vorherige Abs. 3, da er auch **Dachflächen aus brennbaren Baustoffen zulässt.** Und zwar für
1. lichtdurchlässige Teilflächen in harten Bedachungen und
2. begrünte Bedachungen.

7 Der dann folgende Satz, wonach bei diesen Dachflächen aus brennbaren Baustoffen dann keine Brandbeanspruchung von Außen zu befürchten sein darf oder hiergegen Vorkehrungen getroffen werden müssen, hat keinen eigenen Regelungsgehalt.

5. Dachüberstände, -gesimse und -aufbauten, Lichtkuppeln und Oberlichte (Abs. 5)

8 **Generelle Brandschutzanforderungen an Dächer für Dachüberstände, Dachgesimse, Dachaufbauten, lichtdurchlässige Bedachungen, Lichtkuppeln und Oberlichte** werden diesem Absatz vorangestellt.

9 **Einen Mindestabstand von 1,25 m zu Brandwänden des eigenen Gebäudes** bzw. solchen Wänden, die nach § 28 Abs. 3 Brandwänden (ebenfalls des eigenen Gebäudes) gleichzustellen sind, **müssen einhalten**
1. Oberlichte, Lichtkuppeln und Öffnungen in harter und weicher Bedachung, wenn diese Wände nicht mindestens 0,30 m über die Bedachung geführt sind,
2. Dachgauben und ähnliche Dachaufbauten aus brennbaren Baustoffen, wenn sie nicht gerade durch diese Wände gegen Brandübertragung geschützt werden.

6. Dächer traufseitig aneinander gebauter Gebäude (Abs. 6)

10 **Für Dächer von traufseitig aneinandergebauter Gebäude (giebelständige Häuser) ist vorgeschrieben,** dass diese von Innen nach Außen einschließlich der sie tragenden und aussteifenden Bauteile feuerhemmend (F 30) ausgebildet sein müssen, da von ihnen eine erhöhte Brandübertragungsgefahr ausgeht.

11 **Öffnungen** (Türen und Fenster) **in diesen Dachflächen müssen waagerecht gemessen mindestens 1,25 m von der eigenen Brandwand** oder einer „gleichgestellten Wand" (vgl. § 28 Abs. 3) **entfernt sein.**

7. Dächer von Anbauten (Abs. 7)

12 **Dächer von Gebäuden (Anbauten)**, die an Außenwände **eines höheren Gebäudes mit Öffnungen** (Türen oder Fenster) anschließen oder an Außenwände eines **höheren Gebäudes ohne Feuerwiderstandsfähigkeit** anschließen, müssen in einem Bereich/Abstand von 5 m zu diesen Außenwänden **die Feuerwiderstandsfähigkeit (Feuerwiderstandsklasse) der Decken des Gebäudes/Gebäudeteils haben, an das sie angebaut werden.** Das **Dach des niedrigeren angebauten Gebäudes** muss bei mangelndem Brandverhalten der Außenwand des höheren

Gebäudes „als Ausgleich“ die **Feuerwiderstandsdauer** der Decke des höheren **Gebäudes** aufweisen.

Der folgende Satz 2 schränkt diese erhöhte Brandanforderung insofern ein, als **niedrigere Anbauten an – höhere – Wohngebäude** der Gebäudeklassen 1 bis 3 (maximale Höhe = 7 m), sowie **sonstige Anbauten bis 1,50 m Tiefe mit Dächern aus nicht brennbaren Bauteilen keinen 5 m Abstand** zur Außenwand des höheren Gebäudes haben müssen, wenn ein **vertikaler Feuerüberschlagsweg von 1 m zu Öffnungen eingehalten wird.** Das Dach des niedrigeren angebauten Gebäudes muss dann nicht die Feuerwiderstandsfähigkeit des Daches des höheren Gebäudes besitzen. Es reicht vielmehr, wenn von dem Dach des niedrigeren Gebäudes zu sämtlichen Öffnungen des höheren Gebäudes ein Brandüberschlagsweg von 1 m vorhanden ist. **13**

8. **Glasdächer über Rettungswegen** (Abs. 8)

Glasdächer über ersten und zweiten Rettungswegen (vgl. § 31) müssen so ausgebildet sein, dass Menschen, die die Rettungswege nutzen, im Brandfall nicht durch **herabfallende Scherben bzw. Glasteile** in Gefahr kommen können. **14**

9. **Vorrichtungen am Arbeiten am Dach** (Abs. 9)

Für vom Dach aus vorzunehmende Arbeiten, z. B. eines **Schornsteinfegers**, sind sicher benutzbare Vorrichtungen anzubringen. Hierzu zählen **Dachausstiegsfenster, Dachluken, Trittroste oder -ziegel, Laufbohlen oder -stege, Leitern und Steigeisen.** **15**

Vorrichtungen zum Schutz gegen das Herabfallen von Schnee und Eis werden in Hamburg nicht mehr gefordert, auch nicht für Gebäudeausgänge. **16**

Ebenso **müssen Weichdächer keine besonderen Schutzvorkehrungen für Ausgänge besitzen**, damit diese im Brandfalle gegen herabrutschende brennende Dachteile (Reet etc.) geschützt sind. **17**

10. **Nachbar- und Rechtsschutz**

Da die Brandschutzanforderungen an Dächer das Übergreifen eines Feuers im Brandfall auch auf Nachbargebäude verhindern sollen, ist den Abs. 2 bis 7 ein nachbarschützender Charakter zuzusprechen. **18**

11. **Ergänzende Rechtsvorschriften**

Es ist der Bauprüfdienst **BPD 5/12** „Brandschutztechnische Auslegungen (**BTA**)“ zu beachten. **19**

Es gilt der BPD 1/16 „**Flüchtlingsunterkünfte**“. **20**

Fünfter Abschnitt: **Rettungswege, Öffnungen, Umkehrungen**

§ 31 Erster und zweiter Rettungsweg

(1) Für Nutzungseinheiten mit mindestens einem Aufenthaltsraum müssen in jedem Geschoss mindestens zwei voneinander unabhängige Rettungswege

ins Freie vorhanden sein; beide Rettungswege dürfen jedoch innerhalb des Geschosses über denselben notwendigen Flur führen.

(2) Für Nutzungseinheiten nach Absatz 1, die nicht zu ebener Erde liegen, muss der erste Rettungsweg über eine notwendige Treppe führen. Der zweite Rettungsweg kann eine weitere notwendige Treppe oder eine mit Rettungsgeräten der Feuerwehr erreichbare Stelle der Nutzungseinheit sein. Ein zweiter Rettungsweg ist nicht erforderlich, wenn die Rettung über einen sicher erreichbaren Treppenraum möglich ist, in den Feuer und Rauch nicht eindringen können (Sicherheitstreppenraum). Bei Sonderbauten ist der zweite Rettungsweg über Rettungsgeräte der Feuerwehr nur zulässig, wenn keine Bedenken wegen der Personenrettung bestehen.

Kommentierung

Übersicht Rn.

1. Vorhandensein von zwei Rettungswegen (Abs. 1)

1 **Jede Nutzungseinheit, die mindestens einen Aufenthaltsraum besitzt, muss zwei voneinander unabhängige Rettungswege aufweisen.** Die **Legaldefinition für eine Nutzungseinheit** findet sich in § 2 Abs. 3 Satz 5: *„Als Nutzungseinheit gilt jede Wohnung sowie alle anderen für eine selbständige Nutzung bestimmten Räume"*. Hierzu zählen folglich Wohnungen, Praxen, Büros sowie Produktions- und Betriebsstätten. **Auch Hotelzimmer und -suiten stellen jeweils eine Nutzungseinheit** dar, sodass auch für sie zwei Rettungswege vorhanden sein müssen.

2 Gleiches gilt für Wohnungen, die sich über mehrere Geschosse erstrecken (z. B. **Maisonettewohnungen**). Auch diese müssen zwei Rettungswege besitzen.

3 Sinn dieser Vorschrift ist, **dass im Brandfall ein Rettungsweg** durch Feuer, Rauch oder eingestürzte bzw. herabgefallene Bauteile **versperrt sein kann.** Dann sollen Personen in jedem Geschoss die Möglichkeit haben, sich über den zweiten Rettungsweg in Sicherheit zu bringen, wobei **beide Rettungswege direkt ins Freie führen müssen.** Was unter einem **Rettungsweg** zu verstehen ist, definiert § 2 Abs. 9 wie folgt: *„Rettungswege sind Flächen auf Grundstücken sowie Flächen und Öffnungen in baulichen Anlagen, die dem sicheren Verlassen von Grundstücken und baulichen Anlagen, der Rettung von Menschen und den Löscharbeiten dienen"*.

4 **Zulässig ist, dass innerhalb eines Geschosses, also auf einer Ebene, beide Rettungswege über denselben notwendigen Flur führen.** Dieses ist insofern gerechtfertigt, als nach § 34 Abs. 1 notwendige Flure so angeordnet und ausgebildet sein müssen, dass ihre Benutzung im Brandfall ausreichend lange möglich

ist. Nach der Definition in § 34 Abs. 1 sind notwendige Flure solche, über die man aus Wohnungen, Praxen, Büros, Betriebsstätten etc. zu Ausgängen in **notwendige Treppenräume oder direkt ins Freie gelangt.**

Eine **Feuerleiter mit Rückenschutz genügt den Anforderungen an einen zweiten Rettungsweg nicht.** Zum einen kann die Feuerwehr über solche Leitern den **Löschangriff nicht mit Rettungsgeräten beginnen.** Zum anderen sind solche Feuerleitern **nicht geeignet, um von älteren oder gebrechlichen Personen, Kindern usw. im Brandfall als Rettungsweg benutzt werden.** Erforderlich ist zumindest eine **Spindeltreppe**, die bis auf das Terrain geführt ist. 5

2. Unterschiedliche Anforderungen an den ersten und zweiten Rettungsweg (Abs. 2)

Für Nutzungseinheiten, die nicht zu ebener Erde liegen, muss ein Rettungsweg über eine notwendige Treppe führen. Die **Legaldefinition** für eine **notwendige Treppe** ist in **§ 32 Abs. 1 Satz 1** geregelt. 6

Der **zweite Rettungsweg** kann alternativ ebenfalls über eine notwendige Treppe führen oder über eine mit **Rettungsgeräten der Feuerwehr erreichbare Stelle** der Nutzungseinheit. Erreichbar für die Feuerwehr ist eine Stelle dann, **wenn sie anleiterbar ist.** Hierzu gehören Fensteröffnungen, sofern sie die Vorgaben des § 35 Abs. 4 aufweisen (**Rettungsfenster**), **Rettungsbalkone** oder auch **Notausstiege. In Innenhöfen sind Rettungsfenster** nach § 35 Abs. 4 grundsätzlich **nicht zulässig,** sie bedürfen einer Abweichungsentscheidung nach § 69. 7

Ein **zweiter Rettungsweg ist entbehrlich,** wenn die Rettung über einen sog. **Sicherheitstreppenraum** möglich ist, in den Feuer und Rauch nicht eindringen kann. Ein solcher Sicherheitstreppenraum zeichnet sich dadurch aus, **dass er über eine Sicherheitsschleuse verfügt mit einer entsprechenden Lüftungsanlage,** die z. B. durch Druckluft sicherstellt, dass Feuer und Rauch nicht in den Sicherheitstreppenraum eindringen kann. **Die Lüftungsanlage muss einen separaten Stromkreis besitzen,** sodass die Entrauchung über die Lüftungsanlage auch gewährleistet ist, wenn die Hauptstromversorgung im Brandfall ausgefallen ist. 8

Anforderungen an einen Sicherheitstreppenraum sind auch erfüllt, wenn **durch Balkone oder Vorräume gewährleistet ist, dass von dort direkt Feuer und Rauch abziehen kann,** ohne in den Sicherheitstreppenraum gelangen zu können. 9

Unter **Rettungsbalkonen** versteht man grundsätzlich alle Balkone, die vor die Gebäudewand vorspringen. **Notausstiege** sind durch Rettungsfenster (auch **Dachflächenfenster**) gekennzeichnet, die über entsprechende Rettungsstufen zu einem begehbaren Austritt führen. Solche Notausstiege sind auch **innenliegende Balkone, Loggien und Dachterrassen.** 10

Werden die Voraussetzungen an einen **Sicherheitstreppenraum** erfüllt, ist bauaufsichtlich **kein zweiter Rettungsweg** zu fordern, es bedarf dann auch **keiner Abweichungsentscheidung nach § 69.** 11

Bei **Sonderbauten** müssen grundsätzlich **beide Rettungswege über eine notwendige Treppe führen.** Nur wenn wegen der Personenrettung keine Bedenken 12 bestehen, kann der zweite Rettungsweg eine mit Rettungsgeräten der Feuerwehr erreichbare Stelle sein. Welche Gebäude als Sonderbauten einzustufen sind, ergibt sich aus dem Katalog des § 2 Abs. 14 Nr. 1 bis 18.

13 Als zweiter Rettungsweg ist eine mit Rettungsgeräten der Feuerwehr erreichbare Stelle (Anleiterbarkeit) für Nutzungseinheiten und bauliche Anlagen nicht zulässig, sofern die Nutzungseinheiten von einer größeren Personenzahl genutzt werden oder die Nutzer besonders schutz- und hilfsbedürftig sind (z. B. Kinder, Senioren, Kranke und Behinderte). Die Bergung über eine Anleiterung dauert nach Erkenntnissen der Feuerwehr für eine einzige Person 3–4 Minuten, sodass diese Möglichkeit der Rettung insbesondere für die genannten Personenkreise ausscheidet.

3. Nachbar- und Rechtsschutz

14 § 31 dient dem Schutz und der Rettung von Bewohnern und Nutzern von Gebäuden im Brandfall, sodass diese Vorschrift nicht nachbarschützend ist.

4. Ergänzende Rechtsvorschriften

15 Hinzuweisen ist auf die nachfolgenden **Bauprüfdienste:**
- BPD 4/10 „Überwachung von technischen Anlagen und Einrichtungen nach der Prüfverordnung (**BPD Technische Prüfungen**)“;
- BPD 2/11 „Prüfung technischer Anlagen und Einrichtungen im Genehmigungsverfahren (**BPD Prüfung TGA**)“;
- BPD 5/12 „Brandschutztechnische Auslegungen (**BTA**)“;
- BPD 4/16 „**Sicherheitstreppenräume in Wohngebäuden**“.

§ 32 Treppen

(1) Jedes nicht zu ebener Erde liegende Geschoss und der benutzbare Dachraum eines Gebäudes müssen über mindestens eine Treppe zugänglich sein (notwendige Treppe). Statt notwendiger Treppen sind Rampen mit flacher Neigung zulässig.

(2) Einschiebbare Treppen und Rolltreppen sind als notwendige Treppen unzulässig. In Gebäuden der Gebäudeklassen 1 und 2 sind einschiebbare Treppen und Leitern als Zugang zu einem Dachraum ohne Aufenthaltsraum zulässig.

(3) Notwendige Treppen sind in einem Zuge zu allen angeschlossenen Geschossen zu führen; sie müssen mit den Treppen zum Dachraum unmittelbar verbunden sein. Dies gilt nicht für Treppen
1. in Gebäuden der Gebäudeklassen 1 bis 3,
2. nach § 33 Absatz 1 Satz 3 Nummer 2.

(4) Die tragenden Teile notwendiger Treppen müssen
1. in Gebäuden der Gebäudeklasse 5 Feuer hemmend und aus nicht brennbaren Baustoffen,
2. in Gebäuden der Gebäudeklasse 4 aus nicht brennbaren Baustoffen,
3. in Gebäuden der Gebäudeklasse 3 aus nicht brennbaren Baustoffen oder Feuer hemmend

sein. Tragende Teile von Außentreppen nach § 33 Absatz 1 Satz 3 Nummer 3 für Gebäude der Gebäudeklassen 3 bis 5 müssen aus nicht brennbaren Baustoffen bestehen.

(5) Die nutzbare Breite der Treppenläufe und Treppenabsätze notwendiger Treppen muss für den größten zu erwartenden Verkehr ausreichen.

(6) Treppen müssen einen festen und griffsicheren Handlauf haben. Für Treppen sind Handläufe auf beiden Seiten und Zwischenhandläufe vorzusehen, soweit die Verkehrssicherheit dies erfordert.

(7) Eine Treppe darf nicht unmittelbar hinter einer Tür beginnen, die in Richtung der Treppe aufschlägt; zwischen Treppe und Tür ist ein Treppenabsatz von mindestens 0,5 m Tiefe anzuordnen.

Kommentierung

Übersicht

1. Definition notwendige Treppen; Rampen (Abs. 1)

Jedes nicht zu ebener Erde liegende Geschoss, also auch ein Keller- und Dachgeschoss, **muss über eine Treppe zugänglich sein (notwendige Treppe).** 1

Eine Treppe setzt einen Treppenlauf mit mindestens 3 **Treppenstufen** zwischen zwei Ebenen **voraus.** 2

Darüber hinaus wird für Gebäudetreppen gefordert, dass eine Treppe sicher begehbar ist, also ein **gleichmäßiges und gutes Steigungsverhältnis** aufweist, bestimmte **Mindestbreiten und -durchgangshöhen** besitzt sowie einen **festen Handlauf** mit **rutschfesten und trittsicheren Stufen und Podesten.** 3

Da Treppen als Flucht- und Rettungswege oberer Geschossebenen von größter Bedeutung sind, müssen die **strengen Anforderungen an Brandschutz (vgl. § 17)** und **Verkehrssicherheit (vgl. § 19)** eingehalten werden. 4

Auch ein **benutzbarer Dachraum** muss über eine notwendige Treppe verfügen. Benutzbar ist ein Dachraum, wenn er zumindest in gebückter Haltung begehbar ist und eine **lichte Höhe von mindestens 1,60 m** besitzt. Ein **Krabbelboden** muss nicht über eine notwendige Treppe zugänglich sein. 5

Einer notwendigen Treppe gleichgestellt sind **Rampen mit flacher Neigung,** also wenn die Neigung unter 10 % liegt und die Rampe trittsicher und rutschfest ist. 6

2. Einschub- und Rolltreppen (Abs. 2)

7 **Einschiebbare Treppen und Rolltreppen** sind als notwendige Treppen **unzulässig.**

8 Eine **Ausnahme** findet sich für **Einschubtreppen in Gebäuden der Gebäudeklassen 1 und 2** (Gebäude mit einer Höhe bis 7 m und nicht mehr als 2 Nutzungseinheiten von insgesamt nicht mehr als 400 m^2). Sie sind dort **zulässig, sofern der Dachraum keinen Aufenthaltsraum** (die Definition findet sich in § 2 Abs. 5) **enthält,** also nur für Abstell- oder Lagerungszwecke genutzt wird.

3. Kein Versatz notwendiger Treppen (Abs. 3)

9 Um im **Rettungs- oder Brandfall** Personen und Sachen schnellstens bergen und ein Feuer optimal bekämpfen zu können, **müssen notwendige Treppen in einem Zuge zu allen angeschlossenen Geschossen führen.** Ein **geschossweiser Versatz** von notwendigen Treppen ist daher grundsätzlich **unzulässig.** Eine Ausnahme besteht nur für folgende Fälle:

10 Es handelt sich um eine Treppe, die ausschließlich zu einem Dachraum führt, auch wenn sich in diesem Aufenthaltsräume befinden.

11 Die Treppen werden in Gebäuden der Gebäudeklassen 1–3 (maximale Gebäudehöhe 7 m) eingebaut.

12 Durch die Treppe (gemeint ist hiermit eine sog. Maisonette-Treppe) werden höchstens zwei Geschosse innerhalb derselben Nutzungseinheit (max. 200 m^2) verbunden, wobei zugleich von beiden Geschossen ein anderer Rettungsweg erreichbar ist.

4. Brandschutzanforderungen (Abs. 4)

13 Die **Brandschutzanforderungen an tragende Teile notwendiger Treppen** sind in diesem Absatz vorgegeben. Für Hochhäuser (Gebäude der **Gebäudeklasse 5**) wird gefordert, dass die tragenden Teile feuerhemmend (Feuerwiderstandsklasse F 30) und aus nicht brennbaren Baustoffen (Baustoffklasse A) ausgeführt sein müssen.

14 Für Gebäude mit einer Höhe bis zu 13 m und Nutzungseinheiten mit jeweils nicht mehr als 400 m^2 (**Gebäudeklasse 4**) ist die Verwendung nicht brennbarer Baustoffe für die tragenden Teile vorgeschrieben.

15 Für sonstige Gebäude mit einer Höhe bis zu 7 m (**Gebäudeklasse 3**) reicht es aus, wenn die tragenden Teile feuerhemmend (F30) sind.

16 Für **Außentreppen,** die als notwendige Treppen ohne Treppenraum nach § 33 Abs. 1 Nr. 3 zulässig sind, wird zumindest für die Gebäudeklassen 3–5 gefordert, dass die tragenden Teile aus nicht brennbaren Baustoffen (Klasse A) hergestellt sein müssen.

5. Breite von Treppenläufen und -absätzen (Abs. 5)

17 **Die nutzbare Breite zwischen zwei Handläufen bzw. einem Handlauf und der Wand** muss so bemessen sein, dass sie den **größten zu erwartenden Verkehr** bewältigen kann. Gleiches gilt für Treppenläufe, also Treppenstufen und Treppenpodeste.

Notwendige Treppen müssen die Anforderungen zum Transport von Personen auf einer Trage erfüllen. 18

Für **Wohngebäude mit maximal zwei Wohnungen** und innerhalb von Wohnungen **müssen notwendige Treppen nicht zum Krankentransport geeignet sein.** 19

6. Handläufe (Abs. 6)

Treppen müssen auch einen festen und griffsicheren Handlauf haben. Diese Vorschrift gilt sowohl für notwendige als auch für sonstige Treppen. 20

Da der Handlauf fest sein muss, sind Taue und sonstige bewegliche Vorrichtungen selbst stärkerer Dicke als Handlaufersatz **unzulässig.** 21

Es reicht, wenn ein **Handlauf nur an einer Seite der Treppe** montiert ist. Etwas anderes gilt, wenn die Treppe besonders breit ist oder überwiegend bzw. ausschließlich von **behinderten und alten Menschen** sowie Personen mit **Kleinkindern** genutzt wird. In derartigen Fällen sind **auf beiden Seiten der Treppe Handläufe vorzusehen** sowie **Zwischenhandläufe,** um den genannten Personengruppen die Nutzung der Treppe zu erleichtern, und um sie vor Stürzen zu schützen. Zur Gewährleistung der Verkehrssicherheit müssen **Zwischenhandläufe** ggf. **ohne Unterbrechung um Treppenpodeste herumgeführt werden.** 22

7. Erforderlichkeit eines Treppenabsatzes (Abs. 7)

Für Türen, die in Richtung einer Treppe aufschlagen, ist zwingend ein Treppenabsatz oder -podest vorgeschrieben, dessen **Mindesttiefe 50 cm** betragen muss, um Stürze beim Öffnen einer Tür zu verhindern. Dieses gilt sowohl für notwendige als auch für sonstige Treppen. 23

8. Nachbar- und Rechtsschutz

§ 32 dient ausschließlich dem Schutz der Benutzer von Treppen und vermittelt keinen Drittschutz. 24

9. Ergänzende Rechtsvorschriften

Spezielle Anforderungen an Treppen für bauliche Anlagen, die überwiegend oder ausschließlich von Menschen mit Behinderungen, Senioren oder Personen mit kleinen Kindern genutzt werden, finden sich ergänzend in § 52 **(Barrierefreies Bauen).** 25

Hinzuweisen ist auch auf die **Technische Baubestimmung „Gebäudetreppen“,** die sich in der „Liste der Technischen Baubestimmungen“ findet, die aktuell im Amtlichen Anzeiger vom 30.4.2018, S. 669 ff. veröffentlicht wurde. 26

Besondere Anforderungen an Treppen finden sich in der 27
- **Garagenverordnung (GarVO)** vom 17.1.2012;
- **Verkaufsstättenverordnung (VkVO);**
- **Versammlungsstättenverordnung (VStättVO);**
- **Beherbergungsverordnung (BeVO).**

Erwähnt seien noch die speziellen **DIN-Vorschriften 18064 und 18065** für **Treppen** sowie der **BPD 3/13 „Absturzsicherungen“.** 28

§ 33 Notwendige Treppenräume, Ausgänge

(1) Jede notwendige Treppe muss zur Sicherstellung der Rettungswege aus den Geschossen ins Freie in einem eigenen, durchgehenden Treppenraum liegen (notwendiger Treppenraum). Notwendige Treppenräume müssen so angeordnet und ausgebildet sein, dass die Nutzung der notwendigen Treppen im Brandfall ausreichend lange möglich ist. Notwendige Treppen sind ohne eigenen Treppenraum zulässig
1. in Gebäuden der Gebäudeklassen 1 und 2,
2. für die Verbindung von höchstens zwei Geschossen innerhalb derselben Nutzungseinheit von insgesamt nicht mehr als 200 m^2, wenn in jedem Geschoss ein anderer Rettungsweg erreicht werden kann,
3. als Außentreppe, wenn ihre Nutzung ausreichend sicher ist und im Brandfall nicht gefährdet werden kann.

(2) Von jeder Stelle eines Aufenthaltsraumes sowie eines Kellergeschosses muss mindestens ein Ausgang in einen notwendigen Treppenraum oder ins Freie in höchstens 35 m Entfernung erreichbar sein. Übereinander liegende Kellergeschosse müssen jeweils mindestens zwei Ausgänge in notwendige Treppenräume oder ins Freie haben. Sind mehrere notwendige Treppenräume erforderlich, müssen sie so verteilt sein, dass sie möglichst entgegengesetzt liegen und dass die Rettungswege möglichst kurz sind.

(3) Jeder notwendige Treppenraum muss an einer Außenwand liegen und einen unmittelbaren Ausgang ins Freie haben. Innen liegende notwendige Treppenräume sind zulässig, wenn ihre Nutzung ausreichend lange nicht durch Raucheintritt gefährdet werden kann. Sofern der Ausgang eines notwendigen Treppenraumes nicht unmittelbar ins Freie führt, muss der Raum zwischen dem notwendigen Treppenraum und dem Ausgang ins Freie
1. mindestens so breit sein wie die dazugehörigen Treppenläufe,
2. Wände haben, die die Anforderungen an die Wände des Treppenraumes erfüllen,
3. rauchdichte und selbstschließende Abschlüsse zu notwendigen Fluren haben und
4. ohne Öffnungen zu anderen Räumen, ausgenommen zu notwendigen Fluren, sein.

(4) Die Wände notwendiger Treppenräume müssen als Raum abschließende Bauteile
1. in Gebäuden der Gebäudeklasse 5 die Bauart von Brandwänden haben,
2. in Gebäuden der Gebäudeklasse 4 auch unter zusätzlicher mechanischer Beanspruchung hoch Feuer hemmend und
3. in Gebäuden der Gebäudeklasse 3 Feuer hemmend sein.

Dies ist nicht erforderlich für Außenwände von Treppenräumen, die aus nicht brennbaren Baustoffen bestehen und durch andere an diese Außenwände anschließende Gebäudeteile im Brandfall nicht gefährdet werden können. Der obere Abschluss notwendiger Treppenräume muss als Raum abschließendes Bauteil die Feuerwiderstandsfähigkeit der Decken des Gebäudes haben; dies gilt nicht, wenn der obere Abschluss das Dach ist und die Treppenraumwände bis unter die Dachhaut reichen.

(5) In notwendigen Treppenräumen und in Räumen nach Absatz 3 Satz 3 müssen
1. Bekleidungen, Putze, Dämmstoffe, Unterdecken und Einbauten aus nicht brennbaren Baustoffen bestehen,
2. Wände und Decken aus brennbaren Baustoffen eine Bekleidung aus nicht brennbaren Baustoffen in ausreichender Dicke haben,

3. Bodenbeläge, ausgenommen Gleitschutzprofile, aus mindestens schwer entflammbaren Baustoffen bestehen.

(6) In notwendigen Treppenräumen müssen Öffnungen
1. zu Kellergeschossen, zu nicht ausgebauten Dachräumen, Werkstätten, Läden, Lager- und ähnlichen Räumen sowie zu sonstigen Räumen und Nutzungseinheiten mit einer Fläche von mehr als 200 m^2, ausgenommen Wohnungen, mindestens Feuer hemmende, rauchdichte und selbstschließende Abschlüsse,
2. zu notwendigen Fluren rauchdichte und selbstschließende Abschlüsse,
3. zu sonstigen Räumen und Nutzungseinheiten mindestens dicht- und selbstschließende Abschlüsse

haben. Die Feuerschutz- und Rauchschutzabschlüsse dürfen lichtdurchlässige Seitenteile und Oberlichte enthalten, wenn der Abschluss insgesamt nicht breiter als 2,50 m ist.

(7) Notwendige Treppenräume müssen zu beleuchten sein. Innen liegende notwendige Treppenräume müssen in Gebäuden mit einer Höhe nach § 2 Absatz 3 Satz 2 von mehr als 13 m eine Sicherheitsbeleuchtung haben.

(8) Notwendige Treppenräume müssen belüftet werden können. Sie müssen in jedem oberirdischen Geschoss unmittelbar ins Freie führende Fenster mit einem freien Querschnitt von mindestens 0,5 m^2 haben, die geöffnet werden können. Für innen liegende notwendige Treppenräume und notwendige Treppenräume in Gebäuden mit einer Höhe nach § 2 Absatz 3 Satz 2 von mehr als 13 m ist an der obersten Stelle eine Öffnung zur Rauchableitung mit einem freien Querschnitt von mindestens 1 m^2 erforderlich; sie muss vom Erdgeschoss sowie vom obersten Treppenabsatz aus geöffnet werden können. Bei Treppenräumen mit einer Grundfläche von über 40 m^2 sind besondere Vorkehrungen zu treffen zur Unterstützung der Personenrettung.

Kommentierung

Übersicht

1. Begriff, Anordnung und Ausbildung notwendiger Treppenräume (Abs. 1)

Nach der Legaldefinition muss jede notwendige Treppe in einem eigenen, durchgehenden notwendigen Treppenraum liegen. In einem solchen notwendi- 1 gen Treppenraum enden auch notwendige Flure und offene Gänge gemäß § 34. **Notwendige Treppenräume verbinden die einzelnen Geschosse mit notwendigen Treppen** nach § 32. Alle drei Vorschriften ergänzen sich und stellen somit tragende Elemente des Brandschutzkonzeptes der HBauO dar, welches darauf ausgerichtet ist, kurze und sichere Rettungswege sicherzustellen und eine optimale Brandbekämpfung zu ermöglichen.

2 **Nur für notwendige Treppen ist ein eigener, durchgehender Treppenraum zu** schaffen, nicht aber für sonstige Treppen.

3 **Da jede notwendige Treppe einen eigenen notwendigen Treppenraum besitzen muss, ist es weder zulässig, dass eine zweite notwendige Treppe, noch eine sonstige Treppe in einen notwendigen Treppenraum einmündet.** Ggf. müssen zwei Treppenräume errichtet werden, die durch eine Brandschutzwand getrennt sind.

4 **Jeder notwendige Treppenraum ist so auszubilden, dass er durch alle Geschosse durchgeht.** Dabei lässt der Wortlaut des Abs. 1 offen, ob alle den Raum **abschließenden Wände übereinanderliegen** müssen, **ohne Versatz in einzelnen Geschossen.** Die Verwaltungsgerichte in Hamburg neigen dazu, für notwendige Treppenräume keinen Versatz in einzelnen Geschossen zuzulassen. Nach Ansicht des Verfassers liegt ein „**durchgehender Treppenraum**" auch dann vor, wenn eine notwendige Treppe auf einer abgetrennten Fläche eines Geschossfußbodens zunächst endet und man wenige Schritte machen muss, um die Fortsetzung der (zweiten) notwendigen Treppe zu erreichen, wenn sichergestellt ist, dass sozusagen **„beide" Treppenräume durchgehend von raumabschließenden Wänden umfasst** werden, sodass sowohl **baulich als auch optisch für jeden erkennbar ist,** dass der **Treppenraum durchgehend genutzt werden kann ohne** eine **Tür öffnen** oder ein **bauliches Hindernis überwinden zu müssen.**

5 **An notwendige Treppenräume werden spezielle Anforderungen an Rettungswege, Ausgänge, Lage, Ausbildung der Wände, Decken, Bodenbeläge, Raumöffnungen, Beleuchtung und Belüftung gestellt,** die den allgemeinen Vorschriften des 4. Abschnitts (§§ 24–30) als Sonderregelung vorgehen. Zunächst verweist Abs. 1 Satz 2 in Ausfüllung des § 17 (Brandschutz) darauf, dass ein notwendiger Treppenraum so angeordnet und ausgebildet sein muss, dass der erste Rettungsweg im Brandfall möglichst lange über eine notwendige Treppe genutzt werden kann. Dieses setzt nicht nur einen im Sinne von § 19 verkehrssicheren Treppenraum voraus, der Rettungsweg muss auch gut zu finden und gefahrlos zu benutzen sein sowie direkt ins Freie führen.

6 In folgenden Fallkonstellationen **kann** auch **bei notwendigen Treppen auf einen eigenen Treppenraum verzichtet** werden, und zwar

1. in Gebäuden der **Gebäudeklassen 1 und 2** (max. Höhe 7 m und nicht mehr als zwei Nutzungseinheiten von insgesamt nicht mehr als 400 m^2),
2. bei sog. **Maisonette-Wohnungen** oder sonstigen Nutzungseinheiten (Büros, Praxen, Betriebsstätten etc.), sofern diese nur **über zwei Geschosse miteinander verbunden** sind, die beiden Geschosse über eine **maximale Grund-**

fläche von 200 m² verfügen und von jedem der beiden Geschosse ein anderer Rettungsweg erreicht werden kann,
3. wenn es sich bei der notwendigen Treppe um eine **Außentreppe** (**Stockwerkstreppe im Freien**) handelt, die entsprechend **massiv und feuerbeständig einschließlich der Überdachung ausgeführt und ein seitlicher ausreichender Wetterschutz gegen Regen sowie Eis und Schnee vorhanden ist.** Dieses setzt voraus, dass auch bei widrigen Witterungsverhältnissen gewährleistet ist, dass Treppenstufen, -absätze und -podeste trittsicher und rutschfest sind.

Unberührt bleibt die Sonderregelung für **Sicherheitstreppenräume**, die keinen zusätzlichen zweiten Rettungsweg erfordern (siehe hierzu auch die Ausführungen zu § 31 Abs. 2 S. 3). 7

2. Ausgänge in notwendige Treppenräume (Abs. 2)

Notwendige Treppenräume sind so anzuordnen, dass von jeder Stelle eines Aufenthaltsraumes (vgl. die Begriffsdefinition in § 2 Abs. 5) **oder eines Kellergeschosses** – auch ohne Aufenthaltsräume – **der Treppenraumeingang maximal 35 m entfernt ist.** Alternativ muss ein ins Freie führender Ausgang in einer Entfernung ebenfalls von höchstens 35 m erreichbar sein. **Zu messen sind die 35 m von der entferntest gelegenen Ecke des Aufenthaltsraumes.** Bei fest eingebauten großvolumigen, z. B. gemauerten Mobiliar, oder bei fest mit dem Boden verbundenen Maschinen ist der „Umweg" in den 35 m-Abstand einzurechnen. 8

Übereinanderliegende Kellergeschosse, nicht aber einfache Kellergeschosse, **müssen mindestens zwei Ausgänge in notwendige Treppenräume oder ins Freie besitzen,** da Kellergeschosse in der Regel Heizungsräume und Abstellräume aufweisen, die eine besondere Brandgefahr mit sich bringen. Außerdem ist in Kellergeschossen die Brandbekämpfung erschwert, sodass auf einen zweiten Ausgang nur ausnahmsweise im Rahmen einer Abweichungsentscheidung nach § 69 verzichtet werden kann. 9

Müssen aufgrund baurechtlicher Vorgaben wegen der besonderen Größe oder Nutzung einer baulichen Anlage, **etwa bei Sonderbauten** im Sinne von § 2 Abs. 4 **mehrere notwendige Treppenräume hergestellt werden, so sind diese so anzuordnen, dass die Rettungswege möglichst kurz sind,** was in der Regel gegeben ist, wenn die **Treppenräume entgegengesetzt liegen.** 10

3. Innen und an Außenwand liegende notwendige Treppenräume (Abs. 3)

Jeder Treppenraum muss an einer Außenwand liegen und einen unmittelbaren Ausgang ins Freie haben. Dadurch ist gewährleistet, dass im Brand- oder Katastrophenfall Personen ins Freie fliehen oder von Rettungskräften über Leitern, Hubwagen etc. gerettet werden können. Gleichzeitig kann Rauch und Qualm durch den Ausgang ins Freie entweichen. 11

Innenliegende notwendige Treppenräume sind auch zulässig, wenn ihre Benutzung durch Raucheintritt nicht gefährdet werden kann. In der Regel setzt dieses zumindest bei Gebäuden mit einer Höhe von mehr als 3 m den **Einbau einer Rauchabzugsanlage** gemäß Abs. 8 und die **Installierung einer Sicherheitsbe-** 12

leuchtung nach Abs. 7 voraus. **Bei niedrigeren Gebäuden kann** im Einzelfall auch **eine natürliche Belüftung des innenliegenden Treppenraumes genügen,** sofern die Lufteintritts- und -austrittsöffnungen entsprechend groß sind. Diesen Anforderungen genügt auch eine **Überdrucklüftungsanlage.**

13 **Bei speziellen Sonderbauten wie Krankenhäusern, Heimen** und sonstigen **Einrichtungen zur Unterbringung oder Pflege von Personen bzw. zur Betreuung von Kindern, Behinderten und alten Menschen sowie Schulen und Verwaltungs- und Bürogebäuden** (vgl. insbesondere § 2 Abs. 4 Nr. 9–11) **kann es erforderlich sein, dass der Ausgang von einem notwendigen Treppenraum nicht direkt ins Freie führt, sondern zwischen Treppenhauswand und Ausgang ins Freie noch ein Vorraum angeordnet wird,** um die Bergung besonderer Personengruppen über entsprechende Rettungs- und Hilfseinrichtungen zu erleichtern oder sogar erst zu ermöglichen (z. B. bei bettlägerigen Personen, Rollstuhlfahrern und Menschen mit Behinderungen). **Ein solcher Vorraum oder auch Gang muss**

1. mindestens so breit sein, wie die dazu gehörigen Treppenläufe,
2. Wände besitzen, die den Anforderungen an die Wände des Treppenraumes erfüllen (siehe auch Abs. 4),
3. rauchdichte und selbstschließende Abschlüsse zu notwendigen Fluren haben (siehe hierzu § 34) und
4. ohne Öffnungen zu anderen Räumen, ausgenommen zu notwendigen Fluren, sein.

4. Brandschutzanforderungen an Wände und obere Abschlüsse notwendiger Treppenräume (Abs. 4)

14 Hier finden sich zunächst die **Brandschutzanforderungen an Wände notwendiger Treppenräume.**

15 Insbesondere bei **Hochhäusern** und sonstigen Gebäuden der **Gebäudeklasse** 5 (vgl. § 2 Abs. 3 Nr. 5) **müssen die Wände notwendiger Treppenräume als Brandwand ausgebildet sein,** also aus nicht brennbaren Baustoffen (Klasse A) bestehen und auch unter zusätzlicher mechanischer Beanspruchung eine Feuerwiderstandsdauer von 90 Minuten aufweisen, also feuerbeständig sein (vgl. hierzu auch die Ausführungen zu § 28 Abs. 3).

16 Für Gebäude mit einer Höhe bis zu 13 m und Nutzungseinheiten mit jeweils nicht mehr als 400 m^2 der **Gebäudeklasse 4** (vgl. § 2 Abs. 3 Nr. 4) müssen die Wände unter zusätzlicher mechanischer Beanspruchung hoch feuerhemmend (F60) sein.

17 Bei der **Gebäudeklasse 3** werden feuerhemmende Bauteile mit einer Feuerwiderstandsdauer von mindestens 30 Minuten für Wände notwendiger Treppen verlangt.

18 Für Gebäude mit einer Höhe bis zu 7 m und nicht mehr als 2 Nutzungseinheiten von insgesamt nicht mehr als 400 m^2 der **Gebäudeklassen 1 und 2** (vgl. § 2 Abs. 3 Nr. 1 und 2) können für die Wände der notwendigen Treppenräume auch brennbare Baustoffe verwendet werden.

Die vorgenannten **Anforderungen** an die Bauart von Brandwänden der Gebäudeklasse 3–5 **gelten nicht für tragende Außenwände von Treppenräumen sofern diese aus nicht brennbaren Baustoffen** (Klasse A) **bestehen und diese Außenwände nicht an ein anderes Gebäude oder Gebäudeteil anschließen**, von dem im Brandfall eine Gefährdung ausgehen kann. 19

Die **Decken notwendiger Treppenräume** müssen als Raum abschließende Bauteile dieselbe Feuerwiderstandsfähigkeit besitzen wie das dazu gehörige Gebäude selbst. **Ist der obere Abschluss das Dach** und reichen die Treppenraumwände bis unter die Dachhaut, **kommt die Erleichterung für Decken nicht zum Tragen,** dann müssen die Voraussetzungen für „Dächer" nach § 30 erfüllt sein (vgl. die dortigen Ausführungen). 20

5. Zulässige Baumaterialien in notwendigen Treppenräumen (Abs. 5)

Bekleidungen, Putze, Dämmstoffe, Unterdecken und Einbauten in notwendigen Treppenräumen müssen aus nicht brennbaren Baustoffen der Bauklasse A bestehen (siehe hierzu auch die Ausführungen zu § 24). 21

Kommen bei Wänden und Decken in notwendigen Treppenräumen **brennbare Baustoffe zum Einsatz** müssen diese mit nicht brennbaren Baustoffen in ausreichender Dicke verkleidet sein. 22

Nur für Bodenbeläge findet sich eine Erleichterung, sofern es sich nicht um Gleitschutzprofile handelt. **Bodenbeläge dürfen** auch in notwendigen Treppenräumen **aus schwer entflammbaren Baustoffen** (Baustoffklasse B 1) bestehen, da sich ein Feuer auf dem Fußboden nicht so schnell ausbreitet, wie etwa an Wänden oder Decken. Diese Regelung ermöglicht es insbesondere in **Hotels** und ähnlichen Einrichtungen **statt Beton** und anderer nicht brennbarer Baustoffe **spezielle Teppichböden** zu verwenden. 23

6. Öffnungen in notwendigen Treppenräumen (Abs. 6)

Welche Öffnungen (Fenster, Türen etc.) **in Wänden und Decken notwendiger Treppenräume zulässig sind, die nicht direkt ins Freie führen**, bestimmt dieser Absatz. 24

Zu Kellergeschossen, zu nicht ausgebauten Dachräumen, Läden und sonstigen Räumen und Nutzungseinheiten etc., die **eine maximale Grundfläche von 200 m²** besitzen, reicht nach Nr. 1 ein feuerhemmender (Feuerwiderstandsklasse F 30), rauchdichter und selbstschließender Abschluss aus, d. h. z. B. eine Stahltür T 30-1, Bauart A. 25

Führt eine Tür zu einem notwendigen Flur, so muss diese nach Nr. 2 **rauchdicht und selbstschließend** sein. Bei **sonstigen Räumen und Nutzungseinheiten** genügt beispielsweise eine **dicht- und selbstschließende Tür.** Hiervon erfasst werden insbesondere Wohnungen und sonstige Nutzungseinheiten mit weniger als 200 m². **Dichtschließend** ist praktisch jede Tür/jedes Fenster, welches eine dreiseitig umlaufende Dichtung besitzt. Auch eine solche Tür muss aber wie gesagt selbstschließend sein. 26

27 Zu sonstigen **Räumen und Nutzungseinheiten** müssen die Öffnungen in notwendigen Treppenräumen nach Nr. 3 mindestens dicht- und selbstschließende Abschlüsse besitzen.

28 **Feuerschutz- und Rauchschutzabschlüsse dürfen lichtdurchlässige Seitenteile und Oberlichte enthalten**, sofern der Abschluss nicht insgesamt breiter als 2,50 m ist.

7. Beleuchtung (Abs. 7)

29 Notwendige **Treppenräume sind ausreichend zu beleuchten.** Eine Beleuchtungsstärke durch **elektrisches Licht von 30 Lux ist ausreichend.** Innenliegende **notwendige Treppenräume in Gebäuden mit einer Höhe von mehr als 13 m** müssen zudem eine **Sicherheitsbeleuchtung** aufweisen. Sie muss gewährleisten, dass bei Ausfall der Hauptstromversorgung nach spätestens 15 Sekunden das Treppenhaus – wieder – beleuchtet wird.

8. Belüftung (Abs. 8)

30 **Um notwendige Treppenräume ausreichend zu belüften, muss in jedem oberirdischen Geschoss zumindest ein Fenster vorhanden sein, welches direkt ins Freie führt,** geöffnet werden kann und mindestens eine **Größe von 0,5 m²** besitzt. Die Höhe oder Länge des Belüftungsfensters ist nicht vorgeschrieben, das Fenster muss geeignet sein, Rauch und Qualm nach außen zu leiten.

31 Nicht nur für **innenliegende notwendige Treppenräume**, sondern auch für **notwendige Treppenräume an Außenwänden** bei Gebäuden mit einer Höhe von **mehr als 13 m** wird gefordert, dass **an oberster Stelle eine Öffnung** (in der Regel ein Fenster) **zur Rauchableitung vorhanden ist, dessen Querschnitt mindestens 1 m²** beträgt. Es wird keine Rauchabzugsanlage und auch keine automatische Einschaltung gefordert. Die **Öffnung an oberster Stelle muss aber sowohl vom Erdgeschoss als auch vom obersten Treppenabsatz eingeschaltet (geöffnet) werden können.** Durch das Öffnen der Haustür kann dann die benötigte Zuluft ins Treppenhaus „eingeleitet" werden.

32 Bei übergroßen **Treppenräumen** mit einer **Grundfläche von mehr als 40 m²** sind noch gesonderte Extra-Vorkehrungen zur Unterstützung der Personenrettung vorzusehen, um eine ausreichende Entrauchung sicherzustellen. So kann z. B. gefordert werden, dass die Rauchabzugsanlage nicht nur an oberster Stelle, sondern auch von anderen Punkten aus eingeschaltet werden kann.

9. Nachbar- und Rechtsschutz

33 § 33 bezweckt den Schutz der Nutzer von Gebäuden und beinhaltet keinen Nachbarschutz.

§ 34 Notwendige Flure, offene Gänge

(1) Flure, über die Rettungswege aus Aufenthaltsräumen oder aus Nutzungseinheiten mit Aufenthaltsräumen zu Ausgängen in notwendige Treppenräume oder ins Freie führen (notwendige Flure), müssen so angeordnet und ausgebil-

det sein, dass ihre Benutzung im Brandfall ausreichend lange möglich ist. Notwendige Flure sind nicht erforderlich

1. **in Wohngebäuden der Gebäudeklassen 1 und 2,**
2. **in sonstigen Gebäuden der Gebäudeklassen 1 und 2, aus genommen in Kellergeschossen,**
3. **innerhalb von Wohnungen oder innerhalb von Nutzungseinheiten mit nicht mehr als 200 m², **
4. **innerhalb von Nutzungseinheiten, die einer Büro- oder Verwaltungsnutzung dienen, mit nicht mehr als 400 m²; das gilt auch für Teile größerer Nutzungseinheiten, wenn diese Teile nicht größer als 400 m² sind, Trennwände nach § 27 Absatz 2 Nummer 1 haben und jeder Teil unabhängig von anderen Teilen Rettungswege nach § 31 Absatz 1 hat.**

(2) Notwendige Flure müssen so breit sein, dass sie für den größten zu erwartenden Verkehr ausreichen, mindestens 1 m. In den Fluren ist eine Folge von weniger als drei Stufen unzulässig.

(3) Notwendige Flure sind durch nicht abschließbare, rauchdichte und selbst schließende Abschlüsse in Rauchabschnitte zu unterteilen. Die Rauchabschnitte dürfen nicht länger als 30 m sein. Die Abschlüsse sind bis an die Rohdecke zu führen; sie dürfen bis an die Unterdecke der Flure geführt werden, wenn die Unterdecke Feuer hemmend ist. Notwendige Flure mit nur einer Fluchtrichtung, die zu einem Sicherheitstreppenraum führen, dürfen nicht länger als 15,0 m sein. Die Sätze 1 bis 4 gelten nicht für offene Gänge nach Absatz 5.

(4) Die Wände notwendiger Flure müssen als Raum abschließende Bauteile Feuer hemmend, in Kellergeschossen, deren tragende und aussteifende Bauteile feuerbeständig sein müssen, feuerbeständig sein. Die Wände sind bis an die Rohdecke zu führen. Sie dürfen bis an die Unterdecke der Flure geführt werden, wenn die Unterdecke Feuer hemmend und ein nach Satz 1 vergleichbarer Raumabschluss sichergestellt ist. Türen in diesen Wänden müssen dicht schließen; Öffnungen zu Lagerbereichen im Kellergeschoss müssen Feuer hemmende, dicht- und selbstschließende Abschlüsse haben.

(5) Für Wände und Brüstungen notwendiger Flure mit nur einer Fluchtrichtung, die als offene Gänge vor den Außenwänden angeordnet sind, gilt Absatz 4 entsprechend. Fenster sind in diesen Außenwänden ab einer Brüstungshöhe von 0,9 m zulässig.

(6) In notwendigen Fluren sowie in offenen Gängen nach Absatz 5 müssen

1. **Bekleidungen, Putze, Unterdecken und Dämmstoffe aus nicht brennbaren Baustoffen bestehen,**
2. **Wände und Decken aus brennbaren Baustoffen eine Bekleidung aus nicht brennbaren Baustoffen in ausreichender Dicke haben.**

Kommentierung

Übersicht

1. **Begriff, Anordnung und Ausbildung notwendiger Flure (Abs. 1)**

1 **Notwendige Flure sind Rettungswege aus Aufenthaltsräumen, die in notwendige Treppenräume oder ins Freie führen (Legaldefinition).** Auch für notwendige Flure gelten die allgemeinen Anforderungen an Brandschutz (§ 17) und Verkehrssicherheit (§ 19). Sie müssen so ausgebildet sein, dass ihre Benutzung im Brandfall ausreichend lange möglich ist.

2 **Keine notwendigen Flure sind erforderlich**
1. in Wohngebäuden bis zu einer Höhe von 7 m der **Gebäudeklassen 1 und 2** (vgl. § 2 Abs. 3 Nr. 1 und 2),
2. in **sonstigen Gebäuden** dieser Gebäudeklassen 1 und 2, wohl aber in deren Kellergeschossen,
3. innerhalb von Wohnungen bzw. Nutzungseinheiten (Büro, Praxis, Betriebsstätte etc.), sofern diese eine **Grundfläche von nicht mehr als 200 m²** besitzen,
4. innerhalb von Nutzungseinheiten, die ausschließlich für Büro- oder Verwaltungszwecke genutzt werden, sofern diese **maximal eine Grundfläche von 400 m²** aufweisen. Dabei ist zu beachten, **dass sich diese 400 m²** nur gemäß § 29 Abs. 4 Nr. 2 **über zwei Geschosse erstrecken dürfen,** die mit einer entsprechenden Deckenöffnung verbunden sind,
5. **für Teile größerer Nutzungseinheiten,** wenn diese Teile **nicht größer als 400 m²** sind, ausreichend feuerwiderstandsfähige Trennwände nach § 27 Abs. 2 Nr. 1 besitzen und **jede Teileinheit für sich zwei voneinander unabhängige Rettungswege ins Freie besitzt.** Wenn also ein Büro- oder Verwaltungsgeschoss eine Grundfläche von beispielsweise 2.000 m² hat, so können maximal fünf Nutzungseinheiten à 400 m² abgeteilt werden, wenn jede dieser Nutzungseinheiten für sich zwei Rettungswege aufweist.

2. **Breite notwendiger Flure, Stufen (Abs. 2)**

3 **Notwendige Flure müssen breit genug sein, um den größten zu erwartenden Verkehr bewältigen zu können.** Als Rettungswege müssen notwendige Flure gefahrlos benutzt werden können.

4 Mit der **HBauO-Novelle 2010** wurde nunmehr die **Breite für notwendige Flure** vorgeschrieben. Sie muss ***„mindestens 1 m“*** betragen.

5 Für **Verkaufsstätten** und **Versammlungsstätten** sind Mindestbreiten von 2 m vorgeschrieben (zu den speziellen Anforderungen an Verkaufs- und Versammlungsstätten siehe die **VkVO** und **VStättVO**).

6 Für Menschen mit Behinderungen, alte Menschen und Personen mit Kleinkindern bestimmt § 52 Abs. 2 **(Barrierefreies Bauen),** dass **Flure in öffentlich zugänglichen Gebäuden** in den dem allgemeinen Besucherverkehr dienenden Teilen mindestens **1,50 m breit** sein müssen.

Türen dürfen nicht in einen notwendigen Flurraum hineinschlagen, ggf. sind hierfür entsprechende Nischen vorzusehen. Dementsprechend darf die Benutzbarkeit notwendiger Flure auch nicht durch Möbel oder sogar fest montierte An- und Einbauten eingeengt werden. 7

Um Unfälle zu vermeiden (**Stolpergefahr**) **muss ein Versatz innerhalb eines Flurgange mindestens drei Stufen aufweisen,** um optisch den Eindruck einer Kleintreppe zu vermitteln. Eine oder auch nur zwei Stufen innerhalb eines notwendigen Flures sind unzulässig. 8

3. Rauchabschnitte in notwendigen Fluren (Abs. 3)

Notwendige Flure dürfen maximal 30 m lang sein. Bei einer größeren Länge ist nach 30 m ein neuer Rauchabschnitt zu bilden, der durch eine nicht abschließbare rauchdichte und selbstschließende Tür abgeteilt ist. 9

Sinn dieser Regelung ist, dass bei langen Fluren durch die **Bildung von Rauchabschnitten mit einer maximalen Länge von 30 m** die Ausbreitung von Rauch und Qualm „abschnittsweise" eingeschränkt bzw. verhindert werden soll. Nur die **Zwischentüren dürfen nicht abschließbar sein,** wohl aber die Türen, die in die notwendigen Flure führen. 10

Welche Anforderungen an sog. **Rauchschutztüren** gestellt werden, ergibt sich aus der DIN 18095. Danach können grundsätzlich auch Türen mit Verbundsicherheitsglas eingebaut werden. 11

Die Abschlüsse, d.h. die Trennwände mit einer Rauchschutztür sind bis an die Rohdecke zu führen. Auch in notwendigen Fluren werden häufig Decken abgehängt, um zwischen ihnen und der Rohdecke Leitungen, Vorrichtungen für Klimaanlagen, Beleuchtungskörper etc. zu verlegen bzw. diese einbauen zu können. Dieses ist jedoch nur **zulässig, wenn die abgehängte Unterdecke selbst feuerhemmend** (Feuerwiderstandsklasse F 30) **ist.** Ansonsten muss die Trennwand durch die Unterdecke bis an die Rohdecke herangeführt werden, um zu verhindern, dass Qualm und Rauch über eine abgehängte Decke in den nächsten Rauchabschnitt oder in notwendige Treppenhäuser gelangen kann. 12

Da **Sicherheitstreppenräume** (vgl. § 31 Abs. 2 Satz 3) nur über einen Rettungsweg verfügen müssen, führt zu diesem in der Regel ein notwendiger Flur mit nur einer Fluchtrichtung. **Ein solcher notwendiger Flur darf maximal 15 m lang sein.** 13

Für **offene Gänge,** sog. **Laubengänge gelten die Anforderungen dieses Absatzes für Rauchabschnitte nicht.** 14

4. Brandschutzanforderungen an Wänden, Türen und notwendigen Fluren (Abs. 4)

Wände notwendiger Flure müssen feuerhemmend (F 30) **ausgebildet sein.** Wände in Kellergeschossen müssen sogar feuerbeständig (F 90) sein, sofern dieses für die Tragkonstruktion des Kellergeschosses gefordert wurde. 15

Grundsätzlich sind die **Wände wiederum bis an die Rohdecke zu führen,** es sei denn, die abgehängte Unterdecke besteht aus feuerhemmenden (F30) Bauteilen. 16

Für Türen in Wänden notwendiger Flure findet sich in Satz 4 eine Erleichterung, da diese lediglich dicht schließen müssen, was bei einer dreiseitig umlaufenden Dichtung gegeben ist. **Führt eine solche Tür zu Abstellräumen** (Lagerbereichen) in einem Keller, so muss zumindest die Tür in der Flurwand feuerhemmend (F30), dicht- und selbstschließend sein.

5. Offene Gänge als notwendige Flure (Abs. 5)

17 **Für offene Gänge, über die Rettungswege führen, ist vorgeschrieben,** dass die Außenwand, vor der sich der offene Gang befindet, ebenso wie die Brüstung auf der anderen Seite des Ganges als Raum abschließendes Bauteil feuerhemmend (F30) ausgeführt sein muss. Dieses gilt aber nur dann, **wenn der offene Gang,** wie z. B. bei **Laubengängen** üblich, **die einzige Verbindung zwischen Aufenthaltsräumen und dem notwendigen Treppenraum darstellt** (nur eine Fluchtrichtung).

18 Für **Fenster in Außenwänden von offenen Gängen** finden sich keinerlei Einschränkungen, sofern nur eine Brüstungshöhe von 90 cm eingehalten wird.

19 Um im Brandfall die Ausbreitung von Feuer und Rauch einzudämmen, müssen **Verkleidungen** und **Dämmstoffe** ebenso wie **Putze** und **Unterdecken** in notwendigen Fluren und offenen Gängen aus nicht brennbaren Baustoffen (Baustoffklasse A) bestehen.

20 Sind **Wände oder Decken aus brennbaren Baustoffen** hergestellt, so müssen diese zumindest eine **Bekleidung aus nicht brennbaren Baustoffen** in ausreichender Dicke besitzen, um die Nutzung des notwendigen Flures/offenen Ganges als Rettungsweg längstmöglich zu gewährleisten.

21 Diese Vorgaben gelten für Gebäude aller Gebäudeklassen 1–5.

6. Zulässige Baumaterialien in notwendigen Fluren und offenen Gängen (Abs. 6)

22 Die **Bekleidungen, Putze, Unterdecken und Dämmstoffe** in notwendigen Fluren und offenen Gängen müssen **aus nicht brennbaren Baustoffen** bestehen. Sollen **Wände und Decken aus brennbaren Baustoffen** verwendet werden, müssen diese zumindest eine **Bekleidung** aus nicht brennbaren Baustoffen **in ausreichender Dicke** aufweisen.

7. Nachbar- und Rechtsschutz

23 Auch § 34 dient ausschließlich dem Schutz von Bewohnern und Nutzern von Gebäuden, nicht aber dem Schutz von Nachbarn.

§ 35 Fenster, Türen, sonstige Öffnungen

(1) Können die Fensterflächen nicht gefahrlos vom Erdboden, vom Innern des Gebäudes, von Loggien oder Balkonen aus gereinigt werden, so sind Vorrichtungen wie Aufzüge, Halterungen oder Stangen anzubringen, die eine Reinigung ermöglichen.

(2) Glastüren und andere Glasflächen, die bis zum Fußboden allgemein zugänglicher Verkehrsflächen herabreichen, sind so zu kennzeichnen, dass sie leicht erkannt werden können. Weitere Schutzmaßnahmen sind für größere Glasflächen vorzusehen, wenn dies die Verkehrssicherheit erfordert.

(3) Jedes Kellergeschoss ohne Fenster muss mindestens eine Öffnung ins Freie haben, um eine Rauchableitung zu ermöglichen. Gemeinsame Kellerlichtschächte für übereinander liegende Kellergeschosse sind unzulässig.

(4) Fenster, die als Rettungswege nach § 31 Absatz 2 Satz 2 dienen, müssen im Lichten mindestens 0,9 m x 1,2 m groß und nicht höher als 1,20 m über der Fußbodenoberkante angeordnet sein. Liegen diese Fenster in Dachschrägen oder Dachaufbauten, so darf ihre Unterkante oder ein davor liegender Austritt von der Traufkante horizontal gemessen nicht weiter als 1 m entfernt sein.

(5) Ins Freie führende Türen von Gebäuden, die für die Tierhaltung bestimmt sind, müssen nach außen aufschlagen. Ihre Zahl, Höhe und Breite muss so groß sein, dass die Tiere bei Gefahr ohne Schwierigkeiten ins Freie gelangen können.

Kommentierung

Übersicht

1. Vorrichtungen zum Reinigen von Fenstern (Abs. 1)

1 **Irgendwelche speziellen Anforderungen technischer Art an Fenster enthält § 35 nicht.** Insoweit ist auf **die spezielleren Vorschriften des § 44 Abs. 2 und 3 und auf § 45 Abs. 1 und 3** zu verweisen.

2 **Wenn Fenster**, sei es von außen oder auch bei hoch angeordneten Fenstern im Inneren eines Gebäudes, **nicht vom Erdboden, Loggien oder Balkon aus gereinigt werden können**, so müssen zur Reinigung der Fenster Vorrichtungen wie **Fassadenaufzüge** etc. vorgesehen werden, um ein gefahrloses **Reinigen der Fensterflächen** zu ermöglichen.

3 **Unter Fensterflächen werden nur lichtdurchlässige Flächen verstanden** wie Fenster, Glasbausteine, Glasbrüstungen etc. **Keine Glasflächen** im Sinne dieser Vorschrift sind Glasflächen die lediglich einen Bauteil verkleiden und deren Funktion nicht darin besteht Licht zu dahinterliegenden Räumen durchzulassen.

2. Kennzeichnung von Glastüren und -flächen (Abs. 2)

4 Damit **Glastüren** und andere **Glasflächen** (Fenster, Wände oder auch Glasbrüstungen) **von Nutzern auch als solche erkannt werden**, sind diese Glasflächen durch eine entsprechende **Beschriftung, durch Farben, Einfassungen oder Rahmen als Glasflächen kenntlich zu machen**. Dieses kann durch Aufbringen von Folien oder durch Ätzen oder Schleifen der Gläser erfolgen. Dieses gilt **nur für Glasflächen, die bis zum Fußboden allgemein zugänglicher Verkehrsflächen herabreichen**, also nicht für **Schaufenster mit einer Brüstung**. Bei größeren Glasflächen können weitere Schutzmaßnahmen, wie etwa der Einbau von **Verbundsicherheitsglas** gefordert werden, um Gefahren durch Glasbruch zu minimieren.

3. Rauchableitung aus Kellergeschossen (Abs. 3)

5 **Fensterlose Kellergeschosse müssen mindestens eine Öffnung ins Freie besitzen**, durch die im Brandfall Rauch abgeleitet werden kann, der sonst in das notwendige Treppenhaus eindringen würde.

6 Wegen der Gefahr eines Brandüberschlages sind **gemeinsame Kellerlichtschächte** für übereinander liegende Kellergeschosse **nicht zulässig.**

7 **Fenster sind als zweiter Rettungsweg** (vgl. § 31 Abs. 2 Satz 2) zulässig, sofern sie mindestens eine **Größe von 90 x 120 cm aufweisen und nicht höher als 1,20 m über der Fußbodenoberkante angeordnet sind.**

4. Anforderungen an Fenster als Rettungswege (Abs. 4)

8 **Für Fenster in Dachschrägen (Dachflächenfenster)** findet sich darüber hinaus die Bestimmung, dass diese, ebenso wie ein davor liegender Austritt, **von der Traufkante nicht weiter als 1 m entfernt sein dürfen**, damit man unten vom Gehweg/der Straße bzw. vom Garten aus im Brandfall erkennen kann, ob sich im Dachraum noch Personen befinden. Auch für die Rettung dieser Personen darf der **Abstand Unterkante Dachflächenfenster – Traufkante maximal 1 m** betragen.

5. Türen von Tierställen (Abs. 5)

9 **Speziell für Tiere ist geregelt**, dass die **Stalltüren nach außen aufschlagen** müssen. **Schiebetüren und Falltore sind aber auch zulässig**, sofern sie sowohl **von innen als auch von außen entriegelt und geöffnet werden können.**

6. Nachbar- und Rechtsschutz

10 Auch bei § 35 ist ein Nachbarschutz zu verneinen, da nur die Nutzer von Gebäuden im Brandfall geschützt werden sollen.

7. Ergänzende Rechtsvorschriften

11 Es kann folgender **Bauprüfdienst** zur Anwendung kommen:
- BPD 12/88 „Gefahrlose Reinigung von Fensterflächen und anderen Glasbauteilen“.

§ 36 Umwehrungen und Brüstungen

(1) In, an und auf baulichen Anlagen sind zu umwehren oder mit Brüstungen zu versehen:

1. **Flächen, die im Allgemeinen zum Begehen bestimmt sind und unmittelbar an mehr als 1 m tiefer liegende Flächen angrenzen; dies gilt nicht, wenn die Umwehrung dem Zweck der Flächen widerspricht,**
2. **nicht begehbare Oberlichte und Glasabdeckungen in Flächen, die im Allgemeinen zum Begehen bestimmt sind, wenn sie weniger als 0,50 m aus diesen Flächen herausragen,**
3. **Dächer oder Dachteile, die zum auch nur zeitweiligen Aufenthalt von Menschen bestimmt sind,**
4. **Öffnungen in begehbaren Decken sowie in Dächern oder Dachteilen nach Nummer 3, wenn sie nicht sicher abgedeckt sind,**
5. **nicht begehbare Glasflächen in Decken sowie in Dächern oder Dachteilen nach Nummer 3,**
6. **die freien Seiten von Treppenläufen, Treppenabsätzen und Treppenöffnungen (Treppenaugen),**
7. **Kellerlichtschächte und Betriebsschächte, die an Verkehrsflächen liegen, wenn sie nicht verkehrssicher abgedeckt sind.**

(2) In Verkehrsflächen liegende Kellerlichtschächte und Betriebsschächte sind in Höhe der Verkehrsfläche verkehrssicher abzudecken. An und in Verkehrsflächen liegende Abdeckungen müssen gegen unbefugtes Abheben gesichert sein.

(3) Brüstungen mit einer Mindesttiefe von 15 cm zur Umgrenzung von Flächen mit einer Absturzhöhe bis zu 12,0 m müssen mindestens 0,8 m, von Flächen mit mehr als 12,0 m Absturzhöhe mindestens 0,9 m hoch sein. Geringere Brüstungshöhen sind zulässig, wenn durch andere Vorrichtungen wie Geländer die nach Absatz 4 vorgeschriebenen Mindesthöhen eingehalten werden.

(4) Umwehrungen müssen folgende Mindesthöhen haben:

1. **Umwehrungen zur Sicherung von Öffnungen in begehbaren Decken und Dächern sowie Umwehrungen von Flächen mit einer Absturzhöhe von 1 m bis zu 12,0 m: 0,9 m,**
2. **Umwehrungen von Flächen mit mehr als 12,0 m Absturzhöhe: 1,1 m.**

Kommentierung

Übersicht

1. Notwendigkeit von Umwehrungen oder Brüstungen (Abs. 1)

In, an und auf baulichen Anlagen sind Umwehrungen oder Brüstungen vorzu- **1**
sehen und zwar nach

Nr. 1 **für Flächen, die allgemein zugänglich sind** und an eine mehr als 1 m tiefer liegende Fläche angrenzen. Gemeint sind hiermit **Balkone, Loggien, Galerien, offene Gänge, Rampen** etc. **Flachdächer** sind nicht allgemein zugänglich und müssen daher nicht umwehrt werden. Gemäß des zweiten Halbsatzes sind Umwehrungen auch bei **Verladerampen, Kais, Bahnsteigen oder Schwimmbecken** nicht erforderlich, da dieses dem Zweck der Fläche widersprechen würde;

Nr. 2 **für nicht begehbare Oberlichte und Glasabdeckungen in begehbaren Flächen,** sofern sie **weniger als 50 cm aus der Verkehrsfläche herausragen.** Daneben sind auch die nachfolgenden **Flächen, die nur zum zeitweiligen Aufenthalt vorgesehen sind, zu umwehren** oder mit Brüstungen zu versehen, nämlich nach

Nr. 3 Dächer oder Dachteile;

Nr. 4 Öffnungen in begehbaren Decken sowie in Dächern oder Dachteilen, die nicht sicher abgedeckt sind;

Nr. 5 nicht begehbare Glasflächen in Decken, Dächern oder Dachteilen;

Nr. 6 die freien Seiten von Treppenläufen, Treppenabsätzen und Treppenöffnungen (Treppenaugen);

Nr. 7 Kellerlichtschächte und Betriebsschächte, die unmittelbar an allgemein zugängliche Verkehrsflächen angrenzen, sofern die Lichtschächte nicht verkehrssicher abgedeckt sind.

2. Abdeckung von Schächten (Abs. 2)

2 **Zur Gewährleistung der Verkehrssicherheit** nach § 19 **ist vorgeschrieben, dass Kellerlicht- und Betriebsschächte**, die an Verkehrsflächen liegen, **„plan“ abzudecken sind** zur Vermeidung von Stolpergefahren.

3 Damit korrespondiert, dass diese **Abdeckungen** so **gesichert sein müssen**, dass sie von unbefugten Dritten weder verschoben, abgehoben oder geöffnet werden können.

3. Höhe von Brüstungen (Abs. 3)

4 Zunächst wurde durch die **HBauO-Novelle 2010** konkretisiert, dass **„Brüstungen“** (nicht mehr „Fensterbrüstungen“) eine **Mindesttiefe von 15 cm** aufweisen müssen. Bisher war keine Mindesttiefe vorgeschrieben.

5 Des Weiteren ist erforderlich, **dass Brüstungen bei einer Absturzhöhe von 1 m–12 m** insgesamt **80 cm hoch** sein müssen. Liegt die **Absturzhöhe über 12 m,** wird eine Fensterbrüstungshöhe von **90 cm** gefordert.

6 **Gemessen wird die Höhe der Umwehrung vom Fußboden der begehbaren Fläche bis zur Oberkante der Brüstung oder eines Geländers.** Vor solchen Brüstungen dürfen keine Bauteile angeordnet sein, die ein Hochklettern ermöglichen. **Abgeschrägte Flächen** und **schmale Vorsprünge sind** jedoch **zulässig.** Nach Satz 2 können im Einzelfall auch **geringere Brüstungshöhen zugelassen werden,** wenn durch andere fest verankerte, zusätzliche Vorrichtungen, wie **Geländer,** auch kombiniert mit Verbundglasflächen, die Mindestmaße des nachfolgenden Absatzes 4 von 90 cm bzw. 110 cm eingehalten werden.

4. Höhe von Umwehrungen (Abs. 4)

Die **Mindesthöhe** von **Umwehrungen** richtet sich wiederum nach der **Absturzhöhe**, die von der Oberkante Fußboden der begehbaren Fläche und der Oberkante der tiefer liegenden Fläche gemessen wird. 7

Beträgt die Absturzhöhe 1 m–12 m, müssen Öffnungen in begehbaren Decken oder Dächern durch **Umwehrungen gesichert werden, die mindestens 90 cm hoch sind.** Bei einer **Absturzhöhe von mehr als 12 m** muss die **Umwehrung mindestens 110 cm hoch sein.** 8

5. Nachbar- und Rechtsschutz

§ 36 dient dem Schutz der Nutzer, nicht der Nachbarn. 9

6. Ergänzende Rechtsvorschriften

Es gilt der **Bauprüfdienst** BPD 3/133 „Anforderungen an Umwehrungen und Brüstungen (**BPD Absturzsicherungen**)“. 10

Des Weiteren kommen **Technische Baubestimmungen** zur Anwendung, die in der „Liste der Technischen Baubestimmungen“ aufgeführt sind, die aktuell im Amtlichen Anzeiger vom 30.4.2018, S. 669 ff. veröffentlicht wurden. 11

Sechster Abschnitt: Technische Gebäudeausrüstung

§ 37 Aufzüge

(1) Aufzüge im Innern von Gebäuden müssen eigene Fahrschächte haben, um eine Brandausbreitung in andere Geschosse ausreichend lange zu verhindern. In einem Fahrschacht dürfen bis zu drei Aufzüge liegen. Aufzüge ohne eigene Fahrschächte sind zulässig

1. innerhalb eines notwendigen Treppenraumes, ausgenommen in Hochhäusern,
2. innerhalb von Räumen, die Geschosse überbrücken,
3. zur Verbindung von Geschossen, die offen miteinander in Verbindung stehen dürfen,
4. in Gebäuden der Gebäudeklassen 1 und 2.

Sie müssen sicher umkleidet sein.

(2) Die Fahrschachtwände müssen als Raum abschließende Bauteile

1. in Gebäuden der Gebäudeklasse 5 feuerbeständig und aus nicht brennbaren Baustoffen,
2. in Gebäuden der Gebäudeklasse 4 hoch Feuer hemmend,
3. in Gebäuden der Gebäudeklasse 3 Feuer hemmend sein; Fahrschachtwände aus brennbaren Baustoffen müssen schachtseitig eine Bekleidung aus nicht brennbaren Baustoffen in ausreichender Dicke haben. Fahrschachttüren und andere Öffnungen in Fahrschachtwänden mit erforderlicher Feuerwiderstandsfähigkeit sind so herzustellen, dass die Anforderungen nach Absatz 1 Satz 1 nicht beeinträchtigt werden.

(3) Fahrschächte müssen zu lüften sein und eine Öffnung zur Rauchableitung mit einem freien Querschnitt von mindestens 2,5 vom Hundert der Fahrschachtgrundfläche, mindestens jedoch 0,1 m² haben. Die Lage der Rauch-

austrittsöffnungen muss so gewählt werden, dass der Rauchaustritt durch Windeinfluss nicht beeinträchtigt wird.

(4) Gebäude mit einer Höhe nach § 2 Absatz 3 Satz 2 von mehr als 13,0 m müssen Aufzüge in ausreichender Zahl haben; dies gilt nicht, soweit bei bestehenden Gebäuden zusätzlicher Wohnraum durch Änderung des Dachgeschosses oder durch Errichtung zusätzlicher Geschosse geschaffen wird. Von diesen Aufzügen muss mindestens ein Aufzug Kinderwagen, Rollstühle, Krankentragen und Lasten aufnehmen können und Haltestellen in allen Geschossen haben. Dieser Aufzug muss von allen Wohnungen in dem Gebäude und von der öffentlichen Verkehrsfläche aus stufenlos erreichbar sein. Haltestellen im obersten Geschoss und in den Kellergeschossen sind nicht erforderlich, wenn sie nur unter besonderen Schwierigkeiten hergestellt werden können.

(5) Fahrkörbe zur Aufnahme einer Krankentrage müssen eine nutzbare Grundfläche von mindestens 1,1 m x 2,1 m, zur Aufnahme eines Rollstuhls von mindestens 1,1 m x 1,4 m haben; Türen müssen eine lichte Durchgangsbreite von mindestens 0,9 m haben. In einem Aufzug für Rollstühle und Krankentragen darf der für Rollstühle nicht erforderliche Teil der Fahrkorbgrundfläche durch eine verschließbare Tür abgesperrt werden. Vor den Aufzügen muss eine ausreichende Bewegungsfläche vorhanden sein.

Kommentierung

Übersicht Rn.

1. Erfordernis und baurechtliche Anforderung an Aufzugsanlagen (Abs. 1)

1 **Für Aufzüge im Innern von Gebäuden, die der vertikalen Erschließung dienen, wird gefordert, dass sie einen eigenen Fahrschacht besitzen.** Dieser muss in alle Richtungen rundum von Wänden umgeben sein und über eine Sohle und eine Decke bzw. ein Dach verfügen.

2 **Aufzüge sind keine Rettungswege.** Sie bedürfen einer Baugenehmigung nach § 61 oder 62. **Bis zu drei Aufzüge dürfen in einem Fahrschacht liegen.**

3 **Ohne eigenen Fahrschacht sind Aufzüge** zulässig, nach
Nr. 1 in Treppenräumen bis zur Hochhausgrenze;
Nr. 2 die innerhalb von Räumen Geschosse überbrücken (z. B. bei Wohnungen und Nutzungseinheiten über mehreren Ebenen);

Nr. 3 zur Verbindung von Geschossen, die offen miteinander verbunden sind und daher ohnehin über einen gemeinsamen Luftverbund verfügen;
Nr. 4 in Gebäuden bis zu 7 m der Gebäudeklassen 1 und 2 (vgl. § 2 Abs. 3 Nr. 1 und 2).

Die vorgenannten Aufzüge, die keinen eigenen Schacht besitzen, **müssen sicher umkleidet sein.** 4

2. Brandschutzanforderungen an Fahrschachtwände (Abs. 2)

Auch an Fahrschachtwände werden spezielle Anforderungen an den Brandschutz gestellt. In Gebäuden mit einer Höhe über 13 m der **Gebäudeklasse** 5 (vgl. § 2 Abs. 3 Nr. 5) müssen diese Wände feuerbeständig (Feuerwiderstandsklasse F90) und aus nicht brennbaren Baustoffen (Baustoffklasse A) hergestellt sein. 5

Gebäude bis zu einer Höhe von 13 m der **Gebäudeklasse** 4 müssen hoch feuerhemmende (F60) Fahrschachtwände aufweisen. 6

Gebäude der **Gebäudeklasse** 3 mit einer Höhe bis zu 7 m müssen feuerhemmende Fahrschachtwände (F30) haben. 7

Werden **Fahrschächte in Gebäuden der Gebäudeklasse 1 und 2** eingebaut, ohne dass hierzu eine baurechtliche Verpflichtung besteht, können auch brennbaren Baustoffen verwendet werden. Dann muss aber zumindest die Bekleidung aus nicht brennbaren Baustoffen in ausreichender Dicke bestehen (siehe hierzu auch die Ausführungen zu § 24 „Allgemeine Anforderungen an das Brandverhalten von Baustoffen und Bauteilen"). 8

Fahrschachttüren müssen brandtechnisch Rauchschutztüren entsprechen. Ebenso wie andere Öffnungen sind sie so herzustellen, dass Feuer, Qualm und Rauch weder eindringen noch entweichen kann, um ein Übergreifen auf andere Bauteile oder Geschosse zu verhindern. 9

3. Lüftung/Rauchableitung von Fahrschächten (Abs. 3)

Ein Fahrschacht muss sowohl zu lüften sein, als auch eine Rauchabzugsvorrichtung besitzen. Die Rauchabzugsöffnungen müssen eine **Größe von mindestens 2,5 v. H. der Grundfläche des Fahrschachtes, mindestens jedoch 0,1 m²** haben. 10

Die Rauchabzugsöffnung darf aufgrund ihrer Lage nicht durch Windeinfluss beeinträchtigt werden. In der Regel muss diese **Öffnung an oberster Stelle** (siehe hierzu auch die Ausführungen zu § 33 Abs. 8 Satz 3) **des Fahrschachtes angeordnet sein.** 11

4. Pflicht zum Einbau von Aufzügen und deren baurechtliche Anforderungen (Abs. 4)

Gebäude ab der Hochhausgröße mit einer Höhe von mehr als 13 m müssen Aufzüge in ausreichender Zahl haben. Gefordert werden **mindestens zwei Aufzüge**, sodass den Nutzern bei Ausfall eines Aufzuges noch ein zweiter zur Verfügung steht. Ansonsten richtet sich die erforderliche Zahl der Aufzüge nach 12 der Zahl der Benutzer bzw. Lasten, die befördert werden müssen. **Bei Wohngebäuden** kann von der **Faustregel** ausgegangen werden, wonach **für 20 Personen**, die einen Aufzug benutzen wollen oder könnten, **ein Aufzug mit einer nutzbaren Grundfläche von mindestens 0,15 m^2** pro Person vorhanden sein sollte.

13 Aus der Pflicht zum Einbau von Aufzügen folgt auch die Verpflichtung, die **Aufzüge zu warten und betriebsbereit zu halten.** Dabei müssen **alle Geschosse mit dem Aufzug erreichbar** sein.

14 Die **Höhe von 13 m,** ab der ein Aufzug gefordert wird, ist von der **natürlichen oder festgesetzten Geländeoberfläche** (vgl. § 2 Abs. 3 Satz 3) **bis zur Fußbodenoberkante eines Aufenthaltsraumes** – oder mehrerer Aufenthaltsräume – **im obersten Geschoss zu berechnen.**

15 Mindestens ein Aufzug muss Kinderwagen, Rollstühle, Krankentragen und Lasten befördern können und in jedem Geschoss eine Haltestelle haben. **Dies gilt auch für oberste Geschosse und Kellergeschosse.**

16 **Da ein solcher Aufzug auch geeignet sein muss, Krankentragen zu befördern, muss er eine nutzbare Grundfläche von mindestens 1,1 m x 2,1 m aufweisen** (siehe Abs. 5, Halbsatz 1).

17 Ein solcher **Pflichtaufzug** in Wohngebäuden muss sicherstellen, dass er von **allen Wohnungen stufenlos erreichbar** ist.

18 Ergänzend gilt § 52 Abs. 4 (**Barrierefreies Bauen**), der Vorgaben für Durchgangsbreiten (90 cm), Bewegungsflächen vor Türen und für Rampen (Neigung max. 6 v. H.; Mindestbreite 1,2 m mit Handlauf; alle 6 m ein Absatz von mindestens 1,2 m Länge in Laufrichtung) festsetzt.

19 **Nach der Novelle 2018 muss kein Aufzug höher geführt werden,** wenn bei **Bestandsgebäuden** zusätzlicher Wohnraum durch **Änderung des Dachgeschosses** oder durch **Aufstockung** um zusätzliche Geschosse geschaffen wird. Denn oftmals scheiterte die Schaffung zusätzlichen Wohnraums daran, dass zum Beispiel der **Treppenraum zu klein** war oder zur **Unwirtschaftlichkeit des gesamten Bauvorhabens** führte.

20 **Ein Abweichungsantrag gemäß § 69 muss nicht mehr gestellt werden.**

21 Der Gesetzgeber hat zudem in § 69 Absatz 1 Satz 1 Nummer 3 einen **weiteren Abweichungstatbestand** eingeführt, der auch zum Beispiel gegeben ist, wenn es trotz der Erleichterung des neuen Absatz 4 **noch weiterer Abweichungen von bauordnungsrechtlichen Vorschriften** bedarf.

5. Bemessung und Nutzung der Fahrkörbe (Abs. 5)

22 **Die nutzbare Grundfläche von Fahrkörben muss betragen,** zur Aufnahme
- einer Krankentrage: 1,1 m x 2,1 m;
- eines Rollstuhls: 1,1 m x 1,4 m.

23 Die Türen müssen eine lichte Durchgangsbreite von mindestens 90 cm haben.

Es ist zulässig, in einem Pflichtaufzug, der Rollstühle und Krankentragen befördern können muss, **den Teil der Grundfläche des Fahrkorbes durch eine verschließbare Tür abzusperren,** der über die Grundfläche von 1,1 x 1,4 m hinausgeht. Es reicht, wenn für Krankentransporte der zusätzlich benötigte Fahrkorbbereich geöffnet werden kann. Durch die zulässige **Verkleinerung der Grundfläche des Fahrkorbs** wird die Nutzfläche des Aufzugs reduziert und damit auch die Anzahl der Personen, die zeitgleich den Aufzug benutzen können. Dadurch werden die Anforderungen an die Tragfähigkeit des Aufzugs und damit seine Kosten reduziert. 24

Vor den Pflichtaufzügen muss eine ausreichende Bewegungsfläche vorhanden sein, auf welcher auch ein Krankentransport ausreichend Platz hat, um auf das Ankommen des Fahrkorbes warten zu können. Es ist in der Regel daher **für Bewegungsflächen eine Grundfläche von mindestens 1,5 m x 2,5 m zu fordern.** 25

6. Nachbar- und Rechtsschutz

§ 37 trifft Regelungen zugunsten der Benutzer von Aufzügen, einen Nachbarschutz vermittelt er nicht. 26

7. Ergänzende Rechtsvorschriften

Zunächst gilt die **Aufzugsverordnung** (AufzV). 27

Sonderbestimmungen für Aufzüge finden sich in § 52, der das **barrierefreie Bauen** regelt. 28

Hier ist insbesondere der Bauprüfdienst **BPD 2/10 „Barrierefreies Bauen"** zu beachten. 29

Darüber hinaus **gibt es für die unterschiedlichen Aufzugsarten jeweils spezielle technische Regeln,** also z. B. für Personenaufzüge, Personen-Umlaufaufzüge, Lastenaufzüge, Fassadenaufzüge, Bauaufzüge mit Personenbeförderung, Unterfluraufzüge etc. 30

§ 38 Sicherheitstechnisch bedeutsame und überwachungsbedürftige Anlagen

Für sicherheitstechnisch bedeutsame und überwachungsbedürftige Anlagen, die weder gewerblichen noch wirtschaftlichen Zwecken dienen und in deren Gefahrenbereich auch keine Arbeitnehmerinnen und Arbeitnehmer beschäftigt werden, gelten die Sachanforderungen und die Festlegungen über erstmalige Prüfungen vor Inbetriebnahme und wiederkehrende Prüfungen nach

1. **den auf Grund von § 34 des Produktsicherheitsgesetzes vom 8. November 2011 (BGBl. I S. 2178, 2179, 2012 I S. 131) geändert am 31. August 2015 (BGBl. I S. 1474, 1538), in der jeweils geltenden Fassung erlassenen Verordnungen und**
2. **der Betriebssicherheitsverordnung vom 3. Februar 2015 (BGBl. I S. 49), zuletzt geändert am 29. März 2017 (BGBl. I S. 626, 648), in der jeweils geltenden Fassung,**

sowie der zugehörigen Technischen Regeln sinngemäß.

§ 39 Leitungsanlagen, Installationsschächte und -kanäle

(1) Leitungen dürfen durch Raum abschließende Bauteile, für die eine Feuerwiderstandsfähigkeit vorgeschrieben ist, nur hindurchgeführt werden, wenn eine Brandausbreitung ausreichend lange nicht zu befürchten ist oder Vorkehrungen hiergegen getroffen sind; dies gilt nicht
1. für Gebäude der Gebäudeklassen 1 und 2,
2. innerhalb von Wohnungen,
3. innerhalb derselben Nutzungseinheit mit nicht mehr als insgesamt 400 m² Grundfläche in nicht mehr als zwei Geschossen.

(2) In notwendigen Treppenräumen, in Räumen nach § 33 Absatz 3 Satz 3 und in notwendigen Fluren sind Leitungsanlagen nur zulässig, wenn eine Nutzung als Rettungsweg im Brandfall ausreichend lange möglich ist.

(3) Für Installationsschächte und -kanäle gelten Absatz 1 sowie § 40 Absatz 2 Satz 1 entsprechend.

Kommentierung

Übersicht Rn.

1. Brandschutzanforderungen für Leitungen, die durch Bauteile führen (Abs. 1)

1 Grundsätzlich **bedarf das Durchführen und das Verlegen von Leitungen durch Raum abschließende Bauteile keiner Genehmigung,** da es sich insoweit um **verfahrensfreie Vorhaben nach** § 60 handelt (vgl. Anlage 2 zu § 60 Abschnitt I, Nr. 3.3).

2 **Werden Leitungen jedoch durch Wände, Decken und Dächer durchgeführt, für die erhöhte Brandschutzanforderungen vorgeschrieben sind, so gilt dieses auch für Leitungsdurchführungen, Installationsschächte und -kanäle.** Erfasst werden sämtliche Leitungen, Schächte und Kanäle innerhalb eines Gebäudes, gleichgültig, ob sie der **Wärme-, Elektrizitäts- oder der Wasserversorgung** oder auch der **Abwasserbeseitigung** dienen.

3 **Durch Raum abschließende Bauteile, für die eine Widerstandsfähigkeit vorgeschrieben ist,** dürfen Leitungen nur hindurchgeführt werden, wenn nicht zu erwarten oder durch entsprechende Vorkehrungen sichergestellt ist, dass keine Übertragung oder Ausbreitung von Rauch, Qualm und Feuer möglich ist. Entscheidend kommt es dabei auf den **Leitungsquerschnitt** und die **Brennbarkeit**

der Leitung selbst an sowie darauf, ob durch die Leitungen Gas, Öl, Wasser, Elektrizität, Wärme oder Luft transportiert wird.

Bei Leitungsquerschnitten unter 16 mm^2 ist keine besondere Brandgefahr zu befürchten. Besondere Vorkehrungen müssen vorrangig bei Gas- und Ölleitungen getroffen werden. **4**

Führen Leitungen durch tragende Wände, Außen-, Trenn- oder Brandwände sowie Decken und Dächer, für die nach den §§ 24–30 eine bestimmte Feuerwiderstandsfähigkeit (Feuerwiderstandsklasse F30–F90) vorgeschrieben ist, **so sind die Leitungen mit Bauteilen oder Baustoffen zu ummanteln,** die die Feuerwiderstandsdauer der Wand, Decke, etc. aufweisen, durch die die Leitungen hindurchgeführt werden sollen. Die **Brandübertragungsgefahr bei Lüftungsleitungen** kann auch durch den Einbau von sog. **Brandschutzklappen** verhindert werden. Bei elektrischen Leitungen bietet sich eine **Kabelabschottung** als zusätzliche Sicherheitsvorkehrung an. **5**

Mit der **HBauO-Novelle 2018 wurde die Erleichterung für das Verlegen von Leitungen nicht mehr nur auf „Decken" beschränkt.** Vielmehr gelten diese **Privilegierungen nunmehr für Gebäude der Gebäudeklassen 1 und 2** (7 m Höhe gemäß § 2 Absatz 3 Nummer 1 und 2), innerhalb von Wohnungen sowie innerhalb derselben Nutzungseinheit, die über zwei Geschosse führt und deren Grundfläche 400 m^2 nicht überschreitet. **6**

2. Zulässigkeit von Leitungsanlagen in notwendigen Treppenräumen und notwendigen Fluren (Abs. 2)

In notwendigen Treppenräumen, inklusiv eventuell vorhandener Vorräume zwischen Treppenraumwand und Ausgang ins Freie, **sowie in notwendigen Fluren sind Leitungsanlagen nur zulässig,** wenn sie ausreichend lange gewährleisten, dass die Treppenräume und Flure möglichst lange als Rettungsweg genutzt werden können (siehe hierzu auch die Ausführungen zu § 33 Abs. 1). **7**

3. Brandschutzanforderungen an Installationsschächte und -kanäle (Abs. 3)

Werden Installationsschächte und -kanäle durch Bauteile hindurchgeführt (Wände, Decken, Dächer), **für die eine Feuerwiderstandsfähigkeit vorgeschrieben ist,** so müssen auch sie in Anwendung des **Abs. 1** entsprechend **ummantelt oder abgeschottet** sein, um eine Brandübertragung zu verhindern. Da dieser Absatz auf die Anwendung von § 40 Abs. 2 Satz 1 verweist, müssen Installationsschächte und -kanäle in der Regel aus nicht brennbaren Baustoffen (Bauklasse A) bestehen, da sie auch durch Geschossdecken und Wände hindurchgehen und somit einer Brandübertragung entgegen gewirkt werden muss. **8**

Für Installationsschächte und -kanäle, die durch Decken führen, gelten in Gebäuden der Gebäudeklassen 1 und 2, innerhalb von Wohnungen und innerhalb von Nutzungseinheiten über zwei Geschosse mit einer Grundfläche von nicht mehr als 400 m^2 **keine besonderen Brandschutzanforderungen.** **9**

4. Nachbar- und Rechtsschutz

Auch § 39 formuliert allgemeine Anforderungen, die nicht dem Schutz der Nachbarn dienen. **10**

5. Ergänzende Rechtsvorschriften

11 Zunächst ist die Generalklausel des § 17 „Brandschutz" zu beachten sowie die speziellen Regelungen für Öffnungen in Trennwänden (§ 27 Abs. 5), in Brandwänden (§ 28 Abs. 8), in Decken (§ 29 Abs. 4) und in Dächern (§ 30 Abs. 5).

12 Hinzu kommen zahlreiche Technische Baubestimmungen, die aktuell im Amtlichen Anzeiger vom 30.4.2018, S. 669 ff. aufgeführt und veröffentlicht sind.

13 Zu erwähnen sei insbesondere die Richtlinie über brandschutztechnische Anforderungen an Leitungsanlagen – LAR.

§ 40 Lüftungsanlagen

(1) Lüftungsanlagen müssen betriebssicher und brandsicher sein; sie dürfen den ordnungsgemäßen Betrieb von Feuerungsanlagen nicht beeinträchtigen.

(2) Lüftungsleitungen sowie deren Bekleidungen und Dämmstoffe müssen aus nicht brennbaren Baustoffen bestehen; brennbare Baustoffe sind zulässig, wenn ein Beitrag der Lüftungsleitung zur Brandentstehung und Brandweiterleitung nicht zu befürchten ist. Lüftungsleitungen dürfen Raum abschließende Bauteile, für die eine Feuerwiderstandsfähigkeit vorgeschrieben ist, nur überbrücken, wenn eine Brandausbreitung ausreichend lange nicht zu befürchten ist oder wenn Vorkehrungen hiergegen getroffen sind.

(3) Lüftungsanlagen sind so herzustellen, dass sie Gerüche und Staub nicht in andere Räume übertragen.

(4) Lüftungsanlagen dürfen nicht in Abgasanlagen eingeführt werden; die gemeinsame Nutzung von Lüftungsleitungen zur Lüftung und zur Ableitung der Abgase von Feuerstätten ist zulässig, wenn keine Bedenken wegen der Betriebssicherheit und des Brandschutzes bestehen. Die Abluft ist ins Freie zu führen. Nicht zur Lüftungsanlage gehörende Einrichtungen sind in Lüftungsleitungen unzulässig.

(5) Die Absätze 2 und 3 gelten nicht
1. für Gebäude der Gebäudeklassen 1 und 2,
2. innerhalb von Wohnungen,
3. innerhalb derselben Nutzungseinheit mit nicht mehr als 400 m² in nicht mehr als zwei Geschossen.

(6) Für raumlufttechnische Anlagen und Warmluftheizungen gelten die Absätze 1 bis 5 entsprechend.

Kommentierung

Übersicht — Rn.

1. Betriebs- und Brandsicherheit (Abs. 1)

1 Lüftungsanlagen müssen betriebs- und brandsicher sein. **Lüftungsanlagen sind solche Anlagen, die der Reinigung und Erwärmung von Luft dienen.** Durch Lüftungsanlagen werden Räume und Gebäude mit neuer Luft versorgt und Abluft abgeführt. Typische Lüftungsanlagen sind **Klimaanlagen**, die durch Einhaltung einer bestimmten vorgegebenen veränderbaren Temperatur der Luft und durch Versorgung der Luft mit einem ausreichenden Feuchtigkeitsgehalt, für ein für Menschen angenehmes Raumklima sorgen.

2 Eine **baurechtliche Verpflichtung zum Einbau einer Lüftungsanlage** besteht bei Aufenthaltsräumen ohne Fenster (vgl. § 44 Abs. 3) und bei fensterlosen Bädern und Toiletten (vgl. § 45 Abs. 3).

3 Dass Lüftungsanlagen betriebs- und brandsicher sein müssen, ergibt sich bereits aus der „Allgemeinen Anforderungen“ gemäß § 3 Abs. 1. Lüftungsanlagen müssen entsprechend der technischen Bestimmungen gebaut und regelmäßig gewartet werden. **Brandsicher ist eine Lüftungsanlage**, wenn sie die Anforderungen an das Brandschutzverhalten von Baustoffen und die Feuerwiderstandsfähigkeit von Bauteilen gemäß des Absatzes 2 erfüllt.

4 **Darüber hinaus dürfen Lüftungsanlagen nicht den Betrieb von Feuerungsanlagen beeinträchtigen.** Es ist insbesondere sicherzustellen, dass die Verbrennungsluft von Feuerungsanlagen (z. B. **Kamine und Öfen**) nicht durch Lüftungsanlagen mit Ventilatorwirkung abgesaugt wird, ohne dass gleichzeitig neue Zuluft in den Raum hineingeführt wird. Das **Entstehen eines Unterdrucks in dem Aufstellraum der Feuerungsanlage kann durch eine elektrische Schaltung verhindert werden,** die regelt, dass beispielsweise eine **Dunstabzugshaube** oder andere Abluftanlagen nicht eingeschaltet werden können, wenn die Feuerungsanlagen in Betrieb ist. Auch durch eine **zusätzliche Öffnung direkt ins Freie**, die die Zufuhr von Frischluft sicherstellt, kann dem Entstehen eines Unterdrucks entgegengewirkt werden.

5 **Dass Feuerungsanlagen nicht durch Lüftungsanlagen beeinträchtigt werden, wird** von den zuständigen **Schornsteinfegern regelmäßig geprüft.**

2. Brandschutzanforderungen an Lüftungsleitungen (Abs. 2)

6 **Zuluft- und Abluftleitungen** sowie deren Bekleidungen und Dämmstoffe **müssen aus nicht brennbaren Baustoffen** (Bauklasse A) **bestehen.** Ist keine Brandentstehung oder Branderweiterung durch das Verlegen von Lüftungsleitungen zu befürchten, können auch schwer entflammbare Baustoffe (Klasse B) zum Einsatz kommen, z. B. wenn **zwischen zwei Brandabschnitten eine Brandschutzklappe eingebaut wird.**

7 Sofern **Lüftungsleitungen Raum abschließende Bauteile** (Wände, Decken, Dächer) **überbrücken**, für die eine Widerstandsfähigkeit vorgeschrieben ist, so muss durch besondere zusätzliche Vorkehrungen (insbesondere **Brandschutzklappen**) gewährleistet sein, dass **Feuer und Rauch nicht zusammen mit Zuluft oder Abluft in einen anderen Brandabschnitt oder ein anderes Geschoss gelangen kann.** Sämtliche Teile von Lüftungsanlagen, insbesondere auch die Wandungen der Rohre und Schächte, sollten daher mindestens die Feuerwiderstandsklasse F 60, besser noch F90 besitzen.

3. Übertragung von Gerüchen und Staub (Abs. 3)

8 Der **Übertragung von Staub** durch Lüftungsanlagen kann durch den Einbau entsprechender Filter entgegengewirkt werden.

9 Die **Geruchsübertragung** kann gerade in fensterlosen Küchen und Toiletten durch Einbau einer entsprechenden elektrischen, automatisch anspringenden **Abzugseinrichtung** gemindert werden.

4. Lüftungsanlagen und Abgasanlagen (Schornsteine) (Abs. 4)

10 **Lüftungsanlagen dürfen nicht in Abgasanlagen (Schornsteine) eingeführt werden.** Zum einen soll dadurch ein ordnungsgemäßes Entweichen der Abgasluft ins Freie ermöglicht werden, zum anderen soll ein Raucheintritt in den zu entlüftenden Raum verhindert werden.

11 **Eine Ausnahme von diesem Grundsatz ist möglich,** d. h. eine **gemeinsame Benutzung von Lüftungsleitungen** zur Lüftung und zur Ableitung der Abgase von Feuerstätten, **sofern die Betriebssicherheit und der Brandschutz unbedenklich sind.** Voraussetzung dafür ist, dass insbesondere die Regelungen der **Feuerverordnung (FeuVO)** eingehalten werden.

12 **Dabei muss die Abluft stets direkt ins Freie führen.** In der Regel ist die **Abluftleitung über Dach zu führen.** Zweckfremde Leitungen, Kabel, elektrische Schaltungen etc., die nicht zur Lüftungsanlage gehören, dürfen dort nicht verlegt oder montiert werden.

5. Ausnahmen von Brandschutzanforderungen an Lüftungsleitungen und die Übertragung von Gerüchen und Staub (Abs. 5)

13 **Die strengen Anforderungen an den Brandschutz von Lüftungsleitungen** auch in Bezug auf Geruchs- und Staubübertragung **gelten nicht nach**
Nr. 1 für Gebäude bis zu 7 m Höhe der Gebäudeklassen 1 und 2 (vgl. § 2 Abs. 3 Nr. 1 und 2);
Nr. 2 innerhalb von Wohnungen;
Nr. 3 innerhalb derselben Nutzungseinheit (Wohnung, Büro, Praxis, Betriebsstätte etc.), auch wenn sich diese auf zwei Ebenen erstreckt, die Nutzungseinheit aber eine max. Grundfläche von 400 m^2 hat.

6. Raumlufttechnische Anlagen (Klimaanlagen) und Warmluftheizungen (Abs. 6)

14 **Vorschriften für Lüftungsanlagen gelten auch für raumlufttechnische Anlagen insbesondere Klimaanlagen.** Ebenso für **Warmluftheizungen**, bei denen er-

wärmte Luft in einem besonderen Leitungssystem in andere Räume oder Gebäude befördert wird.

7. Nachbar- und Rechtsschutz

Die Vorschrift des § 40 Abs. 3 bezüglich der Verhinderung von Geruchs- und Staubübertragungen entfaltet drittschützende Wirkung. Dieses gilt nicht für die restlichen Absätze des § 40, die dem Allgemeininteresse dienen. 15

8. Ergänzende Rechtsvorschriften

Für Mittel- und Großgaragen ist die **Garagenverordnung** (GarVO) vom 17.1.2012 zu beachten. 16

Für Verkaufsstätten geltend die zusätzlichen Regelungen der **Verkaufsstättenverordnung (VkVO)**, für Versammlungsstätten die **Versammlungsstättenverordnung (VStättVO)** und für Hotels etc. die **Beherbergungsstättenverordnung** (BeVO). 17

Sodann kann die **Feuerungsverordnung** (FeuVO) zur Anwendung kommen, ebenso wie die **Bauprüfdienste:** 18

- **BPD** 4/10 „Überwachung von technischen Anlagen und Einrichtungen nach der Prüfverordnung (**BPD Technische Prüfungen**)";
- **BPD** 2/11 „Prüfung technischer Anlagen und Einrichtungen im Genehmigungsverfahren (**BPD Prüfung TGA**)";
- **BPD** 5/12 „Brandschutztechnische Auslegungen (**BTA**)".
  In Hamburg gelten darüber hinaus verschiedene **Technische Baubestimmungen,** die im Amtlichen Anzeiger vom 30.4.2018, S. 669 ff., abgedruckt wurden.

In kleiner dimensionierten Gebäuden unterschiedlicher Nutzungen bedürfen Lüftungsanlagen keiner Genehmigung, da sie zu den **verfahrensfreien Vorhaben** nach § 60 zählen (vgl. Anlage 2 zu § 60 Abschnitt I., Nr. 2.3). 19

§ 41 Feuerungsanlagen, sonstige Anlagen zur Wärmeerzeugung, Brennstoffversorgung

(1) Feuerstätten und Abgasanlagen (Feuerungsanlagen) müssen betriebssicher und brandsicher sein.

(2) Feuerstätten dürfen in Räumen nur aufgestellt werden, wenn nach der Art der Feuerstätte und nach Lage, Größe, baulicher Beschaffenheit und Nutzung der Räume Gefahren nicht entstehen.

(3) Abgase von Feuerstätten sind durch Abgasleitungen, Schornsteine und Verbindungsstücke (Abgasanlagen) so abzuführen, dass keine Gefahren oder unzumutbaren Belästigungen entstehen. Abgasanlagen sind in solcher Zahl und Lage und so herzustellen, dass die Feuerstätten des Gebäudes ordnungsgemäß angeschlossen werden können. Sie müssen leicht gereinigt werden können.

(4) Behälter und Rohrleitungen für brennbare Gase und Flüssigkeiten müssen betriebssicher und brandsicher sein. Diese Behälter sowie feste Brennstoffe

sind so aufzustellen oder zu lagern, dass keine Gefahren oder unzumutbaren Belästigungen entstehen.

(5) Für die Aufstellung von ortsfesten Verbrennungsmotoren, Blockheizkraftwerken, Brennstoffzellen und Verdichtern sowie die Ableitung ihrer Verbrennungsgase gelten die Absätze 1 bis 3 entsprechend.

Kommentierung

Übersicht

1. Betriebs- und Brandsicherheit (Abs. 1)

1 Auch für Feuerstätten und Abgasanlagen wird gefordert, dass diese betriebs- und brandsicher sind. **Unter Abgasanlagen versteht man insbesondere Schornsteine** aber auch Abgasleitungen und Verbindungsstücke.

2 **Typische Feuerstätten sind offene Kamine, Kaminöfen, Heizöfen und -kessel, Warmwasserbereiter**, aber auch **Kochherde, die über eine Gaszuleitung verfügen.**

3 **Keine Feuerungsanlagen** sind Systeme, die lediglich Wärme und Warmwasser transportieren und verteilen. Auch **elektrische Heizsysteme und Wärmepumpen** zählen nicht zu den Feuerungsanlagen.

2. Aufstellort/-raum (Abs. 2)

4 **Für Aufstellorte von Feuerstätten wird gefordert,** dass sie nach Lage, Größe, baulicher Beschaffenheit und Nutzung des jeweiligen Raumes so hergerichtet sein müssen, dass durch die Feuerstätte keine Gefahren entstehen können. **Ungeeignet für Feuerstätten sind insbesondere Treppenräume, Flure und Garagen.**

3. Abgase und Abgasleitungen (Abs. 3)

5 **Durch Feuerstätten entstehende Abgase** sind durch Abgasleitungen, Schornsteine und Verbindungsstücke so abzuführen, dass keine Gefahren oder unzumutbaren Belästigungen entstehen können (siehe hierzu auch die Ausführungen zu § 3).

6 Abgasanlagen sind in ausreichender Zahl und in geeigneter Lage herzustellen. **Grundsätzlich muss jede Feuerstätte einen separaten Schornstein besitzen,** nur im Ausnahmefall kann nach § 7 Abs. 3 **Feuerverordnung (FeuVO)** auch zuge-

lassen werden, dass **mehrere Feuerstätten an einen gemeinsamen Schornstein angeschlossen werden.**

Abgasanlagen müssen leicht zu reinigen sein, um regelmäßig Rußablagerungen zur Aufrechterhaltung des vorgeschriebenen Querschnitts entfernen zu können. Dementsprechend sind Reinigungsöffnungen mit einer vorgegebenen Mindestgröße (**Revisionsklappen**) einzubauen. 7

4. Brennbare Gase und Flüssigkeiten (Abs. 4)

Behälter und Rohrleitungen für **brennbare Gase und Flüssigkeiten** müssen betriebs- und brandsicher sein. **Behälter** für brennbare Gase und Flüssigkeiten sind ebenso wie feste Brennstoffe **so aufzustellen und zu lagern, dass keine Gefahren oder unzumutbare Belästigungen entstehen können.** 8

Es ist insbesondere dafür Sorge zu tragen, dass sich in dem **Aufstellraum kein verbranntes Gas ansammeln kann.** 9

Da auch **feste Brennstoffe** ein Gefahrpotential beinhalten, sind sie so zu lagern, dass von ihnen keine Gefahr oder unzumutbare Belästigungen ausgehen können. 10

Ob und unter welchen Voraussetzungen Brennstoffe in Wohnungen gelagert werden dürfen (Mindestmengen sind vorgegeben), ist in der **Feuerverordnung (FeuVO)** geregelt. 11

In Treppenräumen, Fluren, auf Balkonen und Dachterrassen sowie in Durchgängen und Durchfahrten dürfen keine Brennstoffe gelagert werden. 12

5. Verbrennungsmotore, Blockheizkraftwerke, Brennstoffzellen und Verdichter (Abs. 5)

Für die Aufstellung und Ableitung der Verbrennungsgase von **Verbrennungsmotoren, Blockheizkraftwerken, Brennstoffzellen** und **Verdichtern** sind die Absätze 1–3 entsprechend anzuwenden, obwohl diese Anlagen keine Feuerungsanlagen sind. 13

Ortsfeste Verbrennungsmotoren sind Notstromaggregate, so wie sie für Krankenhäuser und Kaufhäuser etc. vorgeschrieben sind. 14

Wärmepumpen werden als Verdichter ebenfalls den Regelungen der Absätze 1–3 unterworfen. 15

6. Nachbar- und Rechtsschutz

Soweit in § 41, Abs. 3 und 4 vorgegeben ist, dass von Abgasanlagen, Behältern für brennbare Gase und Flüssigkeiten sowie von gelagerten festen Brennstoffen keine unzumutbaren Belästigungen ausgehen dürfen, sind diese Vorschriften nachbarschützend. Relevanz erlangt dieses insbesondere beim Betrieb von offenen Kaminen, die Rauch und Ruß produzieren. Grundsätzlich kann gesagt werden, dass von einer unzumutbaren Belästigung nicht ausgegangen werden kann, wenn Brennstoffe verwendet werden, die nach der 1. Bundes-Immissionsschutzverordnung zugelassen sind. 16

7. Ergänzende Rechtsvorschriften

17 Zusätzliche Regelungen über Feuerungsanlagen finden sich im **Immissionsschutzrecht.**

18 Besondere Anforderungen an Feuerstätten und ihre Abgasanlagen sind in der **Feuerungsverordnung** (FeuVO) normiert.

19 Für Feuerungsanlagen gibt es darüber hinaus zahlreiche Technische Richtlinien und DIN-Vorschriften. Auf die **„Liste der Technischen Baubestimmungen“**, aktuell veröffentlicht im Amtlichen Anzeiger vom 30.4.2018, S. 669 ff. wird hingewiesen.

20 Sodann können noch folgende **Bauprüfdienste** zur Anwendung kommen:
- **BPD** 4/10 „Überwachung von technischen Anlagen und Einrichtungen nach der Prüfverordnung (**BPD Technische Prüfung**)“;
- **BPD** 2/11 „Prüfung technischer Anlagen und Einrichtungen im Genehmigungsverfahren (**BPD Prüfung TGA**)“.

  Kleine Feuerungs- und Wärmeerzeugungsanlagen bedürfen als **verfahrensfreie Vorhaben** nach § 60 keiner Genehmigung (vgl. Anlage 2 zu § 60 Abschnitt I, Nr. 3).

21 Auch ein Bebauungsplan kann Festsetzungen für Feuerungsanlagen zum Schutz vor Umweltgefahren treffen (vgl. § 9 Abs. 1 Nr. 23 BauGB).

§ 42 Anlagen zum Sammeln und Beseitigen von Abwasser

(1) Abwassersammelgruben und Kleinkläranlagen müssen wasserdicht und ausreichend groß sein. Sie müssen eine dichte und sichere Abdeckung sowie Reinigungs- und Entleerungsöffnungen haben. Diese Öffnungen dürfen nur vom Freien aus zugänglich sein. Die Anlagen sind so zu entlüften, dass Gesundheitsschäden oder unzumutbare Belästigungen nicht entstehen. Die Zuleitungen zu Abwasserentsorgungsanlagen müssen geschlossen, dicht und, soweit erforderlich, zum Reinigen eingerichtet sein.

(2) Schächte oder Öffnungen, von denen Geruchsbelästigungen ausgehen können, müssen mindestens 5 m von Öffnungen von Aufenthaltsräumen und mindestens 2,50 m von der Grundstücksgrenze entfernt sein.

Kommentierung

Übersicht

1. Anforderungen an Abwassersammelgruben und Kleinkläranlagen (Abs. 1)

Bauliche Anlagen dürfen nur errichtet werden, wenn dem Vorhaben keine öffentlich-rechtlichen Vorschriften entgegenstehen. Zu diesen öffentlich-rechtlichen Vorschriften zählt auch § **18b Wasserhaushaltsgesetz (WHG), wonach Abwasseranlagen den allgemein anerkannten Regeln der Technik entsprechen müssen** und so zu errichten und zu betreiben sind, dass das Abwasser entsprechend den wasserrechtlichen Vorschriften beseitigt wird. 1

In der Regel ist daher nach dem Hamburgischen Abwassergesetz (HmbAbwG) **das Abwasser** (Schmutz- oder Niederschlagswasser) **bebauter Grundstücke in Schmutzwasser-, Regenwasser-** oder **Mischwassersiele einzuleiten. Liegt im öffentlichen Verkehrsraum vor einem Baugrundstück ein Siel,** unterliegt der Grundstückseigentümer dem **Anschluss- und Benutzungszwang,** d. h. er muss sein Schmutz- und Regenwasser in das öffentliche Siel einleiten. 2

Ist vor einem Baugrundstück noch **kein Siel verlegt, kann das Abwasser in eine Sammelgrube oder Kleinkläranlage eingeleitet werden.** Eine **Sammelgrube** besitzt keinen Abfluss, in ihr wird das Schmutzwasser in Gänze gesammelt und regelmäßig abgepumpt und abgefahren. Eine **Kleinkläranlage** ist eine Dreikammerklärgrube, die das anfallende Wasser entweder mechanisch oder anaerobbiologisch behandelt, bevor es in ein oberirdisches Gewässer (sog. Vorfluter) oder in den Untergrund eingeleitet wird (Versickerung oder Verrieselung). 3

Abwassersammelgruben und Kleinkläranlagen müssen wasserdicht und ausreichend groß sein. **Entweder müssen Fertigbetonteile verwendet werden oder ein wasserundurchlässiger Sperrbeton.** 4

Diese Abwasseranlagen müssen entsprechend gesichert sein und **über Reinigungs- und Entleerungsöffnungen verfügen,** die vom Freien aus zugänglich sein müssen, um das Abwasser samt absetzbarer Stoffe und Schwimmstoffe durch dafür bestellte Entsorgungsfirmen abfahren zu können. 5

Durch eine **dichte Abdeckung** soll verhindert werden, dass Regenwasser in die Abwasseranlagen eindringt. Zugleich soll das Freiwerden von Geruchs- und Gasemissionen verhindert werden. 6

Darüber hinaus müssen **Abwasseranlagen** so **entlüftet werden,** dass keine Gesundheitsschäden oder unzumutbare Belästigungen auftreten können. Die Zuleitungen zu den Abwasseranlagen müssen dicht sein und Reinigungsöffnungen besitzen, um etwaige Ablagerungen und Verengungen kurzfristig beseitigen zu können. 7

Kommt eine **Abwassersammelgrube** zum Einsatz, so darf das Baugrundstück nach § 4 Abs. 3 Satz 4 **nur mit einem Wohngebäude mit max. zwei Nutzungseinheiten bebaut werden.** 8

2. Mindestabstände (Abs. 2)

Fenster und Türen (Öffnungen) von Aufenthaltsräumen (Definition in § 2 Abs. 5) müssen von Schächten und Öffnungen der Abwasseranlagen, von denen Geruchsbelästigungen ausgehen können, **mindestens 5 m entfernt sein.** Ab- 9 zustellen ist von der **Entfernung des Grubendeckels bis zur Öffnung** (Tür oder Fenster). Auch aus hygienischen und optischen Gründen ist der Mindestabstand einzuhalten.

10 Durch die **HBauO-Novelle 2010 wurde der Abs. 2 neu formuliert** und hinsichtlich seines Regelungsgehaltes dahingehend erweitert, dass nunmehr auch von geruchsbelästigenden Schächten und Öffnungen ein **Mindestabstand von 2,50 m zur Grundstücksgrenze** vorgeschrieben ist. **Bisher konnten Schächte und Öffnungen auch unmittelbar an der Nachbargrenze errichtet werden.**

3. Nachbar- und Rechtsschutz

11 Sowohl § 42 Abs. 1 Satz 4 als auch Abs. 2 dient dem Schutz der Nachbarn. Diese können sich folglich sowohl gegen belästigende Entlüftungsöffnungen zur Wehr setzen als auch die Einhaltung des Mindestabstandes von 5 m einfordern.

4. Ergänzende Rechtsvorschriften

12 Es gelten die Anforderungen des **Hamburgischen Abwassergesetzes (HmbAbwG).**

13 Es kommen zudem technische Regelwerke wie die **DIN 4045 und 4261** zur Anwendung.

§ 43 Anlagen für Abfälle

(1) Für bauliche Anlagen und Grundstücke, bei deren Nutzung Abfälle anfallen, sind befestigte und ausreichend bemessene Standplätze oder Abfallbehälterräume zur Aufnahme der Abfall- und Wertstoffsammelbehälter auf dem Grundstück oder, durch Baulast gesichert, auf einem anderen Grundstück herzustellen.

(2) Die Standplätze müssen vor Öffnungen von Aufenthaltsräumen mindestens 5 m entfernt sein. Der Abstand darf bis auf 2 m verringert werden, wenn die Behälter in Müllbehälterschränken untergebracht werden. Die Sätze 1 und 2 gelten nicht, wenn auf dem Grundstück nur Abfall- und Wertstoffsammelbehälter bis zu insgesamt 240 Liter Fassungsvermögen untergebracht werden.

(3) Feste Abfallstoffe dürfen innerhalb von Gebäuden vorübergehend aufbewahrt werden, in Gebäuden der Gebäudeklassen 3 bis 5 jedoch nur, wenn die dafür bestimmten Abfallbehälterräume unmittelbar vom Freien entleert werden können und

1. **Trennwände und Decken als Raum abschließende Bauteile mit der Feuerwiderstandsfähigkeit der tragenden Wände,**
2. **Öffnungen vom Gebäudeinnern zum Aufstellraum mit Feuer hemmenden, dicht- und selbstschließenden Abschlüssen und**
3. **eine ständig wirksame Lüftung haben.**

Kommentierung

Übersicht

1. Standplätze für Abfallbehälter (Abs. 1)

Für Abfälle, die durch die Nutzung baulicher Anlagen oder von Grundstücken anfallen, **sind ausreichend bemessene Standplätze für Abfallbehälter auf dem Grundstück selbst herzustellen.** Alternativ kann der Standplatz auch auf einem anderen Grundstück errichtet werden, sofern hierfür eine Baulast nach § 79 eingetragen ist. 1

Grundsätzlich sind **Standplätze für Abfall- und Wertstoffsammelbehälter vorzusehen,** sodass die Möglichkeit besteht, **Wertstoffe separat zu sammeln,** abzufahren und wiederzuverwerten. 2

2. Mindestabstände von Abfallbehältern (Abs. 2)

Wie bei Abwasseranlagen müssen auch **Standplätze von Abfallbehältern** vor Türen und Fenstern (Öffnungen) von Aufenthaltsräumen **einen Mindestabstand von 5 m einhalten.** 3

Sind die Abfallbehälter in **Müllbehälterschränken** untergebracht, wodurch eine bessere Hygiene und Optik erreicht wird, kann der Mindestabstand auf **2 m** verringert werden. 4

Für Abfall- und Wertstoffsammelbehälter mit einem **Fassungsvermögen von maximal 240 l** gelten **keinerlei Mindestabstände.** 5

3. Feste Abfallstoffe (Abs. 3)

Feste Abfallstoffe dürfen auch innerhalb von Gebäuden vorübergehend aufbewahrt werden, wobei für Gebäude der Gebäudeklassen 3–5 (vgl. § 2 Abs. 3 Nr. 3–5) dieses nur zulässig ist, **wenn die Gebäude Abfallbehälterräume besitzen,** die unmittelbar vom Freien entleert werden können. Zusätzlich muss ein **innen liegender Abfallbehälterraum noch wie folgt ausgebildet sein,** nach 6

Nr. 1 Wegen der Brandgefahr, die von einem Müllraum ausgeht, müssen alle Außenwände, Trennwände und die Decke dieselbe Feuerwiderstandsfähigkeit besitzen.

Nr. 2 Aus diesem Grunde muss die Tür (Öffnungen) vom Gebäudeinneren zum Aufstellraum feuerhemmend (F30) ausgebildet sein und dicht und selbstschließend.

Nr. 3 Zu guter Letzt wird eine ständig wirksame Lüftung gefordert, also ein Abluftschacht, der über Dach geführt wird mit einer entsprechenden Zuluftzuführung von Außen. Auch ein stillgelegter Schornstein kann zur Entlüftung genutzt werden. Über ein Fenster oder eine sonstige Öffnung des Abfallbehälterraumes darf die Abluft nur dann geführt werden, wenn nicht die Gefahr besteht, dass im Brandfall eine Brandübertragung in andere Räume, andere Geschosse oder auf andere Gebäude bzw. bauliche Anlagen stattfinden kann.

4. Nachbar- und Rechtsschutz

Nur die Mindestabstände gemäß § 43 Abs. 2 Satz 1 und 2 sind nachbarschützend. 7

5. Ergänzende Rechtsvorschriften

8 Es gilt das **Kreislaufwirtschafts- und Abfallgesetz (KrW-/AbfG).** Danach unterliegen alle Grundstücke, auf denen Abfälle anfallen, dem Anschluss- und Benutzungszwang. In Hamburg hat die Beseitigung und Verwertung von Abfällen zentral durch die Stadtreinigung Hamburg zu erfolgen.

9 Zudem findet das **Hamburgische Abfallwirtschaftsgesetz** (HmbAbfG) Anwendung.

10 In der **Abfallbehälterbenutzungsverordnung** (AbfBenVO) ist geregelt, welche Behältergrößen für welche Benutzungseinheiten vorzuhalten sind.

11 Die **Bioabfallverordnung** (BioAbfVO) macht Vorgaben über die Getrenntsammlung organischer Abfälle.

12 Wann und auf welchen Grundstücken pflanzliche Abfälle und Erdaushub auf Grundstücken beseitigt werden können, auf denen sie angefallen sind, bestimmt die **Verordnung über die Beseitigung von Abfällen außerhalb von Abfallbeseitigungsanlagen.**

§ 43a Elektrische Anlagen und Blitzschutzanlagen

(1) Elektrische Anlagen müssen dem Zweck und der Nutzung der baulichen Anlagen entsprechend ausgeführt sowie betriebssicher und brandsicher sein.

(2) Bauliche Anlagen, bei denen nach Lage, Bauart oder Nutzung Blitzschlag leicht eintreten oder zu schweren Folgen führen kann, sind mit dauernd wirksamen Blitzschutzanlagen zu versehen.

Kommentierung

Übersicht Rn.

1. Betriebs- und Brandsicherheit (Abs. 1)

1 Zu den elektrischen Anlagen zählen zum einen **Starkstromanlagen** und zum anderen **Fernmeldeanlagen**. Ihre ständige **Betriebssicherheit** muss durchgehend gewährleistet sein, ggf. über **Notstromaggregate**, um zu verhindern, dass bei einem Stromausfall Menschen oder Sachen zu Schaden kommen können. Dieses gilt insbesondere für Starkstromanlagen, die Energie für Räume oder Gebäude liefern, in denen sich größere Menschenmengen ansammeln oder aufhalten.

2 Bei einem Ausfall der Beleuchtung kann schnell Panik entstehen, weshalb in Räumen mit größeren Menschenansammlungen eine **Sicherheitsbeleuchtung** gefordert wird, die aus einer **zweiten Stromquelle** gespeist wird.

Solche elektrischen Anlagen müssen auch **brandsicher sein**, d. h. von ihnen wird für den Fall eines Brandes gefordert, **dass sie trotz Hitze- und Raucheinwirkung möglichst lange funktionieren**, um beispielsweise die Beleuchtung von Rettungswegen und das automatische Schließen von Brandschutztüren zu gewährleisten. Für die Leitungen der elektrischen Anlagen gelten insbesondere die Anforderungen des § 39. 3

2. Blitzschutzanlagen (Abs. 2)

Da **Blitzschutzanlagen** das Entstehen eines Brandes verhindern oder die Gefahr eines Brandes zumindest mindern können, sind sie **für bestimmte Nutzungseinheiten bzw. Gebäude**, in denen sich regelmäßig größere Menschenmengen ansammeln oder aufhalten, **vorgeschrieben.** Dieses gilt insbesondere für **Versammlungsstätten** oder auch Versammlungsräume, **die mehr als 200 Besucher fassen (Schulen, Museen etc.), für Verkaufsstätten mit einer Nutzfläche von mehr als 2 000 m²**, für Shopping-Center, Gaststätten mit mehr als 400 Gastplätzen oder mehr als 60 Gastbetten, Hochhäuser, Krankenhäuser, Alters- und Kinderheime, Kasernen, Justizvollzugsanstalten, Bahnhöfe etc. 4

Auch die Lage (**Bauernhof, Scheune in der Feldmark**), die Bauart (**Stroh- oder Reetdach**) sowie die Nutzung (**Lackfabrik, holzverarbeitende Betriebe**) einer baulichen Anlage kann es im Einzelfall erfordern, dass **als vorbeugende Brandschutzmaßnahme eine Blitzschutzanlage vorzusehen ist.** 5

3. Nachbar- und Rechtsschutz

§ 43a dient allein dem Allgemeininteresse, nicht dem Schutz von Nachbarn. 6

4. Ergänzende Rechtsvorschriften

Hinzuweisen ist auf die **Verordnung über die Überwachung haustechnischer Anlagen (Haustech-ÜVO).** 7

Sodann können folgende **Bauprüfdienste** zur Anwendung kommen: 8

- BPD 1/10 „Anforderungen an den Bau von Betriebsräumen für elektrische Anlagen“;
- **BPD** 4/10 „Überwachung von technischen Anlagen und Einrichtungen nach der Prüfverordnung (**BPD Technische Prüfungen**)“;
- **BPD** 2/2011 „Prüfung techn. Anlagen und Einrichtungen im Genehmigungsverf. (**BPD Prüfung TGA**)“;
- **BPD** 5/12 „Brandschutztechnische Auslegungen (**BTA**)“;
- BPD 2/13 „Blitzschutzanlagen“.

Siebter Abschnitt: **Nutzungsbedingte Anforderungen**

§ 44 Aufenthaltsräume

(1) Aufenthaltsräume müssen eine lichte Raumhöhe von mindestens 2,4 m haben. Für Aufenthaltsräume in Wohngebäuden der Gebäudeklassen 1 und 2 genügt eine lichte Raumhöhe von mindestens 2,3 m. Aufenthaltsräume in Dachgeschossen müssen über mehr als der Hälfte ihrer Grundfläche eine

lichte Höhe von mindestens 2,3 m haben; Raumteile mit einer lichten Höhe bis 1,50 m bleiben bei der Berechnung der Grundfläche außer Betracht.

(2) Aufenthaltsräume müssen ausreichend belüftet und mit Tageslicht belichtet werden können. Sie müssen Fenster mit einem Rohbaumaß der Fensteröffnungen von mindestens einem Achtel der Nettogrundfläche des Raumes einschließlich der Nettogrundfläche verglaster Vorbauten und Loggien haben.

(3) Aufenthaltsräume, die nicht dem Wohnen dienen, sind ohne Fenster zulässig, wenn
1. gesundheitliche Belange nicht entgegenstehen und
2. eine ausreichende Beleuchtung und Belüftung auf andere Weise sichergestellt ist oder wenn die Nutzung dieses erfordert.

Kommentierung

Übersicht

1. Lichte Raumhöhe (Abs. 1)

1 Die **Legaldefinition für Aufenthaltsräume** findet sich in § 2 Abs. 5 (Räume, die nicht nur zum vorübergehenden Aufenthalt von Menschen bestimmt oder geeignet sind). **Ob der Aufenthaltsraum als solcher auch genutzt wird, ist nicht entscheidend, es kommt darauf an, ob der Raum objektiv durch Menschen benutzbar ist.** § 44 gilt für **alle Aufenthaltsräume**, gleichgültig, ob sie sich in Wohnungen, Praxen, Büros oder sonstigen baulichen Anlagen befinden.

2 **Aufenthaltsräume sind:** Wohnzimmer, Schlafzimmer, Dielen, Küchen, Pantrys, Büros, Arbeitsräume, Verkaufs- und Versammlungsräume, Pausen- und Sozialräume, Kantinen, Empfangslogen, Künstlergarderoben, Schulräume, Bibliotheken, Hörsäle, Labors, Schwimm- und Turnhallen, Sitzungs- und Besprechungsräume, Ateliers, Wintergärten, Studios, etc.

3 **Keine Aufenthaltsräume sind:** Flure, Gänge (ausgenommen Essdielen), Treppenhäuser, Bäder und WCs, Saunen, Abstellräume, Speise- und Vorratskammern, Trockenräume, Gewächshäuser, Garagen, Heizungs- und Maschinenräume, Räume für Warenlager oder zur Aufbewahrung sonstiger Sachen und Gegenstände. Auch Kegelbahnen sowie Tennis- und Squashhallen sind keine Aufenthaltsräume. Ebenfalls nicht Näh- und Bügelräume sowie Hobby- und Bastelräume. Keine Aufenthaltsräume sind auch Schwimmbäder, Fitnessräume sowie überdachte Sitzplätze und Terrassen.

4 Befindet sich in einem Raum eine Schlafstätte, so wird er hierdurch „automatisch“ zu einem Aufenthaltsraum.

Um gesunde Wohn- und Arbeitsverhältnisse in Aufenthaltsräumen zu gewährleisten, müssen diese über eine **ausreichende lichte Höhe und Grundfläche** verfügen. Die lichte Höhe muss betragen: 5

- grundsätzlich für alle Aufenthaltsräume: 2,4 m;
- für Aufenthaltsräume in Gebäuden bis zu einer Höhe von 7 m der Gebäudeklassen 1 und 2 (vgl. § 2 Abs. 3 Nr. 1 und 2): 2,3 m;
- bei Aufenthaltsräumen in Dachgeschossen: 2,3 m.

Da **Dachgeschossräume** immer zumindest auf einer Seite durch eine geneigte Dachfläche begrenzt werden, kann zwangsläufig eine lichte Höhe von 2,3 m nur in Teilflächen erreicht werden. **Damit überhaupt Aufenthaltsräume in Dachgeschossen zulässig sind, muss die lichte Höhe von 2,3 m mindestens über der Hälfte der Grundfläche gegeben sein.** Bei der **Berechnung der Grundfläche** bleiben die Flächen unberücksichtigt, die aufgrund der Dachneigung/-schrägung keine lichte Höhe von mindestens 1,5 m haben. Beträgt die so ermittelte Grundfläche z. B. 100 m^2 muss mindestens auf einer Fläche von 50,1 m^2 eine lichte Höhe von 2,3 m vorhanden sein. 6

Da lichte Höhen für Aufenthaltsräume vorgeschrieben sind, um zu verhindern, dass sich Menschen durch **zu geringe Deckenhöhen** eingeengt oder sogar psychisch bedrückt fühlen, **ist für Wohn- und Schlafräume in Dachgeschossen zu fordern, dass diese mindestens eine Grundfläche von 6 m^2** bei einer Breite von 2 m besitzen müssen. 7

Die lichte Höhe von Aufenthaltsräumen bemisst sich von der Fußbodenoberkante bis zur Unterkante Decke im fertigen Zustand. Es wird also vom Fertigfußboden bis zum Deckenputz der abgehängten Decke oder der Dachverkleidung gemessen. **Unterzüge sowie ähnliche Vorrichtungen**, die optisch die Deckenhöhe verkleinern, **bleiben unberücksichtigt. Bei geneigten Dächern mit sichtbaren Dachsparren ist für die Bemessung der lichten Höhe die Unterkante der Dachsparren der Bezugspunkt.** Sind die Abstände zwischen den Dachsparren so groß, dass optisch die Sichtschalung als Decke empfunden wird, bleiben auch Dachsparren für das Maß der lichten Höhe außer Betracht. 8

Aufenthaltsräume in Kellergeschossen sind zulässig, wenn die Vorgaben der Absätze 1–3 erfüllt werden. **Es besteht also kein allgemeines Verbot Aufenthaltsräume in Kellergeschossen zu schaffen.** 9

Bei **denkmalgeschützten Gebäuden** können im Wege der Abweichung nach § 69 geringere Deckenhöhen zugelassen werden, um ein Gebäude als Baudenkmal sanieren und erhalten zu können. 10

2. Belichtung und Belüftung (Abs. 2)

Um gesunde Wohn- und Arbeitsverhältnisse sicherzustellen, **müssen Aufenthaltsräume ausreichend belüftet und mit Tageslicht belichtet** werden. Sie müssen daher **mindestens ein Fenster** besitzen, wobei das Fenster sowohl **lotrecht** stehend als auch **geneigt** sein kann. Dieses gilt auch für **Oberlichter, Glaskuppeln, Glasflächen in Decken oder Dächern.** 11

12 Um aus gesundheitlichen Gründen einen ausreichenden Luftaustausch zu ermöglichen **ist die Mindestgröße von sog. notwendigen Fenstern vorgeschrieben,** die mindestens 1/8 der Nettogrundfläche des Raumes ausmachen müssen. **Ermittelt man die Nettogrundfläche** nach dem reinen Wortlaut, so käme es für die 1/8-Berechnung auf die Grundfläche des Raumes in Höhe des Fußbodens an. Dies führt bei **Aufenthaltsräumen im Dachgeschoss** zu Ergebnissen, die nach hiesiger Auffassung vom Gesetzgeber nicht gewollt sind. Will ein Bauherr z. B. seine **Räume im Dachgeschoss bis zu einer lichten Höhe von 0,5 m ausnutzen,** so würden für die Belichtung geradezu „winzige" Fenster ausreichen. Aus diesem Grunde muss die Nettogrundfläche gemäß § 44 Abs. 1 S. 3, zweiter Halbsatz ermittelt werden, d. h. **Dachgeschossflächen mit einer lichten Höhe bis zu 1,50 m sind nicht bei der „Nettogrundfläche"** gemäß dieses Absatzes **zu berücksichtigen.**

13 **Grundsätzlich müssen notwendige Fenster zu öffnen sein.** Ist bauaufsichtlich vorgeschrieben, dass **Fenster keine Öffnungsvorrichtungen besitzen** dürfen (aus Lärmschutzgründen oder bei Hochhäusern wegen Windgefahr), so sind in Aufenthaltsräumen **Lüftungs- und Klimaanlagen zu installieren.**

14 **Auch Dachflächenfenster** (geneigte Fenster) **sind als zweiter Rettungsweg zulässig,** jedoch nur dann, wenn sie die Voraussetzungen des § 35 Abs. 4 erfüllen (Größe im Lichten 0,9 x 1,2 m; nicht höher als 1,2 m über der Fußbodenoberkante; die Unterkante/ein davor liegender Austritt darf horizontal gemessen nicht weiter als 1 m entfernt von der Traufkante sein).

3. Aufenthaltsräume ohne Fenster (Abs. 3)

15 **Aufenthaltsräume ohne Fenster sind nur zulässig, wenn sie nicht dem Wohnen dienen** und gleichwohl eine ausreichende Beleuchtung und Belüftung vorhanden ist. Was Wohnungen sind, definiert § 45. **Aufenthaltsräume in Wohnungen müssen immer notwendige Fenster haben.**

16 In **Sitzungssälen, Seminarräumen, Museen, Ausstellungsräumen,** aber auch in Räumen von **Gaststätten** oder **Verkaufs-** und **Versammlungsstätten,** kann eine gesunde Belichtung und Belüftung auch durch Lüftungs- und Klimaanlagen hergestellt werden.

17 Gleiches gilt für Aufenthaltsräume, deren Nutzung nur ohne Tageslicht möglich ist, wie **Kinos** und **Theater, sonstige Vorführräume, Dunkelkammern** u. Ä.

18 Die Genehmigung solcher Aufenthaltsräume ohne Fenster bedarf keiner Abweichungsentscheidung nach § 69.

19 **Arbeits-, Pausen-, Bereitschafts-, Liege- und Sanitätsräume** müssen in der Regel stets eine **Sichtverbindung nach außen** haben.

20 **Vorbeugend kann die Bauaufsichtsbehörde dem Bauherrn nicht – mehr – die Einhaltung baulicher Anforderungen vorschreiben, um eine unzulässige Benutzung von Nicht-Aufenthaltsräumen für Aufenthaltszwecke und damit zur Nutzung als Aufenthaltsraum zu verhindern** (indem z. B. in Keller- oder Dachgeschossen niedrigere als beantragte Höhe vorgeschrieben werden oder auch kleinere Fenster). Damit korrespondierend **kann die Bauaufsichtsbehörde auch nicht mehr das Ent-**

fernen bestimmter Einrichtungen und Anlagen fordern, wenn sie vermutet, dass später in Keller-, Dach- oder sonstigen Räumen unzulässigerweise eine Küche, ein Bad und/oder Toilette eingebaut oder ein Wohnraum errichtet werden soll.

4. Nachbar- und Rechtsschutz

Die Anforderungen an Aufenthaltsräume vermitteln keinen Drittschutz, auch nicht für Eigentümer von Wohnungen innerhalb einer Wohnungseigentümergemeinschaft. **21**

5. Ergänzende Rechtsvorschriften

Für Fenster in Aufenthaltsräumen ist § 35 „Fenster, Türen, sonstige Öffnungen" zu beachten. **22**

Des Weiteren kann der **Bauprüfdienst** BPD 5/12 „Brandschutztechnische Auslegungen (**BTA**)" zur Anwendung kommen. **23**

§ 45 Wohnungen

(1) Jede Wohnung muss eine Küche oder einen Kochplatz haben. Fensterlose Kochplätze sind zulässig, wenn eine wirksame Lüftung gewährleistet ist.

(2) In Wohngebäuden der Gebäudeklasse 3 bis 5 sind leicht erreichbare und gut zugängliche Abstellflächen für Kinderwagen und Mobilitätshilfsmittel in ausreichender Zahl und Größe herzustellen; für jede Wohnung ist ein Abstellraum von mindestens 6 m² Grundfläche herzustellen.

(3) Jede Wohnung muss ein Bad mit Badewanne oder Dusche und eine Toilette haben. Fensterlose Bäder und Toiletten sind zulässig, wenn eine wirksame Lüftung gewährleistet ist.

(4) Jede Wohnung muss einen eigenen Wasserzähler haben.

(5) Wohnungen in Kellergeschossen sind unzulässig.

(6) In Wohnungen müssen Schlafräume, Kinderzimmer und Flure, über die Rettungswege von Aufenthaltsräumen führen, jeweils mindestens einen Rauchwarnmelder haben. Die Rauchwarnmelder müssen so eingebaut und betrieben werden, dass Brandrauch frühzeitig erkannt und gemeldet wird. Vorhandene Wohnungen sind bis zum 31. Dezember 2010 mit Rauchwarnmeldern auszurüsten.

Kommentierung

Übersicht

1. Definition Wohnung (Abs. 1)

1 Wohnungen müssen baulich abgeschlossen sein und einen eigenen, abschließbaren Zugang unmittelbar ins Freie oder in einen Treppenraum oder einen Flur haben. **Eine Wohnnutzung zeichnet sich dadurch aus, dass sie auf** Dauer angelegt ist **und eine eigene Haushaltsführung zulässt und insoweit den Schwerpunkt der Lebensführung darstellt. Eine Wohnnutzung wird des Weiteren dadurch gekennzeichnet, dass der** Aufenthalt in der Wohnung freiwillig ist **und das Wohnen selbst nicht von Dritten bestimmt/mitbestimmt wird.**

2 Auch **Wohngemeinschaften** und **Mehrgenerationshäuser** sind im Sinne dieses Absatzes eine Wohnung.

3 **Jede Wohnung**, gleichgültig, ob sie über einen oder mehrere Aufenthaltsräume verfügt, **muss alternativ eine Küche oder einen Kochplatz haben,** eine vollständige Küche wird auch bei größeren Wohnungen mit mehreren Aufenthaltsräumen nicht gefordert. Abstellräume für Kinderwagen und Fahrräder sowie Kinderspielflächen sind typisch für eine Wohnnutzung.

4 Da es keine Vorgaben für die Größe von Wohnungen gibt sind auch **Mikrowohnungen** mit einer Größe von 20 bis 30 m² zulässig. Besteht ein Gebäude oder eine Wohnanlage ausschließlich aus Mikrowohnungen **soll in der Regel eine Abweichung von § 10 (Kinderspielflächen) und von § 45 Absatz 2 (Abstellräume) erteilt werden.** Auf den Nachweis eines **Fahrradstellplatzes** kann hingegen nicht verzichtet werden. Auch bei **Seniorenwohnungen** soll eine Abweichung von § 10 (Kinderspielflächen) erteilt werden.

5 **Studentenwohnheime** können aus Einzelapartments bestehen oder auch aus **Wohngemeinschaften**. Typischerweise zeichnen sich Studentenwohnheime dadurch aus, dass sie die **Wohnung lediglich temporär während ihres Studiums nutzen**. Eine zeitliche Beschränkung für die Nutzung einer Wohnung in einem Studentenwohnheim gibt es nicht. Nach Auffassung des Unterzeichners ist es rechtlich auch zulässig **Studenten weiterhin im Wohnheim wohnen zu lassen, wenn diese ihr Studium beendet haben.** Auf Abstellräume gemäß Absatz 2 sowie auf Kinderspielflächen gemäß § 10 ist im Wege einer Abweichung zu verzichten.

6 Ein **Boardinghouse kann sowohl als Wohnnutzung qualifiziert werden als auch als Gewerbebetrieb**. Werden Dienstleistungen wie eine Rezeption, Frühstück sowie Reinigung und Bettenwechsel angeboten, so spricht dies eher für eine **hotelartige Nutzung** und damit für ein gewerbliches Boardinghouse.

7 Kann der Nutzer innerhalb des angemieteten Apartments sein Leben und seine Gewohnheiten unabhängig von Dritten gestalten und werden keine der zuvor aufgeführten Dienstleistungen angeboten, so ist die Nutzung wohnähnlich, weshalb die Apartments dann **als Wohnungen einzustufen sind.**

8 Ob ein Boardinghouse aus Wohnungen besteht oder eher als Hotel zu qualifizieren ist kommt es entscheidend auf die **Betriebsbeschreibung des Bauherrn/ Betreibers** an.

Bei einer einfach ausgestatteten und räumlich beengten **Unterkunft für Monteure mit Ein- und Mehrbettzimmern** sowie Gemeinschaftsbädern und -küchen und allenfalls einem Gemeinschafts-Aufenthaltsraum handelt es sich **nicht um eine Wohnnutzung.** 9

Regelmäßig enthalten die Zimmer in **Monteurunterkünften** keine Nasszelle, weder ein WC noch eine Dusche, vielmehr ausschließlich zu nutzende sanitäre Anlagen sowie mehrere nebeneinanderliegende Duschen. 10

Typisch für Monteurunterkünfte ist auch, dass die **Reinigung und der Bettwäschewechsel** vom Betreiber ausgeführt wird. In der Regel werden solche Unterkünfte nicht auf Dauer genutzt, sondern monats- oder wochenweise. 11

Monteurunterkünfte können gleichwohl als kleiner Betrieb des Beherbergungsgewerbes in einem reinen Wohngebiet gemäß § 3 Absatz 2 BauNVO im Wege der Ausnahme zugelassen werden. Ein solcher Betrieb liegt vor, wenn Räume **ständig wechselnden Gästen** zum vorübergehenden Aufenthalt zur Verfügung gestellt werden, ohne dass diese dort ihren häuslichen Wirkungskreis unabhängig gestalten können. Dabei ist es letztlich **unerheblich, ob außer der gewerbsmäßigen Zurverfügungstellung von Räumen zum vorübergehenden Aufenthalt die Gäste zusätzlich von Personal bedient oder sogar betreut werden.** 12

Entscheidend für einen **kleinen Beherbergungsbetrieb** ist nicht vorrangig die Anzahl der Zimmer, die man nicht als Ober- oder Untergröße festlegen kann. Es kommt vielmehr auf den **Einzelfall** an, das heißt die nähere Bestimmung von „klein" kann nur anhand der konkreten Festsetzungen des jeweiligen Bebauungsplanes und der Berücksichtigung der Umstände des jeweiligen zu beurteilenden Falles vorgenommen werden. Maßgebend ist, ob sich der Betrieb nach **Erscheinungsform, Betriebsform und Betriebsführung sowie unter Berücksichtigung der Zahl der Benutzer unauffällig in das Gebiet einordnet,** wobei dem Gesichtspunkt des Schutzes der Wohnruhe besondere Bedeutung zukommt. Typisch für einen kleinen Beherbergungsbetrieb ist, dass er baulich von seiner Größe nicht besonders in Erscheinung tritt und sich in die **Eigenart des Baugebietes im Weitesten einfügt.** 13

2. Abstellflächen für Kinderwagen und Mobilitätshilfsmittel sowie Abstellräume (Abs. 2)

Die HBauO-Novelle 2018 schreibt nunmehr vor, dass Flächen für Kinderwagen und Mobilitätshilfsmittel (Gehhilfen, Rollatoren, Rollstühle etc.) **herzustellen sind.** Mobilitätshilfsmittel dürfen in notwendigen Fluren und Treppenräumen aus Gründen des Brandschutzes nicht abgestellt werden. Damit Bewohnern die Nutzung ihrer Wohnung **auch im Alter in gewohnter Umgebung** ermöglicht wird, sind neben Flächen für Kinderwagen auch Flächen für Mobilitätshilfen einzuplanen. 14

Exakte Vorgaben hinsichtlich der Größe dieser Flächen und der örtlichen Zuordnung gibt es nicht, sodass diese Flächen von ihrer Funktionalität her geplant werden sollen. Diese **Flächen** können **in Abstellräumen** der Wohnungen ergänzend nachgewiesen werden oder auch in einer **Gemeinschaftsfläche** für alle 15

Wohnungen. Auf den Nachweis von Flächen zum Abstellen von Fahrrädern wurde angesichts der Vorschrift des § 48 Absatz 1 Satz 1 verzichtet.

16 **Zu jeder Wohnung muss ein Abstellraum von mindestens 6 m^2** Grundfläche gehören, der im Gebäude selbst oder auch in einem Nebengebäude sein kann. In der Wohnung selbst muss sich der Abstellraum nicht befinden.

17 Trockenräume oder **Anschlussmöglichkeiten für Waschmaschinen sind baurechtlich nicht vorgeschrieben.**

3. Bäder und Toiletten (Abs. 3)

18 **Ein Bad mit Badewanne oder Dusche muss ebenfalls jede Wohnung haben und eine Toilette.** Ein **Gäste-WC,** d. h. eine zweite Toilette wird **nicht gefordert.** Die Toilette kann auch direkt von einem Aufenthaltsraum abgehen, also nur unmittelbar über diesen zugänglich sein.

19 **Von fensterlosen Bädern und Toiletten** dürfen keine Gefahren für die Gesundheit oder unzumutbare Belästigungen ausgehen. Sie müssen eine **wirksame Lüftung** haben, also entweder eine Fensteröffnung, die direkt ins Freie führt oder eine Lüftungsanlage mit Ventilatoren oder ähnlichen Vorkehrungen.

20 Eine **Toilette mit Wasserspülung ist nicht zwingend vorgeschrieben,** im Einzelfall kann auch eine **Trockentoilette** zulässig sein.

4. Wasserzähler (Abs. 4)

21 **Jede Wohnung muss einen eigenen Wasserzähler haben.** Dieses gilt auch für **„Altbauwohnungen“, die entsprechend nachzurüsten sind.**

5. **Wohnungen im Kellergeschoss** (Abs. 5)

22 Ein Kellergeschoss ist nach § 2 Abs. 6 Satz 1 gegeben, wenn seine **Deckenoberkante im Mittel nicht mehr als 1,40 m über die Geländeoberfläche hinausragt. In solchen Kellergeschossen sind Wohnungen unzulässig, einzelne Aufenthaltsräume** jedoch **gestattet.**

6. **Rauchwarnmelder** (Abs. 6)

23 **In Neubauwohnungen müssen in den Schlafräumen, Kinderzimmern und Fluren von Rettungswegen Rauchwarnmelder installiert werden,** die den Brandrauch frühzeitig erkennen und melden. Einzelheiten zu Art und Umfang von Rauchwarnmeldern finden sich in der DIN 14.676 (Rauchwarnmelder für Wohnhäuser, Wohnungen und Räume mit wohnungsähnlicher Nutzung).

7. **Nachbarschutz**

24 Auch die Mindestanforderungen an Wohnungen sind nicht nachbarschützend.

8. **Ergänzende Rechtsvorschriften**

25 Das Gesetz über den Schutz und die Erhaltung von Wohnraum (**Hamburgisches Wohnraumschutzgesetz – HambWoSchG**) schreibt vor, welche Mindestanforderungen an Wohnraum zu stellen sind und beinhaltet zugleich auch das **Verbot der Zweckentfremdung von Wohnraum.**

Sodann können folgende **Bauprüfdienste** zur Anwendung kommen: 26
- BPD 5/96 „Fahrradplätze und Abstellräume für Fahrräder und Kinderwagen (**BPD Fahrräder**)“;
- BPD 2/03 „Abgeschlossenheitsbescheinigung nach dem Wohnungseigentumsgesetz (**BPD Abgeschlossenheitsbescheinigung**)“.

§ 46 (frei)

§ 47 (frei)

§ 48 Stellplätze für Kraftfahrzeuge und Fahrradplätze

(1) Werden bauliche Anlagen sowie andere Anlagen, bei denen ein Zu- und Abfahrtsverkehr zu erwarten ist, errichtet, sind Stellplätze für Kraftfahrzeuge sowie Fahrradplätze auf dem Grundstück oder, durch Baulast gesichert, auf einem geeigneten Grundstück in der Nähe in geeigneter Beschaffenheit herzustellen oder nachzuweisen (notwendige Stellplätze und notwendige Fahrradplätze). Ihre Zahl und Größe richtet sich nach Art und Zahl der vorhandenen und zu erwartenden Kraftfahrzeuge und Fahrräder der ständigen Benutzerinnen und Benutzer und Besucherinnen und Besucher der Anlagen. Bei Änderungen der Anlage und bei Änderung der Nutzung, die nach Maßgabe des Satzes 2 zu Änderungen in Zahl und Größe der notwendigen Stellplätze und notwendigen Fahrradplätze führen, sind nur Stellplätze und Fahrradplätze für den Mehrbedarf als Folge der Änderungen herzustellen.

(1a) Die Verpflichtung zur Herstellung oder zum Nachweis von Stellplätzen für Kraftfahrzeuge gilt abweichend von Absatz 1 nicht für Wohnungen oder Wohnheime. Bei Wohnungen oder Wohnheimen entscheiden die Bauherrinnen und Bauherren in eigener Verantwortung über die Herstellung von Stellplätzen in angemessenem Umfang, wobei sie neben dem Stellplatzbedarf der Bewohnerinnen und Bewohner, den örtlichen Verkehrsverhältnissen, der Anbindung an den öffentlichen Nahverkehr insbesondere die Belange von Menschen mit Mobilitätseinschränkungen berücksichtigen sollen.

(2) Die Unterbringung von Kinderspielflächen sowie von notwendigen Fahrradplätzen auf dem Grundstück hat Vorrang vor der Unterbringung der notwendigen Stellplätze.

(3) Notwendige Stellplätze und notwendige Fahrradplätze dürfen nicht für andere als den dafür vorgesehenen Zweck benutzt werden. Einzelne Stellplätze in vorhandenen Garagen dürfen als Fahrradplätze genutzt werden.

(4) Die Herstellung von Stellplätzen kann ganz oder teilweise untersagt werden, wenn
1. **die öffentlichen Wege im Bereich des Grundstücks oder die nächsten Verkehrsknoten durch den Kraftfahrzeugverkehr ständig oder regelmäßig zu bestimmten Zeiten überlastet sind oder ihre Überlastung zu erwarten ist oder**
2. **das Grundstück durch den öffentlichen Personennahverkehr gut erschlossen ist.**

Kommentierung

Übersicht

1. Verpflichtung zur Herstellung von Stellplätzen für Kraftfahrzeuge und Fahrräder (Abs. 1)

1 Um den ruhenden Verkehr öffentlicher Verkehrsflächen nicht zusätzlich zu belasten, **müssen bauliche Anlagen, bei denen ein Zu- und Abfahrtsverkehr zu erwarten ist, ausreichend Stellplätze für Pkws und Fahrräder besitzen.** Die Stellplätze müssen entweder auf dem Baugrundstück selbst oder auf einem anderen geeigneten Grundstück in der Nähe hergestellt werden.

2 Als **Faustregel** kann davon ausgegangen werden, **dass bei Wohngrundstücken ein anderes Grundstück in der Nähe liegt, sofern der Fußweg zu diesem Grundstück nicht länger als 300 m ist.** Von einer Stellplatzanlage für ein **Büro- oder Verwaltungsgebäude** kann eine **Entfernung bis zu 500 m** zumutbar sein.

3 **Sollen Stellplätze auf einem fremden Grundstück in der Nähe hergestellt werden,** müssen sie durch eine **Baulast** nach § 79 auf Dauer für eine Nutzung als Stellplätze gesichert werden. Eine Löschung der Baulast ist möglich, wenn nachträglich auf dem Baugrundstück Stellplätze geschaffen werden oder auf einem weiteren anderen Baugrundstück. **Die Sicherung der Stellplätze durch eine zivilrechtliche Grunddienstbarkeit reicht nicht aus,** da eine solche Grunddienstbarkeit ohne Beteiligung der Bauaufsichtsbehörde gelöscht werden kann, wenn die Eigentümer des herrschenden und des dienenden Grundstücks dieses beantragen, obwohl gar keine neuen oder Ersatz-Stellplätze geschaffen wurden.

4 **Gefordert wird nicht, dass die Stellplätze nur von den Nutzern der neuen baulichen Anlage belegt werden dürfen.** Es ist ausreichend, wenn **der Nachweis erbracht wurde, dass für den durch die neue bauliche Anlage hervorgerufenen „errechneten" ruhenden Verkehr ausreichend Stellplätze vorhanden sind.**

5 Die Begriffsbestimmung einer **baulichen Anlage** findet sich in § 2 Abs. 1. **Jede neue bauliche Anlage löst einen Stellplatzbedarf aus,** also sowohl private als auch öffentliche Bauten.

6 **Selbst wenn das Baugrundstück nur über eine Fußgängerzone mit Pkws oder Fahrrädern erreicht werden kann** oder ein Befahren der Fußgängerzone mit Pkws überhaupt nicht oder nur in bestimmten Zeiten möglich ist, **entfällt die Stellplatzverpflichtung nicht.** Selbst dann nicht, wenn in der unmittelbaren Um-

gebung ausreichend viele Stellplätze im öffentlichen Verkehrsraum vorhanden sind.

Notwendig sind die Stellplätze, die nach objektiven Bemessungskriterien aufgrund von Erfahrungswerten zur Aufnahme des durch die neue bauliche Anlage verursachten ruhenden Verkehrs **benötigt werden (Bedarf)**. Dabei ist nicht auf den konkreten Einzelfall abzustellen, sondern grundsätzlich auf generelle Bemessungswerte. Diese finden sich für Hamburg in der **Fachanweisung** „Notwendige Stellplätze und notwendige Fahrradplätze“ vom 7.6.2011, sofern Bauanträge bis zum 20.1.2013 eingereicht wurden. **Für Anträge ab dem 21.1.2013 gilt die Fachanweisung 1/2013„Notwendige Stellplätze und notwendige Fahrradplätze“** 7

Diese Bemessungs- und Richtwerte sind aber nicht „dogmatisch“ anzuwenden. Bei der Festsetzung der notwendigen Stellplätze ist auch der **örtliche Standort** und die **verkehrliche Anbindung des Bauvorhabens** konkret zu berücksichtigen. So kann sich eine Korrektur der Bemessungswerte ergeben, wenn sich ein Geschäft beispielsweise in einer **Innenstadtlage** befindet, da der **Kunde dann zumeist nicht nur ein Geschäft, sondern mehrere aufsucht,** so dass dann der Gesamtstellplatzbedarf geringer ist, als der Einzelbedarf der besuchten Geschäfte. Dabei spielt auch eine Rolle, ob das **Vorhaben durch Busse und Bahnen gut erreichbar ist,** da dann viele Kunden ebenfalls auf die Anfahrt mit einem Pkw verzichten. 8

Für die Errechnung der notwendigen Stellplätze ist der Zeitpunkt der ersten Nutzungsaufnahme entscheidend, wobei ein prognostiziertes erhöhtes Verkehrsaufkommen ebenso außer Betracht zu bleiben hat wie die erwartete Zunahme der Anzahl von PKWs pro Haushalt oder Familie. 9

Naturgemäß können auch auf der Basis von Erfahrungen ermittelte Bemessungswerte für die Anzahl notwendiger Stellplätze und notwendiger Fahrradplätze nicht erschöpfend alle möglichen Nutzungsarten baulicher Anlagen erfassen. **Daher finden sich in der Globalrichtlinie „Notwendige Stellplätze und notwendige Fahrradplätze“ keine Werte für Omnibusse, Lkws, Wohnwagen, Wohnmobile etc.** 10

Um den Bedarf **in diesen Sonderfällen** zu ermitteln, **muss auf die Baubeschreibung des Bauherrn zurückgegriffen werden,** der letztlich selbst nur den durch seine bauliche Anlage zu erwartenden zusätzlichen Verkehr in Bezug auf die genannten „Sonderfahrzeuge“ ermitteln kann. Der so errechnete Stellplatzbedarf ist dann als Einzelfallregelung von der Bauaufsichtsbehörde in der Baugenehmigung bzw. im Vorbescheid festzulegen. 11

Welche Ausmaße ein Stellplatz haben muss, ergibt sich aus der **Garagenverordnung (GarVO)**, abgedruckt im Anhang III unter Nr. 2. Danach muss ein Stellplatz **mindestens 5 m lang sein und 2,30–2,50 m breit,** je nachdem, wie der Stellplatz durch Wände, Stützen oder andere Bauteile oder Einrichtungen begrenzt wird. **Behindertenstellplätze müssen mindestens 3,50 m breit sein.** 12

13 Bei einer baulichen Änderung oder Nutzungsänderung einer vorhandenen baulichen Anlage ist nur der **Mehrbedarf an Stellplätzen für Pkws und Fahrräder herzustellen,** der durch die Änderung gegenüber dem bisherigen Bedarf verursacht wird. Eine **Nutzungsänderung liegt typischerweise vor,** wenn im Wege einer planungsrechtlichen **Ausnahme oder Befreiung von der bisherigen plankonformen Nutzung** gemäß den Festsetzungen eines Bebauungsplanes in Verbindung mit den Gebietskategorien der Baunutzungsverordnung (BNVO) abgewichen werden soll.

14 Eine **Nutzungsänderung ist aber auch dann gegeben,** wenn sich lediglich die nach der Fachanweisung 1/2013 „Notwendige Stellplätze und notwendige Fahrradplätze" zu ermittelnden **Bemessungswerte ändern und sich dadurch ein Mehrbedarf ergibt,** selbst wenn die Nutzungsänderung als solche genehmigungsfrei ist (z. B. Umwandlung von Wohnungen in Büros oder Praxen).

15 **Der Mehrbedarf ist zu ermitteln,** indem zunächst errechnet wird, wie viele Stellplätze und Fahrradplätze theoretisch für die vorhandene Nutzung notwendig bzw. bauaufsichtlich genehmigt sind. Anschließend ist zu errechnen, welcher Stellplatzbedarf sich ergibt, wenn die bauliche Anlage nach ihrer Änderung oder Umnutzung erstmalig in Gebrauch genommen wird. Der Mehrbedarf oder auch der Wenigerbedarf ist nach der Fachanweisung 1/2013 „Notwendige Stellplätze und notwendige Fahrradplätze" zu ermitteln. Erhöht sich die Anzahl der Stellplätze ist dieser Mehrbedarf an Stellplätzen herzustellen oder nach § 49 abzulösen. **Ergibt sich rechnerisch keine „glatte" Anzahl von Stellplätzen, so sind Stellplätze ab 0,5 nach oben aufzurunden, ansonsten abzurunden.**

16 **Besitzt ein genutztes Bestandsgebäude, welches umgebaut oder deren Nutzung geändert werden soll, keinerlei Stellplätze,** so sind diese nach der **Fachanweisung 1/2013 „Notwendige Stellplätze und notwendige Fahrradplätze" fiktiv zu ermitteln** und auf dieser Basis des Mehrbedarfs oder Wenigerbedarfs infolge der baulichen oder Nutzungsänderung unter Abzug der fiktiven Stellplätze zu errechnen.

17 Sind **auf einem Baugrundstück neben notwendigen Stellplätzen,** die bauaufsichtlich genehmigt und somit einem bestimmten Gebäude und seiner Nutzung zugeordnet sind, **weitere nicht genehmigte Stellplätze,** z. B. in einem Hof vorhanden, so können diese von der Bauaufsichtsbehörde **nicht in die Ermittlung eines Mehr- oder Minderbedarfs** bei **einem Umbau oder einer Umnutzung des Bestandsgebäudes einbezogen werden.** Die „überplanmäßig" vorhandenen, ungenehmigten Stellplätze sind insoweit nicht „notwendig" und stehen somit bei einem Umbau/einer Umnutzung zum Nachweis zusätzlicher notwendiger Stellplätze zur Verfügung.

18 **Im Einzelfall kann insbesondere aus Gründen der Sicherheit und Leichtigkeit des Verkehrs eine Nachforderung von Stellplätzen geboten sein,** beispielsweise wenn sich eine Gaststätte zu einem Auto- oder Motorradtreff entwickelt hat. **Die nachträgliche Herstellung von Stellplätzen muss aber zumutbar sein,** d. h. es muss möglich sein, auf dem Baugrundstück selbst zusätzliche Stellplätze herzustellen. Die Rechtsgrundlage für eine solche Nachforderung findet sich in § 76 Abs. 3 Satz 2 („Herstellung ordnungsgemäßer Zustände").

1.a Entfall der Kfz-Stellplatzpflicht für Wohnungen und Wohnheime

Dieser neue Absatz 1.a) wurde **mit Wirkung vom 1.2.2014** in den Text des § 48 eingefügt. 19

Für Wohnungen und Wohnheime sind keine Kfz-Stellplätze mehr nachzuweisen, **auch nicht für Studentenwohnheime, Wohnungen für Senioren oder barrierefreie Wohnungen.** Dies gilt sowohl für das vereinfachte Genehmigungsverfahren nach § 61 als auch das konzentrierte Genehmigungsverfahren nach § 62. 20

Bei Wohnungen und Wohnheimen **entscheiden jetzt die Bauherren selbst, ob sie Kfz-Stellplätze herstellen wollen** oder nicht und wenn ja, wie viele. Dieser Satz 2 stellt keine Verpflichtung dar auf den sich etwa Dritte berufen könnten. 21

Mit Inkrafttreten des neuen § 48 Absatz 1a gilt die **Fachanweisung „Notwendige Stellplätze und notwendige Fahrradplätze" nicht mehr für Wohnbauvorhaben**, sondern nur noch für Fahrradplätze. 22

Durch die Einfügung des neuen Absatzes 1. a) gelten hergestellte Stellplätze nicht mehr als „notwendig", sodass das **Zweckentfremdungsverbot aus § 48 Absatz 3 nicht gilt**, was zur Folge hat, dass diese früher notwendigen Kfz-Stellplätze einer **anderen Nutzung zugeführt oder ganz beseitigt werden können.** Ein förmliches Wiederaufgreifen des Verfahrens ist nicht erforderlich. 23

Etwas anderes gilt nur, wenn **in einer Baugenehmigung Festsetzungen für notwendige Stellplätze festgeschrieben wurden**, deren Aufhebung der Bauherr aus unterschiedlichen Gründen z. B. für den Fall eines Verkaufs benötigt. Dann kann der betroffene Eigentümer/Bauherr **das Wiederaufgreifen des Verfahrens** nach dem Hamburgischen Verwaltungsverfahrensgesetz beantragen und dadurch die **Aufhebung der im Baugenehmigungsbescheid festgesetzten Stellplätze** herbeiführen. 24

Mit der Einführung des § 48 Absatz 1a **geht nicht der Verzicht auf eine Stellplatz-Baulast einher.** Grundsätzlich gilt weiter das Zweckentfremdungsverbot gemäß Absatz 3. 25

Eine **Löschung der Baulast** setzt voraus, dass ein Baulastnehmer eines Bestandsgebäudes im Wohnungsbau die Aufhebung der Stellplatzauflage in der Baugenehmigung **formell beantragt.** Dann ist die Baulast mangels öffentlichen Interesses am Fortbestand **zu löschen.** 26

Sollen auf im Bebauungsplan ausgewiesene Stellplatzflächen Wohnbauvorhaben realisiert werden, bedarf es hierzu einer **Änderung des Bebauungsplanes** oder einer **Befreiungsentscheidung** nach § 31 Absatz 2 BauGB. 27

Da in Hamburg dringend Wohnungen gebraucht werden, liegen insoweit **„Gründe des Wohls der Allgemeinheit"** vor, die eine Befreiung nach § 31 Absatz 2 Nr. 1 rechtfertigen. Liegen keine gegensätzlichen öffentlichen Interessen vor und werden auch nachbarliche Interessen gewürdigt ist einer **Befreiungsentscheidung durch die Bauaufsichtsbehörde im Rahmen ihrer Ermessensaus-** 28

übung grundsätzlich stattzugeben. Denn die Ausweisung von Stellplatzflächen in einem B-Plan gehört nicht zu den „Grundzügen der Planung".

29 **Wenn die Bauaufsichtsbehörde eine solche Befreiung ablehnt, muss sie dies mit tragenden Gründen belegen.** Es sind nur wenige Fälle denkbar in denen eine Befreiung für Wohnbauvorhaben auf Stellplatzflächen in einem Bebauungsplan von der Bauaufsichtsbehörde abgelehnt werden dürfen.

2. Vorrang für Kinderspielflächen und Fahrradplätze (Abs. 2)

30 Die Unterbringung von **Kinderspielflächen sowie von notwendigen Fahrradplätzen genießt den Vorrang vor der Unterbringung selbst von notwendigen PKW-Stellplätzen.** Dieser Vorrang greift auch, wenn die Kinderspielfläche nur auf einem ungeeigneten Standort (z. B. direkt neben einer Tiefgaragenrampe, einer Stellplatzanlage oder einer Zufahrt) errichtet werden könnte, um auf dem Baugrundstück Stellplätze unterbringen zu können. Auch in diesen Fällen dürfen dann keine bzw. nicht alle notwendigen Stellplätze auf dem Grundstück hergestellt werden. Kann der Bauherr auch keine Stellplätze auf einem geeigneten Grundstück in der Nähe nachweisen, so ist er von seiner **Stellplatzpflicht befreit. Wegen „rechtlicher Unmöglichkeit" des Nachweises von Stellplätzen ist in diesen Fällen kein Ausgleichsbetrag nach § 49 zu bezahlen.**

3. Nutzbarkeit notwendiger Stell- und Fahrradplätze (Abs. 3)

31 **Notwendige Stell- und Fahrradplätze dürfen nicht zweckentfremdet werden,** d. h. sie müssen immer vorgehalten werden, um dort ständig Pkws und Fahrräder zur Entlastung des ruhenden Verkehrs im öffentlichen Verkehrsraum aufnehmen zu können. Daher ist es **nicht zulässig, auf solchen Flächen Autos zum Verkauf zu präsentieren und abzustellen** oder auch über einen längeren Zeitraum einen **Wohnwagen.**

32 Mit der **HBauO-Novelle 2010** wurde durch Einfügung eines neuen Satzes 2 in Absatz 3 dem Umstand und der Erfahrung Rechnung getragen, dass **Parkhäuser** oder auch sonstige bauliche Anlagen zum Abstellen von Kraftfahrzeugen oder Fahrrädern **gerade in Großsiedlungen nicht ausgelastet sind, sondern überwiegend leer stehen.** Ist dies der Fall, können **diese Parkhäuser, Tiefgaragen und sonstige Stellplatzanlagen umgebaut und auch umgenutzt werden,** selbst wenn dadurch die Zahl der bestehenden notwendigen **Stellplätze durch die Umbaumaßnahmen** verringert wird.

33 **Sind in einer vorhandenen Garage Stellplätze vorhanden,** so dürfen **diese als Fahrradplätze umgenutzt werden,** ohne dass es einer Genehmigung bedarf. Diese Erlaubnis zur Umnutzung bezieht sich auch auf notwendige Stellplätze mit Ausnahme notwendiger Stellplätze für Wohnungen. Diese dürfen nicht umgenutzt werden.

4. Untersagung der Herstellung notwendiger Stellplätze (Abs. 4)

34 **Die Bauaufsichtsbehörde kann bei Neubauvorhaben, die Herstellung notwendiger Stellplätze ganz oder teilweise untersagen,** und zwar alternativ, wenn nach

Nr. 1 eine **Überlastung der öffentlichen Wege durch den Kraftfahrzeugverkehr** gegeben oder zu erwarten ist. Entweder die Straße im Bereich des Baugrundstücks oder der in der Nähe befindliche Verkehrsknoten, von dem eine Straße zum Baugrundstück führt, muss regelmäßig zähflüssigen Verkehr und/oder Stauungen aufweisen. Dabei reicht es, wenn der Verkehr auch nur während der sog. Rush-Hour nicht flüssig läuft oder

Nr. 2 das **Grundstück durch den öffentlichen Personennahverkehr gut erschlossen ist.** Dieses ist der Fall, wenn sich in einer Entfernung bis zu 400 m **U- und S-Bahnhöfe befinden oder Bushaltestellen,** von denen aus man nicht nur die Innenstadt, sondern auch andere Stadtteile gut erreichen kann.

In Ausfüllung dieses Verbots zur Herstellung notwendiger Stellplätze hat der Senat in Ziffer 3.1.3 (statt 3.1.2) der Fachanweisung 1/2013 **„Notwendige Stellplätze und notwendige Fahrradplätze"** im Bereich der Innenstadt ein sog. **Abminderungsgebiet** festgesetzt, in welchem lediglich 25 % der notwendigen Pkw-Stellplätze hergestellt werden dürfen, die sich nach den Bemessungswerten der Anlage I zu dieser Globalrichtlinie errechnen. **Für die Nicht-Herstellung von 75 % der notwendigen Stellplätze ist kein Ausgleichsbetrag nach § 49 zu zahlen.** 35

5. Nachbar- und Rechtsschutz

Die Stellplatzverpflichtungen für Pkws und Fahrräder vermitteln keinen Nachbarschutz. 36

6. Ergänzende Rechtsvorschriften

Bauliche Anforderungen an Garagen und PKW- sowie Fahrradstellplätze finden sich 37

- in der **Garagenverordnung (GarVO)** vom 17.1.2012

und

- in der **Reichsgaragenordnung (RGaO).** Nach einer **geänderten Rechtsprechung des OVG Hamburg gelten die planungsrechtlichen Bestimmungen der Reichsgaragenordnung nicht als Bestandteil eines übergeleiteten Baustufenplans fort,** wenn der Plan keinerlei textlichen oder zeichnerischen Hinweis darauf enthält, dass er diese zu seinem Inhalt gemacht hat. Nach Aufhebung der Reichsgaragenordnung als Bundesrecht ist für die Planbetroffenen nicht mehr erkennbar, auf welcher Grundlage und in welchem Umfang Vorschriften der Reichsgaragenordnung Bestandteil des Baustufenplans geworden sind. **Die weitere Anwendung der Reichsgaragenordnung widerspricht insoweit dem rechtsstaatlichen Gebot der Normenklarheit.**

Darüber hinaus geltend die **Bauprüfdienste** 38

- BPD 6/98 „Bauliche Anforderungen an Stellplätze und Garagen (**BPD Garagen**)";
- BPD 1/13 „Fahrradplätze und Abstellräume für Fahrräder und Kinderwagen (**BPD Fahrräder**)".

39 Zur Ermittlung des notwendigen Stellplatzbedarfs für Pkw und Fahrräder gilt für Anträge bis zum 20.1.2013 die Fachanweisung FA 1/2011 „Notwendige Stellplätze und notwendige Fahrradplätze“. Für Anträge ab dem 21.1.2013 gilt die Fachanweisung I/2013 „Notwendige Stellplätze und notwendige Fahrradplätze“;

§ 49 Ausgleichsabgabe für Stellplätze und Fahrradplätze

(1) Die Verpflichtung nach § 48 wird durch Zahlung eines Ausgleichsbetrages an die Freie und Hansestadt Hamburg erfüllt, wenn

1. notwendige Stellplätze oder notwendige Fahrradplätze nicht oder nur unter unzumutbaren Schwierigkeiten hergestellt oder nachgewiesen werden können oder

2. notwendige Stellplätze als Stellplätze für Wohnungen oder Wohnheime (§ 48 Absatz 1a) genutzt werden sollen und die Stellplätze für Wohnungen oder Wohnheime ansonsten nicht oder nur unter unzumutbaren Schwierigkeiten hergestellt werden können.

Für die Verjährung eines festgesetzten Anspruchs gilt § 22 Absatz 3 des Gebührengesetzes vom 5. März 1986 (HmbGVBl. S. 37), zuletzt geändert am 14. Dezember 2010 (HmbGVBl. S. 667), in der jeweils geltenden Fassung entsprechend.

(2) Der Ausgleichsbetrag nach Absatz 1 beträgt

1.	**für die jeweils ersten drei Stellplätze bei einer Nutzungsänderung**	**0 Euro**
2.	**für Bauvorhaben in dem in der Anlage 1 rot umrandeten Bereich,**	
	a) je notwendigem Stellplatz	**10.000 Euro,**
	b) je notwendigem Fahrradplatz	**1.000 Euro,**
3.	**im Übrigen**	
	a) je notwendigem Stellplatz	**6.000 Euro,**
	b) je notwendigem Fahrradplatz	**600 Euro.**

Der Ausgleichsbetrag ist bis zur Aufnahme der Nutzung des Bauvorhabens zu entrichten.

(3) Die Ausgleichsbeträge nach Absatz 2 und die sich darauf beziehenden Zinsen ruhen auf dem Grundstück als öffentliche Last und, solange das Grundstück mit einem Erbbaurecht belastet ist, auch auf diesem. Die dingliche Haftung kann gegen die jeweilige Eigentümerin bzw. den jeweiligen Eigentümer oder gegen die Erbbauberechtigte bzw. den Erbbauberechtigten geltend gemacht werden. Das gilt auch dann, wenn diese Person nicht persönliche Schuldnerin oder persönlicher Schuldner ist.

(4) Die Ausgleichsbeträge dürfen nur verwendet werden zum Erwerb von Flächen sowie zur Herstellung, Unterhaltung, Grundinstandsetzung und Modernisierung von

1. baulichen Anlagen zum Abstellen von Kraftfahrzeugen außerhalb öffentlicher Straßen und von Fahrrädern,

2. Verbindungen zwischen Parkeinrichtungen und Haltestellen des öffentlichen Personennahverkehrs,

3. Parkleitsystemen und anderen Einrichtungen zur Verringerung des Parksuchverkehrs sowie für sonstige Maßnahmen zugunsten des ruhenden Verkehrs sowie

4. Einrichtungen des öffentlichen Personennahverkehrs und von öffentlichen Radverkehrsanlagen.

Kommentierung

Übersicht

1. Verpflichtung zur Zahlung eines Ausgleichsbetrages (Abs. 1)

1.1

Kann ein Bauherr seine Stellplatzverpflichtung nach § 48 insgesamt oder teilweise **nicht erfüllen, so muss er stattdessen für jeden notwendigen Kfz- und Fahrradplatz einen Ausgleichsbetrag bezahlen.** 1

So können **der Herstellung von Stellplätzen tatsächliche Gründe entgegenstehen,** etwa wenn eine vorhandene bauliche Anlage umgenutzt, angebaut oder umgebaut (Aufstockung) werden soll, aber auf dem Baugrundstück keine Freifläche für die Herstellung von Pkw- oder Fahrradplätzen zur Verfügung steht. Eine Herstellung von Stellplätzen kann aber auch aufgrund der **Geländeverhältnisse** unmöglich sein. 2

Darüber hinaus **kann die Herstellung von Stellplätzen auch aus rechtlichen Gründen nicht möglich sein,** etwa **wenn ein Bebauungsplan** nach § 9 BauGB in Verbindung mit § 12 Abs. 6 BNVO **Festsetzungen trifft,** wonach in einem Baugebiet oder einem Teil eines Baugebiets Stellplätze und/oder Garagen unzulässig sind. 3

Des Weiteren liegen solche **rechtlichen Gründe auch vor, wenn einem Bauherrn** nach § 18 Abs. 1 Hamburgisches Wegegesetz (HWG) die **Erlaubnis für Gehwegüberfahrten versagt** wurde. In diesen Fällen ist der Bauherr von seiner Nachweispflicht für Stellplätze befreit, d. h. er muss dann **keine Ausgleichsbeträge** bezahlen. 4

Ein rechtliches Hindernis ist auch gegeben, wenn nach § 48 Abs. 2 die **Unterbringung von Kinderspielflächen und notwendigen Fahrradplätzen** Vorrang vor der Errichtung von Stellplätzen hat oder wenn nach § 48 Abs. 4 die Herstellung von Pkw-Stellplätzen wegen **Überlastung des Verkehrs** oder wegen einer **günstigen Anbindung des Grundstücks an den öffentlichen Personennahverkehr** nicht gestattet wurde. 5

Die Ablösung von Stellplätzen ist aber auch zulässig, wenn Stellplätze nur unter unzumutbaren Schwierigkeiten hergestellt oder nachgewiesen werden können. Eine solche Situation ist gegeben, wenn die Herstellung oder der Nachweis von Stellplätzen grundsätzlich technisch möglich wäre, dieses aber **für den Bauherrn mit einem unverhältnismäßig hohen finanziellen Aufwand verbunden** 6 wäre. Erfasst werden auch die Fälle, in denen die Herstellung von Stellplätzen ein Grundstück und damit die **Bruttogeschossfläche des Neubauvorhabens so** verkleinern würde, dass die baulichen **Herstellungskosten in keinem wirtschaftlichen Verhältnis zu den erzielbaren Nutzflächen stehen würden.**

7 Ob die Zahlung einer Ausgleichsabgabe zulässig ist oder nicht steht im **pflichtgemäßen Ermessen der Bauaufsichtsbehörde,** einer Abweichungsentscheidung nach § 69 bedarf es nicht.

8 **Bezüglich der Herstellung von Stellplätzen oder der Zahlung von Ausgleichsbeträgen hat ein Bauherr kein Wahlrecht.** Ist es ihm möglich, ggf. durch Umplanungen oder andere Nutzungen, die Stellplatzverpflichtung zu erfüllen, so muss der Bauherr diesen Weg wählen. Kann er in wirtschaftlich zumutbarer Weise Stellplätze in der Nähe (vgl. § 48 Abs. 1) nachweisen, so scheidet die Zahlung einer Ausgleichsabgabe ebenfalls aus.

9 **Nach Auffassung des Bundesverwaltungsgerichtes ist ein Ausgleichsbetrag keine Sonderabgabe, keine Steuer, kein Beitrag und keine Gebühr, sondern ein Surrogat für die Herstellung notwendiger Stellplätze.** Wer keine Baukosten für die Herstellung von Stellplätzen aufwenden muss, soll als Ausgleich dafür einen Ablösebetrag bezahlen. Gegen die Entscheidung des Bundesverwaltungsgerichtes wurde Verfassungsbeschwerde erhoben, die zur Entscheidung angenommen wurde. Es ist folglich noch nicht abschließend geklärt, ob Ausgleichsbeträge für Stellplätze eine Art **„Sondersteuer"** sind, deren Erhebung verfassungsrechtlich nicht zulässig wäre.

1.2

10 Mit der seit dem **1.5.2018 in Kraft getretenen HBauO-Novelle** wurde der Absatz 1 neu formuliert. Die bisherige Regelung, dass Stellplätze wegen **„unzumutbarer Schwierigkeiten" abgelöst werden konnten** findet sich nunmehr in Nummer 1 der Vorschrift.

11 Neu eingefügt wurde in Absatz 1 die Nummer 2, **wonach notwendige Stellplätze auch abgelöst werden können, um Stellplätze für Wohnungen zu schaffen.**

12 Diese neue Regelung trägt dem Umstand Rechnung, dass es bei **unterschiedlichen Nutzungen (Gewerbe und Wohnen)** dazu kommen kann, dass **die hergestellten Stellplätze** nach der Fachanweisung 1/2013 „Notwendige Stellplätze und notwendige Fahrradplätze" **durch die Gewerbenutzung vollkommen „aufgebraucht" sind,** sodass **für Wohnungen keine Pkw-Stellplätze mehr vorhanden** sind und auch nicht nachgewiesen werden müssen, seitdem im Januar 2014 die Stellplatzpflicht für Wohnungen entfallen ist.

13 Bei einer solchen **Mischnutzung** musste ein Bauherr die **hergestellten Stellplätze** zunächst als „notwendige Stellplätze" **für die Gewerbenutzung nachweisen.** Lediglich überzählige Stellplätze durften dann für Wohnungen bereitgestellt werden.

Nunmehr kann der Bauherr nachgewiesene notwendige Stellplätze für die Gewerbenutzung zugunsten von Wohnstellplätzen ablösen und hierfür einen Ausgleichsbetrag gemäß Absatz 2 bezahlen. 14

Grundsätzlich ist es folglich nunmehr einem **Bauherrn überlassen selbst einzuschätzen, wie viel notwendige Stellplätze er bei einer Mischnutzung dem Gewerbeanteil und wie viel Stellplätze er den Wohnungen zuweisen will.** Dieses „Wahlrecht" und damit die Ablösung von notwendigen Stellplätzen ist aber nur gegeben, wenn die tatsächliche Herstellung der Stellplätze nicht oder nur unter **unzumutbaren Schwierigkeiten** hergestellt oder nachgewiesen werden können. 15

Exkurs: Abminderungsgebiet: Bis zum 8. Januar 2002 gab es noch zwei weitere Abminderungsgebiete II und III, die der Senat dann aufhob. Es verblieb aber bei dem **Abminderungsgebiet I „Innenstadt"**, sodass ein Bauherr innerhalb dieses Abminderungsgebietes die tatsächlich herzustellenden Stellplätze **für alle Nutzungen auf 25 %** mit Ausnahme von Wohngebäuden und Beherbergungsbetrieben gemäß der Fachanweisung I/2013 **abmindern muss.** Das Abminderungsgebiet ist in der Anlage 1 zur HBauO und in der Anlage 2 zur Fachanweisung I/2013 zeichnerisch dargestellt. **Werden die Grenzen des Abminderungsgebietes durch Straßen gebildet, liegen alle Grundstücke beiderseits der Straße innerhalb des Abminderungsgebietes.** 16

Für die konkrete Nutzung eines Neubaus oder auch eines umgebauten Bestandsgebäudes ist im Abminderungsgebiet zunächst die **Gesamtzahl** (100 %) **der notwendigen Stellplätze zu errechnen** gemäß der Anlage 2 zur Fachanweisung I/2013 „Notwendige Stellplätze und notwendige Fahrradplätze". **Von der so ermittelten Anzahl der notwendigen Stellplätze dürfen dann nur 25 % hergestellt werden.** 17

2. Höhe und Fälligkeit des Ausgleichsbetrages (Abs. 2)

Errechnet sich ein **erhöhter Stellplatzbedarf in Folge einer Nutzungsänderung,** so sind für die **ersten drei Stellplätze keine Ablösebeträge zu bezahlen,** gleichgültig, ob Wohnraum oder Büro- bzw. Gewerbeflächen geschaffen wurden. Dieses **gilt nicht** für einen Mehrbedarf in Folge von **Umbauten, Anbauten, Aufstockungen** etc., d. h. der Mehrbedarf ist in diesen Fällen abzulösen. 18

Im **Abminderungsgebiet „Innenstadt"** gemäß der Anlage 1 beträgt der Ausgleichsbetrag 19

- je notwendigen Stellplatz € 10.000,00;
- je notwendigen Fahrradplatz € 1.000,00.

Dieses gilt aber nicht für die Schaffung von Wohnungen im Abminderungsgebiet, für sie gelten die allgemeinen Ausgleichsbeträge, die da sind 20

- je notwendigen Stellplatz € 6.000,00;
- je notwendigen Fahrradplatz € 600,00.

Satz 2 stellt klar, dass der Ausgleichsbetrag **bis zur ersten Aufnahme der Nutzung des Neubauvorhabens fällig wird** und bezahlt werden muss. 21

22 Für die Stellplätze, die im Abminderungsgebiet nicht hergestellt werden dürfen (aus rechtlichen Gründen) **darf von der Bauaufsicht kein Ablösebetrag gefordert werden.**

3. Dingliche Haftung (Abs. 3)

23 **Für die Zahlung** des festgesetzten und fälligen Ausgleichsbetrages **haftet zunächst persönlich der Bauherr.** Ist dieser nicht zahlungswillig oder zahlungsfähig, so kann der Ablösebetrag **durch Zwangsvollstreckungsmaßnahmen in das Grundstück** beigetrieben werden, selbst wenn der Bauherr nicht Eigentümer/ Erbbauberechtigter des Baugrundstücks ist.

24 Insoweit ruhen die **Ausgleichsbeträge** und die daraus resultierenden **Zinsen** auf dem Grundstück als öffentliche Last. Ausgleichsbeträge sind folglich nicht personenbezogen, sondern grundstücksbezogen mit einer entsprechenden dinglichen Haftung des Baugrundstücks.

25 Für weitergehende öffentlich-rechtliche Geldforderungen wie **Baugebühren etc. haftet allerdings allein der Bauherr als persönlicher Schuldner und nicht das Grundstück,** wenn es im Eigentum eines Dritten steht. Die dingliche Haftung ist also allein auf Ausgleichsbeträge beschränkt.

4. Zweckgebundene Verwendung von Ausgleichsbeträgen (Abs. 4)

26 Als Surrogat für die Herstellung notwendiger Stellplätze dürfen **Ausgleichsbeträge durch die Freie und Hansestadt Hamburg nur zweckgebunden zum Erwerb, zur Errichtung, Unterhaltung, Grundinstandsetzung und Modernisierung von Stellplatzanlagen** für Pkws und Fahrräder verwendet werden, die **außerhalb öffentlicher Straßen** liegen müssen. Dieses können sowohl **Tiefgaragen** als auch **offene Stellplatzanlagen** sein. Für Parkbuchten und sonstige Park- und Stellplätze im öffentlichen Verkehrsraum dürfen Ausgleichsabgaben nicht verwendet werden, diese unterliegen dem Erschließungsbeitragsrecht.

27 **Park-and-Ride-Plätze sowie Abstellanlagen für Fahrräder an U- und S-Bahnhöfen** sowie **Bushaltestellen** können hingegen durch Ablösebeträge finanziert werden.

28 Gleiches gilt für **Fußgängerbrücken oder -unterführungen** sowie **Rolltreppen.** Voraussetzung ist allerdings, dass durch sie eine direkte Verbindung zwischen einer Parkplatzeinrichtung und einer Haltestelle des öffentlichen Personennahverkehrs hergestellt wird.

29 Auch **Parkleitsysteme** sowie **Videoüberwachungsanlagen** in Tiefgaragen oder für offene Stellplatzanlagen können durch Ablösebeträge finanziert werden.

30 Dieses gilt auch für **Haltestellen von U- und S-Bahnen** sowie von **Bussen.** Auch Bahnhöfe können so finanziert werden, **nicht jedoch die Bahnkörper oder Straßen oder sogar die Busse und Bahnen selbst.**

31 **Ein Bauherr kann nicht verlangen, dass es ihm tatsächlich auch möglich ist, eine Stellplatzanlage etc. zu nutzen,** die mit seinem gezahlten Ablösebetrag finanziert wurde. Folglich kann beispielsweise eine Park-and-Ride-Anlage im Osten Ham-

burgs errichtet werden, obwohl sich das „Ablöse-Grundstück“ im Westen Hamburgs befindet. Auch hat ein Bauherr **keinen subjektiven Anspruch** darauf, dass sein **Ablösebetrag zweckentsprechend** nach Abs. 4 **Verwendung findet.**

5. Nachbar- und Rechtsschutz

§ 49 ist nicht nachbarschützend. 32

Die Festsetzung von Stellplätzen und Ausgleichsbeträgen kann als Auflage in einer Baugenehmigung oder einem Vorbescheid **isoliert angefochten werden,** ohne dass dieses Einfluss auf die Ausnutzung der Baugenehmigung selbst hat. Es ist also zulässig, Widerspruch und Anfechtungsklage nur gegen die Festsetzung von Stellplätzen und Ausgleichsbeträgen zu erheben, um deren Berechtigung gerichtlich klären zu lassen. Gleichwohl kann der Bauherr die ihm erteilte Baugenehmigung ausnutzen und mit dem Bau beginnen, es sei denn, er hat global gegen den Baugenehmigungsbescheid bzw. Vorbescheid insgesamt einen Rechtsbehelf/ein Rechtsmittel eingelegt. 33

Als Surrogat für die Herstellung notwendiger Stellplätze ist ein Ausgleichsbetrag auch keine Abgabe im Sinne des § 80 Abs. 2 Nr. 1 VwGO. Dieses bedeutet, dass **ein Festsetzungsbescheid über einen Ausgleichsbetrag nicht sofort vollziehbar ist,** vielmehr Widerspruch und Anfechtungsklage gegen einen solchen Bescheid aufschiebende Wirkung besitzen. Der Bauherr muss also nicht sogleich um vorläufigen Rechtsschutz beim Verwaltungsgericht nachsuchen, um verhindern zu können, dass aus dem Festsetzungsbescheid sofort vollstreckt wird. 34

6. Ergänzende Rechtsvorschriften

Welcher Innenstadtbereich geographisch zum Abminderungsgebiet nach Abs. 2 Nr. 2 **gehört, ergibt sich aus der Anlage 1 zur HBauO und aus der Anlage 2 zur** Fachanweisung I/2013 „Notwendige Stellplätze **und** notwendige Fahrradplätze“. 35

§ 50 (frei)

§ 51 Sonderbauten

Soweit die Vorschriften dieses Gesetzes oder die auf Grund dieses Gesetzes erlassenen Vorschriften zur Vermeidung oder Beseitigung von Gefahren, erheblichen Nachteilen oder erheblichen Belästigungen nicht ausreichen, können an Sonderbauten nach § 2 Absatz 4 im Einzelfall zur Verwirklichung der allgemeinen Anforderungen nach § 3, insbesondere zum Brandschutz und zur technischen Gebäudeausrüstung, besondere Anforderungen gestellt werden. Dies gilt auch für bauliche Anlagen, die besonderen Gefährdungen ausgesetzt sein können.

Kommentierung

Übersicht

1. Spezielle Anforderungen an Sonderbauten und bauliche Anlagen mit besonderer Gefährdung

1 Die **Legaldefinition für Sonderbauten** findet sich in § 2 Abs. 4.

2 In Konkretisierung der allgemeinen Anforderungen des § 3 an die öffentliche Sicherheit und Ordnung baulicher Anlagen, **können an Sonderbauten noch zusätzliche Anforderungen zur Vermeidung von Gefahren, erheblichen Nachteilen oder erheblichen Belästigungen gestellt werden.** Dieses kann durch Rechtsverordnungen, durch technische Regelwerke und Technische Baubestimmungen geschehen. **Bei Spezialbauten können auch einzelfallbezogene zusätzliche Anforderungen** im Rahmen des bauaufsichtlichen Genehmigungsverfahrens **gestellt werden.**

2. Nachbar- und Rechtsschutz

3 § 51 dient dem Allgemeininteresse, nicht dem Schutz von Nachbarn.

3. Ergänzende Rechtsvorschriften

4 Folgende spezielle Rechtsverordnungen für Sonderbauten können zur Anwendung kommen:
- Verkaufsstättenverordnung (VkVO);
- Versammlungsstättenverordnung (VStättVO);
- Beherbergungsverordnung (BeVO);
- Gaststättenverordnung (GastVO).

5 Des Weiteren können folgend **Bauprüfdienste** zur Anwendung kommen:
- **BPD** 1/08 „Anforderungen an den Bau und Betrieb von Hochhäusern (**BPD Hochhäuser**)";
- **BPD** 2/09 „Besondere Anforderungen an Kombibüros und Großraumbüros (**BPD Bürogroßräume**)";
- **BPD** 2/11 „Prüfung technischer Anlagen und Einrichtungen im Genehmigungsverfahren (**BPD Prüfung TGA**)";
- **BPD** 6/11 „Anforderungen an den Bau und Betrieb von Schulen (**BPD Schulbau**)";
- **BPD** 1/14 „Barrierefreies Bauen";
- **BPD** 1/16 „Bauordnungsrechtliche Anforderungen an Unterkünfte für die öffentlich-rechtliche Unterbringung von Flüchtlingen und Asylbegehrenden (**BPD Flüchtlingsunterkünfte**)";
- **BPD** 1018-3 „Bauen in Massivholzbauweise (**BPD Massivholzbau**)".

§ 52 Barrierefreies Bauen

(1) In Gebäuden mit mehr als vier Wohnungen müssen die Wohnungen eines Geschosses barrierefrei erreichbar sein; diese Verpflichtung kann auch durch barrierefrei erreichbare Wohnungen in entsprechendem Umfang in mehreren Geschossen erfüllt werden. In diesen Wohnungen müssen die Wohn- und

Schlafräume, eine Toilette, ein Bad sowie die Küche oder die Kochnische barrierefrei sein. § 37 Absatz 4 bleibt unberührt. Die Sätze 1 und 2 gelten nicht, soweit Anforderungen wegen schwieriger Geländeverhältnisse, wegen des Einbaus eines sonst nicht erforderlichen Aufzugs oder wegen ungünstiger vorhandener Bebauung nur mit einem unverhältnismäßigen Mehraufwand erfüllt werden können.

(2) Bauliche Anlagen, die öffentlich zugänglich sind, müssen in den dem allgemeinen Besucherverkehr dienenden Teilen von Menschen mit Behinderungen, alten Menschen und Personen mit Kleinkindern barrierefrei erreicht und ohne fremde Hilfe zweckentsprechend genutzt werden können. Diese Anforderungen gelten insbesondere für
1. Einrichtungen der Kultur und des Bildungswesens,
2. Sport- und Freizeitstätten,
3. Einrichtungen des Gesundheitswesens,
4. Büro-, Verwaltungs- und Gerichtsgebäude,
5. Verkaufs-, Gaststätten und Beherbergungsbetriebe,
6. Stellplätze, Garagen und Toilettenanlagen.

(3) Für bauliche Anlagen und Einrichtungen, die überwiegend oder ausschließlich von Menschen mit Behinderungen, alten Menschen und Personen mit Kleinkindern genutzt werden, wie
1. Tagesstätten, Werkstätten, Ausbildungsstätten, Heime und Wohnungen für Menschen mit Behinderungen,
2. Altenheime, Altenwohnheime, Pflegeheime und gleichartige Einrichtungen,
3. Tagesstätten und Heime für Kleinkinder
gilt Absatz 2 nicht nur für die dem allgemeinen Besucherverkehr dienenden Teile, sondern für alle Teile, die von dem jeweiligen Personenkreis genutzt werden.

Kommentierung

Übersicht

1. Barrierefreiheit und Rollstuhlzugänglichkeit von Wohnungen (Abs. 1)

§ 52 stellt besondere Anforderungen an bauliche Anlagen, damit diese durch 1
Menschen mit Behinderungen, alte Menschen und Personen mit Kleinkindern problemlos genutzt werden können. Insbesondere die Planer von Gebäuden sind gefordert, zu einer hindernisfreien baulichen Umwelt einen Beitrag zu leisten, um die Lebensverhältnisse der genannten Personengruppen zu verbessern.

2 Mit der **HBauO-Novelle 2018** wurde Satz 1 ein Halbsatz angefügt, wonach bei Gebäuden mit mehr als 4 Wohnungen nicht ein ganzes Geschoss barrierefrei sein muss. **Es reicht nunmehr aus, dass die erforderliche Anzahl der barrierefreien Wohnungen in mehreren Geschossen hergestellt werden.**

3 In Satz 2 wird nunmehr der **Begriff „barrierefrei"** verwendet statt der bisherigen Formulierung „mit dem Rollstuhl zugänglich", welche Anforderungen an eine barrierefreie Wohnung gestellt werden, ist der **DIN 18040-2** zu entnehmen, die in Hamburg als **Technische Baubestimmung** eingeführt ist (Amtlicher Anzeiger vom 30.4.2018, S. 669 ff.).

4 **Barrierefrei sind Wohnungen**, wenn sie von den Bewohnern unabhängig von fremder Hilfe und ohne besondere Erschwernisse genutzt werden können. **Dabei müssen barrierefrei nicht nur die Gebäude selbst, sondern auch die Zuwegungen und Zufahrten sein.** Hierzu zählt auch die barrierefreie Erreichbarkeit einer Geschosswohnung mittels eines Aufzugs von der Tiefgarage.

5 Auch die **Räume in den barrierefreien Wohnungen** müssen für Rollstuhlfahrer zugänglich sein, wobei sich die näheren baulichen Anforderungen aus Abs. 4 ergeben (Türbreiten, Bewegungsflächen, Rampenneigungen, Handläufe etc.).

6 **Kann eine Barrierefreiheit der Wohnungen nur mit einem finanziell unverhältnismäßigen Aufwand erreicht werden,** so kann auf eine Rollstuhlzugänglichkeit verzichtet werden. Gemeint sind die Fälle, in denen **schwierige Geländeverhältnisse** (Hanglage eines Grundstücks) die Erstellung von Rampen und die Installierung von Aufzügen praktisch unmöglich machen.

7 Hiermit korrespondiert, dass eine **Barrierefreiheit nicht für Gebäude mit einer Höhe unter 13 m** gefordert wird, für die nach § 37 Abs. 4 der Einbau eines Aufzugs gesetzlich nicht vorgeschrieben ist. Denn anderenfalls würde diese Regelung aufgrund der Anforderungen an eine Barrierefreiheit ins Leere laufen.

8 Ein weiterer **Sonderfall für den Verzicht einer Barrierefreiheit** ist gegeben, wenn bereits links und rechts neben einem Baugrundstück eine ungünstige Bebauung vorhanden ist, beispielsweise ein **Sockelgeschoss oder eine Ladennutzung im Erdgeschoss.** Dann kann bauaufsichtlich aus städtebaulichen Gründen nicht gefordert werden, dass der Neubau kein Sockelgeschoss aufweist und auch keinen Laden im Erdgeschoss, nur um eine barrierefreie Zugänglichkeit des Neubaus zu gewährleisten. Der „Versprung" der Geschosse würde sich nicht in das Straßenbild einfügen.

2. Barrierefreiheit öffentlicher Gebäude (Abs. 2)

9 Für **öffentliche Gebäude** gilt, dass diese **in den Bereichen barrierefrei sein müssen, die dem allgemeinen Besucherverkehr dienen.** Hierunter sind die Flächen zu verstehen, die bestimmungsgemäß regelmäßig vom öffentlichen Publikumsverkehr genutzt werden. Welche Einrichtungen und Anlagen dieses insbesondere sind, ergibt sich aus den nachfolgend aufgelisteten baulichen Anlagen und Einrichtungen.

Barrierefrei müssen aber nur die Bereiche innerhalb des Gebäudes errichtet **werden, die von der Öffentlichkeit auch genutzt werden.** Personal- und Sozialräume, Büros für die interne Verwaltung etc. dienen nicht der Öffentlichkeit. Gleichwohl sollten im Interesse von Menschen mit Behinderungen auch diese Räumlichkeiten barrierefrei errichtet werden, um diesen Menschen die Teilhabe z. B. am Arbeitsleben zu ermöglichen. 10

Nachfolgend sind, ohne abschließenden Charakter, **einige öffentliche Gebäude aufgeführt, in denen die für die Öffentlichkeit bestimmten Flächen barrierefrei herzurichten sind.** Hierzu zählen nach 11

Nr. 1 **Einrichtungen der Kultur und des Bildungswesens,** wie Museen, öffentliche Bibliotheken, Schulen, Hochschulen und Weiterbildungseinrichtungen;

Nr. 2 **Sport- und Freizeitstätten,** zu denen auch Spielplätze gehören. Gerade bei Sportstätten ist vorzusehen, dass Teilbereiche von Zuschauertribünen barrierefrei erreichbar sind und für Menschen mit Behinderungen und auch Senioren freigehalten werden. Sie sind entsprechend kenntlich zu machen;

Nr. 3 **Einrichtungen des Gesundheitswesens,** wie Krankenhäuser, Einrichtungen der Rehabilitation, Kurheime, Arztpraxen etc. Auch Einrichtungen therapeutischer Berufe wie Physiotherapie- und Massage- bzw. Bäderpraxen dienen der Gesundheit;

Nr. 4 **Büro-, Verwaltungs- und Gerichtsgebäude.** Auch private Verwaltungs- und Bürogebäude werden erfasst, d. h., deren Räumlichkeiten müssen zumindest in den Bereichen, die dem öffentlichen Besucherverkehr zugänglich sind, barrierefrei hergestellt werden;

Nr. 5 **Verkaufsstätten, Gaststätten und Beherbergungsbetriebe.** Zu den Verkaufsstätten zählen auch Läden, Einkaufszentren und Shopping-Malls. Kantinen sind Gaststätten im weiteren Sinne;

Nr. 6 **Stellplätze, Garagen und Toilettenanlagen.** Hinsichtlich der Behindertenstellplätze gilt, dass diese eine Mindestbreite von 3,5 m haben müssen. Bei Behindertenwohnungen ist ein Verhältnis von einem Stellplatz pro Wohnung vorgegeben. Bei anderen Vorhaben sind 3 % der Stellplätze als Behindertenstellplätze herzurichten. Bei Krankenhäusern, Ärztezentren, Sozialbehörden und -einrichtungen erhöht sich der Anteil auf 4 %, wobei zusätzlich ein Stellplatz mit den Abmessungen 3,50 m x 7,50 m für einen Kleinbus vorhanden sein muss. Bei den Toilettenanlagen ist zu beachten, dass diese nicht nur gut erreichbar, sondern auch problemlos benutzbar sein müssen.

3. Barrierefreiheit baulicher Anlagen für besondere Personengruppen (Abs. 3)

Bei Einrichtungen für besondere Personengruppen sind alle Bereiche und nicht nur die Flächen, die für die Öffentlichkeit zugänglich sind, **barrierefrei herzustellen.** 12

Dieses hat seinen Grund darin, dass die nachfolgend aufgeführten Einrichtungen nicht nur von Menschen mit Behinderungen (**Rollstuhlfahrer**), sondern 13 auch von **blinden und sehbehinderten Menschen** sowie von **gehörlosen und kleinwüchsigen Menschen** genutzt werden. Ihnen muss es möglich sein, ohne fremde Hilfe sowohl die Einrichtung selbst von außen, als auch die einzelnen Räumlichkeiten innerhalb der Einrichtung ohne fremde Hilfe erreichen und nutzen zu können.

14 Erfasst werden nach
Nr. 1 Tagesstätten, Werkstätten, Ausbildungsstätten, Heime und Wohnungen für Menschen mit Behinderungen;
Nr. 2 Altenheime, Altenwohnheime, Pflegeheime und gleichartige Einrichtungen;
Nr. 3 Tagesstätten und Heime für Kleinkinder.

4. Bauliche Anforderungen an barrierefreie bauliche Anlagen (Abs. 4)

15 **Dieser Absatz wurde entbehrlich** und gestrichen, da sich die Anforderungen an barrierefreie Wohnungen aus der **DIN 18040 Teil 2** unmittelbar ergeben.

5. Nachbar- und Rechtschutz

16 § 52 dient ausschließlich dem Allgemeininteresse und vermittelt keine subjektiven Rechte für einzelne Personen oder Nachbarn.

6. Ergänzende Rechtsvorschriften

17 Für Heime, die dem Zweck dienen, ältere Menschen und pflegebedürftige oder behinderte Volljährige aufzunehmen, gilt das **Heimgesetz** sowie die für diese Einrichtungen erlassene Verordnung über bauliche Mindestanforderungen für Altenheime, Altenwohnheime und Pflegeheime für Volljährige (**HeimMindBauV**).

18 In Hamburg gilt darüber hinaus auch das Hamburgische Gesetz zur Förderung der Wohn- und Betreuungsqualität älterer und betreuungsbedürftiger Menschen (**Hamburgisches Wohn- und Betreuungsqualitätsgesetz – HmbWBG**) vom 15.12.2009 sowie das **Gesetz zur Gleichstellung behinderter Menschen** vom 21.3.2005.

19 Spezielle Anforderungen an eine barrierefreie Zugänglichkeit von Sonderbauten finden sich in der **Verkaufs-, Versammlungs- und Beherbergungsstättenverordnung (VkVO, VStättVO und BeVO)**.

20 In der **Garagenverordnung (GarVO)** vom 17.1.2012, abgedruckt im Anhang III unter Nr. 2, sind Mindestbreiten für Behinderten-Stellplätze vorgeschrieben.

21 Darüber hinaus gelten die Bauprüfdienste
- **BPD** 1/2013 „Bauliche Anforderungen an Stellplätze und Garagen (**BPD Garagen**)“;
- **BPD** 1/2014 „**Barrierefreies Bauen**“;
- **BPD** 2018-1 „Besondere Wohnformen für pflegebedürftige und behinderte Menschen (**BPD Besondere Wohnformen**)“.

Hinzuweisen sei noch auf die in Hamburg als Technische Baubestimmung eingeführte DIN 18040-2, siehe die in Hamburg gültigen **Technischen Baubestimmungen**, abgedruckt im Amtlichen Anzeiger vom 30.4.2018, S. 669 ff. 22

Vierter Teil: **Die am Bau Beteiligten**

§ 53 Grundpflichten der am Bau Beteiligten

Bei der Errichtung, Änderung, Nutzungsänderung und der Beseitigung von Anlagen sind die Bauherrin oder der Bauherr und im Rahmen ihres Wirkungskreises die anderen am Bau Beteiligten dafür verantwortlich, dass die öffentlich-rechtlichen Vorschriften eingehalten werden.

Kommentierung

Übersicht

1. Verantwortlichkeit des Bauherrn und der am Bau Beteiligten

Der vierte Teil der HBauO leitet die neue **Verteilung der Rechte und Pflichten sowie Verantwortlichkeiten der am Bau Beteiligten** ein. In den sich dann anschließenden §§ 54–57 wird die gesteigerte Verantwortung der Bauherren und Entwurfsverfasser hervorgehoben und zugleich die Verlagerung staatlicher Überwachungstätigkeiten von den Bauaufsichtsbehörden auf Architekten und Prüfsachverständige geregelt. 1

Zu den **am Bau Beteiligten** gehören 2
- Bauherrinnen oder Bauherren nach § 54;
- Entwurfsverfasserinnen oder Entwurfsverfasser nach § 55;
- Unternehmerinnen und Unternehmer nach § 56;
- Bauleiterinnen oder Bauleiter nach § 57.

Gleichgültig ist, ob es sich bei den am Bau Beteiligten um eine **natürliche Person** oder um eine **juristische Person** des zivilen oder öffentlichen Rechts handelt. Ist Bauherr eine Privatperson, so ist diese verantwortlich. Bei einer **GmbH** etwa ist dieses der **Geschäftsführer** bzw. bei einer Gemeinde der Bürgermeister. 3

Die übrigen am Bau Beteiligten sind abgegrenzt innerhalb des Wirkungskreises/Tätigkeitsbereiches verantwortlich, der ihnen vom Bauherrn als Inhaber der Baugenehmigung übertragen worden ist. **Die größte Verantwortung trifft** letztlich den **Architekten oder Ingenieur**, der als Entwurfsverfasser die baulichen Anlagen bei einem Architektenvollauftrag bis ins Detail zu planen und die Bautätigkeit zu überwachen hat. Darüber hinaus muss er die einzelnen Ge- 4 werke koordinieren und ggf. **Sonderfachleute** für Elektrik, Heizung und Lüftung hinzuziehen sowie ggf. ein Erdbauinstitut.

2. Nachbar- und Rechtsschutz

5 § 53 vermittelt keinen Drittschutz.

6 Die am Bau Beteiligten sind nur für die Einhaltung öffentlich-rechtlicher Vorschriften **verantwortlich**, die sich aus der Baugenehmigung selbst ergeben können, wie auch aus einem Baustufen- oder Bebauungsplan (BauGB/BPVO), der Baunutzungsverordnung (BNVO) sowie sonstigen Spezialgesetzen (Gewerberecht, Gaststättenrecht, Immissionsschutzrecht, Straßen- und Wegerecht etc.). **Bei Verstößen haften sie verschuldensunabhängig**, es kommt also nicht darauf an, ob ihnen Fahrlässigkeit oder Verschulden anzulasten ist. Eine **vertragliche oder deliktische Haftung** (unerlaubte Handlung nach den §§ 823 ff. BGB) **wird von § 53 ebenso wenig erfasst wie ein strafbares Verhalten** nach § 319 StGB.

§ 54 Bauherrin oder Bauherr

(1) Bauherrin oder Bauherr ist, wer auf eigene Verantwortung eine Anlage vorbereitet oder ausführt oder vorbereiten oder ausführen lässt.

(2) Die Bauherrin oder der Bauherr hat zur Vorbereitung, Überwachung und Ausführung eines nicht verfahrensfreien Vorhabens geeignete Beteiligte nach Maßgabe der §§ 55 bis 57 zu bestellen, soweit sie oder er nicht selbst zur Erfüllung der Verpflichtungen nach diesen Vorschriften geeignet ist. Der Bauherrin oder dem Bauherrn obliegen außerdem die nach den öffentlich-rechtlichen Vorschriften erforderlichen Anträge, Anzeigen und Nachweise. Sie oder er hat die zur Erfüllung der Anforderungen dieses Gesetzes oder auf Grund dieses Gesetzes erforderlichen Nachweise und Unterlagen zu den verwendeten Bauprodukten und den angewandten Bauarten bereitzuhalten. Werden Bauprodukte verwendet, die die CE-Kennzeichnung nach der Verordnung (EU) Nr. 305/2011 tragen, ist die Leistungserklärung bereitzuhalten. Die Bauherrin oder der Bauherr hat vor Baubeginn den Namen der Bauleiterin oder des Bauleiters und während der Bauausführung den Wechsel dieser Person unverzüglich der Bauaufsichtsbehörde mitzuteilen. Wechselt die Bauherrin oder der Bauherr, hat die neue Bauherrin oder der neue Bauherr dies der Bauaufsichtsbehörde unverzüglich mitzuteilen.

(3) Treten bei einem Bauvorhaben mehrere Personen als Bauherrin oder als Bauherr auf, so kann die Bauaufsichtsbehörde verlangen, dass eine Vertreterin oder ein Vertreter bestellt wird, die oder der ihr gegenüber die Verpflichtungen der Bauherrin oder des Bauherrn zu erfüllen hat

Kommentierung

Übersicht Rn.

1. Begriff Bauherr (Abs. 1)

1 **Als Bauherr ist anzusehen, wer die Errichtung einer baulichen Anlage vorbereitet, plant und ausführt** oder vorbereiten oder ausführen lässt. **Der Bauherr ist im umfassenden Sinn Herr des Baugeschehens,** da er stets Einfluss auf die Planung und seine Genehmigung sowie Art, Umfang und Durchführung des Baugeschehens besitzt. Der Bauherr, sofern er nicht selbst über eine entsprechende Ausbildung und Sachkunde verfügt, bedient sich hinsichtlich der Errichtung einer baulichen Anlage eines Architekten, eines Statikers, eines oder mehrerer Ingenieure sowie Bauunternehmern, mit denen er zivilrechtliche Verträge abschließt. **Dadurch überträgt er Verantwortlichkeiten auf diese am Bau Beteiligten,** die dann ihrerseits direkt von der Bauaufsichtsbehörde zwecks Einhaltung öffentlich-rechtlicher Vorschriften aufgefordert und ggf. auch in die Haftung genommen werden können.

2 **Die Bauherreneigenschaft beginnt** bei genehmigungsbedürftigen Vorhaben **mit der Einreichung des vom Bauherrn unterschriebenen Bauantrags** bei der Bauaufsichtsbehörde. Sie **endet mit der Benachrichtigung der Bauaufsichtsbehörde nach § 77 Abs. 2 über die beabsichtigte erstmalige Nutzungsaufnahme** der fertiggestellten baulichen Anlage.

3 Bei **verfahrensfreien Bauvorhaben** nach § 60 beginnt die Bauherreneigenschaft mit der Beauftragung des bauausführenden Unternehmers, sie endet mit der Fertigstellung und zivilrechtlichen Abnahme des Bauvorhabens durch den Bauherrn. **Bei der Errichtung eines verfahrensfreien Bauvorhabens ist die Bauaufsichtsbehörde zu keinem Zeitpunkt zu benachrichtigen oder zu beteiligen.**

2. Aufgaben und Pflichten des Bauherrn (Abs. 2)

4 Die **Pflichten des Bauherrn** nach der HBauO lassen sich wie folgt auflisten:
- Bestellung eines Entwurfsverfassers nach § 55;
- Beauftragung eines Unternehmers nach § 56;
- Bestellung eines Bauleiters nach § 57;
- Benennung des Bauleiters bzw. Wechsel dieser Person gegenüber der Bauaufsichtsbehörde nach § 54 Abs. 2 Satz 3;
- Einreichung des Bauantrages nach § 70 Abs. 1;
- Nachweis der Einhaltung der Anforderungen an Standsicherheit, Brandschutz, Schallschutz, Wärmeschutz und Erschütterungsschutz nach § 68 Abs. 1–4;
- Vorlage dieser Bescheinigungen bei der Bauaufsichtsbehörde nach § 72a Abs. 1 Nr. 2;
- Anzeige des Baubeginns nach § 72a Abs. 1 Nr. 2 in Verbindung mit Abs. 4;
- Einholung erforderlicher Nachbarzustimmungen nach § 71 Abs. 2;
- Benachrichtigung der Nachbarn über die Inanspruchnahme ihrer Grundstücke (Duldungspflicht) nach § 74 Abs. 6;
- Zahlung von Schadensersatz im Zusammenhang mit der Inanspruchnahme der Nachbargrundstücke nach § 74 Abs. 7;
- Anzeige der ersten Nutzungsaufnahme gegenüber der Bauaufsichtsbehörde nach § 77 Abs. 2 Satz 1;
- Vorlage einer Bescheinigung über die ordnungsgemäße Bauausführung bei der Bauaufsichtsbehörde nach § 77 Abs. 2 Satz 2;

- Benachrichtigung des Bezirksschornsteinfegers bei Errichtung von Abgasanlagen nach § 77 Abs. 2 Satz 4;
- Wechsel der Bauherreneigenschaft nach § 54 Abs. 2 Satz 4.

5 **Architekten und Ingenieure**, die aufgrund ihrer Ausbildung und beruflichen Tätigkeit ein Bauvorhaben planen und überwachen können, **müssen keinen Entwurfsverfasser oder Bauleiter bestellen,** diese Funktion können sie selbst übernehmen. **Bauherr und Grundstückseigentümer müssen nicht identisch sein.**

6 Auch ist nicht erforderlich, dass der Bauherr später Eigentümer der baulichen Anlage wird.

7 Bei mehreren Personen, z. B. bei **Eheleuten, Bauherrn-** oder **Wohnungseigentümergemeinschaften** ist jeder Einzelne Bauherr. Bei **BGB-Gesellschaften** reicht es aus, wenn im Bauantrag die Gesellschaft namentlich angegeben ist, es müssen nicht alle Mitglieder der GbR im Bauantragsformular aufgeführt sein. Die Bauaufsichtsbehörde kann dann aber nach Absatz 3 verlangen, dass die **GbR einen Ansprechpartner als Vertreter benennt und bestellt.**

8 **Wechselt der Bauherr** bevor die bauliche Anlage fertig gestellt ist, so **hat der neue Bauherr dieses der Bauaufsichtsbehörde unverzüglich mitzuteilen.** Nicht erforderlich ist, dass die Baugenehmigung dann auch auf den Rechtsnachfolger umgeschrieben wird.

9 **Sind die Bauarbeiten abgeschlossen** und ist die erste Aufnahme der Nutzung nach § 77 Abs. 2 der Bauaufsichtsbehörde angezeigt worden (bei genehmigungsbedürftigen Bauvorhaben), **findet bei einer Rechtsnachfolge kein Wechsel des Bauherrn statt.**

10 Mit der **HBauO-Novelle 2018** wurden in Absatz 2 die Sätze 3 und 4 neu formuliert. Es wird nunmehr ausdrücklich erwähnt, dass es einem **Bauherrn obliegt zu beweisen, dass die allgemeinen Anforderungen** gemäß § 3 **an bauliche Anlagen, Bauprodukte etc. eingehalten werden.**

11 Des Weiteren ist bei der Verwendung von Bauprodukten, die die CE-Kennzeichnung tragen die **Leistungserklärung bereitzuhalten.** Dies kann auch elektronisch erfolgen.

3. Mehrere Bauherren (Abs. 3)

12 **Sind in einem Bauantrag die Mitglieder einer GbR oder WEG nicht einzeln aufgeführt,** sondern nur mit einem GbR-/WEG-Namen, so hat der Bauherr auf Verlangen der Bauaufsichtsbehörde einen **Ansprechpartner zu benennen,** der dann stellvertretend für die übrigen Mitglieder der GbR bauaufsichtliche Anordnungen entgegen nehmen kann. Der Vertreter muss nicht zwingend Mitglied der GbR sein.

13 Durch die Benennung eines Vertreters werden gleichwohl **bei Erlass einer bauaufsichtlichen Verfügung,** beispielsweise zwecks Herstellung ordnungsgemäßer Zustände nach § 76, **alle Mitglieder der GbR in Anspruch genommen** und verpflichtet, der Anordnung nachzukommen.

4. Nachbar- und Rechtsschutz

§ 54 dient allein dem Allgemeininteresse. 14

§ 55 Entwurfsverfasserin oder Entwurfsverfasser

(1) Entwurfsverfasserin oder Entwurfsverfasser ist, wer mit der selbständigen Planung von Bauvorhaben beauftragt worden ist.

(2) Die Entwurfsverfasserin oder der Entwurfsverfasser muss nach Sachkunde und Erfahrung zur Vorbereitung des jeweiligen Bauvorhabens geeignet sein. Sie oder er ist für die Vollständigkeit und Brauchbarkeit ihres oder seines Entwurfs und dafür, dass der Entwurf den öffentlich-rechtlichen Vorschriften entspricht, verantwortlich. Die Entwurfsverfasserin oder der Entwurfsverfasser hat dafür zu sorgen, dass die für die Ausführung notwendigen Einzelzeichnungen, Einzelberechnungen und Anweisungen den öffentlich-rechtlichen Vorschriften entsprechen.

(3) Hat die Entwurfsverfasserin oder der Entwurfsverfasser auf einzelnen Fachgebieten nicht die erforderliche Sachkunde und Erfahrung, so sind geeignete Fachplanerinnen oder Fachplaner heranzuziehen. Diese sind für die von ihnen gefertigten Unterlagen, die sie zu unterzeichnen haben, verantwortlich. Für das ordnungsgemäße Ineinandergreifen aller Fachplanungen bleibt die Entwurfsverfasserin oder der Entwurfsverfasser verantwortlich.

Kommentierung

Übersicht — Rn.

1. Begriff des Entwurfsverfassers (Abs. 1)

1 Entwurfsverfasser ist derjenige, der aufgrund eines privatrechtlichen Werkvertrages nach §§ 631 ff. BGB mit dem Bauherrn **die Aufgabe übernommen hat, diesen bei der Planung eines Bauvorhabens technisch, wirtschaftlich und künstlerisch zu beraten** sowie für ihn **die notwendigen Bauvorlagen**, Baupläne, Baubeschreibungen, Kostenberechnungen etc. **zu erstellen.**

2. Geeignetheit und Verantwortlichkeit des Entwurfsverfassers (Abs. 2)

2 Der Entwurfsverfasser muss nach **Sachkunde** und **Erfahrung** geeignet sein, das konkrete Bauvorhaben vorzubereiten und die dafür technischen Pläne zu erstellen.

3 **Wer nach § 67 Abs. 2 bauvorlageberechtigt ist, besitzt grundsätzlich die erforderliche Eignung.** Etwas anderes kann im Einzelfall nur gelten, wenn ein Bauvorhaben vom Volumen und Umfang her sehr groß ist oder besondere technische Anforderungen stellt (**Sonderbauten**). Für **verfahrensfreie Vorhaben**

bestehen keine Vorgaben hinsichtlich der Eignung, die Bauunterlagen und Pläne für solche baulichen Anlagen kann jeder erstellen.

4 Mit Abschluss des Werkvertrages schuldet der Entwurfsverfasser eine genehmigungsfähige Planung, die die **Vorgaben des Bauherrn** hinsichtlich der **Grundstücksverhältnisse**, des **Raumprogramms**, der einzusetzenden **Baumaterialien** und der **technischen Ausrüstung** unter Beachtung und Einhaltung der **zur Verfügung stehenden finanziellen Mittel** einhält.

5 Der Entwurfsverfasser muss einen vollständigen und brauchbaren Entwurf erstellen, der den öffentlich-rechtlichen Vorschriften entspricht. **Vollständig ist der Entwurf**, wenn er die Voraussetzungen an Art und Inhalt der **Bauvorlagen, bautechnischen Nachweise und Prüfbescheinigungen** der **Bauvorlagenverordnung** erfüllt.

6 **Brauchbar ist ein Entwurf**, wenn er die baurechtlichen und sonstigen öffentlich-rechtlichen Vorschriften einhält sowie die technischen Bestimmungen und technischen Regelwerke.

7 **Ist ein Bauantrag unvollständig oder mangelhaft, so werden Antragsunterlagen von der Bauaufsichtsbehörde** nach § 70 Abs. 2 **nachgefordert. Sind die Mängel so erheblich** und werden sie innerhalb einer von der Bauaufsichtsbehörde gesetzten Frist **nicht beseitigt, gilt der Antrag** nach § 70 Abs. 3 **als zurückgenommen.**

8 Neben der **Genehmigungsplanung** ist der Entwurfsverfasser auch für die **Ausführungsplanung** verantwortlich, d. h. für die Durcharbeitung des Entwurfs im Detail. Hierfür hat der Entwurfsverfasser Einzelzeichnungen, Einzelberechnungen und Anweisungen zu liefern, deren Umfang sich nach der Schwierigkeit des Bauvorhabens richtet.

9 Der Entwurfsverfasser hat auch dafür zu sorgen, dass die **Einzelzeichnungen** im Maßstab 1 : 50, bei besonderen **Detailzeichnungen** auch im Maßstab 1 : 20 oder 1 : 10, dem Bauunternehmer ebenso wie die **Anweisungen für bauliche Maßnahmen** vor oder während der Bauausführung rechtzeitig vorliegen, damit mit dem Bau fristgemäß begonnen und dieser ohne Unterbrechung beendet werden kann.

10 Neben der Baugenehmigung sind auch die **Ausführungspläne**, die **bautechnischen Nachweis** sowie **Bescheinigungen von Prüfsachverständigen** von Beginn an auf der Baustelle nach § 72a Abs. 3 vorzuhalten.

3. Heranziehung von Fachplanern (Abs. 3)

11 Angesichts der sich ständig weiter entwickelnden Technik und der Herstellung neuer Baustoffe und Bauprodukte ist ein Entwurfsverfasser nicht in der Lage, auf allen Fachgebieten im Bauwesen die erforderliche Sachkunde und Erfahrung zu besitzen. **Es ist daher Aufgabe des Entwurfsverfassers, rechtzeitig und ausreichend Fachplaner (Sonderfachleute) heranzuziehen,** insbesondere für die **Baugrunduntersuchung**, die **Standsicherheit/Statik**, den **Brand-, Schall-, Wärme-** und **Erschütterungsschutz** sowie für die Fachgebiete **Heizung, Lüftung** und **Elektrik** inklusiv

Medientechnik. Da der Bauherr in der Regel selbst nicht beurteilen kann, ob und welcher Fachplaner bzw. Sachverständige zu Rate zu ziehen ist, fällt diese Aufgabe in den **Verantwortungsbereich des beauftragten Entwurfsverfassers.** Die Verträge mit den Fachplanern sind dann vom Bauherrn abzuschließen.

Die beauftragten **Fachplaner** sind für die **Vollständigkeit und Brauchbarkeit der von ihnen erstellten Unterlagen allein verantwortlich,** die sie zur Dokumentation zu unterzeichnen haben. **12**

Die **Koordinierung,** d. h. das ordnungsgemäße Ineinandergreifen aller Fachentwürfe **obliegt dem Entwurfsverfasser,** dieser muss die Fachplanungen zwar inhaltlich nicht prüfen, wohl aber feststellen, ob sie mit seinem Entwurf übereinstimmen. **13**

4. Nachbarschutz

§ 55 ist nicht nachbarschützend. **14**

§ 56 Unternehmerin oder Unternehmer

(1) Unternehmerin oder Unternehmer ist, wer mit der selbstständigen Ausführung von Bau- oder Abbrucharbeiten beauftragt worden ist.

(2) Jede Unternehmerin und jeder Unternehmer ist für die mit den öffentlich-rechtlichen Anforderungen übereinstimmende Ausführung der von ihr oder ihm übernommenen Arbeiten und insoweit für die ordnungsgemäße Einrichtung und den sicheren Betrieb der Baustelle verantwortlich. Sie oder er hat die zur Erfüllung der Anforderungen dieses Gesetzes oder auf Grund dieses Gesetzes erforderlichen Nachweise und Unterlagen zu den verwendeten Bauprodukten und den angewandten Bauarten zu erbringen und auf der Baustelle bereitzuhalten. Bei Bauprodukten, die die CE-Kennzeichnung nach der Verordnung (EU) Nr. 305/2011 tragen, ist die Leistungserklärung bereitzuhalten.

(3) Jede Unternehmerin und jeder Unternehmer hat auf Verlangen der Bauaufsichtsbehörde für Arbeiten, bei denen die Sicherheit der Anlage in außergewöhnlichem Maße von der besonderen Sachkenntnis und Erfahrung der Unternehmerin oder des Unternehmers oder von einer Ausstattung des Unternehmens mit besonderen Vorrichtungen abhängt, nachzuweisen, dass sie oder er für diese Arbeiten geeignet ist und über die erforderlichen Vorrichtungen verfügt.

Kommentierung

Übersicht

1. Begriff des Unternehmers (Abs. 1)

1 **Unternehmer ist, wer mit dem Bauherrn einen Werkvertrag** (§§ 631 ff. BGB) über die selbständige Ausführung von Bauarbeiten zur Errichtung, Änderung oder zum Abbruch von baulichen Anlagen **abgeschlossen hat.**

2 **Hersteller von Baustoffen und Bauprodukten** sind keine Unternehmer. Auf die **Rechtsform des Unternehmers** kommt es nicht an, Unternehmer können sowohl Handwerksbetriebe als auch Industriebetriebe sein.

2. Aufgaben und Verantwortlichkeit des Unternehmers (Abs. 2)

3 Jedem **Unternehmer**, gleichgültig ob er Generalunternehmer oder Sub-Unternehmer ist, obliegen die nachfolgenden **öffentlich-rechtlichen Pflichten:**

4 Die von ihm übernommenen Bauarbeiten müssen den genehmigten Bauvorlagen, Einzelzeichnungen, Einzelberechnungen und Anweisungen des Entwurfsverfassers entsprechen und die anerkannten Regeln der Bautechnik erfüllen.

5 Er hat die Baustelle ordnungsgemäß einzurichten und ihren sicheren Betrieb zu gewährleisten.

6 Die erforderlichen Nachweise über die Verwendbarkeit der von ihm verwendeten Bauprodukte und Bauarten muss er auf der Baustelle bereithalten (vgl. §§ 20–22b).

7 **Der Bauunternehmer ist dabei nur für die von ihm übernommenen Bauarbeiten/Gewerke verantwortlich.** Er hat seine Bauarbeiten entsprechend der ihm ausgehändigten Baupläne, sonstigen Bauunterlagen und Anweisungen des Entwurfsverfassers zu erbringen. **Ihn trifft keine Prüfpflicht hinsichtlich der Vereinbarkeit der Planunterlagen mit dem Baurecht** oder öffentlich-rechtlichen Vorschriften. Fallen ihm Widersprüche oder Fehler auf, so hat er hierüber den Entwurfsverfasser oder Bauherrn in Kenntnis zu setzen.

8 Ebenso wie der Bauherr gemäß § 54 hat auch der **Unternehmer zu belegen,** dass er die allgemeinen **Anforderungen** gemäß § 3 an **bauliche Anlagen, Bauprodukte etc. einhält.** Auch der Unternehmer muss bei der Verwendung von Bauprodukten mit einer CE-Kennzeichnung die **Leistungserklärung bereithalten.**

3. Nachweis besonderer Sachkenntnis und Erfahrung (Abs. 3)

9 Bei **außergewöhnlichen Bauarbeiten,** bei denen es für die Sicherheit der baulichen Anlage oder der von ihr ausgehenden Gefahren auf eine besondere Sachkenntnis und Erfahrung ankommt, **kann die Bauaufsichtsbehörde vom Unternehmer verlangen, dass er seine Eignung für die Ausführung dieser außergewöhnlichen Arbeiten gesondert nachweist.**

10 Zu diesen außergewöhnlichen Bauarbeiten gehören z. B. **Bauausführungen in Spannbeton** (DIN 4227), **Stahlbauarbeiten im Hochbau** (DIN 1050), **Holzbauwerke** (DIN 1052) sowie **Schweißarbeiten bei Stahlbauten** (DIN 4100).

11 Eine besondere Eignung ist auch bei Groß- und Spezialbauwerken zu verlangen, wie **Sportarenen, Flughäfen, Bahnhöfe, Tunnel, Brücken u. ä.**

Auch bei der Durchführung von **Abbrucharbeiten** entsteht eine **erhöhte Gefahr für die Bauarbeiter und Dritte**, zumindest wenn größere bauliche Anlagen mit einer Stahl- oder Stahlbetonkonstruktion abgerissen werden sollen. Gleiches gilt bei der **Beseitigung asbestbelasteter Bauteile**. In diesen Fällen soll die Bauaufsichtsbehörde einen **speziellen Nachweis über die besondere Eignung des Bauunternehmers** für die von ihm auszuführenden Abbrucharbeiten fordern, **auch hinsichtlich der einzusetzenden Geräte**. 12

4. Nachbar- und Rechtsschutz

§ 56 vermittelt keinen Drittschutz. 13

§ 57 Bauleiterin oder Bauleiter

(1) Bauleiterin oder Bauleiter ist, wer auf der Baustelle die Bauherrin oder den Bauherrn als sachkundige Person vertritt.

(2) Die Bauleiterin oder der Bauleiter hat darüber zu wachen, dass die Baumaßnahme entsprechend den öffentlich-rechtlichen Anforderungen durchgeführt wird, und die dafür erforderlichen Weisungen zu erteilen. Sie oder er hat im Rahmen dieser Aufgabe auf den sicheren bautechnischen Betrieb der Baustelle, insbesondere auf das gefahrlose Ineinandergreifen der Arbeiten der Unternehmerinnen und Unternehmer zu achten. Die Verantwortlichkeit der Unternehmerinnen und Unternehmer bleibt unberührt.

(3) Die Bauleiterin oder der Bauleiter muss über die für ihre oder seine Aufgabe erforderliche Sachkunde und Erfahrung verfügen. Verfügt sie oder er auf einzelnen Teilgebieten nicht über die erforderliche Sachkunde, so sind geeignete Fachbauleiterinnen oder Fachbauleiter heranzuziehen. Diese treten insoweit an die Stelle der Bauleiterin oder des Bauleiters. Die Bauleiterin oder der Bauleiter hat ihre oder seine Tätigkeit auf die Tätigkeit der Fachbauleiterinnen und der Fachbauleiter abzustimmen.

Kommentierung

Übersicht

1. Begriff des Bauleiters (Abs. 1)

Bauleiter ist, wer gegenüber der Bauaufsichtsbehörde **die ordnungsgemäße Ausführung der Bauarbeiten** und die **Sicherheit auf der Baustelle** entsprechend den öffentlich-rechtlichen Vorschriften **zu verantworten hat**. Dementsprechend ist der **Name des Bauleiters der Bauaufsichtsbehörde vor Baubeginn mitzuteilen**, ebenso wie ein Wechsel des Bauleiters während der Bauausführung (vgl. § 54 Abs. 2 Satz 3). 1

2 Dem Bauleiter kommt daher eine bedeutende Funktion vom Beginn bis zum Abschluss der Bauarbeiten zu. Dadurch, dass die **Bauaufsichtsbehörde** Namen und Adresse nebst Telefonnummern des Bauleiters kennt, **kann sie ihm gegenüber bauliche Verfügungen erlassen** (Einstellungen von Arbeiten nach § 75; Herstellung ordnungsgemäßer Zustände nach § 76), wenn sie im Rahmen ihrer Überwachungstätigkeiten Verstöße gegen öffentlich-rechtliche Vorschriften festgestellt hat.

3 Die **Tätigkeit eines Bauleiters** kann auch vom Bauherrn, Entwurfsverfasser oder Bauunternehmer **zugleich übernommen werden,** hierfür muss nicht eine nicht am Bau beteiligte Person bestellt werden.

2. Aufgaben und Verantwortlichkeit des Bauleiters (Abs. 2)

4 **Die wesentliche Aufgabe des Bauleiters** ist, **darüber zu wachen,** dass das Bauvorhaben entsprechend der genehmigten Bauvorlagen, der öffentlich-rechtlichen Vorschriften und den anerkannten Regeln der Bautechnik durchgeführt wird.

5 Um dieser Überwachungsverpflichtung nachkommen zu können, ist **keine ständige Präsenz des Bauleiters auf der Baustelle gefordert.** Er muss aber jederzeit während der üblichen Arbeitszeiten erreichbar sein, um kurzfristig auf der Baustelle Entscheidungen treffen zu können. **Großbauvorhaben** erfordern in der Regel eine ständige Anwesenheit des Bauleiters auf der Baustelle.

6 **Der Bauleiter kann sich für seine Überwachungstätigkeit eines Dritten bedienen,** gleichwohl entlässt ihn dieses nicht aus seiner Verantwortung gegenüber der Bauaufsichtsbehörde.

7 **Der Bauleiter hat** im Rahmen seiner Überwachungsfunktion **Weisungen zu erteilen,** sofern dieses zum Schutz von Sachen oder Personen notwendig ist.

8 **Stellt der Bauleiter eine mangelhafte Ausführung von Bauarbeiten fest,** so hat er den Bauunternehmer bzw. dessen Polier zur unverzüglichen Mängelbeseitigung aufzufordern. Gleiches gilt, wenn er **eine von den genehmigten Bauvorlagen abweichende Bauausführung feststellt.**

9 **Weigert sich eine am Bau beteiligte Person, den Weisungen des Bauleiters nachzukommen,** so hat dieser die Bauaufsichtsbehörde zu informieren, damit diese ggf. wieder ordnungsgemäße Zustände auf der Baustelle herstellen kann.

10 **Neben seiner Kontrollfunktion muss der Bauleiter auch für das gefahrlose Ineinandergreifen der Arbeiten der einzelnen Unternehmer sorgen,** d. h. er hat zu koordinieren, dass durch die gleichzeitige Ausführung von Bauarbeiten verschiedener Gewerke keine Gefahren für die Bauarbeiter und Dritte entstehen können.

11 Die **Verantwortlichkeit des Unternehmers** für die sichere Einrichtung und den sicheren Betrieb der Baustelle bleibt davon unberührt.

3. Sachkunde und Erfahrung des Bauleiters und Heranziehung von Fachbauleitern (Abs. 3)

Welche Sachkunde und Erfahrung von einem Bauleiter verlangt wird, richtet 12
sich zunächst nach dem konkreten Bauvorhaben. Je umfangreicher und technisch anspruchsvoller ein Bauvorhaben ist, desto höher sind die Anforderungen an die Eignung des Bauleiters.

Es gibt kein typisches Berufsbild für einen Bauleiter. Wer nach § 67 Abs. 2 13
bauvorlageberechtigt ist, besitzt grundsätzlich die Eignung als Bauleiter.

Bei Gebäuden bis zu 7 m Höhe der Gebäudeklassen 1 und 2 kann auch ein 14
Meister des Maurer-, Zimmerer- oder des Beton- und Stahlbetonbauerhandwerks als Bauleiter fungieren.

Stellt die Bauaufsichtsbehörde fest, dass ein Bauleiter ungeeignet ist, so kann 15
sie vom Bauherrn verlangen, dass der Bauleiter durch einen anderen geeigneten ersetzt wird. **Ungeeignet ist ein Bauleiter**, wenn sich herausstellt, dass er **seine Überwachungstätigkeit mangels Ausbildung und beruflicher Erfahrung** oder auch aufgrund **persönlicher Unzulänglichkeiten nicht bestimmungsgemäß erfüllen kann.**

Ebenso wie bei einem Entwurfsverfasser (vgl. § 55 Abs. 3 Satz 1) kann es das kon- 16
krete Bauvorhaben erfordern, dass für einen Teilbereich ein **Fachbauleiter mit besonderer Sachkunde heranzuziehen ist.** Diese Entscheidung ist vom Bauleiter zu treffen, die Beauftragung wiederum hat durch den Bauherrn zu erfolgen.

Die Fachbauleiter sind für ihren Überwachungsbereich allein verantwortlich, 17
sie haben sich insoweit mit dem eigentlichen Bauleiter abzustimmen.

4. Nachbar- und Rechtsschutz

§ 57 vermittelt keinen Drittschutz. 18

Fünfter Teil: **Bauaufsichtsbehörden, Verfahren**

Erster Abschnitt: **Bauaufsichtsbehörden**

§ 58 Aufgaben und Befugnisse der Bauaufsichtsbehörden, Erfordernis der Schriftform

(1) Die Bauaufsichtsbehörden haben bei der Errichtung, Änderung, Nutzungsänderung und Beseitigung, bei der Nutzung und Instandhaltung von Anlagen und bei der Teilung von Grundstücken darüber zu wachen, dass die öffentlich-rechtlichen Vorschriften eingehalten werden, soweit nicht andere Behörden zuständig sind. Sie können in Wahrnehmung dieser Aufgaben die erforderlichen Maßnahmen treffen.

(2) Bauaufsichtliche Bescheide und sonstige Maßnahmen gelten auch für und gegen Rechtsnachfolgerinnen und Rechtsnachfolger sowie alle über die bauliche Anlage Verfügungsberechtigten.

(3) Die mit dem Vollzug dieses Gesetzes beauftragten Personen sind berechtigt, in Ausübung ihres Amtes Grundstücke und Anlagen einschließlich der Wohnungen zu betreten. Das Grundrecht der Unverletzlichkeit der Wohnung (Artikel 13 des Grundgesetzes) wird insoweit eingeschränkt.

(4) Die nach diesem Gesetz und nach den auf Grund dieses Gesetzes erlassenen Vorschriften erforderlichen Anträge, Genehmigungen und Bescheide bedürfen der Schriftform, soweit nicht durch Rechtsvorschrift eine andere, insbesondere die elektronische Form vorgeschrieben oder zulassen ist. Anzeigen, Mitteilungen und Unterrichtungen können schriftlich oder elektronisch erfolgen.

Kommentierung

Übersicht

1. Aufgaben der Bauaufsichtsbehörde (Abs. 1)

1 In Ausfüllung der in § 3 normierten „Allgemeinen Anforderungen“ an die öffentliche Sicherheit oder Ordnung baulicher Anlagen **haben Bauaufsichtsbehörden alle Maßnahmen zu treffen, die erforderlich sind, damit die öffentlichrechtlichen Vorschriften und bauaufsichtlichen Anordnungen auch eingehalten werden.** Diese Ermächtigungsgrundlage bezieht sich sowohl auf ein Tätigwerden der Bauaufsichtsbehörde im **präventiven Bereich, um schon vorbeugend im Baugenehmigungsverfahren gegen baurechtswidrige Zustände einschreiten zu können,** die sich erst in der Zukunft ergeben würden.

2 Gleichzeitig ist die Bauaufsichtsbehörde aber auch berechtigt, **im repressiven Bereich durch Baukontrollen tätig zu werden,** selbst wenn das Bauvorhaben als solches bereits fertiggestellt ist.

3 **Ob die Bauaufsichtsbehörde tätig wird und welche Maßnahmen sie ergreift steht in ihrem pflichtgemäßen Ermessen,** dessen Grenzen § 40 HmbVwVfG festlegt. **Bei kleineren Verstößen,** durch die keine Gefahr für Personen oder Sachen ausgeht, ist ggf. erst einmal ein **Baustopp zu verfügen,** um prüfen zu können, ob die Bauabweichung nachträglich allgemein oder durch Erteilung einer Abweichung nach § 69 genehmigt werden kann.

4 Bei Gefährdung der öffentlichen Sicherheit und Ordnung, beispielsweise bei einer **Einsturzgefahr, kann die Bauaufsichtsbehörde Sofortmaßnahmen anordnen.**

5 Welche Maßnahmen bei Bauverstößen typischerweise zu ergreifen sind bestimmt zum einen § 75 **„Einstellung von Arbeiten“** und zum anderen § 76

„Herstellung ordnungsgemäßer Zustände“. Darüber hinaus kann auch eine **Nutzungsuntersagung** ausgesprochen werden oder eine **Genehmigung nachträglich mit einer Auflage versehen werden.**

Kommt der **Bauherr** oder Grundstückseigentümer **einer bauaufsichtlich angeordneten Maßnahme nicht nach,** können **Zwangsmittel** nach dem Verwaltungsvollstreckungsgesetz (VwVG) angeordnet werden, wie **Zwangsgelder** oder eine **Ersatzvornahme** (Ausführung der angeordneten bauaufsichtlichen Maßnahme durch die Vollstreckungsbehörde oder in ihrem Auftrage durch eine andere Stelle/einen Dritten). Auch eine **Zwangsräumung** oder im Extremfall eine **Erzwingungshaft** kommt in Betracht. 6

Um einen Baustopp oder eine Nutzungsuntersagung durchzusetzen, kann eine **Baustelle** auch **versiegelt werden.** 7

Die angeordnete Maßnahme muss so bestimmt sein, dass der Adressat von seinem Empfängerhorizont verstehen kann, was genau von ihm gefordert wird. Eine Formulierung, wonach „ordnungsgemäße Zustände auf der Baustelle herzustellen sind“, erfüllt diese Anforderungen nicht, ebenso wenig wie das Verlangen, eine Wohnung „bewohnbar“ zu machen. 8

Bei mehreren Bauherren, Eigentümern oder Mietern muss die bauaufsichtliche Anordnung an jeden einzelnen adressiert sein. Bei einer **Wohnungseigentümergemeinschaft** (WEG) ist ausreichend, wenn die Maßnahme an den Verwalter gerichtet ist. In Anspruch genommen werden kann sowohl der **Handlungsstörer,** der den Bauverstoß begangen hat, als auch der **Zustandsstörer,** der Eigentümer eines Grundstücks oder einer baulichen Anlage ist, von welcher eine Gefahr für die öffentliche Sicherheit und Ordnung ausgeht. 9

Ein Recht des Nachbarn auf Einschreiten durch die Bauaufsichtsbehörde kann sich nur ergeben, wenn durch einen baurechtswidrigen Zustand **nachbarschützende Vorschriften** insbesondere der HBauO **verletzt** sind. Ob und wie die Bauaufsichtsbehörde dann einschreitet liegt wiederum in ihrem **Ermessen. Bei Rechtverstößen besteht grundsätzlich die Pflicht zum Einschreiten, wenn ein entsprechender Antrag des Nachbarn vorliegt,** es sei denn, die Rechtsverletzung ist nur geringfügig und für den Nachbarn nicht spürbar beeinträchtigend. 10

Selbst bei einer rechtswidrigen, genehmigten baulichen Anlage besteht kein Rechtsanspruch des Nachbarn auf Baueinstellung, Rückbau oder Beseitigung, wenn die Baugenehmigung ausschließlich gegen solche Vorschriften verstößt, die das Allgemeininteresse schützen sollen, nicht aber den Nachbarn. 11

Ist in Planfeststellungsbeschlüssen für Straßen, U- und S-Bahnen sowie für Eisenbahnen wegen der Konzentrationswirkung solcher Planfeststellungsbeschlüsse z. B. **eine Baugenehmigung für einen Bahnhof etc. „enthalten“,** so bezieht sich die Überwachungstätigkeit der Bauaufsichtsbehörde nicht auf diese Anlagen. Gleiches gilt, wenn es sich um eine nach dem **Bundes-Immissionsschutzgesetz (BImSchG) genehmigungsbedürftige Anlage** (§ 4 in Verbindung mit § 13 BImSchG) handelt. 12

13 Um Doppelzuständigkeiten zu vermeiden, sind bei Bauverstößen **Bauaufsichtsbehörden nur nachrangig zuständig**, wenn nach dem Immissionsschutz-, Wasser-, Abfall- oder Denkmalschutzrecht eine andere Behörde oder ein anderes Amt die Genehmigung für die bauliche Anlage erteilt hat und somit primär für die Bauüberwachung verantwortlich ist.

2. Rechtsnachfolge (Abs. 2)

14 **Da Maßnahmen zur Verhinderung bzw. zur Beseitigung von Bauverstößen grundstücksbezogen sind**, gelten bauaufsichtliche Bescheide und sonstige Maßnahmen **für und gegen den Rechtsnachfolger.**

15 Erlässt die Bauaufsichtsbehörde gemäß § 76 eine **Anordnung zur Herstellung ordnungsgemäßer Zustände**, so geht beispielsweise eine sofort vollziehbare **Duldungs- oder Beseitigungsanordnung auch auf den Rechtsnachfolger über.** Diese Rechtsnachfolge bezieht sich auch auf vorhergehende Verfahren. Ist eine bauordnungsrechtliche **Beseitigungsverfügung** nach Durchführung eines Verwaltungsstreitverfahrens **rechtskräftig geworden, kann sie aber gegenüber dem Adressaten nicht mehr durchgesetzt werden, da er nicht mehr Eigentümer des Gegenstandes der Beseitigungsanordnung ist, so ist die Bauaufsichtsbehörde nicht gezwungen, nunmehr gegenüber dem Rechtsnachfolger erneut eine – zweite – Anordnung zu treffen.** Die Beseitigungsverfügung gilt vielmehr gemäß Abs. 2 unmittelbar auch gegenüber dem Rechtsnachfolger, sodass dieser mit **primären Anfechtungsmöglichkeiten gegenüber der Beseitigungsverfügung ausgeschlossen ist.**

16 Mit der **HBauO-Novelle 2018** wurde der Absatz 2 dahingehend ergänzend, dass **Bescheide und sonstige Maßnahmen** der Bauaufsicht nicht nur gegenüber einem Rechtsnachfolger gelten, sondern **auch gegenüber Personen, die „nur" über die bauliche Anlage verfügungsberechtigt sind.**

17 **Etwas anderes gilt nur** bei einer planungsrechtlich unzulässigen **bordellartigen Nutzung von Räumlichkeiten.** Die Bauaufsichtsbehörde kann in diesen Fällen eine sofort vollziehbare **Nutzungsuntersagung an den Grundstückseigentümer richten,** ohne dass diese Anordnung zuvor gegenüber dem Mieter erlassen werden muss (siehe hierzu auch die Ausführungen zu § 76 Abs. 1).

3. Betretungsrecht (Abs. 3)

18 **Die Mitarbeiter von Bauaufsichtsbehörden sind berechtigt, auch gegen den Willen des Inhabers, Grundstücke, Wohnungen und Geschäftsräume zu betreten.** Dieses kann im Rahmen einer Ortsbesichtigung, aber auch im Rahmen einer Bauzustandsbesichtigung (Bauüberwachung) geschehen.

19 **Mit dem Betretungsrecht geht eine Duldungspflicht des Inhabers einher.** Verweigert Letzterer den Zutritt zu dem Grundstück, der Wohnung oder den Geschäftsräumen, muss das Betretungs- oder Zutrittsrecht zunächst mittels eines Bescheides bauaufsichtlich angeordnet werden.

20 **Zum Durchsuchen** von Wohnungen oder Nutzungseinheiten **sind Bauaufsichtsbehörden nicht berechtigt.**

Bei Gefahr im Verzuge kann zur Abwendung einer erheblichen Gefahr das Grundstück und die bauliche Anlage (auch eine Wohnung) **gegen den Willen des Inhabers betreten werden.** 21

Dementsprechend wird das **Grundrecht der Unverletzlichkeit der Wohnung** gemäß Art. 13 GG insoweit **eingeschränkt.** 22

4. Erfordernis der Schriftform (Abs. 4)

Da durch bauaufsichtliche Maßnahmen auch Grundrechte von Bürgern eingeschränkt werden können, müssen zwecks Rechtssicherheit und Nachvollziehbarkeit **Bauanträge, Baugenehmigungen, Vorbescheide und auch Abweichungsentscheidungen schriftlich verfasst und per Hand unterschrieben sein.** 23

Bisher war das Schriftformerfordernis zwingend. **Durch eine Ergänzung in Absatz 4 ist es nunmehr möglich Bauanträge, Genehmigungen und Bescheide elektronisch zu übermitteln**, weil dieses seit 2014 durch die Änderung des § 3 Bauvorlagenverordnung (BauVorVO) zugelassen wurde. An dieser Stelle sei kurz erwähnt, dass das **Bauantragsformular** sowie die **Erklärung über die Urheberschaft der elektronisch übermittelten Bauvorlagen mit einer handschriftlichen Signatur versehen sein müssen.** Zusätzlich müssen alle elektronisch eingereichten Bauvorlagen zudem in einfacher Ausfertigung in **Papierform** eingereicht werden. 24

Bauliche Anzeigen und Mitteilungen an Baubeteiligte können sowieso elektronisch per E-Mail erfolgen. Dieses betrifft insbesondere Anhörungen, Eingangsbestätigungen von Bauanträgen oder Bauvoranfragen, nicht aber die **Nachforderung von Vorlagen**, die als Verwaltungsakte wiederum der „normalen" Schriftform genügen müssen. 25

Auch Nachbarzustimmungen und -beteiligungen inklusiv der Anzeige des Baubeginns können elektronisch erfolgen. 26

5. Nachbar- und Rechtsschutz

Grundsätzlich dient § 58 dem Allgemeininteresse. 27

Nur wenn der Nachbar sich auf die Verletzung nachbarschützender Vorschriften berufen kann, vermittelt Abs. 1 Satz 2 dem Nachbarn ein **subjektives Recht auf Einschreiten der Bauaufsichtsbehörde** gegen baurechtswidrige Zustände auf dem Nachbargrundstück. 28

Verweigert oder verzögert die Bauaufsichtsbehörde ein Einschreiten gegen baurechtswidrige Zustände, so kann der Nachbar seine Ansprüche vor dem Verwaltungsgericht durchsetzen. Voraussetzung ist aber – wie dargestellt – dass der Verstoß nicht nur geringfügig ist. 29

Geht es um die **Verletzung privater Belange**, ist der Nachbar grundsätzlich auf den **Zivilrechtsweg** zu verweisen. 30

Bauaufsichtliche Anordnungen (Maßnahmen) **sind Verwaltungsakte,** die mit dem Rechtsbehelf des Widerspruchs angegriffen werden können. Zur Vermei- 31 dung eines Aufschubs der angeordneten Maßnahme bei Bauverstößen infolge eines Widerspruchs **ist in der Regel durch die Bauaufsichtsbehörde der Sofortvollzug der Maßnahme anzuordnen.**

32 **Wird bauaufsichtlich per Bescheid ein Betretungs- oder Zutrittsrecht angeordnet,** steht dem Inhaber des Grundstücks, der Wohnung oder der Geschäftsräume der Rechtsbehelf des Widerspruchs und ggf. eine Klage vor dem Verwaltungsgericht zur Seite.

33 Hat die Bauaufsichtsbehörde den Sofortvollzug einer bauaufsichtlichen Maßnahme oder ein Betretungs- oder Zutrittsrecht angeordnet, was die Regel ist, muss der Inhaber beim Verwaltungsgericht um **vorläufigen Rechtsschutz nachsuchen** und beantragen, die aufschiebende Wirkung seines Widerspruchs anzuordnen.

6. Ergänzende Rechtsvorschriften

34 Es gelten die Bauprüfdienste:
- BPD 8/02 „Erzwingung von Handlungen, Duldungen und Unterlassungen im Aufgabenbereich der Bauaufsicht (**BPD Verwaltungszwang**)“.

Zweiter Abschnitt: **Vorsorgende Überwachung**

§ 59 Verfahrensgrundsätze

(1) Die Errichtung, Änderung, Nutzungsänderung und die Beseitigung von Anlagen bedürfen der Baugenehmigung, sofern in den §§ 60, 64 und 66 nichts anderes bestimmt ist. Eine Baugenehmigung entfällt, sofern Entscheidungen in sonstigen Verfahren mit Konzentrationswirkung getroffen werden.

(2) Die Genehmigungsfreiheit nach den §§ 60, 64 und 66 sowie die Beschränkung der bauaufsichtlichen Prüfung nach den § 61, § 62 und § 68 Absatz 2 entbinden nicht von der Verpflichtung zur Einhaltung der Anforderungen, die durch öffentlich-rechtliche Vorschriften an Anlagen gestellt werden, und lassen die bauaufsichtlichen Eingriffsbefugnisse unberührt.

(3) Auf Verlangen der Bauherrin oder des Bauherrn wird für genehmigungsfreie Vorhaben nach § 60 oder § 64 ein Genehmigungsverfahren nach § 61 oder § 62 und für Vorhaben nach § 61 ein Baugenehmigungsverfahren nach § 62 durchgeführt.

(4) In den Verfahren nach den §§ 61 und 64 findet für
1. **die Errichtung, Änderung oder Nutzungsänderung eines oder mehrerer Gebäude, wenn dadurch dem Wohnen dienende Nutzungseinheiten mit einer Größe von insgesamt mehr als 5000 m² Bruttogrundfläche geschaffen werden,**
2. **die Errichtung, Änderung oder Nutzungsänderung baulicher Anlagen, die öffentlich genutzt sind, wenn dadurch die gleichzeitige Nutzung durch mehr als 100 zusätzliche Besucherinnen und Besucher ermöglicht wird, und**
3. **die Errichtung oder wesentliche Erweiterung von Sonderbauten nach § 2 Absatz 4 Nummer 9, Nummer 9a Buchstabe b, Nummern 9b, 10, 11, 13 und 14 einschließlich der Herstellung dieser Sonderbauten durch Änderung oder Nutzungsänderung bisher anders genutzter Anlagen,**

sofern sich die Anlagen im Sinne der Nummern 1 bis 3 innerhalb des angemessenen Sicherheitsabstands eines Betriebsbereichs nach § 3 Absatz 5a des Bundes-Immissionsschutzgesetzes in der Fassung vom 17. Mai 2018 (BGBl. I S. 1275, zuletzt geändert am 18. Juli 2017 (BGBl. I S. 2771, 2773), in der jeweils geltenden Fassung befinden, eine den Vorschriften der Öffentlichkeitsbeteiligungsverordnung Seveso III vom 13. Juni 2017 (HmbGVBl. S. 157) in der jeweils geltenden Fassung entsprechende Öffentlichkeitsbeteiligung statt. Satz 1 findet keine Anwendung, wenn eine diesen Anforderungen entsprechende Öffentlichkeitsbeteiligung bereits im Rahmen eines anderen Verfahrens stattgefunden hat; ein solches Verfahren kann insbesondere das Verfahren, das zur Feststellung eines im betroffenen Bereich gültigen Bebauungsplans durchgeführt wurde, sein.

Kommentierung

Übersicht

1. Genehmigungsbedürftigkeit baulicher Anlagen (Abs. 1)

Prinzipiell gilt der durch das Grundgesetz geschützte **Grundsatz der Baufreiheit**, wonach alles gebaut werden darf, sofern hierfür keine besonderen Vorschriften, wie z. B. die HBauO bestehen. 1

Grundsätzlich bedarf die **Errichtung, Änderung, Nutzungsänderung und die Beseitigung baulicher Anlagen** einer **Genehmigung**, es sei denn es handelt sich um 2
- verfahrensfreie Vorhaben nach § 60;
- Bauvorhaben des Bundes und der Länder nach § 64;
- fliegende Bauten nach § 66.

Grundsätzlich bedürfen auch selbstständige Aufschüttungen oder Abgrabungen einer Baugenehmigung. Selbstständig sind solche Erdarbeiten, die eine eigene Funktion und Zweckbestimmung haben und daher nicht in einem räumlichen und zeitlichen Zusammenhang mit einem konkreten Bauvorhaben stehen, wie etwa ein **Baugrubenaushub**. Letzterer ist Teil eines Gesamtbauvorhabens, der keiner separaten Baugenehmigung bedarf. 3

Erdarbeiten bis zu einer Grundfläche von 50 m² bedürfen als verfahrensfreie Vorhaben keiner Baugenehmigung, selbst wenn dadurch eine an ein Haus unmittelbar angrenzende **Terrasse** geschaffen wird oder eine **Freifläche** (Kasematte) vor einem **Souterrain-** oder **Kellerraum. Wird Erdreich nicht an bauliche Anlagen angeschüttet oder abgegraben, kann die Grundfläche sogar bis zu** 4

400 m² umfassen bis zu einer Höhe oder Tiefe von 2 m (vgl. Anlage 2 zu § 60, Abschnitt I, Nr. 8.1 und 8.2).

5 **Ein mobiler Kiosk ist ebenso wie ein Imbisstand baugenehmigungspflichtig.** Ebenso ein **Wintergarten.** Auch **Skybeamer** (Laserstrahler) müssen vor Inbetriebnahme bauaufsichtlich genehmigt werden. **Werden sie allerdings für Werbezwecke eines gewerblichen Betriebes eingesetzt und nicht länger als zwei Monate betrieben,** so sind Himmelsstrahler als verfahrensfreie Vorhaben **genehmigungsfrei** (vgl. Anlage 2, zu § 60, Abschnitt I, Nr. 11.3). Verfahrensfrei sind auch **Mobilfunkantennen** mit den dazugehörigen Versorgungseinheiten mit einem Bruttorauminhalt bis zu 10 m², selbst wenn sie an einem Gebäude oder auf dem Dach einer baulichen Anlage montiert werden (vgl. Anlage 2 zu § 60, Abschnitt I, Nr. 4.1).

6 Anders verhält es sich mit **großen Werbeanlagen, deren Anbringung an einem Gebäude oder Baugerüst** jedenfalls dann einer Baugenehmigung bedarf, wenn die Werbeanlage von seiner Größe her **die Fassade eindeutig dominiert. Kleinere Werbeanlagen** bis zu einer Ansichtsfläche **von 1 m²** sind genehmigungsfrei, ebenso **Werbeanlagen an der Stätte der Leistung,** sofern sie nur zwei Monate in einem Gewerbe-, Industrie- bzw. vergleichbaren Sondergebiet angebracht werden und eine Höhe von 10 m nicht überschreiten (vgl. Anlage 2 zu § 60, Abschnitt I, Nr. 11.1, 11.3 und 11.04).

7 **Instandsetzungs- und Unterhaltungsarbeiten sind ebenfalls verfahrensfrei** (vgl. Anlage 2 zu § 60, Abschnitt IV).

8 Der **Einbau oder das Entfernen nicht tragender Zwischenwände** bedarf **keiner Baugenehmigung,** da durch diese Baumaßnahmen nicht in die Statik einer baulichen Anlage eingegriffen wird. Gleiches gilt für das Einziehen von Unterdecken (abgehängte Decken) und den Einbau von **Ladeneinrichtungen.**

9 **Eine Nutzungsänderung liegt vor,** wenn von den bauplanungsrechtlichen Vorschriften gemäß der §§ 30 ff. BauGB abgewichen werden soll, also insbesondere von Festsetzungen eines Bebauungsplanes.

10 Eine Nutzungsänderung ist auch gegeben, wenn für die **neue Nutzung andere, zusätzliche öffentlich-rechtliche Vorschriften bestehen.** Beispiele:
- Umwandlung eines Kinos in eine Spielhalle;
- Umwandlung einer Gaststätte in einen Swinger-Club oder eine Diskothek;
- Nutzung von Baugerüsten und sonstigen baulichen Anlagen für Werbezwecke/-anlagen;
- Nutzung einer Gaststätte als Sitz und Treffpunkt eines privaten Vereins;
- Erweiterung einer Gaststätte durch Aufstellen von Tischen und Stühlen in einem Innenhof oder im Garten bzw. Vorgarten eines Privatgrundstücks.

11 **Gelten für ein Grundstück noch die Ausweisungen eines Baustufenplanes** und damit die Regelungen der **Baupolizeiverordnung** (BPVO), so kann für die Beurteilung des Vorliegens bzw. Nichtvorliegens einer Nutzungsänderung analog auf die Vorschriften der **Baunutzungsverordnung** (BNVO) zurückgegriffen werden.

Keine Nutzungsänderung liegt vor, wenn in einem Wohngebiet nach Baustufenplan oder gemäß eines Bebauungsplanes maximal **49 % der Wohnfläche** einer Wohnung oder auch in der Gesamtschau eines Gebäudes **für eine freiberufliche oder ähnliche Tätigkeit im Sinne des § 13 BNVO genutzt werden.** Eine solche Nutzung ist wohnartig und damit dem Wohnen gleichzusetzen, weshalb es nicht der Einholung einer behördlichen Nutzungsänderungsgenehmigung bedarf. 12

Auch die Umwandlung von Miet- in Eigentumswohnungen ist keine genehmigungspflichtige Nutzungsänderung, da sich die Nutzung „Wohnen" nicht ändert. 13

Eine Änderung der Nutzung ist verfahrensfrei, wenn für die neue Nutzung keine anderen öffentlich-rechtlichen Anforderungen als für die bisherige Nutzung gelten (vgl. Anlage 2 zu § 60, Abschnitt II). Sind Räumlichkeiten als Laden oder Einzelhandelsbetrieb genehmigt worden, so **bedarf die Änderung eines Sortiments** (Verkauf von Fahrrädern statt bisher von Bekleidung) keiner Genehmigung. Gleiches gilt, wenn **Räumlichkeiten für eine Bank in ein Schuhgeschäft umgenutzt werden sollen.** 14

Das Betreiben einer Gaststätte oder einer Spielhalle in einem Ladengeschäft bedarf hingegen einer Nutzungsänderungsgenehmigung, da für einen solchen Betrieb zusätzlich die Anforderungen der **Gaststättenverordnung (GastVO)** gelten, bzw. die der Spielverordnung (SpielVO). 15

Es bedarf keiner zusätzlichen Baugenehmigung, wenn eine Genehmigung **nach anderen Rechtsvorschriften eine Konzentrationswirkung besitzt** und damit auch eine baurechtliche Genehmigung beinhaltet. Dieses gilt für **Planfeststellungsverfahren** nach dem 16

- Fernstraßengesetz (FStrG) für Bundesfernstraßen;
- Allgemeinen Eisenbahngesetz (AEG) für den Bau von Schienenwegen;
- Personenbeförderungsgesetz (PBefG) für Straßenbahnen;
- Luftverkehrsgesetz (LuftVG) für Flughäfen und Landeplätze;
- Wasserhaushaltsgesetz (WHG) für Vorhaben, die mit der Benutzung eines Gewässers verbunden sind;
- Atomgesetz (AtG) für Anlagen zur Verwertung und Beseitigung radioaktiver Reststoffe und Abfälle;
- Kreislaufwirtschafts- und Abfallgesetz (KrW-/AbfG) für die Errichtung und den Betrieb von Mülldeponien.

Auch **Anlagen,** die **nach dem Bundes-Immissionsschutzgesetz** (BImSchG) genehmigt werden müssen, bedürfen keiner gesonderten Baugenehmigung. 17

2. Einhaltung öffentlich-rechtlicher Vorschriften bei verfahrensfreien Vorhaben (Abs. 2)

Verfahrensfreie Vorhaben, bauliche Anlagen des Bundes und der Länder sowie Fliegende Bauten **müssen für bestimmte Anlagen gesonderte öffentlich-rechtliche Genehmigungen einholen,** selbst wenn die Baumaßnahme selbst keiner Baugenehmigung bedarf. Dieses gilt z. B. für **Brunnen** und **Grundstücksentwässerungsanlagen,** die nach dem Hamburgischen Wassergesetz (HWaG) einer Erlaubnis, Bewilligung oder Genehmigung bedürfen. 18

19 Zu guter Letzt stellt Abs. 2 klar, dass die Bauaufsichtsbehörde auch bei verfahrensfreien Bauvorhaben, baulichen Anlagen des Bundes und der Länder oder bei Fliegenden Bauten gegen Bauherrn **bauaufsichtlich einschreiten kann, wenn die Bauausführung gegen andere öffentlich-rechtliche Vorschriften verstößt.**

3. Wahlrecht bezüglich des Genehmigungsverfahrens (Abs. 3)

20 **Auf Verlangen des Bauherrn kann dieser wählen**, dass ein an sich verfahrensfreies Bauvorhaben nach § 60 gleichwohl **entweder im vereinfachten Genehmigungsverfahren oder im Baugenehmigungsverfahren mit Konzentrationswirkung geprüft und genehmigt wird.** Dieses Wahlrecht haben auch Bund und Länder für ihre Bauvorhaben nach § 64.

21 **Ein weiteres Wahlrecht besteht für Bauherrn**, deren Vorhaben nach dem **vereinfachten Genehmigungsverfahren** bearbeitet werden könnte, die Bauherren aber lieber das aufwendigere **Baugenehmigungsverfahren mit Konzentrationswirkung**, eben wegen der Konzentrationswirkung, durchlaufen möchten.

22 Dieses **Wahlrecht „nach oben“** kann sich anbieten, wenn ein verfahrensfreies Vorhaben, beispielsweise eine Garage oder ein **Wochenendhaus** (vgl. Anlage 2 zu § 60, Abschnitt I, Nr. 1.2 und Nr. 1.9) **zumindest teilweise finanziert werden soll** und das Kreditinstitut die Vorlage einer Baugenehmigung und damit das Vorhandensein einer öffentlich-rechtlichen Legitimation fordert.

23 **Wenn ein Bauherr sich ersparen will, mehrere Behörden oder Ämter zwecks Einholung unterschiedlicher Genehmigungen aufzusuchen,** empfiehlt sich das Baugenehmigungsverfahren mit Konzentrationswirkung. Allerdings muss der Bauherr dann gemäß der zurzeit geltenden **Baugebührenordnung (BauGebO)** eine etwa um 20 % bis 25 % höhere Baugenehmigungsgebühr bezahlen.

4. **Öffentlichkeitsbeteiligung gemäß der Seveso-III-Richtlinie** (Abs. 4)

24 **Die Seveso-III-Richtlinie führt als schutzbedürftige Nutzungen Wohngebiete auf, da diese eine große Nutzungsintensität besitzen.**

25 In Absatz 4 Nummer 2 wird die Seveso-III-Richtlinie für öffentlich genutzte Gebäude umgesetzt und gemäß Nummer 3 für einzelne **Sonderbauten wie Krankenhäuser, Pflegeeinrichtungen, Tageseinrichtungen mit mehr als 10 Kindern, Menschen mit Behinderung oder Senioren, Schulen, Hochschulen und ähnliche Einrichtungen**, Camping- und Wochenendplätze sowie Freizeit- und Vergnügungsparks. Insoweit verweist die Nummer 3 auf die jeweiligen Sonderbauten, die in § 2 Absatz 4 aufgeführt sind.

5. **Nachbar und Rechtsschutz**

26 § 59 ist nicht nachbarschützend.

6. **Ergänzende Rechtsvorschriften**

27 Zu beachten sind
- FA 1/09 „Beteiligung des Arbeitskreises Gewerbebau (**AK Gewerbebau**)“;
- BPD 2017-4 „Vorweggenehmigung nach § 33 BauGB“.

§ 60 Verfahrensfreie Vorhaben

(1) Verfahrensfreie Vorhaben sind solche, die weder einer Genehmigung noch einer Zustimmung nach diesem Gesetz bedürfen.

(2) Verfahrensfrei sind die in der Anlage 2 zu diesem Gesetz bezeichneten Vorhaben.

Kommentierung

Übersicht

1. Begriff (Abs. 1)

Vorhaben, die von geringer baurechtlicher oder bodenrechtlicher Bedeutung sind, bedürfen weder einer Genehmigung noch einer Zustimmung nach der HBauO, sie sind **verfahrensfrei**. 1

Eben wegen der geringen Relevanz kann auf eine **vorbeugende bauaufsichtliche Prüfung** der Bauunterlagen ebenso **verzichtet werden**, wie auf eine Bauüberwachung. 2

Auch verfahrensfreie Bauvorhaben müssen andere öffentlich-rechtliche Vorschriften einhalten (siehe hierzu auch die Ausführungen zu § 59 Abs. 2). 3

Exkurs „Denkmalschutz": 4

Am 1. Mai 2013 trat in Hamburg ein neues Denkmalschutzgesetz in Kraft. Bisher genossen Denkmäler nur einen Schutz, wenn sie in eine Denkmalliste eingetragen waren. Nunmehr ist dies nicht mehr notwendig, um ein Denkmal durch einen besonderen Verwaltungsakt zu schützen. **Nunmehr sind Denkmäler „von sich aus" durch das Denkmalschutzgesetz geschützt, es bedarf nicht mehr eines hoheitlichen Aktes.** 5

Waren es bis zum 1. Mai 2018 rund 1900 Objekte, die unter förmlichen Schutz gestellt waren, so erhöhte sich die Anzahl der Denkmäler mit Inkrafttreten des neuen Denkmalschutzgesetzes um 2772 Einzeldenkmäler, 2116 Ensembles und 2983 Bodendenkmäler. Diese Objekte waren zuvor nur im geringeren Umfang als „erkannte Denkmäler" geschützt. 6

Auch verfahrensfreie Vorhaben, die ein „Denkmal" sind, genießen den Schutz des Hamburgischen Denkmalschutzgesetzes, sodass für irgendeine bauliche Veränderung gleichwohl eine denkmalschutzrechtliche Genehmigung eingeholt werden muss. 7

Werden zur Erhaltung eines Denkmals **denkmalschutzrechtliche Baumaßnahmen** durchgeführt, so kann der Eigentümer hierfür eine **erhöhte Ab-** 8 schreibung in Anspruch nehmen (**Denkmalschutz-AfA**). Dies gilt sowohl für vermietete als auch für selbstgenutzte Immobilien. Im Internet können „Praxishilfen für Denkmaleigentümer und Architekten" heruntergeladen werden, die auch Steuertipps umfassen. Auch bietet die Behörde für Kultur und Medien – Denkmalschutzamt Hamburg – Antragsformulare für denkmalrechtliche Genehmigungen im Internet an, ebenso wie Anträge für Steuerbescheinigungen.

9 **Ob ein Objekt denkmalgeschützt ist kann man ebenfalls dem Internet entnehmen**, dort befindet sich nach Bezirken geordnet eine vollständige Denkmalliste im Gesamtüberblick.

10 **Ist für die Errichtung eines verfahrensfreien Bauvorhabens gleichwohl eine Abweichungsentscheidung erforderlich, muss diese vor Baubeginne bei der Bauaufsichtsbehörde eingeholt werden** (vgl. hierzu auch die Ausführungen zu § 69 Abs. 2). **Fängt der Bauherr mit seinem Vorhaben an, ohne eine solche isolierte Abweichungsentscheidung** von der Bauaufsichtsbehörde **in Händen zu halten**, kann diese nach § 75 einen Baustopp anordnen, oder auch die Beseitigung des Vorhabens nach § 76 verfügen.

11 **Mehrere Vorhaben, die jeweils für sich separat betrachtet verfahrensfrei sind,** müssen gleichwohl bauaufsichtlich genehmigt werden, wenn sie **baulich ein Gesamt-Vorhaben, ein Gesamt-Gebäude darstellen.** Werden also mehrere eingeschossige Gebäude ohne Aufenthaltsräume mit jeweils max.30 m^2 umbauten Raum zusammenhängend erstellt, indem sie beispielsweise konstruktiv miteinander verbunden sind oder ein einheitliches Dach aufweisen, so bedarf es hierfür einer bauaufsichtlichen Genehmigung.

12 **Wird eine verfahrensfreie Garage als Teil eines Gesamtgebäudes geplant** (in direkter baulicher oder funktionaler Verbindung), so **ist auch die Garage bauaufsichtlich zu prüfen und zu genehmigen.**

13 Die **Verfahrensfreiheit** nach § 60 **bezieht sich ausschließlich auf selbstständige Einzelbauvorhaben,** die weder funktional noch als Anbau Teil eines Gesamt-Bauvorhabens sind.

14 **Ein Bauherr besitzt keinen Anspruch darauf,** dass ihm die Baubehörde bestätigt, dass sein Vorhaben verfahrensfrei ist **(kein Negativ-Zeugnis).**

2. Verweis auf die Anlage 2 der HBauO (Abs. 2)

15 **In der Anlage 2 zu diesem Gesetz sind die verfahrensfreien Vorhaben abschließend aufgeführt.** Ist ein Vorhaben dort nicht genannt, bedarf es der Einholung einer Baugenehmigung.

16 Zwecks erleichterter Handhabung dieses Kommentars ist nachfolgend **auch an dieser Stelle die Anlage 2 abgedruckt. Zugleich werden die wesentlichen verfahrensfreien Vorhaben erläutert und kommentiert inkl. der durch die Novelle 2018 hinzugekommenen neuen verfahrensfreien Vorhaben.**

Anlage 2
zu § 60:

Verfahrensfreie Vorhaben nach § 60

Hinweis: Für die nachfolgenden Vorhaben ist eine Genehmigung der Bauaufsichtsbehörden nicht erforderlich. Inhaltliche Anforderungen, die durch öffentlich-rechtliche Vorschriften an diese Vorhaben gestellt werden, sind zu beachten. Zulassungsentscheidungen nach anderen Vorschriften als der Hamburgischen Bauordnung und der auf diese gestützten Vorschriften sind einzuholen. Bauaufsichtliche Eingriffsbefugnisse bleiben bei Verstößen gegen diese Vorschriften unberührt. Sofern von dieser Anlage erfasste Vorhaben Teil eines Vorhabens sind, das in einem Verfahren nach § 61, § 62 oder § 64 zu prüfen ist, werden sie in das jeweilige Verfahren einbezogen.

Sofern eine verfahrensfreie Anlage nur ein Teil eines „Haupt-Vorhabens" ist, ist ein „normales" Baugenehmigungsverfahren nach § 61 oder § 62 durchzuführen. Die nachfolgend angeführten Gebäude sind auch dann verfahrensfrei, wenn sie im Bereich einer Erhaltungssatzung nach § 172 BauGB stehen.

Übersicht über die verfahrensfreien Anlagen mit Kommentierung gemäß der HBauO-Novelle 2018:

I. Errichtung und Änderungen von Anlagen
1. Gebäude und Überdachungen
2. Technische Gebäudeausrüstung
3. Anlagen der Ver- und Entsorgung
4. Masten, Antennen und ähnliche Anlagen
5. Behälter
6. Mauern und Einfriedigungen
7. Verkehrsanlagen
8. Aufschüttungen und Abgrabungen
9. Anlagen in Gärten und zur Freizeitgestaltung
10. Tragende und nicht tragende Bauteile
11. Werbeanlagen und Automaten
12. Vorübergehend aufgestellte oder benutzbare Anlagen
13. Plätze
14. Container
15. Sonstige Anlagen
II. Änderung der Nutzung
III. Beseitigung von Anlagen
IV. Instandhaltungsarbeiten

I. Errichtung und Änderungen von Anlagen

1. Gebäude und Überdachungen:

1.1 Ein eingeschossiges Gebäude ohne Aufenthaltsräume bis 30 m² umbauten Raum je zugehörigem Hauptgebäude, außer im Außenbereich,

Was unter einem „Gebäude" zu verstehen ist, ergibt sich aus § 2 Abs. 2 (siehe hierzu auch die Ausführungen zu § 2, Gliederungspunkt 2 „Gebäude"). Gebäude müssen selbständig benutzbar sein und von außen durch einen Eingang betreten werden können. Sie dienen dem Schutz von Menschen, Tieren oder Sachen.

Von Punkt 1.1 werden **Gerätehäuschen, Kassenhäuschen** oder **Tierställe** erfasst, **nicht jedoch Garagen, Verkaufs- und Ausstellungsstände.** Auch Gartengerätehäuser sind verfahrensfrei, sofern sie nicht einen Extra-Raum zum Verweilen von Menschen aufweisen. Werden dort nur Gartengeräte, Gartenstühle und –tische, Sonnenschirme etc. untergestellt, ist ein solches Gartenhaus verfahrensfrei.

Da Wochenendhäuser, Bootshütten immer einen Aufenthaltsraum enthalten, **sind sie nicht verfahrensfrei.**

Gleiches gilt für grundsätzlich **verfahrensfreie Gebäude,** sofern sie **über eine Toilette verfügen,** gleichgültig, ob es sich um eine Toilette mit Wasserspülung handelt oder um eine sogenannte Trocken- bzw. Chemie-Toilette.

Auch das Vorhandensein einer **Feuerstätte führt zu einer Genehmigungspflicht** eines sonst verfahrensfreien Vorhabens.

Der **Brutto-Rauminhalt (m²)** berechnet sich nach den Außenmaßen des Vorhabens, nicht nach der DIN 277. Erforderlich ist aber immer, dass der Raum überdacht ist und auch eine seitliche Begrenzung aufweist.

1.2 Eine Garage mit einer Wandhöhe bis zu 3,0 m und einer Bruttogrundfläche bis zu 50 m² je zugehörigem Hauptgebäude, außer im Außenbereich;die Fläche von Stellplätzen nach Nummer 13.2 ist anzurechnen,

Im Zuge der **HBauO-Novelle 2010** wurde geregelt, dass sich **die Verfahrensfreistellung für eine Garage auf das „Hauptgebäude" und nicht mehr** – wie vorher – **„auf das Grundstück" bezieht.** Sind Doppelhäuser oder auch Reihenhäuser nicht real, sondern ideell geteilt, kann nunmehr gleichwohl pro Haus eine Garage verfahrensfrei gebaut werden.

1.3 Gebäude ohne Feuerungsanlagen mit einer traufseitigen Wandhöhe bis zu 5,0 m, die einem land- oder forstwirtschaftlichen Betrieb oder einem Betrieb der gartenbaulichen Erzeugung dienen, höchstens 100 m² Bruttogrundfläche haben und nur zur Unterbringung von Sachen oder zum vorübergehenden Schutz von Tieren bestimmt sind,

Was unter einem land- oder forstwirtschaftlichen Betrieb zu verstehen ist, ergibt sich zunächst aus **§ 201 BauGB.** Hierzu zählen Ackerbau, Wiesen- und Weidewirtschaft sowie auch Pensionstierhaltung. Bei der Pensionstierhaltung ist erforderlich, dass diese überwiegend auf eigener Futtergrundlage erfolgt, was eigene Wiesen und Weiden voraussetzt. Der Zukauf von Tierfutter muss dem untergeordnet sein.

Von einem land- und forstwirtschaftlichen Betrieb kann nur dann ausgegangen werden, sofern der Betriebsinhaber über den Eigenbedarf hinaus landwirtschaftliche Produkte erzeugt, um aus ihrem Erlös eine ständige und nicht unbeachtliche Einkommensquelle zu erzielen. Ohne Gewinnerzielungsabsicht des Betriebsinhabers liegt eine Liebhaberei vor, sei es im Sinne einer Hobby-Tierhaltung, aus Lieber zur Natur etc.. Dann ist kein landwirtschaftlicher Betrieb gegeben.

1.4 Gewächshäuser auf landwirtschaftlich oder erwerbsgärtnerisch genutzten Flächen mit höchstens 100 m² Grundfläche und

– bis zu 4,50 m Firsthöhe,
– bis zu 6,0 m Firsthöhe, wenn eine Typengenehmigung nach § 65 vorliegt;

nicht freigestellt sind Foliengewächshäuser mit Feuerstätten,

Was unter einem „Gewächshaus" zu verstehen ist, ergibt sich z. B. aus der DIN 11 535 Teil 1 „Gewächshäuser, Richtlinien für Berechnung und Ausführung". Es muss sich um eine leichte Tragekonstruktion aus Glas und/oder Kunststoff handeln zwecks Anzucht von Pflanzen, Blumen oder auch Gemüse. Auch hier wird für den „landwirtschaftlichen oder erwerbsgärtnerischen" Betrieb eine **Gewinnerzielungsabsicht** gefordert (siehe hierzu die Ausführungen oben zu Ziffer 1.3). Ein **Gewächshaus für eine „Selbstversorgung" reicht nicht aus.**

1.5 Fahrgastunterstände, die dem öffentlichen Personenverkehr oder der Schülerbeförderung dienen,
Solche **Fahrgastunterstände sind ohne flächen- und höhenmäßige Begrenzung verfahrensfrei,** gleichgültig, ob sie ganz oder teilweise von Außenwänden begrenzt sind.

1.6 Schutzhütten für Wanderer, die jedermann zugänglich sind und keine Aufenthaltsräume haben,

1.7 **Überdachungen von Terrassen** mit einer Fläche bis zu 30 m² und einer Tiefe bis zu 3,0 m **vor Erdgeschossen** sowie untergeordnete Überdachungen wie zum Beispiel **Hauseingangsüberdachungen,**
Terrassen sind befestigte Flächen, die unmittelbar an ein Gebäude anschließen und ebenerdig oder nur in geringer Höhe über dem vorhandenen Gelände liegen. **Dachterrassen gehören nicht hierzu,** diese sind **nicht verfahrensfrei.** Überdachungen von Dachterrassen sind folglich genehmigungspflichtig, zum einen deshalb, da von Ihnen Gefahren für Personen und Sachen ausgehen können (z. B. Herunterfallen) und zum anderen da sie **Abstandsflächen** auszulösen vermögen, sofern von ihnen eine **„gebäudegleiche Wirkung"** ausgeht.

1.8 Gartenlauben in Kleingartenanlagen mit einer Grundfläche von höchstens 24 m²,
Unter einer „Gartenlaube" ist ein hölzernes Häuschen zu verstehen, was inkl. eines überdachten Freisitzes höchstens eine **Grundfläche von 24 m²** aufweisen darf. Nach seiner Ausstattung und Einrichtung beinhaltet eine Gartenlaube einen oder mehrere Aufenthaltsräume, die Gartenlaube darf aber nicht zum dauernden Wohnen geeignet sein oder genutzt werden. **Verfahrensfrei sind nur Gartenlauben in Kleingartenanlagen nach dem Bundeskleingartengesetz** (BKleingG). Die Gartenlaube muss folglich in einem Gebiet liegen, welches in einem Flächennutzungsplan gemäß § 5 Abs. 2 Nr. 5 BauGB oder in einem Bebauungsplan gemäß § 9 Abs. 1 Nr. 15 BauGB als „Dauerkleingarten" dargestellt ist.

1.9 Wochenendhäuser in festgesetzten Wochenendhausgebieten,
Wochenendhäuser sind kleiner Wohnhäuser, die zeitlich begrenzt nur am Wochenende oder im Urlaub zum Aufenthalt und zur Erholung genutzt werden **(keine Dauerwohnnutzung).**
Darüber hinaus müssen die Wochenendhäuser in einem Wochenendhausgebiet eines B-Planes liegen, der gemäß § 10 Abs. 3 BauNVO das Grundstück als **„Wochenendhausgebiet" (Sondergebiet)** ausweist.

2. Anlagen der technischen Gebäudeausrüstung mit Ausnahme freistehender Abgasanlagen mit einer Höhe von mehr als 10 m:

Bei den verfahrensfreien Anlagen der technischen Gebäudeausrüstung ist zu beachten, dass sich die Verfahrensfreiheit nur auf die separate Errichtung

oder Änderung von Anlagen der technischen Gebäudeausrüstung bezieht, die also nicht im Zusammenhang mit der Realisierung oder dem Bau eines Vorhabens oder eines Gebäudes steht.
Zur Förderung der Nutzung erneuerbarer Energien erhielt die Ziffer 2 durch die **HBauO-Novelle 2018** eine neue Überschrift, gleichzeitig erhielten die einzelnen Anlagen der erneuerbaren Energien eigene Ziffern, wobei der Katalog der Verfahrensreihen **Solaranlagen** auch **auf Kleinwindkraftanlagen erweitert** wurde (Ziffern 2a, 2a.1, 2a.2 und 2a.3).
Dadurch, dass die Solaranlagen nunmehr eine eigene Regelungsziffer erhielten, gilt die Verfahrensfreiheit auch, wenn die durch die Solaranlage erzeugte Energie nicht dem Eigenverbrauch dient, sondern ins Stromnetz eingespeist wird.
Damit einhergehend sind Solaranlagen nicht nur in und an Dach-Außenwandflächen zulässig, sie müssen nicht mehr in die Dachfläche oder Fassade eingelassen sein, sondern können auch auf Flachdächern aufgeständert sein. In diesen Fällen bezieht sich die Verfahrensfreiheit auch auf die Nutzung, die äußere Gestalt des Gebäudes. Wenn es allerdings entgegenstehende planungsrechtliche Festsetzungen gibt, gehen diese den freigestellten Anlagen vor.

2a. Folgende Anlagen zur Nutzung erneuerbarer Energien:

2a.1 Solaranlagen in, an und auf Dachflächen außer bei Hochhäusern sowie die damit verbundene Änderung der Nutzung oder der äußeren Gestalt des Gebäudes,

2a.2 gebäudeunabhängige Solaranlagen mit einer Höhe bis zu 3 m und einer Gesamtlänge bis zu 9 m,

2a.3 Windenergieanlagen bis zu 10 m Höhe gemessen von der Geländeoberfläche bis zum höchsten Punkt der vom Rotor bestrichenen Fläche und einem Rotordurchmesser bis zu drei Metern außer in reinen Wohngebieten sowie Windenergieanlagen mit einer Gesamthöhe bis zu 15 m über Geländeoberfläche in festgesetzten Gewerbe- und Industriegebieten und im Hafennutzungsgebiet.

3. Anlagen der Ver- und Entsorgung:

3.1 Brunnen,

3.2 Anlagen, die der öffentlichen Versorgung mit Telekommunikation, Elektrizität, Gas, Öl oder Wärme dienen, mit einer Höhe bis zu 5,0 m und einer Bruttogrundfläche bis zu 10 m^2,

3.3 Grundstücksentwässerungsanlagen;

4. Masten, Antennen und ähnliche Anlagen:

4.1 unbeschadet der Nummer 3.2 Antennen einschließlich der Masten mit einer Höhe bis zu 10,0 m und zugehöriger Versorgungseinheiten mit einem Bruttorauminhalt bis zu 10 m^3 sowie, soweit sie in, auf oder an einer bestehenden baulichen Anlage errichtet werden, die damit verbundene Änderung der Nutzung oder der äußeren Gestalt der Anlage,
Auch Parabolantennen sind „Antennen".

Unter der „Höhe bis zu 10 m“ ist die Eigenhöhe des Mastes mit Antenne zu verstehen. Dieses Maß ist ab dem Montagepunkt des Mastes auf dem Gebäude/der Gebäudewand zu berechnen.

4.2 Masten und Unterstützungen für Fernsprechleitungen, für Leitungen zur Versorgung mit Elektrizität, für Seilbahnen und für Leitungen sonstiger Verkehrsmittel, für Sirenen, für Überwachungskameras und für Fahnen,

4.3 Signalhochbauten für die Landesvermessung,

4.4 Flutlichtmasten auf zugelassenen Sportstätten mit einer Höhe bis zu 10,0 m, außer im Außenbereich;

5. Behälter:

5.1 ortsfeste Behälter für Flüssiggas mit einem Fassungsvermögen von weniger als 3 t, für nicht verflüssigte Gase mit einem Bruttorauminhalt bis zu 6 m^3,

5.2 ortsfeste Behälter für brennbare oder wassergefährdende Flüssigkeiten mit einem Bruttorauminhalt bis zu 10 m^3,

5.3 ortsfeste Behälter sonstiger Art mit einem Bruttorauminhalt bis zu 50 m^3 und einer Höhe bis zu 3,0 m,

5.4 Gärfutterbehälter mit einer Höhe bis zu 6,0 m und Schnitzelgruben,

5.5 Fahrsilos, Kompost- und ähnliche Anlagen, außer im Außenbereich,

5.6 Wasserbecken mit einem Beckeninhalt bis zu 100 m^3,
Zu den „Wasserbecken“ gehören begrifflich auch **„Schwimmbecken“,** obwohl diese noch einmal gesondert unten unter Ziffer 9.1 aufgeführt sind. **Überdachte Schwimmbecken** und **Tragluftschwimmhallen** sind als „bauliche Anlage“ gemäß § 2 Abs. 1 **nicht verfahrensfrei.**

5.7 Behälter zum Sammeln wieder verwertbarer Abfallstoffe wie Altpapier und Altglas bis zu 10 m^2 Größe auf öffentlichen Wegen, Grünflächen oder öffentlich genutzten Privatflächen,

5.8 Standplätze für Wertstoff- und Abfallbehälter einschließlich der zugehörigen Müllbehälterschränke,

5.9 Briefkästen, Behälter und Schränke mit einer Bruttogrundfläche bis zu 10 m^2, die zu Zwecken der Postannahme bzw. Postverteilung aufgestellt werden;
Mit der **HBauO-Novelle 2018** wurde für Behälter zu Zwecken der Postannahme eine **Größenbeschränkung auf 10 m² eingeführt**, da der Gesetzgeber davon ausgeht, dass **zukünftige Packstationen wesentlich größer geplant und errichtet werden**, sodass sie sowohl stadtplanerisch als auch statisch etc. eines „normalen“ Genehmigungsverfahrens bedürfen. Ein **Witterungsschutz als Dachüberstand für die Kunden ist nicht auf die 10 m² anzurechnen.**

6. Mauern und Einfriedigungen:

6.1 Mauern einschließlich **Stützmauern und Einfriedungen mit einer Höhe bis zu 2,0 m**, außer im Außenbereich,
Eine „Einfriedigung“ erfordert nicht, dass sie auf sämtlichen Grundstücksgrenzen errichtet wird, **eine Teileinfriedigung einer Grundstücksgrenze oder eines Teils einer Grundstücksgrenze** (etwa ein 3 m langer Sichtschutzzaun) **reicht aus.** Als „Einfriedigung“ zählen Einzäunungen jeglicher

Art wie Schranken, Mauern, Erdwälle und Strohmatten an der Grenze eines Grundstücks.
Spezielle örtliche Bauvorschriften, wie etwa § **3 Außenalster-Verordnung,** sind vorrangig zu beachten und führen dazu, dass im Einzelfall eine ansonsten verfahrensfreie Einfriedigung nicht oder nur in bestimmter Höhe und/oder Ausgestaltung errichtet werden darf.

6.2 offene, sockellose Einfriedigungen für Grundstücke, die einem land- oder forstwirtschaftlichen Betrieb oder einem Betrieb der gartenbaulichen Erzeugung dienen,
(siehe hierzu die Ausführungen oben unter Ziffer 1.3 und 1.4)

7. Verkehrsanlagen:

Private Verkehrsanlagen einschließlich Brücken und Durchlässe mit einer lichten Weite bis zu 5,0 m und Untertunnelungen mit einem Durchmesser bis zu 3,0 m;

8. Aufschüttungen und Abgrabungen:

Es muss sich um **selbständige** Aufschüttungen und Abgrabungen handeln, die eine eigene Funktion, eine eigene Zweckbestimmung haben. Das **Ausheben einer Baugrube** oder **die Anlegung einer Terrasse** steht mit einem anderen Vorhaben räumlich und zeitlich im Zusammenhang und ist daher keine verfahrensfreie Abgrabung bzw. Aufschüttung.
Golfplätze sind nicht verfahrensfrei, da nicht etwa auf die einzelnen Abgrabungen und Aufschüttungen abzustellen ist, sondern auf die Gesamtanlage, die die festgelegten Höchstgrenzen überschreitet.
Auch Fischteichanlagen sind baugenehmigungspflichtig.

8.1 bis insgesamt 50 m^2 Grundfläche,

8.2 von mehr als 50 m^2 bis zu 400 m^2 Grundfläche und bis zu 2 m Höhe oder Tiefe, soweit nicht an bauliche Anlagen angeschüttet oder an baulichen Anlagen abgegraben wird,

8.3 im Hafennutzungsgebiet bis zu der von der Wasserbehörde festgelegten Höhe des Hochwasserschutzes (Bemessungswasserstand plus Wellenauflauf), sofern sie die Hamburg Port Authority zur hochwassersicheren Aufhöhung von Flächen durchführt,

8.4 ohne Flächen- oder Höhenbegrenzung, sofern die Aufschüttungen oder Abgrabungen einschließlich ihrer Höhe oder Tiefe in einem Bebauungsplan oder in einem Verfahren nach § 14 des Hafenentwicklungsgesetzes festgelegt sind;

9. Anlagen in Gärten und zur Freizeitgestaltung:

9.1 Schwimmbecken mit einem Beckeninhalt bis zu 100 m^3, außer im Außenbereich und in Kleingartenanlagen,

9.2 Sprungschanzen, Sprungtürme und Rutschbahnen mit einer Höhe bis zu 10 m in Badeanstalten, ansonsten bis zu 3 m,

9.3 Anlagen, die der zweckentsprechenden Einrichtung von Spiel-, Abenteuerspiel-, Bolz- und Sportplätzen, Reit- und Wanderwegen, Trimm- und Lehr-

pfaden dienen, ausgenommen Gebäude und Tribünen, sowie das Auswechseln von Belägen auf Spiel- und Sportflächen,
Mit der **HBauO-Novelle 2018** stellte der Gesetzgeber klar, dass auch das **Auswechseln von Belägen bei Spiel- und Sportplätzen verfahrensfrei** ist. Vorsorglich sei darauf hingewiesen, dass die **immissionsschutzrechtlichen Vorschriften** für das Betreiben der Spiel- und Sportflächen **nach wie vor Gültigkeit besitzen**.

9.4 Wohnwagen, Zelte und bauliche Anlagen, die keine Gebäude sind, auf Camping-, Zelt- und Wochenendplätzen,

9.5 Anlagen, die der Gartennutzung, der Gartengestaltung oder der zweckentsprechenden Einrichtung von Gärten dienen,
Verfahrensfrei sind Pergolen, Trockenmauern, Wäschepfähle, Teppichstangen, Klettergerüste und Tore für Ballspiele.

9.6 Boots- und Badestege, soweit sie nicht – auch nicht vorübergehend – allgemein zugänglich sind und keine Aufbauten haben,

9.7 Maßnahmen zur inneren Erschließung von öffentlichen Freizeit- und Parkanlagen sowie von Kleingartenanlagen;

9.8 Saunaanlagen, die nicht gewerblichen oder öffentlichen Zwecken dienen;
Neu ist durch die **HBauO-Novelle 2010,** dass nunmehr **Saunaanlagen für Wohnungen verfahrensfrei** sind.

10. Tragende und nicht tragenden Bauteile:

10.1 nicht tragende und nicht aussteifende Bauteile in baulichen Anlagen,

10.2 die Änderung tragender oder aussteifender Bauteile innerhalb von Wohngebäuden der Gebäudeklassen 1 und 2,

10.3 Türen und Fenster, einschließlich Dachflächenfenster, sowie die dafür bestimmten Öffnungen,

10.4 Außenwandbekleidungen einschließlich **Maßnahmen der Wärmedämmung** außer bei Hochhäusern sowie Verblendungen und Verputz baulicher Anlagen,

10.5 Bedachungen einschließlich Maßnahmen der Wärmedämmung außer bei Hochhäusern,
Mit der **HBauO-Novelle 2018** sind Bedachungen einschließlich Maßnahmen der **Wärmedämmung nun bis zur Hochhausgrenze von einer Genehmigungspflicht freigestellt**.

10.6 Herstellung von Dachgauben und Dacheinschnitten, wobei deren Länge insgesamt nicht mehr als ein Drittel ihrer zugehörigen Gebäudeseitenlänge betragen darf;

11. Werbeanlagen und Automaten:

11.1 Werbeanlagen mit einer Ansichtsfläche bis zu 1 m^2,
(Siehe hierzu die Ausführungen zu § 13 „Werbeanlagen").
Die „Ansichtsfläche" einer Werbeanlage berechnet sich nach der reinen Werbefläche, nicht nach dem Gesamteindruck der Ansichtsfläche mit der Konstruktion bzw. Halterung.

Befindet sich auf beiden Seiten eines freistehenden Schildes eine Werbung, so ist jede Ansichtsfläche separat zu bewerten und darf bis zu einem m^2 ausmachen.
Wird eine unregelmäßige Werbeanlage, etwa ein Logo etc., **direkt an einer Wand montiert,** so berechnet sich die Ansichtsfläche in der Form eines Rechtecks nach den jeweiligen Außenmaßen der Werbeanlage.
Bei **dreidimensionalen Werbeanlagen** sind die werbewirksamen Ansichtsflächen zu addieren.

11.2 Automaten,
Zu den Automaten zählen neben Warenautomaten **auch Musik- und Unterhaltungsautomaten.** Sie sind ohne Größenbegrenzung und unabhängig vom Anbringungsort verfahrensfrei.

11.3 Werbeanlagen an der Stätte der Leistung, die nach ihrem erkennbaren Zweck nur vorübergehend für höchstens zwei Monate angebracht werden, außer im Außenbereich,

11.4 Werbeanlagen in Gewerbe-, Industrie- und vergleichbaren Sondergebieten an der Stätte der Leistung mit einer Höhe bis zu 10,0 m ab Geländeoberfläche sowie Sammelschilder als Hinweis auf ortsansässige gewerbliche Betriebe mit einer Höhe bis 10,0 m ab Geländeoberfläche,

11.5 Erneuerung und Austausch der Werbemotive bei Wechselwerbeanlagen,

11.6 Erneuerung und Austausch bestehender Werbeanlagen, wenn Art und Größe nicht verändert werden,

11.7 Werbeanlagen, für die eine Genehmigung nach wegerechtlichen Vorschriften erforderlich ist, außer Werbeanlagen an Fassaden und Baugerüsten;
Schon die HBauO-Novelle 2010 schränkte die Verfahrensfreiheit von Werbeanlagen im öffentlichen Raum ein. **Werbeanlagen „an Fassaden und Baugerüsten" müssen nunmehr auch bauaufsichtlich genehmigt werden,** gleichgültig, ob sie auf privatem oder öffentlichem Grund errichtet werden sollen.

12. Vorübergehend aufgestellte oder benutzbare Anlagen:

12.1 Baustelleneinrichtungen einschließlich der Bauschilder, Bauzäune, Lagerhallen, Schutzhallen und Unterkünfte, ausgenommen Schutzdächer, deren Firsthöhe über 25 m Geländeoberfläche liegt,
Verfahrensfrei sind alle Anlagen gestellt, die der Einrichtung und dem Betrieb einer Baustelle dienen. Dies sind **Anlagen zum Lagern, Aufbereiten und Mischen von Baustoffen** ebenso wie das **Aufstellen von Silos, Bau- und Polierboden, Baubüros, Umkleideräume für Bauarbeiter etc.**

12.2 Gerüste, wenn es sich dabei um eingeschossige Lehr- und Traggerüste bis zu einer Gerüsthöhe von 5 m oder um Arbeits- und Schutzgerüste handelt, bei denen die oberste Gerüstbühne nicht höher als 25 m über der Geländeoberfläche liegt und die Gerüste von Sachkundigen aufgestellt werden,

12.3 Toilettenwagen und -häuschen,

12.4 Behelfsbauten, die der Landesverteidigung, dem Katastrophenschutz oder der Unfallhilfe dienen,

12.5 bauliche Anlagen, die für höchstens drei Monate auf genehmigtem Messe- und Ausstellungsgelände errichtet werden, ausgenommen Fliegende Bauten,

12.6 Verkaufsstände und andere bauliche Anlagen auf Straßenfesten, Volksfesten und Märkten, ausgenommen Fliegende Bauten,

12.7 Fliegende Bauten mit einer Höhe bis zu 5 m, die nicht dazu bestimmt sind, von Besuchern betreten zu werden,

12.8 Fliegende Bauten mit einer Höhe bis zu 5 m, die für Kinder betrieben werden und eine Geschwindigkeit von höchstens 1 m/s haben,

12.9 Bühnen, die Fliegende Bauten sind, einschließlich Überdachungen und sonstigen Aufbauten mit einer Höhe bis zu 5 m, einer Bruttogrundfläche bis zu 100 m^2 und einer Fußbodenhöhe bis zu 1,50 m,

12.10 Zelte, die Fliegende Bauten sind, mit einer Bruttogrundfläche bis zu 75 m^2;

12.11 Eingeschossige überdeckte bauliche Anlagen als **Fliegende Bauten wie Verkaufs- oder Ausstellungsstände, einschließlich aller Anbauten und Vordächer**, mit einer Bruttogrundfläche bis zu **75 m^2** und einer Höhe **bis zu 5 m**, auch wenn sie von Besuchern betreten werden;

12.12 **aufblasbare Spielgeräte** mit einer Höhe des betretbaren Bereichs von **bis zu 5 m** oder mit überdachten Bereichen, bei denen die Entfernung zum **Ausgang nicht mehr als 3 m** oder, sofern ein **Absinken der Überdachung** konstruktiv verhindert wird, nicht mehr als **10 m** beträgt;

13. Plätze:

13.1 Lager- und Abstellplätze, die einem land- oder forstwirtschaftlichen Betrieb oder einem Betrieb der gartenbaulichen Erzeugung dienen, außer im Außenbereich,

13.2 **nicht überdachte Stellplätze** mit einer Fläche **bis zu 50 m^2 je zugehörigem Hauptgebäude**, außer im Außenbereich, wobei die Fläche von Garagen nach Nummer 1.2 anzurechnen ist,
Mit der **HBauO-Novelle 2010** wurde auch für nicht überdachte Stellplätze geregelt, dass **je Hauptgebäude ein Stellplatz** verfahrensfrei errichtet werden kann und **nicht nur „pro Grundstück"**. Folglich kommt es nicht – mehr – darauf an, ob etwa Doppel- oder Reihenhäuser ideell oder real geteilt sind. Pro Gebäude, also auch pro Reihenhausscheibe, kann jeweils ein Stellplatz verfahrensfrei gebaut werden.

13.3 Kinderspielplätze;

14. Container:

14.1 Container für den vorrübergehenden Aufenthalt von Personal im Hafengebiet nach § 2 Abs. 2 des Hafenentwicklungsgesetzes in der jeweils geltenden Fassung sowie in festgesetzten Gewerbe- und Industriegebieten,

14.2 Schlaf- und Bürocontainer bis zu einer Stapelhöhe von zwei Containern auf Baustellen,

14.3 ortsfeste Container, die der Lagerung von nichtwassergefährdenden Stoffen dienen,
im Hafengebiet,
auf Baustellen,
auf dafür genehmigten Flächen.

15. **Sonstige Anlagen:**

15.1 Fahrradabstellanlagen mit einer Gesamtfläche bis zu 50 m², außer im Außenbereich,

15.2 Zapfsäulen und Tankautomaten genehmigter Tankstellen, Eigenverbrauchstankstellen, sofern die Behältergröße nach Nummern 5.1 (Flüssiggas oder nicht verflüssigtes Gas) und 5.2 (brennbare oder wassergefährdende Flüssigkeiten) nicht überschritten wird,

15.3 Regale mit einer Höhe bis zu 7,50 m Oberkante Lagergut, außer im Außenbereich,

15.4 Grabdenkmale auf Friedhöfen, Feldkreuze, Denkmäler, Skulpturen und sonstige Kunstwerke jeweils mit einer Höhe bis zu 4 m,

15.5 Bedienungs- und Wartungsanlagen einschließlich der zugehörigen Treppen, Leitern, Tritte, Laufstege und Umwehrungen,

15.6 Rohrleitungen und Rohrbrücken bis 10 m Spannweite innerhalb von Industrie- und Gewerbebetrieben, sofern sie nicht über öffentliche Verkehrsflächen führen,

15.7 Verputz baulicher Anlagen, Außenwandanstriche und Anstriche äußerer Bauteile, ausgenommen bildliche Darstellungen,

15.8 Telefonzellen bzw. Telefonstandsäulen,

15.9 andere unbedeutende Anlagen oder untergeordnete Teile von Anlagen wie Markisen, Rollläden, Terrassen, Dacheindeckungen und Dachrinnen, Außenleuchten, Maschinenfundamente, Fahrzeugwaagen, Pergolen, Jägerstände, Wildfütterungsstände, Bienenfreistände, Taubenhäuser, Teppichklopf- und Wäschetrocknungsvorrichtungen im Freien, Sicherheitsvorrichtungen an Dächern und Gebäuden.

II. Änderung der Nutzung

Verfahrensfrei ist die Änderung der Nutzung von Anlagen, wenn
1. für die neue Nutzung keine anderen öffentlich-rechtlichen Anforderungen als für die bisherige gelten oder
2. die Errichtung oder Änderung der Anlagen nach Abschnitt I verfahrensfrei wäre.

III. Beseitigung von Anlagen

Verfahrensfrei ist die Beseitigung von
1. Anlagen nach Abschnitt I,
2. freistehenden Gebäuden der Gebäudeklassen 1 und 2, es sei denn, die zu beseitigenden Gebäude der Gebäudeklasse 2 grenzen an Gebäude der Gebäudeklassen 3 bis 5 an,
3. sonstigen Anlagen, die keine Gebäude sind, mit einer Höhe bis zu 10 m.

Nach der Beseitigung von Gebäuden, für die eine Hausnummer festgesetzt wurde, ist die Bauaufsichtsbehörde zu informieren. Die beabsichtigte Beseitigung von Gebäuden mit Ausnahme der Anlagen nach Abschnitt I Nummer 1 ist der für den Bauarbeiterschutz zuständigen Behörde einen Monat vorher mitzuteilen.

IV. Instandhaltungsarbeiten

Verfahrensfrei sind Instandhaltungsarbeiten.

(Hier endet der Katalog der kommentierten verfahrensfreien Vorhaben. Diese finden sich auch in der reinen Textausgabe der HBauO 2018 in der Anlage 2).

3. Nachbar- und Rechtsschutz

Da bei verfahrensfreien Vorhaben keine Baugenehmigung erteilt wird, **kann vorläufiger Rechtsschutz nicht** gemäß § 80a Abs. 3, § 80 Abs. 5 VwGO **erlangt werden.** Der **Nachbar** kann aber im Wege der **einstweiligen Anordnung** nach § 123 VwGO gerichtlich durchsetzen, dass die **Bauaufsichtsbehörde gegen ein verfahrensfreies Vorhaben einschreitet**, wenn Vorschriften verletzt sind, die den Nachbarn schützen sollen (siehe hierzu auch die Ausführungen zu § 58, unter Gliederungspunkt 1 „Aufgaben der Bauaufsichtsbehörde“ und Gliederungspunkt 5 „Nachbar- und Rechtsschutz“). **17**

Ist ein **Nachbar** der Ansicht, dass ein verfahrensfreies Vorhaben auf dem Nachbargrundstück ihn **in subjektiven** Rechten verletzt, etwa weil nachbarschützende Festsetzungen eines Bebauungsplanes nicht eingehalten werden, kann er also direkt **beim Verwaltungsgericht den Antrag stellen**, die Bauaufsichtsbehörde zum **Erlass eines Baustopps** (Einstellung der Bauarbeiten) zu verpflichten. **18**

Bestehen Meinungsverschiedenheiten zwischen dem Bauherrn und der Bauaufsichtsbehörde darüber, **ob ein Vorhaben verfahrensfrei ist oder einer Baugenehmigung bedarf,** so kann der Bauherr dieses im Rahmen einer **Feststellungsklage** nach § 43 VwGO gerichtlich klären lassen. **19**

Will der Bauherr dieses Monate oder Jahre dauernde Hauptverfahren nicht abwarten, kann er im Rahmen einer **einstweiligen Anordnung** nach § 123 VwGO beantragen, dass das **Gericht feststellen** möge, **dass sein Bauvorhaben keiner Baugenehmigung nach der HBauO bedarf.** **20**

§ 61 Vereinfachtes Genehmigungsverfahren

(1) Ein vereinfachtes Genehmigungsverfahren wird durchgeführt für

1. die Errichtung, Änderung und Nutzungsänderung von Wohngebäuden, ausgenommen Hochhäuser, einschließlich der zugehörigen Nebenanlagen und Nebengebäude; das gilt auch für überwiegend Wohnzwecken dienende Gebäude mit
   a) Räumen für die Berufsausübung freiberuflich Tätiger und solcher Gewerbetreibender, die ihren Beruf in ähnlicher Weise ausüben, bis jeweils 200 m² und
   b) sonstigen Nutzungseinheiten bis insgesamt 400 m²,
   außer Sonderbauten,
2. sonstige Gebäude der Gebäudeklassen 1 und 2 einschließlich der zugehörigen Nebenanlagen und Nebengebäude, außer Sonderbauten, und
3. die Beseitigung baulicher Anlagen.

(2) Die Bauaufsichtsbehörde prüft

1. die Zulässigkeit des Vorhabens nach den §§ 14 und 29 bis 37 des Baugesetzbuchs (BauGB) in der Fassung vom 23. September 2004 (BGBl. I S. 2415), zuletzt geändert am 31. Juli 2009 (BGBl. I S. 2585, 2617), in der jeweils geltenden Fassung, nach den weiteren Festsetzungen eines Bebauungsplans und nach auf § 172 BauGB gestützten Verordnungen,

1a. bei Grundstücken im Hafen die Zulässigkeit des Vorhabens nach den §§ 3 und 6 des Hafenentwicklungsgesetzes vom 25. Januar 1982 (HmbGVBl. S. 19), zuletzt geändert am 18. November 2008 (HmbGVBl. S. 390), in der jeweils geltenden Fassung,

2. die Einhaltung der Anforderungen der §§ 4, 6 und 10, des § 16 im Hinblick auf schädliche Bodenveränderungen oder Altlasten im Sinne von § 2 des Bundes-Bodenschutzgesetzes vom 17. März 1998 (BGBl. I S. 502), zuletzt geändert am 31. August 2015 (BGBl. I S. 1474, 1491), in der jeweils geltenden Fassung, der §§ 52 und 68 sowie der Baumschutzverordnung vom 17. September 1948 (Sammlung des bereinigten hamburgischen Landesrechts I 791-i), zuletzt geändert am 11. Mai 2010 (HmbGVBl. S. 350, 359), in der jeweils geltenden Fassung,

3. beantragte Abweichungen im Sinn von § 69,

4. die Einhaltung der Anforderungen nach §§ 14, 15 und 17 des Bundesnaturschutzgesetzes vom 29. Juli 2009 (BGBl. I S. 2542), in der jeweils geltenden Fassung, in den Fällen, in denen dies nach § 18 Absatz 2 des Bundesnaturschutzgesetzes vorgesehen ist sowie

5. bei Gebäuden mit gewerblichen Nutzungen oder mit Tiefgaragen die Einhaltung der Anforderungen nach § 22 des Bundes-Immissionsschutzgesetzes in der Fassung vom 26. September 2002 (BGBl. I S. 3831), zuletzt geändert am 11. August 2010 (BGBl. I S. 1163), in der jeweils geltenden Fassung.

Gesetzlich begründete Zustimmungs- und Einvernehmensvorbehalte bleiben unberührt.

(3) Über den Antrag ist innerhalb einer Frist von zwei Monaten nach Eingang der vollständigen Unterlagen zu entscheiden. Die Bearbeitungsfrist verkürzt sich auf einen Monat für Gebäude der Gebäudeklassen 1 bis 4, die

1. ausschließlich der Wohnnutzung dienen,
2. im Geltungsbereich eines Bebauungsplans im Sinne des § 30 Absatz 1 BauGB liegen,
3. keiner Befreiung oder Abweichung bedürfen,
4. keiner bauaufsichtlichen Prüfung der bautechnischen Nachweise nach § 68 Absatz 2 unterliegen,
5. keiner Prüfung der Zulässigkeit nach § 172 BauGB bedürfen,
6. auf einem Grundstück errichtet werden, für das keine Erkenntnisse im Altlasthinweiskataster über schädliche Bodenveränderungen oder Altlasten vorliegen,
7. keiner Prüfung der Einhaltung der Anforderungen des § 22 des Bundes-Immissionsschutzgesetzes unterliegen und
8. keiner Zulassung einer Ausnahme nach den Vorschriften der Baumschutzverordnung bedürfen.

Im Einvernehmen mit der Bauherrin oder dem Bauherrn können die Fristen nach den Sätzen 1 und 2 verlängert werden. Die Genehmigung gilt als erteilt, wenn sie nicht innerhalb der Fristen nach den Sätzen 1 bis 3 versagt wurde. Nach Ablauf der jeweiligen Frist wird der Bauherrin oder dem Bauherrn der Eintritt der Genehmigungsfiktion bestätigt. Sofern auf Grund gesetzlicher Be-

stimmungen die Zustimmung oder das Einvernehmen einer anderen Behörde einzuholen ist, treten die Rechtsfolgen nach den Sätzen 1 bis 5 nicht vor Ablauf einer Woche nach Eingang der Erklärung der anderen Behörde ein. Die Fristen nach den Sätzen 1 bis 3 gelten nicht für Vorhaben innerhalb des angemessenen Sicherheitsabstands eines Betriebsbereichs nach § 59 Absatz 4 Satz 1 oder innerhalb des Achtungsabstands, sofern ein angemessener Sicherheitsabstand noch nicht ermittelt wurde.

Kommentierung

Übersicht

1. Anwendungsbereich (Abs. 1)

Das **vereinfachte Genehmigungsverfahren** wird grundsätzlich durchgeführt für die Errichtung, Änderung und Nutzungsänderung nach 1

Nr. 1 HS **für Wohngebäude,** ausgenommen Hochhäuser, einschließlich der zugehörigen Nebenanlagen und Nebengebäude;

Nr. 1a **für überwiegend Wohnzwecken dienende Gebäude,** in denen maximal 49 % der Wohnfläche durch Freiberufler oder ähnlich tätige Gewerbetreibende genutzt wird, wobei deren **Bruttogrundfläche 200 m²** nicht überschreiten darf;

Nr. 1b für überwiegend Wohnzwecken dienende Gebäude mit sonstigen Nutzungseinheiten, die wiederum maximal 49 % der gesamten Wohnfläche des Gebäudes einnehmen dürfen, wobei hier die Grenze der maximalen **Bruttogrundfläche bei 400 m²** liegt;

Nr. 2 für **sonstige Gebäude bis zu einer Höhe von 7 m** der Gebäudeklassen 1 und 2;

Nr. 3 für die **Beseitigung baulicher Anlagen.**

Für **Sonderbauten** (vgl. § 51) findet das vereinfachte Genehmigungsverfahren **keine Anwendung.** 2

Welche Bauvorlagen in vereinfachten Verfahren vorzulegen sind ergibt sich aus **§ 4 Absatz 1 Bauvorlagenverordnung** (BauVorlVO). In diesem § 4 Absatz 1 finden sich noch **weitere Hinweise zur Vollständigkeit der einzelnen vorzulegenden Pläne.** 3

Darüber hinaus gilt § 1 BauVorlVO, wonach ein Bauherr die **öffentlich bekannt gemachten Vordrucke** der Bauaufsichtsbehörde für Anträge **benutzen muss.** 4

5 In diesem § 1 sind auch noch weitere Voraussetzungen für die Vollständigkeit der Bauvorlagen in **„besonderen“ Genehmigungsverfahren** genannt wie zum Beispiel gegebenenfalls eine **„Zustimmungserklärung der Nachbarn“**.

6 Die Anzahl der einzureichenden Anträge ist unterschiedlich. **Genaueres ergibt sich aus § 2 BauVorlVO.**

7 Mit dem **Begriff des „Wohngebäudes“** hatte sich das OVG Hamburg im Rahmen der Auslegung und des Anwendungsbereichs einer **„2-Wohnungsklausel“** auseinanderzusetzen. Es hatte zu entscheiden, ob eine erteilte Baugenehmigung zur Errichtung eines Doppelhauses mit je zwei Wohnungen und Tiefgarage mit der 2-Wohnungsklausel auf der Rechtsgrundlage des § 3 Abs. 4 BNVO 1977 vereinbar war. Das OVG stellte klar, dass die **Festsetzung „Einzel- und Doppelhäuser“ es nicht ausschließt, dass auf einem Grundstück ein Baukörper errichtet wird, der aus mehreren aneinandergebauten jeweils funktional selbstständigen Gebäuden besteht, von denen jedes wiederum 2 Wohneinheiten aufweist.** Ein „Wohngebäude“ liegt immer dann vor, wenn es selbständig benutzbar ist. Ob es sich bei den selbständigen Nutzungseinheiten um einzelne **freistehende Gebäude** oder um mehrere zu einem Gesamtbaukörper **aneinandergefügte Gebäude** handelt (Doppelhäuser oder auch Hausgruppen), ist dabei **unerheblich.**

8 **Sind also zwei Doppelhaushälften konstruktiv durch eine von der Spitze des Daches bis zur Kellerdecke reichende Fuge getrennt** und verfügen beiden Haushälften über alle **Einrichtungen, die für eine selbständige Benutzbarkeit erforderlich sind,** so liegt ein „Komplex von zwei Wohngebäuden“ vor. **Dass die Tiefgarage selbst baulich nicht unterteilt ist und gemeinsam genutzt wird, ist dabei unerheblich,** weil die für Wohnungen notwendigen Stellplätze nicht zwingend in einer Tiefgarage nachgewiesen werden müssen. Sie hätten ebenso oberirdisch errichtet werden können. Als unschädlich hat das OVG Hamburg in diesem Zusammenhang auch angesehen, dass die beiden unmittelbar **aneinander „angrenzenden“ Wände der zwei Doppelhaushälften nicht den bauordnungsrechtlichen Anforderungen an eine Außen- bzw. Brandwand gemäß § 26 bzw. § 28 HBauO entsprachen,** sondern lediglich eine Stärke von 11 cm ausmachten. Denn die funktionale Selbständigkeit im planungsrechtlichen Sinne sei nicht mit jeder im bauordnungsrechtlichen Sinne gleichzusetzen. **Planungsrechtlich liegt auch dann ein selbständig benutzbares Wohngebäude vor,** wenn dieses nicht die nach der HBauO vorgeschriebenen bau- und sicherheitstechnischen Anforderungen erfüllt.

9 Gleichgültig ist, ob sich das zu errichtende, zu ändernde oder umzunutzende Gebäude innerhalb des Geltungsbereiches eines **Baustufen- oder Bebauungsplanes** befindet oder innerhalb eines **im Zusammenhang bebauten Ortsteils nach § 34 BauGB** bzw. im **Außenbereich nach § 35 BauGB.**

10 **Was Nebenanlagen und Nebengebäude sind,** ergibt sich aus den §§ 12 und 14 Baunutzungsverordnung (BNVO). Hierzu zählen neben **Stellplätzen** und **Garagen** solche baulichen Anlagen, die nicht Bestandteil des Hauptgebäudes sind, wie etwa ein **Schwimmbecken** im Garten, kleinere **Schwimmhallen** und Tragluftschwimmhallen, **Gartenlauben** und **-geräteräume**, **Gewächshäuser,**

Saunen, Müllschränke etc. Erforderlich ist aber immer, dass sich von seiner Größe und seinem Umfang her **die Nebenanlage dem Hauptgebäude deutlich erkennbar unterordnet.**

Freiberufler sind nach § 18 Abs. 1 Einkommensteuergesetz (EStG) **solche Personen, die selbständig, wissenschaftlich, künstlerisch, schriftstellerisch oder unterrichtend und erziehend tätig sind,** wie Ärzte, Zahnärzte, Tierärzte, Rechtsanwälte, Notare, Patentanwälte, Ingenieure, Architekten, Wirtschaftsprüfer, Steuerberater, beratende Volks- und Betriebswirte, vereidigte Buchprüfer (vereidigte Bücherrevisoren), Steuerbevollmächtigte, Heilpraktiker, Krankengymnasten, Journalisten, Bildberichterstatter, Dolmetscher, Übersetzer, Lotsen und ähnliche Berufe. **11**

Ähnlich tätige Gewerbetreibende sind typischerweise Makler, Schiffs- und Versicherungsagenten, Personalberater etc. Auch Kosmetikerinnen, Hausverwalter, Physiotherapeuten und Masseure gehören zu dieser Berufsgruppe. Abzustellen ist darauf, ob die **Berufsausübung „wohnartig"** ist, wovon man ausgehen kann, wenn eine Tätigkeit als Dienstleistung angeboten wird, die insbesondere auch für die Bewohner der Umgebung/des Wohngebiets nützlich sein kann. **12**

Die Wohnnutzung muss aber stets überwiegen, also mindestens 51 % der vorhandenen Wohnfläche des Gebäudes über alle Geschosse umfassen. Ein Nebeneinander von „Wohnen" und „beruflicher Tätigkeit" wird nicht gefordert, es kann also eine Nutzungseinheit zu 100 % freiberuflich oder ähnlich genutzt werden, sofern die Grenze von 49 % „über alles" bezogen auf alle Flächen des Gesamtgebäudes nicht überschritten wird. **13**

Soll ein Bauvorhaben im vereinfachten Genehmigungsverfahren bearbeitet werden, so setzt dieses einen Antrag voraus. **14**

Bedarf es zur Durchführung des Bauvorhabens noch **weiterer Genehmigungen nach anderen Rechtsvorschriften,** wie etwa einer **Baumfällgenehmigung, einer Zweckentfremdungsgenehmigung** oder der **Erlaubnis für eine Gehwegüberfahrt,** so müssen hierfür **gesondert Anträge** gestellt und beschieden werden. **15**

Die Bauaufsichtsbehörde darf die Erteilung einer Baugenehmigung im vereinfachten Verfahren nicht verweigern, etwa **weil der Bauherr andere für die Realisierung seines Bauvorhabens notwendige Genehmigungen noch nicht vorliegen hat.** Es ist allein Sache des Bauherrn, in welcher Reihenfolge er die für sein Bauvorhaben benötigten Genehmigungen, Erlaubnisse oder Zustimmungen einholt. **16**

Allerdings kann die Bauaufsichtsbehörde wegen **fehlendem Sachbescheidungsinteresse** die Bearbeitung eines Bauantrages ablehnen und dem Bauherrn die Antragsunterlagen zurücksenden. **Ein solches Sachbescheidungsinteresse ist zu verneinen,** wenn für die Bauaufsichtsbehörde eindeutig erkennbar ist, dass **das beantragte Bauvorhaben aus privat-rechtlichen oder öffentlich-rechtlichen Gründen, selbst bei Vorliegen einer Baugenehmigung, nicht errichtet werden** **17**

kann. Die Bauaufsichtsbehörde soll nicht Bauanträge bearbeiten müssen, deren Genehmigung letztlich nutzlos ist.

18 Dabei sind die **Grenzen für ein fehlendes Sachbescheidungsinteresse eng zu ziehen, da die Bauaufsichtsbehörde praktisch nie beurteilen kann,** ob einem Vorhaben privat-rechtliche Hindernisse entgegenstehen oder nicht, bzw. **ob eine Baugenehmigung für einen Bauherrn nutzlos ist oder nicht.** Selbst wenn ein Antrag einmal rechtskräftig abgelehnt und ein zweites Mal neu gestellt wurde, entfällt das Sachbescheidungsinteresse nur dann, wenn die Ablehnung durch ein Gericht unanfechtbar bestätigt wurde und sich die Sach- und Rechtslage zwischenzeitlich nicht geändert hat.

2. **Prüfungsumfang durch die Bauaufsichtsbehörde** (Abs. 2)

19 Eigentlich sollte das **vereinfachte Genehmigungsverfahren** dazu dienen, die Genehmigung von Bauvorhaben **zu beschleunigen.** Dies war die eindeutige Zielrichtung der Neufassung der HBauO im Jahre 2006. **Zwischenzeitlich ist der Katalog der zu prüfenden Rechtsvorschriften durch die Bauaufsichtsbehörde noch einmal durch die HBauO-Novelle 2018 erweitert worden, sodass sich das vereinfachte Genehmigungsverfahren dem konzentrierten Genehmigungsverfahren zunehmend annäherte.** So hat die **Bauaufsichtsbehörde nunmehr zu prüfen,** ob

- dem Bauvorhaben eine Veränderungssperre nach § 14 BauGB entgegensteht;
- die bauliche Anlage die Festsetzungen eines Baustufenplanes oder eines Bebauungsplanes nach § 30 BauGB einhält;
- bei Bauvorhaben innerhalb eines im Zusammenhang bebauten Ortsteils bzw. im Außenbereich die Voraussetzungen der §§ 34 und 35 erfüllt sind;
- Ausnahmen und Befreiungen zu erteilen sind nach § 31 BauGB;
- die Vorschriften des § 36 BauGB (Beteiligung der Gemeinde und der höheren Verwaltungsbehörde) und § 37 BauGB (bauliche Maßnahmen des Bundes und der Länder) eingehalten werden;
- stadtgestalterische, Milieuschutz- oder Umstrukturierungs-Erhaltungssatzungen nach § 172 BauGB bestehen und das Bauvorhaben mit diesen im Einklang steht (§ 61 Abs. 2 Nr. 1 HBauO);
- die Abstandsflächen nach § 6 verletzt sind (§ 60 Abs. 2 Nr. 2 HBauO);
- eine Abweichungsentscheidung nach § 69 zu treffen ist (§ 61 Abs. 2 Nr. 3 HBauO);
- die Anforderungen nach § 9 des Hamburgischen Naturschutzgesetzes eingehalten werden (§ 61 Abs. 2 Nr. 4 HBauO);
- das Grundstück im Altlastenhinweiskataster eingetragen ist;
- schädliche Bodenveränderungen von der beantragten baulichen Anlage ausgehen können;
- die Anforderungen an Kinderspielflächen gemäß § 10 eingehalten werden;
- die Vorgaben für barrierefreies Bauen gemäß § 52 umgesetzt wurden.

20 Auch die bautechnischen Nachweise gemäß § 68 sind von der Bauaufsicht zu prüfen.

21 Mit der **HBauO-Novelle 2018** wurde wie erwähnt der **Prüfungsumfang im vereinfachten Genehmigungsverfahren noch deutlich erweitert.** Bisher musste

die Bauaufsicht schon die Einhaltung der Abstandsflächen nach § 6 prüfen sowie ob die Anforderungen an Kinderspielflächen gemäß § 10 eingehalten werden. Neu ist nunmehr, dass die Bauaufsicht auch noch zu prüfen hat, ob die **Anforderungen an die Erschließung des Baugrundstücks bzw. der Grundstücke gemäß § 4 eingehalten werden.** Dies begründet der Gesetzgeber mit der „großen Bedeutung" der durch § 4 geschützten Rechtsgüter und der Erweiterung zulässiger Erschließungsformen. So hat die Bauaufsicht darauf zu achten, dass eine Baulast eingetragen wird, wenn ein Grundstück nur mittelbar über ein anderes Grundstück vom öffentlichen Weg aus zu erreichen ist. Dafür muss sich die Bauaufsicht **einen Beleg über die Bestellung der Baulast zur Gewährleistung der wegemäßigen Erschließung und gegebenenfalls der Abwasserbeseitigung über ein anderes Grundstück vorlegen lassen.**

Zu guter Letzt hat die Bauaufsicht nunmehr **auch zu prüfen, ob die Baumschutzverordnung eingehalten wird.** Dies ist sicherlich auch im vereinfachten Genehmigungsverfahren sinnvoll den Baumbestand mit in die Prüfung einzubeziehen, um Klarheit für den Bauherrn zu schaffen. Denn in der Vergangenheit hat es wiederholt zu Problemen und Rechtsstreitigkeiten geführt, **wenn ein Bauherr eine Baugenehmigung im vereinfachten Verfahren erhalten hatte, die aber nur durch Fällung eines Baumes umgesetzt werden konnte. Wurde der Fällantrag abgelehnt, konnte der Bauherr gleichwohl von seiner vereinfachten Baugenehmigung keinen Gebrauch machen.** 22

Da der Katalog der zu prüfenden planungsrechtlichen und bauordnungsrechtlichen Bereiche nochmals erweitert wurde verwischt sich die Grenze zwischen „vereinfachten" und „konzentrierten" Genehmigungsverfahren zunehmend. 23

Eine **Umweltverträglichkeitsprüfung findet im vereinfachten Genehmigungsverfahren nicht statt.** 24

Stellt sich im Nachhinein heraus, **dass die „vereinfachte" Baugenehmigung aufgrund falscher Angaben unvollständig oder unrichtig ist,** so können nach § 58 Abs. 1 Satz 2 Nachforderungen gestellt, insbesondere auch der Nachweis oder die Ablösung nicht angegebener notwendiger Stellplätze von der Bauaufsichtsbehörde verlangt werden. 25

Bemerkt die Bauaufsichtsbehörde, dass das Bauvorhaben gegen Rechtsvorschriften verstößt, deren Einhaltung im vereinfachten Genehmigungsverfahren von der Bauaufsichtsbehörde gar nicht zu prüfen ist, **so ist die Bauaufsichtsbehörde gleichwohl verpflichtet, auf offensichtliche Rechtsverstöße hinzuweisen** und ggf. bei Nicht-Abhilfe durch den Bauherrn die Genehmigung zu versagen. Die Bauaufsichtsbehörde darf nicht „sehenden Auges" eine „vereinfachte" Baugenehmigung erteilen, nur weil ihr Prüfungsumfang eingeschränkt ist. Darüber hinaus entspricht es dem Verhältnismäßigkeitsgrundsatz, **dass die Bauaufsichtsbehörde sogleich im Zeitpunkt des Erkennens eines Rechtsverstoßes tätig wird** und nicht erst später bauaufsichtlich gemäß § 75 oder § 76 gegen den Bauherrn einschreitet, was in der Regel mit erheblichen Zeitverzögerungen, Arbeitsaufwand und Kosten für alle Beteiligten verbunden ist. 26

27 Auch im vereinfachten Genehmigungsverfahren hat die Bauaufsichtsbehörde zu prüfen, ob die Festsetzungen eines Bebauungsplanes eingehalten werden. Dabei kann sich die **Frage stellen, ob eine spezielle Festsetzung in einem Bebauungsplan funktionslos geworden ist,** d. h., ob sich z. B. in einem bestimmten Straßenabschnitt die baulichen **Verhältnisse anders entwickelt haben, als diese vom Bebauungsplan vorgegeben sind. Ist dann** nicht zu erwarten, dass der plangemäße Zustand in absehbarer Zeit wieder hergestellt, sondern eher verfestigt wird, so ist die betroffene Festsetzung funktionslos. Dann kann die Festsetzung dem Bauvorhaben nicht entgegengehalten werden. Beispiel: Sind in einem Straßenabschnitt, der **gemäß des Bebauungsplanes lediglich zwei Vollgeschosse** zulässt, ausschließlich oder **überwiegend Gebäude mit mehr als zwei Vollgeschissen vorhanden** und in jüngster Vergangenheit errichtet worden, so gilt nunmehr als Maßstab für die Genehmigungsfähigkeit eines mehrgeschossigen Vorhabens die tatsächlich vorhandene Bebauung, in die sich das Neubauvorhaben einfügen muss.

28 Für Gebäude der Gebäudeklasse 5 kommt das vereinfachte Genehmigungsverfahren nicht zur Anwendung.

29 **Erforderliche Zustimmungs- und Einvernehmensvorbehalte werden durch das vereinfachte Genehmigungsverfahren nicht erfasst** und beschieden, auch hierfür muss ggf. eine **separate Genehmigung** z. B. nach dem Bundesfernstraßengesetz eingeholt werden. Der Anwendungsbereich dieser Vorschrift ist indessen in einem Stadtstaat wie Hamburg gering.

3. Fristen (Abs. 3)

30 **Über den „vereinfachten" Antrag hat die Bauaufsichtsbehörde binnen zwei Monaten nach Eingang der vollständigen Unterlagen (Eingangsstempel) zu entscheiden. Welche Unterlagen im Baugenehmigungsverfahren einzureichen sind, ergibt sich aus der Bauvorlagenverordnung (BauVorlVO).** Sind die dort angeführten Unterlagen formgerecht und in der dort beschrieben Art und Weise bei der Bauaufsichtsbehörde eingereicht, ist für irgendwelche Nachforderungen kein Raum. **Werden noch nähere Angaben zu einer Betriebsbeschreibung gemäß** § 13 BauVorlVO **gefordert, verlängert dies die Genehmigungsfrist nur dann,** wenn die Betriebsbeschreibung so unvollständig ist, dass man Art und Umfang des Betriebes, insbesondere im Hinblick auf die Nutzer, die Nachbarn und die Umwelt nicht zu beurteilen vermag.

31 **Werden von der Bauaufsichtsbehörde** nach Eingang eines Bauantrages noch **zusätzliche Unterlagen angefordert, die für die Prüfung der** in Absatz 2 abschließend aufgeführten Voraussetzungen für die **Genehmigungsfähigkeit eines Bauantrages im vereinfachten Verfahren nicht erforderlich sind, so ändert dies an der Vollständigkeit des Bauantrages** gemäß Abs. 3 **nichts.** Das „Nachforderungsschreiben" verlängert die 2- bzw. 1-monatige Bearbeitungszeit nicht.

32 **Der Eingang der vollständigen Unterlagen** ist dem Antragsteller nach § 70 Abs. 2 Satz 1 innerhalb von 2 Wochen zu bestätigen. **Fehlen Unterlagen,** so sind diese dem Bauherrn ebenfalls **innerhalb von 2 Wochen zu benennen.**

Stellt die Bauaufsichtsbehörde bei Prüfung der Bauantragsunterlagen fest, dass diese Mängel aufweisen, so **wird der Bauherr aufgefordert,** innerhalb einer **angemessenen Frist neue mangelfreie Unterlagen einzureichen.** Als „angemessen" gilt eine Frist von **zwei bis vier Wochen** (siehe hierzu auch die Ausführungen zu § 70 Abs. 3). 33

Liegen **Erkenntnisse im Altlastenhinweiskataster** über schädliche Bodenveränderungen oder Altlasten vor, so **gilt die einmonatige Bearbeitungszeit ebenfalls nicht.** 34

Auch wenn die Bauaufsichtsbehörde bei nicht genehmigungsbedürftigen baulichen Anlagen nach § 22 **des Bundesimmissionsschutzgesetzes** zu prüfen hat, ob eventuelle schädliche Umwelteinwirkungen verhindert oder auf ein Mindestmaß beschränkt werden können, **kommt die 1-Monats-Frist nicht zur Anwendung.** 35

Für Bauvorhaben, bei denen die Bauaufsicht diese zusätzlichen Voraussetzungen bzw. Anforderungen zu prüfen hat, gilt somit die Regelbearbeitungszeit im vereinfachten Genehmigungsverfahren von 2 Monaten. 36

Ergänzend sei noch darauf hinzuweisen, **dass die 1-Monats-Frist auch nicht für Wohngebäude gilt, die nur teilweise nicht Wohnzwecken dienen.** 37

Mit der **HBauO-Novelle 2018 wurde auch der Katalog erweitert, für den gemäß Absatz 2 eine einmonatige Bearbeitungsfrist nicht gilt.** So wurde in Absatz 3 eine Ziffer 8 angefügt. Bedarf ein Bauvorhaben der Zulassung einer **Ausnahme nach den Vorschriften der Baumschutzverordnung** gilt die verkürzte einmonatige Bearbeitungszeit nicht, vielmehr findet die Regelbearbeitungszeit von zwei Monaten Anwendung. 38

Um den Bauherren im Ergebnis den „Wegfall der 1-monatigen Bearbeitungsfrist" etwas zu versüßen, wurden in Absatz 3 S. 5 die Wörter „auf Antrag" gestrichen. **Der Eintritt der Genehmigungsfiktion nach Ablauf der 1- bzw. 2-Monats-Frist ist dem Bauherren nicht nur aufgrund „eines Antrages" zu bestätigen, sondern automatisch als Serviceleistung von der Bauaufsichtsbehörde.** Dass dieses in der Praxis tatsächlich umgesetzt wird, muss bezweifelt werden. Denn jeder Bauprüfer würde durch die Bestätigung des Eintritts der Genehmigungsfiktion „von Amts wegen" dokumentieren, dass er „zu langsam" gearbeitet und die ihm gesetzlich vorgegebene Bearbeitungszeit überschritten hat. 39

Damit im vereinfachten Baugenehmigungsverfahren die Bearbeitungsfrist zu laufen beginnt, müssen die eingereichten Bauantragsunterlagen sowohl nummerisch vollständig sein und auch inhaltlich alle für die Beurteilung des Bauvorhabens erforderlichen Angaben und Darstellungen enthalten. Dies bedeutet gleichzeitig, dass die **Genehmigungsfiktion nicht eintritt,** auch wenn die Bauaufsichtsbehörde trotz der Vorschrift des § 70 Absatz 2 die fehlenden Bauvorlagen gegenüber den Bauherren nicht benannt hat. Denn die **Vollständigkeit der Unterlagen** ist gemäß dem OVG Hamburg eine **gesetzliche Voraussetzung für den Eintritt der Genehmigungsfiktion,** die unabhängig vom Verwaltungshandeln der Bauaufsichtsbehörde besteht. Ein Bauherr kann folg- 40 lich **nicht darauf vertrauen** in jedem Falle **nach Ablauf der gesetzlichen Bearbeitungsfrist über eine fiktive Baugenehmigung zu verfügen**, wenn sein Bauantrag nicht die in § 4 BauVorlVO aufgelisteten Bauantragsunterlagen enthielt.

41 Dazu zählen auch die Unterlagen auf die § 4 BauVorlVO verweist, wie z. B. „**Auszug aus dem Liegenschaftskataster** gemäß § 10 Absatz 1 BauVorlVO"; „**Lageplan mit Darstellungen** nach § 10 Absatz 3 Nummer 1–10" etc.

42 Wenn also die Bauaufsichtsbehörde – auch mehrfach – in einem Baugenehmigungs- oder Nutzungsänderungs-Verfahren Unterlagen nachfordert, die in der **Bauvorlagenverordnung ausdrücklich aufgeführt sind, beginnt der Fristablauf** gemäß Satz 4 jeweils **erneut zu laufen.**

43 Allerdings sei darauf hingewiesen, dass es gemäß dem OVG Hamburg der Bauaufsichtsbehörde bei einem bestimmten vorherigen eigenen Erklärungsverhalten **nach Treu und Glauben verwehrt sein kann, sich im Nachhinein auf die Unvollständigkeit der Antragsunterlagen zu berufen.** Dies ist etwa der Fall, wenn die Bauaufsichtsbehörde einem Bauherrn zuvor bestätigt hatte, dass sein Antrag entscheidungsreif sei.

44 **Eine Verlängerung der Zwei-Monats- bzw. Ein-Monats-Frist ist ohne Zutun des Bauherrn nicht möglich,** selbst dann nicht, wenn hierfür seitens der Bauaufsichtsbehörde ein wichtiger Grund vorliegt, etwa weil ein Bauantrag besonders umfangreich ist oder besondere technische Schwierigkeiten aufweist. **Die Bauaufsichtsbehörde kann sich aber mit dem Bauherrn über eine Verlängerung der Bearbeitungszeit verständigen,** wobei es hierfür keine zeitlichen Vorgaben gibt. Wegen des Eintritts einer Genehmigungsfiktion nach Ablauf der Zwei- bzw. Ein-Monats-Frist ist zu fordern, **dass die Bauaufsichtsbehörde dem Bauherrn schriftlich auf den Tag genau mitteilt,** bis wann man sich einvernehmlich auf das Vorliegen einer Entscheidung über den „vereinfachten" Bauantrag über den gesetzlichen Fristablauf hinaus geeinigt hat.

45 Die **Fristberechnung** erfolgt nach § 31 Abs. 1 Hamburgisches Verwaltungsverfahrensgesetz (HmbVwVfG) in Verbindung mit § 187 des Bürgerlichen Gesetzbuches (BGB). **Danach beginnen die Genehmigungsfristen erst am nächsten Tag nach Eingang der vollständigen Bauunterlagen bei der Bauaufsichtsbehörde und enden an dem „Datums-Tag" des bzw. der beiden nachfolgenden Monate bzw. an dem vereinbarten Tag. Beispiel:** Gehen die Unterlagen am 10. eines Monats bei der Bauaufsichtsbehörde ein, so ist der Eingang der Unterlagen das „Ereignis" im Sinne von § 187 Abs. 1 BGB. Der Lauf der Frist beginnt dann am nächsten Tag, also am 11. des Monats und endet auch am 11. des Folgemonats bzw. des zweiten Folgemonats. Beginnt eine Frist am 31. eines Monats und hat der für das Fristende entscheidende Folgemonat keinen 31. Tag, so endet die Frist bereits mit dem Ablauf des letzten Tages dieses Monats.

46 Noch nicht höchstrichterlich ist in Hamburg geklärt, **ob sich die 2-monatige bzw. 1-monatige Bearbeitungszeit bis zum Eintritt der Genehmigungsfiktion**

verlängert, wenn das Verwaltungsgericht oder Oberverwaltungsgericht Hamburg einen sogenannten **„Hängebeschluss"**, also eine Zwischenverfügung erlässt, wenn ein Antragsteller um vorläufigen Rechtsschutz nachsucht. **Bsp.: Ein Nachbar will sich gegen ein offenbar rechtswidriges Bauvorhaben auf dem Nachbargrundstück zur Wehr setzen,** weshalb er beantragt, die aufschiebende Wirkung seines zuvor eingelegten Widerspruchs gegen die Baugenehmigung anzuordnen. Die Sache ist insofern für den Nachbarn besonders **eilbedürftig, da der Bauherr für seine Baumaßnahme ohne Zustimmung des Nachbarn auch dessen Grundstück durch Abgrabungen zur Herstellung der Baugrube (Berliner Verbau) in Anspruch nehmen will.** Selbst in einem Eilverfahren des vorläufigen Rechtsschutzes benötigen die Verwaltungsgerichte zumindest einige Tage, um die Rechtswidrigkeit der Baugenehmigung und die Verletzung subjektiver Nachbarrechte durch die angegriffene Baugenehmigung prüfen zu können. Um zu verhindern, dass in dieser gerichtlichen „Prüfungszeit" durch die Nachbarn **vollendete Tatsachen geschaffen werden,** d. h. die geplanten Abgrabungen stattfinden, kann das Verwaltungsgericht einen sogenannten **„Hängebeschluss"** erlassen, **der besagt, dass die aufschiebende Wirkung des Nachbarwiderspruchs gegen die Baugenehmigung vorläufig bis zur endgültigen Entscheidung des Verwaltungsgerichts in dem angestrengten Eilverfahren angeordnet wird.** Eine solche Zwischenverfügung ergeht nur in seltenen Fällen, nämlich nur dann, wenn zum einen nach Ansicht des Verwaltungsgerichtes **überwiegende Gründe für die Rechtswidrigkeit der Baugenehmigung bestehen** und zum anderen wenn **irreparable vollendete Tatsachen geschaffen würden.** Ein solcher vorläufiger „Hängebeschluss" wird dann durch die eigentliche endgültige **Entscheidung des Verwaltungsgerichtes im Hauptsacheverfahren** ersetzt, indem die aufschiebende Wirkung des Nachbarwiderspruchs „endgültig" angeordnet oder abgelehnt wird.

Nach hiesiger Auffassung wird die Bearbeitungszeit durch einen „Hängebeschluss" gehemmt. Der Zeitraum vom Eingang des stattgebenden „Hängebeschlusses" bis zum Eingang der den Hängebeschluss aufhebenden Entscheidung des Verwaltungsgerichtes ist der 2- bzw. 1-Monatsfrist hinzuzurechnen. **Anderenfalls würde die Genehmigungsfiktion bei dem Erlass eines „Hängebeschlusses" eintreten, wenn dieser vom Verwaltungsgericht in seiner Eilentscheidung bestätigt werden würde.** Denn in diesem Fall ist die Nachbar-Baugenehmigung erst einmal außer Vollzug gesetzt. Bis das angerufene Oberverwaltungsgericht Hamburg dann in dem Eilverfahren seine Entscheidung trifft, vergeht in der Regel mehr als ein Monat seit Eingang des Eilantrags beim erstinstanzlichen Verwaltungsgericht, was zur Folge hätte, dass **vor der Entscheidung des OVG bereits die Genehmigungsfiktion eingetreten** ist. 47

Das **Anrufen des Petitionsausschusses hat indessen keine Auswirkung auf die Bearbeitungszeit eines Bauantrages** in einem Baugenehmigungsverfahren. Die Regelbearbeitungszeit von zwei bzw. einem Monat wird durch eine Eingabe nicht gehemmt. 48

Nicht geklärt ist bisher, wie sich ein **zustande gekommenes Bürgerbegehren** auf die Bearbeitungszeit und die Genehmigungsfiktion eines Bauantrages aus- 49 wirkt. Nach § 32 Bezirksverwaltungsgesetz (BezVG) **darf für drei Monate eine dem zustande gekommenen Bürgerbegehren entgegenstehende Entscheidung durch die Bezirksorgane nicht mehr getroffen** und mit dem Vollzug einer solchen Entscheidung nicht begonnen **werden.** Dies bedeutet, dass eine **Bauaufsichtsbehörde eine Baugenehmigung,** deren Erteilung durch ein Bürgerbegehren verhindert werden soll, **drei Monate** nach zustande kommen des Bürgerbegehrens **nicht positiv bescheiden darf.** Wirkt sich dieser Suspensiveffekt auch auf die 2- bzw. 2-monatige Bearbeitungszeit und damit auf die Genehmigungsfiktion aus? **Nach hiesiger Ansicht tritt durch ein solches Bürgerbegehren keine Hemmung ein.** Denn § 32 Abs. 5 S. 2 BezVG besagt, dass „rechtliche Verpflichtungen", die vor Einreichung eines Bürgerbegehrens begründet wurden, den Suspensiveffekt unberührt lassen. **Ist also ein Bauantrag oder eine Bauvoranfrage zeitlich vor dem Antrag eines Bürgerbegehrens bei der Bauaufsichtsbehörde des Bezirksamtes eingegangen, so ist das Fachamt Bauprüfung rechtlich verpflichtet, unter Einhaltung der gesetzlich vorgegebenen Fristen des Absatz 3 den Antrag des Bauherrn ggf. auch trotz des Bürgerbegehrens positiv zu bescheiden,** wenn der Antrag den baurechtlichen Vorschriften entspricht.

50 **Will die Bauaufsichtsbehörde die Genehmigung versagen, so muss der Ablehnungsbescheid dem Antragsteller innerhalb der Ein-Monats- bzw. Zwei-Monats-Frist zugegangen sein.** Die Bauaufsichtsbehörde hat daher den Ablehnungsbescheid dem Antragsteller mittels Postzustellungsurkunde zu übersenden.

51 **Bei einer Bauherrengemeinschaft, einer BGB-Gesellschaft** oder einer sonstigen Mehrheit von Antragstellern **muss die Versagung allen Antragstellern rechtzeitig zugehen,** anderenfalls tritt die Genehmigungsfiktion ein.

52 **Trifft die Bauaufsichtsbehörde innerhalb der zwingend vorgeschriebenen Fristen keine Entscheidung, so ist der Bauherr im Besitz einer vollwertigen, fiktiven Baugenehmigung. Gemäß Satz 5 hat die Bauaufsichtsbehörde von sich aus ohne Antrag des Bauherrn diesem mitzuteilen, dass die Genehmigungsfiktion eingetreten ist.** Dies geschieht praktisch nie, da die Bauaufsichtsbehörden zum einen überlastet sind und ein Verstoß gegen die Mitteilungspflicht sanktionslos ist. **Eine fiktive Baugenehmigung kann** nach § 48 HmbVwVfG **zurückgenommen oder** nach § 49 HmbVwVfG **widerrufen werden.** Dieses löst dann Entschädigungsansprüche des Bauherrn gegenüber der Bauaufsichtsbehörde aus, wobei der Bauherr seine **Ansprüche binnen Jahresfrist geltend machen muss,** die mit dem Hinweis der Bauaufsichtsbehörde auf diese Frist zu laufen beginnt.

53 **Eine rechtswidrige, fiktive Baugenehmigung,** die wegen Verstoßes gegen baurechtliche oder sonstige öffentlich-rechtliche Vorschriften nicht hätte erteilt werden dürfen, **kann von der Bauaufsichtsbehörde nur binnen eines Jahres** ab Kenntnis von der Rechtswidrigkeit dieser Baugenehmigung **zurückgenommen werden. Die Jahresfrist beginnt zu laufen,** sobald die **Bauaufsichtsbehörde** zum Beispiel **kundgetan hat, dass sie die fiktive Baugenehmigung als rechtswidrig**

ansähe. Denn zu diesem Zeitpunkt sind der Bauaufsichtsbehörde alle für eine Rücknahmeentscheidung relevanten Tatsachen bekannt.

4. Nachbar- und Rechtsschutz

Gegen eine „vereinfachte" Baugenehmigung kann sich ein Nachbar durch **Widerspruch** und **Klage vor dem Verwaltungsgericht** zur Wehr setzen. **Dieses gilt auch für fiktive Baugenehmigungen.** 54

Da der Nachbarwiderspruch für sich ebenso wenig wie eine Anfechtungsklage eine aufschiebende Wirkung besitzt (§ 212a BauGB), muss der Nachbar neben der Einlegung des Widerspruchs bei der Bauaufsichtsbehörde parallel zugleich auch das Verwaltungsgericht im Wege des **vorläufigen Rechtsschutzes** anrufen, um einen **Baustopp** erwirken zu können. Der Nachbar muss beim **Verwaltungsgericht** in einem Eilverfahren beantragen, **die aufschiebende Wirkung seines Nachbarwiderspruchs anzuordnen.** Ein solcher Antrag kann aber muss nicht zuvor bei der Bauaufsichtsbehörde gestellt werden. 55

Wird ein solcher gerichtlicher **Eilantrag** beim Verwaltungsgericht **nicht eingereicht** oder wird ein solcher Antrag **abgelehnt, kann der Bauherr von seiner Baugenehmigung weiterhin Gebrauch machen,** auch wenn das Hauptsacheverfahren (Widerspruchsverfahren oder Klage) noch nicht abgeschlossen ist. 56

Ein Nachbarwiderspruch oder eine Nachbarklage kann nur dann erfolgreich sein, wenn **Vorschriften** der HBauO, des BauGB oder auch andere öffentlich-rechtliche **Vorschriften verletzt sind, die** zumindest auch den Schutz des Nachbarn bezwecken, also **nachbarschützend sind.** 57

Wird einem Bauherrn die Erteilung einer „vereinfachten" Baugenehmigung abgelehnt, kann er hiergegen Widerspruch einlegen und ggf. vor dem Verwaltungsgericht auf Erteilung der beantragten Genehmigung klagen. 58

Weigert sich die Bauaufsichtsbehörde, dem Bauherrn den Eintritt der Genehmigungsfiktion zu bestätigen oder kommt die Bauaufsichtsbehörde dem Antrag auf schriftliche Bestätigung der Genehmigungsfiktion nicht innerhalb einer angemessenen Frist nach (ca. 1 Monat), so kann der Bauherr beim Verwaltungsgericht Hamburg Klage einreichen, um festzustellen zu lassen, dass die Genehmigungsfiktion eingetreten ist. 59

Diese Entscheidung des Verwaltungsgerichtes kann der Bauherr grundsätzlich auch in kürzerer Zeit erreichen, indem er im Wege einer **einstweiligen Anordnung die Feststellung des Eintritts der Genehmigungsfiktion beantragt.** 60

Ist die Bauaufsichtsbehörde der Meinung, dass die Bauantragsunterlagen unvollständig oder mangelhaft sind, so wird der Bauherr mittels eines sog. **„Nachforderungsschreibens"** aufgefordert, mangelfrei oder vollständige Unterlagen einzureichen. Gegen ein solches Schreiben der Bauaufsichtsbehörde **kann Widerspruch und Klage eingereicht werden** (siehe hierzu auch die Ausführungen zu § 70 unter Gliederungspunkt 8 „Nachbar- und Rechtsschutz"). 61

5. Ergänzende Rechtsvorschriften

62 Wie bereits erwähnt, ist das **vereinfachte Genehmigungsverfahren** dem am 1.4.2006 außer Kraft getretenen **Hamburgischen Wohnungsbauerleichterungsgesetz** nachgebildet. Bis zum Erlass eines neuen Bauprüfdienstes kann „analog" der Bauprüfdienst BPD 5/01 „Hamburgisches Gesetz zur Erleichterung des Wohnungsbaus (HmbWoBauErlG)" herangezogen werden.

63 Welche Gebühren der Bauherr für die Prüfung seines Antrages durch die Bauaufsichtsbehörde zu bezahlen hat, richtet sich nach der **Gebührenordnung für das Bauwesen (BauGebO)**.

64 Für die Höhe der Gebühren sind zunächst die anrechenbaren Kosten entscheidend (§ 3 BauGebO).

65 Für die Erteilung von Befreiungen, Ausnahmen und Abweichungen wird eine gesonderte Gebühr erhoben.

66 Diese Baugebühren sind auch zu bezahlen, wenn eine Baugenehmigung fiktiv als erteilt gilt.

67 Im „vereinfachten" Genehmigungsverfahren liegen die Baugebühren etwa 20 bis 25 % niedriger als im „konzentrierten" Baugenehmigungsverfahren.

68 Zu beachten ist von den Bauaufsichtsbehörden die Fachweisung FA 1/09 „Beteiligung des Arbeitskreises Gewerbebau (AK Gewerbebau)", die noch bis zum 31.12.2018 gilt.

69 **Des Weiteren kommt zur Anwendung:**
- BPD 4/12 „Vorbescheidsverfahren"
- BPD 2017-4 „Vorweggenehmigung nach § 33 BauGB".

§ 62 Baugenehmigungsverfahren mit Konzentrationswirkung

(1) Im Baugenehmigungsverfahren mit Konzentrationswirkung prüft die Bauaufsichtsbehörde die Zulässigkeit nach

1. **den Vorschriften des Baugesetzbuchs und den auf Grund des Baugesetzbuchs erlassenen Vorschriften,**
2. **den Vorschriften dieses Gesetzes und den auf Grund dieses Gesetzes erlassenen Vorschriften,**
3. **anderen öffentlich-rechtlichen Vorschriften, soweit diese für das Vorhaben beachtlich sind; ausgenommen sind die Vorschriften zur Genehmigung nach den §§ 6 und 7 des Atomgesetzes in der jeweils geltenden Fassung sowie Vorschriften, die eine Prüfung im förmlichen Verfahren vorsehen. Eine Prüfung der Zulässigkeit von Maßnahmen, die ausschließlich die Bauausführung betreffen, sowie des § 13 Absatz 1 des Hamburgischen Abwassergesetzes in der Fassung vom 24. Juli 2001 (HmbGVBl. S. 258, 280), zuletzt geändert am 17. Dezember 2013 (HmbGVBl. S. 540, 542), in der jeweils geltenden Fassung findet nicht statt. § 59 Absatz 2 bleibt unberührt.**

(2) Die Bauaufsichtsbehörde hat über den Antrag innerhalb einer Frist von drei Monaten nach Eingang der vollständigen Unterlagen zu entscheiden; im Fall des § 70 Absatz 6 Satz 1 zweiter Halbsatz ist das Vorliegen der vervollständigten Un-

terlagen maßgebend für den Fristbeginn. Die Frist kann im Einvernehmen mit der Bauherrin oder dem Bauherrn verlängert werden. Die Frist nach Satz 1 gilt nicht für Vorhaben innerhalb des angemessenen Sicherheitsabstands eines Betriebsbereichs nach § 59 Absatz 4 Satz 1 oder innerhalb des Achtungsabstands, sofern ein angemessener Sicherheitsabstand noch nicht ermittelt wurde.

Kommentierung

Übersicht Rn.

1. Prüfungsumfang und Fristen (Abs. 1)

Alle umfangreicheren und technisch anspruchsvolleren Bauvorhaben sowie bauliche Anlagen, von denen eine besondere Gefahr ausgehen kann, können **nur im Baugenehmigungsverfahren mit Konzentrationswirkung** geprüft und beschieden werden. 1

Gleiches gilt, wenn ein Vorhaben nicht als verfahrensfrei in dem abschließenden Katalog der Anlage 2 zu § 60 ausdrücklich aufgeführt ist und auch die Voraussetzungen des § 61 für ein vereinfachtes Genehmigungsverfahren nicht gegeben sind. **Dann muss das „konzentrierte" Genehmigungsverfahren zwingend durchgeführt werden.** 2

Umgekehrt hat ein Bauherr aber nach § 59 Abs. 3 **ein Wahlrecht „nach oben"**, d. h. auf Antrag des Bauherrn kann sowohl ein verfahrensfreies Vorhaben nach § 60 als auch ein Vorhaben, welches grundsätzlich dem vereinfachten Genehmigungsverfahren nach § 61 zugänglich ist, dem umfangreichen Prüfungsprogramm der „konzentrierten" Baugenehmigung unterworfen werden. 3

Die „konzentrierte" Baugenehmigung beinhaltet sämtliche Genehmigungen, Zustimmungen und Erlaubnisse, die andere öffentlich-rechtliche Vorschriften vorsehen, die sonst – etwa im vereinfachten Genehmigungsverfahren – in Parallelverfahren hätten eingeholt werden müssen. Mit Aushändigung der „konzentrierten" Baugenehmigung erhält der Bauherr die **Bestätigung der Bauaufsichtsbehörde**, dass seinem Vorhaben im Zeitpunkt der Entscheidung **keine öffentlich-rechtlichen Vorschriften aus welchen Rechtsgebieten auch immer entgegenstehen** (feststellender Verwaltungsakt). 4

Mit der HBauO-Novelle 2018 wurde der Prüfungsumfang der Bauaufsicht im „konzentrierten" Verfahren reduziert. In Absatz 1 wurde am Ende ein neuer Absatz angefügt der besagt, dass **Maßnahmen, die ausschließlich die Bauausführung betreffen, nicht mehr von der Bauaufsichtsbehörde zu prüfen sind.** Hierzu zählen zum Beispiel die Anforderungen an Baustellen gemäß § 14 ff., 5

§ 72a (Baubeginn) sowie § 73 (Geltungsdauer einer Baugenehmigung und eines Vorbescheides).

6 Nachfolgend werden **typische Maßnahmen der Bauausführung aufgelistet, die die Baustelle selbst betreffen** und nicht mehr im konzentrierten Verfahren zu prüfen sind:
- **Sondernutzungserlaubnisse** für die Baustellenzufahrt,
- vorübergehende **Grundwasserabsenkung** und Einleitung in Gewässer oder öffentliche Abwasseranlagen,
- **Aushub der Baugrube** und Zwischenlagerung des Bodens,
- Sondernutzungen im Bereich des Baugrubenverbaus im öffentlichen Grund „Einbringung von Trägern und Erdankern sowie Schlitz- oder Spundwände),
- **Baustelleneinrichtung** auf dem Baugrundstück, auf Nachbargrundstücken und im Bereich des öffentlichen Grundes zum Beispiel Bauschilder, Bauzäune, Lager- und Schutzhallen, Unterkünfte, Toiletten, Kräne, Gerüste, Reifenwaschanlagen, Container, Baustellenzufahrten während der Bauzeit.

7 Auch das Errichten, Ändern und Beseitigen von **Grundstücksentwässerungsanlagen** gemäß § 13 Hamburgisches Abwassergesetz ist nicht mehr von der Bauaufsicht zu prüfen.

8 **Begründet wurde die Herausnahme von Anforderungen an die Bauausführung, da zum Zeitpunkt der Einreichung des Bauantrages noch gar nicht feststeht, wann mit einem Bauvorhaben begonnen wird**, wie die Baustelleneinrichtung aussehen soll, welche Maßnahmen für die Baugrubensicherung erforderlich werden etc. Die Bauaufsichtsämter waren daher gezwungen gemäß § 4 Absatz 3 Bauvorlagenverordnung erst einmal die Anforderungen beziehungsweise Voraussetzungen für Maßnahme der Bauausführung aus der „Vollständigkeitsprüfung“ herauszunehmen und erst einmal eine „Grund-Baugenehmigung“ zu erlassen. Wenn dann die Maßnahmen und Voraussetzungen der Bauausführung feststanden beziehungsweise vorlagen mussten diese in einem weiteren „Ergänzungsbescheid“ ebenfalls genehmigt werden.

9 Ähnliche Probleme gab es im Bereich für die Erteilung von **Sondernutzungserlaubnissen gemäß § 19 Hamburgisches Wegegesetz (HWG)** für die Überquerung eines öffentlichen Weges durch die Baustellenzufahrt.

10 Die Inanspruchnahme einer Sondernutzungserlaubnis ist gebührenpflichtig, wobei die **Gebühr nur für das Zeitfenster genommen werden darf** in welchem von der Sondernutzungserlaubnis Gebrauch gemacht wurde. Beginn und Ende der Sondernutzung kann ebenfalls nur der Bauherr bzw. seine Baufirma kennen und die entsprechenden Angaben machen.

11 Zu guter Letzt sei erwähnt, dass bei Einreichung eines Bauantrages auch die **Lage der Überfahrt und die Art ihrer Ausführung gemäß § 18 HWG noch nicht feststeht.** Auch insoweit ist es sinnvoll Sondernutzungserlaubnisse für Maßnahmen im Zusammenhang mit der Bauausführung aus dem Prüfungsumfang und der Bescheidung einer „konzentrierten“ Baugenehmigung herauszu-

nehmen. Dies dürfte auch zu einer Beschleunigung des Baugenehmigungsverfahrens führen.

Für die Baustelle selbst, vom Beginn der Einrichtung über den Betrieb bis zum Ende sind nunmehr die mit der Bauausführung beauftragten Firmen verantwortlich sowie die Architekten. Diese haben insbesondere auch arbeitsschutzrechtliche Vorschriften sowie die Anforderungen der Baustellenverordnung einzuhalten. 12

Es ist auch nicht nötig durch die Bauaufsicht prüfen zu lassen, ob die Regelungen über **Grundstücksentwässerungsanlagen** nach § 13 Absatz 1 Hamburgisches Abwassergesetz eingehalten werden, da diese Arbeiten ohnehin von **Fachfirmen** ausgeführt werden, die über das speziellere Fachwissen verfügen. 13

Anzumerken sei in diesem Zusammenhang, dass der Entfall der Prüfungspflicht nur für Grundstücksentwässerungsanlagen gemäß § 13 Absatz 1 Hamburgisches Abwassergesetz gilt. 14

Im Ergebnis werden damit selbstverständlich alle nicht mehr zu prüfenden Anforderungen und Maßnahmen wie vorstehend ausgeführt nicht mehr von der Konzentrationswirkung des § 62 HBauO umfasst. Die Konzentrationswirkung gilt auch für eine Teilbaugenehmigung nach § 72 Abs. 5. 15

Die Konzentrationswirkung bewirkt, dass **andere Fachbehörden oder Ämter** keine eigenständigen Entscheidungen (Verwaltungsakte) – mehr – erlassen müssen, **ihre Entscheidungskompetenz wird durch die Bauaufsichtsbehörde übernommen und ausgeführt. Der Bauherr erhält eine Entscheidung, die alle Nebenentscheidungen anderer Behörden und Stellen beinhaltet, die vom Prüfungsumfang erfasst werden.** Welche das genau sind, ist im **Bauprüfdienst BPD 2018-4 „Zu prüfende Rechtsbereiche im Baugenehmigungsverfahren mit Konzentrationswirkung nach „§ 62 HBauO“** ausgeführt. 16

Hält der Bauherr eine „konzentrierte“ Baugenehmigung in den Händen, die gegen Vorschriften des Baunebenrechts verstößt, etwa weil die Bauaufsichtsbehörde eine **Rechtsvorschrift nicht kannte oder übersehen hat, so hindert dies die Bauaufsichtsbehörde gegen den Bauherrn „nachträglich“ bauaufsichtlich** nach § 75 oder § 76 **einzuschreiten,** es sei denn, die öffentliche Ordnung, Sicherheit oder Gesundheit ist akut gefährdet. 17

Da die Bauaufsichtsbehörde alleiniger **„Verfahrensmanager“** ist, können die zu beteiligenden Dienststellen (vgl. **Bauprüfdienst 2017-3 „Baugenehmigung mit Konzentrationswirkung nach § 62 HBauO“**) **gegenüber dem Bauherrn keine eigenen Verfügungen erlassen.** Die der Bauaufsichtsbehörde zuarbeitende **fachlich zuständige Stelle** ist nach Erteilung einer „konzentrierten“ Baugenehmigung auch **gehindert,** gegenüber dem Bauherrn **nachträglich Auflagen zu erlassen.** 18

Personenbezogene Genehmigungen oder Erlaubnisse, z. B. für das Betreiben einer Gaststätte nach dem **Gaststättengesetz,** einer Genehmigung zum Befördern von Personen mit Straßenbahnen, Bussen, Taxen und Mietwagen nach 19 dem **Personenbeförderungsgesetz** und Erlaubnisse nach der **Gewerbeordnung**, z. B. für Spielhallenbetreiber, Pfandleiher, Versteigerer, Makler, Bauträger und Baubetreuer **werden von der Konzentrationswirkung nicht erfasst. Diese Genehmigungen und Erlaubnisse müssen auch weiterhin neben der „konzentrierten" Baugenehmigung eingeholt werden** (siehe hierzu auch die Ausführungen zu § 72 Abs. 1).

20 **Vorhaben, für die ein Planfeststellungsverfahren** nach dem Allgemeinen Eisenbahngesetz, dem Fernstraßengesetz, dem Personenbeförderungsgesetz, dem Luftverkehrsgesetz, dem Wasserhaushaltsgesetz, dem Atomgesetz oder dem Kreislaufwirtschaft-/Abfallgesetz **erforderlich ist,** (siehe hierzu auch die Ausführungen zu § 59 Abs. 1) werden von einer „konzentrierten" Baugenehmigung nicht erfasst. Solche **planfestgestellten Vorhaben** beinhalten vielmehr ihrerseits sämtliche Baugenehmigungen nach der Hamburgischen Bauordnung, was ebenfalls für genehmigungsbedürftige Anlagen zutrifft, die auf der Rechtsgrundlage des Bundes-Immissionsschutzgesetzes (BImSchG) genehmigt wurden.

21 Was die **Fristen** anbelangt, so hat die Bauaufsichtsbehörde **über den Antrag innerhalb einer Frist von drei Monaten nach Eingang der vollständigen Unterlagen zu entscheiden.** Die Frist beginnt an dem Tag zu laufen, der dem Tag nach Eingang der vollständigen Unterlagen folgt (siehe hierzu auch die Ausführungen zu § 61 Abs. 3).

22 **Die Unterlagen sind vollständig,** wenn die nach der **Bauvorlagenverordnung** vom 14.12.2010 **für die einzelnen unterschiedlichen Verfahren aufgeführten Vordrucke, Pläne, Nachweise etc. bei der Bauaufsichtsbehörde eingereicht wurden.**

23 **Sind die Bauantragsunterlagen unvollständig oder weisen sie erhebliche Mängel auf,** so teilt die Bauaufsichtsbehörde dem Bauherrn nach § 70 Abs. 2 bzw. 3 in einem sog. **„Nachforderungsschreiben"** mit, welche konkreten Unterlagen fehlen bzw. mangelhaft sind. Zugleich wird der Bauherr darauf hingewiesen, **dass sein Bauantrag fiktiv als zurückgenommen gilt, wenn er die ihm gesetzte Frist zur Nachreichung der angeforderten Unterlagen fruchtlos verstreichen lässt** (siehe hierzu auch die Ausführungen zu § 70 Abs. 2 und 3 und hinsichtlich der Rechtsschutzmöglichkeiten gegen ein „Nachforderungsschreiben" die Ausführungen zu § 70 unter Gliederungspunkt 8 „Nachbar- und Rechtsschutz").

24 Wie im vereinfachten Genehmigungsverfahren **kann diese Frist im Einvernehmen mit dem Bauherrn verlängert werden** (siehe hierzu auch die Ausführungen zu § 61 Abs. 3).

25 **Werden verwaltungsintern von einer fachlich zu beteiligenden Behörde oder Stelle** (vgl. **Bauprüfdienst BPD 2017-3 „Baugenehmigungsverfahren mit Konzentrationswirkung nach § 62 HBauO").** **Unterlagen** nach § 70 Abs. 7, 2. HS **nachgefordert,** so **beginnt die Drei-Monats-Frist erst zu laufen,** wenn die nachträglich vervollständigten Unterlagen bei der Fachbehörde/-stelle vorliegen. Die Bearbeitungszeit der „konzentrierten" Baugenehmigung kann sich dadurch erheblich nach hinten verschieben.

2. Bearbeitungsfrist (Abs. 2)

Der bisherige Absatz 2 wurde ersatzlos gestrichen, da er inhaltlich überflüssig war. 26

Dafür werden jetzt die Regelungen über Bearbeitungsfristen im konzentrierten Genehmigungsverfahren in einem eigenen Absatz 2 erfasst. Danach hat die Bauaufsichtsbehörde über jeden Antrag im Baugenehmigungsverfahren mit Konzentrationswirkung **binnen drei Monaten nach Eingang der vollständigen Unterlagen zu entscheiden.** 27

Allerdings hat die **Einhaltung dieser Frist** im „konzentrierten" Baugenehmigungsverfahren **nur eine sekundäre Bedeutung**, da beim Verstreichen der 3-Monats-Frist **keine Genehmigungsfiktion eintritt.** 28

Allerdings macht sich die Bauaufsichtsbehörde einer **Amtspflichtverletzung schuldig**, wenn sie die dreimonatige Bearbeitungszeit überschreitet, die nach der Rechtsprechung der obersten Bundesgerichte die „Regelbearbeitungszeit" darstellt. 29

Unzulässig ist es, dass die Bauaufsichtsbehörde zwecks Einhaltung der 3-Monats-Frist **Unterlagen nachfordert, die nicht in der Bauvorlagenverordnung aufgeführt sind.** Ein solches **„Nachforderungsschreiben"** hindert den Lauf des Baugenehmigungsverfahrens und damit den **Ablauf der 3-Monats-Frist nicht.** 30

Die Bearbeitungszeit beginnt aber nur zu laufen, wenn die für die Erteilung einer Baugenehmigung gemäß § 4 Absatz 2 BauVorlVO einzureichenden Unterlagen der Bauaufsichtsbehörde vollständig und nummeriert vorgelegt wurden. Dabei bezieht sich die Vollständigkeit auch auf die Verweise anderer Vorschriften in der Bauvorlagenverordnung, auf die § 4 Absatz 2 BauVorlVO Bezug nimmt (siehe hierzu ausführlich auch die Ausführungen unter § 61 Ziffer 3 „Fristen (Abs. 3)". 31

3. Nachbar- und Rechtsschutz

Für die „konzentrierte" Baugenehmigung gelten dieselben Rechtsschutzmöglichkeiten wie für die „vereinfachte" Baugenehmigung (siehe hierzu die Ausführungen zu § 61, unter Gliederungspunkt 5 „Nachbar- und Rechtsschutz"). 32

Im Baugenehmigungsverfahren mit Konzentrationswirkung gibt es **keine gesetzlich vorgeschriebenen Bearbeitungszeiten und auch keine Genehmigungsfiktion** für Bauanträge. Gleichwohl kann die Bauaufsichtsbehörde sich mit der Bearbeitung eines Bauantrages nicht beliebig lange Zeit lassen, da sie sonst eine **Amtspflichtverletzung** begeht, die **Schadensersatzansprüche des Bauherrn** nach § 839 BGB i. V. m. Art. 34 GG auslöst. **Grundsätzlich hat die Bauaufsichtsbehörde jeden Bauantrag binnen drei Monaten zu bescheiden.** Diese „Regelbearbeitungszeit" darf nur in seltenen Ausnahmefällen überschritten werden, wenn z. B. ein Bauvorhaben sehr umfangreich ist und einen außergewöhnlichen technischen und architektonischen Schwierigkeitsgrad aufweist. Dieses trifft z. B. für **„Spezialimmobilien"** zu, bei denen die zu prüfenden Bauunterlagen überdurchschnittlich umfangreich sind. 33

34 Urlaubsvertretung oder Erkrankung eines Kollegen stellen keinen wichtigen Grund dar, der zu einer Verlängerung der Drei-Monats-Frist führen kann.

35 Wird die dreimonatige Bearbeitungszeit ohne Vorliegen eines wichtigen Grundes überschritten, hat die Bauaufsichtsbehörde dem Bauherrn den finanziellen Verzögerungsschaden zu ersetzen.

4. Ergänzende Rechtsvorschriften

36 Es gilt die Fachanweisung FA I/2009 „Beteiligung des Arbeitskreises Gewerbebau (AK Gewerbebau)".

37 Des Weiteren kommen die nachfolgenden Bauprüfdienste zur Anwendung:
- BPD 2017-3 „Baugenehmigungsverfahren mit Konzentrationswirkung nach § 62 HBauO";
- BPD 2017-4 „Vorweggenehmigung nach § 33 BauGB
- BPD 2018-4 „Zu prüfende Rechtsbereiche im Baugenehmigungsverfahren mit Konzentrationswirkung nach § 62 HBauO"

§ 63 Vorbescheid

(1) Einer Bauherrin oder einem Bauherrn ist auf Antrag zu einzelnen Fragen des Vorhabens ein Bescheid (Vorbescheid) zu erteilen. Die §§ 70, 71 und § 72 Absätze 1 bis 4 gelten entsprechend.

(2) Die Bauaufsichtsbehörde hat über den Antrag innerhalb einer Frist von drei Monaten nach Eingang der vollständigen Unterlagen zu entscheiden; im Fall des § 70 Absatz 6 Satz 1 zweiter Halbsatz ist das Vorliegen der vervollständigten Unterlagen maßgebend für den Fristbeginn. Die Frist kann im Einvernehmen mit der Bauherrin oder dem Bauherrn verlängert werden. Die Frist nach Satz 1 gilt nicht für Vorhaben innerhalb des angemessenen Sicherheitsabstands eines Betriebsbereichs nach § 59 Absatz 4 Satz 1 oder innerhalb des Achtungsabstands, sofern ein angemessener Sicherheitsabstand noch nicht ermittelt wurde.

Kommentierung

Übersicht

1. Inhalt und rechtliche Bedeutung eines Vorbescheides (Abs. 1)

1 Manchmal lässt sich auch in einem Vor- oder Beratungsgespräch mit der Bauaufsichtsbehörde nicht abschließend klären, ob ein Vorhaben in der gewünschten Art und Weise realisiert werden kann. Dieses ist in der Regel darauf zurückzuführen, dass der zuständige Sachbearbeiter in der Bauprüfabteilung das Bauvorhaben in der **behördeninternen Baukommission (BauKo)** vorstellen

muss, wobei diese Kommission dann die Entscheidung der Verwaltung über den konkreten Antrag trifft.

Im Anschluss daran ist bei größeren oder bedeutsameren Bauvorhaben auch noch **der politische Bau- und/oder Stadtplanungsausschuss der zuständigen Bezirksversammlung** mit der Genehmigungsfähigkeit des Bauvorhabens zu befassen. 2

Auch dem **Oberbaudirektor** steht bei Großbauvorhaben und Vorhaben mit städtebaulicher Bedeutung ein **Mitsprache- und Vetorecht** zu. 3

Aus diesem Grunde ist es oftmals ratsam, im Vorfeld bestimmte Baurechtsfragen zu klären, damit das eigentliche Bauvorhaben dann zeitlich schneller zur Genehmigungsreife geführt werden kann. Dadurch werden auch unnötige Kosten für die Änderung von Bauplänen gespart, wenn bei einem Vorhaben gewisse baurechtliche „Grundsatzentscheidungen" schon durch einen positiven Vorbescheid abschließend geklärt sind. 4

Gerade wenn planungsrechtliche **Ausnahmen** und **Befreiungen** nach dem Baugesetzbuch (BauGB) und/oder der Baunutzungsverordnung (BNVO) in Anspruch genommen werden sollen oder eine bauordnungsrechtliche **Abweichungsentscheidung** nach § 69 für die Realisierung des beabsichtigten Bauvorhabens erforderlich ist, **ist es in der Regel geboten, einen Vorbescheid einzuholen.** 5

Rechtlich ist ein Vorbescheid ein vorweggenommener Teil der Baugenehmigung, also eine Vorabentscheidung und nicht nur eine unverbindliche Auskunft. Was in einem Vorbescheid positiv genehmigt wurde, kann dem Bauherrn im anschließenden Baugenehmigungsverfahren nicht mehr verweigert werden. 6

Ein Vorbescheid (auch Bauvoranfrage genannt) muss schriftlich auf einem Vordruck (vgl. § 1 Abs. 3 **BauVorlVO**) **eingereicht werden,** wobei alle Bauvorlagen beizufügen sind, die zur Beantwortung der gestellten Fragen erforderlich sind. Dementsprechend muss die zur Vorabentscheidung gestellte Frage eines Bauvorhabens so konkret formuliert werden, dass sie von der Bauaufsichtsbehörde eindeutig und unmissverständlich wegen der damit verbundenen Bindungswirkung entschieden werden kann. 7

Werden lediglich einige Unterlagen eingereicht ohne eine konkrete Fragestellung, so ist die Bauaufsichtsbehörde nicht verpflichtet, aus dem Gesamtvorbringen des Antragstellers vorbescheidsfähige Fragen herauszuarbeiten. Ergibt sich allerdings aus dem ausgefüllten Vordruck und den eingereichten Anlagen, auf welchem Grundstück ein konkret bezeichnetes Bauvorhaben errichtet werden soll, ohne dass eine spezielle Frage gestellt wurde, so ist **im Zweifel** von der Bauaufsichtsbehörde davon auszugehen, **dass der Antragsteller mit seinem Vorbescheid die Frage der bauplanungsrechtlichen Zulässigkeit seines Vorhabens einschließlich der Frage der gesicherten planungsrechtlichen Erschließung rechtsverbindlich klären wollte.** 8

Ein Vorbescheid kann sich sowohl auf planungsrechtliche als auch auf bauordnungsrechtliche Einzelfragen beziehen. Auch die Vereinbarkeit eines Bauvorha- 9 bens mit dem Naturschutzgesetz oder einer Landschaftsverordnung ist der Klärung in einem Vorbescheid zugänglich.

10 Typische **Fragestellungen** betreffen z. B. die **Erschließung** und die **Bebaubarkeit des Grundstücks.** Die Frage kann sich auch darauf beziehen, **ob eine bestimmte Nutzung** oder die **Art und das Maß der beabsichtigten Nutzung** zulässig ist. Auch **Gestaltungsfragen** und die benötigte **Anzahl und Lage von Stellplätzen** sowie das Bewilligen von Ausnahmen, Befreiungen und Abweichungen kann in einem Vorbescheidsverfahren abschließend geklärt werden.

11 **Der Vorbescheid kann sich auch auf eine einzige schriftliche Frage reduzieren,** etwa, ob ein Laden in einem Gebäude in eine Gaststätte oder in ein Büro. umgenutzt werden darf. Es ist dann nicht erforderlich, der Bauvoranfrage Baupläne beizufügen.

12 **Will man Art und Maß der baulichen Nutzung klären,** empfiehlt es sich, neben einem Lageplan auch eine GRZ- und GFZ-Berechnung einzureichen sowie Aussagen über die beabsichtigte Anzahl der Vollgeschosse und der beabsichtigten Nutzung zu machen.

13 **Stimmt das Bauvorhaben mit öffentlich-rechtlichen Vorschriften überein,** besitzt der Bauherr einen **Rechtsanspruch** auf Erteilung eines positiven Vorbescheides.

14 **Ist ein positiver Vorbescheid erteilt, so gilt dieser** nach § 73 Abs. 2 **für zwei Jahre.** Nach Inkrafttreten der **HBauO-Novelle 2018** kann ein **Vorbescheid** ebenso wie eine Baugenehmigung **nur noch zweimal für jeweils ein Jahr verlängert werden.** Dabei muss der **Verlängerungsantrag vor Ablauf der Frist** bei der Bauaufsichtsbehörde **eingegangen sein** (vgl. § 73 Absatz 3).

15 **Ändert sich während der Geltungsdauer eines positiven Vorbescheides die Sach- und Rechtslage** z. B. dadurch, dass beabsichtigt ist, das Baugrundstück neu zu überplanen und neu auszuweisen, **so setzt sich ein gültiger Vorbescheid selbst gegen eine Veränderungssperre** nach § 14 BauGB **durch.** Dies ist **ausdrücklich in § 14 Abs. 3 BauGB geregelt,** der da lautet:

16 „Vorhaben, die vor dem Inkrafttreten der Veränderungssperre baurechtlich genehmigt worden sind, Vorhaben, von denen die Gemeinde nach Maßgabe des Bauordnungsrechts Kenntnis erlangt hat und mit deren Ausführung vor dem Inkrafttreten der Veränderungssperre hätte begonnen werden dürfen, sowie Unterhaltungsarbeiten und die Fortführung einer bisher ausgeübten Nutzung werden von der Veränderungssperre nicht berührt."

17 **Eine Veränderungssperre berechtigt die Bauaufsichtsbehörde auch nicht, den Vorbescheid zu widerrufen.**

18 Ein positiver Vorbescheid bindet die Bauaufsichtsbehörde aber auch für ein sich anschließendes Baugenehmigungsverfahren. Der Vorbescheid ist insoweit ein **vorweggenommener Teil der Baugenehmigung,** d. h. baurechtliche Fragen, die Gegenstand der Bauvoranfrage waren, wurden im Vorbescheidsverfahren

abschließend geprüft und entschieden. Der **Vorbescheid stellt eine verbindliche Vorabentscheidung dar,** die dem Bauherrn für das Baugenehmigungsverfahren eine gesicherte Dispositionsgrundlage vermittelt. **Der Bauherr darf darauf vertrauen,** dass über den mit der **Bauvoranfrage zur Prüfung gestellten** Teilkom**plex mit bindender Wirkung entschieden wurde,** so dass er eine Basis für weitere Vermögensdispositionen in Händen hält.

Selbst wenn infolge eines **Nachbarwiderspruchs** ein Vorbescheid noch nicht bestandskräftig sein sollte, ist die Bauaufsichtsbehörde an ihre Entscheidung gebunden. Sie darf im Rahmen des Widerspruchsverfahrens **die positiv beschiedene Bauvoranfrage weder aufheben noch inhaltlich verändern.** 19

Wird vor Ablauf der 2-Jahresfrist auf der Basis des positiven Vorbescheides ein „identisches" Bauvorhaben im Wege des vereinfachten oder des „konzentrierten" Baugenehmigungsverfahrens beantragt, so muss der Antrag genehmigt werden, selbst wenn er nach dem zukünftigen Planrecht oder einer geänderten Sachlage nicht – mehr – genehmigungsfähig wäre. 20

Eine beantragte Verlängerung eines Vorbescheides darf nicht abgelehnt werden, wenn sich zwischenzeitlich die Sach- und Rechtslage nicht verändert hat. 21

Auch für ein verfahrensfreies Vorhaben kann ein Vorbescheid beantragt werden, etwa über die Frage, ob das Bauvorhaben bei Auslegungszweifeln unter den Katalog der Anlage 2 zu § 60 fällt. 22

Wird eine Bauvoranfrage für ein im „konzentrierten" Verfahren nach § 62 zu prüfendes Bauvorhaben positiv beschieden, so erstreckt sich die Konzentrationswirkung vollinhaltlich auf die Fragen, die Gegenstand des Vorbescheides waren. 23

2. Bearbeitungsfristen

Auch für den Vorbescheid wurden nunmehr die Bearbeitungsfristen etc. vom konzentrierten Baugenehmigungsverfahren gemäß § 62 Absatz 2 (vgl. die obigen Ausführungen zu § 62 Absatz 2 und § 61 Absatz 3) übernommen. **Bauvoranfragen sind nunmehr innerhalb einer Frist von drei Monaten** nach Eingang der vollständigen Unterlagen **zu bescheiden.** Der Gesetzgeber strebt damit an, dass ein Bauherr innerhalb der 3-Monats-Frist eine verlässliche Grundlage für seine Investition erhält, ohne gleich große Kosten für Architektenpläne ausgeben zu müssen. Die **Anforderungen an einen Vorbescheid** hinsichtlich der vorzulegenden Pläne **sind deutlich geringer als im Baugenehmigungsverfahren.** In der Regel reicht sogar ein Lageplan aus, wobei gleichzeitig das Bauvorhaben mit entsprechenden schriftlichen Fragen zur Geschossigkeit, GRZ und GFZ etc. beschrieben werden kann. 24

Wird auf dem amtlichen Vordruck für einen Vorbescheid zugleich **angekreuzt, dass anschließend das vereinfachte Genehmigungsverfahren** nach § 61 HBauO **zur Anwendung kommen soll,** so **umfasst eine positive Bescheidung** der Bauvoranfrage **nicht ungeprüfte Rechtsbereiche** wie etwa denkmalschutz-, gaststätten- oder auch wasserrechtliche Fragestellungen. Wird auf dem **Vordruck das konzentrierte Genehmigungsverfahren angekreuzt,** so ist von der Bauaufsichtsbehörde **der gesamte Prüfbereich des § 62 HBauO durchzuführen. Die Bin-** 25 dungswirkung des Vorbescheides **bezieht sich** dann **auch** auf die von der Bauaufsichtsbehörde, dem „Verfahrensmanager“ **eingeholten Stellungnahmen anderer Ämter und Behördenstellen.**

3. Nachbar- und Rechtsschutz

26 Grundsätzlich gelten für einen Vorbescheid dieselben Rechtsbehelfs- und Rechtsmittelmöglichkeiten, wie für eine Baugenehmigung (siehe hierzu die Ausführungen zu § 61, unter Gliederungspunkt 5 „Nachbar- und Rechtsschutz).

27 Es gibt nur zwei Besonderheiten:

28 **Eine Klage auf Erteilung eines Vorbescheides wird unzulässig,** sobald eine Klage auf Erteilung einer Baugenehmigung für dasselbe Bauvorhaben eingereicht wird. **Die „Vorbescheids“-Klage ist dann für erledigt zu erklären.**

29 **Einstweiliger Rechtschutz kann für einen Vorbescheid nicht zur Anwendung kommen,** da ein Vorbescheid anders als eine Baugenehmigung nicht dazu berechtigt, mit dem Bau zu beginnen.

4. Ergänzende Rechtsvorschriften

30 Die Fachanweisung FA 1/09 „Beteiligung des Arbeitskreises Gewerbebau (**AK Gewerbebau**)“ ist zu beachten. Des Weiteren sei auf den Bauprüfdienst BPD 4/12 „**Vorbescheidsverfahren**“ verwiesen.

§ 64 Zustimmungsverfahren

(1) Genehmigungsbedürftige Vorhaben bedürfen keiner Genehmigung und Bauüberwachung, wenn
1. die Leitung der Entwurfsarbeiten und die Bauüberwachung einer Baudienststelle des Bundes oder der Länder übertragen ist und
2. die Baudienststelle mindestens mit einer Beamtin oder einem Beamten mit der Befähigung zum höheren technischen Verwaltungsdienst und mit sonstigen geeigneten Fachkräften ausreichend besetzt ist.
Solche baulichen Anlagen bedürfen jedoch der Zustimmung der Bauaufsichtsbehörde.

(2) Den Beamtinnen oder Beamten des höheren technischen Verwaltungsdienstes werden gleichgestellt
1. technische Angestellte mit abgeschlossener Hochschulausbildung (Diplom-Ingenieurinnen oder Diplom-Ingenieure) des Hochbau- oder Bauingenieurwesens und mindestens dreijähriger Berufspraxis,
2. andere technische Angestellte des Hochbau- oder Bauingenieurwesens mit einer der Entgeltgruppen von Entgeltgruppe 12 des Tarifvertrages für den öffentlichen Dienst der Länder (TV-L) aufwärts und mit mindestens fünfjähriger Berufspraxis,
3. Beamtinnen und Beamte des gehobenen technischen Verwaltungsdienstes von Technischer Amtfrau bzw. vom Technischen Amtmann aufwärts,
die von der Leiterin oder dem Leiter der Baudienststelle für die Vorbereitung und Ausführung von Vorhaben bestellt sind.

(3) Der Antrag auf Zustimmung ist bei der Bauaufsichtsbehörde einzureichen. Die Bauaufsichtsbehörde prüft die Zulässigkeit des Vorhabens nach

1. **den Vorschriften des Baugesetzbuchs und auf Grund des Baugesetzbuchs,**
2. **den Vorschriften dieses Gesetzes und auf Grund dieses Gesetzes mit Ausnahme der Einhaltung der Anforderungen an die Standsicherheit, den Wärmeschutz, die Energieeinsparung, den Schallschutz, den Erschütterungsschutz sowie die technische Ausführung der für den Brandschutz bedeutsamen Anlagen der technischen Gebäudeausrüstung,**
3. **anderen öffentlich-rechtlichen Vorschriften, soweit diese für das Vorhaben beachtlich sind und eine Zulässigkeitsentscheidung nicht vorsehen.**

Sie entscheidet über Ausnahmen, Befreiungen und Abweichungen. Für das Zustimmungsverfahren und die Zustimmung gelten die Vorschriften dieses Gesetzes sinngemäß.

(4) Die öffentliche Bauherrin oder der öffentliche Bauherr trägt die Verantwortung, dass Entwurf und Ausführung des Vorhabens den öffentlich-rechtlichen Vorschriften und dem Zustimmungsbescheid entsprechen.

(5) Für bauliche Anlagen, die der Landesverteidigung dienen, finden die Absätze 1 bis 3 keine Anwendung. Sie sind der Bauaufsichtsbehörde vor Baubeginn in geeigneter Weise zur Kenntnis zu bringen. Im Übrigen wirken die Bauaufsichtsbehörden nicht mit.

Kommentierung

Übersicht

1. Bauvorhaben und Baudienststellen des Bundes oder der Länder (Abs. 1)

Bauvorhaben, gleichgültig welcher Art und welchen Umfangs, **bedürfen keiner Baugenehmigung und keiner Bauüberwachung, wenn die Leitung der Entwurfsarbeiten und die Bauüberwachung einer Baudienststelle des Bundes oder der Länder übertragen wurde** und diese Baudienststelle mit mindestens einem Beamten des höheren technischen Verwaltungsdienstes oder einer sonstigen geeigneten Fachkraft besetzt ist. Der Gesetzgeber geht davon aus, dass der öffentliche **Bauherr (Bund oder Land)** seine von ihm bzw. seinen Bediensteten geplanten Bauvorhaben selbst ausführen und überwachen kann, wenn die damit beauftragte Baudienststelle mit entsprechendem **Fachpersonal** besetzt ist. 1

Solche Bauvorhaben des Bundes oder der Länder bedürfen aber einer Zustimmung der Bauaufsichtsbehörde. Hierfür ist in Hamburg die **Behörde für Stadtentwicklung und Wohnen (BSW)** zuständig. 2

3 Bund und Länder müssen die Planung und Ausführung Ihres Bauvorhabens nicht zwangsläufig einer Baudienststelle übertragen. **Sie können vielmehr auch den Weg über ein normales Baugenehmigungsverfahren nach § 61 oder 62 wählen.**

2. Dem Beamten des höheren technischen Verwaltungsdienstes gleichgestellte Personen (Abs. 2)

4 **Welche Mitarbeiter einer Baudienststelle dem in Abs. 1 aufgeführten Personenkreis gleichzustellen sind,** die in eigener Regie für den Bund oder die Länder ein Bauvorhaben planen, ausführen und überwachen dürfen bestimmt dieser Absatz, nämlich nach

Nr. 1 technische Angestellte mit abgeschlossener Hochschulausbildung (Diplom-Ingenieure) des Hochbau- oder Bauingenieurswesens und mindestens dreijähriger Berufspraxis,

5 **Darüber hinaus wurde die Personengruppe in Nr. 2 durch die HBauO-Novelle 2010 neu definiert,** die nunmehr lautet:

Nr. 2 andere technische Angestellte des Hochbaus- oder Bauingenieurwesens mit einer der Entgeltgruppen von Entgeltgruppe 12 des Tarifvertrages für den Öffentlichen Dienst der Länder (TV-L) aufwärts und mit mindestens 5-jähriger Berufspraxis.

Nr. 3 Beamtinnen und Beamte des gehobenen technischen Verwaltungsdienstes vom technischen Amtmann aufwärts.

3. Antragsverfahren (Abs. 3)

6 **Der Antrag auf Zustimmung ist bei der Behörde für Stadtentwicklung und Umwelt einzureichen,** die alle materiellen Anforderungen des Bauplanungsrechts, der HBauO und sonstiger öffentlich-rechtlicher Vorschriften prüft.

7 **Dem Antrag sind die Baupläne nach der Bauvorlagenverordnung beizufügen.** Hinzuweisen ist an dieser Stelle, dass zugleich **mit der HBauO-Novelle 2010 am 1.9.2010 rückwirkend auch die neue Bauvorlagenverordnung vom 14.12.2010 in Kraft trat,** die die bisherige Bauvorlagenverordnung vom 31.1.2006 außer Kraft setzte. Gemäß der HBauO-Novelle 2010 **kann nun auch bei Bauvorhaben des Bundes oder der Länder im Zustimmungsverfahren nicht mehr auf die Einreichung aller bautechnischen Nachweise verzichtet werden,** vielmehr nur noch auf die „Einhaltung der Anforderungen an die Standsicherheit, den Wärmeschutz, die Energieeinsparung, den Schallschutz, den Erschütterungsschutz sowie die technische Ausführung der für den Brandschutz bedeutsamen Anlagen der technischen Gebäudeausrüstung".

8 **Die Behörde für Stadtentwicklung und Umwelt entscheidet auch über Ausnahmen und Befreiungen** vom Bauplanungsrecht und **Abweichungen** nach § 69.

9 Ansonsten finden die materiell-rechtlichen Vorschriften der HBauO vollends auch für Bauvorhaben des Bundes oder der Länder Anwendung. Bei **Verstößen gegen das Baurecht** kann die Bauaufsichtsbehörde auch gegen Bedienstete des Bundes oder der Länder nach § 58 Abs. 1 Satz 2 einschreiten und entsprechende Maßnahmen oder Anordnungen treffen.

Im Übrigen gelten für das Zustimmungsverfahren die Vorschriften des „normalen“ **Baugenehmigungsverfahrens entsprechend,** also insbesondere die §§ 72 („Baugenehmigung“), 72a („Baubeginn“) und 73 („Geltungsdauer der Baugenehmigung und des Vorbescheides“). Der Zustimmungsbescheid kann ebenfalls mit Nebenbestimmungen, also Auflagen, Bedingungen, Befristungen und Widerrufsvorbehalten versehen werden. Auch **Abweichungsentscheidungen nach** § 69 können beantragt und genehmigt werden, gleiches gilt für planungsrechtliche Ausnahmen und Befreiungen. 10

Ist Hamburg öffentlicher Bauherr eines Bauvorhabens, so hat Hamburg nach § 61 Landeshaushaltsordnung (LHO) **keine Baugenehmigungsgebühren zu entrichten.** Gleiches gilt grundsätzlich für Bauvorhaben des Bundes oder anderer Bundesländer. 11

Da die Bauaufsichtsbehörde im Zustimmungsverfahren nur eine eingeschränkte Prüfung der Zulässigkeit des Bauvorhabens durchführt, **besitzt ein Zustimmungsbescheid keine Konzentrationswirkung.** 12

4. Verantwortlichkeit (Abs. 4)

Der öffentliche Bauherr als Entwurfsverfasser, dem auch die Bauüberwachung obliegt, hat dieselben Pflichten wie ein Bauherr nach § 54 oder ein Entwurfsverfasser nach § 55. **Die Verantwortung des öffentlichen Bauherrn für sein Bauvorhaben geht sogar noch weiter, als die eines privaten Bauherrn. Da der öffentliche Bauherr keine bautechnischen Nachweise einreichen muss,** hat er die Gewähr dafür zu übernehmen, dass er in eigener Verantwortung diese technischen Nachweise erstellen lässt und diese inhaltlich richtig sind und den technischen Bestimmungen und technischen Regelwerken entsprechen. Auch wenn der öffentliche Bauherr die technischen Nachweise nicht zur Prüfung einreichen muss, entbindet ihn dieses nicht von der Verpflichtung die technischen Nachweise zu erstellen bzw. erstellen zu lassen. 13

5. Bauliche Anlagen der Landesverteidigung (Abs. 5)

Aus Geheimhaltungsgründen bedürfen Bauvorhaben der Landesverteidigung weder einer Baugenehmigung noch eines Zustimmungsbescheides. 14

Damit korrespondierend ist bei **baulichen Anlagen der Landesverteidigung** nach § 37 Abs. 2 BauGB auch **nicht das Einvernehmen der Gemeinde einzuholen,** sie wird nicht formell beteiligt, sondern ist lediglich „zu hören“. 15

6. Nachbar- und Rechtsschutz

Die Zustimmung der Behörde für Stadtentwicklung und Umwelt ist grundsätzlich ebenso wie eine Baugenehmigung ein Verwaltungsakt, gegen den sich ein Nachbar bei Verletzung drittschützender Vorschriften zur Wehr setzen kann. 16

Etwas anderes gilt, wenn öffentlicher Bauherr und Zustimmungsstelle identisch sind, wenn also die Behörde für Stadtentwicklung und Umwelt der Freien und Hansestadt Hamburg einem Bezirksamt die für sein Vorhaben beantragte Zustimmung erteilt. Dann liegt nach Auffassung des Hamburgischen Oberverwaltungsgerichtes ein **innerdienstlicher Rechtsakt** vor, mithin kein Verwaltungsakt mit Außenwir- 17 kung gegenüber dem Bürger, sodass ein Nachbar gegen einen Zustimmungsbescheid mit einer einstweiligen Anordnung nach § 123 VwGO und einer Unterlassungsklage vorgehen muss. Nur so kann er einen Baustopp erreichen.

18 Der Verfasser teilt diese Rechtsauffassung nicht. Sind nachbarschützende Vorschriften durch ein Bauvorhaben verletzt, kann es für die Fragen des „richtigen" Rechtsbehelfs bzw. Rechtsmittels nicht entscheidend sein, ob es sich um ein Bauvorhaben eines öffentlichen oder eines privaten Bauherrn handelt. Ebenso wenig kann sich dadurch die Rechtsnatur der dem Bauvorhaben zugrunde liegenden bauaufsichtlichen Entscheidung ändern.

7. Ergänzende Rechtsvorschriften

19 Um **Flüchtlinge und Asylbegehrende** kurz-, mittel- und langfristig unterbringen zu können wurden **spezielle Anforderungen an die Bauausführung von Unterkünften** durch die Fachbehörde vorgegeben. Insoweit findet Anwendung:
- BPD 1/16 „Bauordnungsrechtliche Anforderungen an Unterkünfte für die öffentlich-rechtliche Unterbringung von Flüchtlingen und Asylbegehrenden (BPD Flüchtlingsunterkünfte)"

§ 65 Typengenehmigung

(1) Für bauliche Anlagen, die in derselben Ausführung an mehreren Stellen errichtet werden sollen, führt die Bauaufsichtsbehörde auf Antrag eine Typenprüfung durch. Eine Typengenehmigung wird erteilt, wenn die baulichen Anlagen oder Bauteile den Anforderungen nach diesem Gesetz oder nach auf dieses Gesetz gestützten Rechtsvorschriften entsprechen und die Brauchbarkeit für den jeweiligen Verwendungszweck nachgewiesen ist. Eine Typengenehmigung kann auch erteilt werden für bauliche Anlagen, die in unterschiedlicher Ausführung, aber nach einem bestimmten System und aus bestimmten Bauteilen an mehreren Stellen errichtet werden sollen; in der Typengenehmigung ist die zulässige Veränderbarkeit festzulegen.

(2) Die Typengenehmigung darf nur für eine bestimmte Frist erteilt werden, die fünf Jahre nicht überschreiten soll. Die Frist kann auf Antrag jeweils bis zu fünf Jahren verlängert werden. Weitere Nebenbestimmungen können festgelegt werden.

(3) Typengenehmigungen anderer Länder im Geltungsbereich des Grundgesetzes gelten auch in der Freien und Hansestadt Hamburg.

(4) Eine Typengenehmigung entbindet nicht von der Verpflichtung, eine jeweils erforderliche Baugenehmigung oder Zustimmung einzuholen. Die in der Typengenehmigung entschiedenen Fragen brauchen dabei von der Bauaufsichtsbehörde nicht mehr geprüft zu werden.

Kommentierung

Übersicht Rn.

1. Begriff und Anwendungsbereich (Abs. 1)

In der Praxis besteht ein Bedürfnis dafür, für bauliche Anlagen, wie Fertighäuser, Garagen, Fabrikhallen aber auch für Fertigwände und -decken nur einmal eine Genehmigung einzuholen, d. h. für einen konkreten Bautyp. Eine solche **Typengenehmigung** kann erteilt werden, wenn eine bauliche Anlage in derselben Ausführung an mehreren Stellen errichtet werden soll. **Es werden dann nur einmal die Nachweise an Standsicherheit, Schall-, Wärme-, Brandschutz- und Erschütterungsschutz geprüft** und deren Einhaltung bauaufsichtlich bestätigt. Gleiches gilt hinsichtlich anderer weiterer öffentlich-rechtlicher Vorschriften, die ebenfalls einzuhalten sind. 1

Da nur der „Typ" der baulichen Anlagen als solcher genehmigt wird, muss der Bauherr z. B. **für das Aufstellen einer typengenehmigten Fabrikhalle gleichwohl noch zusätzlich eine Baugenehmigung einholen.** Mittels dieser wird dann geprüft, ob das Aufstellen der Fabrikhalle **mit dem geltenden Planrecht übereinstimmt und auch die sonstigen Anforderungen der Hamburgischen Bauordnung, wie Abstandsflächen, Stellplatznachweis etc. eingehalten werden.** 2

Aus diesem Grunde muss sich die Typengenehmigung auch nicht auf das Bauwerk im Ganzen beziehen. So ist es beispielsweise bei einem Fertighaus möglich, das Sockel- oder Kellergeschoss individuell zu planen und zu errichten, auf welches dann das Fertighaus aufgesetzt wird. 3

Es ist auch die Brauchbarkeit der Typengenehmigung für den jeweiligen Verwendungszweck nachzuweisen, da eine Typengenehmigung für eine bauliche Anlage **und deren Nutzung** erteilt wird. Eine abstrakte Typengenehmigung ohne Nutzungs-(Verwendungs-) Zweck gibt es nicht. 4

Insbesondere für die Hersteller von Fertighäusern, die **mehrere Varianten ihrer Fertighäuser durch die Erweiterung des „Standardtyps"** um ein oder mehrere Zimmer, einen Wintergarten oder auch an den Ausbauzustand des Fertighauses anbieten, können Typengenehmigungen erteilt werden. **Die Typengenehmigung gilt dann** nicht nur für den „Standardtyp", sondern **auch für die genau festgelegten und bestimmten Anbau- oder Ausbauvarianten.** Diese sind in der Typengenehmigung exakt festzulegen. 5

2. Gültigkeitsdauer, Fristen (Abs. 2)

Der Antrag für eine Typengenehmigung ist bei der Behörde für Stadtentwicklung und Umwelt einzureichen. Welche Bauvorlagen hierfür erforderlich sind, ergibt sich aus § 8 BauVorlVO. 6

Die Typengenehmigung darf für max. 5 Jahre erteilt werden, wobei sie jeweils vor Ablauf der Frist um bis zu weitere 5 Jahre verlängert werden kann. Durch die „5-Jahres-Frist" ist es der Bauaufsichtsbehörde möglich, vom Hersteller zu verlangen, dass er seinen **„Bautyp" an neuere technische Baubestimmungen oder auch neue Gesetzesvorgaben regelmäßig anpasst.** 7

8 Eine Typengenehmigung kann auch mit **Nebenbestimmungen** versehen werden, z. B. die verwendeten Baustoffe oder Bauprodukte deutlich zu kennzeichnen.

3. Typengenehmigungen anderer Länder (Abs. 3)

9 **Typengenehmigungen anderer Bundesländer gelten auch in Hamburg,** ohne dass es einer zusätzlichen Anerkennung oder Genehmigung bedarf, selbst wenn die Bauordnung des „genehmigenden Landes" inhaltlich von Vorschriften der Hamburgischen Bauordnung abweicht.

4. Einholen einer Baugenehmigung oder Zustimmung (Abs. 4)

10 Es war bereits erwähnt worden, dass für ein typengenehmigtes Bauvorhaben **zusätzlich noch eine Baugenehmigung oder ein Zustimmungsbescheid einzuholen ist,** um bauplanungs- und bauordnungsrechtlich prüfen zu können, **ob durch den „Bautyp" die speziellen Anforderungen des Grundstücks an die Nachbarschaft und Umgebung eingehalten werden,** wie die Festsetzungen eines Bebauungsplanes oder Baustufenplanes, Abstandsflächen, Nachweis der notwendigen Stellplätze etc.

11 **Nur die grundstückbezogenen baurechtlichen Fragen sind von der Bauaufsichtsbehörde zu prüfen,** nicht jedoch die Fragen, die bereits Gegenstand der Typengenehmigung waren.

5. Nachbar- und Rechtsschutz

12 Wie aufgezeigt bedarf jeder „Bautyp" gleichwohl noch einer zusätzlichen Einzelfall-Baugenehmigung. Greift ein **Nachbar** diese mit einem Widerspruch oder einer Anfechtungsklage an, kann er dadurch **zugleich inzident auch die Typengenehmigung in Bezug auf die Einhaltung nachbarschützender Vorschriften (z. B. Brandschutz) überprüfen lassen.**

13 **Ein Hersteller hat keinen Rechtsanspruch auf Erteilung einer Typengenehmigung,** dieses steht im pflichtgemäßen Ermessen der Bauaufsichtsbehörde.

14 **Wird der Antrag des Herstellers abgelehnt,** kann er hiergegen Widerspruch und Verpflichtungsklage erheben. Es bleibt ihm aber auch unbenommen, seinen „Bautyp" einzelfallbezogen im „normalen" Baugenehmigungsverfahren prüfen zu lassen.

§ 66 Genehmigung Fliegender Bauten

(1) Fliegende Bauten sind bauliche Anlagen, die geeignet und bestimmt sind, an verschiedenen Orten wiederholt aufgestellt und zerlegt zu werden. Baustelleneinrichtungen und Baugerüste gelten nicht als Fliegende Bauten.

(2) Fliegende Bauten bedürfen, bevor sie erstmals aufgestellt und in Gebrauch genommen werden, einer Ausführungsgenehmigung; diese ist zu erteilen, wenn die Anforderungen nach diesem Gesetz eingehalten werden.

(3) Zuständig für die Erteilung der Ausführungsgenehmigung ist die Bauaufsichtsbehörde der Freien und Hansestadt Hamburg, wenn

1. **die Antragstellerin oder der Antragsteller ihren oder seinen Wohnsitz oder ihre oder seine gewerbliche Niederlassung in der Freien und Hansestadt Hamburg hat,**

2. die Antragstellerin oder der Antragsteller ihren oder seinen Wohnsitz oder ihre oder seine gewerbliche Niederlassung außerhalb der Bundesrepublik Deutschland hat und der Fliegende Bau erstmals in der Freien und Hansestadt Hamburg aufgestellt und in Gebrauch genommen werden soll.

(4) Die Ausführungsgenehmigung wird für eine bestimmte Frist erteilt, die höchstens fünf Jahre betragen soll. Sie kann auf Antrag von der nach Absatz 3 zuständigen Behörde jeweils bis zu fünf Jahren verlängert werden; § 73 Absatz 3 Satz 2 gilt entsprechend. Die Ausführungsgenehmigung wird in ein Prüfbuch eingetragen, dem eine Ausfertigung der mit einem Genehmigungsvermerk zu versehenden Bauvorlagen beizufügen ist. Ausführungsgenehmigungen anderer Länder im Geltungsbereich des Grundgesetzes gelten auch in der Freien und Hansestadt Hamburg.

(5) Die Inhaberin oder der Inhaber der Ausführungsgenehmigung hat den Wechsel ihres oder seines Wohnsitzes oder ihrer oder seiner gewerblichen Niederlassung oder die Übertragung eines Fliegenden Baues an Dritte der Bauaufsichtsbehörde mitzuteilen. Diese Änderung wird von der nach Absatz 3 zuständigen Behörde in das Prüfbuch eingetragen.

(6) Fliegende Bauten, die nach Absatz 2 Satz 1 einer Ausführungsgenehmigung bedürfen, dürfen unbeschadet anderer Vorschriften nur in Gebrauch genommen werden, wenn die Aufstellung der örtlich zuständigen Bauaufsichtsbehörde unter Vorlage des Prüfbuches angezeigt ist. Die Bauaufsichtsbehörde kann die Inbetriebnahme dieser Fliegenden Bauten von einer Gebrauchsabnahme durch Sachkundige abhängig machen. Das Ergebnis der Abnahme ist in das Prüfbuch einzutragen. In der Ausführungsgenehmigung kann bestimmt werden, dass Anzeigen nach Satz 1 nicht erforderlich sind, wenn eine Gefährdung im Sinne des § 3 Satz 1 nicht zu erwarten ist.

(7) Die für die Erteilung der Gebrauchsabnahme zuständige Bauaufsichtsbehörde kann Auflagen machen oder die Aufstellung oder den Gebrauch Fliegender Bauten untersagen, soweit dies nach den örtlichen Verhältnissen oder zur Abwehr von Gefahren erforderlich ist, insbesondere weil die Betriebssicherheit oder Standsicherheit nicht oder nicht mehr gewährleistet ist oder weil von der Ausführungsgenehmigung abgewichen wird. Wird die Aufstellung oder der Gebrauch auf Grund von Mängeln am Fliegenden Bau untersagt, so ist dies in das Prüfbuch einzutragen. Wenn innerhalb einer angemessenen Frist ordnungsgemäße Zustände nicht hergestellt worden sind, ist das Prüfbuch einzuziehen und der Bauaufsichtsbehörde zuzuleiten, die das Prüfbuch ausgestellt hat.

(8) Bei Fliegenden Bauten, die von Besucherinnen und von Besuchern betreten und längere Zeit an einem Aufstellungsort betrieben werden, kann die für die Gebrauchsabnahme zuständige Bauaufsichtsbehörde aus Gründen der Sicherheit weitere Besichtigungen und Nachabnahmen durchführen. Das Ergebnis der Nachabnahme ist in das Prüfbuch einzutragen.

(9) § 70 Absätze 1 bis 3 und § 78 Absätze 1 und 2 gelten entsprechend.

Kommentierung

Übersicht

Rn.

1. Begriff (Abs. 1)

1 **Fliegende Bauten zeichnen sich dadurch aus, dass sie zerlegbar sind, um ständig wechselnd an unterschiedlichen Standorten (wieder) aufgestellt werden zu können.** Für sie beinhaltet § 66 Sonderregelungen.

2 Typische Fliegende Bauten sind die **Schaustellergeschäfte auf dem Hamburger Dom, Zirkus- und Bierzelte, Tribünen** oder auch bauliche Anlagen für Kultur- oder Kunstausstellungen und sonstige Vorführungen.

3 **Baustelleneinrichtungen und Baugerüste gelten nicht als Fliegende Bauten.** Auch wenn eine bauliche Anlage, wie beispielsweise eine **Traglufthalle** jede Saison wieder am selben Standort aufgestellt wird, fällt sie nicht unter den Begriff Fliegende Bauten, da kein Standortwechsel stattfindet. Ebenso wie bei **Ständen eines Wochenmarktes** reicht es aus, dass diese einmal im bauaufsichtlichen Verfahren genehmigt wurden. Dieses berechtigt zum wiederholten Aufstellen der genehmigten baulichen Anlage am genehmigten Standort.

2. Notwendigkeit einer Ausführungsgenehmigung (Abs. 2)

4 Es liegt auf der Hand, dass **Fliegende Bauten** durch den An- und Abbau, das Einpacken und Verstauen sowie durch den Transport einer **starken Abnutzung unterliegen.** Dieses erfordert es, **dass die Stand- und Betriebssicherheit Fliegender Bauten regelmäßig vor jeder neuen Aufstellung und Ingebrauchnahme kontrolliert werden muss.**

5 Dementsprechend ist das Genehmigungsverfahren bei Fliegenden Bauten anders als bei „normalen" Bauten geregelt. Zunächst **muss für einen Fliegenden Bau eine sog. Ausführungsgenehmigung eingeholt und erteilt werden,** die die herkömmliche Baugenehmigung ersetzt.

6 Der **Prüfungsumfang** bei einer Ausführungsgenehmigung **beschränkt sich auf die bauordnungsrechtlichen Anforderungen** nach der HBauO. **Bauplanungsrechtliche Fragen werden nicht geprüft.** Ein besonderes Augenmerk ist bei der Ausführungsgenehmigung auf die **technischen Anforderungen** des Fliegenden Baus zu richten, also an die technischen Nachweise, die Rettungswege sowie die Betriebs- und Verkehrssicherheit.

7 Da die **Ausführungsgenehmigung** weder grundstücks- noch standortbezogen erteilt wird, besitzt sie **Gültigkeit für jedes Bundesland der Bundesrepublik Deutschland.**

Hält ein Fliegender Bau die bauordnungsrechtlichen Vorschriften der HBauO (inkl. der technischen Bestimmungen und Regelwerke) ein, so besitzt der Antragsteller einen **Rechtsanspruch auf Erteilung der Ausführungsgenehmigung.** 8

3. Zuständigkeit für die Ausführungsgenehmigung (Abs. 3)

Hat der Antragsteller seinen Wohnsitz oder seine gewerbliche Niederlassung in Hamburg, so ist die Ausführungsgenehmigung von der zuständigen Bauaufsichtsbehörde der Freien und Hansestadt Hamburg zu erteilen. 9

Für sog. **Fahrgeschäfte,** wie Karussells, Geisterbahnen, Achterbahnen etc. **ist die zuständige Bauaufsichtsbehörde** Kraft öffentlich-rechtlicher Beleihung **der Technische Überwachungs-Verein Nord e.V.** (**TÜV Nord**). 10

Für alle anderen Fliegenden Bauten ist die **Behörde für Stadtentwicklung und Umwelt** die zuständige Bauaufsichtsbehörde. 11

Bei der Aufstellung von Verkaufswagen und -buden, z. B. bei Märkten oder Ausstellungen ist die **Bauaufsichtsbehörde des Bezirks** für die Ausführungsgenehmigung **zuständig.** 12

Hat der Antragsteller seinen Wohnsitz oder seine gewerbliche Niederlassung außerhalb der Bundesrepublik Deutschland, so ist die Ausführungsgenehmigung von dem Bundesland zu erteilen, in welchem der **Fliegende Bau erstmalig aufgestellt und in Gebrauch genommen werden soll.** Ist dieses Hamburg, so ist wie gesagt der TÜV, die Behörde für Stadtentwicklung und Umwelt oder das betreffende Bezirksamt zuständig. 13

4. Geltungsdauer der Ausführungsgenehmigung; Fristen (Abs. 4)

Eine Ausführungsgenehmigung wird **maximal für 5 Jahre** erteilt. 14

Vor Ablauf der Frist kann sie wiederholt für jeweils **bis zu 5 Jahre verlängert werden,** auch rückwirkend, wenn der Verlängerungsantrag vor Ablauf der Genehmigung bei der Bauaufsichtsbehörde eingegangen ist. 15

Voraussetzung für eine Verlängerung ist, dass das Prüfbuch ordnungsgemäß geführt wurde und vollständig ist, sodass anhand dieses Prüfbuches nachvollzogen werden kann, ob der Fliegende Bau mit dem ursprünglich genehmigten Fliegenden Bau identisch ist und regelmäßig bauaufsichtlich ohne Beanstandungen kontrolliert und überwacht wurde. 16

In ein Prüfbuch wird die Ausführungsgenehmigung nebst etwa erteilter Auflagen und sonstiger Betriebsvorschriften eingetragen. Auch die Änderung des Wohnsitzes oder der gewerblichen Niederlassung des Genehmigungsinhabers sind im Prüfbuch zu vermerken. Gleiches gilt für einen Eigentümerwechsel. 17

Ebenso ist jede Gebrauchsabnahme in das Prüfbuch einzutragen, aber auch bauliche Mängel hinsichtlich Aufstellung oder Gebrauch des Fliegenden Baus (Abs. 6, S. 2). Sind die Mängel so gravierend oder werden sie vom Genehmigungsinhaber nicht beseitigt, ist das **Prüfbuch einzuziehen** und an die Bauauf- 18 sichtsbehörde zu schicken, die „erstmalig“ die Ausführungsgenehmigung erteilt und danach das Prüfbuch ausgestellt hat (Abs. 6, S. 3).

19 Auch durchgeführte **Nachabnahmen sind in das Prüfbuch einzutragen** (Abs. 7, S. 2).

20 **Dem Prüfbuch ist eine Ausfertigung der Ausführungsgenehmigung** nebst sämtlichen mit einem Genehmigungsvermerk versehen Bauvorlagen **beizufügen.**

21 **Die Erteilung eines vorläufigen Prüfbuches ist zulässig,** wenn von der Erteilung der Ausführungsgenehmigung bis zum Erstellen des Prüfbuches eine längere Bearbeitungszeit zu erwarten ist, die es dem Genehmigungsinhaber z. B. verwehren würde, an einer kurzfristig stattfindenden Jahrmarktsveranstaltung teilzunehmen.

22 Ebenso wie bei Typengenehmigungen werden auch Ausführungsgenehmigungen für Fliegende Bauten nicht nur in dem Ausstellungsland, sondern **auch in den anderen Ländern der Bundesrepublik Deutschland ohne weitere Prüfung anerkannt.**

5. Inhaber-, Wohnsitz-, Niederlassungswechsel (Abs. 5)

23 **Diese Regelung ist wieder durch die HBauO-Novelle 2010 aufgenommen worden.** Wechselte der Inhaber einer Ausführungsgenehmigung seinen Wohnsitz, so musste die Bauaufsichtsbehörde zeitraubend den neuen Wohnsitz ermitteln. Nunmehr ist der **Inhaber eines Fliegenden Baus verpflichtet,** von sich aus ohne Aufforderung durch die Bauaufsicht dieser **seinen Wohnungs- oder Niederlassungswechsel mitzuteilen,** ebenso, wenn er seinen Fliegenden Bau auf einen Dritten überträgt.

6. Aufstellung und Inbetriebnahme (Abs. 6)

24 Bevor der Genehmigungsinhaber seinen Fliegenden Bau in Gebrauch nimmt, muss er dessen **Aufstellung der örtlich zuständigen Bauaufsichtsbehörde** (Behörde für Stadtentwicklung und Umwelt oder Bezirksamt) **anzeigen und sein Prüfbuch vorlegen.**

25 Dadurch wird sichergestellt, dass der für die Aufstellung vom Genehmigungsinhaber vorgesehene **Standort planungsrechtlich unbedenklich ist und auch für Nachbarn keine unzumutbaren Lärm- oder Geruchsimmissionen ausgehen.** Auch topographische Verhältnisse oder eine Hochspannungsleitung können der Aufstellung des Fliegenden Baus entgegenstehen.

26 Ist der in Aussicht genommene **Aufstellungsort ungeeignet,** sind die Aufstellung und der Gebrauch des Fliegenden Baus zu **untersagen.**

27 Bestehen insoweit **keine Bedenken, kann nach der erfolgten Anzeige mit der Aufstellung des Fliegenden Baus begonnen werden. Eine ausdrückliche Genehmigung ist hierfür nicht erforderlich.**

28 **Nach erfolgter Aufstellung muss eine Besichtigung und Gebrauchsabnahme des Fliegenden Baus durch die Bauaufsichtsbehörde vorgenommen werden,**

dessen Ergebnis ist in das Prüfbuch einzutragen. Angehörige des TÜV oder sonstige Sachkundige können von der Bauaufsichtsbehörde hinzugezogen oder auch ein **Probebetrieb** verlangt werden. Gerade bei elektrisch angetriebenen und betriebenen Fahrgeschäften kann die Gebrauchsabnahme durch den TÜV oder einen ähnlichen Sachverständigen vor Inbetriebnahme bauaufsichtlich gefordert werden.

Gehen von einem Fliegenden Bau keine erhöhten Gefahren aus, kann wohl auf die Anzeigepflicht verzichtet werden, nicht jedoch auf die Gebrauchsabnahme. **29**

Welche Unterlagen der örtlich zuständigen Bauaufsichtsbehörde mit dem Prüfbuch vorgelegt werden müssen, ergibt sich aus § 9 **Bauvorlagenverordnung** (**BauVorlVO** – abgedruckt im Anhang III, unter Nr. 1). Es wird darauf hingewiesen, dass mit dem Inkrafttreten der HBauO-Novelle 2010 **am 1.9.2010 auch rückwirkend die neue Bauvorlagenverordnung vom 14.12.2010 in Kraft trat,** die die bisherige Bauvorlagenverordnung vom 31.1.2006 ablöste. In der neuen Bauvorlagenverordnung sind insbesondere die technischen Unterlagen detaillierter aufgeführt, die bei den Bauaufsichtsbehörden einzureichen sind. **30**

Verfahrensfreie Vorhaben sind die nachfolgenden Fliegenden Bauten gemäß Anlage 2 zu § 60: **31**
- Toilettenwagen und -häuschen;
- Fliegende Bauten mit einer Höhe bis zu 5 m, die nicht dazu bestimmt sind, von Besuchern betreten zu werden;
- Fliegende Bauten mit einer Höhe bis zu 5 m, die für Kinder betrieben werden und eine Geschwindigkeit von höchstens 1 m/s haben;
- Bühnen einschließlich Überdachungen und sonstigen Aufbauten mit einer Höhe bis zu 5 m, einer Grundfläche bis zu 100 m^2 und einer Fußbodenhöhe bis zu 1,50 m;
- Zelte mit einer Grundfläche bis zu 75 m^2.

Diese Vorhaben bedürfen auch keiner Ausführungsgenehmigung. **32**

7. Auflagenerteilung und Untersagung (Abs. 7)

Es ist der Bauaufsichtsbehörde unbenommen, vor oder bei der Gebrauchsabnahme vom Genehmigungsinhaber **die Erfüllung von Auflagen zu fordern.** Diese können darin bestehen, dass erst einmal ein **Probelauf durchzuführen ist.** Auch der Austausch beschädigter oder unansehnlicher Bauteile kann verlangt werden. **Ebenfalls ist es zulässig, die Betriebszeiten vorzugeben bzw. einzuschränken.** **33**

Können irgendwelche **Sicherheitsbedenken** gegen den Betrieb nicht vollkommen ausgeräumt werden, ist der Genehmigungsinhaber aufzufordern, die Bedenken durch **zusätzliche technische Nachweise, Reparaturen oder Erneuerungen von Bauteilen** etc. zu zerstreuen. Gelingt ihm dies nicht, ist die Gebrauchsabnahme zu versagen. Gleiches gilt, wenn anhand des Prüfbuches nebst Ausführungsgenehmigung und der dazugehörigen Bauvorlagen festgestellt wird, dass von der „Ursprungsgenehmigung“ abgewichen wurde. **34**

35 Die Untersagung ist in das **Prüfbuch einzutragen**, um den Mangel und seine Behebung für nachfolgende Bauaufsichtsbehörden dokumentieren zu können.

36 Verweigert der **Genehmigungsinhaber die Beseitigung der Mängel** oder werden diese nicht innerhalb der ihm gesetzten Frist behoben, **behält die Bauaufsichtsbehörde das Prüfbuch ein (Einziehung)** und leitet es der „Ursprungsbehörde" zu, die die Ausführungsgenehmigung erteilt und das Prüfbuch erstellt hat.

37 Behebt der Genehmigungsinhaber die aufgezeigten Mängel, erhält er nach einer entsprechenden neuen Gebrauchsabnahme das Prüfbuch zurück. **Einer neuen Ausführungsgenehmigung bedarf es dann nicht.** Auch die Einziehung ist in das Prüfbuch einzutragen, obwohl dieses im Gesetz nicht ausdrücklich angeführt ist.

8. Besichtigungen und Nachabnahme (Abs. 8)

38 Wird ein Fliegender Bau **von Besuchern betreten und längere Zeit an dem Aufstellungsort betrieben**, so kann die Bauaufsichtsbehörde aus Gründen der Sicherheit **weitere Besichtigungen** und **Nachabnahmen** durchführen, deren Ergebnisse ebenfalls in das Prüfbuch einzutragen sind.

39 **Besichtigungen und Nachabnahmen bei verfahrensfreien Vorhaben sind nicht zulässig.** Sofern bei ihnen während des Betriebes Bedenken, insbesondere an die Sicherheit und Leichtigkeit des Verkehrs durch ein hohes Verkehrsaufkommen oder einen großen Besucherandrang auftauchen, **ist es der Bauaufsichtsbehörde unbenommen, im Rahmen ihrer Überwachungstätigkeit** nach § 58 Abs. 1 Satz 2 **die erforderlichen Maßnahmen oder Anordnungen zu treffen,** um Gefährdungen von Besuchern entgegenzuwirken.

9. Entsprechende Anwendung der Vorschrift über das Baugenehmigungs- und Bauüberwachungsverfahren (Abs. 9)

40 Die **grundlegenden Vorschriften für ein Bauantragsverfahren nach** § 70 Abs. 1–3 **gelten auch für Fliegende Bauten.** Dabei ist es der Bauaufsichtsbehörde jederzeit gestattet, auch nach der Gebrauchsabnahme Einsicht in das Prüfbuch und seine Anlagen zu nehmen.

41 Dieser Absatz verweist nunmehr neu auf die entsprechende Anwendung des § 78 Abs. 1 und 2, da aus dem bisherigen Abs. 4 in § 78 der jetzige Abs. 2 wurde.

10. Nachbar- und Rechtsschutz

42 Die Ausführungsgenehmigung ist ebenso wenig wie die Gebrauchsabnahme nachbarschützend, da beide allein dem Allgemeininteresse dienen.

43 Sind nachbarschützende Vorschriften verletzt, kann der Nachbar ggf. auch im Wege des vorläufigen Rechtschutz nach § 123 VwGO **(Einstweilige Anordnung)** ein **Einschreiten der Bauaufsichtsbehörde** gegen das Aufstellen und den Betrieb des Fliegenden Baus gerichtlich durchsetzen.

Gegenüber dem Betreiber kann der Nachbar einen **zivilrechtlichen Unterlassungsanspruch** nach § 1004 BGB geltend machen. 44

Wird einem Antragsteller die Ausführungsgenehmigung verweigert, kann er diese per Verpflichtungsklage beim Verwaltungsgericht einfordern. Vorläufiger Rechtschutz scheidet aus, da dieses die Hauptsache vorweg nehmen würde. 45

Auch die Berechtigung zur Entziehung des Prüfbuchs kann der Genehmigungsinhaber durch das Verwaltungsgericht überprüfen lassen. 46

11. Ergänzende Rechtsvorschriften

Es gilt der **Bauprüfdienst** BPD 3/11 „Fliegende Bauten". 47

Des Weiteren kommen unterschiedliche **Technische Baubestimmungen** zur Anwendung, die aktuell im Amtlichen Anzeiger vom 30.4.2018, S. 669 ff. veröffentlicht sind. 48

Kleinere Fliegende Bauten, von denen keine größere Gefährdung ausgeht, bedürfen als verfahrensfreie Vorhaben keiner Baugenehmigung (vgl. Anlage 2 zu § 60 Abschnitt I, Nr. 12). 49

§ 67 Bauvorlageberechtigung

(1) Bauvorlagen für das nicht verfahrensfreie Errichten und Ändern von Vorhaben müssen von einer Entwurfsverfasserin oder einem Entwurfsverfasser, die oder der bauvorlageberechtigt ist, unterschrieben sein. Dies gilt nicht für Bauvorlagen, die üblicherweise von Fachkräften mit anderer Ausbildung als nach den Absätzen 2 bis 5 verfasst werden.

(2) Bauvorlageberechtigt ist, wer

1. **auf Grund des Hamburgischen Architektengesetzes vom 11. April 2006 (HmbGVBl. S. 157) in der jeweils geltenden Fassung die Berufsbezeichnung „Architektin" oder „Architekt" zu führen berechtigt ist,**
2. **in der Liste der bauvorlageberechtigten Ingenieurinnen und bauvorlageberechtigten Ingenieure nach § 15 des Hamburgischen Gesetzes über das Ingenieurwesen vom 10. Dezember 1996 (HmbGVBl. S. 321), zuletzt geändert am 18. November 2008 (HmbGVBl. S. 384, 387), in der jeweils geltenden Fassung, oder in der entsprechenden Liste eines anderen Bundeslandes eingetragen ist oder**
3. **auf Grund des Hamburgischen Gesetzes über das Ingenieurwesen als Angehörige oder Angehöriger der Fachrichtungen Architektur, Hochbau oder Bauingenieurwesen die Berufsbezeichnung „Ingenieurin" oder „Ingenieur" führen darf, eine praktische Tätigkeit von mindestens drei Jahren in der Fachrichtung ausgeübt hat und im Dienst einer Person des öffentlichen Rechts steht, nur für die dienstliche Tätigkeit.**

(3) Bauvorlageberechtigt für Wohngebäude der Gebäudeklassen 1 und 2 sind auch

1. **die Angehörigen der Fachrichtungen Architektur, Hochbau oder Bauingenieurwesen, die an einer deutschen Hochschule, Fachhochschule oder einer als gleichwertig anerkannten Lehranstalt das Studium erfolgreich abgeschlossen haben,**

2. **die Meisterinnen und Meister des Maurer-, Zimmerer- oder des Beton- und Stahlbetonbauerhandwerks,**
3. **die staatlich geprüften Technikerinnen und staatlich geprüften Techniker der Fachrichtung Bautechnik.**

Personen, die ihren Wohnsitz, ihre Niederlassung oder ihren Beschäftigungsort in einem anderen Mitgliedstaat der Europäischen Union oder einem nach dem Recht der Europäischen Gemeinschaften gleichgestellten Staat haben, sind nach Satz 1 bauvorlageberechtigt, wenn sie über eine Ausbildung verfügen, die den in Satz 1 genannten Ausbildungen gleichwertig ist.

(4) Bauvorlageberechtigt für den mit der Berufsaufgabe der Innenarchitektin oder des Innenarchitekten verbundenen Umbau oder Ausbau von Gebäuden ist auch, wer auf Grund des Hamburgischen Architektengesetzes in der jeweils geltenden Fassung die Berufsbezeichnung „Innenarchitektin" oder „Innenarchitekt" zu führen berechtigt ist.

(5) Bauvorlageberechtigt für Freianlagen im Zusammenhang mit dem Errichten und Ändern von Gebäuden ist auch, wer auf Grund des Hamburgischen Architektengesetzes in der jeweils geltenden Fassung die Berufsbezeichnung „Landschaftsarchitektin" oder „Landschaftsarchitekt" zu führen berechtigt ist.

Kommentierung

Übersicht

1. Unterschrift des Entwurfsverfassers (Abs. 1)

1 Soll ein genehmigungspflichtiges Vorhaben im vereinfachten oder im Baugenehmigungsverfahren mit Konzentrationswirkung durch die Bauaufsichtsbehörde geprüft werden, so muss der **Bauantrag durch einen bauvorlageberechtigten Entwurfsverfasser unterschrieben sein.**

2 Einer Bauvorlageberechtigung bedarf es nur für das „Errichten und Ändern" von Bauvorhaben. **Für einen Abrissantrag** auch bezogen auf ein baugenehmigungsbedürftiges Vorhaben **bedarf es keiner Bauvorlageberechtigung, dieses gilt auch für einen Nutzungsänderungsantrag.**

3 Wird entsprechend dem **Wahlrecht des Bauherrn** nach § 59 Abs. 3 („Verfahrensgrundsätze") **für ein verfahrensfreies Vorhaben gleichwohl eine „vereinfachte" oder „konzentrierte"** Genehmigung nach § 61 bzw. 62 **beantragt, so unterliegen auch diese Anträge nicht der Bauvorlageberechtigung.**

Durch die Unterschrift des Entwurfsverfassers wird dokumentiert, dass die eingereichten Bauvorlagen von ihm oder unter seiner verantwortlichen Aufsicht von Dritten erstellt wurden. 4

2. Bauvorlageberechtigte Personen (Abs. 2)

Uneingeschränkt bauvorlageberechtigt sind nach 5

Nr. 1 **Architekten,** die nach dem Hamburgischen Architektengesetz berechtigt sind, diese Berufsbezeichnung zu führen. Voraussetzung dafür ist, dass der Architekt erfolgreich ein Hoch- oder Fachhochschulstudium abgeschlossen hat sowie über eine dreijährige Berufserfahrung verfügt. Wegen bestimmter Sonderregelungen in Bezug auf eine Bauvorlageberechtigung in Hamburg wird auf das Hamburgische Architektengesetz verwiesen;

Nr. 2 **eingetragene Ingenieure** nach dem Hamburgischen Gesetz über das Ingenieurwesen auch wenn sie in einer entsprechenden Ingenieursliste eines anderen Bundeslandes eingetragen sind;

Nr. 3 **Angehörige des öffentlichen Dienstes** für die ihnen dienstlich übertragene Tätigkeit, wenn sie mindestens drei Jahre in der Fachrichtung Architektur, Hochbau oder Bauingenieurwesen praktisch tätig waren und ihnen das Recht zur Führung der Berufsbezeichnung „Ingenieur" staatlicherseits verliehen wurde (nach dem Hamburgischen Gesetz über das Ingenieurwesen).

3. Eingeschränkte Bauvorlageberechtigung (Abs. 3)

Nur für Wohngebäude mit einer Höhe bis zu 7 m und nicht mehr als zwei Nutzungseinheiten von insgesamt nicht mehr als 400 m² der **Gebäudeklassen 1 und 2** (Einfamilien- sowie Doppel- und Reihenhäuser) **gilt eine eingeschränkte Bauvorlageberechtigung für die nachfolgenden Personengruppen.** Nach 6

Nr. 1 Angehörige der Fachrichtungen Architektur, Hochbau oder Bauingenieurwesen, die ein entsprechendes Studium abgeschlossen haben;

Nr. 2 Meister des Maurer-, Zimmerer- oder des Beton- und Stahlbetonbauerhandwerks;

Nr. 3 Staatliche geprüfte Techniker der Fachrichtung Bautechnik.

Durch die **Richtlinie** 2006/123/EG **des Europäischen Parlamentes und des Rates** vom 12.12.2006 wurde die sogenannte **„Dienstleistungsrichtlinie"** beschlossen, die zum Ziel hat, die grenzüberschreitende Tätigkeit von Dienstleistungsunternehmen innerhalb der Europäischen Union zu fördern. 7

Zur Umsetzung dieser Dienstleistungsrichtlinie musste auch die Bauvorlageberechtigung gemäß § 67 geändert werden. Dies geschah durch das Hamburgische Gesetz zur Umsetzung der europäischen Dienstleistungsrichtlinie und über weitere Rechtsanpassungen vom 15.12.2009 (HmbGVBl vom 22.12.2009, S. 444), welche in Abs. 3 folgenden neuen Satz anfügte: 8

„Personen, die ihren Wohnsitz, ihre Niederlassung oder ihren Beschäftigungsort in einem anderen Mitgliedstaat der Europäischen Union oder einem nach dem Recht der europäischen Gemeinschaften gleichgestellten Staat haben, sind nach S. 1 bauvorlageberechtigt, wenn sie über eine Ausbildung verfügen, die den in S. 1 genannten Ausbildungen gleichwertig ist."

9 Um bauvorlageberechtigt zu sein, muss der Entwurfsverfasser nicht mehr seinen Wohn- oder Geschäftssitz in Deutschland haben.

10 Verfügt die Person aus einem Mitgliedstaat über eine **„landeseigene" Ausbildung, die der Ausbildung gemäß Abs. 3 S. 1 gleichwertig ist,** so ist diese Person auch in Hamburg bauvorlageberechtigt.

4. Erweiterte Bauvorlageberechtigung für Um- oder Ausbauten (Abs. 4)

11 **Für Umbauten oder Ausbauten von Gebäuden sind auch eingeschränkt Innenarchitekten bauvorlageberechtigt,** wenn sie diese Bezeichnung nach dem Architektengesetz führen dürfen. **Sie können für den Um- oder Ausbau von Bestandsgebäuden Bauvorlagen entwerfen, unterschreiben und zur Genehmigung einreichen.** Dieses gilt auch dann, wenn die baulichen Maßnahmen einer Baugenehmigung nach § 61 oder § 62 bedürfen. Innenarchitekten können den Abbruch von Wänden innerhalb von Wohnungen zwecks Vergrößerung von Räumen beantragen und beaufsichtigen, ebenso wie Baumaßnahmen zwecks Zusammenlegung oder Umgestaltung von Läden, Büros oder auch Einkaufszentren. **Auf einen Neubau bezieht sich diese Bauvorlageberechtigung eines Innenarchitekten nicht.**

5. Bauvorlageberechtigung für Freianlagen (Abs. 5)

12 **Für Freianlagen,** für die eine gesonderte Darstellung im Sinne von § 9 („nicht überbaute Flächen") verlangt wird, **sind auch Garten- und Landschaftsarchitekten bauvorlageberechtigt,** wenn sie die Berufsbezeichnung „Garten- und Landschaftsarchitekt" nach dem Hamburgischen Architektengesetz führen dürfen.

6. Nachbar- und Rechtsschutz

13 § 67 dient ausschließlich dem Allgemeininteresse

7. Ergänzende Rechtsvorschriften

14 Hier sei auch auf die Bauvorlagenverordnung (**BauVorlVO**) **vom 14.12.2010** verwiesen.

§ 68 Bautechnische Nachweise und ihre Prüfung

(1) Die Einhaltung der Anforderungen an die Standsicherheit, den Brandschutz einschließlich der hierfür bedeutsamen Anlagen der technischen Gebäudeausrüstung, den Wärmeschutz und die Energieeinsparung sowie an den Schallschutz und den Erschütterungsschutz ist für genehmigungs- und zustimmungsbedürftige Vorhaben nach näherer Maßgabe der Verordnung auf Grund § 81 Absatz 6 nachzuweisen (bautechnische Nachweise). Zu den für den Brandschutz bedeutsamen Anlagen der technischen Gebäudeausrüstung gehören insbesondere Rauch- und Wärmeabzugsanlagen, Lüftungsanlagen und Starkstromanlagen sowie CO-Überwachungsanlagen, Brandmeldeanlagen, Alarmierungsanlagen, Feuerlöschanlagen, Schutzvorhänge, Wandhydranten, technische Anlagen zur Unterstützung des Funkverkehrs (Gebäudefunkanlagen) und eine Sicherheitsstromversorgung.

(2) Im vereinfachten Genehmigungsverfahren nach § 61 Absatz 1 bei
1. Wohngebäuden
   a) der Gebäudeklassen 2 und 3 mit Tiefgaragen,
   b) der Gebäudeklasse 3, die nicht freistehen,
   c) der Gebäudeklassen 4 und 5 und
   **d) mit sonstigen Nutzungseinheiten nach § 61 Absatz 1 Nummer 1 von mehr als insgesamt 200 m², **
2. sonstigen Gebäuden, ausgenommen freistehende Gebäude mit Nutzungseinheiten von insgesamt nicht mehr als 200 m²,
und im Baugenehmigungsverfahren nach § 62 werden die bautechnischen Nachweise zur Standsicherheit, zum Wärmeschutz, zur Energieeinsparung und zum Brandschutz einschließlich der Anforderungen an Rettungswege bauaufsichtlich geprüft. Die Bauaufsichtsbehörde kann bei Vorhaben von geringer sicherheitlicher Bedeutung auf eine Prüfung der bautechnischen Nachweise zur Standsicherheit, zum Wärmeschutz und zur Energieeinsparung verzichten.

(3) Bei der Beseitigung von Gebäuden der Gebäudeklassen 3 bis 5 und baulichen Anlagen von mehr als 15 m Gesamthöhe wird die sichere Abbruchfolge bauaufsichtlich geprüft. Sofern Gebäude der Gebäudeklassen 3 bis 5 an das zu beseitigende Gebäude angrenzen, ist deren Standsicherheit ebenfalls bauaufsichtlich zu prüfen.

Kommentierung

Übersicht

1. Erfordernis technischer Nachweise (Abs. 1)

Bereits mit dem **Gesetz zur Sicherstellung klimaschutzrechtlicher Anforderungen im Baugenehmigungsverfahren** vom 17.2.2009 (HmbGVBl vom 27.2.2009, S. 4) war Abs. 1 dahingehend ergänzt worden, dann nunmehr auch bautechnische **Nachweise zur Energieeinsparung** zur Prüfung bei der Bauaufsichtsbehörde gemäß der **Bauvorlagenverordnung** eingereicht werden müssen. **1**

Dieser Katalog der einzureichenden bautechnischen Nachweise wurde dann nochmals durch **die HBauO-Novelle 2010** deutlich erweitert. In Abs. 1 wurde **ein neuer zweiter Satz angefügt, der nunmehr konkret die Anlagen der technischen Gebäudeausrüstung aufführt,** die für den Brandschutz besonders bedeutsam sind **und daher ebenfalls der bauaufsichtlichen Prüfung unterliegen,** wie Rauch- und Wärmeabzugsanlagen, Lüftungsanlagen und Starkstromanlagen sowie CO-Überwachungsanlagen, Brandmeldeanlagen, Alarmierungsanlagen, Feuerlöschanlagen, Schutzvorhänge, Wandhydranten, technische Anlagen zur **2**

Unterstützung des Funkverkehrs (Gebäudefunkanlagen) und eine Sicherheitsstromversorgung.

3 Anlagen der technischen Gebäudeausrüstung, die nicht in Abs. 1 ausdrücklich genannt sind, müssen nicht bauaufsichtlich geprüft werden.

2. Bauaufsichtlich zu prüfende bautechnische Nachweise im Genehmigungsverfahren gem. § 61 und § 62

4 **Der erst durch die HBauO-Novelle 2010 eingeführte Absatz 2 regelt,** dass **auch im Vereinfachten Genehmigungsverfahren die dort aufgeführten Wohngebäude bautechnisch hinsichtlich Standsicherheit, Brandschutz, Wärmeschutz und Energieeinsparung zu prüfen sind, einschließlich der Anforderungen an Rettungswege.** Der Nachweis der Anforderungen an Wärmeschutz und Energieeinsparung war durch das Gesetz zur Sicherstellung klimaschutzrechtlicher Anforderungen im Baugenehmigungsverfahren im Februar 2009 eingeführt worden.

5 Diesem über den § 61 Abs. 2 hinausgehenden erweiterten Prüfungsrahmen **unterliegen nicht** nachfolgende Vorhaben:

- Wohngebäude bis zu einer Höhe von 7 m, also mit bis zu 3 Vollgeschossen, der Gebäudeklasse 1 – auch mit Tiefgarage;
- Wohngebäude bis zu einer Höhe von 7 m (3 Vollgeschosse) der Gebäudeklassen 2 und 3 – ohne Tiefgarage –;
- Freistehende Wohngebäude der Gebäudeklasse 1 und 2;
- sonstige freistehende Gebäude, die beliebig viel Nutzungseinheiten (Büros, Praxen, Betriebsstätten etc.) aufweisen, sofern jede einzelne Nutzungseinheit max. eine Grundfläche von 200 qm hat.

6 Kann von einem konkreten Bauvorhaben keine große Gefahr ausgehen, **kann** gemäß Satz 2 **auf die Prüfung der Standsicherheit durch die Bauaufsichtsbehörde verzichtet werden.**

7 Durch die **HBauO-Novelle 2018** wurde in Absatz 2 Satz 2 noch aufgenommen, dass bei **Vorhaben von geringer sicherheitlicher Bedeutung** neben der Prüfung der bautechnischen Nachweise zur Standsicherheit auch auf den **Nachweis zum Wärmeschutz und zur Energieeinsparung verzichtet werden kann.** Dies betrifft also z. B. **aufgeständerte Balkone** oder auch **Vorhaben mit geringen Spannweiten.** Da schon bisher bei derartigen Anlagen auf den Nachweis der Standsicherheit verzichtet wurde, ist es nur konsequent nunmehr **auch keinen Nachweis zum Wärmeschutz und zur Energieeinsparung vorlegen** zu müssen.

8 Dementsprechend **verzichtet die Bauaufsichtsbehörde** in der Regel auf die Vorlage und die Prüfung von Standsicherheitsnachweisen **von nachträglich angebrachten Wärmedämmverbundfassaden bis zur Hochhausgrenze** und damit auch auf die Prüfung der Einhaltung von Wärmeschutz- und Energieeinsparungs-Anforderungen.

3. Beseitigung baulicher Anlagen (Abs. 3)

9 **Bei Gebäuden der Gebäudeklassen 3 bis 5 und bei baulichen Anlagen von mehr als 15 m** Gesamthöhe – auch bei angrenzenden Gebäuden – ist die **sichere Abbruchfolge bauaufsichtlich zu prüfen.**

Prüfungsfrei ist der Abbruch von 10
- freistehenden Gebäuden der Gebäudeklassen 1 und 3, die zugleich auch verfahrensfreie Vorhaben gemäß der Anlage 2 zu § 60, Abschnitt III, Nr. 2. sind;
- sonstige Anlagen, die keine Gebäude sind, mit einer Höhe bis zu 10 m gemäß Anlage 2 zu § 60, Abschnitt III, Nr. 3.

4. Nachbar- und Rechtsschutz

Auch § 68 enthält allgemeine Anforderungen an bautechnische Nachweise und deren Prüfung, die nicht nachbarschützend sind. 11

5. Ergänzende Rechtsvorschriften

Welche bautechnischen Nachweise im vereinfachten oder „konzentrierten" Genehmigungsverfahren vom Bauherrn einzuholen und ggf. der Bauaufsichtsbehörde vorzulegen sind, bestimmt die **Bauvorlagenverordnung** Hinzuweisen ist darauf, dass nunmehr gemäß § 3 BauVorlVO auch Bauanträge, Genehmigungen und Bescheide mittels **elektronischer Form eingereicht bzw. verschickt werden können.** 12

Ergänzend sei auf folgende **Bauprüfdienste** hingewiesen: 13
- BPD 2/11 „Prüfung technischer Anlagen und Einrichtungen im Genehmigungsverfahren (**BPD Prüfung TGA**)";
- BPD 4/11 „Beteiligung der Feuerwehr am bauaufsichtlichen Verfahren".

§ 69 Abweichungen

(1) Die Bauaufsichtsbehörde kann Abweichungen von Anforderungen dieses Gesetzes und auf Grund dieses Gesetzes erlassenen Vorschriften zulassen, wenn
1. sie unter Berücksichtigung des Zwecks der jeweiligen Anforderung und unter Würdigung der öffentlich-rechtlich geschützten nachbarlichen Belange mit den öffentlichen Belangen, insbesondere den Anforderungen des § 3 Satz 1, vereinbar sind,
2. Gründe des Wohls der Allgemeinheit die Abweichung erfordern oder
3. bei bestehenden Gebäuden zusätzlicher Wohnraum durch Änderung des Dachgeschosses oder durch Errichtung zusätzlicher Geschosse geschaffen wird, das Vorhaben ansonsten nicht oder nur mit unzumutbarem Aufwand verwirklicht werden kann und die öffentliche Sicherheit und Ordnung nicht gefährdet werden, insbesondere wenn keine Bedenken wegen des Brandschutzes bestehen.

§ 81a Absatz 1 Satz 3 bleibt unberührt.

(2) Die Zulassung von Abweichungen nach Absatz 1, von Ausnahmen und Befreiungen nach § 31 BauGB oder von Abweichungen nach § 34 Absatz 3a BauGB ist gesondert zu beantragen; der Antrag ist zu begründen. Für Vorhaben, die keiner Genehmigung bedürfen, sowie für Abweichungen von Vorschriften, die im Genehmigungsverfahren nicht geprüft werden, gilt Satz 1 entsprechend.

Kommentierung

Übersicht Rn.

1. Voraussetzungen für eine Abweichungsentscheidung (Abs. 1)

1 **Das Bauordnungsrecht soll** zum einen als Ausfluss des grundgesetzlich geschützten Eigentums gemäß Art. 14 Abs. 1 GG **die Baufreiheit garantieren.** Zum anderen soll das Bauordnungsrecht aber auch die **Möglichkeit einräumen, eine vom Baurecht abweichende Bauausführung zu genehmigen,** sofern die Bauvorschrift, von der abgewichen werden soll, unter Wahrung der Interessen der Allgemeinheit und der nachbarlichen Belange im Kern erhalten bleibt.

2 Nur dadurch ist es möglich, den **vielschichtigen Bauwünschen** an Ausführung und Nutzung Rechnung zu tragen, **um auch innovative Bauideen verwirklichen zu können.**

3 Gemäß diesem Verständnis **ist eine Abweichungsentscheidung keine Wohltat der Bauaufsichtsbehörde,** sie füllt vielmehr den verfassungsrechtlich gesetzten Rahmen der Baufreiheit im Sinne des Grundsatzes der Verhältnismäßigkeit aus. **Wenn weder Belange des Allgemeinwohls noch Interessen des Nachbarn verletzt werden, ist eine Abweichung zu genehmigen.** Zumutbare Beeinträchtigungen für den Nachbarn schließen eine solche Abweichungsentscheidung nicht aus, sofern nicht die nachbarlichen Belange tangiert werden, die sich aus § 71 Abs. 2 ergeben.

4 **Abweichungen** nach § 69 **können nur von Vorschriften der HBauO erteilt werden.** Für planungsrechtliche Abweichungen (Befreiungen) gilt § 31 BauGB.

5 Eine Abweichungsentscheidung steht im **pflichtgemäßen Ermessen** der Bauaufsichtsbehörde.

6 **Ob eine Abweichung zu genehmigen ist,** richtet sich zunächst nach dem Zweck der jeweiligen bauaufsichtlichen Anforderung, von der abgewichen werden soll. **Bezweckt eine bauordnungsrechtliche Vorschrift primär den Schutz der öffentlichen Sicherheit und Ordnung,** wie Standsicherheit, Brandschutz, Verkehrssicherheit, Rettungswege und bauliche Ausgestaltung notwendiger Treppenräume, Ausgänge, notwendiger Flure etc., so ist der Rahmen für eine Abweichung eng gesteckt, d. h. **eine Abweichung ist in der Regel unzulässig.**

7 Sinngemäß gleiches gilt, **wenn eine Vorschrift** der HBauO vorrangig **dem Schutz von Nachbarinteressen dient,** wie typischerweise die Abstandsflächen. Aus diesem Grunde kann eine Abweichung von Abstandsflächen nach § 71 Abs. 2 Nr. 1 auch nur genehmigt werden, wenn der Nachbar ausdrücklich zustimmt.

8 Bei einer Abweichungsentscheidung hat die Bauaufsichtsbehörde auch immer das **Gebot der nachbarlichen Rücksichtnahme** zu berücksichtigen, welches sich aus dem Bauplanungsrecht herleitet. Danach hat ein Bauherr, der ein **Neubauvorhaben verwirklichen will,** hinsichtlich der Art und des Maßes seiner bauli-

chen Anlage **in seine Planung die vorhandene Nachbarbebauung inklusiv der Nutzung des Gebäudes und seiner Freiflächen mit einzubeziehen** und so in gewisser Weise auf die Nachbarn Rücksicht zu nehmen.

Grundsätzlich kann jeder Nachbar darauf vertrauen, dass eine Neubebauung auf seinem Nachbargrundstück **die bauordnungsrechtlichen Vorschriften einhält.** Ist eine sinnvolle Neubebauung nur unter Erteilung einer Abweichung möglich, können hierhinter umso mehr die Nachbarinteressen zurückstehen, je weniger der Nachbar durch die Abweichung spürbar beeinträchtigt wird. 9

Daneben sind bei einer Abweichung die öffentlichen Belange in die Ermessensentscheidung einzustellen, die in § 3 Abs. 1 („Allgemeine Anforderungen") aufgeführt sind, wie die öffentliche Sicherheit oder Ordnung, insbesondere Leben, Gesundheit sowie die natürlichen Lebensgrundlagen. 10

Im Bauordnungsrecht ist eine Kompensation oder Saldierung öffentlicher Belange zulässig, anders als in der Bauleitplanung. Zu nennen sei hier insbesondere der **Bereich des Denkmalschutzes.** Um ein Gebäude als Denkmal erhalten, d. h. finanzieren zu können, ist es oftmals unerlässlich, Abweichungen zu genehmigen, um **Modernisierungen und damit eine wirtschaftliche Nutzung und damit Erhaltung des Gebäudes zu ermöglichen.** 11

Auch **Gründe des Wohls der Allgemeinheit** können eine Abweichung erfordern. Dieses gilt insbesondere, wenn **Gebäude der Daseinsvorsorge** im sozialen, kulturellen oder sportlichen Interesse der Allgemeinheit errichten werden sollen, wie Krankenhäuser, Schulen, Kindergärten, Theater etc. 12

Bisher waren Abweichungen gemäß Ziffer 1 zuzulassen, sofern sie **nicht gegen öffentliche Belange** oder **nachbarliche Belange** verstießen und mit § 3 (Allgemeine Anforderungen an bauliche Anlagen) vereinbar waren. 13

Gemäß **Nummer 2** waren Abweichungen zu genehmigen, sofern **Gründe des Wohls der Allgemeinheit die Abweichung erfordern.** 14

Nunmehr ist durch die **Novelle 2018** noch eine **neue Ziffer 3 eingefügt** worden, die im engen Zusammenhang mit dem neuen § 37 Absatz 4 Satz 1, zweiter Halbsatz steht, nämlich mit dem **Verzicht auf den Einbau oder Umbau von** Aufzügen für Wohnungsbaumaßnahmen für die **Änderung von Dachgeschossen** oder die **Errichtung zusätzlicher Geschosse** im Zusammenhang. Der Gesetzgeber begründet die neue Ziffer 3 gemäß der HBauO-Novelle 2018 damit, dass sonst trotz der neuen Regelung für Aufzüge erforderliche Abweichungen nach den bisherigen Ziffern 1 und 2 nicht erteilt werden könnten. 15

2. Antragsverfahren (Abs. 2)

Sowohl die Erteilung einer Abweichung von der HBauO als auch eine Ausnahme und Befreiung nach § 31 BauGB von den Festsetzungen eines Bebauungsplanes **bedarf eines schriftlichen Antrages des Bauherrn, der zu begründen ist.** 16

17 Dieses gilt auch für **Bauvorhaben „innerhalb eines im Zusammenhang bebauten Ortsteiles“** nach § 34 BauGB, wenn also ein Bauherr im Geltungsbereich eines Baustufenplanes ein Bauvorhaben realisieren will, welches sich nicht in die Eigenart der näheren Umgebung einfügt aber gleichwohl unter den Voraussetzungen des § 34 Abs. 3a BauGB einer Abweichung zugänglich ist.

18 Auch **verfahrensfreie Vorhaben** nach § 60 können mit bauordnungsrechtlichen oder auch bauplanungsrechtlichen Normen nicht im Einklang stehen. **Auch in diesen Fällen ist eine Abweichung, Ausnahme oder Befreiung notwendig**, da auch ein verfahrensfreies Vorhaben dem Planungsrecht entsprechen muss, was sich letztlich auch aus dem Regelungsgehalt des § 59 Abs. 2 („Verfahrensgrundsätze“) ergibt. **Bevor mit der Errichtung des verfahrensfreien Vorhabens begonnen wird,** muss die bauaufsichtlich genehmigte Abweichungsentscheidung, Ausnahme oder Befreiung vorliegen (siehe hierzu auch die Ausführungen zu § 60 Abs. 1).

3. Nachbar- und Rechtsschutz

19 Der Nachbar kann die Verletzung subjektiver Rechte nur erfolgreich geltend machen, wenn eine Abweichung, Ausnahme oder Befreiung von einer Vorschrift des Bauordnungs- oder des Bauplanungsrechts erteilt wurde, die zumindest auch Nachbarinteressen schützen soll (siehe hierzu auch die Ausführung zu § 71).

4. Ergänzende Vorschriften

20 Im Rahmen der Beantragung einer Abweichung kann auch die Regelung des BPD 2018-3 „Bauen in Massivholzbauweise (**BPD Massivholzbau**)“ zur Anwendung kommen.

§ 70 Bauantrag, Bauvorlagen; Beteiligung anderer Stellen

(1) Der Bauantrag ist unter Angabe, ob ein Verfahren nach § 61 oder nach § 62 durchgeführt werden soll, bei der Bauaufsichtsbehörde einzureichen.

(2) Der Eingang der Unterlagen ist innerhalb von zwei Wochen nach Antragstellung zu bestätigen; sofern Unterlagen fehlen, sind diese zu benennen. Mit dem Bauantrag sind alle für die Beurteilung des Vorhabens und die Bearbeitung des Bauantrags erforderlichen Unterlagen (Bauvorlagen) einzureichen. Bauvorlagen können nach näherer Maßgabe der Rechtsverordnung nach § 81 Absatz 6 in der jeweils geltenden Fassung nachgereicht werden; sie bleiben dann bei der Beurteilung der Vollständigkeit der Unterlagen und der an diese geknüpften Fristen nach § 61 Absatz 3 und § 62 Absatz 1 außer Betracht.

(3) Weist der Bauantrag erhebliche Mängel auf, fordert die Bauaufsichtsbehörde die Bauherrin oder den Bauherrn zur Behebung der Mängel innerhalb einer angemessenen Frist auf. Werden die Mängel innerhalb der Frist nicht behoben, gilt der Antrag als zurückgenommen.

(4) In besonderen Fällen kann zur Beurteilung der Einwirkung des Bauvorhabens auf die Umgebung verlangt werden, dass es in geeigneter Weise auf dem Baugrundstück dargestellt wird.

(5) Die Bauaufsichtsbehörde holt unverzüglich die Stellungnahmen der Behörden und Stellen ein, deren Zustimmung oder Einvernehmen zur Baugenehmigung erforderlich ist, deren Entscheidung wegen der Baugenehmigung entfällt oder deren Aufgabenbereich durch das Vorhaben berührt wird.

(6) Die Stellungnahmen der beteiligten Behörden und Stellen sind innerhalb eines Monats nach Eingang der vollständigen Unterlagen abzugeben, soweit nicht andere Fristen durch Rechtsvorschrift vorgesehen sind; sofern die für die fachliche Stellungnahme erforderlichen Unterlagen zu vervollständigen sind, beginnt die Frist mit dem Vorliegen der vervollständigten Unterlagen. Geht die Stellungnahme nicht innerhalb der vorgeschriebenen Frist ein, so soll die Bauaufsichtsbehörde davon ausgehen, dass die von den Behörden und Stellen wahrzunehmenden öffentlichen Belange der Erteilung der Baugenehmigung nicht entgegenstehen. Bedarf die Erteilung der Baugenehmigung der Zustimmung oder des Einvernehmens einer anderen Behörde oder sonstigen Stelle, so gilt diese als erteilt, wenn sie nicht innerhalb der Frist nach Satz 1 verweigert wird.

Kommentierung

Übersicht

1. Wahl des Baugenehmigungsverfahrens (Abs. 1)

1 Mit Einreichung des Bauantrags beginnt das bauaufsichtliche Genehmigungsverfahren. **Der Antrag ist schriftlich unter Beifügung der Bauunterlagen einzureichen**, die in der **Bauvorlagenverordnung** vorgeschrieben sind. **Die neue Bauvorlagenverordnung vom 14.12.2010** sieht insofern **Erleichterungen für den Bauherrn** vor, als dieser in Übereinstimmung mit dem neu gefassten § 70 Abs. 2 S. 3 und dem ergänzten § 72 Abs. 1 nunmehr **Unterlagen zur technischen Detaillierung nachreichen kann, ohne dass dies Einfluss auf die Vollständigkeit der Unterlagen hat** (siehe hierzu auch die Ausführungen zu Absatz 2). **Vorsorglich sollte der Bauherr in seinem Bauantrag darauf hinweisen,** welche technischen **Nachweise er zu einem späteren Zeitpunkt einreichen und genehmigen lassen möchte.**

2 **In dem Bauantrag ist anzugeben, ob er im vereinfachten oder im Baugenehmigungsverfahren mit Konzentrationswirkung bearbeitet werden soll** (wegen des **Wahlrechts** des Bauherrn, siehe § 59 Abs. 3 „Verfahrensgrundsätze").

3 **Der Bauherr muss** gemäß der §§ 104 ff. BGB **geschäftsfähig sein.**

4 **Juristische Personen** haben einen Vertreter zu benennen (vgl. § 54 Abs. 3), sofern es keinen **gesetzlichen Vertreter** gibt, der den Bauantrag zu unterzeichnen hat.

5 Auch eine Privatperson kann den Bauantrag von einem **bevollmächtigten Dritten unterschreiben lassen.**

6 Die Bauaufsichtsbehörde kann sich die ordnungsgemäße Vertretung durch **Vorlage einer entsprechenden Vollmacht** nachweisen lassen.

7 **Bauherr und Grundstückseigentümer müssen nicht identisch sein.** Ist der Bauherr nicht zugleich Grundstückseigentümer **kann die Bauaufsichtsbehörde** nach § 1 Abs. 4 Satz 4 BauVorlVO **verlangen, dass die Unterschrift des Grundstückseigentümers auf dem Antragsformular beizubringen ist.**

8 **Die Bauaufsichtsbehörde ist nicht verpflichtet, zu prüfen, ob der Bauherr nach Erhalt der Baugenehmigung über das Grundstück auch verfügen,** d. h. es ggf. erwerben und bebauen **kann.** Liegen der Bauaufsichtsbehörde konkrete Belege oder Aussagen darüber vor, dass der Bauherr über das Baugrundstück niemals wird verfügen, sprich es bebauen können, **fehlt es am Sachbescheidungsinteresse.** Ein Bauantrag ist dann abzulehnen. Dieses ist aber nur zulässig, wenn die mangelnde Verfügungsbefugnis des Bauherrn über das Baugrundstück eindeutig und offensichtlich ist, **eine vermutete mangelnde Verkaufsbereitschaft des anderen Grundstückseigentümers reicht nicht aus.**

9 **Der Bauantrag muss hinreichend bestimmt sein.** Aus ihm muss hervorgehen, welches konkrete Bauvorhaben der Bauherr errichten und bauaufsichtlich genehmigen lassen möchte. Die Bauvorlagen müssen daher vollständig sein, insbesondere **muss in den einzelnen Geschossen deren Nutzung angegeben werden.** Der Baubeschreibung nach § 12 BauVorlVO und der Betriebsbeschreibung nach § 13 BauVorlVO kommt hierbei eine wichtige Konkretisierungsbedeutung zu.

10 **Für das „Bestimmtheitserfordernis" reicht es aus,** wenn der Neubau eines Geschäftshauses beantragt wird, der als **Nutzung lediglich „Verkaufsräume" oder „Shops" angibt, ohne das Sortiment anzugeben.** Denn die eigentliche Nutzung des Bauvorhabens steht fest, nämlich ein Geschäftshaus mit einzelnen Verkaufsräumen.

11 Dem Bauherrn ist dann eine entsprechende **„Grundgenehmigung"** zu erteilen, **die aber die zu erwartende Nutzung insgesamt größenordnungsmäßig festlegen muss.**

12 Sobald die Verkaufsräume dann vermietet sind und deren **Nutzung feststeht, sind entsprechende Bauanträge separat einzureichen,** wobei dann die Bauaufsichtsbehörde insbesondere zu prüfen hat, ob beispielsweise ein „Mehrbedarf an Stellplätzen" besteht bzw. ob zusätzliche Anforderungen des Arbeitsschutzes einzuhalten sind (siehe hierzu unten auch die Ausführungen zu § 72 „Baugenehmigung" unter Gliederungspunkt 1 „Rechtsanspruch auf Erteilung").

13 **Der Bauantrag kann bis zu seiner Rechtskraft jederzeit zurückgenommen werden.** Selbst wenn der Bauherr gerichtlich auf Erteilung der von ihm beantragten

Baugenehmigung klagt, kann er den Bauantrag auch noch in der mündlichen Berufungsinstanz vor dem Oberverwaltungsgericht Hamburg zurücknehmen, indem er dieses zu Protokoll erklärt.

Gemäß dem Grundsatz der Baufreiheit kann ein Bauherr für ein und dasselbe Baugrundstück zwei oder auch mehrere Bauanträge einreichen, die allesamt von der Bauaufsichtsbehörde zu prüfen und zu bescheiden sind. **Erhält der Bauherr mehrere Genehmigungen,** obliegt es ihm, ob er überhaupt eine Baugenehmigung ausnutzen will und wenn ja, welche. Dabei wird für den Bauherrn die Marktsituation, sprich die wirtschaftliche Verwertung seines Objektes entscheidend sein, d. h. ob er einen Nutzer für sein Bauvorhaben hat oder findet. 14

Ein Bauantrag ist nicht nur für Neubauvorhaben, sondern auch für die Änderung, Nutzungsänderung oder den Abbruch baulicher Anlagen zu stellen. 15

Nach der Senatsanordnung über Zuständigkeiten im Bauordnungswesen ist der **Bauantrag bei dem Bezirksamt einzureichen, in welchem das Baugrundstück liegt.** Ausnahme: Anträge auf Typengenehmigung und für Fliegende Bauten sind bei der Behörde für Stadtentwicklung und Umwelt vorzulegen. 16

2. Bearbeitung des Bauantrags nach Eingang (Abs. 2)

Nach Eingang des Bauantrages muss die Bauaufsichtsbehörde dem Bauherrn den Eingang der Unterlagen datumsmäßig bestätigen, egal, ob die Unterlagen vollständig oder unvollständig sind. Es handelt sich hierbei um eine **Muss-Vorschrift, d. h. die Bauaufsichtsbehörde ist verpflichtet, eine Eingangsbestätigung zu fertigen.** Die Frist beginnt mit dem Eingang der Antragsunterlagen bei der Bauaufsichtsbehörde, was durch den Eingangsstempel dokumentiert wird. Sie endet 14 Tage später, sodass der zuständige Sachbearbeiter zwei Wochen Zeit hat, die Bauantragsunterlagen insbesondere auf Vollständigkeit zu prüfen und ggf. fehlende Unterlagen detailliert nachzufordern. 17

Die in § 61 Abs. 3 für das vereinfachte Baugenehmigungsverfahren und die in § 62 Abs. 1 für das Konzentrierte Baugenehmigungsverfahren vorgegebenen **Bearbeitungsfristen beginnen aber erst zu laufen, wenn sämtliche nach der Bauvorlagenverordnung vorgeschriebenen Unterlagen dem Bauprüfer vollständig vorliegen.** 18

Schließt der Bauprüfer die Eingangsprüfung nicht innerhalb von 14 Tagen ab oder sendet er innerhalb dieses Zeitraums keine Eingangsbestätigung ab, so **hat dieses keine unmittelbaren rechtlichen Auswirkungen.** Die Bauaufsichtsbehörde kann auch nach Ablauf dieser Frist ihre Eingangsprüfung vornehmen, Unterlagen nachfordern etc. 19

Die so „verlängerte" Frist kann aber mittelbar von Bedeutung sein im Rahmen der Fiktionswirkung im vereinfachten Genehmigungsverfahren nach § 61 Abs. 3 Satz 4 (siehe hierzu auch die Ausführungen zu § 61, unter Gliederungspunkt 3 „Fristen"). 20

Zunächst muss die Bauaufsichtsbehörde prüfen, ob alle für die Beurteilung des Bauvorhabens und die Bearbeitung des Bauantrags erforderlichen Unterlagen 21 eingereicht wurden. **Fehlen Bauvorlagen müssen diese bereits mit der Eingangsbestätigung nachgefordert werden.**

22 **Ob die Bauvorlagen genehmigungsfähig oder auch mangelfrei sind, ist nicht Gegenstand der Eingangsprüfung.** Es ist lediglich zu prüfen, ob die Bauvorlagen dem Schrifterfordernis genügen, das gewählte Baugenehmigungsverfahren bezeichnen und alle Unterlagen auch hinsichtlich ihrer Anzahl eingereicht wurden, die nach der Bauvorlagenverordnung vorgeschrieben sind.

23 **Insbesondere hat die Bauaufsichtsbehörde auch nicht die Richtigkeit von Angaben in den Bauantragsunterlagen zu prüfen,** inhaltliche Widersprüche gehen zu Lasten des Bauherrn. Ggf. ist im Wege der Auslegung zu ermitteln, was der Bauherr der Bauaufsichtsbehörde zur Prüfung vorlegen wollte.

24 **In Absatz 2 ist ausdrücklich geregelt, dass Bauvorlagen gemäß der Bauvorlagenverordnung sukzessive entsprechend dem Fortgang des Prüfverfahrens nachgereicht werden können. Nachgereicht werden können z. B. bautechnische Nachweise** über Standsicherheit, Wärme-, Schall-, Brand-, Erschütterungsschutz sowie über Entwässerungsanlagen sowie die Einhaltung der Anforderungen an die Energieeinsparung. Dadurch wird vermieden, dass ein Bauherr z. B. eine kostenintensive Statik in Auftrag gibt, bevor überhaupt feststeht, ob sein Bauvorhaben genehmigungsfähig ist.

25 Die vorgenannten bautechnischen Nachweise können ebenso wie die Bauvorlagen zur technischen Ausführung der für den **Brandschutz** bedeutsamen Bauteile und der **Anlagen der technischen Gebäudeausrüstung nach Erhalt der „Grund-Baugenehmigung"** vom Bauherrn zwecks Genehmigung durch einen **Ergänzungsbescheid** eingereicht werden. Dies gilt auch für die **befristete Sondernutzung öffentlicher Wege** oder öffentlich genutzter privater Verkehrsfläche sowie für die **Bauvorlagen der Baustelleneinrichtung.**

3. Mängel des Bauantrags (Abs. 3)

26 **Nach Absendung der Eingangsbestätigung beginnt das eigentliche Prüfungsverfahren,** deren Einzelheiten für das vereinfachte Genehmigungsverfahren in § 61 und für das Baugenehmigungsverfahren mit Konzentrationswirkung in § 62 normiert sind.

27 **Stellt die Bauaufsichtsbehörde dabei fest, dass die Bauvorlagen erhebliche Mängel aufweisen,** so fordert sie den Bauherrn zur Behebung der festgestellten Mängel innerhalb einer angemessenen Frist auf.

28 **Von einem erheblichen Mangel ist auszugehen, wenn Angaben in den Bauvorlagen nicht eindeutig oder sogar widersprüchlich sind** oder notwendige Konkretisierungen in der Bau- oder Betriebsbeschreibung insbesondere hinsichtlich der beantragten Nutzung fehlen.

29 **Angemessen ist eine Frist,** wenn der Bauherr ausreichend Zeit hat, die mangelhaften Unterlagen zu ergänzen oder auszutauschen. **Ist der Bauherr aufgrund eigener Sachkunde in der Lage, den Mangel selbst zu beheben, reicht eine Frist**

von **2 Wochen** aus. Muss der Bauherr sich **eines Dritten** (Architekten, Ingenieurs, Sachverständigen etc.) bedienen, sollte die **Frist 4 Wochen betragen.**

In dem „**Nachforderungsschreiben**" sind die Mängel einzeln, konkret und vollständig zu nennen, auch die Frist ist auf den Tag genau festzusetzen. 30

Auf die Rechtsfolge, dass bei Verstreichen der Frist der Antrag als zurückgenommen gilt, soll in dem „Mängelbeseitigungsschreiben" hingewiesen werden. 31

Lässt der Bauherr die Frist verstreichen, gilt sein Antrag nach Satz 2 **fiktiv als zurückgenommen.** Einer zusätzlichen Entscheidung der Bauaufsichtsbehörde bedarf es nicht, diese sollte dem Bauherrn aber mitteilen, dass das Baugenehmigungsverfahren nicht fortgeführt wird, sondern beendet ist. 32

4. **Darstellung des Bauvorhabens auf dem Baugrundstück** (Abs. 4)

In Einzelfällen kann die Bauaufsichtsbehörde verlangen, **dass auf dem Baugrundstück anhand von Stangen, Gerüsten oder Ballons das Bauvorhaben in seinen äußeren Umrissen in etwa dargestellt wird**, um dadurch beurteilen zu können, ob es sich in das Stadt- oder Straßenbild einfügt. Es handelt sich hierbei um eine **Ausnahmevorschrift**, die nur in den seltensten Fällen zum Tragen kommen kann. 33

5. **Beteiligung von Behörde und Stellen** (Abs. 5)

Nach Abschluss der Eingangsprüfung gemäß Abs. 2 **holt die Bauaufsichtsbehörde unverzüglich Stellungnahmen der Behörden und Stellen ein**, deren Zustimmung oder Einvernehmen für die Erteilung der Baugenehmigung erforderlich ist. **Dieses hat eine hervorgehobene Bedeutung für das Baugenehmigungsverfahren mit Konzentrationswirkung**, da die Baugenehmigung alle weiteren öffentlich-rechtlichen Genehmigungen, Bewilligungen, Zustimmungen, Einvernehmen oder Erlaubnisse miteinschließt, die nach anderen Gesetzen notwendig sind (siehe hierzu auch die Ausführungen zu § 62 Abs. 1). Dieses können insbesondere auch Stellungnahmen des Gesundheitsamtes bei Bauanträgen für Arztpraxen oder der Verbraucherschutzämter der Bezirke bei der Beantragung von Gaststätten sein. 34

Welche Behörde oder Stelle zu beteiligen ist, ergibt aus den Bauprüfdiensten **BPD 2017-3 „Baugenehmigungsverfahren mit Konzentrationswirkung** nach § 62 HBauO" und dem **BPD 2018-4 „Zu prüfende Rechtsbereiche im Baugenehmigungsverfahren mit Konzentrationswirkung** nach § 62 HBauO". **Bei den zu beteiligenden Dienststellen wird zwischen solchen entschieden, die z. B. einen „eigenständigen Entscheidungsvorbehalt" geltend machen können oder nur „in beratender Funktion" tätig werden.** Welche Fachbehörde, welches Bezirksamt und welche Dienststelle wie zu beteiligen ist, regelt exakt die umfangreiche Anlage 1 zur „Globalrichtlinie Baugenehmigung mit Konzentrationswirkung". 35

Die Bezirksversammlungen und ihre Fachausschüsse sind keine „Stellen" im Sinne des Abs. 6. Nach dem **Bezirksverwaltungsgesetz** ist es Aufgabe der be- 36 zirklichen Gremien, die Bauaufsichtsbehörde zu kontrollieren, ein Beteiligungsrecht am eigentlichen Baugenehmigungsverfahren folgt hieraus nicht.

6. Fristen für Stellungnahmen (Abs. 6)

37 **Die zu beteiligenden Behörden und Stellen sind verpflichtet, innerhalb eines Monats** nach Eingang der vollständigen Unterlagen **eine Stellungnahme abzugeben.** Da in den überwiegenden Fällen nur die beteiligte Behörde/Stelle für ihren speziellen Rechtsbereich beurteilen kann, ob die Unterlagen vollständig und mangelfrei sind, die sie für die Abgabe ihrer Stellungnahme benötigt, **wird es regelmäßig zur Nachforderungen von Unterlagen der zu beteiligenden Behörde/Stelle kommen.**

38 **In diesen Fällen beginnt die einmonatige Stellungnahmefrist für die beteiligte Behörde/Stelle erst mit Eingang der nachgeforderten, vervollständigten Unterlagen.**

39 **Wird die Monatsfrist nicht eingehalten, so bleibt dieses sanktionslos. Eine mittelbare Wirkung kann sich aber aufgrund der Fiktionswirkung im vereinfachten Genehmigungsverfahren** nach § 61 Abs. 3 Satz 4 **ergeben,** da eine Verlängerung der Stellungnahmefrist nicht zu einer Verlängerung der einmonatigen bzw. zweimonatigen Fiktionsfrist führt.

40 **Sind Fristen nach anderen Rechtsvorschriften, etwa in einem Planfeststellungsverfahren vorgegeben,** so sind diese Fristen vorrangig zu beachten.

41 **Geht die Stellungnahme nicht in der Monatsfrist ein,** so soll die Bauaufsichtsbehörde davon ausgehen, dass die von der beteiligten Behörde/Stelle zu beurteilenden und zu prüfenden speziellen öffentlich-rechtlichen Vorschriften durch den Bauantrag eingehalten werden. **Diese Fiktionswirkung tritt nicht ein, wenn die Behörde/Stelle eine negative Stellungnahme abgibt oder ihre Stellungnahme mit zusätzlichen besonderen Auflagen oder sonstigen Nebenbestimmungen versieht.**

42 Eine nach § 10 Abs. 1 Satz 1 **Hamburgisches Wohnraumschutzgesetz** (HmbWoSchG) notwendige ausdrücklich Erteilung einer **„Zweckentfremdungsgenehmigung"** gilt nicht gemäß Satz 3 als erteilt, wenn das **Fachamt für Wohnraumschutz die Genehmigung der Zweckentfremdung nicht innerhalb eines Monats nach Eingang der vollständigen Unterlagen verweigert hat.** Denn vom Gesetzgeber ist dem **Fachamt Wohnraumschutz kein Mitwirkungsrecht** bei der baurechtlichen Umwandlung von Wohnraum zu „nicht Wohnzwecken" zugewiesen, wonach es für die Genehmigung eines entsprechenden Nutzungsänderungsantrages der Zustimmung oder des Einvernehmens des Fachamtes Wohnraumschutz bedarf. **Das Fachamt ist lediglich „zu beteiligen"**, d. h. die Bauaufsichtsbehörde hat dem Fachamt Gelegenheit zur Stellungnahme zu geben. **Die Entscheidung selbst über die Erteilung oder Ablehnung einer Zweckentfremdungsgenehmigung trifft die Bauaufsichtsbehörde im Rahmen ihrer Kompetenz,** ihrer „Eigenzuständigkeit" im konzentrierten Baugenehmigungsverfahren (siehe hierzu oben auch die Ausführungen zu § 62 Abs. 1 „Prüfungsumfang im konzentrierten Baugenehmigungsverfahren"). **Erkennt die Bauauf-**

sichtsbehörde aufgrund eigener Sachkunde, dass ein Bauantrag nicht gegen Bauordnungs- oder Bauplanungsrecht verstößt, wohl aber gegen eine andere öffentlich-rechtliche Vorschrift oder ein anderes Gesetz, **so muss die Bauaufsichtsbehörde von sich aus tätig werden**, indem sie entweder die zu beteiligende Behörde/Stelle zu einer kurzfristigen Stellungnahme auffordert oder selbst entscheidet, ob die Verletzung des „Nebenrechts" zur Versagung der Baugenehmigung führt.

Durch die Beteiligung der Behörde/Stelle übernimmt diese die Verantwortung dafür, dass der Bauantrag konform bzw. nicht-konform ist mit dem von der Behörde/Stelle zu prüfenden Rechtsgebiet. Diese Verantwortlichkeit ist jedoch lediglich verwaltungsintern, **gegenüber dem Bauherrn nach außen trägt allein die Bauaufsichtsbehörde die Verantwortung**, sie allein hat ggf. für falsche Entscheidungen und Genehmigungen einzustehen und zu haften. 43

Ist eine andere öffentliche Körperschaft oder eine andere Fachbehörde zu beteiligen, so muss auch diese ihre Stellungnahme innerhalb eines Monats abgeben, sofern sie den Eintritt der Fiktionswirkung verhindern will. 44

7. **Nachbar- und Rechtsschutz**

§ 70 dient ausschließlich dem **Allgemeininteresse**. 45

Ist der Nachbar nach erfolgter **Akteneinsicht** in die Bauantragsunterlagen des Neubauvorhabens, **die ihm** nach § 29 Abs. 1 HmbVwVfG **gewährt werden muss, der Auffassung, dass die vom Bauherrn eingereichten Bauvorlagen unvollständig oder sogar falsch sind,** kann der Nachbar von der Bauaufsichtsbehörde gleichwohl nicht verlangen, dass diese vom Bauherrn irgendwelche Unterlagen nachfordert. Denn auch sämtliche Vorschriften der Bauvorlagenverordnung sind nicht nachbarschützend. 46

Erhebliche Mängel im Hinblick auf die Vollständigkeit und die Angaben **in den Bauantragsunterlagen können dazu führen, dass eine gleichwohl erteilte Baugenehmigung rechtswidrig** ist. Gegen diese Baugenehmigung kann der Nachbar – wie gegen jede Baugenehmigung (siehe hierzu die Ausführungen zu § 72, Gliederungspunkt 6 „Nachbar- und Rechtsschutz) – Widerspruch einlegen und Klage vor dem Verwaltungsgericht erheben, sofern die Bauaufsichtsbehörde dem Widerspruch nicht abhilft. Stellt sich dabei heraus, dass wegen Unvollständigkeit oder falscher Angaben die Einhaltung drittschützender Vorschriften nicht geprüft und **nachbarschützende Regelungen verletzt wurden, so ist die Baugenehmigung aufzuheben.** 47

Die Eingangsbestätigung nach Abs. 2 ist kein Verwaltungsakt, gegen den ein Rechtsbehelf oder Rechtsmittel eingelegt werden kann. Es handelt sich lediglich um eine „Bestätigung" ohne Rechtswirkung. 48

Etwas anders gilt für ein Schreiben der Bauaufsichtsbehörde, mit welchem aufgrund erkannter Mängel nach Abs. 3 **Bauunterlagen nachgefordert werden.** Ein solches **„Nachforderungsschreiben"** ist als Verwaltungsakt zu qualifizieren, gegen welches der Antragsteller **Widerspruch und Klage einreichen** kann. **Denn die Nachforderung von Unterlagen** durch die Bauaufsichtsbehörde **wirkt** 49 sich rechtlich in vielfacher Hinsicht gerade auch auf den Bauherrn aus. So wird durch die Nachforderung von Bauunterlagen dokumentiert, dass diese unvollständig oder fehlerhaft sind, was in der Praxis nicht selten vom Antragsteller anders beurteilt wird. Gerade im Hinblick darauf, dass das Nachforderungsschreiben die Bearbeitungsfristen von Bauanträgen im vereinfachten und im „konzentrierten" Genehmigungsverfahren verlängert, **kann es einem Bauherrn nicht verwehrt werden, ggf. die Berechtigung des Nachforderns von Unterlagen durch die Bauaufsichtsbehörde gerichtlich überprüfen zu lassen.** Denn zum einen hängt mit einer **verlängerten Bearbeitungs-** und damit einer verlängerten **Genehmigungsfrist** zusammen, **dass der Bauherr in der Regel einen höheren Zinsaufwand hat und sein Bauvorhaben später fertig stellen und nutzen kann.** Zum anderen **muss verhindert werden, dass Bauaufsichtsbehörden unberechtigt weitere Unterlagen anfordern, nur um mehr Zeit für die Antragsbearbeitung zu haben und um die Genehmigungsfiktion nicht eintreten zu lassen.**

50 Auch im Hinblick darauf, dass **nach Verstreichen der Frist** zur Mängelbehebung gemäß Abs. 3 S. 2 in dem Nachforderungsschreiben **der Bauantrag fiktiv als zurückgenommen gilt** kann dem „Mängelschreiben" der Bauaufsichtsbehörde nicht nur ein unverbindlicher, informeller Charakter zugesprochen werden.

51 Dieses wird erst recht deutlich, wenn nach § 70 Abs. 2 und 3 **im vereinfachten Genehmigungsverfahren** gemäß § 61 **die Unvollständigkeit bzw. Mangelhaftigkeit von eingereichten Bauunterlagen durch die Bauaufsichtsbehörde schriftlich reklamiert wird.** Dieses Schreiben hat rechtlich zur Folge, dass die Zwei- bzw. Ein-Monats-Frist des § 61 Abs. 3 dann nicht zu laufen beginnt, was wiederum bedeutet, dass **bis zur Nachreichung der von der Bauaufsichtsbehörde nachgeforderten Unterlagen die Genehmigungsfiktion des Bauantrages nicht eintreten kann.**

52 Ist folglich der Bauherr der Meinung, dass seine eingereichten Unterlagen vollständig und mangelfrei sind, sodass die Bauaufsichtsbehörde nicht berechtigt ist, weitere Unterlagen anzufordern, so **kann der Bauherr gegen das „Nachforderungsschreiben"** sowohl im einfachen als auch im „konzentrierten" Baugenehmigungsverfahren **Widerspruch** und ggf. **Feststellungsklage** einreichen mit dem Ziel feststellen zu lassen, dass die Bauaufsichtsbehörde nicht berechtigt war, unvollständige und/oder mangelfreie Unterlagen nachzufordern. Im konkreten Fall sind die „unberechtigten" Unterlagen konkret anzugeben. Wird dem Widerspruch entsprochen bzw. ergeht ein Feststellungsurteil, so steht damit gleichzeitig fest, dass die Bearbeitungs- und Genehmigungsfristen trotz des Nachforderungsschreibens weiterliefen und der Bauherr dann entweder im Besitz einer fiktiven Baugenehmigung ist oder seinen Verzögerungsschaden wegen Begehung einer Amtspflichtverletzung nach § 839 BGB i. V. m. Art. 34 GG von der Bauaufsichtsbehörde ersetzt verlangen kann.

53 **Hat ein Bauherr sämtliche Unterlagen bei der Bauaufsichtsbehörde eingereicht, die nach der Bauvorlagenverordnung für die unterschiedlichen Bauvorhaben aufgelistet sind,** so ist der Bauantrag vollständig und berechtigt nicht zu weiteren Nachforderungen, die Bearbeitungs- oder Stellungnahmefristen im vereinfachten oder „konzentrierten“ Baugenehmigungsverfahren verlängern könnten.

Sollen **planungsrechtliche Ausnahmen und Befreiungen** in Anspruch genommen werden, so sind diese zusätzlich nach § 69 Abs. 2 gesondert zu beantragen und zu begründen. 54

Gegen die **Zurückweisung eines Bauantrags** kann der Bauherr Widerspruch einlegen und Klage vor dem Verwaltungsgericht erheben mit dem Ziel, die Bauaufsichtsbehörde gerichtlich zu verpflichten, die gewünschte Baugenehmigung zu erteilen. 55

Eine **isolierte Anfechtung von Nebenbestimmungen**, wie Auflagen, Bedingungen, Befristungen oder Widerrufsvorbehalte gemäß § 36 Abs. 2 HmbVwVfG in einer Baugenehmigung ist nur dann möglich, wenn der mit dem Widerspruch oder der Klage rechtlich verbundene **Suspensiveffekt nicht auch die Baugenehmigung insgesamt erfasst.** Die Baugenehmigung muss folglich auch ohne die separat angegriffene Nebenbestimmung „umsetzbar sein“. 56

Dieses ist z. B. bei der **Festsetzung nachzuweisender notwendiger Stellplätze und notwendiger Fahrradplätze ebenso der Fall wie bei festgesetzten Ausgleichsbeträgen** (vgl. §§ 48 und 49), die isoliert angefochten werden können, ohne die Rechtswirkung der Baugenehmigung insgesamt zu tangieren. 57

8. Ergänzende Rechtsvorschriften

Im „konzentrierten“ Genehmigungsverfahren finden die beiden Bauprüfdienste **BPD 2017-3 „Baugenehmigungsverfahren mit Konzentrationswirkung** nach § 62 HBauO“ und dem **BPD 2018-4 „Zu prüfende Rechtsbereiche im Baugenehmigungsverfahren mit Konzentrationswirkung** nach § 62 HBauO“ Anwendung. 58

Für das konzentrierte Baugenehmigungsverfahren gelten des Weiteren die nachfolgenden **Bauprüfdienste:** 59
- **BPD** 1/08 „Anforderungen an den Bau und Betrieb von Hochhäusern (**BPD Hochhäuser**)“;
- **BPD** 2/09 „Besondere Anforderungen an Kombibüros und Großraumbüros (**BPD Bürogroßräume**)“;
- **BPD** 1/10 „Anforderungen an den Bau von Betriebsräumen für elektrische Anlagen“;
- **BPD** 4/10 „Überwachung von technischen Anlagen und Einrichtungen nach der Prüfverordnung (**BPD Technische Prüfungen**)“;
- **BPD** 2/11 „Prüfung technischer Anlagen und Einrichtungen im Genehmigungsverfahren (**BPD Prüfung TGA**)“;
- **BPD** 4/11 **„Beteiligung der Feuerwehr** am bauaufsichtlichen Verfahren“;
- **BPD** 5/12 „Brandschutztechnische Auslegungen (**BTA**)“;
- **BPD** 2/13 „Blitzschutzanlagen“;
- **BPD** 5/16 „Erstellung und Prüfung von Brandschutznachweisen (**BPD Brandschutznachweise**)“.

§ 71 Nachbarliche Belange

(1) Die Belange der Eigentümerinnen und Eigentümer sowie der Erbbauberechtigten angrenzender oder betroffener Grundstücke (Nachbarn) sind nach den Absätzen 2 und 3 zu berücksichtigen.

(2) Die Zustimmung der Eigentümerinnen und Eigentümer sowie der Erbbauberechtigten des angrenzenden Grundstückes ist erforderlich bei Abweichungen von den Anforderungen:
1. **an Abstandsflächen, und zwar des § 6 Absatz 5, soweit die Mindesttiefe von 2,50 m unterschritten werden soll; § 6 Absatz 6 Nummer 3 bleibt unberührt,**
2. **an die Lage der Standplätze für Abfallbehälter und Wertstoffbehälter, und zwar des § 43 Absatz 2, soweit der Mindestabstand zu Öffnungen von Aufenthaltsräumen auf angrenzenden Grundstücken unterschritten werden soll.**

(3) Vor Erteilung von Befreiungen von den Festsetzungen eines Bebauungsplans oder vor Abweichungen von § 6 dieses Gesetzes beteiligt die Bauaufsichtsbehörde die Eigentümerinnen und Eigentümer sowie Erbbauberechtigten angrenzender oder betroffener Grundstücke, wenn zu erwarten ist, dass öffentlich-rechtlich geschützte nachbarliche Belange berührt werden. Einwendungen sind innerhalb von zwei Wochen nach Zugang des Beteiligungsschreibens bei der Bauaufsichtsbehörde schriftlich oder zur Niederschrift vorzubringen. Wird den Einwendungen eines Nachbarn nicht entsprochen, so ist ihm die Entscheidung über die Befreiung oder die Abweichung zuzustellen. Sofern Einwendungen innerhalb dieser Frist nicht bei der Bauaufsichtsbehörde eingehen, sind sie ausgeschlossen. Auf den Ausschluss der Einwendungen sind die Nachbarn hinzuweisen. Die Beteiligung nach Satz 1 entfällt, wenn die zu beteiligenden Nachbarn die Lagepläne und Bauzeichnungen unterschrieben oder dem Bauvorhaben auf andere Weise zugestimmt haben.

Kommentierung

Übersicht

1. Berücksichtigung nachbarlicher Belange (Abs. 1)

1 In einem Baugenehmigungsverfahren sind grundsätzlich auch die Interessen der Nachbarn zu berücksichtigen, die Eigentümer oder Erbbauberechtigte eines Grundstücks sind, welches an das Baugrundstück angrenzt.

2 In welcher Art und Weise dieses zu geschehen hat und wie die Nachbarn in einem Baugenehmigungsverfahren zu beteiligen sind, ist abschließend in den nachfolgenden Absätzen 2 und 3 geregelt. Liegt keine der Fallkonstellationen der Abs. 2 oder 3 vor, ist der Nachbar weder von der Bauaufsichtsbehörde

noch vom Bauherrn über das Bauvorhaben zu informieren, zu benachrichtigen oder gar anzuhören.

Zu guter Letzt macht Abs. 1 deutlich, dass **Mieter, Pächter oder Käufer sowie sonst dinglich Berechtigte**, die eine Dienstbarkeit wie etwa ein Wohnrecht oder auch ein Nießbrauch an dem Baugrundstück besitzen, **keine Nachbarn sind.** 3

Nachbar ist jeder Eigentümer und Erbbauberechtigte, gleichgültig ob es sich um eine natürliche oder juristische Person handelt. Es ist nicht notwendig, dass der Eigentümer sein Grundstück selbst nutzt. 4

Auch Miteigentümer, Gesamthandeigentümer einer Erbengemeinschaft sowie Wohnungseigentümer nach dem WEG sind jeder für sich Nachbarn. Es kann sich daher auch **ein einzelnes Mitglied einer Wohnungseigentümergemeinschaft (WEG) gegen ein Bauvorhaben auf dem Nachbargrundstück allein zur Wehr setzen,** ohne dass es eines Beschlusses oder einer Beteiligung der Wohnungseigentümergemeinschaft bedarf. 5

Im Verhältnis zu anderen Wohnungs- oder Teileigentümern der Gemeinschaftsanlage liegt keine Nachbareigenschaft vor. Ein Teileigentümer kann sich daher öffentlich-rechtlich nicht gegen einen An- oder Umbau oder eine Nutzungsänderung des Gemeinschaftseigentums zur Wehr setzen. 6

Geschützt werden die Eigentümer angrenzender Grundstücke, die also mit dem Baugrundstück eine **gemeinsame Grenze** besitzen. Auf die Länge der Grenze kommt es nicht an, es reicht, wenn sich die Grundstücke unmittelbar berühren. 7

Daneben fallen aber auch Eigentümer „betroffener" Grundstücke unter dem Schutzbereich des Abs. 1. Von einer solchen **„Betroffenheit"** ist stets auszugehen, wenn sich zwischen dem Nachbar- und dem Baugrundstück lediglich ein schmaler Weg (**Pfeifenstiel**) oder ein **kleiner Bach** befindet. 8

Sofern die Grundstücke nicht gerade durch eine vierspurige Hauptverkehrsstraße, eine Bundesstraße oder Autobahn getrennt sind, **ist regelmäßig der Eigentümer einer baulichen Anlage auf der gegenüber liegenden Straßenseite rechtlich als „Nachbar" einzustufen.** 9

Exakt geographisch kann der Kreis der Nachbarn eines Bauvorhabens nicht bestimmt werden. Wer Nachbar ist richtet sich vielmehr nach der **Art des Neubauvorhabens** (Größe und Höhe) sowie nach der **beabsichtigten Nutzung** und damit nach der **Störintensität für die Umgebung.** Je weiter ein Grundstück entfernt ist, desto eher ist ihm eine Nachbareigenschaft abzusprechen. 10

Bei **Verschattungen** oder **Einwirkungen von Immissionen** können auch etwas entfernter belegene Grundstücke „betroffen" sein. **Einblicksmöglichkeiten von Nachbargrundstücken** sind laut OVG unter den Bedingungen der sich in einer Großstadt notwendigerweise verdichtenden Bebauung **nicht zu vermeiden** und damit eine grundsätzlich hinzunehmende **Selbstverständlichkeit.** Etwas anderes könnte allenfalls gelten, **wenn das übliche Maß überschritten würde.** Auch das **Rücksichtnahmegebot gewährleistet weder eine bestimmte Dauer oder Quali-** 11 tät der natürlichen Belichtung noch die unveränderte Beibehaltung einer insoweit zuvor gegebenen vorteilhaften Situation.

12 Grundsätzlich sind bei Gebäuden, von denen keine Emissionen ausgehen und die bezogen auf ihre Nutzung keinen überdurchschnittlichen Besucher- und/oder Kfz-Verkehr hervorrufen, **nur die Angrenzer als Nachbarn einzustufen.**

13 **Ein Akteneinsichtsrecht steht** nach § 13 i. V. m. § 29 Hamburgisches Verwaltungsverfahrensgesetz (HmbVwVfG) **nur den Nachbarn zu,** nicht etwa allen Grundstückseigentümern in der näheren Umgebung. Aus urheberrechtlichen oder Datenschutzgründen darf die Akteneinsicht nicht verweigert werden.

2. **Erfordernis nachbarlicher Zustimmung (Abs. 2)**

14 **Von vornherein ein Bauvorhaben zu verhindern ist dem Nachbarn nur möglich,** wenn eine der beiden Alternativen des Abs. 2 gegeben ist, also das Bauvorhaben der **Zustimmung** des Nachbarn bedarf. Dieses betrifft folgende Fälle, nach

Nr. 1: Das Nachbarvorhaben soll in einer Entfernung von weniger als 2,50 m von der gemeinsamen Grundstücksgrenze errichtet werden. Nicht entscheidend ist, ob das Abstandsflächenmaß von 0,4 H eingehalten wird. Selbst wenn die Tiefe der Abstandsfläche kleiner als 0,4 H, z. B. nur 0,1 H ist, bedarf es der Nachbarzustimmung nicht, sofern die zum Nachbarn gerichtete Außenwand des Gebäudes zumindest 2,50 m von der Nachbargrenze entfernt ist.

15 **Untergeordnete Gebäudeteile** und **sonstige Vorbauten einschließlich Balkone,** die nicht mehr als 1,50 m vor die Außenwand vortreten, können in den Mindestabstand von 2,50 m ohne Zustimmung des Nachbarn hineinragen (siehe hierzu auch die Ausführungen zu § 6 Abs. 6).

16 Mit der **HBauO-Novelle 2018** wurde in § 6 Absatz 6 eine neue Nummer 3 eingeführt, wonach **nachträgliche Wärmeschutzmaßnahmen an bestehenden Gebäuden** mit höchstens **0,20 m Dicke** ebenfalls **in den Abstandsflächen zulässig** sind (vgl. auch die dortigen Ausführungen).

17 Einer Zustimmung des Nachbarn zu einem Neubauvorhaben bedarf es aber, wenn auf dem Baugrundstück die infolge einer Abstandsflächenbaulast zu Gunsten des Nachbarn „gesicherte" Fläche durch die **Abstandsfläche des Neubauvorhabens so überdeckt wird, dass nicht einmal der** nach § 6 Abs. 5 **vorgeschriebene Mindestabstand** von 2 x 2,50 m, also ein **Gesamtabstand beider Gebäude von 5,0 m, eingehalten wird** (siehe hierzu auch die Ausführungen zu § 6 Abs. 5);

Nr. 2: Wenn ein Abfall- oder Wertstoffbehälter die Mindestabstände von 5 m bzw. 2 m zu Fenstern, Türen oder Lüftungsvorrichtungen (Öffnungen) eines Aufenthaltsraumes im Gebäude auf dem Nachbargrundstück nicht einhält.

18 Hinzuweisen ist in diesem Zusammenhang auf die Vorschrift des § 6 Abs. 7, **wonach folgende Gebäude keinen Mindestabstand zum Nachbargrundstück**

einhalten müssen, sondern sogar auf der gemeinsamen Grundstücksgrenze errichtet werden dürfen:
- **eingeschossige Garagen und eingeschossige Gebäude** ohne Aufenthaltsräume und Feuerstätten mit einer mittleren Wandhöhe bis zu 3 m und einer Gesamtlänge je Grundstücksgrenze von bis zu 9m;
- **gebäudeunabhängige Solaranlagen** mit einer Höhe bis zu 3 m und einer Gesamtlänge je Grundstücksgrenze von bis zu 9 m;
- **Stützmauern und Einfriedigungen** in Gewerbe- und Industriegebieten, außerhalb dieser Baugebiete mit einer Höhe bis zu 2 m.

Zu erwähnen sei noch, dass ebenfalls **kein Mindestabstand zum Nachbargrundstück** einzuhalten ist, wenn das **Planungsrecht** entsprechende Festsetzungen, wie etwa **eine geschlossene Bauweise vorsieht** oder wenn in einem Bebauungsplan eine Baugrenze nach § 23 Abs. 2 BauNVO unmittelbar an der Grundstücksgrenze zum Nachbarn festgesetzt ist. 19

Ist ein Doppelhausgrundstück real geteilt, so bedarf weder die Aufstockung noch die bauliche Erweiterung einer Doppelhaushälfte der Zustimmung des Eigentümers der zweiten Doppelhaushälfte, sofern die Baugrenzen, die Grund- und Geschossflächenzahl sowie die sonstigen Festsetzungen des einschlägigen Bebauungsplanes eingehalten werden. 20

Bei einer Wohnungseigentümergemeinschaft (WEG) kann kein Mehrheitsbeschluss über die Zustimmung zur Nachbarbebauung gefasst werden. Es müssen vielmehr grundsätzlich **alle Wohnungseigentümer zustimmen.** Liegt eine **Eigentumswohnung auf der abgewandten Seite bezogen auf das Baugrundstück des Nachbarn,** so kann ausnahmsweise auf die Zustimmung dieses Wohnungseigentümers verzichtet werden, weil seine Wohnung durch die Unterschreitung des Mindestabstands des neuen Nachbargebäudes oder des Abfall- und Wertstoffbehälters nicht beeinträchtigt werden kann. 21

Hat ein **Nachbar der Unterschreitung der Abstandsfläche für eine bauliche Anlage zugestimmt** und soll diese Anlage später **baulich erweitert werden,** wobei wiederum die Mindestabstandsfläche durch die Erweiterung nicht eingehalten wird, so bedarf es für die bauliche Änderung **erneut einer Zustimmung des Nachbarn.** 22

Soll also zum Beispiel in **die Außenwand eines Gebäudes, welche den Mindestabstand von 2,50 m unterschreitet, ein Fenster oder eine Tür eingebaut werden,** so ändert sich hierdurch die nachbarliche Situation entscheidend, auch wenn sich die Abstandsfläche selbst nicht verändert. Denn durch den Einbau eines oder mehrerer Fenster ist der Nachbar **zusätzlichen Einsichtsmöglichkeiten auf seinem Grundstück ausgesetzt.** Dies gilt ebenso für Türen, die durch Öffnen und Schließen oder sogar Zuschlagen noch **Geräuscheinwirkungen** mit sich bringen. **Solche Umbaumaßnahmen bedürfen der ausdrücklichen Zustimmung des betroffenen Nachbarn,** ansonsten sind sie rechtswidrig und können vom Nachbarn erfolgreich abgewehrt werden (siehe hierzu unten unter Gliederungspunkt 4 „Nachbar- und Rechtsschutz“). 23

24 Etwas anderes gilt nur, wenn die Erweiterung für sich die Abstandsflächen einhält, dann bedarf es keiner erneuten Zustimmung.

3. **Beteiligung des Nachbarn bei Befreiungen oder Abweichungen (Abs. 3)**

25 **Ein Beteiligungsrecht des Nachbarn ist vorgeschrieben,** wenn nach § 31 Abs. 2 BauGB eine Befreiung von Festsetzungen eines Bebauungsplanes oder eine Abweichung nach § 69 von Abstandsvorschriften des § 6 erteilt werden soll.

26 Dabei hat **die Bauaufsichtsbehörde** und nicht der Bauherr **die Nachbarn vor Erteilung der Befreiung oder der Abweichung zu beteiligen,** aber auch nur dann, wenn zu erwarten ist, dass öffentlich-rechtlich geschützte Nachbarbelange berührt werden. Dadurch soll der Nachbar über das Bauvorhaben informiert und ihm die Möglichkeit gegeben werden, durch Ausübung ihm zustehender Rechte aufgrund nachbarschützender Vorschriften ggf. Einfluss auf das Bauvorhaben zu nehmen. **Die Beteiligung hat schriftlich zu erfolgen,** auch um später dokumentieren zu können, dass die Zwei-Wochen-Frist nach Satz 2 für nachbarliche Einwendungen verstrichen ist.

27 Durch die **Beteiligung wird der Nachbar über Neubauabsichten auf dem Nachbargrundstück in Kenntnis** gesetzt, er kann dann die **Bauakten einsehen** und sich konkret zu dem Vorhaben äußern.

28 **Bei einer Miteigentümergemeinschaft sind alle Miteigentümer zu beteiligen.** Bei einer Wohnungseigentümergemeinschaft ist es ausreichend, wenn das **„Beteiligungsschreiben" an den Verwalter der WEG** gerichtet ist. Wegen der Präklusionswirkung nach Satz 4 muss in dem „Beteiligungsschreiben" darauf hingewiesen werden, dass **der Nachbar mit Einwendungen gegen das Neubauvorhaben ausgeschlossen ist, sofern er diese nicht innerhalb von 2 Wochen nach Zugang schriftlich oder zur Niederschrift bei der Bauaufsichtsbehörde geltend macht.** Das Schreiben der Bauaufsichtsbehörde ist dem Nachbarn mit Zustellungsurkunde zuzuschicken.

29 Die Zwei-Wochen-Frist kann von der Bauaufsichtsbehörde nicht verlängert werden.

30 **Die Zwei-Wochen-Frist beginnt zu laufen** an dem Tag, der dem Zugang des „Beteiligungsschreibens" beim Nachbarn folgt. Sie endet auf den Tag genau 2 Wochen später (siehe hierzu auch die Ausführungen zu § 62 Abs. 1).

31 In dem **„Beteiligungsschreiben"** ist nicht nur auf den Ausschluss von Einwendungen bei einem Versäumen oder einem Nichttätigwerden innerhalb der Zwei-Wochen-Frist hinzuweisen. **Es muss aus dem Schreiben auch hervorgehen, inwiefern das Neubauvorhaben eine Befreiung oder Abweichung beansprucht und wie sich diese, bezogen auf das Nachbargrundstück, baulich auswirkt.** Der Nachbar muss erkennen können, ob er die Befreiung oder Abweichung hinnehmen oder sich durch Einsicht in die Bauakte näher informieren will, um dann zu entscheiden, ob er Einwendungen erhebt oder nicht.

32 **Nicht ausreichend** ist es, wenn dem Nachbarn **kommentarlos der positive Vorbescheid oder die Baugenehmigung zugeschickt wird,** allein unter Hinweis auf

die zweiwöchige Einwendungsfrist. **Damit die Präklusion nachbarlicher Einwendungen nach zwei Wochen greift,** müssen dem Nachbarn etwa **durch eine verständliche Darstellung des Neubauvorhabens die Umstände verdeutlicht werden, die zu der Nachbarbeteiligung geführt haben.** Ansonsten ist nach hiesiger Auffassung die Vereinbarkeit mit höherrangigem Recht nicht gegeben, da z. B. dem Nachbarn durch die Präklusion auch subjektive Nachbarrechte abgeschnitten werden, die sich aus Bundesrecht (BauGB und BNVO) herleiten lassen (siehe hierzu auch die Ausführungen unter Gliederungspunkt 4 „Nachbar- und Rechtsschutz"). Jede andere Auslegung wäre auch mit dem Eigentumsschutz gemäß Art. 14 Abs. 1 Satz 1 GG nicht zu vereinbaren.

Einwendungen sind durch die Bauaufsichtsbehörde nur zu beachten, wenn sie substantiiert vorgetragen werden, d. h. für die Bauaufsichtsbehörde erkennbar ist, warum der Nachbar mit dem Bauvorhaben nicht einverstanden ist. Ein abstrakter „Protest" ist unbeachtlich. **33**

Der Nachbar muss mit seinem Einwendungsschreiben seine Einwendungen erschöpfend vortragen. Nur die geltend gemachten Einwendungen sind von der Bauaufsichtsbehörde im Baugenehmigungsverfahren zu berücksichtigen. **Wird den Einwendungen nicht entsprochen, so ist dem Nachbarn die Entscheidung über die Befreiung oder Abweichung mit Zustellungsurkunde zuzusenden.** **34**

Wird der Nachbar ordnungsgemäß beteiligt und erhebt er keine Einwendungen innerhalb der Zwei-Wochen-Frist, so **verliert er seine eventuell ihm zustehenden Nachbarrechte endgültig.** Er ist dann nicht – mehr – widerspruchs- oder klagebefugt. **35**

Werden keine Einwendungen erhoben, ist die Bauaufsichtsbehörde dennoch nicht verpflichtet, die beantragte Befreiung oder Abweichung zu genehmigen. Sie muss vielmehr **eigenständig prüfen und entscheiden,** ob die Befreiung oder Abweichung rechtmäßigerweise erteilt werden kann. Dabei kann die Bauaufsichtsbehörde auch verspätete Einwendungen des Nachbarn berücksichtigen, sie muss es aber nicht. **36**

Hat der Nachbar durch Unterschrift auf die Lagepläne und Bauzeichnungen dokumentiert, dass er der Neubebauung zustimmt, muss **keine förmliche Nachbarbeteiligung** durchgeführt werden. Die Nachbarzustimmung bezieht sich in diesen Fällen auch auf geringfügige, nachträglich vorgenommene bauliche Änderungen. **Die einmal erklärte Nachbarzustimmung kann nicht zurückgenommen oder widerrufen werden.** **37**

Auch eine Zustimmung im Rahmen einer getroffenen **Nachbarschaftsvereinbarung** lässt eine Beteiligung entfallen. **38**

Immissionen, die nach dem Immissionsschutzrecht unzumutbar sind, sind dieses auch im nachbarlichen Baurecht. Um die **Einhaltung bestimmter Immissionsgrenzwerte** für den Nachbarn **sicherzustellen, reicht es nicht, wenn die Bauaufsichtsbehörde lediglich den Immissionsgrenzwert angibt, der nicht überschritten werden darf.** Die Bauaufsichtsbehörde muss vielmehr zusätzlich noch bauliche Maßnahmen oder sonstige Regelungen anordnen, die geeignet sind, die Nutzung **39**

des genehmigten Neubauvorhabens so zu beschränken, dass die festgelegten Immissionsgrenzwerte praktisch nicht überschritten werden können.

40 **Bei der Beurteilung von Kinderlärm dürfen Immissionsgrenz- und Richtwerte nicht herangezogen werden** (vgl. hierzu sowohl die Ausführungen unter Gliederungspunkt 5 „Ergänzende Vorschriften" als auch zu § 10 (Kinderspielflächen) unter Gliederungspunkt 3 und 4).

41 **Ob Lichtimmissionen durch blinkende Rundstrahlfeuer des Luftverkehrs rücksichtslos sind** und damit Nachbarrechte verletzen, ist im konkreten Einzelfall zu bewerten.

42 **Mobilfunkanlagen** können keine Nachbarrechte auslösen, da Elektrosmog von den Verwaltungsgerichten als nicht gesundheitsgefährdend angesehen wird.

4. Nachbar- und Rechtsschutz

43 **Als Verwaltungsakt mit Doppelwirkung begünstigt die Baugenehmigung den Bauherrn,** da diesem amtlich bestätigt wird, dass seinem Bauvorhaben keine öffentlich-rechtlichen Vorschriften entgegenstehen und er somit sein genehmigtes Bauvorhaben realisieren kann.

44 **Zum anderen „belastet" jede Baugenehmigung zugleich den Nachbarn,** da er nicht nur während der Bauphase durch die Bauarbeiten, sondern auch später durch den Neubau und seine Nutzung gewisse Einschränkungen (Sicht) und Beeinträchtigungen durch das Bewohnen oder Nutzen des Gebäudes hinnehmen muss.

45 Aus diesem Grunde kann der Nachbar prinzipiell gegen jede Baugenehmigung einen **Nachbarwiderspruch** einlegen, und wenn dieser zurückgewiesen wurde, **Nachbarklage** vor dem Verwaltungsgericht erheben (siehe hierzu auch die Ausführungen zu § 72 Gliederungspunkt 6 „Nachbar- und Rechtsschutz).

46 Dieses gilt unabhängig davon, ob der Nachbar sich auch **zivilrechtlich** gegen eine von dem anderen Grundstück oder Bauwerk ausgehende Störung oder Beeinträchtigung nach § 1004 BGB zur Wehr setzen kann (**Beseitigungs- und Unterlassungsanspruch**). **Ein einzelner Wohnungseigentümer ist nur ausnahmsweise klagebefugt**, wenn er ein sein **Sondereigentum betreffendes Interesse** geltend macht, wie etwa der zu hohe **Verkehrslärm** auf dem Nachbargrundstück. Dann muss die Bauaufsicht prüfen, ob die **Immissionswerte** im Bereich der konkreten Eigentumswohnung überschritten sind.

47 Wendet sich der Wohnungseigentümer dagegen, dass ein **Bauvorhaben nach Art und Maß der baulichen Nutzung** gemäß der Baunutzungsverordnung **nicht zulässig** sei, so fehlt ein konkreter Bezug zu dem Sondereigentum. In einem solchen Fall muss die **gesamte Wohnungseigentümergemeinschaft gegen die Nachbarbaugenehmigung vorgehen.**

48 Bei innerstädtischen Großbauvorhaben muss der Nachbar eine Überschwenkung seines Grundstücks mit den Auslegern von **Turmdrehkränen** zumindest dann nach § 905 S. 2 BGB **entschädigungslos dulden, wenn keine Lasten über**

das Nachbargrundstück geschwenkt werden, sodass darauf kein Material herunterfallen kann.

Erfolgreich kann ein Nachbar die Aufhebung einer Baugenehmigung und ggf. damit einen Baustopp nur erreichen, wenn die erteilte **Baugenehmigung nicht nur rechtswidrig ist, sondern den Nachbarn darüber hinaus auch in einem subjektiv-öffentlichen Recht verletzt.** 49

Grundsätzlich dienen die Vorschriften des Bauordnungs- und des Bauplanungsrechts dem Allgemeininteresse und nur in seltenen Fällen zumindest auch dem Schutz des Nachbarn. 50

Ausdrücklich gewährt die Hamburgische Bauordnung dem Nachbarn gemäß Abs. 2 ein **subjektives Abwehrrecht** gegen ein Bauvorhaben auf dem angrenzenden Nachbargrundstück, sofern die **Mindesttiefe einer Abstandsfläche von 2,50 m unterschritten** wird. Hält ein Bauvorhaben die nach § 6 Abs. 5 vorgegebene **Tiefe einer Abstandsfläche von 0,4 h** ein, so ist grundsätzlich davon auszugehen, dass dem Nachbargrundstück **ausreichend Zugang von Licht, Luft und Sonne gesichert wird, ebenso, wie ein „Sozialabstand".** In einer Großstadt wie Hamburg ist es bei einer zunehmend verdichtenden Bebauung nicht zu vermeiden, dass dadurch **neue Einblicksmöglichkeiten** in Gärten, Terrassen und Fenster geschaffen werden. Dies **muss ein Nachbar hinnehmen.** 51

Ob und unter welchen Voraussetzungen eine Vorschrift der Hamburgischen Bauordnung nachbarschützend ist, ist in diesem Kommentar immer unter dem Gliederungspunkt „Nachbar- und Rechtsschutz" am Ende der Erläuterungen zu dem jeweiligen Paragraphen ausgeführt. 52

Sind von einem Bauherrn **Bauvorlagen,** insbesondere Baupläne eingereicht und bauaufsichtlich genehmigt worden, die **teilweise unvollständig und damit unbestimmt sind oder sogar widersprüchlich,** so dass der Nachbar den genehmigten Plänen nicht entnehmen kann, ob er in subjektiven Rechten durch das Neubauvorhaben verletzt ist oder nicht, so ist die **Baugenehmigung** allein deshalb **rechtswidrig und verletzt Nachbarrechte.** 53

Aber auch **planungsrechtliche Vorschriften** können dem Nachbarn Drittschutz vermitteln. 54

So kommt dem **Abwägungsgebot** des § 1 Abs. 7 BauGB ein nachbarschützender Charakter zu. 55

Gleiches gilt für das **kommunale Abstimmungsgebot** bei Bauleitplänen benachbarter Gemeinden nach § 2 Abs. 2 BauGB. 56

Auch aus **Festsetzungen eines Bebauungsplanes** können sich subjektiv-öffentliche Rechte des Nachbarn ergeben. So kann in einem Bebauungsplan gemäß § 9 Abs. 1 Nr. 1 BauGB „die Art und das Maß der baulichen Nutzung" festgelegt werden. Für die **Art der baulichen Nutzung** finden sich konkretisierende Bestimmungen in den §§ 1–15 der Baunutzungsverordnung (BNVO). 57

58 § 1 Abs. 2 BNVO besagt, dass für die Bebauung vorgesehene Flächen „nach der besonderen Art ihrer baulichen Nutzung (Baugebiete) dargestellt werden“ können. Solche Baugebiete sind z. B. Reine Wohngebiete, Allgemeine Wohngebiete, Mischgebiete, Kerngebiete, Gewerbe- und Industriegebiete aber auch Sondergebiete.

59 In den nachfolgenden Paragraphen der Baunutzungsverordnung finden sich dann weitere Bestimmungen, denen man entnehmen kann, **welches die Zweckbestimmung eines festgesetzten Gebietes ist und welche Art von Nutzung dort** allgemein oder zumindest im Wege der Ausnahme **zulässig ist.**

60 **Die Art der baulichen Nutzung**, also das in einem Bebauungsplan festgesetzte Baugebiet, **vermittelt einem Nachbarn Drittschutz.** Alle in dem Geltungsbereich eines Bebauungsplanes oder auch eines Baustufenplanes liegende Grundstücke stehen in einem **wechselseitigen Abhängigkeits- und Austauschverhältnis**, also in einer **rechtlichen Schicksalsgemeinschaft.** Weil der Eigentümer eines Grundstücks durch die Festsetzungen des Baugebiets selbst Bau- und Nutzungsbeschränkungen unterliegt, kann er auch von jedem Nachbarn verlangen, dass dieser ebenfalls die „Art der Nutzung“ im Plangebiet einhält. **Jeder Eigentümer kann folglich das Eindringen einer gebietsfremden Nutzung und damit die „schleichende Umwandlung des Baugebiets“** verhindern und dieses auch rechtlich bzw. gerichtlich durchsetzen, **unabhängig davon, ob der Nachbar durch die gebietswidrige Bebauung oder Nutzung konkret oder spürbar beeinträchtigt wird** (sog. **„Gebietserhaltungsanspruch“**).

61 **Dieser Baugebietsschutz ist allerdings räumlich begrenzt.** Ihn kann nur der Nachbar in Anspruch nehmen, der zu dem anderen Grundstück in einem Abhängigkeits- oder Austauschverhältnis steht. In der Regel ist dieses nur gegeben, wenn die **Grundstücke aneinander grenzen** oder unmittelbar **auf der gegenüber liegenden Straße** belegen sind. Dabei darf es sich aber nicht um eine vierspurige Hauptstraße, Bundesstraße oder Autobahn handeln, da eine solche Straße das **Wechsel- und Austauschverhältnis**, die sog. **„Schicksalsgemeinschaft“** unterbricht.

62 **Die Baugebietsfestsetzungen gemäß der §§ 2 bis 10 BNVO sind dementsprechend nachbarschützend, ebenso § 12 Abs. 2 BNVO,** der u. a. besagt, dass in Reinen und Allgemeinen Wohngebieten nur **Stellplätze und Garagen für den durch die zugelassene Nutzung verursachten Bedarf zulässig sind, also hergestellt werden dürfen.**

63 Beurteilt sich in einem **Baustufenplan** die Zulässigkeit eines Vorhabens nach § 34 BauGB und kann das Grundstück nebst seiner Umgebung einem Baugebiet der Baunutzungsverordnung zugeordnet werden, so **kann sich ein Nachbar ebenfalls gegen ein baugebietsfremdes Vorhaben erfolgreich zur Wehr setzen,** sofern es mit dem betreffenden Grundstück aufgrund seiner räumlichen Nähe eine **„Schicksalsgemeinschaft“** bildet.

64 Die Festsetzung eines **Sondergebietes nach § 11 BNVO** entfaltet ebenso wenig wie eine **Außengebietsfestsetzung** drittschützende Wirkung.

Auch die **Baugebietsfestsetzungen** von übergeleiteten Baustufenplänen nach **§ 10 Baupolizeiverordnung (BPVO) sind nachbarschützend.** Liegt also ein **Verstoß gegen die „Art der zulässigen Nutzung“** in einem Baugebiet vor, welches auf der Grundlage der **BPVO in einem hamburgischen Baustufenplan** ausgewiesen wurde, so liegt hierin auch eine Verletzung subjektiver Rechte von Grundstückseigentümern im Plangebiet. **So verletzt eine gewerbliche Kunstgalerie in einem besonders geschützten Wohngebiet** eines Baustufenplans nach **BPVO den nachbarlichen „Gebietserhaltungsanspruch“.** 65

Ein subjektives öffentliches Nachbarrecht kann sich aber auch aus Festsetzungen eines Bebauungsplanes herleiten, die „von Natur aus“ nicht nachbarschützend sind. **Ergibt sich aus der schriftlichen Begründung des Bebauungsplanes, das etwa eine seitliche Baugrenze** in einer Entfernung von 5 m zum Nachbargrundstück **festgesetzt wurde, um dem Nachbargrundstück eine ausreichende Belichtung und Belüftung oder Sicht zu gewährleisten,** so kann sich ein Nachbar erfolgreich darauf berufen, dass dieser Grenzabstand auch eingehalten wird. 66

Ein Abwehrrecht des Nachbarn kann sich auch aus dem planungsrechtlichen **Gebot der Rücksichtnahme** herleiten, welches die Bauaufsichtsbehörde in jeden Einzelfall zu prüfen und ggf. zu berücksichtigen hat. 67

Das Rücksichtnahmegebot bedeutet letztlich, dass jeder Bauherr bei der Bebauung seines Grundstücks auf die schon vorhandene Bebauung der Nachbargrundstücke Rücksicht nehmen muss. Der Bauherr muss seine Interessen mit denen des Nachbarn abwägen. **Werden die bauordnungsrechtlichen und planungsrechtlichen Vorschriften eingehalten, kommt ein Verstoß gegen das Rücksichtnahmegebot nur in engen Fällen zur Anwendung, insbesondere wenn es um unzumutbare Immissionen geht. Ein typischer Verstoß gegen das Rücksichtnahmegebot liegt beim Schweinemäster-Fall vor.** Der Betreiber der Schweinemast-Anlage kann sich gegen eine heranrückende Wohnbebauung erfolgreich zur Wehr setzen, da die Realisierung der geplanten Wohnnutzung zu Beschwerden der Bewohner führen würde und damit zu Auflagen für den Schweinemastbetrieb, was diesem aufgrund seines genehmigten Betriebes nicht zumutbar ist. 68

Wird der **freie Blick in die Landschaft** durch einen Neubau versperrt, so kann ein Nachbarschutz aus dem Gebot der Rücksichtnahme nicht hergeleitet werden, es sei denn, dass sich in einem B-Plan z. B. eine Beschränkung der Firsthöhe findet, um den Hanggrundstücken „freie Sicht“ zu gewährleisten. **Der „Elbblick“ ist nicht nachbarschützend,** es sei denn, dass ausdrücklich in der schriftlichen Begründung eines Bebauungsplanes erwähnt wird, dass man z. B. Baufenster so angeordnet hätte (Baugrenzen), um anderen Grundstückseigentümern den Elbblick nicht zu verstellen. 69

Auch der „Blick in den freien Himmel“ vermittelt grundsätzlich keinen Nachbarschutz. Etwas anderes kann allenfalls dann geltend, wenn die Verletzung der Abstandsvorschriften durch eine bauliche Anlage auf dem Nachbargrundstück dazu führt, dass durch den Neubau eine **„Hinterhofatmosphäre“** ge- 70 schaffen wird, die dem Eigentümer des angrenzenden Grundstücks das Gefühl des „**Eingemauertseins**" vermittelt. In einer solchen Situation kann die Verstellung des „restlichen Blicks auf den Himmel" nachbarschützend sein (siehe hierzu oben auch die Ausführungen zu § 6 „Abstandsflächen" unter Gliederungspunkt 10 „Ergänzende Rechtsvorschriften").

71 **Festsetzungen über das Maß der baulichen Nutzung sind nicht drittschützend,** also weder die festgesetzte Zahl der Vollgeschosse noch die Wohnungszahlbeschränkung etc.

72 **Auch gegen eine Tiefgaragenzufahrt unmittelbar an seiner Grundstücksgrenze kann sich ein Nachbar nicht zur Wehr setzen.** Gerade in einem **Stadtstaat** müssen die von den notwendigen Stellplätzen und Garagen einer rechtlich zulässigen Wohnbebauung ausgehenden Belästigungen oder Störungen im Regelfall von den Nachbarn hingenommen werden. Dies auch unter dem Gesichtspunkt, dass von einer Tiefgarage deutlich weniger Emissionen ausgehen, als von offenen Stellplätzen. **Allein die Tatsache, dass wegen der Rampenneigung bei der Ausfahrt aus einer Tiefgarage stärke Motorengeräusche entstehen, als bei der Zu- und Abfahrt zu offenen Stellplätzen, führt nicht zu einer unzumutbaren Beeinträchtigung des Nachbarn.**

73 Ebenso vermitteln Erhaltungsverordnungen nach § 172 Abs. 1 BauGB keinen Nachbarschutz, da diese allein den städtebaulichen und damit öffentlichen Interessen dienen.

74 Eine **Verletzung des Rücksichtnahmegebots** kann gegeben sein, wenn für ein Bauvorhaben eine **Befreiung nach § 31 Abs. 2 BauGB erteilt wurde.** Es muss dann im Einzelfall geprüft werden, ob die Befreiung auch mit den nachbarlichen Interessen in Einklang steht.

75 Wird durch ein Bauvorhaben die **seitliche Baugrenze** in einem Bebauungsplan erheblich Richtung Nachbargrundstück überschritten, sodass das Bauvorhaben für die Nachbarn eine gewisse „**erdrückende Wirkung**" besitzt, so kann sich der Nachbar wegen Verletzung des Rücksichtnahmegebots gegen die erteilte Befreiung für die Überschreitung der seitlichen Baugrenze erfolgreich zur Wehr setzen.

76 Innerhalb eines Bebauungsplangebietes leitet sich das Gebot der nachbarlichen Rücksichtnahme aus **§ 15 Baunutzungsverordnung (BNVO)** her, in einem im Zusammenhang bebauten Ortsteil oder im Außengebiet nach **den §§ 34, 35 BauGB.**

77 § 15 Abs. 1 Satz 1 BNVO enthält auch **einen Anspruch auf Aufrechterhaltung der typischen Prägung eines Baugebiets** (sog. „**Gebietserhaltungsanspruch**"). Danach sind die in den §§ 2 bis 14 BNVO aufgeführten baulichen und sonstigen Anlagen im Einzelfall unzulässig, wenn sie nach Anzahl, Lage, Umfang oder Zweckbestimmung der Eigenart des jeweiligen Baugebiets widersprechen. Mit anderen Worten: **Selbst wenn ein Bauvorhaben gebietsverträglich ist, kann es sich in einem Einzelfall gegenüber dem Nachbarn als rücksichtslos darstellen.** Denn die Eigenart eines Baugebiets wird nicht nur durch die typisierenden

Regelungen der Baunutzungsverordnung bestimmt, sondern zusätzlich auch durch die **jeweilige örtliche Situation** und den jeweiligen Planungswillen des Plangebers.

Der Planungswille muss vorrangig durch die Festsetzungen im Bebauungsplan selbst zum Ausdruck kommen. Die schriftliche Begründung zum Bebauungsplan kann und muss aber als Auslegungshilfe herangezogen werden, um bestimmen zu können, ob zum Beispiel eine einzige **zeichnerische Festsetzung in einem Bebauungsplan** – auch – getroffen wurde, um den **Nachbarn zu schützen.** Dies können die Ausweisungen von räumlich versetzen Baufenstern sein, um Grundstückseigentümern den Blick zum Beispiel auf Alster oder Elbe zu gewährleisten. Auch im Bebauungsplan getroffene Festsetzungen zur Vollgeschossigkeit, zur maximalen Höhe einer Traufe, oder eines Firstes können auf diese Weise Abwehrrechte des Nachbarn bei Verstößen begründen. Hierfür muss es aber wie gesagt immer **Anhaltspunkte zumindest in der schriftlichen Begründung zum Bebauungsplan geben.** 78

Gegen eine Baugenehmigung kann der Nachbar **Widerspruch** einlegen. Wird dieser durch Widerspruchsbescheid zurückgewiesen, kann hiergegen **Klage beim Verwaltungsgericht** eingereicht werden. 79

Da weder der Widerspruch noch die Klage eines Nachbarn gegen eine Baugenehmigung nach § 212a BauGB **aufschiebende Wirkung besitzt,** muss der Nachbar zugleich um vorläufigen Rechtsschutz beim Verwaltungsgericht nachsuchen, wenn er den Baubeginn oder das Bauvorhaben verhindern will. Der Nachbar kann entweder bei der Bauaufsichtsbehörde beantragen, dass die aufschiebende Wirkung seines Nachbarwiderspruchs angeordnet oder der Sofortvollzug des Baugenehmigungsbescheides aufgehoben wird. Der Nachbar kann aber auch sogleich einen **Eilantrag beim Verwaltungsgericht einreichen, um gerichtlich die aufschiebende Wirkung seines Widerspruchs anordnen zu lassen.** 80

Ergeht ein solcher gerichtlicher Beschluss, verfügt die Bauaufsichtsbehörde in der Regel von sich aus einen **Baustopp.** 81

Bleibt die Bauaufsichtsbehörde trotz eines solchen „obsiegenden" Beschlusses des Nachbarn untätig, kann dieser darüber hinaus die Bauaufsichtsbehörde gerichtlich durch Erlass einer **einstweiligen Anordnung** nach § 123 VWGO dazu verpflichten, **gegen den Nachbarn einzuschreiten und einen Baustopp zu verfügen.** 82

Anders stellt sich die Rechtslage dar, wenn eine bauliche Anlage auf dem Nachbargrundstück zwar eine **nachbarschützende Vorschrift** des Bauordnungs- oder Planungsrechts **verletzt,** aber die **Schwere des Rechtsverstoßes nicht als schwer und unerträglich anzusehen ist.** In einem solchen Fall kann und muss die Bauaufsichtsbehörde aus **Gründen der Verhältnismäßigkeit** von einem Einschreiten gegen den Nachbarn absehen. Einen Anspruch auf bauaufsichtliches Tätigwerden hat der Nachbar nur, wenn sich die Rechtsverletzung auch unter Einbeziehung der Belange des Bauherrn als für den Nachbarn unzumutbar darstellen. 83

Das Ermessen der Bauaufsichtsbehörde müsste sich zugunsten des Nachbarn **„auf Null reduziert haben“.** Wurde die **Abstandsfläche etwa nur um 5 cm unterschritten,** so kommt es zunächst auf die Gesamtwirkung der Überschreitung an. Handelt es sich etwa nur um ein **Garagengebäude,** so ist eine solche Rechtsverletzung **grundsätzlich vom Nachbarn hinzunehmen.** Dies auch unter dem Gesichtspunkt, dass die Erstreckung der Abstandsfläche um die erwähnten 5 cm auf das Nachbargrundstück nicht zur Folge hat, dass der Nachbar diese Fläche von jeglicher Bebauung freizuhalten hat. **Will der Nachbar ein eigenes Bauvorhaben realisieren, wirkt sich die Abstandsflächenunterschreitung des „andern“ Nachbarn auf seine einzuhaltende Abstandsfläche nicht aus** (siehe hierzu auch die Ausführungen zu § 76 „Herstellung ordnungsgemäßer Zustände“, unter Gliederungspunkt 5 „Nachbar- und Rechtsschutz“).

84 **Legt die Bauaufsichtsbehörde das Bauvorhaben still,** indem sie einem Antrag des Nachbarn auf Anordnung der aufschiebenden Wirkung seines Widerspruchs entspricht, **kann der Bauherr seinerseits vorläufigen Rechtsschutz in Anspruch nehmen,** indem er beim Verwaltungsgericht beantragt, den **Sofortvollzug seiner Baugenehmigung gerichtlich anzuordnen.**

85 Sofern **gewichtige Gründe dafür sprechen,** dass eine **Baugenehmigung rechtswidrig sein könnte** und durch die sofortige Ausnutzung der Baugenehmigung **vollendete Tatsachen geschaffen würden,** die nur **schwer rückgängig zu machen sind,** so kann der Nachbar einen sogenannten **„Hängebeschluss“** beim Verwaltungsgericht beantragen. Gibt das Verwaltungsgericht einem solchen Antrag statt, so ordnet es an, dass die aufschiebende Wirkung des Nachbarwiderspruchs bis zur endgültigen Entscheidung des Verwaltungsgerichtes in dem angestrengten Eilverfahren vorläufig angeordnet wird. **Ein solcher Beschluss ergeht „von einem auf den anderen Tag“,** dieser gibt dem Verwaltungsgericht die Möglichkeit, die Rechtmäßigkeit der angegriffenen Baugenehmigung und die Verletzung von Nachbarrechten in angemessener Frist, zumeist innerhalb von 5–7 Tagen, zu prüfen. (Siehe hierzu auch oben die Ausführungen unter § 61 Abs. 3).

86 **Auch gegen einen Vorbescheid kann Widerspruch und Anfechtungsklage erhoben werden.** Da ein Vorbescheid den Bauherrn nicht berechtigt, mit dem Bau zu beginnen, kann insoweit weder vom Bauherrn noch vom Nachbarn vorläufiger Rechtsschutz in Anspruch genommen werden.

87 Bei **verfahrensfreien Vorhaben** nach § 60 kann der Nachbar einen Anspruch auf ein Einschreiten der Bauaufsichtsbehörde, d. h. einen Anspruch auf Baustopp oder auch Beseitigung der baulichen Anlage nur besitzen, wenn er in nachbarschützenden Vorschriften verletzt ist. Lehnt die Bauaufsichtsbehörde ein Einschreiten ab, kann der Nachbar beim Verwaltungsgericht eine einstweilige Anordnung nach § 123 VwGO beantragen mit dem Ziel, die Bauaufsichtsbehörde zum Tätigwerden gerichtlich zu verpflichten.

88 **Verstoßen nur Teile eines Bauvorhabens gegen nachbarschützende Vorschriften,** wie etwa ein Vorbau oder auch die Dachausführung, so kann das Verwaltungsgericht bzw. die Bauaufsichtsbehörde nur einen **Teil-Baustopp** für den im Streit befindlichen Bauteil anordnen.

89 Dies gilt auch dann, wenn etwa nur **ein Anbau oder Vorbau eines sonst bauordnungsrechtlich zulässigen Bauvorhabens Nachbarrechte verletzt,** sofern das übrige Bauvorhaben ohne größere Umplanungen fertig gestellt und seinem Zweck entsprechend genutzt werden kann.

90 **Ist das Bauvorhaben im Rohbau fertig gestellt,** kann der Nachbar einstweiligen Rechtsschutz nur noch in Anspruch nehmen, **wenn auch die genehmigte Nutzung gegen drittschützende Normen verstößt.**

91 **Verweigert die Bauaufsichtsbehörde einem Eigentümer die Bauakten einzusehen** etwa mit der Begründung, er sei kein Nachbar, so kann der Eigentümer (Nachbar) mittels einer Verpflichtungsklage vor dem Verwaltungsgericht die Einsicht in die Bauakten durchsetzen.

92 In der Regel ist dieser Klageweg aber nicht erforderlich, wenn es zu einer gerichtlichen Auseinandersetzung kommt. Sowohl in einem Eil- als auch in einem Hauptsacheverfahren **fordert das Verwaltungsgericht von sich aus die einschlägigen Bauakten bei der Bauaufsichtsbehörde an. Diese Akten werden dann Beiakten der Prozessakte und können dem Prozessbevollmächtigen des Eigentümers (Nachbarn) auf dessen Antrag hin zur Einsichtnahme in der Kanzlei zugeschickt werden.** Spätestens dann können sämtliche Bauvorlagen, verwaltungsinterne Stellungnahmen sowie sonstige Schriftstücke eingesehen werden.

93 **Hält ein Nachbar einen Bebauungsplan für rechtswidrig bzw. nichtig, so ist er nicht verpflichtet abzuwarten, bis die Bauaufsichtsbehörde auf der Grundlage des für unrechtmäßig angesehenen Bebauungsplanes Baugenehmigungen erteilt,** um sich gegen diese mit Widerspruch und einem Antrag des vorläufigen Rechtsschutzes nach § 80 Abs. 5, § 80a Abs. 1 VwGO zur Wehr zu setzen. Der Nachbar kann vielmehr „parallel“ beim Oberverwaltungsgericht nach § 47 Abs. 6 VwGO **im Rahmen eines Normenkontrollverfahrens eine einstweilige Anordnung beantragen, wonach es der Bauaufsichtsbehörde verboten wird, bis zur rechtskräftigen Entscheidung über die Normenkontrollklage Baugenehmigungen auf der Basis des angegriffenen Bebauungsplanes zu erteilen.** Insoweit kann der Nachbar „zweigleisig“ fahren, da die **Rechtsschutzziele von Nachbarklagen und Normenkontrollverfahren unterschiedlich sind.**

94 **Zivilrechtliche Abwehr- und Unterlassungsansprüche,** aber auch Ansprüche auf ein Tätigwerden des Nachbarn sind in **den §§ 906 bis 923 BGB** normiert. Die dort aufgeführten Nachbarrechte lassen sich gerichtlich in Verbindung mit § 1004 BGB durchsetzen, der bestimmt, dass man von einem Nachbarn **ein bestimmtes Tun, Dulden oder Unterlassen** gemäß der vorgenannten BGB-Vorschriften **fordern kann.**

95 **Exkurs zum „Kinderlärm“:**

96 Es ist auf die neue Rechtslage hinzuweisen, **sofern ein Nachbar einen Abwehranspruch wegen Kinderlärms gegen eine Kindertageseinrichtung, einen Kinder-**

spielplatz oder eine ähnliche Einrichtung geltend machen und ggf. gerichtlich durchsetzen will.

97 Mit dem 10. Gesetz zur Änderung des **Bundes-Immissionsschutzgesetzes** wurde der von Kindertageseinrichtungen und Kinderspielplätzen ausgehende **Kinderlärm privilegiert.** In § 22 BImSchG wurde ein neuer Absatz 1a eingefügt, der wie folgt lautet:

„Geräuscheinwirkungen, die von Kindertageseinrichtungen, Kinderspielplätzen und ähnlichen Einrichtungen, wie beispielsweise Ballspielplätzen durch Kinder hervorgerufen werden, sind im Regelfall keine schädliche Umwelteinwirkung. Bei der Beurteilung der Geräuscheinwirkungen dürfen Immissionsgrenz- und –richtwerte nicht herangezogen werden."

98 **Diese Gesetzesänderung trat am 21.7.2011 in Kraft** (siehe hierzu oben auch die Ausführungen zu § 10 (Kinderspielflächen) unter Gliederungspunkt 3 und 4).

99 Ein **Gebietserhaltungsanspruch** eines Nachbarn **gegen eine Kindertageseinrichtung** kann sich unabhängig von der rechtlichen Einordnung und Bewertung von Kinderlärm allein schon **aus der Baugebietsfestsetzung eines Bebauungsplanes bzw. Baustufenplanes** ergeben. Da alle Grundstücke in einem Plangebiet in einem räumlichen Abhängigkeits- oder Austauschverhältnis stehen, **kann sich ein Nachbar gegen ein baugebietsfremdes Vorhaben gerichtlich zur Wehr setzen.**

100 So hat das OVG Hamburg eine Baugenehmigung zur Errichtung und zum Betrieb einer **Kindertagesstätte mit 60 Plätzen auf einem 1.050 m^2** großem Grundstück, welches in einem Baustufenplan gemäß § 10 Abs. 4 BPVO als **„besonders geschütztes Wohngebiet"** ausgewiesen war, für rechtswidrig erachtet. Grundsätzlich seien Kinderbetreuungseinrichtungen in einem solchen Wohngebiet zwar nicht gänzlich ausgeschlossen, es **müsste sich dann aber um „kleine" Einrichtungen handeln,** was auf eine Kindertageseinrichtung mit der Betreuung von gleichzeitig 60 Kindern nicht zutrifft. Denn bei dem Störungspotential einer solchen Einrichtung in einem besonders geschützten Wohngebiet ist neben den Lärmimmissionen, die von der Nutzung der Außenspielflächen ausgehen, **auch der mit dem Bringen und dem Abholen der Kinder verbundene Pkw-Verkehr zu berücksichtigen.** Wie viel Plätze in einer Kindebetreuungseinrichtung gebietsverträglich sind, ließ das OVG Hamburg offen. Nach hiesiger Auffassung muss die Zahl der Kinderplätze bei relativ kleinen Grundstücken mit einer Ausnutzung von zwei Vollgeschossen **deutlich unter 50 liegen bzw. darf die Zahl 50 nicht überschreiten.**

5. Ergänzende Rechtsvorschriften

101 Es gilt der Bauprüfdienst **BPD 3/14 „Nachbarliche Belange"**.

102 Das **Akteneinsichtsrecht des Nachbarn** ist in § 29 Hamburgisches Verwaltungsverfahrensgesetz (HambVwVfG) geregelt.

103 **Darüber hinaus kann der Nachbar und alle Hamburger Bürger Bauakten nach dem Hamburgischen Transparenzgesetz (HmbTG) einsehen,** wobei die persönlichen Daten dann geschwärzt sind. Das HmbTG ersetzte das bis dahin geltende

Hamburgische Informationsfreiheitsgesetz (HmbIFG), es trat am 6. Oktober 2012 in Kraft. **Das HmbTG regelt nicht nur das Recht auf Informationen**, vielmehr verpflichtet es die Verwaltung zusätzlich, eine **Vielzahl von Dokumenten und Daten kostenfrei online** zur Verfügung zu stellen.

Gemäß § 2 Absatz 6 HmbTG ist das „**Informationsregister**" ein zentral zu führendes, elektronisches und allgemein zugängliches Register...Dieses Register ist im Internet einzusehen unter „**Transparenzportal Hamburg**". **104**

Für Bauherrn, Architekten und Ingenieurbüros kann hilfreich sein die Informationsgegenstände „**Fachanweisungen, Bauprüfdienste** und **Verwaltungsvorschriften**" **einzusehen.** Ebenso wie „**Geodaten**" und das „**Baumkataster**". Des Weiteren werden „**Flächennutzungspläne und Bebauungspläne**" veröffentlicht sowie Landschaftsprogramme. **Von großer Bedeutung ist, dass auch die „wesentlichen Regelungen erteilter Baugenehmigungen und Vorbescheide" einsehbar sind**, und zwar als Dokumente. **Ausgenommen** sind lediglich Vorhaben der reinen **Wohnbebauung mit nicht mehr als fünf Wohneinheiten.** **105**

§ 72 Baugenehmigung

(1) Die Baugenehmigung ist zu erteilen, wenn dem Vorhaben keine öffentlich-rechtlichen Vorschriften entgegenstehen, die im bauaufsichtlichen Genehmigungsverfahren zu prüfen sind. Sie wird innerhalb der gesetzlichen Fristen, gegebenenfalls unter dem Vorbehalt ergänzender Genehmigungen, erteilt.

(2) Die Baugenehmigung schließt andere die Anlage betreffende behördliche Entscheidungen ein, sofern solche nach den im Baugenehmigungsverfahren zu prüfenden öffentlich-rechtlichen Vorschriften erforderlich sind. Diese sind zu benennen.

(3) Die Baugenehmigung kann mit Nebenbestimmungen versehen und unter dem Vorbehalt der nachträglichen Aufnahme, Änderung oder Ergänzung einer Auflage erteilt werden.

(4) Die Baugenehmigung wird unbeschadet der Rechte Dritter erteilt.

(5) Auf Antrag kann eine Genehmigung für einen Teil der Anlage erteilt werden, wenn eine vorläufige Beurteilung ergibt, dass der Errichtung der gesamten Anlage keine von vornherein unüberwindlichen Hindernisse im Hinblick auf die Genehmigungsvoraussetzungen entgegenstehen (Teilbaugenehmigung). Die Bindungswirkung der vorläufigen Gesamtbeurteilung entfällt, wenn eine Änderung der Sach- oder Rechtslage oder Einzelprüfungen im Rahmen späterer Teilgenehmigungen zu einer abweichenden Beurteilung führen.

Kommentierung

Übersicht

1. Rechtsanspruch auf Erteilung (Abs. 1)

1 **Sowohl für einen Neubau, eine bauliche Änderung, eine Nutzungsänderung, eine Werbegenehmigung und einen Abbruch ist eine Baugenehmigung einzuholen**, gleichgültig ob für das Vorhaben das vereinfachte oder „konzentrierte" Genehmigungsverfahren nach § 61 bzw. 62 gewählt wurde und zur Anwendung kommt.

2 In **Ergänzung des** § 59 (**„Verfahrensgrundsätze"**) regeln die Absätze 1 bis 5 welche Voraussetzungen ein beantragtes Bauvorhaben erfüllen muss, um eine Baugenehmigung zu erhalten und **welche Rechtswirkungen eine erteilte Baugenehmigung im vereinfachten und im „konzentrierten" Verfahren entfaltet.**

3 **Ein Bauherr besitzt einen Rechtsanspruch auf Erteilung einer Baugenehmigung,** wenn seinem Vorhaben keine öffentlich-rechtlichen Vorschriften entgegenstehen, was im bauaufsichtlichen Verfahren zu prüfen ist.

4 Welche **formalen und materiellen Anforderungen an einen Bauantrag** zu stellen sind, ergibt sich zunächst aus § 17 Abs. 1 und der **Bauvorlagenverordnung.** Aus den zur Prüfung eingereichten Planunterlagen nebst Bau- und Betriebsbeschreibung muss das konkrete Bauvorhaben hervorgehen, nebst Art und Maß der baulichen Nutzung. Insoweit **muss das Bauvorhaben inhaltlich hinreichend bestimmt sein** (vgl. hierzu oben auch die Ausführungen zu § 17 Abs. 1 „Bauantrag, Bauvorlagen"; zu § 61 Abs. 2 „Vereinfachtes Genehmigungsverfahren", zu § 62 Abs. 1 „Baugenehmigungsverfahren mit Konzentrationswirkung"). Neuerdings können Bauanträge, Genehmigungen und Bescheide in **elektronischer Form eingereicht bzw. verschickt werden.**

5 **Zulässig ist es, dem Bauherrn zunächst eine sog. „Grundgenehmigung" zu erteilen,** z. B. für den „Neubau eines Geschäftshauses" mit mehreren Verkaufsräumen/Shops. **Die konkrete Nutzung dieser Verkaufsräume kann nach Vermietung unter Festlegung des Sortiments erfolgen und muss dann separat beantragt werden.** Dabei können sich noch weitere vom Bauherrn zusätzlich zu erfüllende Anforderungen an die Einhaltung arbeitsrechtlicher Bestimmungen ergeben, möglicherweise auch ein Mehrbedarf an Stellplätzen.

6 **Diese „nachfolgenden Baugenehmigungen" müssen den durch die „Grundgenehmigung" vorgegebenen Rahmen einhalten,** insbesondere die Festsetzungen eines Bebauungsplanes. Aus der „Grundgenehmigung" müssen schon die **maximalen Nutzungsmöglichkeiten hervorgehen,** insbesondere muss die Verkaufsfläche sämtlicher Shops größenmäßig festgelegt sein. Die Bestimmung der konkreten Nutzung der einzelnen Verkaufsräume kann dann wie gesagt später erfolgen. Denn dies ist mit einer **Situation gleichzusetzen, wenn ein Mietvertrag ausgelaufen ist** und sich durch die Neuvermietung baurechtliche Änderungen ergeben, die baugenehmigungsbedürftig sind.

Es ist zulässig, wenn etwa in einem Baukörper, z. B. einer **Gewerbehalle**, eine konkrete Nutzung beantragt wird, wobei die **Nutzung des Obergeschosses noch offengelassen wird. Es ist also nicht zwingend, dass in der Baugenehmigung abschließend über alle Nutzungen einzelner Räume oder Geschosse entschieden wird.** Dies ergibt sich bereits daraus, dass schon der Vorhabenbegriff gemäß § 29 Abs. 1 BauGB sowohl die Errichtung als auch die Nutzungsänderung als zwei Vorhaben definiert. **Im Übrigen können auch nach der Errichtung eines Baukörpers** mit einer bestimmten Nutzung anschließend **Nutzungsänderungsanträge gestellt und genehmigt werden.** Auch dies spricht dafür, dass über einzelne Nutzungen in einer Baugenehmigung später entschieden werden kann. 7

Der Prüfungsumfang im vereinfachten Genehmigungsverfahren wird näher bestimmt durch § 61 Abs. 2. Im **Baugenehmigungsverfahren mit Konzentrationswirkung** ergibt sich der Prüfungsumfang aus § 62 Abs. 1, Nr. 1 bis 3. 8

Da im vereinfachten Genehmigungsverfahren nicht die Einhaltung sämtlicher Vorschriften des Baurechts und des Baunebenrechts durch das konkrete Bauvorhaben geprüft werden, **erstreckt sich die Rechtswirkung einer „vereinfachten Baugenehmigung" ausschließlich auf die öffentlich-rechtlichen Vorschriften, die explizit in § 61 Abs. 2** („Prüfungsumfang im vereinfachten Genehmigungsverfahren") **aufgeführt sind** (vgl. hierzu oben auch die Ausführungen zu § 61 Abs. 2). 9

Für Genehmigungen nach anderen Rechtsvorschriften muss ggf. zusätzlich eine separate Genehmigung, Erlaubnis oder Zustimmung beantragt werden, die in einem eigenständigen Verfahren zu prüfen und zu erteilen oder auch zu versagen ist (z. B. eine Baumfällgenehmigung oder eine Erlaubnis für eine Gehwegüberfahrt). 10

Im Baugenehmigungsverfahren mit Konzentrationswirkung ist der Prüfungsumfang weitergefasst, weshalb sich auch die Rechtswirkungen der Baugenehmigung auf andere Rechtsgebiete außerhalb des eigentlichen „Baurechts" erstrecken. 11

Von seiner Rechtsnatur her ist die Baugenehmigung ein Verwaltungsakt für welchen die allgemeinen Vorschriften der §§ 35 ff. HmbVwVfG gelten. Als **feststellender Verwaltungsakt** schafft die Baugenehmigung für den Bauherrn einen Vertrauenstatbestand dahingehend, dass dem Vorhaben keine öffentlich-rechtlichen Vorschriften entgegenstehen, er also eine Art **„Unbedenklichkeitsbescheinigung"** in Händen hält. 12

Darüber hinaus entfaltet eine Baugenehmigung aber auch eine rechtsgestaltende Wirkung, da sie letztlich den Baubeginn freigibt, sofern die „Formalien" des § 72a („Baubeginn") erfüllt sind (siehe hierzu auch die Ausführungen zu § 72a). 13

Zugleich besitzt eine Baugenehmigung eine Doppelwirkung, da Sie den Bauherrn durch das mit ihr verliehene Baurecht „begünstigt" und das Nachbargrundstück durch den fertiggestellten Neubau „belastet". Dementsprechend kann sich der Nachbar gegen eine Baugenehmigung zur Wehr setzen, wenn sie 14 unter Verletzung nachbarschützender Vorschriften erteilt wurde (siehe hierzu auch die Ausführungen zu § 71, Gliederungspunkt 4 „Nachbar- und Rechtsschutz").

15 **Ein Rechtsanspruch auf eine Baugenehmigung kann sich aber auch aufgrund einer bindenden Vorentscheidung ergeben.** Voraussetzung ist, dass diese Vorentscheidungen unanfechtbar sind.

16 Solche bindenden Vorentscheidungen sind:

- ein positiver **Vorbescheid** nach § 63;
- eine **Teilbaugenehmigung** nach § 72 Abs. 5;
- eine **schriftliche Zusicherung** nach § 38 HmbVwVfG;
- ein **öffentlich-rechtlicher Vertrag** nach § 55 HmbVwVfG;
- ein **verwaltungsgerichtliches Urteil**, in welchem die Bauaufsichtsbehörde zur Genehmigung eines Bauantrages verpflichtet wird;
- ein **verwaltungsgerichtlicher Vergleich**;
- ein fortwirkender **Bestandsschutz** im Hinblick auf das beantragte Vorhaben, sei es für einen Neubau, eine Änderung, eine Erweiterung oder eine Nutzungsänderung.

17 **Bestandsschutz bedeutet**, dass eine bauliche Anlage, die während ihrer Errichtung in der Vergangenheit dem seinerzeit geltenden materiellen Recht entsprach, auch weiterhin in dem genehmigten Umfang genutzt werden darf, selbst wenn die bauliche Anlage oder ihre Nutzung dem heute geltenden Recht widerspricht.

18 **Instandsetzungs- und Unterhaltungsarbeiten an dem Gebäude werden durch den Bestandsschutz gedeckt,** auch wenn diese mit geringfügigen baulichen Veränderungen, z. B. Modernisierungsmaßnahmen einhergehen (Einbau eines Bades, eines zusätzlichen WCs oder Umnutzung eines Nicht-Aufenthaltsraumes in einen Wohnraum mit Einbau eines Heizkörpers etc.). **Der totale Abriss und Neuaufbau** einer baulichen Anlage, selbst wenn dieser ohne jegliche Grundrissänderungen oder Änderungen der Kubatur erfolgen soll, **wird vom Bestandsschutz nicht umfasst.** Erforderlich ist, dass die **Bausubstanz im Wesentlichen erhalten bleibt,** also insbesondere eine statische Neu- oder größere Nach-Berechnung nicht notwendig ist.

19 Ist eine Bausubstanz verbraucht oder einsturzgefährdet, scheidet ein Neuaufbau unter dem Gesichtspunkt des Bestandsschutzes aus. **Der Bestandsschutz endet, wenn der Eigentümer bzw. Nutzer die bestandsgeschützte Nutzung aufgibt.** Eine zeitweise Unterbrechung ist unschädlich, sofern die Nutzung spätestens nach einem Jahr wieder aufgenommen wird.

20 **Gegen die Aufteilung bestandsgeschützter großer Wohnungen in zwei oder auch drei Einheiten** bestehen keine Bedenken, da die Identität des Gebäudes und der Nutzung erhalten bleibt.

21 **Einen sog. erweiterten oder überwirkenden Bestandsschutz gibt es nicht – mehr –,** der z. B. die Erweiterung eines bestandsgeschützten Gebäudes im Außenbereich nach § 35 BauGB durch eine Garage zuließe oder etwa die Um-

wandlung eines Altenheimes in ein Hotel-Garni. **Auch die Modernisierung einer Fabrik oder eines gewerblichen Betriebes**, selbst wenn dieses zur Erhaltung der Konkurrenzfähigkeit erforderlich ist, **wird vom Bestandsschutz nicht gedeckt**, wenn die baulichen Änderungen oder Erweiterungen so erheblich sind, **dass sie sich dem Hauptgebäude nicht deutlich unterordnen.**

Wann und unter welchen Voraussetzungen **im Außenbereich ein Wohngebäude oder ein zerstörtes Gebäude neu aufgebaut werden kann,** ist in § 35 Abs. 4 BauGB normiert. Dort sind auch Konstellationen geregelt, in denen eine Nutzungsänderung oder bauliche Erweiterung eines bestandsgeschützten Gebäudes zulässig ist. **22**

Eine Baugenehmigung ist stets nur ein vorhabenbezogener Verwaltungsakt, der sich auf eine konkrete bauliche Anlage auf einem bestimmten Grundstück bezieht. **An die Person des Bauherrn ist die Baugenehmigung nicht gebunden, sodass die Baugenehmigung auch für und gegen den Rechtsnachfolger gilt.** Bei einem **Bauherrnwechsel** während der Bauausführung hat der Rechtsnachfolger dieses daher der Bauaufsichtsbehörde auch lediglich nach § 54 Abs. 2 S. 5 („Bauherrin oder Bauherr") mitzuteilen. **23**

Eine personenbezogene Gaststättenerlaubnis oder auch eine Erlaubnis nach der Gewerbeordnung für das Betreiben einer Spielhalle etc. muss hingegen gesondert beantragt werden, **sie wird auch von der „konzentrierten" Baugenehmigung nicht umfasst** (Siehe hierzu auch die Ausführungen zu § 62 Abs. 1). **24**

Eine Baugenehmigung berechtigt den Bauherrn das Bauvorhaben in der genehmigten Form auszuführen, sie verpflichtet jedoch den Bauherrn nicht, die Baugenehmigung auch auszunutzen. Aus diesem Grunde **können für ein Bauvorhaben auch mehrere unterschiedliche Baugenehmigungen mit verschiedenen Nutzungsmöglichkeiten eingeholt werden,** die selbständig nebeneinander bestehen. Es ist alleine Sache des Bauherrn, ob und wenn ja welches genehmigte Bauvorhaben er realisieren will. **25**

Eine Bauverpflichtung trifft den Bauherrn (Vorhabenträger) selbst dann nicht, wenn er sich bei einem **vorhabenbezogenen Bebauungsplan** nach § 12 BauGB in dem dazugehörigen **„Durchführungsvertrag" zur Verwirklichung eines Vorhabens innerhalb einer bestimmten Frist rechtlich verpflichtet hat.** Führt er das Vorhaben nicht aus, so hebt die Gemeinde den Bebauungsplan nach Fristablauf auf. Besitzt der Vorhabenträger eine Baugenehmigung, so hat die Gemeinde keine Möglichkeit den Bauherrn nun auch zum Bauen zu zwingen. Sie sollte daher grundsätzlich **im Durchführungs-Vertrag für den Fall der Nichtumsetzung des Vorhabens** bzw. der Baugenehmigung **eine Vertragsstrafe aufnehmen.** **26**

Nur in den engen Grenzen des § 176 BauGB (**Baugebot**) kann ein Grundstückseigentümer verpflichtet werden, sein Grundstück innerhalb einer bestimmten Frist entsprechend den Festsetzungen des Bebauungsplanes zu bebauen bzw. eine vorhandene bauliche Anlage den Festsetzungen des Bebauungsplanes anzupassen. **27**

28 Weist eine bauliche Anlage Missstände oder Mängel auf, kann **nach** § 177 BauGB **ein Modernisierungs- und/oder Instandsetzungsgebot** durch die Bauaufsichtsbehörde ausgesprochen werden. In Einzelfällen kann auch ein **Rückbau- und Entsiegelungsgebot nach** § 179 BauGB zum Tragen kommen.

29 **Von der Baugenehmigung darf der Bauherr nur insgesamt Gebrauch machen,** d. h. er darf eine bauliche Anlage nicht nur teilweise ausführen, beispielsweise bei genehmigten fünf Vollgeschossen nur drei Vollgeschosse errichten. **Will er auf die zwei zusätzlichen Geschosse verzichten, muss der Bauherr hierfür eine Änderungsgenehmigung einholen.** Diese ist ihm zu erteilen, sofern in einem Bebauungsplan die **Anzahl der Geschosse nicht als zwingend festgesetzt ist.**

30 **Jede Baugenehmigung setzt die Stellung eines Bauantrages durch den Bauherrn voraus.** Ging dieser davon aus, dass sein Vorhaben nach § 60 verfahrensfrei war oder hatte der Bauherr bewusst mehr gebaut als beantragt und genehmigt, so **kann die Einreichung eines Bauantrages jederzeit nachgeholt werden,** selbst wenn hierüber bereits ein Rechtsstreit anhängig ist. Auf diese Art und Weise kann auch ein sog. **„Schwarzbau“ nachträglich legalisiert werden,** sofern die ohne Baugenehmigung ausgeführte bauliche Änderung dem Baurecht entspricht und damit genehmigungsfähig ist. Bis diese Frage rechtskräftig, ggf. durch ein Verwaltungsgericht entschieden ist, **darf eine Beseitigungsverfügung** nach § 76 Abs. 1 **wohl ergehen aber nicht vollzogen werden.**

31 Liegt eine Baugenehmigung bereits vor und **beabsichtigt der Bauherr das Bauvorhaben in erweiterter oder sonst wie geänderter Form durchzuführen,** so muss er hierfür eine **Nachtragsgenehmigung (Tektur)** beantragen. **Der Nachtrag muss sich aber dem Hauptgebäude deutlich unterordnen,** d. h. er darf sich nur auf kleinere, geringfügige Änderungen des ursprünglichen Gebäudes beziehen. Die **Identität des Hauptgebäudes darf durch die zusätzlich beantragten baulichen Änderungen nicht entstellt oder gar verloren gehen.** Das geänderte „neue“ Bauvorhaben muss nach einer natürlichen Betrachtungsweise immer noch den „Charakter“ des Ursprungs-Gebäude erkennen lassen.

32 Dementsprechend können **nur kleinere Änderungen** eines bereits genehmigten, aber noch nicht vollständig errichteten Bauvorhabens **mittels einer Tektur genehmigt werden.** Sind die baulichen Änderungen so umfangreich, dass **sich die Genehmigungsfrage des „neuen Vorhabens“ neu stellt,** so liegt ein **„Aliud“** vor, für welches **ein neuer, zweiter Bauantrag** eingereicht werden muss, für den dann ebenfalls **„neue“ Baugebühren in voller Höhe** wie für die Erteilung der Erst-Baugenehmigung anfallen. Eine Reduzierung der Baugebühren scheidet auch angesichts der Tatsache aus, dass die Bauaufsichtsbehörde gewisse Bauteile bzw. Gebäudeteile bereits im ersten Bauantrag bearbeitet und geprüft hatte.

33 **Für die Beurteilung, ob ein neues und anderes Vorhaben (Aliud) vorliegt, ist auf folgende Merkmale abzustellen:**

34 Standort, Grundfläche, Bauvolumen, Zweckbestimmung, Höhe, Dachform und Erscheinungsbild. Stellt sich die Genehmigungsfrage im Hinblick auf den

Brandschutz (Flucht- und Rettungswegesituation) und die **Standsicherheit neu, ist ein Aliud gegeben.** Gleiches gilt, wenn das **Erschließungskonzept geändert** wird und damit die Anordnung der Entfluchtungs-Treppen und die **Veränderung von tragenden Innenwänden.** Auch die **geänderte Fassadengestaltung** kann zu einer Neubeurteilung des Vorhabens führen, wenn – wieder – von der Bauaufsicht Stellungnahmen von Fachämtern (z. B. Stadtplanung) eingeholt werden müssen. **Alleine das Verschieben eines Gebäudes auch nur um einen Meter wirft die Genehmigungsfähigkeit des Vorhabens neu auf,** so dass die Erteilung einer Nachtragsgenehmigung ausscheidet.

Ist der Bauherr im Besitz einer rechtkräftigen Baugenehmigung, so setzt sich diese auch gegen nachträgliche Änderungen eines Bebauungsplanes, selbst gegen eine neu erlassene Veränderungssperre durch. Insoweit genießt das genehmigte Bauvorhaben **Bestandsschutz. Auch eine rechtswidrige unanfechtbare Baugenehmigung genießt Bestandsschutz,** sie kann aber von der Bauaufsichtsbehörde **zurückgenommen oder widerrufen werden** (vgl. §§ 48, 49 HmbVwVfG), wobei dem Bauherrn allerdings seine daraus resultierenden Vermögensnachteile durch Zahlung eines Geldbetrages zu ersetzen sind. 35

Da eine Baugenehmigung nach Abs. 4 unbeschadet der Rechte Dritter ergeht, kann ein Bauherr grundsätzlich auch einen Vorbescheid oder einen **Bauantrag für ein Grundstück einreichen, welches nicht in seinem Eigentum steht.** Aus diesem Grunde prüft und verlangt die Bauaufsichtsbehörde grundsätzlich nicht, dass der Bauantrag bzw. Vorbescheid nicht nur vom Bauherrn, sondern auch vom Grundstückseigentümer zu unterschreiben ist. Nach § 1 Abs. 4 S. 3 BauVorlVO **kann die Bauaufsichtsbehörde vor Bearbeitung des Bauantrages verlangen, dass dieser auch vom Grundstückseigentümer unterschrieben ist.** Dieses gilt in erster Linie für die Fälle, in denen ein Grundstückseigentümer bereits gegenüber der Bauaufsichtsbehörde erklärt hat, dass er sein Grundstück nicht veräußern werde. Dann steht fest, dass der Bauantragsteller als Nicht-Eigentümer mit der erteilten Baugenehmigung nichts anfangen kann. Ihm fehlt somit das sog. Sachbescheidungsinteresse, weshalb die Bauaufsichtsbehörde dann berechtigt ist, den Bauantrag ohne Prüfung zurückzuweisen. **Eine bloße Vermutung darüber, dass der Bauherr das Grundstück wird nicht erwerben und bebauen können,** reicht für die Versagung einer Baugenehmigung nicht aus. Es muss vielmehr **unbehebbar feststehen, dass sich die privatrechtlichen Hindernisse werden nicht ausräumen lassen.** 36

Im **vereinfachten Genehmigungsverfahren kann ein Antrag nicht mangels Sachbescheidungsinteresse zurückgewiesen werden** unter Hinweis darauf, dass **eine andere, zur Realisierung des Bauvorhabens noch erforderliche behördliche Genehmigung** (z. B. Fällgenehmigung, Zweckentfremdungsgenehmigung etc.) **noch nicht vorliegt.** Der Bauantrag muss vielmehr dennoch bearbeitet und beschieden werden. 37

Gemäß § 70 Abs. 2 können Bauvorlagen im Rahmen des laufenden Baugenehmigungsverfahrens nachgereicht werden. Dabei muss der Antragsteller ausdrücklich **in seinem Bauantrag darauf hinweisen,** dass er beispielsweise die bautechnischen Nachweise – zunächst – **nicht geprüft haben möchte.** Die Bau- 38 aufsichtsbehörde hat daraufhin eine „**Grund-Baugenehmigung**" zu erteilen. Später können dann die nachgereichten technischen Nachweise noch durch **Ergänzungsbescheide** geprüft und genehmigt werden.

39 Dies bedeutet, dass die **Regelbearbeitungszeiten** des vereinfachten Genehmigungsverfahrens nach § 61 und des konzentrierten Baugenehmigungsverfahrens nach § 62 **auch dann zu laufen beginnen, wenn die bautechnischen Nachweise nicht vorliegen,** die der Bauherr später zur Prüfung vorlegen möchte.

2. Konzentrationswirkung (Abs. 2)

40 Welche **Entscheidungen anderer Behörden und Ämter** von der Baugenehmigung umfasst werden ergibt sich insbesondere aus den §§ 61 und 62 HBauO (vgl. die dortigen Ausführungen). **Die „konzentrierte" Baugenehmigung schließt alle behördlichen Entscheidungen jeglicher Fachdienststellen und Ämter mit ein,** die für die Genehmigung und Durchführung des konkret beantragten Bauvorhabens erforderlich sind. Danach werden nicht nur mehrere Verwaltungsverfahren zusammengefasst, sondern auch **mehrere Entscheidungen zu einer einzigen bauaufsichtlichen Genehmigung gebündelt.**

41 Dieses bedeutet nicht, dass die materiell-rechtlichen Anforderungen an andere Rechtsvorschriften nicht geprüft und beschieden werden. **Die Bauaufsichtsbehörde beteiligt vielmehr verwaltungsintern die Behörden und Stellen** in deren Aufgabenbereich die Prüfung des „Fachrechts" fällt.

42 **Hält der Bauherr folglich eine „konzentrierte" Genehmigung in Händen,** kann er dementsprechend sicher sein, dass diese Baugenehmigung, auch **alle Vorschriften anderer Rechtsgebiete einhält,** für die er sonst um separate Genehmigungen oder Erlaubnisse hätte nachsuchen müssen. Der Bauherr besitzt dann eine baurechtliche „**Unbedenklichkeitsbescheinigung**".

43 **Die Konzentrationswirkung bedeutet, dass die Bauaufsichtsbehörde allein für die Genehmigung des konkreten Vorhabens** nach allen öffentlich-rechtlichen Vorschriften **zuständig ist und allein die Entscheidung nach Außen gegenüber dem Bauherrn treffen kann.** Im Innenverhältnis bleiben die beteiligten Behörden und Stellen gegenüber der Bauaufsichtsbehörde für ihre Stellungnahme, ihre Zustimmung oder ihr Einvernehmen verantwortlich.

44 **Versagt eine Behörde oder Stelle ihre Zustimmung oder ihr Einvernehmen, so ist dieses verwaltungsintern für die Bauaufsichtsbehörde bindend.** Diese muss dann die Erteilung der „konzentrierten" Baugenehmigung ablehnen und diese ablehnende Entscheidung auch nach Außen vertreten ggf. mit der Rechtsfolge, **dass die Bauaufsichtsbehörde im Rahmen eines Amtshaftungsverfahrens für eine fehlerhafte Entscheidung der beteiligten Behörde bzw. Stelle haftbar gemacht wird.** Ist die Bauaufsichtsbehörde der Meinung, dass eine **eingeholte Stellungnahme einer beteiligten Behörde bzw. Stelle nicht rechtens ist, kann sich die Bauaufsichtsbehörde darüber hinwegsetzen** und eine andere Entscheidung treffen.

45 **Allein aus dem Text der Baugenehmigung inklusive der genehmigten Unterlagen** (Pläne, Baubeschreibungen etc.) **geht nicht immer hervor, welche Baumaßnahmen im Einzelnen genehmigt wurden** und somit ausgeführt werden dürfen. In diesen

Fällen ist auf alle eingereichten Bauantragsunterlagen samt Bau- und Betriebsbescheinigung zurückzugreifen, um beispielsweise feststellen zu können, welches die maßgebliche Geländeoberfläche ist, weil diese für die Anzahl der Vollgeschosse eines Gebäudes auch unter Berücksichtigung nachbarlicher Belange von Bedeutung sein kann. **Ggf. ist im Wege der Auslegung anhand aller Bauantragsunterlagen zu entscheiden, was beantragt und genehmigt wurde.** Stimmt Inhalt und Umfang der Baugenehmigung nicht mit den Bauantragsunterlagen überein, so geht die Baugenehmigung vor, d. h. sie bestimmt dann, was gebaut werden darf.

Gleiches gilt sinngemäß auch für die **Nutzung einer baulichen Anlage. Der Nutzungszweck ist grundsätzlich konkret in den Bauantragsunterlagen anzugeben.** Nur die genehmigte Nutzung darf dann auch in dem fertiggestellten Gebäude aufgenommen werden. Die Genehmigung einer Gaststätte berechtigt daher nicht eine Diskothek zu eröffnen, also eine Gaststätte, die im Wesentlichen auch dem Tanzbetrieb dient. Um diese Nutzung aufnehmen zu können, bedarf es einer **Nachtragsgenehmigung**, u. U. sogar einer weiteren separaten Baugenehmigung, sofern die „Hauptnutzung Gaststätte" vor dem „Diskothekenbetrieb" in den Hintergrund tritt. 46

In der Baugenehmigung sind alle die Genehmigungen, Zustimmungen, Ausnahmen, Abweichungen und Erlaubnisse zu benennen, die von der „konzentrierten" Baugenehmigung umfasst werden und sich insbesondere aus folgenden Rechtsvorschriften herleiten können: 47

- Hamburgisches Abwassergesetz (HmbAbwG);
- Fernstraßengesetz (FStrG);
- Denkmalschutzgesetz (DSchG);
- Gaststättenverordnung (GastVO);
- Hamburgisches Naturschutzgesetz (HmbNatSchG);
- Heimmindestbauverordnung (HeimMindBauV);
- Bundes-Immissionsschutzgesetz (BImschG);
- Hamburgisches Wassergesetz (HWaG);
- Hamburgisches Wegegesetz (HWG);
- Hamburgisches Wohnraumschutzgesetz (HmbWoSchG);
- Wohnwagengesetz (WohnwagenG).

Welche Behörden bzw. Stellen im Sinne des § 70 Abs. 6 und 7 **zu beteiligen sind** ist nachzulesen im Bauprüfdienst **BPD 2017-3 „Baugenehmigungsverfahren mit Konzentrationswirkung** nach § 62 HBauO" und im **BPD 2018-4 „Zu prüfende Rechtsbereiche im Baugenehmigungsverfahren mit Konzentrationswirkung nach § 62 HBauO".** 48

In den Bauprüfdiensten ist auch ausgeführt, welche Genehmigung, Zustimmung, Erlaubnis oder Abweichungsentscheidung in welchem Rechtsbereich von welcher zuständigen Behörde bzw. Stelle durch die „konzentrierte" Baugenehmigung als erteilt gilt. 49

3. Nebenbestimmungen (Abs. 3)

Nur in engen Grenzen kann eine Baugenehmigung mit einer Nebenbestimmung versehen werden. Entspricht das Bauvorhaben dem Baurecht und den übrigen 50 öffentlich-rechtlichen Vorschriften, ist für eine Nebenbestimmung kein Raum. In eine Baugenehmigung darf folglich keine Nebenbestimmung aufgenommen werden, **wonach von der Baugenehmigung erst Gebrauch gemacht werden darf, wenn die Baugebühren oder der Ablösebetrag für Stellplätze oder eine in der Baugenehmigung festgesetzte Sondernutzungsgebühr für die Inanspruchnahme einer öffentlichen Wege- oder Straßenfläche bezahlt ist.**

51 Nebenbestimmungen sind nach § 36 HmbVwVfG zunächst zeitliche **Befristungen,** nach deren Ablauf eine **Genehmigung oder Erlaubnis** „automatisch“ abläuft und verfällt, es sei denn, sie wurde vorher verlängert. Eine **Befristung** ist ausdrücklich zugelassen bei Erteilung einer **Typengenehmigung** nach § 65 Abs. 2 und für die **Genehmigung fliegender Bauten** nach § 66 Abs. 4.

52 **Unter einer Bedingung versteht man** z. B. in einer Baugenehmigung eine Bestimmung, nach deren Eintritt erst von der Baugenehmigung (Baubeginn) Gebrauch gemacht werden darf. Typischerweise wird eine aufschiebende Bedingung in eine Baugenehmigung aufgenommen, um zum Schutz eines Nachbarn vor Störungen oder Immissionen sicherzustellen, dass **ein Bauvorhaben erst ausgeführt werden darf, wenn Schutzmaßnahmen zu Gunsten des Nachbarn** (z. B. eine Lärmschutzwand oder ein Lärmschutzwall) **ausgeführt wurden.**

53 Auch eine **Auflage** ist eine Nebenbestimmung. Sie kann den Bauherrn in einer Genehmigung zu einem bestimmten Tun, Dulden oder Unterlassen verbindlich verpflichten.

54 Zu guter Letzt kann eine Genehmigung auch mit einer Nebenbestimmung versehen werden, **wonach die Genehmigung bei Eintritt oder Wegfall eines Ereignisses widerrufen werden kann.** Ein **Widerrufsvorbehalt** kommt immer dann in Frage, wenn der Bauherr keinen Rechtsanspruch auf die beantragte Baugenehmigung besitzt, aber durch einen Widerrufsvorbehalt entsprechend dem **Grundsatz der Verhältnismäßigkeit** eine Baugenehmigung gleichwohl nach dem derzeitigen Sachstand „widerruflich“ erteilt werden kann. **So kann die Genehmigung von Fenstern in Giebeln zum Nachbargrundstück** bei einer festgesetzten geschlossenen Bauweise genehmigt werden, bis der Nachbar sein Baurecht ausübt. Auch **Mobilfunkantennenanlagen** oder **Hochspannungsleitungen** können bis zum Vorliegen neuer wissenschaftlicher und gesundheitlicher Erkenntnisse, insbesondere zum **Elektro-Smog,** widerruflich genehmigt werden.

55 **Grundsätzlich sollen Nebenbestimmungen dazu dienen, einen Bauantrag „genehmigungsfähig“ zu machen,** der ohne die Nebenbestimmung hätte abgelehnt werden müssen. Gehen z. B. von einem Neubauvorhaben Immissionen aus, die dem Nachbarn nicht zuzumuten sind, **so kann die Baugenehmigung mit einer Auflage „geheilt“ werden, wonach der Bauherr z. B. die PKW-Zufahrt zu seinem Grundstück auf die andere Seite zu verlegen hat,** damit bestimmte Immissionsgrenzwerte nicht überschritten werden. Ebenso kann die Bauaufsichtsbehörde vorgeben, **dass Fenster in Richtung des Nachbargrundstücks zur Vermeidung von Lärmimmissionen nicht zu öffnen sein dürfen** (allenfalls kurzfristig für Reinigungszwecke).

56 **Jede Aufnahme einer Nebenbestimmung muss schriftlich begründet werden. Fehlt die Begründung, so ist die Baugenehmigung zwar fehlerhaft, aber nicht**

nichtig. Die Begründung kann von der Bauaufsichtsbehörde jederzeit nachgeholt werden.

Grundsätzlich kann die Bauaufsichtsbehörde bei speziellen Bauvorhaben einen Vorbehalt in die Baugenehmigung aufnehmen, **wonach ggf. nachträgliche Anforderungen gestellt werden können.** Ein solcher **Vorbehalt für eine nachträgliche Anforderung** ist nur zulässig, wenn es **konkrete Anhaltspunkte** dafür gibt, dass zur Abwendung von Gefahren für die öffentliche Sicherheit und Ordnung, insbesondere Leben und Gesundheit (siehe hierzu auch die Ausführungen zu § 3 Abs. 1 „Allgemeine Anforderungen"), während der Realisierung des genehmigten Bauvorhabens behördlich anzuordnende Maßnahmen notwendig werden können. **Als Beispiel sei die Rekonstruktion eines abgebrannten Gebäudes genannt oder auch der Umbau bzw. die Erweiterung eines Jahrhunderte alten Gebäudes, für welches es keinerlei Bauunterlagen gibt.** In diesem Fällen kann sich erst während der Bauarbeiten herausstellen, dass noch zusätzliche Anforderungen an die Standsicherheit, den Brand- und Rettungsschutz oder auch zur Vermeidung schädlicher Umwelteinwirkungen etwa durch Wasserleitungen aus Blei oder alte Elektroleitungen zu stellen sind. 57

4. Private Rechte Dritter (Abs. 4)

Da nach Abs. 1 von der Bauaufsichtsbehörde nur zu prüfen ist, ob ein Vorhaben gegen öffentlich-rechtliche Vorschriften verstößt, **bleibt die Prüfung des Privatrechts außen vor.** Daher ergeht eine Baugenehmigung unbeschadet der Rechte Dritter. 58

Dabei ist es möglich, dass ein Bauherr von einer ihm erteilten bestandskräftigen Baugenehmigung aufgrund privatrechtlicher Ansprüche des Nachbarn oder privatschriftlicher Verträge keinen Gebrauch machen kann. Dieses ist z. B. der Fall, wenn für das herrschende Nachbargrundstück **im Grundbuch eine Grunddienstbarkeit eingetragen ist, wonach eine bestimmte Grundstücksfläche – etwa zur Erhaltung des Elbblicks – nicht bebaut und nicht mit sichtbehindernden Bäumen oder Sträuchern bepflanzt werden darf.** Auch **Grunddienstbarkeiten, die die Einhaltung einer bestimmten Firsthöhe oder eines Grenzabstandes baulicher Anlagen sichern,** können der Ausnutzung einer Baugenehmigung aus privatrechtlichen Gründen entgegenstehen. Ebenso kann eine Grunddienstbarkeit die Anzahl der Wohneinheiten durch die Formulierung beschränken, dass nur ein „villenartiges Einfamilienhaus" errichtet werden darf. 59

5. Teilbaugenehmigung (Abs. 5)

Teilbaugenehmigungen für einzelne Bauabschnitte oder Bauteile tragen den Bedürfnissen der Praxis Rechnung, mit der Bauausführung bereits beginnen zu können, bevor sämtliche bautechnischen Nachweise vorliegen und bevor das Bauvorhaben im Detail geprüft oder genehmigt wurde. Dadurch kann ein Bauvorhaben schneller realisiert werden, auch für Finanzierungszwecke ist es erleichternd, wenn bereits eine Teilbaugenehmigung vorliegt. 60

Eine Teilbaugenehmigung entfaltet eine dreifache Rechtswirkung: 61

1. Sie stellt fest, dass dem vorab genehmigten Bauabschnitt/Bauteil keine öffentlich-rechtlichen Vorschriften entgegenstehen.

2. Sie stellt fest, dass das Gesamtvorhaben „im Großen und Ganzen“ grundsätzlich genehmigungsfähig ist.
3. Es wird die Baufreigabe für den genehmigten Teil des Bauvorhabens ausgesprochen.

62 **Eine Teilbaugenehmigung setzt voraus, dass** nach § 70 **ein vollständiger Bauantrag mit sämtlichen Unterlagen eingereicht wurde. In einem separaten Antrag muss eine Teilbaugenehmigung schriftlich beantragt werden**, etwa für die Baustelleneinrichtung und den Erdaushub, die Erstellung der Fundamente oder des gesamten Kellergeschosses, die Errichtung des Gebäudes bis einschließlich einem oder mehrerer Vollgeschosse etc.

63 Auch **mehrere Teilbaugenehmigungen** beispielsweise für die geschossweise Ausführung eines Bauvorhabens können beantragt werden.

64 **Teilbaugenehmigungen können sowohl im vereinfachten als auch im „konzentrierten“ Genehmigungsverfahren erteilt werden.** Wurde die Teilbaugenehmigung für ein Bauvorhaben erteilt, welche im Baugenehmigungsverfahren mit Konzentrationswirkung zu prüfen ist, so **erstreckt sich die Konzentrationswirkung auch bereits vollen Umfangs auf die Teilbaugenehmigung** (siehe hierzu auch die Ausführungen zu § 62 Abs. 1).

65 Es muss feststehen, dass die **Teilbaugenehmigung den öffentlich-rechtlichen Vorschriften entspricht,** also nicht nur dem Bauplanungs- und Bauordnungsrecht, sondern auch im Einklang mit anderen Rechtsvorschriften steht.

66 Daher kann eine Teilbaugenehmigung im „konzentrierten“ Baugenehmigungsverfahren erst erteilt werden, wenn die **Stellungnahmen zu beteiligender Behörden und Stellen vorliegen** oder diese zumindest vorab erklärt haben, dass aus ihrer fachlichen Sicht dem Gesamtbauvorhaben grundsätzlich nichts entgegensteht.

67 **Sind oder können nachbarliche Belange betroffen sein**, ist vor Erteilung der Teilbaugenehmigung die erforderliche **Zustimmung des Nachbarn** nach § 71 Abs. 2 **einzuholen** bzw. ist dieser nach § 71 Abs. 3 zu beteiligen.

68 Hält der Bauherr eine Teilbaugenehmigung in Händen, so steht damit fest, **dass das gesamte Bauvorhaben grundsätzlich genehmigungsfähig ist.** Damit entfaltet die Teilbaugenehmigung eine **Bindungswirkung gegenüber der Bauaufsichtsbehörde,** d. h. diese darf die „Gesamt-Baugenehmigung“ nicht mehr versagen. **Auch eine rechtswidrige Teilbaugenehmigung entfaltet diese Rechtsbindung,** sie verpflichtet die Bauaufsichtsbehörde dazu, auch die rechtswidrige „Gesamt-Baugenehmigung“ zu erteilen. Soll das Bauvorhaben bauaufsichtlich verhindert werden, **muss die Teilbaugenehmigung zurückgenommen oder widerrufen** werden (§§ 48, 49 HmbVwVfG), wobei dem Bauherrn seine Vermögensnachteile zu entschädigen sind.

69 **Die Bindungswirkung kann in Einzelfällen jedoch eingeschränkt sein.** Eine Teilbaugenehmigung für das Kellergeschoss entfaltet keine Bindungswirkung hinsichtlich der Anzahl der beantragten Vollgeschosse oder der Ausbildung des

Dachgeschosses. Die Bauaufsichtsbehörde kann auch dann noch ein Vollgeschoss weniger genehmigen oder eine andere modifizierte Dachform in der „Gesamt-Baugenehmigung“ vorschreiben.

Eine Teilbaugenehmigung für eine Tiefgarage entfaltet keine Bindungswirkung für den Hochbau. Hält dieser die Abstandsflächen nicht ein, so kann die Bauaufsichtsbehörde abweichend von den Bauantragsunterlagen eine Anpassung des Baukörpers zwecks Einhaltung der Abstandsflächen fordern bzw. die Genehmigung für den Hochbau versagen, wenn der Bauherr auf einer Bescheidung seines Bauantrages besteht. Durch die spätere Forderung, dass der Hochbau die Abstandsvorschriften einzuhalten hat, **macht sich die Bauaufsichtsbehörde weder schadensersatz- noch entschädigungspflichtig.** Das mit einer Teilbaugenehmigung verbundene Risiko trägt der Bauherr. 70

Eine Bindungswirkung entfällt auch, wenn sich nach Erteilung der Teilbaugenehmigung während des sich anschließenden weiteren Prüfungsverfahrens **die Sach- und Rechtslage ändert,** sodass neue Anforderungen an den noch nicht genehmigten Teil des Bauvorhabens zu stellen sind. Grundsätzlich hat die Bauaufsichtsbehörde in diesen Fällen nach dem Grundsatz der Verhältnismäßigkeit die „alte“ Sach- und Rechtslage ihrer noch ausstehenden Genehmigungsentscheidung zugrunde zu legen. Etwas anderes gilt nur dann, wenn neue Vorgaben an die öffentliche Sicherheit und Ordnung gestellt werden oder an den Nachbarschutz. **Aus rein gestalterischen oder städtebaulichen Gründen kann** entsprechend dem Grundsatz der Verhältnismäßigkeit **keine „Anpassung“ des „teilgenehmigten“ Bauvorhabens verlangt werden.** Insbesondere kann eine rechtswidrige Teilbaugenehmigung und damit eine falsche Entscheidung der Bauaufsichtsbehörde nicht über S. 2 korrigiert werden. 71

6. Nachbar- und Rechtsschutz

Da eine Baugenehmigung den Bauherrn „begünstigt“ und den Nachbarn „belastet“, **kann letzterer grundsätzlich gegen jede Baugenehmigung und gegen jede Teilbaugenehmigung Nachbarwiderspruch und Nachbarklage erheben.** Erfolgreich wird der Nachbar die Aufhebung der erteilten Genehmigung nur durchsetzen können, wenn diese nicht nur **rechtswidrig ist, sondern den Nachbarn auch in nachbarschützenden Vorschriften verletzt.** Da weder Widerspruch noch verwaltungsgerichtliche Klage aufschiebende Wirkung besitzen, muss der Nachbar parallel zu seinem Widerspruch oder seiner Klage um **vorläufigen Rechtsschutz** beim Verwaltungsgericht nachsuchen, indem er beantragt, die aufschiebende Wirkung seines Widerspruchs/seiner Klage gerichtlich anzuordnen, um so einen **Baustopp** zu erreichen. **Bleibt die Bauaufsichtsbehörde trotz einer obsiegenden Entscheidung des Nachbarn im Eil-Verfahren untätig,** kann der Nachbar die Bauaufsichtsbehörde gerichtlich durch **Erlass einer einstweiligen Anordnung** nach § 123 VWGO verpflichten, eine Baueinstellungsverfügung zu erlassen (siehe hierzu auch die Ausführungen zu § 71 Gliederungspunkt 4 „Nachbar- und Rechtsschutz“). 72

Wegen der rechtlichen Bindungswirkung muss ein Nachbar auch bereits gegen eine Teilbaugenehmigung Widerspruch und Klage erheben, selbst wenn er durch den genehmigten Teil noch nicht in nachbarschützenden Vorschriften 73 verletzt wird. Ist eine Teilbaugenehmigung gegenüber dem Nachbarn unanfechtbar geworden, kann dieser sich gegen die anschließende „Gesamt-Baugenehmigung" nicht mehr erfolgreich zur Wehr setzen, es sei denn, dass gewisse Bauabschnitte/Bauteile nicht der Bindungswirkung der Teilbaugenehmigung unterliegen.

74 **Wird eine Teilbaugenehmigung** durch eine Klage oder einen Antrag auf vorläufigen Rechtsschutz **angegriffen,** so kann das Verwaltungsgericht bei seiner Entscheidung **auch die Auswirkungen des Gesamtbauvorhabens auf das Nachbargrundstück** in seine Entscheidung **mit einbeziehen,** über die durch die Teilbaugenehmigung sozusagen bereits eine „Vorentscheidung" getroffen wurde. Dies ist aber nur der Fall, **wenn der Bauherr für die weiteren Bauabschnitte, also für das Gesamtbauvorhaben, bereits einen Bauantrag eingereicht hat,** so dass geprüft werden kann, ob das Gesamtbauvorhaben und damit die Teilbaugenehmigung genehmigungsfähig ist. Denn nur dann lassen sich gemäß dem OVG Hamburg die mit der angefochtenen Teilbaugenehmigung verbundenen und auch im **Nachbarstreit beachtlichen Vorwirkungen im Hinblick auf die Verletzung von Nachbarrechten beurteilen. Ohne Bauantrag** nebst entsprechenden Bauvorlagen für den zweiten oder sogar dritten Bauabschnitt ist das Gesamtbauvorhaben nicht hinreichend konkretisiert, so dass insoweit auch **keine „Bindungswirkung" der Teilbaugenehmigung** eintreten kann. Das Risiko, ob die weiteren noch nicht zur Genehmigung gestellten Bauabschnitte neben der Teilbaugenehmigung auch genehmigungsfähig sind, trägt allein der Bauherr, der sein Bauvorhaben in mehrere selbständige Bauabschnitte aufgeteilt hat.

75 **Der Widerspruch und die Klage eines Nachbarn ist immer gegen die Bauaufsichtsbehörde gerichtet mit dem Ziel,** dass diese von sich aus oder aufgrund einer gerichtlichen Entscheidung die angegriffene Baugenehmigung insgesamt oder in Teilen aufhebt. Da durch den Ausgang des Widerspruchs- und des Klageverfahrens unmittelbar und zwangsläufig auch **Rechte des Bauherrn als Inhaber der Baugenehmigung betroffen werden**, ist er durch einen Beschluss den Verfahren **beizuladen.** Durch die Beiladung wird der Bauherr in die Lage versetzt, eigene Angriffs- und Verteidigungsmittel geltend zu machen. Zugleich wird sichergestellt, dass gegenüber dem Nachbarn und dem Bauherrn eine einheitliche Entscheidung ergeht.

76 **Ist der Nachbarwiderspruch offensichtlich unbegründet**, so kann dieser ohne Beteiligung des Bauherrn bearbeitet und zurückgewiesen werden.

77 In der Regel kann ein Bauherr nur gegen eine ablehnende Baugenehmigung oder Teilbaugenehmigung Widerspruch und Klage erheben. Dieses ist aber auch möglich, **wenn die Bauaufsichtsbehörde sein Bauvorhaben in Teilbereichen abändert oder modifiziert,** z. B. Deckenhöhen reduziert, Balkone oder Dachterrassen bzw. Dachgauben verkleinert, Änderungen an der Fassadengestaltung oder der Ausbildung des Daches vornimmt etc.

78 **Der Widerspruch** gegen einen ablehnenden Bescheid **muss gemäß der Rechtsbehelfsbelehrung** in dem Bescheid **binnen Monatsfrist** schriftlich oder zur Niederschrift **bei der Bauaufsichtsbehörde eingelegt werden**, wobei es auf den Eingang bei der Bauaufsichtsbehörde ankommt. War der Ablehnung **keine Rechtsbehelfsbelehrung** unter Hinweis auf die einmonatige Widerspruchsfrist beigefügt, hat der Bauherr **ein Jahr** Zeit seinen Widerspruch entsprechend § 58 Abs. 2 VwGO einzulegen.

Wurde der Widerspruch des Bauherrn durch Widerspruchsbescheid zurückgewiesen, muss der Bauherr ebenfalls binnen **Monatsfrist Klage beim Verwaltungsgericht** erheben. Grundsätzlich besteht beim Verwaltungsgericht **in erster Instanz kein Anwaltszwang,** sondern erst vor dem Oberverwaltungsgericht. Gleichwohl sollte sich ein Bauherr angesichts der komplizierten und schwierigen Baurechtsmaterie vor dem Verwaltungsgericht durch eine Person vertreten lassen, die auf dem Gebiet des Baurechts versiert ist, um insbesondere in der mündlichen Verhandlung vor dem Verwaltungsgericht die richtigen Anträge zu stellen. 79

Jeder Widerspruch muss grundsätzlich spätestens nach drei Monaten beschieden werden, d. h. dem Widerspruch ist stattzugeben oder er ist zurückzuweisen. **Bleibt die Bauaufsichtsbehörde bzw. der Widerspruchsausschuss länger als drei Monate untätig,** so kann der Bauherr ohne das Widerspruchsverfahren abzuwarten, sogleich mittels einer **Untätigkeitsklage** das Verwaltungsgericht anrufen, um sein Recht durchzusetzen. 80

Hat ein Bauherr Klage eingereicht mit dem Ziel, die Bauaufsichtsbehörde zu verpflichten, **seinen abgelehnten Bauantrag zu genehmigen und hat sich die Rechtslage inzwischen so geändert,** dass der Bauantrag nach der neuen Rechtslage nicht mehr genehmigungsfähig ist, so kann der Bauherr von einer Verpflichtungsklage **auf eine Fortsetzungsfeststellungsklage übergehen.** Dieses betrifft typischerweise die Fälle, in denen die Verwaltung oder Bezirksversammlung einen Vorbescheids- oder Bauantrag zum Anlass nimmt, das Baugrundstück durch Aufstellung eines neuen oder Änderung eines bestehenden Bebauungsplanes neu zu überplanen, **um dann auf der Grundlage des neuen Planrechts das unliebsame Bauvorhaben ablehnen und damit verhindern zu können.** Wird zeitgleich mit dem Aufstellungsbeschluss für den Bebauungsplan oder auch nachträglich **eine Veränderungssperre beschlossen, vor deren Ablauf der neue Bebauungsplan in Kraft tritt, so kann das ursprünglich genehmigungsfähige Bauvorhaben aufgrund des neuen Planrechts in der Regel nicht mehr genehmigt werden.** 81

Häufig ist der neue Bebauungsplan bereits in Kraft getreten, ohne dass über die Verpflichtungsklage des Bauherrn für sein ursprünglich genehmigungsfähiges Bauvorhaben ein erstinstanzliches Urteil vorliegt, mithin die mündliche Verhandlung noch aussteht. Stellt sich in dieser dann heraus, dass die Verwaltung bzw. Bezirksversammlung eine rechtswidrige reine Verhinderungsplanung betrieben hat oder den Antrag des Klägers bewusst unbearbeitet liegen ließ, um neues Planrecht und damit eine Rechtsgrundlage für eine Ablehnung schaffen zu können, so stellt dieses Verhalten eine **Amtspflichtverletzung** dar. **Denn die Bauaufsichtsbehörde hat jeden Antrag zügig zu bearbeiten und zu bescheiden und nach dem geltenden Planrecht zu beurteilen.** 82

83 Wenn der Kläger in der mündlichen Verhandlung deutlich macht, dass er wegen **einer begangenen Amtspflichtverletzung die Bauaufsichtsbehörde schadensersatzpflichtig oder einen Anspruch aus Enteignung bzw. enteignungsgleichen Eingriff geltend machen will**, besitzt er ein berechtigtes Interesse daran, dass das Verwaltungsgericht **durch Urteil feststellt, dass die Ablehnung des Bauantrages oder der Bauvoranfrage rechtswidrig gewesen ist.**

84 **Dieses Feststellungs-Urteil zur Rechtwidrigkeit der ablehnenden Entscheidung bindet die Zivilgerichte** sowohl in einem Amtshaftungsprozess nach § 839 BGB i. V. m. Art. 34 GG als auch in einem **Entschädigungsprozess wegen Enteignung, enteignungsgleichem Eingriff oder Aufopferung.**

85 Daneben oder zusätzlich **können durch die Änderung oder Aufhebung von Festsetzungen eines Bebauungsplanes** von den betroffenen Grundstückeigentümern **Ansprüche auch nach dem sog. Planungsschadensrecht geltend gemacht werden,** die sich aus den §§ 39 ff. BauGB herleiten.

86 **Weder eine Teil- noch eine Baugenehmigung können im Wege einer einstweiligen Anordnung** nach § 123 VWGO **erstritten werden,** da eine solche Entscheidung unzulässiger Weise die **Hauptsache vorwegnehmen würde.**

87 **Hat ein Bauherr sich aufgrund eines privatschriftlichen Vertrages verpflichtet,** einen bestimmten Grundstücksteil nicht zu bebauen, eine Firsthöhe nicht zu überschreiten, in einem Haus max. zwei Wohnungen zu errichten etc., wird er gleichwohl von der Bauaufsichtsbehörde eine diesen privatrechtlichen Rahmen überschreitende Baugenehmigung erhalten, wenn sein Bauvorhaben den öffentlich-rechtlichen Vorschriften entspricht, da Baugenehmigungen unbeschadet privater Rechte Dritter ergehen. **Auch Grunddienstbarkeiten,** die nur eine bestimmte Bebauung bzw. Nutzung eines Grundstücks zulassen, **sind von der Bauaufsichtsbehörde im Genehmigungsverfahren nicht zu berücksichtigen.**

88 **Ist der Bauherr im Besitz einer Baugenehmigung, die gegen privatrechtlich gesicherte Rechte des Nachbarn verstößt,** so muss dieser mit einer **einstweiligen Verfügung** nach der Zivilprozessordnung (ZPO) **einen Baustopp erwirken** und in einem Zivilprozess einen Rückbau bzw. Abbruch einer baulichen Anlage oder eines Teils davon durchsetzen.

7. Ergänzende Rechtsvorschriften

89 Eine Baugenehmigung kann entweder im vereinfachten Genehmigungsverfahren nach § 61 oder im „konzentrierten" Genehmigungsverfahren nach § 62 beantragt werden (vgl. die dortigen Ausführungen).

90 Welche Bauvorlagen in welchem Genehmigungsverfahren einzureichen sind, ergibt sich aus der **Bauvorlagenverordnung.** Es ist folgende **Fachanweisung** zu beachten:
- **FA I/09 „Beteiligung des Arbeitskreises Gewerbebau (AK-Gewerbebau)".**

91 Zudem können folgende Bauprüfdienste zur Anwendung kommen.
- **BPD 5/96** „Fahrradplätze und Abstellräume für Fahrräder und Kinderwagen (**BPD Fahrräder**)";

- BPD 8/97 „Großflächiger Einzelhandel";
- BPD 5/98 „Schutz des Mutterbodens bei Bauvorhaben (**BPD Mutterbodenschutz**)";
- BPD 2/01 „**§ 34 BauGB** – Zulässigkeit von Vorhaben innerhalb der im Zusammenhang bebauten Ortsteile";
- BPD 6/02 „Berücksichtigung von Belangen der Bodenordnung, städtebaulichen Sanierung, Entwicklung, Erhaltung oder Enteignung nach dem Baugesetzbuch (BauGB) (**BPD Bodenordnung**)";
- BPD 3/04 „§ 35 BauGB – Bauen im Außenbereich (**BDP Außenbereich**)";
- BPD 1/08 „Anforderungen an den Bau und Betrieb von Hochhäusern (**BPD Hochhäuser**)";
- BPD 1/09 „Freie Berufe in Wohngebieten";
- BPD 2/09 „Besondere Anforderungen an Kombibüros und Großraumbüros (**BPD Bürogroßräume**)";
- BPD 3/10 „Bauordnungsrechtliche Erschließung von Grundstücken (**BPD Erschließung**)";
- BPD 1/11 „Gebühren";
- BPD 2/11 „Prüfung technischer Anlagen und Einrichtungen im Genehmigungsverfahren (**BPD Prüfung TGA**)";
- BPD 1/12 „Kinderspielflächen";
- BPD 5/12 „Brandschutztechnische Auslegungen **BTA**)";
- BPD 1/13 „Bauliche Anforderungen an Stellplätze und Garagen (**BPD Garagen**)";
- BPD 1/14 „Barrierefreies Bauen";
- BPD 3/14 „Nachbarliche Belange";
- BPD 5/16 „Erstellung und Prüfung von Brandschutznachweisen (**BPD Brandschutznachweise**)";
- BPD 6/16 „Bauliche Anlagen im Nahbereich von Hochspannungsfreileitungen";
- BPD 2017-3 „Baugenehmigungsverfahren mit Konzentrationswirkung nach § 62 HBauO";
- BPD 2017-4 „Vorweggenehmigung nach § 33 BauGB";
- BPD 2018-3 „Bauen in Massivholzbauweise (**BPD Massivholzbau**)";
- BPD 2018-4 „Zu prüfende Rechtsbereiche im Baugenehmigungsverfahren mit Konzentrationswirkung nach § 62 HBauO".

§ 72a Baubeginn

(1) Mit der Bauausführung, der Beseitigung baulicher Anlagen oder mit der Ausführung des jeweiligen Bauabschnitts darf erst begonnen werden, wenn

1. die Baugenehmigung der Bauherrin oder dem Bauherrn zugegangen ist und

2. die Baubeginnanzeige der Bauaufsichtsbehörde vorliegt.

Abweichend von Satz 1 Nummer 1 kann die Bauaufsichtsbehörde in Bezug auf Aufnahmeeinrichtungen, Gemeinschaftsunterkünfte oder sonstige Unterkünfte für Flüchtlinge oder Asylbegehrende auf Antrag vorläufig zulassen, dass bereits vor Erteilung der Baugenehmigung mit den Maßnahmen nach Satz 1 begonnen wird (Zulassung des vorzeitigen Baubeginns), wenn

1. mit der Erteilung der Baugenehmigung gerechnet werden kann und
2. die Bauherrin oder der Bauherr sich verpflichtet, alle bis zur Entscheidung über die Erteilung der Baugenehmigung durch die Maßnahmen verursachten Schäden zu ersetzen und, wenn das Vorhaben nicht genehmigt wird, den früheren Zustand wiederherzustellen.

Die Zulassung kann jederzeit widerrufen werden. Sie kann mit Auflagen verbunden oder unter dem Vorbehalt nachträglicher Auflagen erteilt werden. Die Bauaufsichtsbehörde kann die Leistung einer Sicherheit verlangen, soweit dies erforderlich ist, um die Erfüllung der Pflichten der Bauherrin oder des Bauherrn zu sichern. § 72 Absatz 2 gilt entsprechend. Über die Maßnahmen sollen die Nachbarn möglichst frühzeitig informiert werden.

(2) Vor Baubeginn eines Gebäudes müssen die Grundfläche abgesteckt und seine Höhenlage festgelegt und gekennzeichnet sein.

(3) Die Baugenehmigungen beziehungsweise der Bescheid über die Zulassung des vorzeitigen Baubeginns sowie die Bauvorlagen einschließlich der bautechnischen Nachweise müssen an der Baustelle von Baubeginn an vorliegen.

(4) Die Bauherrin oder der Bauherr hat den Ausführungsbeginn genehmigungsbedürftiger Vorhaben und die Wiederaufnahme der Bauarbeiten nach einer Unterbrechung von mehr als drei Monaten mindestens eine Woche vorher der Bauaufsichtsbehörde mitzuteilen (Baubeginnanzeige).

Kommentierung

Übersicht

1. Beginn des Bauvorhabens (Abs. 1)

1 Sowohl im vereinfachten als auch im „konzentrierten" Baugenehmigungsverfahren **darf mit der Bauausführung** oder dem Abbruch des genehmigten Vorhabens oder Bauabschnitts **erst begonnen werden, wenn die Genehmigung dem Bauherrn zugegangen ist. Einer förmlichen Zustellung** etwa mit Postzustellungsurkunde **bedarf es nicht.** Entscheidend ist vielmehr, dass der Bauherr als Adressat der Baugenehmigung von dieser **Kenntnis erlangt hat,** wobei es reicht, dass die Baugenehmigung in seinen „Machtbereich" gelangt ist, sodass er von ihr zumindest hätte Kenntnis nehmen können. **Eine Baugenehmigung gilt daher auch als zugegangen,** wenn sie in den **Briefkasten** oder in ein **Postschließfach** eingesteckt bzw. dort abgelegt wurde.

2 **Hat der Bauherr einen Vertreter benannt,** insbesondere, wenn nach § 54 Abs. 3 mehrerer Personen als Bauherren auftreten, **so ist die Baugenehmigung dem Vertreter zuzusenden.**

Für einen ordnungsgemäßen Zugang reicht es, **wenn die Baugenehmigung einem Angehörigen ausgehändigt wurde.** 3

Sodann muss der Bauherr der Bauaufsichtsbehörde auch noch den **Baubeginn anzeigen** (s. Abs. 4). 4

Wenn diese drei Voraussetzungen gegeben sind, darf der Bauherr mit der Ausführung des genehmigten Vorhabens beginnen. 5

Bodenuntersuchungen, das Lagern von Baustoffen, oder das **Aufstellen von Bauzäunen oder auch die Festsetzung der Grundfläche und Höhenlage** nach Abs. 2 **stellt keinen Baubeginn dar.** Gleiches gilt für das Freimachen des Grundstücks von Mauerresten, Bäumen oder Büschen sowie für das anschließende Planieren des Baugrundstücks. **In der Regel beginnt ein Bauvorhaben mit dem Erdaushub**, d. h. spätestens dann muss die Baugenehmigung zugegangen sein, müssen die bautechnischen Nachweise vorliegen und die Baubeginnanzeige abgeschickt worden sein. 6

Für den Baubeginn ist nicht erforderlich, dass die Baugenehmigung unanfechtbar ist. Der Bauherr muss folglich nicht die einmonatige Widerspruchsfrist für den Nachbarn abwarten, **er kann selbst dann mit der Bauausführung beginnen, wenn der Nachbar Widerspruch eingelegt hat,** da dieser keine aufschiebende Wirkung entfaltet (Siehe hierzu auch die Ausführungen zu § 71 Gliederungspunkt 4 „Nachbar- und Rechtsschutz"). **Allerdings trägt der Bauherr das Risiko** für die mit dem Baubeginn verbundenen Kosten solange die Baugenehmigung gegenüber den Nachbarn noch nicht unanfechtbar geworden ist, falls das Verwaltungsgericht aufgrund eines Eilantrages des Nachbarn die begonnene Bauausführung stoppt. 7

Über den Baubeginn ist lediglich die Bauaufsichtsbehörde zu unterrichten, nicht jedoch der Nachbar. 8

Nachdem im Jahre 2015 viele **Flüchtlinge und Asylbegehrende** in Deutschland eintrafen, wurde zunächst der Bund tätig, der das Bauplanungsrecht durch das sogenannte **Flüchtlingsmaßnahmengesetz gemäß § 246 BauGB** dahingehend änderte, dass bis zum 31.12.2019 **Anlagen zur Unterbringung von Flüchtlingen und Asylbegehrenden schneller und unkomplizierter errichtet werden könnten,** auch durch die Nutzungsänderung von Bestandsgebäuden. Es wurde eine Rechtsgrundlage dafür geschaffen, dass **selbst in Gewerbegebieten** Aufnahmeeinrichtungen, Gemeinschaftsunterkünfte oder sonstige Unterkünfte für Flüchtlinge oder Asylbegehrende als **Ausnahme zugelassen werden konnten.** 9

Nachdem der Bund den Rahmen für die Errichtung solcher Unterkünfte geschaffen hatte, mussten die Länder diese Regelungen noch in ihr jeweiliges Bauordnungsrecht umsetzen, das heißt in Hamburg in die HBauO. 10

So wurde in Hamburg der **§ 72a durch Gesetz vom 17.2.2016 geändert,** die Neufassung trat am 27.2.2016 in Kraft. 11

Durch den vorläufigen Baubeginn sollte ermöglichst beziehungsweise erleichtert werden zügig Einrichtung von Unterkünften zu erstellen. **Der neue Ab-** 12 satz 1 Satz 2 gilt für **Aufnahmeeinrichtungen, Gemeinschaftsunterkünfte oder sonstige Unterkünfte** für Flüchtlinge oder Asylbegehrende. Der Bauherr muss aber gesondert den **vorzeitigen Baubeginn beantragen.** Dabei sollte er möglichst ausführlich **darlegen, weshalb sein Bauvorhaben** nach den Neuregelungen für Unterkünfte **genehmigungsfähig ist.**

13 Dabei hat die Bauaufsichtsbehörde aber gleichwohl **umweltrechtliche Belange zu prüfen.** Dies kann einen erhöhten Zeitbedarf mit sich bringen, sodass es dann nicht zu der gewünschten Verfahrensbeschleunigung kommt. Der neue Absatz 1 Satz 2 Nummer 2 **verpflichtet den Bauherren, alle durch seine bauliche Anlage verursachten Schäden** (zum Beispiel Aushubarbeiten, Transporte, Beseitigung von Aufwuchs) **zu ersetzen,** falls das Vorhaben dann doch nicht genehmigt wird. Dann ist der **frühere Zustand wieder herzustellen.** Die Schadensersatzverpflichtung ist **verschuldensunabhängig.** Der **Bauherr trägt allein das Risiko, das von Errichtungsarbeiten vor Erteilung der Baugenehmigung ausgeht** (vgl. Bürgerschaftsdrucksache 21/2551).

14 Ob eine **Sicherheitsleistung** von der Bauaufsichtsbehörde zu fordern ist, steht in ihrem Ermessen. Grundsätzlich ist keine Sicherheitsleistung zu erbringen.

15 Zu erwähnen wäre noch, dass **nur der „Beginn" der baulichen Maßnahme zugelassen wird, nicht jedoch die vollkommene Errichtung der Unterkunft.**

16 Aus wichtigen Gründen kann die **Zulassung jederzeit widerrufen** werden. Sie kann auch mit Auflagen verbunden sein oder unter dem Vorbehalt nachträglicher Auflagen erteilt werden.

17 Satz 6 in Absatz 1 verweist auf die Vorschrift des § 72 Absatz 2. Dies bedeutet, dass die **Genehmigung des vorzeitigen Baubeginns eine konzentrierte Wirkung hat,** der Bauherr muss folglich nicht noch gesondert irgendwelche zusätzlichen Genehmigungen einholen, wenn er einen Bescheid über den vorzeitigen Baubeginn in Händen hält.

2. Festlegung der Grundfläche und Höhenlage (Abs. 2)

18 Da die Baugenehmigung die Errichtung einer baulichen Anlage nur an einem planungsrechtlich und bauordnungsrechtlich **„geprüften" Standort erlaubt, muss dieser vor Baubeginn in der Regel mittels Schnürgerüst abgesteckt werden,** d. h. die äußeren Begrenzungen des Außenmauerwerks, die hervortretenden Bauteile etc. (Grundfläche). Dadurch soll gewährleistet sein, dass insbesondere die **Abstandsflächen** zu den Nachbargrundstücken oder auch **Baugrenzen bzw. -baulinien nachprüfbar eingehalten werden.**

19 **Auch die Höhenlage des zu errichtenden Gebäudes ist festzulegen, um die Anbindung bzw. Zuwegung/Zufahrt** des Baugrundstücks an den öffentlichen Weg bestimmen zu können sowie die **Lage von Ver- und Entsorgungsleitungen.** Eine große Bedeutung besitzt die Festsetzung und Kennzeichnung der Höhenlagen insbesondere für **Hanggrundstücke und Grundstücke mit unterschiedlichem Geländeniveau.**

3. Vorlage von Unterlagen an der Baustelle (Abs. 3)

Ständig an der Baustelle müssen bereitgehalten werden, die 20
- Baugenehmigung/-en;
- Bauvorlagen (Pläne, Detailzeichnungen, Betriebsbeschreibungen etc.);
- bautechnische Nachweise nach § 68.

Diese müssen nicht im Original bereitgehalten werden, es reicht, wenn auf der Baustelle Lichtpausen und Kopien ständig verfügbar und einsehbar vorhanden sind. 21

Da auch verfahrensfreie Vorhaben nach § 60 der **Bauüberwachung** nach § 78 **unterliegen,** müssen auch während der Ausführung solcher Vorhaben die Bauvorlagen an der Baustelle bereitliegen, die es der Bauaufsichtsbehörde ermöglichen zu prüfen, ob das Bauvorhaben tatsächlich verfahrenfrei ist und **ob die für das verfahrensfreie Vorhaben herausgegebenen Herstellerhinweise und -anleitungen auch beachtet werden.** 22

4. Baubeginnanzeige (Abs. 4)

Mindestens eine Woche vor Baubeginn hat der Bauherr die Bauaufsichtsbehörde bei genehmigungsbedürftigen Vorhaben über den Ausführungsbeginn zu unterrichten. Dieses gilt nicht für die Errichtung verfahrensfreier Vorhaben nach § 60. **Durch die Benachrichtigung wird die Bauaufsichtsbehörde in die Lage versetzt, ihrer Bauüberwachungsverpflichtung nach** § 78 („**Bauüberwachung**") **nachzukommen. Regelmäßige Baubesichtigungen oder Bauabnahmen sind gesetzlich nicht vorgeschrieben** und werden daher auch nicht durchgeführt. Es liegt im pflichtgemäßen Ermessen der Bauaufsichtsbehörde, ob und wenn ja, in welcher Art und Weise sie die Baustelle besichtigt, die Einhaltung von Bauvorschriften überwacht oder sogar Stichproben nimmt. Je bedeutsamer und schwieriger das Bauvorhaben ist, desto eher ist die Bauaufsichtsbehörde gehalten, ihre Pflicht zur Bauüberwachung auszuüben. 23

Einer Angabe des Bauunternehmers von Haupt- oder Nebengewerken bedarf es in der Baubeginnanzeige nicht. 24

Auch muss der Bauherr die endgültige Fertigstellung der baulichen Anlage der Bauaufsichtsbehörde nicht mitteilen. Er hat ihr lediglich nach § 77 Abs. 2 **die Aufnahme der Nutzung anzuzeigen.** 25

Wurde die Bauausführung mehr als drei Monate unterbrochen, so hat der Bauherr den erneuten Baubeginn der Bauaufsichtsbehörde ebenfalls mindestens eine Woche vorher mitzuteilen. 26

5. Nachbar- und Rechtsschutz

§ 72a ist nicht nachbarschützend. 27

6. Ergänzende Rechtsvorschriften

Es gilt der **Bauprüfdienst:** 28
- BPD 9/82 „Höhenanweisungen".

§ 73 Geltungsdauer der Baugenehmigung und des Vorbescheids

(1) Die Baugenehmigung und die Teilbaugenehmigung erlöschen, wenn innerhalb von drei Jahren nach ihrer Erteilung mit der Ausführung des Vorhabens nicht begonnen oder die Bauausführung länger als ein Jahr unterbrochen worden ist.

(2) Der Vorbescheid gilt zwei Jahre.

(3) Die Fristen nach den Absätzen 1 und 2 können auf Antrag jeweils bis zu einem Jahr verlängert werden. Sie können auch rückwirkend verlängert werden, wenn der Antrag vor Fristablauf bei der Bauaufsichtsbehörde eingegangen ist. Ist die Frist des Absatzes 1 bereits zwei Mal verlängert worden, ist eine weitere Verlängerung nicht möglich.

Kommentierung

Übersicht Rn.

1. Dreijahresfrist für Teil- und Baugenehmigungen (Abs. 1)

1 Nur eine Baugenehmigung und eine Teilbaugenehmigung kann innerhalb eines Dreijahreszeitraumes in Anspruch genommen werden.

2 Für **Typengenehmigungen** und Genehmigungen **Fliegender Bauten** gelten die besonderen Fristen des § 65 Abs. 2 bzw. 66 Abs. 4.

3 **Für einen Zustimmungsbescheid für ein Bauvorhaben des Bundes oder der Länder** gilt die Drei- bzw. Ein-Jahresfrist des Abs. 1 bzw. 2.

4 **Die Fristen beginnen, sobald die Genehmigung bzw. der Vorbescheid dem Bauherrn** nach § 72a Abs. 1 Nr. 1 **zugegangen ist,** also der Bauherr von dem Inhalt und der Existenz der Baugenehmigung Kenntnis erlangt hat bzw. hätte erlangen können.

5 **Die Frist beginnt an dem Tag zu laufen, der dem Tag nach dem Zugang der Genehmigung/des Vorbescheides folgt,** insoweit gelten auch hier analog die Fristenregelungen der §§ 187 ff. BGB (Siehe hierzu auch die Ausführungen zu § 61 Abs. 3).

6 **Durch die Dreijahresfrist wird dem Bauherrn ausreichend Gelegenheit gegeben,** sein Vorhaben im Detail durchzuplanen, die Bauaufträge auszuhandeln und zu vergeben sowie die Bauausführung zu organisieren. **Macht der Bauherr innerhalb von drei Jahren von seiner Genehmigung keinen Gebrauch,** ist es aus städtebaulichen Gründen gerechtfertigt, dass die Bauaufsichtsbehörde neu prüft, ob sich insbesondere Änderungen des Bauplanungs- oder Bauordnungs-

rechts ergeben haben, sodass das Bauvorhaben nicht mehr im Einklang mit den „öffentlich-rechtlichen Vorschriften" im Sinne des § 72 Abs. 1 steht.

Ist eine Baugenehmigung durch Zeitablauf erloschen, muss sie neu beantragt werden, d. h. erneut ein Genehmigungsverfahren durchlaufen, in welchem aktuelle Pläne und bautechnische Nachweise vorzulegen bzw. einzuholen sind. **Hat sich die Sach- und Rechtslage in keinerlei Hinsicht geändert, ist dem Bauherrn erneut eine Baugenehmigung** mit dem ursprünglichen Inhalt **zu erteilen**, wobei erneut Baugebühren anfallen. 7

Wird gegen eine Baugenehmigung oder gegen einen Vorbescheid ein Nachbarwiderspruch eingelegt, so wird hierdurch der Fristenlauf in analoger Anwendung der §§ 202 ff. BGB **gehemmt**. Dieses gilt nicht nur für die Fälle, in denen durch die Bauaufsichtsbehörde oder das Verwaltungsgericht die **aufschiebende Wirkung** des Nachbarwiderspruchs **angeordnet** wurde, sondern auch für die Fälle, in denen der Nachbar zwar Widerspruch eingelegt hat, diesem aber gemäß § 212a BGB keine aufschiebende Wirkung zukommt (Siehe hierzu auch die Ausführungen zu § 71 Gliederungspunkt 4 „Nachbar- und Rechtsschutz"). 8

Angesichts der Tatsache, dass es im Baurecht in der Regel um Ermessensentscheidungen, Abwägungsprozesse und um die Auslegung von Vorschriften geht, **lässt sich nie mit 100 %iger Sicherheit prognostizieren, ob ein Nachbarwiderspruch Erfolg hat oder haben kann.** Aus diesem Grunde kann ein **Bauherr während eines laufenden Widerspruchsverfahrens nicht gezwungen werden**, innerhalb der Dreijahresfrist mit seinem Bau zu beginnen, nur um das Erlöschen der Genehmigung zu verhindern. Denn theoretisch kann der Nachbarwiderspruch erfolgreich sein, sodass der Bauherr dann sein begonnenes Bauwerk wieder abreißen oder zumindest umgestalten müsste. 9

Ist die Frist gehemmt, so läuft sie während der Dauer der Hemmung nicht weiter. **Erst mit rechtkräftigem Abschluss des Widerspruchs- oder Klagverfahrens beginnt die Frist wieder zu laufen.** 10

Auch wenn die Bauaufsichtsbehörde eine **Baugenehmigung durch Nebenbestimmungen**, insbesondere eine Auflage oder Bedingung **eingeschränkt oder modifiziert hat** (Siehe hierzu auch die Ausführungen zu § 72 Abs. 3 „Baugenehmigung") **ist der Fristenlauf der Genehmigung „insgesamt" solange gehemmt, bis in dem vom Bauherrn angestrengten Widerspruchs- oder verwaltungsgerichtlichen Klagverfahren rechtskräftig geklärt ist, ob die Baugenehmigung uneingeschränkt hätte erteilt werden müssen.** Jeder Bauherr hat das grundgesetzlich garantierte Recht, jede Entscheidung einer Verwaltung gerichtlich überprüfen zu lassen, aus diesem Grunde kann der Bauherr wegen drohendem Ablaufs der Dreijahresfrist nicht gezwungen werden, ein Bauvorhaben zu beginnen, welches er so nicht beantragt hatte und bauen wollte. 11

Wird eine Baugenehmigung zurückgenommen oder widerrufen und setzt sich der Bauherr hiergegen zur Wehr, so wird der **Fristenlauf** im Falle des Obsiegens ebenfalls bis zum Abschluss des rechtskräftigen Widerspruchs- oder Klageverfahren **gehemmt**. 12

13 Wenn allerdings ein Baustopp verfügt wird, etwa weil der Bauherr eine von der **Baugenehmigung abweichende Bauausführung** vorgenommen oder Bauteile im Rahmen des Gesamtbauvorhabens errichtet hat, die nicht genehmigt sind, so **wird der Fristenablauf während der Baustilllegung nicht gehemmt.**

14 Bei einer **fiktiven Baugenehmigung** nach § 61 Abs. 3 S. 4 **beginnt die Dreijahresfrist mit Eintritt der Fiktion zu laufen,** d. h. an dem Tag, der dem Eingang der vollständigen Bauunterlagen bei der Bauaufsichtsbehörde folgt. **Wird die Bearbeitungsfrist** der Bauaufsichtsbehörde im Einvernehmen mit dem Bauherrn nach § 61 Abs. 3 S. 3 **verlängert,** beginnt die Dreijahresfrist erst am nächsten Tag nach Ablauf der verlängerten Bearbeitungszeit. **Ob sich der Bauherr den Eintritt der Fiktionswirkung** nach § 61 Abs. 3 S. 5 **bestätigen lässt und wann dieses Bestätigungsschreiben dem Bauherrn zugeht, ist dabei unerheblich.**

15 **Innerhalb des Dreijahreszeitraums muss mit der Bauausführung begonnen werden.** Dieses ist in der Regel **immer erst dann der Fall, wenn Erdbauarbeiten ausgeführt werden,** sei es um das Kellergeschoss auszuheben, sei es um Fundamente zu erstellen oder ein gleichmäßiges Niveau für die Bodenbefestigung herzustellen. **Das Aufstellen eines Bauzaunes** oder das **Entfernen von Bäumen und Sträuchern** ist lediglich eine bauvorbereitende Maßnahme, die **keinen Baubeginn** darstellt. Insbesondere die **Baubeginnanzeige** nach § 72a Abs. 4 ist kein Beginn der Bauausführung.

16 **Ist eine Reihenhauszeile als ein Gesamtbauvorhaben beantragt und genehmigt worden, reicht es aus, wenn mit dem Beginn der ersten Reihenhausscheibe innerhalb der Dreijahresfrist begonnen wird,** die restlichen Reihenhäuser können später fertiggestellt werden. Allerdings darf zwischen Erstellung eines oder einiger Reihenhäuser bis zur Fortführung und Aufnahme der **Bauarbeiten am nächsten Reihenhaus nicht mehr als ein Jahr vergangen sein, da dann die Bauausführung als unterbrochen gilt.**

17 **Keine Unterbrechung** liegt vor, wenn **ein Baustopp** aufgrund der aufschiebenden Wirkung eines Nachbarwiderspruchs oder einer **Nachbarklage** angeordnet wurde oder die Bauarbeiten aufgrund einer **Baustilllegungsverfühung** der Bauaufsichtsbehörde ruhen.

18 **Wird eine endgültig fertiggestellte bauliche Anlage nicht in Gebrauch genommen, oder wird die genehmigte Nutzung langjährig unterbrochen,** so gilt folgendes: **Bei jeder Wohn- oder wohnartigen Nutzung ist es unschädlich, wenn diese länger als drei Jahre lang nicht ausgeübt, also unterbrochen wird.** Dieses ist durch die spezielle Nutzungsform „Wohnen“ bedingt, die es mit sich bringen kann, dass Wohnungen oder auch ganze Gebäude langjährig nicht vermietbar sind.

19 **In allen anderen Fällen ist auf den konkreten Einzelfall abzustellen.** Hat der Bauherr bzw. Eigentümer die **Nichtnutzung,** insbesondere den **Leerstand aufgrund geänderter wirtschaftlicher Rahmenbedingungen** (Nichtvermietbarkeit) **nicht zu vertreten oder ist er an der Nutzung durch höhere Gewalt oder hoheit-**

liche **Maßnahmen** (z. B. Straßenbauarbeiten) **gehindert,** so führt auch eine mehr als dreijährige Unterbrechung der Nutzung nicht zum Erlöschen der Baugenehmigung.

2. Zweijahresfrist für Vorbescheide (Abs. 2)

Ein positiver Vorbescheid gilt für zwei Jahre. 20

Wird auf der Grundlage des positiven Vorbescheides **vor Ablauf der** ***Zwei***jahresfrist ein Bauantrag eingereicht, so muss dieser genehmigt werden, selbst wenn sich inzwischen das Planungsrecht durch einen neuen Bebauungsplan geändert hat oder zur Sicherung einer neuen Planung eine Veränderungssperre in Kraft getreten ist. **Ebenso wie eine Baugenehmigung setzt sich auch ein positiver Vorbescheid gegen neues Planungsrecht durch.** 21

3. Verlängerung der Fristen (Abs. 3)

Bisher konnten **Baugenehmigungen und Vorbescheide mehrfach ohne eine Obergrenze jeweils um ein Jahr verlängert werden,** sofern dies schriftlich beantragt wurde. 22

Um Verwaltungsaufwand zu vermeiden und um die **Bauherren zu motivieren genehmigte Bauvorhaben** im Bereich des Wohnungsbaus aber auch im Bereich des Gewerbebaus zeitnah **zu realisieren** hat der Gesetzgeber den Absatz 3 dahingehend geändert, dass eine **Verlängerung von einer Baugenehmigung und einem Vorbescheid nur noch zweimal für jeweils ein Jahr möglich ist.** Es reicht, wenn der Verlängerungsantrag noch am **Tag des Ablaufs der Frist** bei der Bauaufsichtsbehörde eingereicht wird, er muss dort aber an diesem Tag eingehen, per Fax ist ausreichend. Dies reicht zur Fristwahrung, der eigentliche **Verlängerungsbescheid kann dann rückwirkend erteilt werden.** 23

Nach Ablauf der Fristen gelten die Genehmigungen als erloschen. Eine Verlängerung ist dann nicht mehr möglich, auch nicht die Wiedereinsetzung in den vorigen Stand. Der Bauherr muss dann einen neuen Bauantrag oder Vorbescheid einreichen und erneut das vereinfachte oder „konzentrierte" Genehmigungsverfahren durchlaufen. 24

Hat sich die Sach- und Rechtslage nicht geändert, besitzt der Bauherr einen Rechtsanspruch auf Verlängerung. Insoweit steht der Bauaufsichtsbehörde **kein Ermessen** zu. 25

Entspricht das Bauvorhaben nach Fristablauf nicht mehr den öffentlich-rechtlichen Vorschriften aufgrund neuer bauordnungsrechtlicher Anforderungen an bauliche Anlagen oder aufgrund geänderter Festsetzungen eines Bebauungsplanes, so ist der Verlängerungsantrag von der Bauaufsichtsbehörde abzulehnen. 26

Setzt sich ein Bauherr gegen eine aus seiner Sicht **zu Unrecht verweigerte Verlängerung** seiner Genehmigung **durch Widerspruch und Verpflichtungsklage vor dem Verwaltungsgericht zur Wehr, so ist bis zur rechtskräftigen Entscheidung der Fristablauf** nach Abs. 1 und 2 **gehemmt.** Im Falle des Obsiegens beginnt die verlängerte Frist mit Rechtskraft des Widerspruchs bzw. Urteils weiterzulaufen. 27

28 Kann aufgrund einer geänderten Sach- und Rechtslage **eine Baugenehmigung zumindest durch zusätzliche Nebenbestimmungen** wie Auflagen und Bedingungen (Siehe hierzu auch die Ausführungen § 72 Absatz 3) **verlängert werden,** so liegt dieses entsprechend dem Grundsatz der Verhältnismäßigkeit im **pflichtgemäßen Ermessen der Bauaufsichtsbehörde.**

4. Nachbar- und Rechtsschutz

29 § 73 vermittelt keinen Drittschutz.

30 Gegen die Versagung einer Verlängerung kann der Bauherr Widerspruch und Verpflichtungsklage einreichen. Gleiches gilt, wenn die Verlängerung mit zusätzlichen belastenden Nebenbestimmungen ergänzt oder geändert wurde.

Dritter Abschnitt: Bauaufsichtliche Maßnahmen, Bauüberwachung, Baulasten

§ 74 Inanspruchnahme von Nachbargrundstücken

(1) Die Grundeigentümerinnen und Grundeigentümer sind verpflichtet, das Betreten ihrer Grundstücke und das Aufstellen der erforderlichen Gerüste sowie die Vornahme von Arbeiten zu dulden, soweit dies zur Errichtung, Änderung oder Unterhaltung von Anlagen auf den Nachbargrundstücken erforderlich ist.

(2) Grenzt ein Gebäude unmittelbar an ein höheres Gebäude auf einem Nachbargrundstück, so hat die Eigentümerin oder der Eigentümer des höheren Gebäudes zu dulden, dass die erforderlichen Schornsteine und Lüftungsleitungen des niedrigeren Gebäudes an der Grenzwand des höheren Gebäudes befestigt und instand gehalten werden.

(3) Wird ein Gebäude an ein niedrigeres Gebäude auf einem Nachbargrundstück angebaut, so hat die Eigentümerin oder der Eigentümer des neu errichteten höheren Gebäudes dafür zu sorgen, dass das Dach des vorhandenen niedrigeren Gebäudes dicht an die Wand des höheren Gebäudes angeschlossen wird. Die Eigentümerin oder der Eigentümer des vorhandenen niedrigeren Gebäudes hat dabei zu dulden, dass der erforderliche dichte Anschluss auch durch übergreifende Bauteile hergestellt wird.

(4) Soll eine bauliche Anlage tiefer als eine bereits vorhandene angrenzende Nachbarbebauung gegründet werden, so hat die Eigentümerin oder der Eigentümer der bestehenden baulichen Anlage die Unterfangung zu dulden, wenn und soweit diese zur Erhaltung der Standsicherheit der bestehenden baulichen Anlage erforderlich ist.

(5) Kommt hinsichtlich der Absätze 1 bis 4 eine Einigung zwischen den Beteiligten nicht zustande, so kann die Bauaufsichtsbehörde die entsprechenden Anordnungen erlassen.

(6) Die Bauherrin oder der Bauherr haben Arbeiten, die eine Duldungspflicht auslösen, mindestens zwei Wochen vor Ausführungsbeginn der Nachbarin oder dem Nachbarn mitzuteilen. Die Mitteilung ist nicht erforderlich, wenn die Arbeiten zur Abwendung einer unmittelbaren Gefahr notwendig sind.

(7) Die Bauherrin oder der Bauherr ist der Nachbarin oder dem Nachbarn zum Ersatz jeden Schadens verpflichtet, der aus Maßnahmen aus den Absätzen 1 bis 4 entsteht. Auf Verlangen der Nachbarin oder des Nachbarn ist vor Beginn der Ausführung in Höhe des voraussichtlich entstehenden Schadens Sicherheit zu leisten; die Sicherheitsleistung ist nicht erforderlich, wenn die Arbeiten zur Abwendung einer unmittelbaren Gefahr notwendig sind.

Kommentierung

Übersicht

1. Betreten, Gerüstaufstellung, Vornahme von Arbeiten (Abs. 1)

1 **Steht ein Nachbargebäude auf der gemeinsamen Grundstücksgrenze,** und muss **eine neue bauliche Anlage** beispielsweise aufgrund einer vorgeschriebenen **geschlossenen Bauweise** im Bebauungsplan an **das vorhandene Nachbargebäude angebaut werden, so muss der Nachbar das Betreten seines Grundstückes dulden.** Dieses Betretungsrecht bezieht sich nicht nur auf Personen, sondern auch auf Baufahrzeuge und Baumaschinen. Das Befahren, Betreten oder Aufstellen von Gerüsten muss aber notwendig sein, weil nur von dem Nachbargrundstück aus Arbeiten am Neubau vorgenommen werden können. **Ein reines „Durchfahrtsrecht"**, etwa um die Baustelle einfacher beschicken und Baumaterialien leichter transportieren zu können, **steht dem Bauherrn nicht zu.**

2 Sofern auf dem Baugrundstück kein Platz für die Aufstellung eines Baukranes vorhanden ist, **hat der Nachbar es hinzunehmen, dass der Baukran auf seinem Grundstück errichtet wird.** Ob der Nachbar es auch dulden muss, dass **Baumaterialien im Luftraum über seinem Grundstück durch den Baukran transportiert werden,** hängt vom Einzelfall ab. Grundsätzlich ist der Luftraum des Nachbarn durch § 905 BGB geschützt, sodass der Nachbar es nicht dulden muss, dass der Kran Baumaterialien über sein Grundstück befördert, da hierbei immer die Gefahr besteht, dass Gegenstände herabfallen und dadurch Personen oder Sachen des Nachbarn zu Schaden kommen.

3 **Die Duldungspflicht zur Vornahme von Arbeiten beinhaltet auch,** dass der Bauherr vom Nachbargrundstück aus **vorbereitende Untersuchungen am vor-**

handenen Gebäude wie **Probebohrungen oder auch Reparaturen und Umbauten** vornehmen darf. Selbst die für die Sanierung oder die Bauarbeiten benötigten **Baumaterialien können auf dem Nachbargrundstück gelagert werden.** Dieses gilt allerdings nicht, wenn auf dem Baugrundstück selbst ausreichend Platz vorhanden ist und eine Lagermöglichkeit auf dem Nachbargrundstück lediglich „bequemer" wäre.

4 **Die Duldungspflicht** für die Vornahme von Arbeiten **kann so weit gehen,** dass etwa zur Erneuerung von Fundamenten oder zur Abdichtung von Kellerwänden **der Nachbar Erdbewegungen (Erdaushub) auf seinem Grundstück hinnehmen muss,** selbst das Entfernen von Pflanzen oder Sträuchern. Die hieraus resultierende **Schadensersatzpflicht des Bauherrn** ist in Abs. 7 geregelt.

5 **Auch Arbeiten, die zur laufenden Instandhaltung notwendig sind** und nur vom Nachbargrundstück aus durchgeführt werden können, **hat der Nachbar zu dulden.** Dieses umfasst auch den regelmäßigen Farbanstrich einer Fassade oder von Bauteilen.

6 Einen Unterfall der „Vornahme von Arbeiten" stellt das **Aufstellen von Gerüsten** dar, was der Nachbar gleichfalls hinzunehmen hat.

7 **Die Duldungspflicht erstreckt sich dabei nicht nur auf Garten- oder Freiflächen, sondern auch auf befestigte Flächen.** Im Notfall muss der Nachbar auch die Inanspruchnahme seiner Stellplätze oder einer Terrasse dulden, sofern dies für die Errichtung, Änderung oder Unterhaltung des „anderen" Gebäudes notwendig ist.

8 Insoweit ist **zu einer Duldung nicht nur der Grundstückseigentümer, sondern ggf. auch ein Mieter, Pächter oder Sondernutzungsberechtigter verpflichtet.** Auch ihnen gegenüber kann bei Streitfällen die Bauaufsichtsbehörde nach Abs. 5 eine **Duldungsanordnung** erlassen.

9 **Die Inanspruchnahme des Nachbargrundstücks muss aber erforderlich sein.** Dieses ist nicht nur dann gegeben, wenn die Bauarbeiten auf dem „anderen" Grundstück ohne Inanspruchnahme des Nachbargrundstücks nicht möglich wären, sondern auch **wenn die Arbeiten sonst nur mit einem unverhältnismäßigen Kostenaufwand ausgeführt werden könnten.** Ein solcher Fall ist z. B. gegeben, wenn der Bauherr Ausbesserungs- oder Unterhaltungsmaßnahmen an einer grenzständigen Fassade seines Gebäudes durchführen muss. **Er ist dann nicht gezwungen, diese Arbeiten mittels eines aufwändigen Hängegerüstes vom Dach seines Gebäudes aus durchzuführen,** vielmehr darf er hierzu das Nachbargrundstück aus mittels **Gerüstaufstellung** in Anspruch nehmen.

10 **Eine öffentliche Verkehrsfläche ist kein Nachbargrundstück.** Dementsprechend gibt es für die Inanspruchnahme öffentlicher Wege und Straßen Sonderregelungen, ebenso wie für die Nutzung des Luftraumes über öffentlichen Verkehrsflächen. Sollen auf einer öffentlichen Verkehrsfläche **Baumaterialien gelagert, ein Baukran aufgestellt oder soll diese als Baustellenzufahrt genutzt werden,** so bedarf es hierfür der Erteilung einer Erlaubnis nach § 19 HWG. Soll eine **öffentliche Verkehrsfläche überbaut oder der Luftraum** über dieser

durch auskragende Bauteile **in Anspruch genommen werden**, so bedarf auch dieses einer **Sondernutzungserlaubnis**, die in der Regel gegen Zahlung einer **Sondernutzungsgebühr** im Rahmen eines öffentlich-rechtlichen Vertrages erteilt wird.

Bevor der Bauherr mit den zu duldenden Arbeiten auf dem Nachbargrundstück beginnt, hat er den Nachbarn mindestens zwei Wochen vorher über den Baubeginn zu unterrichten. Einer ausdrücklichen **Mitteilung oder Anordnung** der Duldungspflicht **durch die Bauaufsichtsbehörde bedarf es nicht.** Dieses kommt nur in Streitfällen nach Abs. 5 zum Tragen. 11

2. Schornsteine und Lüftungsleitungen an einem höheren Nachbargebäude (Abs. 2)

Soll ein Neubau auf der Grundstücksgrenze an ein vorhandenes höheres Gebäude angebaut werden, so hat der Nachbar als Eigentümer des höheren Gebäudes zu dulden, dass die erforderlichen Schornsteine und Lüftungsleitungen des niedrigeren Neubaus an seinem höheren Nachbargebäude befestigt und regelmäßig instandgehalten werden. Nur so kann vermieden werden, dass von Abgasen oder Abgasanlagen Gefahren oder unzumutbaren Belästigungen nach § 41 Abs. 3 ausgehen. Diese Vorgaben machen es in der Regel **erforderlich, dass Schornsteine oder Lüftungsleitungen über die höchste Kante eines Daches oder über den Dachfirst geführt werden.** 12

3. Anschluss des niedrigeren Nachbardaches an den höheren Neubau (Abs. 3)

In diesem Absatz wird der umgekehrte Fall geregelt, in welchem der **Neubau höher ist als das vorhandene niedrigere Gebäude** auf dem Nachbargrundstück. 13

Um Durchfeuchtungen zu vermeiden, **muss das niedrigere Dach** entsprechend den anerkannten Regeln der Bautechnik **„dicht" an die Wand des Neubaus angeschlossen werden.** Dieses gilt selbst dann, wenn das niedrigere Gebäude des Nachbarn nicht direkt auf der gemeinsamen Grundstücksgrenze steht, sondern einen gewissen Abstand einhält, der nicht einmal zu Reinigungszwecken betreten werden kann. Auch in diesen Fällen muss das Dach den Abstand überbrücken und an die Wand des höheren Neubaus angeschlossen werden. **Um „Schmutzecken" zu vermeiden, kann der Nachbar fordern, dass das überbrückende dachandichtende Bauteil jeweils seitlich bis auf den Erdboden herunter geführt wird.** 14

Damit geht einher, dass der Nachbar in diesen Fällen zu dulden hat, **dass der Dach- und Seiten-Anschluss durch übergreifende Bauteile hergestellt wird, die über den Grenzabstand und damit über das Nachbargrundstück führen.** 15

Kommt der Bauherr dieser „Anschluss-Verpflichtung" nicht nach, muss ggf. die Bauaufsichtsbehörde nach Abs. 5 eine entsprechende Anordnung erlassen. 16

4. Unterfangung der Nachbarbebauung bei tieferer Gründung des Neubaus (Abs. 4)

Soll ein Neubau tiefer gegründet werden, als es bei der vorhandenen Nachbarbebauung der Fall ist, so muss der Nachbar die Unterfangung seines Gebäudes 17 oder seiner baulichen Anlage dulden. Der Bauherr muss **vor Beginn der Bauarbeiten ein Standsicherheitsgutachten einholen**, um entweder ausschließen zu können, dass die Standsicherheit des Nachbargebäudes gefährdet ist oder um die baulichen Maßnahmen ausführen zu können, die zur Erhaltung der Standsicherheit des Nachbargebäudes im Zuge der Gründungsarbeiten des Neubaus erforderlich sind.

18 Die Gutachterkosten als auch die Kosten für diese Baumaßnahmen sind vom Bauherrn des Neubaus zu tragen.

19 **Einigen sich die Parteien nicht über Art und Umfang der Unterfangungs- und Gründungsarbeiten**, so erlässt wiederum die Bauaufsichtsbehörde nach Abs. 5 entsprechende Anordnungen.

5. Anordnung der Bauaufsichtsbehörde bei Streitigkeiten (Abs. 5)

20 **Können sich Nachbar und Bauherr des Neubaus über Duldungspflichten und -rechte nach Abs. 1–4 nicht verbindlich einigen, so hat die Bauaufsichtsbehörde schlichtend einzugreifen**, wenn sie vom Nachbarn oder Bauherrn hierzu angerufen wird. Gelingt es auch der Bauaufsichtsbehörde nicht, eine einvernehmliche Regelung zwischen den Parteien zu erzielen, so erlässt sie **bauaufsichtliche Anordnungen**. Liegen die tatbestandlichen Voraussetzungen der Absätze 1, 2, 3 oder 4 vor, **muss die Bauaufsichtsbehörde auf Antrag eine bauaufsichtliche Anordnung gegenüber dem Nachbarn oder dem Bauherrn erlassen.** Ansonsten könnte der Bauherr sein genehmigtes und den öffentlichrechtlichen Vorschriften entsprechendes Bauvorhaben nicht in angemessener Zeit ohne zeitraubende, womöglich über Jahre hinausgehende Prozesse realisieren.

21 Im anderen Fall müsste der Nachbar sonst den ordnungsgemäßen Anschluss seines Daches nach Abs. 3 einklagen und im Falles des Abs. 4 Gefahr laufen, dass durch Gründungsarbeiten für den Neubau die Standsicherheit seines Gebäudes und damit sein Eigentum gefährdet wird mit nicht abzuschätzenden Folgeschäden.

6. Mitteilung des Nachbarn über den Baubeginn (Abs. 6)

22 **Ein „normaler“ Baubeginn muss dem Nachbarn nicht angezeigt werden. Lösen die Bauarbeiten jedoch eine Duldungspflicht aus, so ist dieser Ausführungsbeginn dem Nachbarn mindestens zwei Wochen vorher mitzuteilen.**

23 **Diese Mitteilungspflicht beinhaltet die Verpflichtung, den Nachbarn über die Art der geplanten Unterfangungs-, Gründungs- und sonstigen Bauarbeiten durch Übersendung von Gutachten und Bauplänen zu unterrichten.** Der Nachbar muss wissen, was mit seinem Eigentum geschieht, wie dieses in Anspruch genommen werden soll und welche Gefahren hiermit u. U. verbunden sein können. Dadurch soll dem Nachbarn zugleich die Möglichkeit gegeben werden, noch Einfluss auf einzelne Baumaßnahmen zu nehmen, insbesondere um sein Eigentum besser schützen und sich auf die Inanspruchnahme seines Grundstücks oder Teilflächen einstellen zu können.

Bei einer **Wohnungseigentümergemeinschaft** reicht es, wenn die Bauausführungsunterlagen dem bevollmächtigten Verwalter oder Vertreter zugeschickt werden. 24

7. Schadensersatz und Sicherheitsleistung (Abs. 7)

Der Bauherr muss dem Nachbarn jeden Schaden ersetzen, den dieser im Zusammenhang mit der Inanspruchnahme seines Grundstücks erlitten hat. Von diesem Schadensersatzanspruch werden nicht nur **Schäden am Gebäude** selbst oder **auf dem Grundstück** (beschädigte Bodenbefestigungen, zerstörte Rasenflächen, Blumen und Pflanzen, Zäune etc.) erfasst, sondern auch **Verluste aus entgangenen Mieten** oder einer Nutzungsentschädigung, etwa weil Räume oder Stellplätze durch den Mieter oder Eigentümer durch die Inanspruchnahme für den Nachbar-Neubau nicht genutzt werden konnten. 25

Der Nachbar kann vor Beginn der Bauausführungen die Stellung einer Sicherheit vom Bauherrn in Höhe eines möglichen voraussichtlich entstehenden Schadens verlangen. Dadurch soll gewährleistet sein, dass der Nachbar seine Schäden ersetzt bekommt, selbst wenn der Bauherr während oder nach Beendigung der Bauausführung **finanziell nicht mehr leistungsfähig ist oder sogar insolvent wird.** In der Regel erfolgt die Sicherheitsleistung durch treuhänderische Überweisung eines Geldbetrages auf das Konto des Nachbarn. Denkbar ist aber auch die Stellung einer Sicherheit durch Hinterlegung von Wertpapieren oder gar die Bestellung einer Hypothek. Bei **Gefahr im Verzuge**, etwa wenn sich erst während der Bauarbeiten für den Neubau herausstellt, dass die Standsicherheit des Nachbargebäudes gefährdet sein könnte, **können Unterfangungsarbeiten sofort durchgeführt werden**, ohne dass der Nachbar zuvor die Stellung einer Sicherheit fordern kann. 26

8. Nachbar- und Rechtsschutz

§ 74 entfaltet keinerlei nachbarschützende Wirkung. 27

Sowohl Bauherr als auch Nachbar haben einen Anspruch darauf, dass die Bauaufsichtsbehörde zugunsten des Bauherrn gegenüber dem Nachbarn eine **Duldungsanordnung** erlässt bzw. der Bauherr durch eine Anordnung verpflichtet wird, die nach Abs. 3 vorgeschriebene **Dachandichtung auszuführen bzw. einen entsprechenden Nachweis für die Standsicherheit des Nachbargebäudes infolge der Neubaumaßnahme einzuholen** und vorzulegen. 28

Weigert sich die Bauaufsichtsbehörde eine schriftlich beantragte Anordnung zu erlassen, kann der Bauherr bzw. Nachbar eine Verpflichtungsklage auch in Form einer **Untätigkeitsklage** einreichen. 29

Gegen eine erlassene Anordnung kann sich der Adressat mittels **Widerspruch und Anfechtungsklage** zur Wehr setzen (Siehe hierzu auch die Ausführungen zu § 71 Gliederungspunkt 4 „Nachbarliche Belange“ und § 72 Gliederungspunkt 6 „Nachbar- und Rechtsschutz“). 30

Bei Eilbedürftigkeit kann die Berechtigung einer bauaufsichtlichen Anordnung nach Abs. 5 auch **im Wege des vorläufigen Rechtsschutzes** mittels Erlass einer 31 einstweiligen Anordnung nach § 123 VwGO kurzfristig durch das Verwaltungsgericht **geklärt und entschieden werden.**

32 **Schadensersatzansprüche,** die sich aus einer Inanspruchnahme seines Grundstückes herleiten, kann der Nachbar nur **vor dem Zivilgericht** einklagen. Hierfür ist Abs. 7 die notwendige Anspruchsgrundlage, die dem Nachbar einen Anspruch gewährt, **ohne dass es auf ein Verschulden des Bauherrn für den entstandenen Schaden ankommt.** Ansonsten wäre der Nachbar rechtlos gestellt, da das Bürgerliche Gesetzbuch einem Geschädigten nur dann einen Ersatzanspruch zubilligt, wenn die Schädigung auf ein schuldhaftes Handeln oder Unterlassen des Schädigers zurückgeht.

9. Ergänzende Rechtsvorschriften

33 Detaillierte Anforderungen an die Bauausführung und den Betrieb von Schornsteinen finden sich in der **Feuerungsverordnung** (FeuVO).

34 Für Lüftungsleitungen können sich bautechnische Vorgaben aus der **Garagenverordnung** ergeben, insbesondere für maschinelle Abluftanlagen.

35 Des Weiteren können die nachfolgenden **Bauprüfdienste** zur Anwendung kommen:
- BPD 2/11 „Prüfung technischer Anlagen und Einrichtungen im Genehmigungsverfahren (**BPD Prüfung TGA**)“;
- BPD 5/12 „Brandschutztechnische Auslegungen (**BTA**)“;
- BPD 5/16 „Erstellung und Prüfung von Brandschutznachweisen (**BPD Brandschutznachweise**)“.

§ 74a Nachträgliche Wärmedämmung

(1) Eigentümerinnen und Eigentümer, Erbbau- und Nutzungsberechtigte eines Grundstücks haben zu dulden (zur Duldung Verpflichtete), dass eine Wärmedämmung, die nachträglich auf die Außenwand eines zulässigerweise an oder auf der Grundstücksgrenze errichteten Gebäudes aufgebracht wird, sowie die mit dieser in Zusammenhang stehenden untergeordneten Bauteile auf das Grundstück übergreifen, soweit beziehungsweise solange
1. **die Überbauung die Grenze zum Nachbargrundstück in der Tiefe um nicht mehr als 0,20 m überschreitet,**
2. **die Benutzung des Grundstücks nicht oder nur geringfügig beeinträchtigt und eine zulässige beabsichtigte Nutzung des Grundstücks nicht oder nur geringfügig behindert wird,**
3. **die übergreifenden Bauteile öffentlich-rechtlichen Vorschriften entsprechen,**
4. **eine vergleichbare Wärmedämmung nicht auf andere, die Belange der zur Duldung Verpflichteten weniger stark berührende Weise mit vertretbarem Aufwand vorgenommen werden kann und**
5. **die Anbringung einer vergleichbaren Wärmedämmung nicht bereits im Zeitpunkt der Errichtung des Gebäudes üblich war.**

§ 7 Absatz 1 ist für nach Satz 1 zulässige Maßnahmen nicht anzuwenden. § 74 Absatz 1 gilt für die zur Duldung Verpflichteten entsprechend.

(2) Die Bauherrin oder der Bauherr hat der oder dem zur Duldung Verpflichteten eine Baumaßnahme nach Absatz 1 Satz 1 spätestens einen Monat vor Beginn der

Arbeiten anzuzeigen. Aus der Anzeige müssen Art und Umfang der Baumaßnahme hervorgehen. Ist der Aufenthalt der oder des zur Duldung Verpflichteten mit zumutbarem Aufwand nicht zu ermitteln oder ist sie oder er bei einem Aufenthalt im Ausland nicht alsbald erreichbar und hat sie oder er keine Vertretung bestellt, so genügt statt der Anzeige an die zur Duldung Verpflichtete oder den zur Duldung Verpflichteten die Anzeige an die unmittelbare Besitzerin oder den unmittelbaren Besitzer. Mit der Baumaßnahme darf erst nach erfolgter Anzeige begonnen werden.

(3) Die oder der durch den Überbau Begünstigte ist gegenüber den zur Duldung Verpflichteten verpflichtet, die Wärmedämmung in einem ordnungsgemäßen und funktionsgerechten Zustand zu erhalten und die wärmegedämmte Wand baulich zu unterhalten. § 74 Absatz 1 gilt entsprechend.

(4) Eigentümerinnen und Eigentümern, Erbbau- und dinglich Nutzungsberechtigte eines Grundstücks ist ein angemessener Ausgleich in Geld zu leisten. Sofern nichts anderes vereinbart wird, gelten § 912 Absatz 2 und die §§ 913 und 914 des Bürgerlichen Gesetzbuchs entsprechend.

(5) Die Bauherrin oder der Bauherr hat der oder dem zur Duldung Verpflichteten auch ohne Verschulden den Schaden zu ersetzen, der durch einen Überbau nach Absatz 1 Satz 1 oder die mit seiner Errichtung verbundenen Arbeiten entsteht. Auf Verlangen ist in Höhe des voraussichtlich entstehenden Schadens Sicherheit zu leisten, die auch in einer Bankbürgschaft bestehen kann. Eine Sicherheitsleistung kann nicht verlangt werden, wenn der voraussichtlich entstehende Schaden durch eine Haftpflichtversicherung gedeckt ist.

(6) Die oder der zur Duldung Verpflichtete ist berechtigt, die Beseitigung der Wärmedämmung zu verlangen, soweit dadurch eine zulässige beabsichtigte Benutzung ihres oder seines Grundstücks nicht nur unwesentlich beeinträchtigt wird, insbesondere soweit sie oder er selbst zulässigerweise an die Grenzwand anbauen will.

Kommentierung

Duldungspflicht des Nachbarn

1 In dieser Vorschrift ist detailliert geregelt unter welchen Voraussetzungen **ein Eigentümer die Aufbringung einer Wärmedämmung auf der Außenwand des Nachbargebäudes zu dulden hat,** selbst wenn die Wärmedämmung bis zu 0,20 m die gemeinsame Grundstücksgrenze überschreitet. Dies betrifft also die Fälle, in denen eine Wärmedämmung auf einem Bestandsgebäude aufgebracht werden soll, welches auf der gemeinsamen Grundstücksgrenze steht. Der Bauherr muss dem Nachbarn **mindestens einen Monat vorher anzeigen,** welche Baumaßnahmen er genau für die Wärmedämmung durchführen will. Da das Grundstück des Nachbarn **überbaut** wird, hat der Bauherr dem Nachbarn einen **Ausgleich in Geld** zu leisten.

§ 74b Verbot unrechtmäßig gekennzeichneter Bauprodukte

Sind Bauprodukte entgegen § 22 mit dem Ü-Zeichen gekennzeichnet, kann die Bauaufsichtsbehörde die Verwendung dieser Bauprodukte untersagen und deren Kennzeichnung entwerten oder beseitigen lassen.

Kommentierung

Übersicht Rn.

1. Untersagung der Verwendung und Vollstreckung

1 **Sind Bauprodukte** (Vgl. zum Begriff § 2 Abs. 10) **mit dem Übereinstimmungszeichen, dem sog. Ü-Zeichen gekennzeichnet,** obwohl die in § 22 vorgeschriebenen **Nachweise nicht vorliegen,** so kann die Bauaufsichtsbehörde die Verwendung diese Bauprodukte durch eine bauaufsichtliche Verfügung untersagen, deren Kennzeichnung entwerten und ggf. die Bauprodukte einziehen.

2 **Wann eine Kennzeichnung mit dem Ü-Zeichen zulässig ist,** bestimmt sich nach den §§ 22, 22a und 22b.

3 Ob und welche Maßnahmen die Bauaufsichtsbehörde ergreift, liegt in ihrem pflichtgemäßen Ermessen. Da die Bauaufsichtsbehörde auf der Rechtsgrundlage des § 87a **die Kennzeichen auch entwerten und die Bauprodukte beseitigen lassen kann, kann sie die Untersagung zugleich auch vollstrecken.**

2. Nachbar- und Rechtsschutz

4 § 74b ist nicht nachbarschützend.

5 Gegen eine Untersagungsverfügung der Bauaufsichtsbehörde gegen die Verwendung von Bauprodukten kann Widerspruch und Anfechtungsklage erhoben werden.

§ 75 Einstellung von Arbeiten

(1) Werden Anlagen im Widerspruch zu öffentlich-rechtlichen Vorschriften errichtet, geändert oder beseitigt, so kann die Bauaufsichtsbehörde die Einstellung der Arbeiten anordnen. Dies gilt auch dann, wenn

1. **die Ausführung eines Vorhabens entgegen den Vorschriften des § 72a begonnen wurde,**
2. **bei der Ausführung eines Vorhabens von den genehmigten Bauvorlagen abgewichen wird,**
3. **Bauprodukte verwendet werden, die entgegen der Verordnung (EU) Nr. 305/2011 keine CE-Kennzeichnung oder entgegen § 22 kein Ü-Zeichen tragen, oder**
4. **Bauprodukte verwendet werden, die unberechtigt mit der CE-Kennzeichnung oder dem Ü-Zeichen (§ 22 Absatz 3) gekennzeichnet sind.**

Die Einstellung kann auch mündlich angeordnet werden.

(2) Werden unzulässige Arbeiten trotz einer Einstellung fortgesetzt, so kann die Bauaufsichtsbehörde die Baustelle versiegeln oder die an der Baustelle vorhandenen Bauprodukte, Geräte, Maschinen und Bauhilfsmittel in amtlichen Gewahrsam bringen.

Kommentierung

Übersicht

1. Gründe für eine Baueinstellung (Abs. 1)

Ziel des Bauordnungsrechts ist es vorrangig sicherzustellen, dass entsprechend § 3 Abs. 1 **bei der Errichtung, Änderung oder Instandhaltung baulicher Anlagen keine Gefahren für die öffentliche Sicherheit und Ordnung**, insbesondere für Leben und Gesundheit auftreten können. Um diesen Schutzzweck erfüllen zu können, muss ein Bauvorhaben entweder das vereinfachte oder das „konzentrierte" Genehmigungsverfahren durchlaufen. 1

Wurde eine Baugenehmigung erteilt und während der Bauausführung **gegen öffentlich rechtliche Vorschriften verstoßen**, so kann die Bauaufsichtsbehörde die **Einstellung der Arbeiten anordnen.** Wie aus dem Wort „kann" hervorgeht, liegt die Einstellungsanordnung **im Ermessen** der Bauaufsichtsbehörde. 2

Wird ein Bauvorhaben oder auch nur Teile eines Bauvorhabens, für das es einer Genehmigung bedarf, **ohne eine solche Genehmigung errichtet, geändert oder beseitigt, so ist das Bauvorhaben formell illegal.** Allein diese formelle Baurechtswidrigkeit reicht aus, um das Bauvorhaben stillzulegen, insoweit ist das Ermessen der Bauaufsichtsbehörde „auf Null" geschrumpft. Es muss insbesondere **nicht geprüft werden, ob das stillgelegte Bauvorhaben möglicherweise genehmigungsfähig wäre.** Nur wenn die Änderung oder Abweichung von den genehmigten Unterlagen geringfügig ist und sich dementsprechend **die materielle Genehmigungsfähigkeit geradezu aufdrängt,** ist das Ermessen der Bauaufsichtsbehörde dahingehend auszuüben, dass auf einen Baustopp verzichtet und der Bauherr aufgefordert wird, unverzüglich **im Wege des Nachtrages einen Bauantrag für die ungenehmigt ausgeführten oder geänderten Bauarbeiten einzuholen.** 3

Auch wenn es unterlassen wurde, rechtzeitig den Baubeginn anzuzeigen (Vgl. § 72a Abs. 4), entspricht es dem Verhältnismäßigkeitsgrundsatz zunächst keine Baustilllegung anzuordnen, sondern erst einmal eine Baubeginnanzeige nachzufordern. 4

Entsprechend dem Grundsatz der Verhältnismäßigkeit ist nur eine Teil-Stilllegung anzuordnen, wenn klar abgrenzbar ist, welcher Bauteil ohne die hierfür erforderliche Genehmigung ausgeführt wurde. **Das restliche Bauwerk muss problemlos auch ohne den stillgelegten Teil fertig gestellt werden können,** sodass selbst eine Beseitigung oder Änderung des ungenehmigten Teils der baulichen Anlagen im Nachherein möglich ist. Dieses setzt voraus, dass die **Einhaltung der Stilllegung während der Weiterführung der übrigen Bauarbeiten durch bloße Inaugenscheinnahme von der Bauaufsichtsbehörde kontrolliert werden kann.** Werden z. B. le- 5 diglich im Dachgeschoss ungenehmigte Arbeiten ausgeführt, kann die Stilllegung der Arbeiten auf dieses Geschoss beschränkt werden. **Ist eine eindeutige Abgrenzung von Teiluntersagung und Weiterführung von Arbeiten nicht möglich, sind die Bauarbeiten insgesamt zu untersagen.**

6 **Nach erfolgter Baueinstellungsanordnung sind nur noch solche Maßnahmen zulässig, die dem Schutz der Baustelle und des bereits errichteten Bauwerkes dienen. So kann das Bauwerk abgeplant und auch abgestützt werden.** Ebenso sind Aufräum- und Reinigungsarbeiten weiterhin zulässig, **auch nicht genehmigungsbedürftige Bauarbeiten, wie das Verlegen von Wasser-, Heizungs- und Elektroleitungen.** Es muss für die Bauaufsichtsbehörde eindeutig zu erkennen sein, dass diese Baumaßnahmen nicht der Verfestigung eines baurechtswidrigen Zustandes dienen, sondern lediglich der **„Schadensminimierung", um den genehmigungsfreien Innenausbau und damit die Fertigstellung des Bauvorhabens nicht unverhältnismäßig** lange, womöglich um Wochen oder Monate **zu verzögern.**

7 **Die Baueinstellungsanordnung ist gegenüber dem „Störer" zu erlassen,** also in der Regel gegenüber dem **Bauherrn** (Vgl. § 54). Ist dieser nicht erreichbar oder nur schwer auffindbar, kann der Baustopp auch gegenüber dem **Unternehmer** (Vgl. § 56) und gegenüber dem **Bauleiter** (Vgl. § 57) verfügt werden. **Dieses soll parallel geschehen. Die Baueinstellung kann schriftlich oder mündlich angeordnet werden.** Der schriftliche Baustopp muss begründet sein, wobei der **Hinweis auf die formelle Baurechtswidrigkeit ausreicht.**

8 Da die **Baueinstellungsanordnung ein Verwaltungsakt** ist, kann dieser mittels Widerspruch und Klage angefochten werden. Da der Widerspruch aufschiebende Wirkung besitzt, ist regelmäßig **der Sofortvollzug der Baustilllegung anzuordnen,** damit die aufschiebende Wirkung des Widerspruchs entfällt. **Auch der Sofortvollzug ist schriftlich zu begründen,** wobei es ausreicht darauf hinzuweisen, dass durch den Baustopp die Verfestigung des baurechtswidrigen Zustandes oder die Schaffung vollendeter Tatsachen verhindert werden soll und der rechtsuntreue Bauherr keinen Vorteil gegenüber einem Bauherrn erlangen soll, der entsprechend den öffentlich-rechtlichen Vorschriften erst eine Genehmigung einholt und dann mit den Bauarbeiten beginnt.

9 **Dabei muss die Baueinstellung inhaltlich bestimmt sein,** insbesondere im Fall der Teil-Untersagung. Die am Bau Beteiligten und die Bauaufsichtsbehörde müssen genau wissen, was vom Baustopp umfasst wird. **In Zweifelsfällen bezieht sich die Baueinstellung auf sämtliche Arbeiten, was in der Verfügung deutlich zu machen ist.**

10 **Wird die Baueinstellung nur mündlich ausgesprochen,** so besitzt der hiergegen mündlich eingelegte Widerspruch aufschiebende Wirkung. **Die mündliche Baueinstellung muss** nach § 37 Abs. 2 S. 2 HmbVwVfG **nachträglich schriftlich begründet werden,** ebenso wie der anzuordnende Sofort-Vollzug.

11 **Einer Anhörung bedarf es weder bei einer schriftlichen noch einer mündlichen Baueinstellung,** da die Verhinderung rechtswidriger Bauarbeiten „im öffentlichen Interesse" liegt (Vgl. § 28 Abs. 2 Nr. 1 HmbVwVfG).

Einstellungsgründe liegen insbesondere vor, wenn 12
- der Bauherr den Namen des Bauleiters nicht vor Beginn der Bauarbeiten bzw. bei einem Wechsel des Bauleiters den neuen Namen der Bauaufsichtsbehörde mitteilt (Vgl. § 54 Abs. 2 S. 3);
- der Bauherr den Bauherrnwechsel nicht anzeigt (Vgl. § 54 Abs. 2 S. 4);
- mit der Bauausführung vor Zugang der Baugenehmigung begonnen wird (Vgl. § 72a Abs. 1 Nr. 1);
- mit der Bauausführung begonnen wird, ohne dass die nach § 68 vorgeschriebenen bautechnischen Nachweise und/oder Prüfbescheinigungen bzw. -berichte vorliegen (Vgl. § 72a Abs. 1 Nr. 2);
- vor Baubeginn nicht die Grundfläche und Höhenlage festgelegt und gekennzeichnet wurde (Vgl. § 72a Abs. 2);
- die Baugenehmigung und die sonstigen Bauvorlagen nicht an der Baustelle vorliegen (Vgl. § 72a Abs. 3);
- mit der Bauausführung begonnen wird, ohne rechtzeitige Absendung der Baubeginnanzeige (vgl. § 72a Abs. 4).

Ein Baustopp ist auch gerechtfertigt, wenn 13
- Bauausführungen über den Umfang einer Teilbaugenehmigung hinaus ausgeführt werden;
- die erforderliche Nachbarzustimmung für die Unterschreitung der Abstandsfläche nicht vorliegt (Vgl. § 71 Abs. 2 Nr. 1);
- der Mindestabstand zu Abfall- oder Wertstoffbehältern nicht eingehalten wird (Vgl. § 71 Abs. 2 Nr. 2);
- trotz der durch die Aufsichtsbehörde oder das Verwaltungsgericht angeordneten aufschiebenden Wirkung eines Nachbarwiderspruchs die Bauarbeiten fortgesetzt werden;
- von den genehmigten Bauvorlagen abgewichen wird (Vgl. § 75 Abs. 1 Nr. 2).

Im vereinfachten Genehmigungsverfahren nach § 61 **kann ein Baustopp auch verfügt werden, wenn eine Zweckentfremdungsgenehmigung** nach der Zweckentfremdungsverordnung (ZEVO) **nicht vorliegt** oder **eine sanierungsrechtliche Genehmigung** nach § 144 Abs. 1 Nr. 1 BauGB **fehlt oder nicht erteilt wurde.** Gleiches gilt, wenn **das Baugrundstück in einem Erhaltungsgebiet** nach § 172 Abs. 1 BauGB **liegt und die durchgeführte Baumaßnahme nach dieser Vorschrift nicht genehmigt wurde.** 14

Die „konzentrierte" Baugenehmigung umfasst hingegen auch die Zweckentfremdungs- und Sanierungsgenehmigung sowie erforderliche Genehmigungen im Bereich einer Erhaltungssatzung. 15

Auch nicht genehmigte Abbrucharbeiten, die genehmigungsbedürftig sind, können mittels eines **Baustopps** untersagt werden. 16

Da § 75 allein die „Einstellung von Arbeiten" regelt, kann auf diese Vorschrift eine **Nutzungsuntersagung nicht gestützt werden.** Die hierfür notwendige Rechtsgrundlage findet sich in § 76 Abs. 1 S. 2 („Herstellung ordnungsgemäßer Zustände"). 17

18 Auf einen Rechtnachfolger geht eine Baueinstellungsanordnung nicht über, sie entfaltet keine dingliche Wirkung. Um gegenüber dem Rechtsnachfolger weiterhin einen Baustopp aufrechtzuerhalten, **muss die Bauaufsichtsbehörde ihm gegenüber eine neue, zweite Verfügung erlassen.**

2. Versiegelung der Baustelle; Ingewahrsamnahme von Bauprodukten und -einrichtungen (Abs. 2)

19 **Werden die Bauarbeiten trotz einer unanfechtbaren bzw. für sofort vollziehbar erklärten Baueinstellungsanordnung fortgesetzt**, so kann der Baustopp zwangsweise durchgesetzt werden, d. h. durch **Versiegelung** oder **amtliche Ingewahrsamsnahme.** Die Versiegelung kann durch Anbringen von **Siegelmarken** oder **Plomben** erfolgen oder auch durch ein versiegeltes oder verplombtes **rotweißgestreiftes Absperrband.** Ist eines solche Versiegelung nicht möglich, soll die Versiegelungsverfügung durch Aushang auf der Baustelle kenntlich gemacht werden. Wer die Versiegelung beschädigt oder beseitigt, macht sich des Siegelbruchs nach § 136 StGB strafbar.

20 **Die Versiegelung ist aufzuheben, sobald der mit der Baueinstellung verfügte Zweck erreicht ist.** Dieses kann der Fall sein, wenn nachträglich eine Baugenehmigung erteilt wurde oder der Bauherr „freiwillig" erklärt, dass er sein Bauvorhaben zurückbaut, um es anschließend entsprechend der Genehmigung zu errichten.

21 Kann die Einstellung der Bauarbeiten trotzt Versiegelungsmaßnahmen nicht wirksam durchgesetzt werden, kann die Bauaufsichtsbehörde **Baumaschinen und -geräte bzw. Baumaterialien auch in Gewahrsam nehmen.**

22 **Sowohl die Versiegelung als auch Ingewahrsamsnahme ist schriftlich zu verfügen und für sofort vollziehbar zu erklären.** Auch hier bedarf es **keiner vorherigen Anhörung** oder Androhung.

23 Rechtlich zulässig ist es auch, **einen Baustopp durch Festsetzung eines Zwangsgeldes durchzusetzen,** welches auch wiederholt und dann höher ausfallen kann.

3. Nachbar- und Rechtsschutz

24 Weder Abs. 1 noch Abs. 2 sind drittschützend, sodass **dem Nachbarn** gemäß § 72 **kein Anspruch auf bauaufsichtliches Einschreiten zusteht,** selbst wenn ohne Genehmigung unter Verletzung nachbarschützender Vorschriften Baumaßnahmen ausgeführt werden. Dieses gilt selbst dann, wenn der Nachbar Widerspruch oder Klage gegen die Baugenehmigung eingereicht hat und die aufschiebende Wirkung seines Widerspruchs durch die Bauaufsichtsbehörde oder das Gericht angeordnet wurde.

25 **Bleibt die Bauaufsichtsbehörde gleichwohl untätig,** kann der Nachbar im Wege einer **einstweiligen Anordnung** nach § 123 VwGO **gerichtlich einen Baustopp durchsetzen,** der dann von der Aufsichtsbehörde umgesetzt, d. h. angeordnet werden muss.

26 Der Bauherr kann gegen die Einstellungsanordnung Widerspruch und ggf. Klage vor dem Verwaltungsgericht erheben. **Ist der Sofortvollzug des Bau-**

stopps verfügt, darf der Bauherr trotz Widerspruch oder Klage die Bauarbeiten nicht fortsetzen.

Aus diesem Grunde muss der Bauherr parallel um vorläufigen Rechtsschutz gegen die für sofort vollziehbar erklärte Baustilllegungsverfügung nachsuchen. **Er muss beim Verwaltungsgericht beantragen, diesen Sofortvollzug aufzuheben.** In der Regel sind solche Eil-Anträge nicht erfolgreich, selbst wenn die abweichende Bauausführung materiell genehmigungsfähig sein sollte, da allein das Nichtvorliegen einer erforderlichen Baugenehmigung einen Baustopp rechtfertigt. 27

Erfolg haben kann ein Antrag auf Aussetzung des Sofortvollzuges, wenn die Bauaufsichtsbehörde einen Baustopp verfügt, weil sie irrtümlich entgegen der Ansicht des Bauherrn der Auffassung ist, dass das sich in der Ausführung befindlich Vorhaben einer Genehmigung bedarf, wohingegen **es sich tatsächlich um ein verfahrensfreies Vorhaben nach § 60 handelt.** 28

Auch die Versiegelung- und Ingewahrsams-Anordnung ist ein Verwaltungsakt, gegen den sich der Betroffene durch Widerspruch und verwaltungsgerichtliche Klage zur Wehr setzen kann. 29

§ 76 Herstellung ordnungsgemäßer Zustände

(1) Werden Anlagen im Widerspruch zu öffentlich-rechtlichen Vorschriften errichtet oder geändert, so kann die Bauaufsichtsbehörde die teilweise oder vollständige Beseitigung der Anlage anordnen, wenn nicht auf andere Weise rechtmäßige Zustände hergestellt werden können. Werden Anlagen im Widerspruch zu öffentlich-rechtlichen Vorschriften genutzt, so kann diese Nutzung untersagt werden.

(2) Die Bauaufsichtsbehörde kann anordnen, dass

1. **verwahrloste oder durch Beschriftung und Bemalung verunstaltete Bau- und Werbeanlagen oder Teile von ihnen ganz oder teilweise in Stand gesetzt werden, dass ihr Anstrich erneuert oder dass die Fassade gereinigt wird; ist eine Instandsetzung nicht möglich, so kann die Bauaufsichtsbehörde die Beseitigung der Anlage verlangen,**
2. **Grundstücke aufgeräumt oder ordnungsgemäß hergerichtet werden oder dass endgültig nicht mehr genutzte Anlagen beseitigt oder dauerhaft gesichert werden,**
3. **Sachen, insbesondere Fahrzeuge, Schutt und Gerümpel, auf unbebauten Grundstücken und Grundstücksteilen nicht oder nur unter bestimmten Vorkehrungen aufgestellt oder gelagert werden.**

(3) Die Bauaufsichtsbehörde kann verlangen, dass bestehende bauliche Anlagen den Anforderungen dieses Gesetzes oder den auf Grund dieses Gesetzes erlassenen Vorschriften angepasst werden, soweit dies wegen einer Gefährdung der Sicherheit oder Gesundheit notwendig ist. Dies gilt auch für die Herstellung von Folgeeinrichtungen auf den Grundstücken, wie Kinderspielplätze, Standplätze für Abfall- und Wertstoffbehälter sowie Stellplätze für Kraftfahrzeuge und Fahrradplätze, wenn geeignete Flächen verfügbar sind. Bei wesentlicher Änderung baulicher Anlagen kann gefordert werden, dass auch die von der Änderung nicht berührten Teile der baulichen Anlage an die Anforderun-

gen dieses Gesetzes oder der auf Grund dieses Gesetzes erlassenen Vorschriften angepasst werden, wenn dies keine unzumutbaren Mehrkosten verursacht.

(4) Werden durch Veränderung der Grenzen bebauter Grundstücke Verhältnisse geschaffen, die öffentlich-rechtlichen Vorschriften zuwiderlaufen, so kann die Bauaufsichtsbehörde verlangen, dass ein rechtmäßiger Zustand hergestellt wird.

Kommentierung

Übersicht Rn.

1. Beseitigungsanordnung, Nutzungsuntersagung (Abs. 1)

1 **Ist ein Bauvorhaben nach § 75 stillgelegt worden**, so hat die Bauaufsichtsbehörde sorgfältig zu **prüfen, ob die Bauabweichung** insgesamt oder zumindest teilweise durch Vornahme zusätzlicher Maßnahmen **nachträglich genehmigt und damit legalisiert werden kann.** Sind die Abweichungen geringfügig und werden nachbarschützende Vorschriften hierdurch nicht verletzt, so **kann die Bauaufsichtsbehörde die baurechtswidrig errichtete Anlage dulden**, ggf. verbunden mit der Auflage noch einen bautechnischen Nachweis oder eine Prüfbescheinigung oder einen Prüfbericht beizubringen.

2 **Scheidet die Erteilung einer nachträglichen Genehmigung aus**, soll versucht werden, mit dem Bauherrn im Rahmen eines **öffentlich-rechtlichen Vertrages eine Einigung des Inhalts zu erreichen, dass der Bauherr „freiwillig" einen Teil-Rückbau oder einen Teil-Abbruch vornimmt**, um sein Bauvorhaben zumindest genehmigungsfähig zu machen. In einem solchen öffentlich-rechtlichen Vertrag ist eine Klausel des Bauherrn über die **Unterwerfung unter die sofortige Vollstreckung** nach § 61 HmbVwVfG aufzunehmen, wodurch die Bauaufsichtsbehörde in die Lage versetzt wird, die Beseitigung im Wege der Ersatzvornahme auszuführen, sofern der Bauherr seiner vertraglichen Rückbau- oder Abbruchverpflichtung nicht nachkommt.

3 **Anders als die Stilllegungsverfügung setzt die Beseitigungsanordnung voraus, dass die abzubrechende bauliche Anlage sowohl formell als auch materiell rechtswidrig ist.** Die ungenehmigt errichtete bauliche Anlage muss also auch nachträglich unter keinem rechtlichen Gesichtspunkt genehmigungsfähig sein, auch nicht durch Erteilung einer Abweichungsentscheidung nach § 69 oder einer planungsrechtlichen Ausnahme bzw. Befreiung.

Reicht ein Teilabriss nicht aus, weil das restliche Bauwerk untrennbar und funktionell mit dem zu beseitigenden Teil verbunden ist, **so ist die bauliche Anlage insgesamt abzubrechen.** 4

Bei einer Beseitigungsverfügung kann dem Bestandsschutz eine besondere Bedeutung zukommen. Dieses z. B. der Fall, wenn die bauliche Anlage zum Zeitpunkt seiner Errichtung oder Änderung dem materiellen Recht entsprach, jedoch nicht mehr mit der heutigen geänderten Rechtslage im Einklang steht. **Dann darf eine Beseitigungsanordnung nicht ergehen**, es kann keine nachträgliche Anpassung an die heute gültigen baurechtlichen Vorschriften gefordert werden. **Die Beweislast dafür, dass das Bauvorhaben ursprünglich einmal materiell rechtmäßig war, trifft den Bauherrn/Grundstückseigentümer.** Kann er diesen Beweis nicht erbringen, genießt sein Bauwerk keinen Bestandschutz, sodass eine Beseitigungsanordnung rechtmäßig ist. 5

Üblicherweise wird über die Berechtigung einer Beseitigungsanordnung vor Gericht gestritten, zumeist über Jahre. **Ändert sich die Rechtslage oder die höchstrichterliche Rechtsprechung** während dieser Zeit zugunsten des Bauherrn/Grundstückseigentümers, so ist dieses **vom Verwaltungsgericht bis zum Zeitpunkt der letzten mündlichen Verhandlung zu berücksichtigen,** auch wenn zum Zeitpunkt des Erlasses der Beseitigungsanordnung diese dem seinerzeit geltenden Recht entsprach und somit rechtmäßig war. **Selbst wenn sich die Rechtslage nach einem rechtskräftigen Urteil, aber noch vor dem Abbruch ändert,** kann dieses der Bauherr der Vollstreckung der Abbruchverfügung entgegenhalten, indem er die **Aussetzung der Vollstreckung beantragt, bis über einen neu eingereichten zweiten Bauantrag entschieden wurde, der konform ist mit dem neuen Baurecht (Zweitbescheid).** Gleichzeitig sollte vorsorglich binnen der Dreimonatsfrist des § 51 Abs. 3 HmbVwVfG die Aufhebung der Beseitigungsanordnung und die neue Bescheidung des ersten Bauantrages formell beantragt werden (**Wiederaufgreifen des Verfahrens**). 6

Im Rahmen ihres pflichtgemäßen Ermessens hat die Bauaufsichtsbehörde, zumindest bei der Durchsetzung und Vollstreckung der Beseitigungsanordnung, **die wirtschaftlichen und persönlichen Verhältnisse des Betroffenen zu beachten.** Dieses kann zwar nicht dazu führen, dass auf den Abbruch der Anlage verzichtet wird, wohl aber kann es geboten sein, **die Beseitigung der Anlage zeitlich nach hinten zu verschieben,** damit der Betroffene nicht gleich obdachlos wird, sondern sich eine neue Wohnung suchen kann. Auch die **wirtschaftlichen Verhältnisse** können es rechtfertigen, **einen Abbruch** vom Winter auf das Frühjahr oder den Sommer **zu verschieben,** um die Abbruchkosten niedrig zu halten. 7

Allerdings trifft die Bauaufsichtsbehörde nicht die Verpflichtung, sich Gedanken darüber zu machen, **wie eine rechtswidrige bauliche Anlage z. B. durch Umplanungen nachträglich legalisiert werden könnte. Dies ist allein Sache des Bauherrn.** Diesem steht aber das Recht zu, der Behörde ein sogenanntes **„Austauschmittel“ anzubieten** mit dem Ziel, etwa durch einen Teilabriss, einen Rückbau, eine Umnutzung oder Umplanung **den Verstoß gegen öffentlich-rechtliche Vorschriften durch Stellung eines entsprechenden – neuen – Bauan-** 8 trages zu heilen. Wird ein für die Bauaufsichtsbehörde erkennbar genehmigungsfähiges „Austauschmittel" in Form eines Bauantrages zur Prüfung eingereicht, so ist es der Bauaufsichtsbehörde **während der Bearbeitungszeit des „Austauschmittels" versagt,** selbst eine bestandskräftige **Beseitigungsverfügung zu vollstrecken.**

9 Wir der nachbarrechtliche „Gebietserhaltungsanspruch" durch ein Bauvorhaben bzw. dessen Nutzung verletzt, so muss die Bauaufsichtsbehörde gleichwohl gegen diese Rechtsverletzung einschreiten, um – wieder – ordnungsgemäße baurechtliche Zustände herzustellen.

10 **Die Verwirkung einer unanfechtbaren Beseitigungsanordnung ist nur unter engen Voraussetzungen möglich.** Selbst wenn die Bauaufsichtsbehörde **Jahrzehnte lang eine Abrissgenehmigung nicht vollstreckt hat,** ist sie gleichwohl nicht verpflichtet, auf die Beseitigung gänzlich zu verzichten.

11 **Höchst richterlich ist bis heute nicht geklärt,** ob in analoger Anwendung der Rechtsgedanken der §§ 937 ff. BGB über den **„Erwerb von Rechten durch Ersitzung" nach Ablauf von 30 Jahren auch ein Bestandschutz erworben werden kann, wenn die Bauaufsichtsbehörde 30 Jahre lang eine unanfechtbare Beseitigungsverfügung „liegen ließ" und nicht vollstreckt hat.** Nach Ansicht des Autors hat ein Eigentümer bzw. Bauherr sich in analoger Anwendung der Rechtsstaatsprinzipien des Grundgesetzes, die auch in den §§ 937 ff. BGB ihren Ausdruck finden, den Bestandsschutz für seine bauliche Anlage „ersessen", wenn die Bauaufsichtsbehörde 30 Jahre lang nicht tätig wurde, um den ursprünglich baurechtswidrigen Zustand zu beseitigen.

12 **Für eine „normale" Verwirkung muss aber neben dem Zeitmoment auch noch ein sog. Umstands-Moment vorhanden sein,** wonach der Eigentümer aufgrund eines von der Bauaufsichtsbehörde gesetzten Umstandes darauf vertrauen konnte, dass die Beseitigung nicht – mehr – durchgesetzt wird. Dieses wäre z. B. der Fall, **wenn die Bauaufsichtsbehörde schriftlich bestätigt hätte, die bauliche Anlage zu dulden.** Auch eine jahrzehntelange Untätigkeit kann unter Berücksichtigung aller Umstände des Einzelfalles dazu führen, dass die Bauaufsichtsbehörde **die Duldung zumindest auf die Lebenszeit der Bewohner/Nutzer erstrecken und befristen muss.** Ansonsten würde ein **Verstoß gegen das verfassungsmäßige Übermaßverbot** vorliegen.

13 **Gegen eine unanfechtbare Beseitigungsanordnung** kann sich der Betroffene zur Wehr setzen, wenn die Bauaufsichtsbehörde **gegen eine andere vorhandene vergleichbare rechtswidrige Anlage ohne sachlichen Grund nicht eingeschritten ist,** obwohl diese auch im zeitlichen und räumlichen Zusammenhang mit der anderen zu beseitigenden Anlage steht. In diesen Fällen liegt ein **Verstoß gegen den Gleichheitsgrundsatz des Grundgesetzes** vor mit der Folge, dass die Bauaufsichtsbehörde entweder die Beseitigung aller baurechtswidrigen Zustände angehen, oder alle gleich gelagerten Sachverhalte unangetastet lassen muss.

14 **Zugunsten der Bauaufsichtsbehörde findet der Grundsatz des systemgerechten Vorgehens Anwendung.** Stellt die Bauaufsichtsbehörde das Vorhandensein

mehrerer ungenehmigter Gebäude fest, so hat sie eine **Bestandsaufnahme zu machen**, um sämtliche „Schwarzbauten“ zu erfassen. Anschließend obliegt es ihr, **ein Handlungs- und Beseitigungskonzept zu entwickeln**, um zu bestimmen, gegen welche ungenehmigten Baulichkeiten als erstes vorgegangen werden soll. **Es ist also nicht notwendig, dass die Bauaufsichtsbehörde zeitgleich gegen alle rechtswidrigen Gebäude Beseitigungsanordnungen erlässt.** Zulässig ist es etwa, zunächst die zeitlich jüngsten Bauvorhaben aufzugreifen, um erst später gegen ältere Baulichkeiten vorzugehen. Dabei ist es nicht nur erlaubt, sondern geboten, den **Ausgang eines Musterprozesses abzuwarten**, wenn ein solcher angestrengt wird.

Die Beseitigungsverfügung ist an den „Störer“ zu richten, d. h. regelmäßig an den Bauherrn oder Grundstückseigentümer. Ist derjenige, der den „Schwarzbau“ errichtet hat, nicht mehr auffindbar oder zahlungsunfähig, kann der Grundstückseigentümer auch dann zur Beseitigung der baulichen Anlage herangezogen werden, **wenn er weder den „Schwarzbau“ errichtet hat, noch dessen Baurechtswidrigkeit kannte.** 15

Ist nachträglich ein Bauantrag für einen „Schwarzbau“ gestellt und unanfechtbar von der Bauaufsichtsbehörde abgelehnt worden, so kann allein auf die bauaufsichtliche Versagung der Genehmigung keine Beseitigungsanordnung gestützt werden. **Im Rahmen des Erlasses der Beseitigungsanordnung ist vielmehr erneut die Genehmigungsfähigkeit der baulichen Anlage zu prüfen** und zu beurteilen. Etwas anderes gilt nur, **wenn durch ein rechtskräftiges verwaltungsgerichtliches Urteil feststeht**, dass ein Bauvorhaben rechtswidrig ist. Auf der Basis eines solchen Urteils kann ohne weiteres Prüfungserfordernis eine Abbruchverfügung ergehen. 16

Problematisch ist die Situation, **wenn eine Beseitigungsanordnung gegen den Grundstückseigentümer unanfechtbar ist, die abzubrechende bauliche Anlage aber durch einen Pächter oder Mieter vertraglich rechtmäßig genutzt wird.** Der Grundstückseigentümer ist dann rechtlich gehindert, den Abbruch durchzuführen. Die Beseitigungsanordnung ist dann nicht rechtswidrig, ihr steht aber ein **Vollzugshindernis** entgegen. Die Bauaufsichtsbehörde muss in diesen Fällen **gegenüber dem Mieter oder sonst wie Dritt-Berechtigten eine Duldungsverfügung erlassen.** Erst wenn auch die **Duldungsverfügung unanfechtbar** ist, kann die Beseitigung der baulichen Anlage ggf. im Wege der Ersatzvornahme durchgeführt werden. 17

Solange gegenüber dem Dritt-Berechtigten keine unanfechtbare Duldungsverfügung vorliegt, kann der Grundstückseigentümer auch nicht mit Zwangsmitteln zur Beseitigung aufgefordert oder gezwungen werden. Solche „Zwangsbescheide“ wären rechtswidrig. **Selbst wenn ein Dritt-Berechtigter in einem Verwaltungsprozess,** den der Grundstückseigentümer wegen einer Beseitigungsanordnung gegen die Bauaufsichtsbehörde angestrengt hat, **diesem Verfahren beigeladen ist, führt dieses nicht dazu, dass der beigeladene Dritt-Berechtigte nach Rechtskraft des Urteils verpflichtet wäre, die Beseitigung zu dulden.** Auch in diesen Fällen muss die Bauaufsichtsbehörde eine rechtskräftige Duldungsverfügung gegen den Dritt-Berechtigten erwirken. 18

19 Eine **Ausnahme** von diesen Grundsätzen ist zu machen, **wenn Räumlichkeiten unter Verstoß gegen das Planungsrecht bordellartig genutzt werden.** In diesen Fällen darf die Bauaufsichtsbehörde eine **sofort vollziehbare Nutzungsuntersagung** sogleich an den **Grundstückseigentümer richten, ohne dass die Nutzungsuntersagung zuvor – auch – gegenüber dem Mieter erlassen wurde.** Voraussetzung dafür ist, dass die Bauaufsichtsbehörde nicht nur die gegenwärtige bordellartige Nutzung untersagt hat, sondern diese Nutzung auch für die Zukunft verboten hat. Eine solche Nutzungsuntersagung kann sinnvoller Weise nur gegenüber dem Grundeigentümer ergehen, da nur dieser rechtlich die Möglichkeit hat, nicht nur die gegenwärtige, sondern auch die zukünftige planungsrechtlich unzulässige bordellartige Nutzung seiner Räumlichkeiten zu verhindern.

20 Durch die ihm gegenüber erlassene sofort vollziehbare Nutzungsuntersagung wird **der Eigentümer in die Lage versetzt, das Mietverhältnis mit dem Nutzer zu kündigen** und zu beenden. Nur so kann kurzfristig die unzulässige Nutzung erfolgreich unterbunden werden. Denn anders als bei „normalen" Mietverhältnissen **werden in den betreffenden Räumlichkeiten in der Regel Prostituierte angetroffen, die nicht Mieter sind.** Von daher ginge eine ihnen gegenüber ausgesprochene und erlassene Nutzungsuntersagung ins Leere.

21 **Sollte der Grundstückseigentümer die ihm gegenüber erlassene Nutzungsuntersagung nicht befolgen und „umsetzen"**, hat die Bauaufsichtsbehörde immer noch die Möglichkeit, gegenüber dem Mieter und den in den Räumlichkeiten angetroffenen Personen zusätzlich eine Duldungsverfügung zu erlassen, die ggf. vollstreckt werden kann.

22 **Auch eine Duldungs- oder Beseitigungsanordnung geht grundsätzlich** gemäß § 58 Abs. 2 **auf den Rechtsnachfolger über.** Dieses **gilt auch für die Rechtsnachfolge in verfahrensrechtlicher Hinsicht**, sodass bei einem Eigentumswechsel der Rechtsnachfolger gegenüber einer bestandskräftigen Beseitigungsverfügung nur geltend machen kann, dass die **Rechtsnachfolge nicht eingetreten sei, oder in seiner Person subjektive Gründe vorliegen**, die im Vollstreckungsverfahren zu berücksichtigen sind (siehe hierzu auch die Ausführungen zu § 58 Abs. 2).

23 **Bei einer Wohnungseigentümergemeinschaft muss die Beseitigungsanordnung an alle Wohnungseigentümer gerichtet werden.**

24 **Die Anordnung des Sofortvollzugs ist bei einer Beseitigungsanordnung grundsätzlich nicht möglich**, da die Beseitigung vollendete Tatsachen schaffen würde, ohne dass die Berechtigung des Abbruchs nach den Rechtstaatsprinzipien des Grundgesetzes geprüft werden konnte. Auch wenn ein Bauvorhaben offenbar rechtswidrig und nicht genehmigungsfähig ist, **kann der Sofortvollzug nicht damit begründet werden, dass es im öffentlichen Interesse liege, einen offenkundigen „Schwarzbau" schnellstmöglich zu beseitigen.** Denn es ist nicht auszuschließen, dass **in einem anstehenden Verwaltungsprozess das Gericht eine andere Rechtsauffassung als die Bauaufsichtsbehörde vertritt** mit der Folge, dass die Beseitigungsverfügung gerichtlich aufgehoben wird. Damit wäre es

nicht vereinbar, wenn im Wege des Sofortvollzugs das Bauwerk bereits abgebrochen wäre, wodurch ein irreparabeler Schaden entstehen würde.

Kann im Ausnahmefall ein „Schwarzbau" ohne wesentlichen Substanzverlust und ohne großen finanziellen Schaden und Aufwand abgebrochen werden kann, ist es zulässig, den Sofortvollzug anzuordnen, sofern die Rechtswidrigkeit der baulichen Anlage offenkundig ist. Zu denken wäre etwa an die Beseitigung einer Werbeanlage ohne Genehmigung oder auch einen fahrbaren Kiosk oder Imbissstandes ohne Sondernutzungserlaubnis. 25

Stützt eine Bauaufsichtsbehörde eine **Nutzungsuntersagung** aufgrund einer fachlichen **Stellungnahme der Feuerwehr** auf **Brandschutzmängel** der in Rede stehenden baulichen Anlage, so ist die **sofortige Vollziehung der Nutzungsuntersagung rechtmäßig.** Im Rahmen einer **Interessensabwägung** ist dem **Brandschutz im öffentlichen Interesse** der absolute Vorrang vor den **finanziellen Interessen** des Eigentümers einzuräumen. 26

Bei Verstößen gegen Festsetzungen eines Bebauungsplanes, also gegen die zugelassenen baulichen Nutzungen, die in der Baunutzungsverordnung (BNVO) oder bei Baustufenplänen in der Baupolizeiverordnung (BPVO) verbindlich vorgeschrieben sind, **kann eine Nutzungsuntersagung ausgesprochen und nach Rechtkraft vollstreckt werden.** 27

So darf z. B. in einem Wohngebiet und damit in einem Wohngebäude keine gewerbliche Nutzung stattfinden, **selbst eine freiberufliche oder ähnliche Nutzung** im Sinne von § 13 BNVO **ist nur zulässig, sofern diese bezogen auf die Gesamtwohnfläche maximal 49 % dieser Fläche in Anspruch nimmt.** 28

Die gewerbsmäßige Prostitution oder ein Bordellbetrieb ist **in einem Wohngebiet unzulässig,** ebenso ein sog. **„Swinger-Club",** da bei diesen Nutzungen die Gewerblichkeit im Vordergrund steht. 29

Im Übrigen finden bei einer Nutzungsuntersagung die Grundsätze über die Zulässigkeit und Rechtsmäßigkeit einer Beseitigungsanordnung Anwendung. Eine Beseitigungsanordnung besitzt ebenso wie eine Nutzungsuntersagung **dingliche Wirkung,** da sie grundstücks- und nicht personenbezogen ist. **Sie bindet daher auch einen Rechtsnachfolger,** gleichgültig, ob dieser das Eigentum durch Vertrag oder durch Erbschaft erworben hat. **Subjektive Härten gegenüber dem Rechtsnachfolger können und müssen bei der Vollstreckung Berücksichtigung finden,** beispielsweise, wenn dieser gutgläubig das Eigentum erlangt hat. In diesen Fällen sollte die Bauaufsichtsbehörde z. B. die Vollstreckung der Nutzungsuntersagung bis zum Ableben des Rechtsnachfolgers aussetzen. Bei einer nicht genehmigten Wohnnutzung spricht man vom sog. „Auswohnen". 30

Eine bestimmte Fristsetzung für die Durchführung einer unanfechtbaren Beseitigungs- oder Untersagungs-Verfügung ist nicht vorgeschrieben. Es ist zu bedenken, dass jede Beseitigung einer baulichen Anlage vorbereitender Maßnahmen auf dem Grundstück und auszuhandelnder Verträge mit dem Abbruchunternehmer bedarf. **Die Frist sollte zwei Monate nicht unterschreiten,** wobei der Beginn der Frist auf den Zeitpunkt der Unanfechtbarkeit der Beseitigungs- bzw. Untersagungs-An- 31 ordnung festgelegt werde sollte. Eine kürzere Frist, als die Einmonatsfrist zur Einlegung eines Widerspruchs, scheidet aus.

32 Kommt der Adressat der Beseitigung oder Nutzungsuntersagung nicht nach, so kann die Bauaufsichtsbehörde die Zwangsmittel des Hamburgischen Verwaltungsvollstreckungsgesetzes (VwVG) **anwenden**, d. h. **Zwangsgelder festsetzen** – auch mehrfach – oder sogar die **Ersatzvornahme anordnen,** d. h. ggf. eine Wohnung oder ein Gebäude auf Kosten des Betroffenen räumen lassen.

33 Exkurs „Heizstrahler/Heizpilze“:

34 Wegerechtliche Beseitigungs- und Untersagungsverfügung gemäß § 61 Satz 1 HWG i. v. m. § 60 HWG:

35 Eine **wegerechtliche Sondernutzungserlaubnis,** die es dem Antragsteller für einen bestimmten Zeitraum gestattet, eine **bestimmte Wegefläche vor einer Gaststätte zum Aufstellen von Tischen und Stühlen** zu benutzen, **beinhaltet nicht das Recht, elektrobetriebene Heizstrahler** an der Außenfassade anzubringen, **die in den Luftraum über einen Gehweg hineinragen.** Insoweit liegt kein Anliegergebrauch im Sinne von § 17 HWG vor.

36 Das **Aufstellen und Betreiben von Heizstrahlern bedarf** nach § 19 Abs. 1 HWG **einer Sondernutzungserlaubnis** der Wegeaufsichtsbehörde. Die Erteilung einer solchen Erlaubnis steht im Ermessen der Wegeaufsichtsbehörde. **Einen Rechtsanspruch** besitzt ein Anlieger nur, **wenn das Ermessen auf Null reduziert ist.** Dies ist in der Regel nicht der Fall, etwas anderes könnte allenfalls dann gelten, wenn die Wegeaufsichtsbehörde einem Anlieger in der Vergangenheit schon mehrfach die Nutzung von Heizstrahlern durch Erteilung einer Sondernutzungserlaubnis gestattet hatte.

37 **Wird im Wege der Ersatzvornahme eine bauliche Anlage abgerissen,** so macht die Bauaufsichtsbehörde die ihr durch die Beseitigung entstandenen Kosten mittels eines **„Leistungsbescheides“** gegenüber den Verpflichteten geltend. Die Kosten, die dabei zusätzlich für die Abfuhr des Bauschutts und dessen Lagerung auf einer Mülldeponie entstehen, sind ebenfalls als Kosten der Ersatzvornahme zu erstatten.

2. Einzelne Ordnungsmaßnahmen (Abs. 2)

38 Außer dem Abriss und der Nutzungsuntersagung hat die Bauaufsichtsbehörde auch die Möglichkeit **die Instandsetzung verwahrloster oder verunstalteter Bau- und Werbeanlagen zu fordern.**

39 **Eine Verwahrlosung liegt vor, wenn ein Gebäude offenbar verfällt,** d. h. wenn die bauliche Anlage nicht mal einen Mindeststandard an ortsüblicher Pflege und Erhaltung über einen längeren Zeitraum aufweist. Dieses ist z. B. der Fall, **wenn durch einen Teilabriss aus der Fassade Mauerstümpfe hervorstehen,** die einem durchschnittlichen Betrachter vermitteln, dass das Gebäude unvollständig ist und über Jahre an dem Haus keinerlei Instandhaltungs- oder Unterhaltungsmaßnahmen durchgeführt wurden. **Die Bauaufsichtsbehörde ist dann berechtigt, zu verfügen, dass die Fassade von bautechnisch unnötigen vorstehenden Gebäudeteilen**

befreit und mit geeignetem Material verkleidet wird. Dabei ist es dem **Grundstückseigentümer überlassen,** ob er z. B. die nach einem Abriss offenliegenden und hervorstehenden Mauerreste sowie funktionslose **Gebäudeöffnungen mit einer Putzfassade oder einer anderen Wandverkleidung versieht.**

Ist eine Instandsetzung nicht mehr möglich, da die Anlage bereits soweit verfallen ist, dass sie nur mit hohen Kosten saniert werden könnte, **kann auch ein Abriss angeordnet werden.** 40

In Einzelfällen kann auch verlangt werden, **dass Grundstücke aufgeräumt und unbefugte Dritte am Betreten des Grundstücks etwa durch Aufstellung eines Schutzzaunes gehindert werden.** Steht fest, dass bauliche oder auch sonstige Anlagen wie z. B. Maschinen nicht mehr genutzt werden, kann die Bauaufsichtsbehörde deren Beseitigung anordnen. Gleiches gilt für **Fahrzeuge, Schutt und Gerümpel.** 41

Auch diese Maßnahmen stehen im pflichtgemäßen Ermessen der Bauaufsichtsbehörde. Gehen von Gegenständen und Anlagen auf Grundstücken **Gefahren für die Allgemeinheit, insbesondere für spielende Kinder aus,** oder wird hierdurch **Ungeziefer angelockt,** so ist die Bauaufsichtsbehörde zum Einschreiten verpflichtet. Dieses ist bei einer reinen **optischen Verwahrlosung bzw. Verunstaltung** nicht der Fall. 42

3. Anpassung baulicher Anlagen an geänderte Vorschriften (Abs. 3)

Dieser Absatz enthält eine **Durchbrechung des Bestandschutzes.** Denn grundsätzlich kann für eine bestehende bauliche Anlage nicht rückwirkend gefordert werden, dass diese den heutigen bauordnungsrechtlichen Vorschriften und Technischen Baubestimmungen angepasst wird, die sich in den letzten Jahrzehnten herausgebildet haben. **Aus diesem Grunde müssen bestehende Gebäude nicht die heutigen Anforderungen an Wärme-, Brand-, Schall- und Erschütterungsschutz einhalten.** 43

Etwas anderes gilt, **wenn durch das „Bestandsgebäude" eine Gefährdung der Sicherheit oder Gesundheit** für die Nutzer oder die Umgebung **ausgeht. Es muss eine konkrete Gefahr vorliegen, d. h. der Eintritt eines Schadens wahrscheinlich sein.** Dieses ist der Fall, **wenn Asbest oder asbesthaltige Bauteile eingebaut wurden, mit denen Menschen in Berührung kommen können oder die Standsicherheit eines Gebäudes aufgrund der verwendeten „alten" Baumaterialien nicht mehr gewährleistet ist (Einsturzgefahr).** Die Bauaufsichtsbehörde kann dann verlangen, dass insoweit auch das „Bestandsgebäude" den heutigen Anforderungen des Bauordnungsrechts, insbesondere hinsichtlich der Bautechnik angepasst wird. 44

Auch in Bezug auf das Brandschutzverhalten können zusätzliche Baumaßnahmen gefordert werden, wie die Ummantelung, die Beplankung oder der Anstrich einzelner Bauteile wie Stützen, Türen oder auch ganzer Wände, Decken und Fußböden mit **feuerhemmenden Baustoffen oder -materialien.** Dabei ist auf den Einzelfall abzustellen und die von der vorhandenen baulichen Anlage ausgehende Gefährdung für die Nutzer und die Nachbarschaft. 45

46 Da der **grundgesetzlich geschützte Bestandschutz durch eine nachträgliche Anpassungsforderung durchbrochen wird,** muss die angeordnete Baumaßnahme nicht nur in irgendeiner Weise den baulichen Zustand verbessern, sondern zur Behebung der konkreten Gefahr notwendig, zweckmäßig und verhältnismäßig sein. Dieses hat die Bauaufsichtsbehörde nachzuweisen, d. h. insbesondere **die Geeignetheit der angeordneten Maßnahme.**

47 **Die Anordnung ist in der Regel an den Grundstückseigentümer zu richten.** Auf dessen subjektive finanzielle Leistungsfähigkeit kommt es nicht an, diese ist ggf. bei der Frist für die Durchführung der Maßnahmen zu berücksichtigen.

48 **Sind von der Anordnung auch Mieter und sonstige Dritt-Berechtigte betroffen,** so muss ihnen gegenüber zusätzlich eine **Duldungsverfügung** durch die Bauaufsichtsbehörde erlassen werden.

49 Bei einer **Wohnungseigentümergemeinschaft** muss die **Anpassungsanforderung an alle Miteigentümer** ergehen.

50 **Sind auf dem Grundstück eines „Bestandsgebäudes" geeignete Freiflächen verfügbar,** so kann die Bauaufsichtsbehörde ebenfalls rückwirkend die Herstellung von Folgeeinrichtungen verlangen, wie
- Kinderspielplätze (Vgl. § 10);
- Standplätze für Abfall- und Wertstoffbehälter (Vgl. § 43) oder
- Stellplätze für PKWs und Fahrräder (Vgl. § 48).

51 Diese Aufzählung ist abschließend.

52 **Eine weitere Einschränkung erfährt der Bestandschutz dadurch, dass auch bei der wesentlichen Änderung baulicher Anlagen gefordert werden kann,** dass nicht nur die „Neubau-Teile", sondern **die gesamte bauliche Anlage die heutigen Anforderungen an das Baurecht und die sonstigen öffentlich-rechtlichen Vorschriften einhalten muss.** Allerdings steht diese Anpassungsforderung hinsichtlich der von der Änderung nicht berührten Teile unter dem Vorbehalt, **dass dem Bauherrn dadurch keine unzumutbaren Mehrkosten entstehen. Zumutbar** sind in jedem Fall **Mehrkosten bis zu 10 %.** Je nach persönlicher Leistungsfähigkeit kann diese Schwelle auch an 20 % heranreichen. **Ein darüber hinaus gehender Prozentsatz ist in jedem Falle unzumutbar.**

53 **Eine Anpassung an heutige öffentlich-rechtliche Vorschriften setzt eine wesentliche Änderung** und nicht nur einen geringfügigen Eingriff in die Bausubstanz **der baulichen Anlage voraus.** Entscheidend ist, ob sich durch die baulichen Änderungen das Erscheinungsbild des vorhandenen Gebäudes deutlich verändert, sei es im Inneren oder am Äußeren des Gebäudes. **Untergeordnete Umbauten und Anbauten sowie bauliche Erweiterungen sind unwesentlich.** Dieses gilt auch, wenn zeitgleich Modernisierungsarbeiten durch Erneuerung des Heizungssystems, der Wasser- und Abwasseranlagen und der Elektrik durchgeführt werden.

54 Auch Nutzungsänderungen sowie Instandsetzungsarbeiten sind immer unwesentlich.

55 Wird die Standsicherheit des Gebäudes durch die baulichen Änderungen berührt und muss diese neu geprüft und nachgewiesen werden, **ist von einer wesentlichen Änderung auszugehen.**

4. Herstellung rechtmäßiger Zustände (Abs. 4)

56 **Jeder Grundstückseigentümer kann sein Grundstück nach Belieben teilen,** ohne dass er hierfür eine planungsrechtliche oder bauordnungsrechtliche Teilungsgenehmigung nach dem BauGB bzw. der HBauO einholen muss.

57 Dieses kann dazu führen, dass von einem mit einem Gebäude bebauten Grundstück eine Grundstücksfläche abgeteilt wird, **sodass auf dem verbleibenden bebauten Grundstück die Grundflächenzahl oder auch die Geschossflächenzahl oder eine im Bebauungsplan festgesetzte Mindestgrundstücksgröße nicht mehr eingehalten wird.** Dieses führt dann zu baurechtswidrigen Zuständen. Um diese verhindern zu können, soll die Bauaufsichtsbehörde vom Grundstückseigentümer fordern können, **dass er sein Grundstück so teilt** und diesem ggf. einen anderen Zuschnitt gibt, **dass GRZ, GFZ, Mindestgrundstücksfläche etc. auch zukünftig vom verbleibenden bebauten Grundstück eingehalten werden.**

5. Nachbar- und Rechtsschutz

58 Es ist offenkundig, dass ein Nachbar nicht nur durch die Genehmigung eines Neubaus in subjektiven Rechten verletzt sein kann. Auch ein Bestandsgebäude, welches ohne Genehmigung baurechtswidrig genutzt wird, kann nachbarschützende Vorschriften verletzen.

59 Werden subjektive Nachbarrechte verletzt, **kann der Nachbar ein bauaufsichtliches Einschreiten gegen den baurechtswidrigen Zustand gleichwohl nur dann einfordern,** wenn der baurechtswidrige Zustand für ihn eine **Störung mit hoher Intensität oder gar eine Gefährdung bedeutet.** Das Ermessen der Bauaufsichtsbehörde hat sich dann auf Null reduziert mit der Folge, dass der Nachbar einen **Anspruch auf Einschreiten besitzt.** Der Nachbar sollte dann bei der Bauaufsichtsbehörde ausdrücklich einen Antrag stellen mit dem Ziel, die baurechtswidrigen Nutzungen zu untersagen oder auch eine Abbruchverfügung zu erlassen. Diesen Antrag muss die Bauaufsichtsbehörde bescheiden. Lehnt sie ein Einschreiten ab, ist hiergegen der Rechtsbehelf des Widerspruchs gegeben Bleibt die Bauaufsichtsbehörde weiterhin untätig, kann der Nachbar eine Verpflichtungsklage auf bauaufsichtliches Einschreiten erheben (siehe hierzu auch oben auch die Ausführungen zu § 71 „Nachbarliche Belange“ unter Gliederungspunkt 4 „Nachbar- und Rechtsschutz“).

60 **Werden Abstandsflächen nicht eingehalten, muss** wegen Sinn und Zweck der Abstandsflächenregelungen **die Bauaufsichtsbehörde tätig werden,** auch wenn es nur „um wenige Zentimeter geht“.

61 Hat der Nachbar über Jahre einen baurechtswidrigen Zustand hingenommen und konnte der „Störer“ aufgrund eines guten Nachbarschaftsverhältnisses davon ausgehen, dass sein Nachbar gegen die rechtswidrige bauliche Anlage oder Nutzung nichts unternehmen werde, **so hat der Nachbar nach Treu und Glau-**

ben seine **Abwehrrechte verwirkt.** Er kann dann nicht nach Jahren „plötzlich" ein bauaufsichtliches Einschreiten fordern.

62 Wer selbst Abstandflächen zum Nachbarn nicht einhält, kann dieses auch nicht vom Nachbarn fordern.

63 Unbenommen ist es dem Nachbarn **gegen die baurechtswidrigen Zustände auch zivilrechtlich vorzugehen.** Dieses kann sich anbieten, wenn beispielsweise der privatrechtliche Eigentumsschutz entsprechend § 906 BGB weitergehender ist als der öffentlich-rechtliche Nachbarschutz.

64 Gegen eine **Beseitigungsverfügung** oder **Nutzungsuntersagung** kann der Betroffene Widerspruch und Anfechtungsklage erheben.

65 Ist eine solche Anordnung unanfechtbar geworden aber noch nicht vollzogen und ändert sich anschließend zugunsten des Betroffenen die Sach- und Rechtslage, so kann er nach dem Hamburgischen Verwaltungsverfahrensgesetz das **Wiederaufgreifen des Verwaltungsverfahrens** beantragen.

66 **Ist der Sofortvollzug der Beseitigungs- oder Nutzungsuntersagungsverfügung angeordnet worden.** muss der Betroffene neben Widerspruch und Klage zugleich um vorläufigen Rechtsschutz beim Verwaltungsgericht nachsuchen und dort nach § 80 Abs. 5 VwGO beantragen, die aufschiebende Wirkung seines Rechtsbehelfs wieder herzustellen. Bei **Werbeanlagen, die ohne Baugenehmigung** errichtet wurden und die **ohne großen Substanzverlust** beseitigt werden können, ist die Anordnung des Sofortvollzugs der Beseitigungsverfügung grundsätzlich rechtmäßig. **Ein Schwarzbauer soll keine wirtschaftlichen Vorteile gegenüber dem rechtstreuen Bürger erzielen können,** der erst eine Baugenehmigung einholt und dann mit dem Bau beginnt.

67 Auch die Beseitigung eines ohne Genehmigung aufgestellten **Wohnwagens** kann **mit einem Sofortvollzug** versehen werden.

68 Indessen ist die Anordnung **des Sofortvollzugs einer Beseitigungsverfügung nicht gerechtfertigt,** sofern die Möglichkeit besteht, dass die Bauaufsichtsbehörde durch eine **zwangsgeldbewährte Nutzungsuntersagung** zum gleichen Ziel gelangt.

69 **Der Sofortvollzug einer Beseitigungsverfügung darf aber immer nur dann angeordnet werden, wenn die Beseitigung ohne Substanzverlust und ohne hohe Kosten bewerkstelligt werden kann.** Denn andernfalls würde die **„Hauptsache vorweggenommen werden"**, was in einem Eilverfahren wie dem Sofortvollzug unzulässig ist. Denn in einem solchen Eilverfahren wird die **Sach- und Rechtslage nur „summarisch" geprüft,** die sich in dem anschließenden Hauptsacheverfahren durchaus noch anders beurteilen lässt. Wäre die bauliche Anlage dann bereits beseitigt, könnte der neuen rechtlichen Bewertung nicht mehr Rechnung getragen werden. **Es wäre ein nicht wieder gutzumachender Schaden eingetreten.**

70 Bei § 76 handelt es sich um eine Spezialnorm um baurechtswidrige Zustände verhindern oder beseitigen zu können. Daneben können „Störer" auch nach

dem **Polizeirecht,** d. h. nach dem Gesetz zum Schutze der öffentlichen Sicherheit und Ordnung (SOG) in Anspruch genommen werden. Des Weiteren wäre als wichtige Anspruchsgrundlage für ein behördliches Einschreiten noch § 20 und 25 **Bundes-Immissionsschutzgesetz (BImschG)** zu nennen, wonach dem Betreiber von emittierenden Anlagen nachträgliche Auflagen gemacht werden können, bis hin zur Stilllegung.

6. Ergänzende Rechtsvorschriften

Es kommt der Bauprüfdienst **BPD 8/02** „Erzwingung von Handlungen, Duldungen und Unterlassungen im Aufgabenbereich der Bauaufsicht (**BPD Verwaltungszwang**)" zur Anwendung. **71**

§ 77 Bauzustandsanzeigen, Aufnahme der Nutzung

(1) Die Bauaufsichtsbehörde kann verlangen, dass ihr Beginn und Beendigung bestimmter Bauarbeiten angezeigt werden. Die Bauarbeiten dürfen erst fortgesetzt werden, wenn die Bauaufsichtsbehörde der Fortführung der Bauarbeiten zugestimmt hat.

(2) Die Bauherrin oder der Bauherr hat die beabsichtigte Aufnahme der Nutzung einer nicht verfahrensfreien baulichen Anlage mindestens zwei Wochen vorher der Bauaufsichtsbehörde anzuzeigen. Eine bauliche Anlage darf erst benutzt werden, wenn sie selbst, Zufahrtswege, Anlagen zur Wasserversorgung und Abwasserentsorgung sowie Gemeinschaftsanlagen in dem erforderlichen Umfang sicher benutzbar sind, nicht jedoch vor dem in Satz 1 bezeichneten Zeitpunkt. Die Bauherrin oder der Bauherr hat die Errichtung von Abgasanlagen der bevollmächtigten Bezirksschornsteinfegerin oder dem bevollmächtigten Bezirksschornsteinfeger rechtzeitig anzuzeigen. Feuerstätten, ortsfeste Verbrennungsmotoren und Blockheizkraftwerke dürfen erst dann in Betrieb genommen werden, wenn die bevollmächtigte Bezirksschornsteinfegerin oder der bevollmächtigte Bezirksschornsteinfeger die Tauglichkeit und sichere Benutzbarkeit der Abgasanlagen bescheinigt hat.

Kommentierung

Übersicht

1. Baubeginn- und Baubeendigungsanzeige bei besonderen Bauarbeiten (Abs. 1)

Ist eine Baugenehmigung erteilt, so hat der Bauherr nach § 72a Abs. 4 den Ausführungsbeginn der Bauarbeiten der Bauaufsichtsbehörde mitzuteilen (**Baubeginnanzeige**). **1**

2 Bis zum Abschluss der Bauarbeiten treffen den Bauherrn grundsätzlich keine weiteren Mitteilungspflichten, insbesondere muss er weder die Fertigstellung des Rohbaus noch die abschließende Fertigstellung des Bauvorhabens anzeigen. **Lediglich die beabsichtigte Nutzungsaufnahme ist der Bauaufsichtsbehörde mindestens zwei Wochen vorher nach Abs. 2 mitzuteilen.**

3 **Bei technisch besonders schwierigen Vorhaben**, deren Bauausführung zwangsläufig ein hohes oder erhöhtes Gefahrpotential beinhaltet, kann es geboten sein, **dass die Bauaufsichtsbehörde im Einzelfall die Fertigstellung eines Bauabschnitts oder eines komplizierten Bauteils im Rahmen ihrer Überwachungspflichten prüft**, bevor sie die weiteren Bauarbeiten freigibt. So hat die Bauaufsichtsbehörde die Möglichkeit vom Bauherrn zu fordern, dass dieser ihr den Beginn und/oder die Beendigung bestimmter Bauarbeiten anzeigt. Diese müssen konkret benannt werden wie etwa die Beendigung der Erdarbeiten, die Fertigstellung des Rohbaus oder der gesamten baulichen Anlage. **Auch kann gefordert werden den Beginn oder die Beendigung bestimmter Arbeiten eines einzelnen Bauteils anzuzeigen**, welches z. B. für die Standsicherheit eines Bauwerkes von entscheidender Bedeutung ist.

4 **Die Anordnung solcher „Sonder-Anzeigepflichten" steht im Ermessen der Bauaufsichtsbehörde**, diese hat zu entscheiden, wann und in welchem Umfang sie den Baufortschritt kontrollieren und den Fortgang der Bauarbeiten von zusätzlichen bautechnischen Nachweisen abhängig machen will. **Es muss aber einen sachlichen Grund für eine gesondert durchzuführende Bauanzeige geben, wobei auf die Größe, die technische Schwierigkeit und die Bedeutung des Bauwerks abzustellen ist.** Je größer die Sachkunde und Erfahrung der am Bau Beteiligten ist und je kleiner der Umfang der Bauarbeiten ist, desto eher kann auf die Überprüfung baulicher „Zwischenabschnitte" verzichtet werden. **Die Anordnung zusätzlicher Bauanzeigen kann bereits als Auflage in die Baugenehmigung selbst aufgenommen werden.**

5 Zulässig ist es aber auch, **im Nachhinein erst während der Bauausführung gesonderte Baubeginn- bzw. Baubeendigungs-Anzeigen durch einen Bescheid (Verwaltungsakt) anzuordnen.** Oftmals stellt sich erst im Zuge der Bauarbeiten heraus, ob die am Bau Beteiligten sachkundig genug sind und über ausreichende Erfahrung verfügen, um ein kompliziertes Bauwerk zu errichten. Aufkommende Zweifel kann die Bauaufsichtsbehörde durch zusätzliche Bauanzeigen ausräumen.

6 **Sind Bauzustandsanzeigen angeordnet worden, bedarf es einer ausdrücklichen Zustimmung der Bauaufsichtsbehörde**, die schriftlich oder auch schon vorab mündlich erklärt werden kann, auch elektronisch nach § 58 Abs. 4, **bevor die Bauarbeiten fortgesetzt werden dürfen.** Allein schon aus Gründen der Rechtssicherheit ist es geboten, dass eine mündliche Freigabe der Fortführung der Bauarbeiten schriftlich zu bestätigen ist. **Als Realakt muss diese Zustimmung nicht begründet werden, eine einfache „Freigabeerklärung"** zur Fortsetzung der Bauarbeiten **reicht aus.**

7 **Die Bauaufsichtsbehörde kann aber auch in der Bauzustandsanzeige-Anordnung selbst schon festlegen, dass ihre Zustimmung zum Fortgang der Bauarbei-**

ten als erteilt gilt, wenn beispielsweise eine Woche nach Eingang der Bauanzeige keine weiteren Maßnahmen, Prüfungen bzw. Bescheinigungen etc. von der Bauaufsichtsbehörde verlangt werden.

Ist in dem Bescheid über die Bauzustandsanzeige-Anordnung keine Regelung über den Fortgang der Bauarbeiten enthalten, **müssen die Bauarbeiten bis zum Zugang der Zustimmungserklärung** der Bauaufsichtsbehörde beim Bauherrn oder seinem Vertreter **unterbrochen werden,** zumindest soweit sich die Arbeiten auf den Bauabschnitt bzw. die bauliche Anlagen beziehen, die einer gesonderten Kontrolle unterzogen werden sollen. **8**

2. Anzeige der Nutzungsaufnahme und damit einhergehender Bauherren-Pflichten (Abs. 2)

An die Stelle der Fertigstellungs-Anzeige des Bauvorhabens ist die beabsichtigte Nutzungsaufnahme einer baulichen Anlage getreten, die zwei Wochen vorher der Bauaufsichtsbehörde anzuzeigen ist. Die Ingebrauchnahme **verfahrensfreier Vorhaben** muss nicht angezeigt werden. **9**

Es ist zulässig, eine bauliche Anlage schon zu nutzen, bevor diese abschließend fertig gestellt ist. Es reicht, wenn die bauliche Anlage sicher benutzbar ist. Dieses ist z. B. der Fall, **wenn die Außenanlagen noch nicht endgültig fertig gestellt sind** oder kleinere Mängelbeseitigungsarbeiten oder Arbeiten am Gebäude noch auszuführen sind, wie ein **Außenanstrich der Fassade,** der ebenso wie andere kleinere Arbeiten auf die Funktionalität und die gefahrlose Benutzung der ansonsten fertigen baulichen Anlage keinen Einfluss hat. **10**

Sicher benutzbar ist eine im Großen und Ganzen fertig gestellte bauliche Anlage wenn **11**
- die Zugänge und Zufahrten auf dem Baugrundstück (Vgl. § 5),
- die Wasserversorgungsanlagen,
- die Abwasserbeseitigungsanlagen sowie die
- Gemeinschaftsanlagen

abschließend fertig gestellt sind, sodass sie gefahrlos ihrer Zweckbestimmung entsprechend in Gebrauch genommen werden können. **12**

Unter Gemeinschaftsanlagen sind Tiefgaragen und oberirdische Stellplatzanlagen zu verstehen sowie Anlagen für Abfall- und Wertstoffsammelbehälter, nicht jedoch Spielplätze, die auch später im Zuge der Außenanlagen fertig gestellt werden können. **13**

Schon vor Baubeginn ist die beabsichtigte Errichtung von Abgasanlagen wie Schornsteinen, Kaminen bzw. die Aufstellung von Kaminöfen dem Bezirksschornsteinfeger rechtzeitig anzuzeigen, damit dieser schon während der Bauausführung kontrollieren kann, ob die Feuerungsanlagen brandsicher ausgeführt wurden und eine gefahrlose Abführung der Verbrennungsgase gewährleistet ist. **14**

Neben den genannten Feuerstätten dürfen auch ortsfeste Verbrennungsmotoren und Blockheizkraftwerke erst in Betrieb genommen werden, wenn der Bezirksschornsteinfeger die sicherere Benutzbarkeit der Abgasanlagen und seiner **15**

Anschlüsse bescheinigt hat (siehe hierzu auch die Ausführungen zu § 41, Gliederungspunkte 1 bis 5 „Feuerungsanlagen, sonstige Anlagen zur Wärmeerzeugung, Brennstoffversorgung").

16 Technische Nachweise über Wärme-, Schall- und Erschütterungsschutz nach § 18 müssen mit der Anzeige der beabsichtigten Nutzungsaufnahme nicht vorgelegt werden, ebenso findet keine Schlussabnahme statt. Auch der sog. Dichtigkeitsnachweis für Grundstücksentwässerungsanlagen muss nicht vorgelegt werden.

17 Wird die beabsichtigte Nutzungsaufnahme unter Vorlage der vorgeschriebenen Nachweise und Bescheinigungen der Bauaufsichtsbehörde angezeigt, so kann die bauliche Anlage sogleich in Gebrauch genommen werden. Einer bauaufsichtlichen „Nutzungsfreigabe" bedarf es nicht.

18 Stellt die Bauaufsichtsbehörde fest, dass trotz der Anzeige über die Nutzungsaufnahme die Anlage noch nicht sicher benutzbar ist, so kann sie nach § 76 Abs. 1 Satz 2 eine Nutzungsuntersagung verfügen. Allein das Fehlen der Anzeige und die Nichteinreichung vorzulegender Nachweise und Bescheinigungen kann eine Nutzungsuntersagung nicht rechtfertigen (formelle Illegalität). Die Bauaufsichtsbehörde muss diese Schriftstücke nachfordern. Nur wenn sie nicht vorhanden sind, kann selbst bei einer Ingebrauchnahme der baulichen Nutzung die weitere Nutzung untersagt werden.

3. Nachbar- und Rechtsschutz

19 § 77 entfaltet keine nachbarschützende Wirkung.

20 Wird die für die Fortsetzung der Bauarbeiten erforderliche Zustimmung der Bauaufsichtsbehörde nach Abs. 1 Satz 2 verweigert oder wird diese in angemessener Zeit nicht erteilt, so kann der Bauherr den Fortgang der Bauarbeiten mit einem Antrag auf Erlass einer einstweiligen Anordnung nach § 123 VwGO durchsetzen, wobei die gerichtliche Entscheidung die Zustimmung der Bauaufsichtsbehörde ersetzt.

4. Ergänzende Rechtsvorschriften

21 Einzelheiten zu den Anforderungen, insbesondere an Bauart, Baustoffe und Querschnitte von Abgasanlagen (Schornsteinen, Kaminen etc.) finden sich in der Feuerverordnung (FeuVO).

§ 78 Bauüberwachung

(1) Die Bauaufsichtsbehörde kann bei der Bauausführung und der Beseitigung baulicher Anlagen die Einhaltung der öffentlich-rechtlichen Vorschriften und Anforderungen und die ordnungsgemäße Erfüllung der Pflichten der am Bau Beteiligten überwachen.

(2) Im Rahmen der Bauüberwachung können Proben von Bauprodukten, soweit erforderlich, auch aus fertigen Bauteilen zu Prüfzwecken entnommen werden.

(3) Den mit der Überwachung beauftragten Personen ist jederzeit Einblick in die Bescheide und Genehmigungen, Zulassungen, Prüfzeugnisse, Übereinstimmungszertifikate, Zeugnisse und Aufzeichnungen über die Prüfungen von Bauprodukten, in die CE-Kennzeichnungen und Leistungserklärungen nach der Verordnung (EU) Nr. 305/2011, in die Bautagebücher und andere vorgeschriebene Aufzeichnungen zu gewähren. Die Bauherrin oder der Bauherr hat für die Besichtigungen und die damit verbundenen möglichen Prüfungen die erforderlichen Arbeitskräfte und Geräte bereitzustellen.

(4) Die Bauaufsichtsbehörde oder die bzw. der Prüfsachverständige soll, soweit sie oder er im Rahmen der Bauüberwachung Erkenntnisse über systematische Rechtsverstöße gegen die Verordnung (EU) Nr. 305/2011 erlangt, diese der für die Marktüberwachung zuständigen Stelle mitteilen.

Kommentierung

Übersicht

1. Kontrolle der Bauausführung und der Beseitigung baulicher Anlagen (Abs. 1)

1 Aufgabe der Bauaufsichtsbehörden ist es nach § 58 Abs. 1 darüber zu wachen, **dass bei der Errichtung, Änderung, Nutzungsänderung, Beseitigung und Instandhaltung von baulichen Anlagen keine Gefahren für die öffentliche Sicherheit und Ordnung ausgehen.**

2 Zum einen wird dieses dadurch erreicht, dass die Bauaufsichtsbehörden schon **vorbeugend im vereinfachten oder „konzentrierten" Baugenehmigungsverfahren prüfen, ob ein Bauvorhaben gefahrlos errichtet werden kann.**

3 Daneben ist es aber auch erforderlich, dass die Bauaufsichtsbehörde **während der Bauausführung die Bautätigkeit oder die Abbrucharbeiten überwachen kann,** wozu ihr umfangsreiche Eingriffs- und Überwachungsbefugnisse zur Seite stehen.

4 Ob überhaupt und in welcher Form die Überwachungstätigkeit ausgeübt wird, liegt im pflichtgemäßen Ermessen der Bauaufsichtsbehörde. **Bei Bauvorhaben, die im vereinfachten Verfahren nach § 61 genehmigt wurden, ist in der Regel eine Bauüberwachung entbehrlich,** da die Bauvorhaben vom Volumen her begrenzt sind und grundsätzlich keine besonderen technischen Schwierigkeiten aufweisen und sie von daher kein größeres Gefahrpotenzial enthalten. Nur wenn erkennbar oder bekannt ist, **dass abweichend von den Bauvorlagen gebaut wird,** trifft die Bauaufsichtsbehörde die Verpflichtung tätig zu werden.

5 Die **Überprüfungstätigkeit** kann sich über die Baustelleneinrichtung (Schutzzäune und Gerüste) bis hin zur Einhaltung der Bauvorlagen und der Kontrolle der verwendeten Baustoffe und -produkte erstrecken.

6 **Zur Durchführung ihrer Bauüberwachungstätigkeit** steht der Bauaufsichtsbehörde **das Recht zu, nicht nur das Grundstück und die Anlagen, sondern ggf. auch Wohnungen zu betreten** (Vgl. § 58 Abs. 3.). **Dieses Betretungsrecht** gestattet es den Mitarbeitern der Bauaufsichtsbehörden aber **nicht Durchsuchungen vorzunehmen,** da dieses gegen Art. 13 GG (Unverletzlichkeit der Wohnung) verstoßen würde. **Das Betretungsrecht ist folglich auf ein „Besichtigungs-Recht" beschränkt.** Daneben kann die Bauaufsichtsbehörde entsprechend Abs. 5 jederzeit Einblick in alle Bauunterlagen nehmen.

7 **Wird im Rahmen der Überwachungstätigkeit ein baulicher Mangel oder ein Verstoß gegen öffentlich-rechtliche Vorschriften festgestellt,** so steht es im Ermessen der Bauaufsichtsbehörde, welche Maßnahmen sie zur Behebung des Mangels bzw. des Verstoßes ergreift. Sind die Mängel oder Abweichungen von den genehmigten Bauvorlagen gering, so kann es die Bauaufsichtsbehörde bei einem **Hinweis zwecks Behebung des Mangels** belassen. Sind die Mängel gravierend, kann die **Einstellung der Bauarbeiten** nach § 75 **angeordnet oder auch eine aufgenommene Nutzung untersagt werden.**

8 Im Sinne des **Grundsatzes der Verhältnismäßigkeit** soll die Bauaufsichtsbehörde bei nachträglich zu heilenden, **genehmigungsfähigen Bauabweichungen eine Verständigung mit dem Bauherrn suchen,** damit die Abweichung im Wege einer **Nachtragsgenehmigung rückwirkend legalisiert werden kann.** Ist die Abweichung auch nicht durch Erteilung einer Abweichungsentscheidung, einer planungsrechtlichen Ausnahme oder Befreiung genehmigungsfähig, **muss eine Beseitigungsverfügung nach § 76 Abs. 1 ergehen.** Gleiches gilt, wenn durch den baurechtswidrigen Zustand eine Gefahr für die öffentliche Sicherheit und Ordnung ausgeht.

9 **Auch nach Fertigstellung der Bauarbeiten kann die Bauaufsichtsbehörde noch gegen Mängel und Planabweichungen einschreiten,** selbst wenn diese schon während der Bauausführung erkennbar waren. **Der Bauherr kann sich nicht darauf berufen, dass die Bauaufsichtsbehörde nach Fertigstellung der baurechtswidrigen Arbeiten ihre Eingriffsbefugnisse verwirkt hätte.** Oftmals ist ohnehin **erst nach Entfernung des Baugerüstes und der Schutzplanen erkennbar, dass abweichend von Bauvorlagen gebaut wurde.** Selbst nach Ingebrauchnahme einer fertig gestellten baulichen Anlage kann die Bauaufsichtsbehörde die Herstellung ordnungsgemäßer Zustände fordern und ggf. im Wege des Zwanges durchsetzen.

2. Stichproben (Abs. 2)

10 Im Rahmen der Bauüberwachung kann die Bauaufsichtsbehörde oder von ihr beauftragte Sachverständige Dritte auch **die Entnahme von Proben selbst aus fertigen Bauteilen für Prüfzwecke anordnen.** Voraussetzung dafür ist, dass Zweifel darüber bestehen, ob ein Bauprodukt für die vorgesehene bauliche

Verwendung geeignet ist. Ggf. kann eine Probeentnahme auch gegen den Willen des Bauherrn durchgesetzt und vollstreckt werden, sofern die Anordnung sofort vollziehbar oder unanfechtbar ist.

3. Einblick in Bauunterlagen und Bereitstellung von Arbeitskräften und Geräten für Prüfzwecke (Abs. 3)

Neben dem Betretungsrecht steht der Bauaufsichtsbehörde auch **ein umfangsreiches Einsichtsrecht in sämtliche Unterlagen zu,** die in irgendeinem Zusammenhang mit der Genehmigung des Bauvorhabens, seiner bautechnischen Nachweise, der verwendeten Bauprodukte oder der Bauausführung stehen. **Dieses Einsichtsrecht bezieht sich** nicht nur auf die Unterlagen, die ohnehin nach § 72a Abs. 3 auf der Baustelle vorliegen müssen, sondern **auch auf Bautagebücher etc.** 11

Sollten im Rahmen der Bauüberwachung von der Bauaufsichtsbehörde Arbeitskräfte benötigt werden, etwa um Bauteile zur Kontrolle freizulegen, so hat diese der Bauherr zur Verfügung zu stellen. Gleiches gilt, wenn etwa ein Baugerüst benötigt wird oder sonstige Geräte, um die Ordnungsgemäßheit der Bauausführung an unzugänglichen Stellen kontrollieren zu können. 12

4. Meldung von Rechtsverstößen

Mit Einfügung des neuen Absatz 4 wollte der Gesetzgeber im Rahmen der HBauO-Novelle 2018 die **Zusammenarbeit zwischen der Bauaufsichtsbehörde und der Marktüberwachungsbehörde stärken.** Deshalb sollten systematische **Rechtsverstöße,** die im Rahmen der Bauüberwachung festgestellt wurden, **bei der für die Marktüberwachung zuständigen Stelle angezeigt** werden. Dies kann zum Beispiel bei **fehlerhaften Angaben in der Leistungserklärung** der Fall sein. 13

5. Nachbar- und Rechtsschutz

§ 78 dient allein dem Allgemeininteresse und ist daher nicht nachbarschützend. 14

Gegen bauaufsichtliche Anordnungen im Rahmen der Bauüberwachungstätigkeit kann sich der Bauherr durch Erhebung von Widerspruch und Anfechtungsklage zur Wehr setzen. 15

§ 79 Baulasten, Baulastenverzeichnis

(1) Durch Erklärung gegenüber der Bauaufsichtsbehörde können Grundstückseigentümerinnen und Grundstückseigentümer sowie Erbbauberechtigte mit Zustimmung der Grundstückseigentümerin oder des Grundstückseigentümers öffentlich-rechtliche Verpflichtungen zu einem ihre Grundstücke betreffenden Handeln, Dulden oder Unterlassen übernehmen, die sich nicht schon aus öffentlich-rechtlichen Vorschriften ergeben (Baulasten). Baulasten werden unbeschadet der Rechte Dritter mit der Eintragung in das Baulastenverzeichnis wirksam und wirken auch gegenüber der Rechtsnachfolgerin oder dem Rechtsnachfolger. Steht das Grundstück im öffentlichen Eigentum, kann die Bestellung einer Baulast durch eine Erlaubnis nach § 19 HWG, die für den Zeitraum der regelmäßigen Standdauer vergleichbarer baulicher Anlagen er-

teilt wird, oder die Erteilung einer vergleichbaren öffentlich-rechtlichen Gestattung ersetzt werden.

(2) Die Unterschrift unter die Erklärung nach Absatz 1 muss amtlich oder öffentlich beglaubigt oder vor der Bauaufsichtsbehörde geleistet werden.

(3) Die Baulast geht durch schriftlichen Verzicht der Bauaufsichtsbehörde unter. Der Verzicht ist zu erklären, wenn ein öffentliches Interesse an der Baulast nicht mehr besteht. Vor dem Verzicht sollen die durch die Baulast Verpflichteten und Begünstigten angehört werden. Der Verzicht wird mit der Löschung der Baulast im Baulastenverzeichnis wirksam.

(4) Das Baulastenverzeichnis wird von der Bauaufsichtsbehörde geführt. Das Baulastenverzeichnis begründet eine widerlegbare Vermutung für den Bestand und Umfang der eingetragenen Baulast. Ein Rechtsanspruch auf Übernahme in das Baulastenverzeichnis besteht nicht.

(5) Wer ein berechtigtes Interesse darlegt, kann in das Baulastenverzeichnis Einsicht nehmen oder sich Ablichtungen fertigen lassen.

Kommentierung

Übersicht

1. Sinn, Zweck und Rechtswirkungen (Abs. 1)

1 Ein Grundstück kann nur bebaut und eine Baugenehmigung nur erteilt werden, wenn dem Vorhaben nach § 72 Abs. 1 keine öffentlich-rechtlichen Vorschriften entgegenstehen. **Aus diesem Grunde kann beispielsweise ein im Bebauungsplan vorgesehenes und planungsrechtlich gewünschtes Bauvorhaben gleichwohl nicht realisiert werden, wenn ihm ein baurechtliches Hindernis entgegensteht.** Grenzt ein Baugrundstück nicht nach § 4 („Erschließung der Grundstücke") unmittelbar an einen öffentlichen Weg, ist die Ver- und Entsorgung des Baugrundstücks nicht gesichert, ebenso wenig wie der problemlose Einsatz von Rettungs- und Löschfahrzeugen, sodass allein aus diesem Grund ein Bauantrag abgelehnt werden müsste.

2 Das **typische Beispiel** für eine **Baulast** ist die sog. **„Abstandsflächenbaulast"**.

3 Dieses rechtliche Hindernis ließe sich durch eine **Zuwegungsbaulast** (vgl. § 4 Abs. 1) ausräumen, d. h. wenn der Eigentümer des vorne an der öffentlichen Straße belegenen Grundstücks seinem „Hinterlieger-Nachbarn" die Zuwegung und Zufahrt über sein Grundstück incl. der Verlegung von Leitungen gestattet und dieses durch Bewilligung einer Baulast öffentlich-rechtlich sichert.

Durch eine Baulast können nicht nur bauordnungsrechtliche, sondern auch bauplanungsrechtliche und sonstige öffentlich-rechtliche Hindernisse beseitigt werden, die sich aus anderen Vorschriften ergeben. Zu nennen wäre hier beispielsweise eine **„Flächenbaulast“**, mit welcher die Fläche eines Grundstücks vergrößert werden kann, um dadurch die planungsrechtlich vorgegebene Grundflächen- oder auch Geschossflächenzahl einhalten zu können. 4

Mit einer Baulast übernimmt ein Grundstückseigentümer die Verpflichtung zu einem Tun, Dulden oder Unterlassen, wobei diese Verpflichtung öffentlichrechtlich durch Eintragung in das **Baulastenverzeichnis** gesichert wird. **Jede Baulast muss einen baurechtlichen Bezug haben,** d. h. die Übernahmeerklärung muss sich auf das Grundstück beziehen, indem auf dem Grundstück baulich etwas ausgeführt werden muss (Tun), etwas nicht ausgeführt werden darf (Unterlassen) oder etwas von einem Nachbargrundstück hinzunehmen ist (Dulden). 5

Diese öffentlich-rechtliche Verpflichtung haftet dinglich an dem Grundstück und nicht personenbezogen an demjenigen, der die Baulasterklärung abgegeben bzw. bewilligt hat. **Sie geht daher auch auf den Rechtsnachfolger über.** 6

In der Regel ist eine Baulast nicht nur grundstücksbezogen sondern auch vorhabenbezogen, d. h. sie soll die Realisierung eines konkreten Bauvorhabens oder einer bestimmten Nutzungsänderung kurzfristig und zeitnah ermöglichen. Diese Vorhabenbezogenheit ist jedoch nicht zwingend. **Es ist auch zulässig rein vorsorglich eine Baulast ohne Bezug zu einem konkreten Bauvorhaben zu bewilligen, z. B. für eine von jeglicher Bebauung freizuhaltende Fläche,** damit diese in ferner Zukunft einem Neubauvorhaben auf dem Nachbargrundstück als Abstandsfläche zur Verfügung steht. 7

Öffentlich-rechtliche Verpflichtungen, die ein Grundstückseigentümer bzw. der Nachbar ohnehin aufgrund vorgegebener Bauvorschriften einhalten muss, sind keiner Baulast, praktisch als „Wiederholung“, **zugänglich.** 8

Nicht unproblematisch aber zulässig ist es, wenn durch eine Baulast nachbarliche Abwehransprüche beispielsweise gegen einen emittierenden Betrieb „ausgeräumt“ werden sollen. Die Übernahme einer **Verpflichtung per Baulast, Immissionen zu dulden,** bedeutet rechtlich lediglich einen Verzicht auf nachbarliche Abwehrrechte. Diese Immissionen werden dadurch allerdings nicht rechtmäßig. 9

Parallel dazu sollte eine solche Verpflichtung immer auch privatrechtlich durch Eintragung gleichlautender Grunddienstbarkeiten im Grundbuch des herrschenden und des dienenden Grundstücks eingetragen werden. Denn nur, **wenn öffentlich-rechtlich und zivilrechtlich ein** möglicher oder aufgetretener **Immissions-Konflikt geregelt und „gelöst“ ist,** herrscht für beide Seiten auf Dauer Rechtssicherheit. 10

Baulasten dienen nicht ausschließlich dazu, baurechtliche Hindernisse für ein Vorhaben auf dem Nachbargrundstück auszuräumen. **Es gibt auch diverse Anwendungsbereiche, in denen ein Eigentümer für sein eigenes Grundstück eine** 11

Baulast bewilligt, die z. B. zum Gegenstand hat, dass er eine bestimmte Fläche nicht bebaut, die nach dem Bebauungsplan bebaubar wäre, um eine nichtüberbaubare Fläche im Wege der Befreiung bebauen zu können (**Flächenausgleich**). Gerade bei ungünstigen Zuschnitten von Grundstücken oder einer besonderen Topographie des Geländes kann durch eine Baulast erreicht werden, dass ein Bauherr nicht gezwungen wird, unwirtschaftliche Ecken in seinem Gebäude auszusparen oder kleine Rücksprünge in der Fassade vorzusehen, nur um die Baugrenze eine Bebauungsplanes einzuhalten oder um einen schützenswerten Baum erhalten zu können.

12 Typischerweise werden durch Baulasten Grundstücksflächen auf einem Nachbargrundstück gesichert und zur Verfügung gestellt für
- Zufahrten von einem öffentlichen Weg über ein „Zwischengrundstück" zum Baugrundstück (vgl. § 4 Abs. 1);
- Kinderspielflächen (vgl. § 10 Abs. 1);
- Abstandsflächen (vgl. § 6 Abs. 2);
- Stellplätze für Kraftfahrzeuge und Fahrräder (vgl. § 48 Abs. 1).

13 Ein weiteres Beispiel ist die **Vereinigungsbaulast** nach § 7 Abs. 1 („Gebäude auf mehreren Grundstücken; Anbau an Nachbargrenzen"), die es ermöglicht, **ein Gebäude auf mehreren eigenständigen Buchgrundstücken zu errichten. Die Baulast muss dann auf allen betroffenen Grundstücken eingetragen sein,** unabhängig von den Eigentumsverhältnissen, um so sicherzustellen, **dass für die Lebensdauer des Bauwerkes das Baugrundstück als untrennbare Einheit erhalten bleibt.** Die so vereinigten Buchgrundstücke gelten bauordnungsrechtlich als ein Baugrundstück mit der Folge, dass Abstandsflächen, Brandschutzforderungen etc. der zusammengefassten Grundstücke untereinander und gegeneinander nicht mehr eingehalten werden müssen.

14 **Baulasten können auch für Leitungsrechte,** insbesondere unterirdische Grundleitungen nach § 4 Abs. 3 oder für die **gemeinsame Nutzung von Bauteilen** nach § 15 Abs. 2 **eingetragen werden.** Auch eine **Abbruchverpflichtung** kann durch Eintragung einer Baulast festgeschrieben werden.

15 **In einem Umlegungsgebiet, Sanierungsgebiet und städtebaulichen Entwicklungsbereich** nach dem BauGB **bedürfen Eintragungen, Änderungen oder Löschungen von Baulasten einer gesonderten Genehmigung.**

16 Gleiches gilt in **Enteignungsverfahren** nach dem BauGB.

17 **Kein Eigentümer kann zur Bewilligung einer Baulast gezwungen werden,** weder durch die Bauaufsichtsbehörde noch durch einen Nachbarn. Etwas anderes gilt **im Verhältnis zweier Nachbarn** nur dann, **wenn diese einen zivilrechtlichen Notarvertrag abgeschlossen haben, der u. a.** die **Einräumung einer Grunddienstbarkeit vorsieht, um eine bestimmte Bebauung auf dem anderen Grundstück realisieren zu können.** Ist diese Bebauung nur möglich, wenn zusätzlich eine inhaltsgleiche Baulast bewilligt wird, etwa um die Abstandsflächen einhalten zu können, so **besitzt der Eigentümer des herrschenden Grundstücks einen Anspruch gegenüber dem dienenden Grundstück auf Bewilligung einer Bau-**

last, die ggf. gerichtlich durchgesetzt werden kann. Es müssen aber konkrete Umstände vorliegen, aus denen hervorgeht, **dass die Grunddienstbarkeit einen „baurechtlichen Hintergrund" hat.** Ist dieser nicht vorhanden, ist im Wege der Auslegung nach Treu und Glauben zu entscheiden, ob aus der eingetragenen zivilrechtlichen Grunddienstbarkeit eine Pflicht herzuleiten ist, diese auch noch öffentlich-rechtlich über eine Baulast zu sichern.

Das Auseinanderfallen einer zivilrechtlichen und öffentlich-rechtlichen Baubeschränkung oder Nutzungsbeschränkung ist rechtlich sehr wohl bedeutsam, da **das Löschen oder der Verzicht auf eine Baulast immer der Mitwirkung der Bauaufsichtsbehörde bedarf.** Selbst wenn sich zwei Nachbarn darauf verständigt haben, eine eingetragene Grunddienstbarkeit **zivilrechtlich in den Grundbüchern zu löschen,** so tangiert dieses die Geltung der Baulast nicht. Diese bleibt vollumfänglich bestehen, sodass es durchaus einen Grund dafür geben kann, dass ein Nachbar bereit ist, wohl eine Grunddienstbarkeit nicht aber zugleich auch eine Baulast zu bewilligen, um sich nicht später der Möglichkeit zu begeben, seine Grundstücksbeschränkung auch ohne Zutun der Bauaufsichtsbehörde wieder löschen zu lassen. **18**

Steht ein Grundstück im Eigentum mehrerer Personen, so muss die Baulasterklärung von allen Miteigentümern abgegeben werden. Dieses gilt auch für eine **Erbengemeinschaft.** Bei einem **Erbbaurecht** muss sowohl der Eigentümer als auch der Erbbauberechtigte die Baulasterklärung abgeben. **Dritte, die ein dingliches Recht am Grundstück besitzen,** wie etwa eine Grunddienstbarkeit, eine Grundschuld oder eine Hypothek, müssen weder in Baulastverfahren beteiligt werden, **noch müssen sie die Baulasterklärung unterschreiben.** Auch der **Inhaber eines Nießbrauchrechts** muss der Eintragung einer Baulast **nicht zustimmen.** **19**

Eine **Baulast,** die für ein Grundstück bestellt wurde, **geht nicht dadurch unter,** dass an einem Gebäude (zum Beispiel Wohnhaus oder Hotel) **Wohnungseigentum** begründet wird, die **Baulast wirkt** gemäß Abs. 1 Satz 2 **auch gegenüber dem Rechtsnachfolger und setzt sich somit an jedem einzelnen Wohnungseigentum fort.** **20**

Spätestens zum Zeitpunkt der Eintragung der Baulast ins Baulastenverzeichnis muss derjenige, der die Baulast bewilligt, im Grundbuch als Eigentümer eingetragen sein. **Der Text einer Baulast muss klar, verständlich und bestimmt sein.** Er darf nicht mit irgendwelchen Nebenbestimmungen wie Bedingungen, Befristungen oder Widerrufsvorbehalten versehen sein. **Aus diesem Grunde sollte der Baulast grundsätzlich ein Lageplan beigefügt werden, aus dem Inhalt und Umfang der Baulast z. B. durch Schraffur-Eintragungen und Maßangaben eindeutig hervorgeht.** Die Baulast muss so bestimmt sein, dass ein Vollstreckungsbeamter zumindest im Wege der Auslegung erkennen kann, welches Tun, Dulden oder Unterlassen er durchsetzen soll. **21**

Nicht schon mit der Abgabe einer Baulasterklärung, **sondern erst mit der Eintragung in das Baulastenverzeichnis wird die Baulast jedermann gegenüber rechtwirksam,** sodass ihr entgegenstehende Rechte Dritter nicht mehr durchge- **22** setzt werden können. Aus diesem Grunde hat die Bauaufsichtsbehörde zu prüfen, ob der Baulastübernehmer als Eigentümer auch berechtigt ist, die Baulast zu bewilligen und ob die Baulast den formellen und materiellen Anforderungen entspricht.

23 **Die Eintragung selbst ist ein sog. beurkundender Verwaltungsakt,** sodass die Eintragung der Baulast dem Baulastübernehmer zuzustellen ist.

24 **Da die Baulast dinglich am Grundstück haftet, wirkt sie auch gegenüber dem Rechtsnachfolger.** In diesem Sinne Rechtsnachfolger ist jeder Eigentümer, der das Grundstück **käuflich erworben oder auch geerbt hat.** Auch der Erwerber eines Grundstücks in einem **Zwangsversteigerungsverfahren,** der durch den Zuschlag Eigentum erworben hat, gilt als Rechtsnachfolger, sodass er **in Bezug auf die eingetragene Baulast das Grundstück nicht lastenfrei übernimmt. Als öffentlich-rechtliche Baubeschränkung geht die Baulast nicht durch den Zuschlag unter.**

25 **Eine Baulast wird nur wirksam,** wenn
1. der Eigentümer des die Baulast übernehmenden Grundstücks eine konkrete und bestimmte Verpflichtungserklärung schriftlich abgibt und unterschreibt und
2. diese Verpflichtungserklärung in das Baulastenverzeichnis eingetragen wird.

26 **Hat sich ein Eigentümer über den Inhalt oder die Bedeutung der Baulast geirrt,** kann er seine Verpflichtungserklärung nur bis zur Eintragung in das Baulastenverzeichnis anfechten. Ist die Baulast eingetragen, kann der sich irrende Eigentümer diese nicht mehr löschen lassen, da er seine privatrechtliche Dispositionsbefugnis endgültig verloren hat.

27 In Einzelfällen kann ein Bauherr sein Bauvorhaben nur verwirklichen, sofern er hierfür **auch das Nachbargrundstück oder eine Teilfläche des Nachbargrundstücks in Anspruch nehmen kann.** Befindet sich das Nachbargrundstück im **Privateigentum eines Dritten,** so kann das Bauvorhaben genehmigt werden, sofern gemäß § 7 Abs. 1 z. B. eine **Vereinigungsbaulast** mit Zustimmung des Nachbarn eingetragen wird (siehe hierzu auch die Ausführungen zu § 7, Gliederungspunkt 1).

28 Ein Problem taucht immer dann auf, **wenn es sich bei dem „Nachbargrundstück" um eine öffentlich gewidmete Wegefläche handelt,** die im Eigentum der Freien und Hansestadt Hamburg steht. Denn an einer solchen Wegefläche kann nach dem Hamburgischen Wegegesetz keine Baulast eingetragen werden.

29 Gleichwohl muss für ein Bauvorhaben in Einzelfällen **eine öffentliche Wegefläche unter- oder überbaut werden.** So z. B. **wenn auf der Wegefläche Stellplätze für Kraftfahrzeuge sowie Fahrradplätze errichtet werden sollen.** Dann verlangt § 48 Abs. 1 zwingend zur Sicherung der Stellplätze auf der Wegefläche die Eintragung einer Baulast.

30 Da dieses, wie aufgezeigt, rechtlich nicht möglich ist, forderte die öffentliche Verwaltung statt einer Baulast immer den Abschluss eines kostenpflichtigen

Sondernutzungsvertrages, der beinhaltete, dass der private Bauherr auf Dauer die Stellplätze für sein Bauvorhaben auf der öffentlichen Wegefläche nachweisen konnte. Teilweise reichte aber auch die Erteilung einer **Sondernutzungserlaubnis** aus.

Im Jahre 2009 schuf der Gesetzgeber eine neue Rechtsgrundlage, wonach eine **öffentliche Wegefläche für ein privates Bauvorhaben** auch genutzt werden kann, wenn zuvor entweder ein **Sondernutzungsvertrag** abgeschlossen wurde oder der Bauherr eine Sondernutzungserlaubnis erhalten hat. Inhaltlich sind diese beiden Möglichkeiten **gleichbedeutend mit einer Baulast**. Dies gilt grundsätzlich für alle Arten von Baulasten, die zuvor beschrieben wurden. 31

Einen Rechtsanspruch für die Inanspruchnahme einer öffentlichen Wegefläche zu Gunsten eines privaten Bauvorhabens gibt es hingegen nicht. Der Wegebaulastträger ist weiterhin in seiner Entscheidung frei, ob er ein solches Sondernutzungsrecht gemäß Abs. 1 gewährt oder nicht. Insbesondere findet weiterhin die **Globalrichtlinie „Sondernutzung öffentlicher Wege" Anwendung.** 32

Exkurs „Hofgemeinschaften": 33

Sowohl nach § 27 der Bauordnung der Stadt Hamburg, als auch gemäß § 11 Abs. 2 der bis 1969 geltenden Baupolizeiordnung von 1938 (BPVO) **konnten für aneinander angrenzende Grundstücke sog. „Hofgemeinschaften" festgesetzt werden**, die dann mit Inkrafttreten der HBauO 69 durch die heutigen „Baulasten" abgelöst wurden. Voraussetzung für die Bildung einer Hofgemeinschaft war, dass die betroffenen **Grundstückseigentümer ihr Einverständnis erklärt hatten** und das die Festsetzung der Hofgemeinschaft den Eigentümern zugestellt worden war. Ein **„Hofgemeinschaften-Verzeichnis"** wie etwa das heutige Baulastenverzeichnis **gab es seinerzeit noch nicht.** 34

Grundsätzlich besitzt eine Baubeschränkung aufgrund einer wirksam bestellten „Hofgemeinschaft" auch heute noch Gültigkeit. Dies setzt aber voraus, dass sich die Bebauungs- und Nutzungsverhältnisse auf den betroffenen Grundstücken nicht entscheidend geändert haben. Mit anderen Worten: **Sofern wegen grundlegender Veränderung der Sach- und Rechtslage die Zweckbestimmung, die durch die öffentlich-rechtliche Baubeschränkung gesichert werden sollte, weggefallen ist, gelten die Festsetzungen der Hofgemeinschaft nicht mehr fort** (siehe hierzu auch die Ausführungen unter Gliederungspunkt 3 „Verzicht und Löschung einer Baulast"). 35

Das OVG Hamburg hatte sich mit einer im Jahre **1950 festgesetzten Hofgemeinschaftsfläche** auseinanderzusetzen, die nach dem damals geltenden **Betriebsraumgesetz** vom 9.9.1949 sicherstellen sollte, dass ein **Handelsunternehmen** entgegen den planungsrechtlichen Festsetzungen **Räume im Dachgeschoss eines vorhandenen Sparkassengebäudes** beziehen und nutzen konnte. 36

Seit 1950 hatten sich dann aber für die „Hofgemeinschafts-Grundstücke" zunächst die **bauplanungsrechtlichen** Bestimmungen wie folgt **geändert**: Im Jahre 1952 trat der **Baustufenplan „Innenstadt"** mit der Festsetzung eines Geschäfts- bzw. Mischgebietes in geschlossener Bauweise in Kraft, dann das **Gesetz über** 37 den **Aufbauplan der Freien und Hansestadt Hamburg** vom 16.12.1960, der für das Gebiet die Festsetzung „Stadtkern" für Büro- und Geschäftshäuser traf. Dem folgte der noch bis **heute gültige Bebauungsplan**, der die Festsetzung „Kerngebiet mit 5- bis 7-geschossiger Bebauung" festsetzte.

38 Zudem fanden auf den Grundstücken nicht nur Renovierungsarbeiten an der Altbausubstanz statt, vielmehr **wurde die vorhandene Bausubstanz grundlegend umgeplant und neu errichtet**, so dass von der ursprünglichen Bausubstanz lediglich ein kleiner Teil erhalten blieb. **Durch diese baulichen Neubaumaßnahmen wurden auch die durch die Hofgemeinschaft „geschützten" Innenhofflächen tangiert**, so dass das OVG Hamburg feststellte, dass **die 1950 festgesetzten Hofgemeinschaftsflächen heute keine Rechtswirkungen mehr entfalten können, weder gegenüber dem Nachbarn noch gegenüber der Bauaufsichtsbehörde.**

2. Formerfordernis (Abs. 2)

39 **Die einseitige Verpflichtungserklärung muss der Baulastübernehmer unterschreiben**, wobei die Unterschrift formbedürftig ist. Sie kann amtlich beglaubigt, also vor der Innenbehörde oder den Bezirksämtern geleistet werden. Auch eine **öffentliche Beglaubigung** der Unterschrift durch einen Notar ist möglich. In der Regel wird aber von der dritten Möglichkeit Gebrauch gemacht, nämlich **die Unterschrift vor der Bauaufsichtsbehörde zu leisten.** Dieses geschieht, indem ein mit der Bauaufsichtsbehörde abgestimmter und vorformulierter Text dem Bauprüfbeamten vorgelegt wird, den der Baulastübernehmer vor dem Bauprüfbeamten unterschreibt und letzterer dann anschließend durch seine Unterschrift bestätigt, dass die Baulastbestellung in seiner Gegenwart vor ihm geleistet wurde.

40 **Das Formerfordernis** des Abs. 2 **ist zwingend.** Die amtlich oder öffentlich beglaubigte **Erklärung des Nachbarn** bezogen auf ein konkretes Bauvorhaben muss **vor Erteilung der Baugenehmigung** der Bauaufsichtsbehörde vorliegen, da nur dann sichergestellt ist, dass das ursprüngliche **Genehmigungshindernis ausgeräumt wurde.**

3. **Verzicht und Löschung** (Abs. 3)

41 Ist eine Baulast erst einmal im Baulastenverzeichnis eingetragen, so kann sie nur noch durch Mitwirkung, d. h. **durch einen ausdrücklichen Verzicht der Bauaufsichtsbehörde zum Erlöschen gebracht werden.** Der Verzicht darf nur erklärt werden, **wenn ein öffentliches Interesse an der Baulast nicht mehr besteht.** Dieses ist z. B. der Fall, wenn durch eine Änderung der Sach- oder Rechtslage ein Bauvorhaben auch ohne Baulasten nunmehr den öffentlich-rechtlichen Vorschriften entspricht. **Beispiel:** Durch Änderung des Baurechts wird die Tiefe der Abstandsfläche reduziert, sodass der betroffene Eigentümer nunmehr die einzuhaltende Abstandsfläche auf seinem eigenen Grundstück nachweisen kann, und er nicht mehr die **Abstandsflächenbaulast** (vgl. § 6 Abs. 2) benötigt, die ihm der Nachbar in Form einer nicht überbaubaren, freizuhaltenden Fläche bewilligt hatte.

42 **Auch wenn ein Bauvorhaben bis auf die Grundmauern abgebrannt ist, führt dieses nicht etwa zum Erlöschen einer Abstandsflächenbaulast**, da der Neubau

wieder unter Ausnutzung der Baulast an gleicher Stelle errichtet werden darf. Dementsprechend ist eine Baulast auch nicht zu löschen, wenn ein Bauwerk abgebrochen und neu errichtet wird. **Der die Baulast in Anspruch nehmende Neubau muss aber hinsichtlich Art und Umgang seiner Ausmaße und seiner Nutzung dem abgerissenen „Ursprungsgebäude" entsprechen.** Es darf kein vollkommen andersartiges Gebäude die Abstandsflächenbaulast in Anspruch nehmen, da der Baulastübernehmer seinerzeit nur für ein konkretes Bauvorhaben sein Grundstück mit einer Baulast „belasten" wollte, nicht aber für anders gestaltete Bauwerke.

Auch kann sich bei einer **Zuwegungsbaulast** (vgl. § 4 Abs. 1) diese erübrigen, wenn durch Hinzukauf eines Grundstücks oder durch Schaffung einer anderen Zufahrt eine neue Belegenheit an einem anderen öffentlichen Weg geschaffen wird. **43**

Werden Grundstücke grundbuchrechtlich zu einem Buchgrundstück zusammengefasst, wird eine **Vereinigungsbaulast** (vgl. § 7 Abs. 1) entbehrlich. **44**

Selbst wenn eine sog. **Vorratsbaulast**, die für ein in der Zukunft zu realisierendes noch nicht konkret ausgestaltetes und noch nicht beantragtes Bauvorhaben vorsorglich eingetragen wurde, über Jahre und Jahrzehnte nicht ausgenutzt wurde, **entfällt gleichwohl das öffentliche Interesse am Fortbestand der Baulast nicht.** **45**

Vor Löschen der Baulast soll die Bauaufsichtsbehörde den durch die Baulast Verpflichteten und Begünstigten anhören. Auch wenn es sich hierbei um eine Soll-Vorschrift handelt, kann auf die Anhörung nur bei Vorliegen besonderer Umstände verzichtet werden, etwa wenn beide betroffenen Eigentümer gegenüber der Bauaufsichtsbehörde erklären, dass sie mit der Löschung der Baulast einverstanden sind. **46**

Wirksam wird die Löschung der Baulast erst, wenn diese aus dem Baulastenverzeichnis ausgetragen ist. Die Bauaufsichtsbehörde ist nicht verpflichtet, den Baulast-Betroffenen Mitteilung über die Löschung zu machen. **47**

4. Rechtswirkungen des Baulastenverzeichnisses (Abs. 4)

Im Baulastenverzeichnis ist der **Text der Verpflichtungserklärung**, also die vorzunehmende Handlung, Duldung oder Unterlassung **schriftlich zu vermerken. Das Original der unterschriebenen Baulasterklärung nebst Lageplan und weiterer Schriftstücke verbleibt in der betreffenden Bauakte bei der Bauaufsichtsbehörde.** Durch eine entsprechende Einsichtnahme können Unklarheiten und Auslegungsfragen ggf. geklärt werden. **48**

Ist eine Baulast eingetragen, so kann jedermann davon ausgehen, dass die Baulast zu Recht besteht und sie dementsprechend ein Grundstück belastet oder begünstigt. Ist jemand der Auffassung, dass die Baulast zu Unrecht eingetragen wurde, so trifft ihn für die Unrichtigkeit die Beweislast. Kann er den Beweis nicht erbringen, verbleibt es bei der eingetragenen Baulast. **49**

50 Ein Rechtsanspruch auf Übernahme in das Baulastenverzeichnis besteht nicht, die Eintragung steht vielmehr im pflichtgemäßen Ermessen der Bauaufsichtsbehörde. Wenn allerdings offenkundig ist, **dass durch eine Baulast ein Bauvorhaben genehmigungsfähig werden kann, weil ein öffentlich-rechtliches Hindernis ausgeräumt wird, so kann sich das Ermessen der Bauaufsichtsbehörde auf Null reduzieren mit der Folge, dass die Baulast eingetragen werden muss.**

5. Einsichtsrecht (Abs. 5)

51 **Jede Person, die ein berechtigtes Interesse hat, kann das Baulastenverzeichnis einsehen** oder sich Ablichtungen zuschicken lassen. Das berechtigte Interesse ist weit zu fassen, dieses besitzen insbesondere **Kaufinteressenten, Banken und Finanzierungsinstitute, Nachbarn** und **sonstige Dritte**, für die sich die Existenz einer Baulast rechtlich oder wirtschaftlich auswirken kann.

6. Nachbar- und Rechtsschutz

52 **Eine Baulast dient allein dem öffentlichen Interesse**, sodass die Regelungen des § 79 weder dem Baulast-Verpflichteten noch dem Baulast-Begünstigten Drittschutz vermitteln.

53 **Eine Baulast löst nur rechtliche Verpflichtungen gegenüber der Bauaufsichtsbehörde aus, nicht umgekehrt.** Daher kann der Baulast-Begünstigte die Bauaufsichtsbehörde nicht auffordern, einzuschreiten, wenn der Baulast-Verpflichtete einer Baulastverpflichtung nicht nachkommt. Das der Bauaufsichtsbehörde insoweit **eingeräumte Ermessen** kann sich aber zu einem **Rechtsanspruch verdichten**, wenn beispielsweise eine durch Baulast gesicherte **Feuerwehreinfahrt** ständig durch parkende PKWs des Baulast-Verpflichteten versperrt ist, wodurch Gefahren auch für den Nachbarn ausgehen.

54 Ein **Baulast-Begünstigter** kann sich aber gegen die **Verletzung nachbarschützender Vorschriften zur Wehr setzen**, wenn beispielsweise der Baulast-Übernehmer einer Abstandsflächenbaulast die freizuhaltende Fläche auf seinem Grundstück überbauen will, wodurch **die vorgeschriebenen Abstandsflächen zum Nachbarn nicht mehr eingehalten werden.**

55 **Die Eintragung der Baulast ist ebenso wie deren Löschung ein Verwaltungsakt**, gegen den der Baulast-Begünstigte oder Baulast-Verpflichtete Widerspruch und Klage vor dem Verwaltungsgericht erheben kann. Auch die Eintragung einer abgelehnten Baulast können die Betroffenen mittels Widerspruch und Verpflichtungsklage gerichtlich durchsetzen. Ebenso kann der Baulast-Verpflichtete bei Wegfall des öffentlichen Interesses die Löschung im Wege einer Verpflichtungsklage erreichen.

56 **Die Bauaufsichtsbehörde kann die Einhaltung eingetragener Baulasten durch Erlass von Verwaltungsakten durchsetzen,** wenn nötig auch mit Mitteln des Verwaltungszwangs (Zwangsgelder oder auch Ersatzvornahme). Eine Baulast berechtigt auch gegenüber Dritten hoheitlich tätig zu werden, indem die Bauaufsichtsbehörde beispielsweise gegenüber einem Mieter eine Duldungsverfügung erlässt, wonach dieser Baumaßnahmen hinzunehmen oder auch eine bau-

aufsichtliche Anordnung, wie das Freihalten von Zufahrten oder Stellplätzen, zu befolgen hat.

7. Ergänzende Rechtsvorschriften

Zu beachten ist der Bauprüfdienst BPD 1/15 „Baulasten“. 57

Sechster Teil: Ordnungswidrigkeiten, Rechtsverordnungen, Übergangs- und Schlussvorschriften

§ 80 Ordnungswidrigkeiten

(1) Ordnungswidrig handelt, wer vorsätzlich oder fahrlässig

1. **bei der Errichtung oder dem Betrieb einer Baustelle entgegen § 14 Absatz 1 Gefährdungen oder vermeidbare Belästigungen herbeiführt oder entgegen § 14 Absatz 2 erforderliche Schutzmaßnahmen unterlässt,**
2. **Bauprodukte entgegen § 22 Absatz 3 ohne das Ü-Zeichen verwendet,**
3. **Bauarten entgegen § 19a ohne Bauartgenehmigung oder allgemeines bauaufsichtliches Prüfzeugnis für Bauarten anwendet,**
4. **Bauprodukte mit dem Ü-Zeichen kennzeichnet, ohne dass die Voraussetzungen des § 22 Absatz 3 vorliegen,**
5. **den Pflichten als Bauherrin oder Bauherr (§ 54 Absatz 2), als Entwurfsverfasserin oder Entwurfsverfasser (§ 55 Absatz 2), als Unternehmerin oder Unternehmer (§ 56 Absatz 2), als Bauleiterin oder Bauleiter (§ 57 Absatz 2) oder als deren Vertretung zuwiderhandelt,**
6. **Fliegende Bauten ohne Ausführungsgenehmigung (§ 66 Absatz 2) oder ohne Anzeige und Abnahme (§ 66 Absatz 6) in Gebrauch nimmt,**
7. **ohne die erforderliche Baugenehmigung (§ 72 Absätze 1 und 2) oder Teilbaugenehmigung (§ 72 Absatz 5) beziehungsweise den erforderlichen Bescheid über die Zulassung des vorzeitigen Baubeginns (§ 72a Absatz 1), abweichend davon oder ohne die erforderliche Ausnahme, Befreiung beziehungsweise Abweichungsentscheidung Anlagen errichtet, aufstellt anbringt, ändert, benutzt oder beseitigt,**
8. **entgegen § 72a Absatz 1 vor Zugang der Baugenehmigung oder des Bescheides über die Zulassung des vorzeitigen Baubeginns oder ohne dass die Baubeginnsanzeige nach § 72a Absatz 4 der Bauaufsichtsbehörde vorliegt, mit der Bauausführung oder mit der Ausführung des jeweiligen Bauabschnitts beginnt,**
9. **entgegen § 72a Absatz 2 mit der Bauausführung eines Gebäudes beginnt, ohne dass die Grundfläche abgesteckt und seine Höhenlage festgelegt und gekennzeichnet ist,**
10. **entgegen § 72a Absatz 3 nicht von Baubeginn an Baugenehmigungen beziehungsweise den Bescheid über die Zulassung des vorzeitigen Baubeginns,Bauvorlagen sowie bautechnische Nachweise an der Baustelle vorhält,**
11. **entgegen § 72a Absatz 4 die Baubeginnsanzeige nicht mindestens eine Woche vor Ausführungsbeginn genehmigungsbedürftiger Vorhaben und vor Wiederaufnahme der Bauarbeiten nach einer Unterbrechung von mehr als drei Monaten mitteilt,**

12. entgegen § 77 Absatz 1 Satz 1 Beginn und Beendigung bestimmter Bauarbeiten nicht anzeigt,
13. entgegen § 77 Absatz 1 Satz 2 bestimmte Bauarbeiten ohne Zustimmung fortführt,
14. entgegen § 77 Absatz 2 Satz 2 bauliche Anlagen benutzt,
15. entgegen § 77 Absatz 2 Satz 4 Feuerungsanlagen oder ortsfeste Verbrennungsmotoren und Blockheizkraftwerke ohne die erforderliche Bescheinigung der bevollmächtigten Bezirksschornsteinfegerin oder des bevollmächtigten Bezirksschornsteinfegers über die sichere Benutzbarkeit der Abgasanlagen und Leitung in Betrieb nimmt,
16. einer nach diesem Gesetz erlassenen oder als auf Grund dieses Gesetzes erlassen geltenden Rechtsverordnung zuwiderhandelt, sofern die Rechtsverordnung für einen bestimmten Tatbestand auf diese Bußgeldvorschrift verweist.

(2) Ordnungswidrig handelt auch, wer wider besseres Wissen unrichtige Angaben macht oder unrichtige Pläne oder Unterlagen vorlegt, um einen nach diesem Gesetz vorgesehenen Verwaltungsakt zu erwirken oder zu verhindern.

(3) Die Ordnungswidrigkeit kann mit einer Geldbuße bis zu 100.000 Euro geahndet werden.

(4) Ist eine Ordnungswidrigkeit nach Absatz 1 Nummern 2 bis 4 begangen worden, so können Gegenstände, auf die sich die Ordnungswidrigkeit bezieht, eingezogen werden. § 23 des Gesetzes über Ordnungswidrigkeiten in der Fassung vom 19. Februar 1987 (BGBl. I S. 603), zuletzt geändert am 9. Dezember 2004 (BGBl. I S. 3220, 3229), ist anzuwenden.

Kommentierung

Übersicht

1. Zuwiderhandlungen (Abs. 1)

1 Das Hamburger Bauordnungsrecht normiert für die am Bau Beteiligten unterschiedliche Rechte und Pflichten. Diese können sowohl in einem Tun oder auch einem Unterlassen bestehen. Wer dem Bauordnungsrecht zuwiderhandelt, begeht eine Ordnungswidrigkeit, sofern der Rechtsverstoß in dem abschließenden Katalog dieses Absatzes aufgeführt ist.

2 Was eine Ordnungswidrigkeit ist, definiert das für Ordnungswidrigkeiten nach der Hamburgischen Bauordnung anzuwendende **Gesetz über Ordnungswidrigkeiten (OWiG)** in Abs. 1 wie folgt:

„**Eine Ordnungswidrigkeit** ist eine rechtswidrige und vorwerfbare Handlung, die den Tatbestand eines Gesetzes (hier der HBauO) verwirklicht, dass die Ahndung mit einer Geldbuße zulässt."

Eine Ordnungswidrigkeit ist keine Straftat im Sinne des Strafgesetzbuches (StGB), **sondern eine Sanktion durch Geldbußen für Verwaltungsunrecht.** Eine Ordnungswidrigkeit ist kein Zwangsmittel zur Durchsetzung behördlicher Anordnungen. Eine Geldbuße kann daher neben einem Zwangsgeld verhängt werden, da die Geldbuße ausschließlich einen Strafcharakter besitzt. 3

Die Erhebung einer Geldbuße kommt nur in Betracht, wenn einer der Tatbestände der Nr. 1 bis 17 verwirklicht wurde. 4

Allein der **Versuch** einer Ordnungswidrigkeit **kann nicht geahndet werden.** 5

Die Zuwiderhandlung muss auch rechtswidrig erfolgt sein, d. h. es darf keine Notwehr und kein Notstand vorgelegen haben. 6

Darüber hinaus muss den Täter auch ein Verschulden treffen, d. h. er muss die mit einer Ordnungswidrigkeit bedrohte Handlung vorsätzlich oder fahrlässig begangen haben. **Vorsatz** ist die bewusste und gewollte Verwirklichung eines bußgeldbewehrten Tatbestandes. **Fahrlässig** handelt, wer die nach seinen persönlichen Fähigkeiten und Kenntnissen sich ergebende Sorgfalt außer Acht lässt, wodurch es zu einem baurechtlichen Verstoß kommt. 7

Eine vorwerfbare Handlung liegt stets vor, wenn ohne eine Baugenehmigung gebaut wird. Auch wer meint, dass umfangreiche Umbauarbeiten keiner Baugenehmigung bedürfen, die offenkundig genehmigungspflichtig sind, kann sich in der Regel nicht auf einen den Vorsatz ausschließenden Verbotsirrtum berufen. Denn es ist allgemein bekannt, dass gerade bei Eingriffen in die Statik auch Bauarbeiten im Inneren eines Gebäudes bauaufsichtlich geprüft und genehmigt werden müssen. 8

Als Verantwortlicher einer Ordnungswidrigkeit kommt nicht nur der Bauherr, sondern auch der Entwurfsverfasser, der Unternehmer und der Bauleiter in Betracht. Diese können z. B. bei der Verletzung von Aufsichtspflichten auch nebeneinander zur Zahlung einer Geldbuße herangezogen werden. **Bei juristischen Personen haftet grundsätzlich der Vertreter (Geschäftsführer)** für die ordnungswidrige Handlung. 9

Die Bauaufsichtsbehörde ist nicht verpflichtet, jeden Verstoß gegen Baurecht mit einer Geldbuße zu belegen. **Es gilt das sog. Opportunitätsprinzip,** wonach die Bauaufsichtsbehörde in jedem Einzelfall zu prüfen hat, ob die Zuwiderhandlung so schwer ist, dass die Verfolgung der Ordnungswidrigkeit im öffentlichen Interesse geboten ist. **Werden lediglich Mitteilungspflichten verletzt,** womöglich nur verspätet ausgeführt, so soll ein Ordnungswidrigkeitenverfahren in der Regel nicht eingeleitet werden. **Anders ist es, wenn ohne Baugenehmigung Schwarzbauten errichtet werden.** Alleine schon um Nachahmer abzuschrecken, ist die Ahndung durch Verhängung einer Geldbuße obligatorisch. 10

11 Die bußgeldbewährten Tatbestände lassen sich wie folgt zusammenfassen. Verstöße gegen

Nr. 1	die ordnungsgemäße Baustelleneinrichtung und -kennzeichnung;
Nr. 2–4	das Verwendungsverbot von Bauprodukten;
Nr. 5	die Einhaltung öffentlich-rechtlicher Vorschriften und Anforderungen durch Bauherrn, Entwurfsverfasser, Unternehmer und Bauleiter;
Nr. 6	Ingebrauchnahmevorschriften für Fliegende Bauten;
Nr. 7	die Verpflichtung, vor Baubeginn eine Genehmigung einzuholen und entsprechend der Genehmigung zu bauen;
Nr. 8	den Baubeginn-Vorbehalt, wonach vor Beginn der Bauausführung, die Baugenehmigung und die Baubeginnanzeige vorliegen müssen;
Nr. 9	den Baubeginn-Vorbehalt, wonach erst die Grundfläche abgesteckt und die Höhenlage festgelegt sein muss;
Nr. 10	die Verpflichtung, Baugenehmigungen *und* Bauvorlagen an der Baustelle vorzuhalten;
Nr. 11	die Mitteilungspflicht über den Baubeginn;
Nr. 12	die Mitteilungspflicht über Baubeginn und -beendigung bestimmter Bauarbeiten;
Nr. 13	die Fortsetzung von Bauarbeiten ohne vorherige Zustimmung;
Nr. 14	die Einhaltung von Vorgaben für die Inbenutzungsnahme;
Nr. 15	die Benutzung von Abgasanlagen ohne Vorliegen einer Bescheinigung des Bezirksschornsteinfegers;
Nr. 16	Vorschriften der Hamburgischen Bauordnung oder aufgrund dieses Gesetzes erlassener Rechtsverordnungen.

2. Falsche Angaben und Pläne bzw. Unterlagen (Abs. 2)

12 Eine Ordnungswidrigkeit begeht auch, **wer vorsätzlich falsche Angaben macht oder unrichtige Pläne oder Unterlagen vorlegt**, um eine Baugenehmigung zu erhalten oder die Erteilung einer Baugenehmigung zu verhindern. Täter können daher nicht nur Bauherr, Entwurfsverfasser, Bauunternehmer oder Bauleiter, sondern auch ein Nachbar sein.

13 **Die Ordnungswidrigkeit ist bereits begangen**, wenn die falschen Angaben gemacht oder die unrichtigen Pläne und Vorlagen der Bauaufsichtsbehörde eingereicht wurden. Es ist nicht erforderlich, dass daraufhin eine Baugenehmigung erteilt bzw. nicht erteilt wurde.

3. Geldbuße (Abs. 3)

14 Jede Ordnungswidrigkeit kann mit **einer Geldbuße bis zu 100.000,00 €** geahndet werden. **Die Bußgeldbescheide werden von der zuständigen Bauaufsichtsbehörde erlassen.**

15 **Diese bestimmt auch die Höhe der Geldbuße.** Nach dem hier zur Anwendung kommenden § 17 OWiG, beträgt die Geldbuße **mindestens 5,00 €,** sie darf das **Höchstmaß von 100.000,00 €** nicht überschreiten.

16 **Fahrlässiges Handeln kann allenfalls mit der Hälfte des angedrohten Höchstbetrages der Geldbuße bestraft werden,** also mit max. **50.000,00 €.**

Bei der Bemessung der Geldbuße sind auch die wirtschaftlichen Verhältnisse des Täters zu berücksichtigen sowie der wirtschaftliche Vorteil, den der Täter aus der Ordnungswidrigkeit gezogen hat oder ziehen wollte (§ 17 Abs. 3 und 4 OWiG). Dieses betrifft z. B. den Fall, wenn ein denkmalgeschütztes Gebäude ohne Genehmigung abgebrochen wurde, um Instandhaltungs- und Sanierungskosten zu sparen bzw. um mehr Bruttogeschossfläche zu erhalten oder wirtschaftlicher bauen zu können. 17

4. Einziehung von Bauprodukten (Abs. 4)

Bei der Begehung von Ordnungswidrigkeiten benutzte Gegenstände, vor allem **Baustoffe, Geräte oder auch Maschinen, können eingezogen werden.** Die Einziehung unterliegt den Vorschriften der §§ 22 bis 24 OWiG, und damit dem Grundsatz der Verhältnismäßigkeit. 18

5. Nachbar- und Rechtsschutz

Die Ahndung von Verstößen gegen Bauvorschriften liegt allein im Allgemeininteresse, ein Nachbar kann nicht die Einleitung eines Ordnungswidrigkeitsverfahrens fordern oder durchsetzen. 19

Die baurechtliche Ordnungswidrigkeit wird von der zuständigen Bauaufsichtsbehörde des Bezirksamtes verfolgt und geahndet, in deren Zuständigkeitsbereich die Ordnungswidrigkeit begangen wurde. Die notwendigen Ermittlungen sind von der Bauaufsichtsbehörde oder der Polizei durchzuführen. 20

Kommt es zum Erlass eines Bußgeldbescheides, so kann der Betroffene hiergegen innerhalb von zwei Wochen nach Zustellung schriftlich oder zur Niederschrift bei der Bauaufsichtsbehörde **Einspruch einlegen.** Diese prüft und entscheidet, ob der Bußgeldbescheid aufrechterhalten oder zurückgenommen werden soll. Zu diesem Zweck können weitere Ermittlungen vorgenommen und auch der Betroffene angehört werden. **Wird dem Einspruch nicht abgeholfen, entscheidet** über die Rechtmäßigkeit und Höhe des Bußgeldes **das Amtsgericht durch Urteil.** 21

Die Verjährungsfrist für baurechtliche Ordnungswidrigkeiten beträgt drei Jahre. Die Verjährung beginnt mit Beendigung der ordnungswidrigen Handlung. **Bei „Bauen ohne Baugenehmigung" beginnt die Verjährung an dem Tag, an dem die Bauarbeiten abgeschlossen sind. Bei einer baurechtswidrigen Nutzungsänderung ist die Tat bereits mit Aufnahme der Nutzung beendet** und setzt den Verjährungsbeginn in Gang. Für die Verjährung ist allein der dreijährige Zeitablauf seit Beendigung der Tat entscheidend. Unerheblich ist, ob und wann die Bauaufsichtsbehörde Kenntnis von der Ordnungswidrigkeit erlangt hat. 22

6. Ergänzende Rechtsvorschriften

Für die Bauaufsichtsbehörden gilt der Bußgeldkatalog der Hamburgischen Bezirksämter. 23

Sodann kann der Bauprüfdienst BPD 10/85 „Unterrichtung des Gewerbezentralregisters über Bußgeldentscheidungen" zur Anwendung kommen. 24

§ 81 Rechtsverordnungen

(1) Zur Verwirklichung der in § 3 Satz 1, § 19a Absatz 1 und § 19b Absatz 1 bezeichneten Anforderungen wird der Senat ermächtigt, durch Rechtsverordnung Vorschriften zu erlassen über

1. die nähere Bestimmung allgemeiner Anforderungen in den §§ 4 bis 52,
2. (aufgehoben)
3. den Nachweis der Befähigung der in § 23a Absatz 1 genannten Personen; dabei können Mindestanforderungen an die Ausbildung, die durch Prüfung nachzuweisende Befähigung und die Ausbildungsstätten einschließlich der Anerkennungsvoraussetzungen gestellt werden,
4. die Überwachung von Tätigkeiten mit einzelnen Bauprodukten nach § 23a Absatz 2; dabei können für die Überwachungsstellen über die in § 23 festgelegten Mindestanforderungen hinaus weitere Anforderungen im Hinblick auf die besonderen Eigenschaften und die besondere Verwendung der Bauprodukte gestellt werden,
5. besondere Anforderungen oder Erleichterungen, die sich aus der besonderen Art oder Nutzung der baulichen Anlagen nach § 51 für Errichtung, Änderung, Unterhaltung, Betrieb und Benutzung ergeben sowie über die Anwendung solcher Anforderungen auf bestehende bauliche Anlagen dieser Art,
6. Erst-, Wiederholungs- und Nachprüfung von Anlagen, die zur Verhütung erheblicher Gefahren oder Nachteile ständig ordnungsgemäß unterhalten werden müssen, und die Erstreckung dieser Nachprüfungspflicht auf bestehende Anlagen,

soweit sich aus Absatz 11 nicht etwas anderes ergibt.

(2) Der Senat wird ermächtigt, durch Rechtsverordnung für bestimmte Gebiete eine bestimmte Heizungsart oder den Anschluss von Gebäuden an gemeinsame Heizungsanlagen bestimmter Art oder an eine Fernheizung und die Benutzung dieser Einrichtungen vorzuschreiben, um Gefahren, unzumutbare Belästigungen oder sonstige Nachteile durch Luftverunreinigungen zu vermeiden oder zur Sicherung der örtlichen Energieversorgung und zur allgemeinen Energieersparnis sowie zum umfassenden Schutz der Umwelt, soweit sich aus Absatz 11 nicht etwas anderes ergibt. In der Rechtsverordnung sind Abweichungen vom Anschluss- und Benutzungsgebot in Fällen vorzusehen, in denen auch unter Berücksichtigung der Erfordernisse des Gemeinwohls Anschluss und Benutzung unzumutbar sind.

(2a) Der Senat wird ermächtigt, zur Einreichung baugestalterischer Ziele in genau abgegrenzten bebauten oder unbebauten Teilen des Gebiets der Freien und Hansestadt Hamburg durch Rechtsverordnung Vorschriften über die äußere Gestaltung von baulichen und sonstigen Anlagen (§ 2 Absatz 1) zu erlassen, insbesondere über

1. die Gebäude-, Geschoss- und Traufhöhe,
2. die Auswahl der Baustoffe und Farben der Fassaden und sonstiger von außen sichtbarer Bauteile,
3. die Zahl, Größe, Anordnung und Ausführung von Fenstern oder sonstigen verglasten Bauteilen sowie von Hauseingängen,
4. die Art, Ausführung und Neigung von Dächern.

Vorschriften über Werbeanlagen können sich auch auf deren Art, Zahl, Größe und Anbringungsort erstrecken.

(3) Der Senat wird ermächtigt, Rechtsverordnungen, die auf die Verordnung über Baugestaltung vom 10. November 1936 (Reichsgesetzblatt I S. 938) oder zugleich auf die Baupflegesatzung für die Freie und Hansestadt Hamburg vom 14. September 1939 (Sammlung des bereinigten hamburgischen Landesrechts

I 21301-b) gestützt sind, aufzuheben oder nach Absatz 1 Nummer 2 zu ändern. Das gilt auch, soweit Vorschriften zugleich auf § 20a des Gesetzes, betreffend das Verhältnis der Verwaltung zur Rechtspflege, vom 23. April 1879 (Sammlung des bereinigten hamburgischen Landesrechts I 20100-b) gestützt sind.

(4) Der Senat wird ermächtigt, durch Rechtsverordnung die Befugnisse zur
1. Entscheidung über allgemeine Bauartgenehmigungen (§ 19a) und allgemeine bauaufsichtliche Zulassungen (§ 20a) sowie deren öffentliche Bekanntmachung,
2. Anerkennung von Prüf-, Zertifizierungs- und Überwachungsstellen (§ 23),
3. Erteilung von Typengenehmigungen anhand von Typenprüfungen (§ 65)

auf nicht zur unmittelbaren Verwaltung der Freien und Hansestadt Hamburg gehörende Behörden zu übertragen. Die in Satz 1 genannten Befugnisse können auch auf eine Behörde eines anderen Landes übertragen werden, die der Aufsicht einer obersten Bauaufsichtsbehörde untersteht oder an deren Willensbildung die Freie und Hansestadt Hamburg mitwirkt. (4a) Der Senat kann durch Rechtsverordnung vorschreiben, dass für bestimmte Bauprodukte und Bauarten, auch soweit sie Anforderungen nach anderen Rechtsvorschriften unterliegen, hinsichtlich dieser Anforderungen § 19a Absatz 2, §§ 20 bis 23a ganz oder teilweise anwendbar sind, wenn die anderen Rechtsvorschriften dies verlangen oder zulassen.

(5) Der Senat wird ermächtigt, durch Rechtsverordnung
1. das Ü-Zeichen (§ 22 Absatz 3) festzulegen und zu diesem Zeichen zusätzliche Angaben zu verlangen,
2. das Anerkennungsverfahren nach § 23, die Voraussetzungen für die Anerkennung, ihre Rücknahme, ihren Widerruf und ihr Erlöschen zu regeln, insbesondere auch Altersgrenzen festzulegen, sowie eine ausreichende Haftpflichtversicherung zu fordern.

(6) Der Senat wird ermächtigt, zum bauaufsichtlichen Verfahren durch Rechtsverordnung Vorschriften zu erlassen über
1. die erforderlichen Anträge, Anzeigen, Nachweise und die in diesem Zusammenhang erforderlichen Unterschriften,
2. Umfang, Inhalt und Zahl der Bauvorlagen und die in diesem Zusammenhang erforderlichen Unterschriften,
3. das Verfahren im Einzelnen,
4. das Erheben und Verarbeiten personenbezogener Daten zum Zweck der Erfüllung der bauaufsichtlichen Aufgaben nach § 58, insbesondere die Übermittlung im Rahmen der notwendigen Beteiligung anderer öffentlicher Stellen, sowie die Übermittlung an sonstige Stellen, soweit diese die Daten zur Erfüllung der ihnen obliegenden öffentlichen Aufgaben benötigen. Dabei sind Art, Umfang, Empfängerinnen und Empfänger der zu übermittelnden Daten sowie die Zwecke der Verwendung und die Dauer der Speicherung zu bestimmen.

Dabei können Regelungen zur Übermittlung elektronischer Dokumente sowie zur Ersetzung der Schriftform durch die elektronische Form getroffen werden. Für verschiedene Arten von Vorhaben können unterschiedliche Anforderungen und Verfahren festgelegt werden.

(7) Der Senat wird ermächtigt, durch Rechtsverordnung die Anlage 2 (Anlage zu § 60) zu ändern, soweit die Verwirklichung der allgemeinen Anforderungen nach § 3 nicht gefährdet wird.

(8) Der Senat wird ermächtigt, durch Rechtsverordnung Vorschriften für Sachverständige zu erlassen über

1. die Fachbereiche, in denen die Sachverständigen tätig werden,
2. die Anforderungen an die Sachverständigen, insbesondere in Bezug auf deren Ausbildung, Fachkenntnisse, Berufserfahrung, persönliche Zuverlässigkeit sowie Fort- und Weiterbildung,
3. das Verfahren der Anerkennung sowie die Voraussetzungen für die Anerkennung, ihren Widerruf, ihre Rücknahme und ihr Erlöschen,
4. die Festsetzung einer Altersgrenze,
5. das Erfordernis einer ausreichenden Haftpflichtversicherung,
6. die Überwachung der Sachverständigen,
7. die Vergütung der Sachverständigen.

(9) Der Senat wird ermächtigt, durch Rechtsverordnung Vorschriften zu erlassen über Prüfingenieurinnen und Prüfingenieure, denen im Auftrag der Bauaufsichtsbehörde bauaufsichtliche Prüfaufgaben und Aufgaben der Bauüberwachung übertragen werden können.

(10) Der Senat wird ermächtigt, durch Rechtsverordnung zu bestimmen, dass für bestimmte Typengenehmigungen sowie für bestimmte Fliegende Bauten die Aufgaben der Bauaufsichtsbehörde nach §§ 65 und 66 ganz oder teilweise auf andere Stellen übertragen werden, und die Vergütung dieser Stellen zu regeln.

(11) Der Senat wird ermächtigt, durch Rechtsverordnung die Verordnungsermächtigung nach den Absätzen 2 und 2a für die Fälle auf die Bezirksämter zu übertragen, in denen die örtlich zuständigen Bezirksversammlungen den Verordnungsentwürfen zugestimmt haben. Die Verordnungen bedürfen in diesen Fällen vor ihrem Erlass durch das Bezirksamt der Genehmigung der zuständigen Behörde. Die Bürgerschaft beschließt Vorschriften nach den Absätzen 2 und 2a durch Gesetz, wenn die örtlich zuständige Bezirksversammlung dem Verordnungsentwurf nicht zugestimmt oder nicht binnen vier Monaten nach Vorlage des Entwurfes zur Abstimmung über ihre Zustimmung entschieden hat.

Kommentierung

Übersicht

1. Ermächtigung für allgemeine baurechtliche Anforderungen (Abs. 1)

Durch Rechtsverordnungen wird es dem Hamburger Senat ermöglicht, schnell auf technische Neuerungen durch Erlass untergesetzlicher Normen zu reagieren, ohne das schwerfällige und langfristige Gesetzgebungsverfahren unter Beteiligung der Hamburger Bürgerschaft durchlaufen zu müssen. 1

Auf der Ermächtigungsgrundlage von Nr. 1 sind z. B. ergangen, die 2
- Garagenverordnung (GarVO);
- Feuerungsverordnung (FeuVO)
- Verordnung über den Bau und Betrieb von Verkaufsstätten (VkVO);
- Verordnung über den Bau und Betrieb von Versammlungsstätten (VStättVO);
- Verordnung über den Bau und Betrieb von Beherbergungsstätten (BeVO);
- Verordnung über die Überwachung haustechnischer Anlagen (HaustechÜVO);
- Verordnung über den Nachweis ordnungsgemäßer Ausführung von Asbestsanierungen sowie Abbrucharbeiten (Asbest-SachverständigenVO).

Die Nr. 2 wurde aufgehoben und inhaltlich in einen neuen Absatz 2a verschoben. Damit wollte der Senat klarstellen, dass nicht nur zur **Gefahrenabwehr**, sondern **auch zur positiven Baupflege** Rechtsverordnungen erlassen werden können. 3

2. Ermächtigung für bestimmte Heizungsarten oder Heizungsanlagen (Abs. 2)

In mehreren Bebauungsplänen hat der Senat von der Möglichkeit Gebrauch gemacht, **einen Anschluss- und Benutzungszwang für Fernheizungen festzusetzen.** 4

2a. Ermächtigung zur Gefahrenabwehr und zur positiven Baupflege

Auf der Grundlage des jetzigen Absatz 2a (vormals Nr. 2 in Absatz 1) wurden nachfolgende baugestalterische Rechtsverordnungen erlassen: 5
- **Binnenalster-Verordnung;**
- **Außenalster-Verordnung.**

Hierbei ist zu beachten, dass die Außenalster-Verordnung im Bereich des **Bebauungsplanes Rothenbaum 25** nicht anzuwenden ist, sofern ihr Festsetzungen dieses Bebauungsplanes entgegenstehen. 6

Des Weiteren wären noch folgende **bedeutsamere Gestaltungsverordnungen** zu erwähnen, wie die 7
- **Rathausmarkt-Verordnung;**
- **Alsterfleet-Verordnung.**

Dieses sind nur einige der baugestalterischen Rechtsverordnungen, die bereits vor 8 bis 10 Jahren erlassen wurde. Gerade in den letzten Jahren wurde dieser Katalog noch erheblich erweitert, das jeweils betroffene Gebiet inklusive der Satzung selbst und der Begründung kann dem Internet entnommen werden. 8

4. Ermächtigung für Bauprodukte und Typengenehmigungen (Abs. 4)

Nummer 1 und 2 wurden aufgehoben, da es die dort genannten Bauregellisten vor dem Hintergrund der Regelungen der BauPVO nicht mehr geben wird. Damit einhergehend wurde auch der Satz 3 aufgehoben. 9

4a. Bauprodukte und Bauarten

10 Der neue § 81 Absatz 4a enthält die Verordnungsermächtigung, die früher in § 20 Absatz 4 enthalten war betreffend bestimmte Bauprodukte.

5. Ermächtigung für Ü-Zeichen sowie das Anerkennungsverfahren für Prüf-, Zertifizierungs- und Überwachungsstellen (Abs. 5)

11 Die Überstimmungszeichen-Verordnung (ÜZVO) wurde auf der Basis dieses Absatzes verabschiedet.

6. Ermächtigung für das bauaufsichtliche Verfahren (Abs. 6)

12 Hier ist die **Bauvorlagenverordnung (BauVorlVO)** zu nennen.

7. Ermächtigung für verfahrensfreie Vorhaben (Abs. 7)

13 Durch diese Ermächtigungsgrundlage **kann der Senat den Katalog, der in der Anlage 2 zu § 60 aufgelisteten verfahrensfreien Bauvorhaben jederzeit ändern, also erweitern oder auch reduzieren.**

8. Ermächtigung für Sachverständige (Abs. 8)

14 Gemäß dieser Vorschrift kann der Senat spezielle berufliche Voraussetzungen für die Anerkennung als „Sachverständiger" definieren.

9. Ermächtigung für Prüfingenieure und Prüfsachverständige (Abs. 9)

15 Dieser Absatz wurde im Zuge der HBauO-Novelle 2010 neu gefasst, da der **„private" Prüfingenieur wegfiel.** Nunmehr ist der Senat ermächtigt, für die Anerkennung und **Zulassung von Prüfingenieuren** Vorschriften zu erlassen, die **im Auftrag der Bauaufsichtsbehörde hoheitlich Prüfaufgaben und Aufgaben der Bauüberwachung wahrnehmen.**

10. Ermächtigung für Typengenehmigungen und fliegende Bauten (Abs. 10)

16 Gemäß **der Verordnung zur Übertragung von bauaufsichtlichen Aufgaben betreffend Fliegende Bauten, ist der Technische Überwachungsverein Nord e. V.** für die Genehmigung und Freigabe Fliegender Bauten nach § 66 zuständig.

11. Ermächtigung zur Übertragung von Gestaltungsverordnungen und Anschlusspflichten für Heizungsarten oder Heizungsanlagen auf die Bezirke (Abs. 11)

17 Mit der Verordnung zur Weiterübertragung von bau- und naturschutzrechtlichen Verordnungsermächtigungen **hat der Senat die Befugnis zum Erlass von Gestaltungsverordnungen und Heizungsklauseln auf die Bezirksämter übertragen.**

§ 81a Technische Baubestimmungen

(1) Die Anforderungen nach § 3 können durch Technische Baubestimmungen konkretisiert werden. Die Technischen Baubestimmungen sind zu beachten. Von den in den Technischen Baubestimmungen enthaltenen Planungs-, Bemessungs- und Ausführungsregelungen kann abgewichen werden, wenn mit einer anderen Lösung in gleichem Maße die Anforderungen erfüllt werden und

in der Technischen Baubestimmung eine Abweichung ausgeschlossen ist; § 19a Absatz 2, § 20 Absatz 1 und § 69 Absatz 1 bleiben unberührt.

(2) Die Konkretisierungen können durch Bezugnahmen auf Fundstellen technischer Regeln oder auf andere Weise erfolgen, insbesondere in Bezug auf:
1. bestimmte bauliche Anlagen oder ihre Teile,
2. die Planung, Bemessung und Ausführung baulicher Anlagen und ihrer Teile,
3. die Leistung von Bauprodukten in bestimmten baulichen Anlagen oder ihren Teilen, insbesondere:
   a) Planung, Bemessung und Ausführung baulicher Anlagen bei Einbau eines Bauprodukts;
   b) Merkmale von Bauprodukten, die sich für einen Verwendungszweck auf die Erfüllung der Anforderungen nach § 3 Satz 1 auswirken,
   c) Verfahren für die Feststellung der Leistung eines Bauproduktes im Hinblick auf Merkmale, die sich für einen Verwendungszweck auf die Erfüllung der Anforderungen nach § 3 Satz 1 auswirken,
   d) zulässige oder unzulässige besondere Verwendungszwecke;
   e) die Festlegung von Klassen und Stufen in Bezug auf bestimmte Verwendungszwecke,
   f) die für einen bestimmten Verwendungszweck anzugebende oder erforderliche und anzugebende Leistung in Bezug auf ein Merkmal, das sich für einen Verwendungszweck auf die Erfüllung der Anforderungen nach § 3 Satz 1 auswirkt, soweit vorgesehen in Klassen und Stufen,
4. die Bauarten und die Bauprodukte, die nur eines allgemeinen bauaufsichtlichen Prüfungszeugnisses nach § 19a Absatz 3 oder nach § 20b Absatz 1 bedürfen,
5. Voraussetzungen zur Abgabe der Übereinstimmungserklärung für ein Bauprodukt nach § 22a,
6. die Art, den Inhalt und die Form technischer Dokumentation.

(3) Die Technischen Baubestimmungen sollen nach den Grundanforderungen gemäß Anhang I der Verordnung (EU) Nr. 305/2011 gegliedert sein.

(4) Die Technischen Baubestimmungen enthalten die in § 20 Absatz 3 genannte Liste.

(5) Die Bauaufsichtsbehörde erlässt die zur Durchführung dieses Gesetzes oder der Rechtsvorschriften auf Grund dieses Gesetzes erforderlichen Technischen Baubestimmungen auf der Grundlage der vom Deutschen Institut für Bautechnik im Einvernehmen mit den Obersten Bauaufsichtsbehörden der Länder veröffentlichten Technischen Baubestimmungen als technische Verwaltungsvorschriften.

Kommentierung

Dieser neue § 81a wurde mit der HBauO-Novelle 2018 eingeführt. Er bildet eine Rechtsgrundlage für den Erlass von Technischen Baubestimmungen. Die Liste der Technischen Baubestimmungen sind abgedruckt im Amtlichen Anzeiger vom 30.4.2018, S. 669 ff. Die Technischen Baubestimmungen sollen als Verwaltungsvorschrift erlassen werden, also um eine normkonkretisierende Verwaltungsvorschrift. Ziel ist es, damit eine Vereinheitlichung der Technischen Baubestimmungen in sämtlichen Bundesländern zu erreichen. 1

§ 82 Aufhebung und Änderung von Vorschriften

Es treten außer Kraft:

1. **die Hamburgische Bauordnung vom 1. Juli 1986 (HmbGVBl. S. 183) in der geltenden Fassung,**
2. **das Hamburgische Gesetz zur Erleichterung des Wohnungsbaus vom 18. Juli 2001 (HmbGVBl. S. 221, 223),**
3. **das Gesetz über die Höhe des Ausgleichsbetrages für Stellplätze und Fahrradplätze vom 15. April 1992 (HmbGVBl. S. 81) in der geltenden Fassung,**
4. **die Bauanzeigeverordnung vom 18. Mai 1993 (HmbGVBl. S. 99) in der geltenden Fassung,**
5. **die Baufreistellungsverordnung vom 5. Januar 1988 (HmbGVBl. S. 1) in der geltenden Fassung.**

Kommentierung

1 Gemäß dieser Vorschrift sind zum 1.4.2006 außer Kraft getreten:

- Die Hamburgische Bauordnung 1986 (HBauO 1986).
- Das Hamburgische Gesetz zur Erleichterung des Wohnungsbaus (HmbWoBauErlG).
- Das Gesetz über die Höhe des Ausgleichsbetrages für Stellplätze und Fahrradplätze (AusgleichsbetragsG).
- Die Bauanzeigeverordnung (BauAnzVO).
- Die Baufreistellungsverordnung (BauFreiVO).

§ 83 Inkrafttreten; Übergangsbestimmungen; Fortgeltung von Vorschriften

(1) Dieses Gesetz tritt am ersten Tage des vierten auf die Verkündung folgenden Monats in Kraft. Die Vorschriften über die Ermächtigung zum Erlass von Rechtsverordnungen treten am Tage nach der Verkündung in Kraft.

(2) Dieses Gesetz gilt für Vorhaben, für die nach seinem Inkrafttreten Genehmigungsanträge gestellt werden, sowie für genehmigungsfreie Vorhaben, mit deren Ausführung nach dem Inkrafttreten des Gesetzes begonnen wird. Ist über einen Antrag beim Inkrafttreten dieses Gesetzes noch nicht entschieden worden, so kann die Antragstellerin oder der Antragsteller verlangen, dass die Entscheidung nach diesem Gesetz getroffen wird.

(3) § 39 Absatz 3 Sätze 2 und 3 der Hamburgischen Bauordnung in der bis zum 31. März 2006 geltenden Fassung gilt fort.

(4) Soweit in diesem Gesetz an die Festsetzung von Baugebieten Rechtsfolgen geknüpft werden, gelten diese auch für die entsprechenden Baugebiete in den nach § 173 Absatz 3 Satz 1 des Bundesbaugesetzes übergeleiteten Bebauungsplänen und in Bebauungsplänen nach dem Bundesbaugesetz, bei denen der erste Tag der öffentlichen Auslegung in die Zeit zwischen dem 29. Oktober 1960 und dem 31. Juli 1962 fiel.

(5) Soweit in landesrechtlichen Rechtsvorschriften auf die nach § 82 außer Kraft getretenen Vorschriften verwiesen ist, finden an ihrer Stelle die maßgeblichen Bestimmungen dieses Gesetzes oder der auf Grund dieses Gesetzes erlassenen Vorschriften entsprechende Anwendung.

(6) *(Änderungsanweisung)*

Kommentierung

Übersicht

1. Inkrafttreten (Abs. 1)

1 Die HBauO-Novelle 2018 war am 20.12.2017 von der Hamburgischen Bürgerschaft beschlossen worden, das Änderungsgesetz wurde dann im Amtlichen Anzeiger vom 6.2.2018 verkündet, **die HBauO-Novelle 2018 trat daraufhin am 1.5.2018 in Kraft.**

2. Übergangsvorschrift (Abs. 2)

2 **Dieser Absatz bestimmt, dass die HBauO 2018 zwingend für Bauvorhaben anzuwenden ist, für die ab dem 1.5.2018 ein Baugenehmigungsantrag eingereicht wird.**

3 **War ein Vorhaben nach altem Recht genehmigungspflichtig, nach der neuen HBauO 2018 aber verfahrensfrei, so bedarf es keiner Baugenehmigung,** wenn mit der Ausführung des verfahrensfreien Vorhabens (vgl. § 60 i. V. m. der Anlage 2) erst nach dem 30.4.2018 begonnen wurde.

4 **Wurde ein Bauantrag vor dem 1.5.2018 bei der Bauaufsichtsbehörde eingereicht, und bis zum Inkrafttreten der HBauO 2018 nicht beschieden,** d. h. weder genehmigt noch abgelehnt, **so steht dem Bauherrn ein Wahlrecht zu.** Der Bauherr kann verlangen, dass sein Bauvorhaben noch nach altem Recht geprüft oder genehmigt wird. Er kann der Bauaufsichtsbehörde aber auch schriftlich mitteilen, dass sein Vorhaben nach der neuen HBauO 2018 entweder im vereinfachten Genehmigungsverfahren nach § 61 oder im „konzentrierten" Genehmigungsverfahren nach § 62 bearbeitet und beschieden werden soll.

5 **Das Wahlrecht des Bauherrn geht aber nicht soweit, dass er bestimmen kann, dass sein Bauantrag hinsichtlich der baurechtlichen Anforderungen nach altem Recht und hinsichtlich des Genehmigungsverfahrens nach neuem Recht beschieden werden soll.**

3. Fortgeltung der Verpflichtung zum Einbau von Wasserzählern (Abs. 3)

6 In § 39 Abs. 3 HBauO 1986 war und ist vorgeschrieben, dass auch jede Wohnung oder Nutzungseinheit in einem Bestandsgebäude bis zum 1.9.2006 mit Wasserzählern ausgestattet sein soll.

4. Geltung auch für alte Bebauungs- und Baustufenpläne (Abs. 4)

7 Dieser Absatz stellt klar, dass die neuen Bestimmungen der **HBauO-Novelle 2018** auch für **Baustufenpläne, Durchführungspläne** und „alte", **bereits in Kraft getretene Bebauungspläne** gelten.

5. Fortgeltung von Vorschriften (Abs. 5)

8 In einigen für Hamburg geltenden Rechtsvorschriften wird noch auf die Gesetze und Verordnungen verwiesen, die in § 82 aufgezählt und inzwischen außer Kraft getreten sind. Es war daher erforderlich gesetzlich festzulegen, dass sich die Verweise in diesen Hamburger Vorschriften nunmehr auf die „Nachfolge“-Gesetze und -verordnungen beziehen, auch wenn sich diese Vorschriften nun in einem anders lautenden Gesetz oder einer anders bezeichneten Rechtsverordnung finden.

III. Anhang

Anlage 1
Innenstadtbereich nach § 49 Absatz 2:

Anlage 2
zu § 60:

Verfahrensfreie Vorhaben nach § 60

Hinweis:
Die Vorhaben für die eine Baugenehmigung nicht benötigt wird sind oben unter § 60 aufgelistet und kommentiert.
Nachfolgend findet sich nur eine Übersicht der verfahrensfreien Vorhaben gemäß der HBauO-Novelle 2018:

I. Errichtung und Änderungen von Anlagen
1. Gebäude und Überdachungen
2. Technische Gebäudeausrüstung
3. Anlagen der Ver- und Entsorgung
4. Masten, Antennen und ähnliche Anlagen
5. Behälter
6. Mauern und Einfriedigungen
7. Verkehrsanlagen
8. Aufschüttungen und Abgrabungen
9. Anlagen in Gärten und zur Freizeitgestaltung
10. Tragende und nicht tragende Bauteile
11. Werbeanlagen und Automaten
12. Vorübergehend aufgestellte oder benutzbare Anlagen
13. Plätze
14. Container
15. Sonstige Anlagen

II. Änderung der Nutzung
III. Beseitigung von Anlagen
IV. Instandhaltungsarbeiten

Stichwortverzeichnis

Die halbfetten Zahlen beziehen sich auf die §§, die mageren Zahlen beziehen sich auf die Randnummern.

Stichwortverzeichnis

Stichwortverzeichnis

Stichwortverzeichnis